Lund
Kopenhagen
Memel
Schleswig
Stralsund
Lübeck
Hamburg
Emden
Bremen
Elbe
Preußen
Stettin
Thorn
Brandenbg.
Braunschweig
Gnesen
Berlin
Posen
Münster
Magdeburg
Warschau
Lausitz
Oder
Soest
Meißen
Glogau
Rhein
Leipzig
KGR. POLEN
Breslau
Erfurt
Frankfurt
Schlesien
Mainz
Prag
Krakau
Kurpfalz
Böhmen
Nürnbg.
Pilsen
Oberpfalz
Mähren
Regensburg
Brünn
Zips
Ulm
Kremnitz
Augsburg
Ravensburg
München
Donau
Preßburg
Erlau
Bayern
Salzburg
Wien
Österreich
Gran
Eidgen.
Raab
Ofen
Pest
Tirol
Steiermark
Graz
UNGARN
Bozen
Drau
Hzm. Mailand
Friaul
Fünfkirchen
Agram
Verona
Triest
Slawonien
Mailand
Venedig
Save
Esseg
Po
Padua
REP. VENEDIG
Kroatien
Genua
Südl. Banschaften
Bologna
Belgrad
Lucca
Zara
Pisa
Florenz
KIRCHEN-
Bosnien
Elba
Siena
Perugia
STAAT
Aquila
Prisren
Rom
KGR.
Benevent
päpstl.
Albanien
Durazzo
NEAPEL
Neapel
Nocera
Brindisi
Tarent
Salerno

RICHARD FRIEDENTHAL

KETZER UND REBELL

RICHARD FRIEDENTHAL

Ketzer und Rebell

Jan Hus
und das Jahrhundert der
Revolutionskriege

R. PIPER & CO VERLAG
MÜNCHEN

Die Vorsatzkarten zeichnete Jutta Winter

ISBN 3-492-01970-6

Gesetzt aus der Janson-Antiqua
Gesamtherstellung: Thomas F. Salzer KG, Wien
Printed in Austria

Inhaltsverzeichnis

Einleitung

»Ein kleines, ziemlich entferntes Land, über das wenig bekannt ist«, so äußerte sich in einer der großen Schicksalsstunden Europas der Premierminister des damaligen britischen Weltreichs, als das Abkommen von München bevorstand. Wenig genug war der Welt bekannt über das Land der Tschechoslowakei, der Böhmen und des Jan Hus. Das gilt nicht nur für England und nicht nur für damals. Man hat gelegentlich, wenn militärische Überlegungen angestellt wurden, von einer Zitadelle oder Kernfestung Europas gesprochen, deren Besitz die Herrschaft über den Kontinent verbürge. Andere haben wiederum das Land für eine Art Kreuzweg Europas angesehen, auf dem viele Straßen sich treffen. Blutiger Feuerschein hat zuweilen die Landschaft erleuchtet und ist bald wieder erloschen, wobei in geschichtlichen Betrachtungen »bald« meist schon nach einem halben Jahrhundert als Terminus für die Vergeßlichkeit der Menschen verwendet wird. In den Geschichtsbüchern erhielt sich ein Hauptdatum, das ja nun ganz Europa anging: die Erinnerung an den »Prager Fenstersturz« 1618 als Einleitung zum Dreißigjährigen Krieg. Sehr viel weniger schon blieb der Prager Fenstersturz vom Jahre 1419 im Gedächtnis, der eine erste Revolution, dieses Namens würdig, einleitete und einen frühesten Volkskrieg auf europäischem Boden entfesselte. Nach den Hussiten wurde er benannt, die sich auf den Magister Jan Hus, beim Konzil zu Konstanz einige Jahre zuvor als Ketzer verbrannt, beriefen. Die Kämpfe, die sich damit entspannen, dauerten kaum weniger lange als der Dreißigjährige Krieg. Sie waren ebenso blutig und verwüstend, und sie hielten die ganze Christenheit in Atem. Das völlig Neue daran war, daß ein verfemtes und geächtetes Ketzerland, eine ganze Nation, sich gegen eine »Welt in Waffen« wehrte, sich nicht nur verteidigen, sondern die Angreifer und Kreuzfahrerheere aus allen Ländern vernichtend schlagen konnte. Der Name des Hus und der Hussiten erhob sich damit zu einem Schreckgespenst für ein Jahrhundert, zur ersten großen Weltangst vor Umsturz und Revolution, bis er durch die Ereignisse der Reformationszeit überholt wurde.

Die Tschechen freilich haben ihn nie vergessen. Für sie wurde Hus zum heimlichen Patron des Landes. An ihn knüpfte sich die ruhmreiche Erinnerung an den großen Volkskrieg mit seinen Siegen und auch an die leidenschaftliche Behauptung des Gewissens und der Überzeugung bis zur letzten Prüfung und Bewährung auf dem Scheiterhaufen. Die Tschechen haben nur zu oft und über zu lange Zeiträume hinweg Anlaß gehabt, den Namen des Hus anzurufen. Ihre Geschichte ist durch viele Jahrhunderte eine Leidensgeschichte wie bei wenigen anderen Völkern.

Sie sind erst in unserer Lebenszeit wieder ein selbständiger Staat geworden. Ein Volk sind die Böhmen immer gewesen seit früher Zeit, auf gleichem Siedlungsraum, in dem böhmischen »Kessel« zwischen den waldigen Grenzgebirgen, den Goethe einen »Kontinent mitten im Kontinent« genannt hat und für den auch das Bild der »Wagenburg« aus der Kriegstaktik der Hussitenkriege verwendet worden ist. Kämpfe und Kriege sind immer geführt worden um dieses Land, Kämpfe der Franken, der Deutschen, der Ungarn, der Polen, religiöse Kämpfe und solche der Herrschergeschlechter oder dynastischer Interessenten. Auf böhmischem Boden sind viele Schlachten geschlagen worden, oft um Auseinandersetzungen, die das Volk wenig oder gar nichts angingen; so in den Kriegen Friedrichs des Großen mit Österreich, mit den Schlachtennamen Kolin und Prag, oder später Preußens mit Österreich um die Vorherrschaft in Deutschland, die bei Königgrätz entschieden wurde. Oft ging es um die eigene Existenz. Oft wurden auch geistige Kämpfe ausgetragen, die weit über das Land hinausreichende Bedeutung erhielten, wie in der Zeit, von der wir hier sprechen wollen.

Es ist eine Epoche größter Zerrissenheit des ganzen Abendlandes, charakterisiert schon durch die Spaltung des Papsttums in zwei und zum Schluß drei verschiedene, miteinander streitende Papstlinien, mit allen Folgen für die Trennung Europas in sich bekämpfende Machtgruppen. Auch von dieser Entwicklung ist zu sprechen, wenn man die Ereignisse verstehen will, die sich an den Namen Hus und die Hussiten knüpfen. Denn eine Erschütterung war vorhergegangen, die alle als »ewig und unabänderlich« angesehenen Ordnungen in Frage stellte. Die dominierende Stellung des Papsttums und der Geistlichkeit überhaupt war im Schwinden. Neue Kräfte rückten auf. Die Geister hatten sich geschieden. Die Universitäten als Wortführer des neuaufkommenden Standes der »Intellektuellen«, wie sie heute etwa genannt werden würden, stritten um gleichberechtigte Geltung oder sogar überlegene Führung. Da wurde erbittert gefochten, in bloßen Wortturnieren und mit allen Mitteln des Machtkampfes und des Appells an die weltlichen Mächte der Staaten und Dynastien, die ebenfalls zu neuem Selbstbewußtsein erwacht waren.

Universitätslehrer waren die geistigen Führer und Vorbereiter, die für die nächsten zwei Jahrhunderte das Bild bestimmten, und zwar in einem Ausmaß, wie kaum zuvor oder danach.

Der Oxforder Professor John Wyclif, der Prager Dozent Jan Hus, der Wittenberger Doktor Martin Luther, der Genfer Theologe Jean Calvin: An ihre Namen knüpfen sich viel mehr als bloße kirchengeschichtliche Sonderentwicklungen, die man der Spezialgeschichte überlassen kann. Sie markieren auch Etappen in der Geschichte der Wirtschaft, des Rechtes, des sozialen Lebens, des politischen Bewußtseins, der Stellung des Menschen zu Gott und der Welt; sie sind Ketzerbewegungen nach dem Sprachgebrauch der Autoritäten, Befreiungsversuche, neue Bindungen, und in alledem gehören sie zu den Grundlagen der Zeit, in der wir noch stehen oder in die wir geworfen sind nach einem bekannten Ausdruck des 16. Jahrhunderts.

Die üblichen Einteilungen nach Mittelalter und Neuzeit sind längst als überholt erkannt; der »mittelalterliche Mensch« spukt hier und da noch nach; die anderen Bezeichnungen, die verwandt werden, der Kunst- oder Kulturgeschichte entlehnt, sind ebenso willkürlich. Das Jahrhundert von etwa 1350 bis 1450 ist gleichzeitig als »Herbst des Mittelalters«, »Spätgotik« oder »Frühling des Humanismus«, auch »Vorrenaissance« betitelt worden. Die vorliegende Darstellung sieht gänzlich von solchen Etikettierungen ab, obwohl die Erscheinungen, die damit gekennzeichnet werden, nicht übersehen und die dafür geltend gewordenen Ausdrücke nicht vermieden werden können, ohne daß es geziert und umständlich klingt. Man spricht auch gern von Zeiten des »Überganges«, was so ziemlich für jede Epoche gesagt werden kann. Wenn von Übergang die Rede sein soll, so sehen wir allenfalls die Anfänge unserer, der noch Lebenden, Ära, den Aufbruch aus einer Welt, die nun allerdings heute unwiderruflich Vergangenheit ist.

Wir leben noch in den Mauern – auch vielfach in geistiger Beziehung –, die damals errichtet wurden, mit den Steinen, Wallanlagen, in Städten, unter dem Schatten der damals erbauten Kathedralen, in den Grenzmarken der alten Felder. Das Geburtshaus des Jan Hus, seine Bethlehemkapelle stehen noch, restauriert wie alles aus früheren Jahrhunderten, auf den alten Fundamenten. Vom »Goldenen Prag«, das zur Zeit seiner Geburt von Kaiser Karl IV. als Reichsresidenz mit ragenden Kirchen, Brücken, seiner Universität errichtet wurde, ist trotz der Stürme des letzten Krieges mehr erhalten als an vielen anderen Orten. Wir leben sogar unter Worten von damals: Das Wort Haubitze stammt aus dem böhmischen haufnice der Hussitenkriege Žižkas, des ersten Feldherrn, der Artillerie im größeren Stile verwandte. Vorurteile, bittere Feindschaften, verhängnisvolle Erinnerungen sind uns überkommen und nicht abzuschütteln. Denkweisen und Methoden, die man mit historisch klingenden Bezeichnungen ins »dunkle Mittelalter« zu verweisen meint, sind so gegenwärtig wie nur je. Was man »scholastisch« nennt, in dem abschätzigen Sinn, den ihm die Renaissance gegeben hat, ist um uns her in vielen Studierstuben und Hörsälen Übung, nicht nur auf dem Gebiete der Theologie oder Philosophie. Verketzerung und Ketzerjagd mit allen Folgen, die nur damals dafür Brauch waren, haben sich erhalten, und dies, zu unserer Schande, keineswegs nur als bildlicher Ausdruck. Jene Zeit ist die Frühzeit der Nationen, der Staatsbildungen neuerer Art, des Nationalismus und Nationalhasses. Niemand wird sagen wollen, daß wir an ihrem Ende stehen. Wir werden in vielem »Frühformen« begegnen, Vorläufern, als welche man Hus und die Hussiten schon oft angesehen hat, nicht selten mit etwas gönnerhafter Herablassung. Jede Zeit hat ihre eigene Würde und Not. Sie an dem messen zu wollen, was man erreicht hat oder erreicht zu haben glaubt, verführt nur zu leichtfertiger Unterschätzung dessen, was zu tun bleibt.

Wir werden ringende, irrende Menschen sehen, mutige, feige, listige und sehr viele törichte und alle, oft erschreckend, dem ganz nahe, was wir an uns beobachten können. Ich werde nicht immer mit dem Zeigestock darauf hinweisen, wie gegenwärtig etwa das Verhalten der Völkerboten bei dem ersten großen Weltkongreß der Nationen, Konzil genannt, erscheint, der frühesten Zusammenkunft, bei der schon nach »Nationen« abgestimmt und in den Kommissionen verhandelt wurde. Ich vermeide jede moralische Kritik über Kriegsgreuel bei den Feldzügen, die reichlich und furchtbar verübt wurden, werde auch nicht jedesmal altertümlich oder entlegen klingende Ausdrücke und Vorstellungen übersetzen in zeitgemäßen Sprachgebrauch; ich vertraue dabei auf die Einsicht und Mitarbeit des Lesers. Und wenn von Studentendemonstrationen oder auch der bedeutsamen Rolle der Barttracht die Rede ist, dürfte jeder Kommentar überflüssig sein.

Es wird erzählt, und es scheint wichtig zu betonen, daß in den Aktionen und Handlungen das Schwergewicht der Darstellung liegt. Die Lehren und Theorien sollen nicht vernachlässigt werden, aber man muß sich dabei gewisse Beschränkungen auferlegen, um der Uferlosigkeit zu entgehen, die ein Kennzeichen jener Epoche ist; für jeden Lehrsatz, für jedes Programm gibt es Ausnahmen, Zusätze, Gegenbehauptungen; nicht umsonst war die dialektische Methode die große Erfindung der gelehrten Welt und ihre ständige Schulung. Es ist viel zu erzählen. Es erscheint unmöglich, von der großen Auseinandersetzung zwischen Kirche und Laien, der These, daß »Papst und Kardinäle die Kirche«, und der Gegenthese, daß die Gläubigen die Kirche seien, zu reden, als ob dies bloße theologische Abstracta wären; die Päpste sind vorzuführen, gegen die Wyclif und Hus Sturm liefen. Man muß auch, da wir von einem europäischen Ereignis sprechen, über den Rand des »böhmischen Kessels« hinausschauen. Dies ist keine Hus-Biographie, ich versuche ein Panorama zu zeichnen, das von England bis Böhmen reicht, den beiden Polen, zwischen denen die Kraftströme der Hussitenbewegung spielen.

Böhmen gehörte damals nicht in den Rahmen einer »osteuropäischen Geschichte«, wie sie heute als sehr verdienstliche Spezialforschung betrieben wird. Es war die Residenzstadt des Kaisers, das verwaltungsmäßige und auch kulturelle Zentrum des Heiligen Römischen Reiches; ihm vorgelagert das mächtige Großreich Polen-Litauen, das über Kiew bis zum Schwarzen Meer reichte. Die Ereignisse, die zu schildern sind, fanden nicht »am Rande« statt, sondern nahezu in der

Mitte, und nicht zuletzt deshalb erhielten sie solches Gewicht für die übrige Welt.

Der Universalismus des Mittelalters, oft berufen und vielfach nur ein Ideal, war dennoch eine Wirklichkeit, die sich erst langsam auflöste. Die Universitäten führten das Wort universal im Namen und in der gemeinsamen lateinischen Sprache; sie kannten eine Freizügigkeit, die nicht wieder erreicht worden ist. Der Magister Hieronymus von Prag, mit Hus verbrannt, zog von Oxford, Paris, Köln bis Krakau, von einem Katheder zum anderen, überall Gedanken und Widerstand aufrührend. Die Sendbriefe der Hussiten liefen bis nach Spanien. In Prag arbeiteten französische Architekten und Musiker, deutsche Bauleute, italienische Gelehrte, von denen einer bis nach Peking gereist war, litauische Studenten in einem eigenen Kollegium. Daß gerade dieses Land Böhmen, zur Zeit der Geburt des Hus als die zuverlässigste Bastion des strengsten Kirchenglaubens angesehen, sich wandelte zum Zentrum einer revolutionären Bewegung, war der große Schock und die Überraschung des Zeitalters, so erschreckend, weil darin alle umstürzlerischen Tendenzen, die sonst vereinzelt zu Tage traten, zusammengefaßt erschienen. Mit Ketzerei, Ungehorsam und Kampf gegen die Kirche begann es; Rebellion gegen die feudalen staatlichen Mächte folgte, schließlich wurden selbst die gesellschaftlichen Grundlagen insgesamt in Frage gestellt. Daß diese Ketzerei siegreich blieb für Jahrzehnte und am Ende sogar, wenn auch in stark reduzierter Form, anerkannt und geduldet werden mußte, war das historische Ereignis mit Folgen bis weit in das folgende Jahrhundert hinein.

Geschichte ist heute vielfach unbeliebt oder wird als unbeträchtlich angesehen: Man habe es mit der Gegenwart und Zukunft zu tun. Wir meinen nun freilich, daß Mißachtung der Historie sich eines sehr mächtigen Handwerkszeuges beraubt, das nicht darin besteht, daß man vergangenen Zeiten ein Rezept, eine Parole, eine Lehre entnehmen kann, wohl aber Erweiterung und Schärfung der Menschenkenntnis. Ich glaube und habe es beobachtet, daß Geschichtsverächter auch meist unfähig sind, die eigene Zeit richtig zu beurteilen, die in jedem Augenblick schon Geschichte wird. Es gibt viele Formen der Geschichtsschreibung und Geschichtsphilosophie und nahezu unbegrenzte Themen dafür. Ich habe versucht, meine eigene Formgebung für die Erfassung eines ganzen Zeitalters zu entwickeln; ein besonderer Anspruch oder gar ein Programm soll damit nicht vorgetragen werden. Dabei haben wir uns soviel wie möglich an die zeitgenössischen Dokumente gehalten, die reichlich vorhanden sind an manchen wichtigen Punkten und irritierend dürftig an anderen. Solche Kahlstellen durch kühne Bogen zu überspannen, halte ich nicht für berechtigt. Die Geschichte arbeitet bereits mit bildnerischer Kraft und läßt wie ein Künstler vieles aus; sie versteht es sogar, Effekte zu erzielen, die kein noch so phantasiebegabter Autor wagen würde. Welcher Dramatiker hätte nur eine so sinnbildliche Situation erfunden wie die, daß – zur Charakterisierung der völligen Verwirrung der Zeit – in einem Jahr zugleich drei streitende Päpste und drei verfeindete Könige des Heiligen Römischen Reichs sich auf der Weltbühne gegenüberstehen? Ich halte mich an die Quellen und möchte noch bemerken, daß ich gerade dann, wenn die Darstellung besonders lebhaft, modernisiert und »aufgearbeitet« erscheinen mag, sehr genau den Vorlagen folge, bis zum direkten Dialog der Mitlebenden.

Es ist Zeit, daß wir beginnen. Wir haben einen langen Weg vor uns.

Das Vorfeld

Als der Streit um Hus und Wyclif in vollem Gange war, prägten die Gegner eine Stammbaumformel, um die Ahnenreihe der Ketzer zu brandmarken. Da hieß es nach biblischem Vorbild des »Adam zeugte Seth, und Seth den Enos, und Enos den Kenan« mit den Namen der im engeren Prager Kreis bekannten Personen: Stanislas zeugte den Peter, Peter den Paletsch, und dieser den Hus. Später hieß es, weiter ausgreifend und allgemein verständlicher: Wyclif, der Engländer, zeugte den Böhmen Hus, und dieser den Deutschen Martin Luther.

Jede Revolution braucht ihre Vorfahren. Auch jede Reaktion sucht in möglichst gerader Linie die »Ahnen des Unheils« auf, um »an die Wurzeln des Übels« zu kommen und zu warnen, es könne nicht zeitig genug eingegriffen werden. Das tote Holz, so drückte man es damals aus, muß abgehauen und verbrannt werden, ehe es mit seiner Fäulnis den ganzen Stamm ansteckt. Das waren die Schlußworte der Verdammung im Todesurteil über Hus.

Die Hussitenbewegung hat in der Tat ihren Stammbaum. Der Boden war vorbereitet und aufgelockert. Viele fleißige Hände hatten daran gearbeitet, bewußt und unbewußt, auch gegen ihren Willen. Jetzt trennt man vielfach die religiösen, die geistigen, sozialen und politischen Bereiche. Für jene Zeit gilt das nicht. Jede religiöse Frage, selbst jede philosophische Diskussion war untrennbar mit allen Problemen des Lebens, der Gemeinschaft, der Kirche, des Staates verflochten. Die Kirche beanspruchte noch die Oberherrschaft, nicht nur über die Seelen. Die Wirtschaft stand sogar unter ihren Gesetzen, mit dem kanonischen Zinsverbot oder den kirchlichen Maßnahmen des Interdikts, das ganze Städte oder Landschaften lahmlegen und ruinieren konnte. Die Universitäten wurden von der Kirche kontrolliert; jeder Dozent konnte vorgeladen und gegebenenfalls bestraft werden. Der Magister Jan Hus war Universitätslehrer und

Priester, Dozent der Theologie als der obersten und führenden Fakultät, neben der die anderen kaum zählten, mit Ausnahme der Juristen, die nun wiederum vor allem das Kirchenrecht zu lehren hatten. Der größte Teil des Kampfes spielte sich zu Beginn in Predigten und Sermonen ab. Sie dienten nicht nur der Sonntagserbauung. Kirchen und Kapellen waren die Brennpunkte. Um sie begann es zu brennen und zu flackern bis zur großen Konflagration der Revolution und den nachfolgenden Kriegen. Wir müssen einige dieser Prediger aus dem Stammbaum des Hus vorstellen. Bei ihnen sind schon wesentliche Punkte vorgezeichnet, die dann zum Programm wurden. Sie sind allesamt keine bewußten Revolutionäre. Sie wollen Reform – eine Forderung, die bereits seit langem, man kann sagen seit Jahrhunderten, umging. Sie wollen Reform der Kirche, von der nach ihren Vorstellungen noch alles abhängt. Sie ist dazu berufen. Sie ist die »rechte Hand«, wie es heißt, und hat die Welt und die Menschen zu regieren; die »linke«, die weltliche, kann ihr dabei nur beistehen.

Es hatte sich nun aber, wiederum in langer Entwicklung, herausgestellt, daß die Kirche diese Aufgabe nicht erfüllte. Sie regierte nicht, sie verwaltete nur. Und sie konzentrierte ihre immer noch gewaltigen Machtmittel darauf, diese Verwaltung ständig auszubauen und immer neue Zweige des Lebens zu erfassen. Sie stieß damit auf den Widerstand der weltlichen Mächte, die bereits begannen, sich zu Staaten im moderneren Sinne herausbilden, wenn auch noch in sehr verschiedenen und vielfach losen, dynastischen Formen. Die These von der Oberherrschaft und Vollgewalt des Papstes, der plenitudo potestatis, die jeden Herrscher, auch den Kaiser als den traditionellen Partner in der Herrschaft über das Abendland, absetzen könne, wurde nur noch theoretisch von den Kanonisten der Kurie weitergeführt; sie war de facto nicht mehr gültig. Die gewaltigen cäsarischen Päpste des Hochmittelalters hatten dem Kaisertum deutscher Herrscher ein Ende gemacht und die letzte Imperatorendynastie der Hohenstaufen vernichtet. Sie waren dann, und in sehr viel stärkerem Ausmaß als je zuvor, in die Gewalt der französischen Könige gefallen, die das Erbe der Deutschen antraten. Seit einem halben Jahrhundert waren die Päpste die Gefangenen der französischen Krone in Avignon; es wurden nur noch Franzosen zu Päpsten gewählt; die Kardinäle, die Juristen der Kurie und vor allem die Finanzverwaltung bestanden fast durchgehend aus Franzosen. Das große Gebäude der neuen Verwaltungs- und Finanzwirtschaft, das in Avignon aufgerichtet wurde, eine wahre Kathedrale mit vielen Seitenschiffen und Kapellenkränzen, zeugte von den noch immer starken und überlegenen organisatorischen Kräften der Kirche, ihrem Willen zur Zentralisierung und ihrer hartnäckigen Abwehr gegen die wachsenden Anspüche der weltlichen Mächte. Aber dabei war die Aufgabe geistlicher Fürsorge zunehmend ins Hintertreffen geraten. Die Klagen darüber kamen von allen Seiten und hörten nicht mehr auf. Sie kamen vor allem von denen, die ernstlich glaubten und glauben wollten. Die großen Ketzerbewegungen waren blutig niedergeworfen worden und lebten nur noch in ganz verstreuten kleinen Konventikeln, in die Wälder und hochgelegenen Gebirgstäler vertrieben, fort.

Aber eine andere, viel schwerer erfaßbare Macht meldete sich nun. Sie war nicht organisiert, wie es die Katharer, die Waldenser, auch noch die radikalen Franziskaner gewesen waren. Sie bestand aus Volk, aus einzelnen Predigern, aus kleinen Inseln, hier und da und fast überall. Die Bewegung der Mystik, die vom Dominikaner Meister Eckhart ausging, war nur eine dieser Gruppen; der Meister entging nur durch seinen Tod dem Ketzerprozeß, der schon angestrengt war und ihn mit 28 Thesen durch päpstliche Bulle aus Avignon verdammt hatte. Sie war in der Tat insofern nach Ansicht der Kirche ketzerisch, als sie den entscheidenden Mittler, den geweihten Priester, ausschied und dem einzelnen direkt den Zugang zu Gott öffnen wollte. Sie lebte weiter, unterdrückt, auch verfolgt oder in den Frauenklöstern. Eine breite Wirkung auf das Volk konnte und sollte sie nicht haben; sie war auf Weltabkehr und Flucht vor dem Hier eingestellt. Aber viele ihrer Gedanken sprangen über auf die Scharen, die unter dem Namen der Begarden und Beginen durch die Lande zogen, bettelnd, betend, ungeordnet und unorganisiert. Sie haben weit über ein Jahrhundert lang und in vielen Ländern unter verschiedenen Namen die Gemüter und Inquisitionstribunale beschäftigt, ehe die Hussitenbewegung sie ablöste.

Sie waren zum großen Teil eine soziale Frage: Der Frauenüberschuß, den man zeitweilig auf fast ein Viertel der Bevölkerung geschätzt hat, drängte zu einer Lösung und Unterbringung. Die Orden, so die Dominikaner als strengste Wahrer der Orthodoxie, konnten den Zustrom nicht mehr aufnehmen; in Deutschland besaßen sie doppelt so viele Nonnen- wie Mönchsklöster. Die Franziskaner hatten sich die »Tertiarier« als halb ordensmäßige Organisation angegliedert. Beide Orden waren von Anbeginn erbitterte Feinde der Beginen, die überhaupt keine Ordensregel hatten, keine Autorisation und keine feste Doktrin, wohl aber eine Art Ordenskleidung mit staubfarbenem Kittel trugen und in Gemeinschaften in den Städten lebten, in Gemeinschaften umherzogen, mit selbstgewählten Anführerinnen, die oft so streng regierten wie sonst nur eine Äbtissin. Es ist charakteristisch, daß in den Anklageakten fast immer die Frage der Tracht an erster Stelle steht. Nach mittelalterlicher Auffassung war sie entscheidend für den Ordnungsbegriff: Nur erlaubte, vorgeschriebene Tracht galt, mit zahllosen Verboten, auch für Laien. Daneben, entscheidend wichtig, war die Armutsfrage. Die Orden hatten Armut, Keuschheit und Gehorsam als ihre drei Gelübde. Die Armut war seit langem aufgegeben – bei den älteren Orden zunächst, dann auch bei den sogenannten Bettelorden, als sie zunehmend Besitz erwarben; schließlich selbst von den Franziskanern mit Ausnahme ihres linken und verfolgten Flügels. Die Begarden und Beginen waren ganz schlicht Konkurrenz. Sie wurden verdächtigt, und es kann auch gut sein, daß sie bei ihrem Umherwandern alle möglichen Elemente aufgriffen: Arbeitsscheue und Arbeitslose, Stromer und Streunerinnen, Reste der alten Ketzerbewegungen. Es dürfte auch sicher sein, daß sie in »sittlicher Beziehung« anfällig waren. Die Anklagen darüber von seiten der Bischöfe, denen die strengeren Päpste selbst ihre »fleischlichen Vergnügungen« vorwarfen, des Klerus, der so vielfach, nach den Worten Innozenz' III. »bei Nacht der Venus huldigt, am Morgen der Muttergottes«, muten nicht so recht überzeugend an. Sexualneid und Sexualphantasie spielen bei Verfolgungen immer ihre Rolle. Man hat unter den Begarden und Beginen in einigen Fällen Einflüsse der Brüder und Schwestern »vom freien Geiste« festgestellt, die nun tatsächlich die Ansicht vertraten, daß ihre direkte Kommunion mit Gott sie sündenfrei mache und ihnen erlaube, auch schon hier auf Erden »im Paradies« zu leben. Das Paradiesische soll sich in unterirdischen Grotten mit Orgien abgespielt haben oder auch in adamitischer Nacktheit unter freiem Himmel. Bei den Hussiten werden uns noch die danach benannten Adamiten wiederbegegnen.

In Böhmen wurden die Beginen und Begarden von König Karl IV. auf das unbarmherzigste verfolgt. Seine Erlasse, für das ganze Reich bestimmt, sind die schärfsten eines Herrschers seit den großen Ketzergesetzen Kaiser Friedrichs II., von dessen sizilianischer juristischer Staatspraxis Karl überhaupt viel gelernt hatte. Er befahl vor allem auch Beschlagnahme und Verbrennung aller ihrer Ketzerschriften; darunter war alles inbegriffen, auch Bibelübersetzungen, was in der Volkssprache geschrieben war. Die Werke Meister Eckharts wurden bei dieser Gelegenheit vernichtet und müssen mühsam und unter vielen philologisch-geistigen Problemen aus späteren Handschriften rekonstruiert werden. Aus den Ukassen Karls ist noch die ominöse Verfügung erwähnenswert, daß dem Inquisitor ein Drittel des beschlagnahmten und eingezogenen Besitzes der Beginen, an Häusern und sonstigem Eigentum als Provision zufallen müsse. Auch diesen Paragraphen muß man neben die Punkte der Anklagen halten.

Derselbe Kaiser und König Karl jedoch war sich in seiner beträchtlichen Umsicht klar darüber, daß die offizielle Kirche nicht genügte. Die »Mauerkirche« hatte Eckharts Schüler und Nachfolger Tauler sie genannt, dessen Sermone noch den jungen Luther beschäftigt haben. Tauler hat auch bei Gelegenheit der Einweihung des Kölner Domes eine Predigt gehalten, die entschieden die Weihe des *inneren* Menschen hervorhob und sich bis zu dem Satze verstieg – oder erhob –, daß nicht die Kirchen den Menschen heiligen, sondern der Mensch die Kirche, womit in diesem Falle das ragende Gebäude verstanden war. Kaiser Karl hatte Prag mit vielen prachtvollen Kirchen geschmückt, deren Türme in den Himmel stießen und noch heute das Stadtbild bestimmen. Er wußte, daß dies nicht ausreichte. Er berief aus Österreich den dortigen Hofkaplan *Konrad Waldhauser*, einen Augustinerchorherrn. Der Orden gab ihm die Erlaubnis, außerhalb der Ordensgemeinschaft, gewissermaßen auf Urlaub und in besonderer Mission, in Prag zu predigen. Waldhauser wurde zum ersten Reformprediger und einem der Ahnherren der hussitischen Bewegung. Es wurde ihm anfangs nicht leichtgemacht, aber er setzte sich durch, nicht zuletzt durch die hohe Protektion, die er genoß. Seine Sermone waren keineswegs nur sanft. Er drohte, mahnte, kritisierte ohne Scheu das kirchliche »establishment« und nicht weniger die Sitten der Bürger. Wie oft in jenen Zeiten ergriff eine Buß- und Reue-Epidemie die

Stadt. Frauen legten ihren Schmuck ab oder brachten ihn für fromme Zwecke dar. Wucherer gaben ihre unrechtmäßigen Gewinne zurück oder verzichteten auf Forderungen. Waldhauser predigte in Prag, zog auch im Lande umher; in Saaz ist er aufgetaucht. Sogleich regte sich die Opposition. Die Dominikaner, eifersüchtig als Predigerorden auf jede andere Predigt, verklagten ihn. Sein Einfluß wuchs. Die Teynkirche, die Hauptkirche der Altstadt, wurde ihm eingeräumt. Die Gegner ließen nicht locker. Sie erreichten, daß er vor das päpstliche Gericht zitiert wurde. Er war vorsichtig genug, sich dazu der zweiten Romfahrt Kaiser Karls anzuschließen, dessen Beichtvater er geworden war. Unter diesen Umständen hatten die Gegner es schwer mit dem Prozeß. Waldhauser verließ Rom in genügendem Schutz, zusammen mit dem Hof, ohne den Ausgang abzuwarten. Er starb bald nach der Rückkehr. Es ist kennzeichnend, daß schon hier, im Falle eines immerhin von einem der kirchentreuesten Herrscher protegierten Mannes, die Vorladungen und Prozesse vor dem päpstlichen Gericht beginnen. Die Ketzerei – von häretischen Lehrmeinungen Waldhausers scheint nichts verlautet zu haben – lag darin, daß er außerhalb des Rahmens der »Mauerkirche«, wenn auch immer noch innerhalb der Wände der Teynkirche, predigte und Wirkungen erzielte. Seine Sermone machten weithin Schule bis nach Schlesien und Süddeutschland hin.

Der nächste, durch Waldhauser »erweckt«, war ein Mann schon ganz anderer Art; die Tschechen haben ihn als »Vater der tschechischen Reform« bezeichnet, während Waldhauser nur allenfalls als unbestimmter Ahnherr gelten kann. *Jan Milič* aus Kremsier-Kroměříž, von unbekanntem Herkommen, hatte eine steile Karriere gemacht in der königlichen Kanzlei; er wurde Notar, erhielt eine der einträglichen Pfründen als Kanonikus des Domkapitels, wurde Schatzmeister, Leiter eines Erzdiakonats und rückte somit bis in eine der höchsten Stellen auf. Dann warf er, durch Waldhausers Predigten bewegt, alles hin. Er gab seine amtlichen Stellungen auf und verzichtete auf seine Pfründe. Er ging für ein Jahr in die Einsamkeit und begann dann als armer Bußprediger an der St.-Aegidien-Kirche zu predigen. Er begnügte sich aber nicht damit; er zog nach Rom und unternahm das reichlich gewagte Geschäft, Papst Urban zu warnen und zu belehren. Urban war soeben zu dem höchst unwillig unternommenen Versuch, die Kurie wieder von Avignon nach Rom zu verlegen, dort eingetroffen und dachte bereits lebhaft an Rückkehr. Milič warnte vor einem solchen Schritt; er war nicht der einzige dabei. Auch die heilige Brigitte sandte ihre feurigen Drohungen vor einem solchen Schritt aus. Milič wurde von der Inquisition verhaftet; er hat offenbar auch apokalyptische Prophezeiungen vom nahen Kommen des Antichrists und dem bevorstehenden Weltende verlauten lassen, in der joachimitischen Tradition des Abtes Joachim de Fiore der Hohenstaufenzeit, dessen Gedanken über die drei Zeitalter und den Anbruch eines »dritten Reiches« von den radikalen Franziskanern weitergetragen wurden und bis zur Reformationszeit die Endzeits- und Antichrist-Prophezeiungen bestimmt haben. Man ließ Milič im Kerker eine Schrift darüber verfassen; Papst Urban las sie durch und entließ ihn. Er hielt den Mann offenbar für einen ungefährlichen Schwärmer, und überdies war er vollauf beschäftigt mit seinem Rückzug nach Avignon.

Milič wurde nach Waldhausers Tod Prediger der Teynkirche; er lernte auch Deutsch für die größtenteils deutsche Gemeinde. Seine Predigten waren schärfer, wilder, schwärmerischer als die seines Vorgängers. Er wagte es sogar einmal, auf den anwesenden Kaiser mit dem Finger zu deuten und Karl als den wahren Antichrist gemäß seiner Katastrophenlehre zu bezeichnen. Die Prophezeiung sah vor, daß zunächst ein gewaltiger Imperator die ganze Welt unterjochen müsse, ehe das dritte Reich als Zeitalter des Geistes anbrechen könne. Milič wanderte nun in den Prager Kerker. Karl ließ ihn aber bald wieder frei. Er wünschte keine Märtyrer, jedenfalls nicht in seiner nächsten Umgebung.

Milič war Schwärmer und Prophet, aber zugleich – wie manche solcher Art – nicht ohne erhebliche organisatorische Begabung, die er auch in seiner amtlichen Laufbahn bewährt hatte. Er gedachte nun ein Beispiel für praktisches Christentum zu geben und mit Besserung einzugreifen. Und zwar gerade an einer Stelle, die als die hoffnungsloseste galt und von der offiziellen Kirche nur mit Drohungen bedacht wurde. Der Frauenüberschuß der großen Städte hatte weder von den Nonnenklöstern noch von den Beginen aufgenommen werden können. Auch die von den Magistraten konzessionierten Bordelle, eine ständige und angesehene Einrichtung aller Kommunen, genügten nicht. In Prag hieß ein ganzer Stadtteil für den Kenner »Venedig«, was genug besagte. Milič kaufte mit Stiftungen reicher Bürger und Kaiser Karls mitten in Klein-Venedig einen ganzen Häuserkomplex von 29 Gebäuden auf und gründete dort seine Siedlung für bekehrte Gefallene. Er nannte sie »das neue Jerusalem«. Der Beruf des Freudenmädchen war im Mittelalter so freudlos wie je. Ohne Schwierigkeiten sammelte Milič über 200 der ehemaligen »Hübschlerinnen«, wie sie im Deutschen genannten wurden, auf. Sie mußten ihre lokkende Tracht abgeben und sich in schlichte Anstaltskleidung gleicher Farbe nach Ordensart hüllen, aber damit begannen bereits für Milič die Schwierigkeiten, denn die Orden protestierten. Die Mädchen spannen, webten; einige, die schreiben konnten, wurden mit dem Kopieren von Manuskripten beschäftigt; all das gefiel dem Magistrat, nicht aber den Orden, die eine unautorisierte und ungesetzliche Neuordensgründung beanstandeten. Milič gründete mitten im früheren Klein-Venedig und nunmehr Neu-Jerusalem eine wiederum unautorisierte private Pflanzstätte, eine Art Priesterseminar für Schüler und Anhänger seiner Ideen. Ein ganzer Kreis reformwilliger junger Männer fand sich dort zusammen. Milič predigte mit großem Zulauf in drei Kirchen, auf tschechisch, auf deutsch und in der Universitätskirche St. Gallus lateinisch für die Studenten. Er war nun reif für die Anklage wegen Ketzerei, beim Erzbischof vorgebracht. Seine früheren Beziehungen und Freunde schützten ihn dort eine kurze Zeit. Dann wurde er nach Avignon vor die päpstliche Inquisition geladen.

Er pilgerte zu Fuß quer durch ganz Europa, keine ganz leichte Sache für einen schon alten Mann, an die Rhone und stellte sich der Untersuchung. Er fand auch dort Gönner; er scheint ein Mann von sehr gewinnender Art gewesen zu sein. Der Pönitentiar selbst schüttelte über die Vorwürfe der Orden den Kopf. Ein Heim für reuige Sünderinnen hätte man auch in Avignon brauchen können, dessen Dirnenbevölkerung die von Prag noch weit überstieg. Bedenklich war allenfalls die nicht autorisierte Schaffung einer ordensartigen Gemeinschaft, aber das ließ sich vielleicht beheben.

Der alte Milič wurde freigesprochen, aber er kam nicht mehr nach Hause. Er starb in Avignon. Seine Reuerinnen-Gründung ging unverzüglich zugrunde. Die Freunde und Schüler des Milič aus seinem illegalen Priesterseminar wurden vor Gericht gestellt und aus Prag ausgewiesen.

Es verblieb jedoch einer von ihnen, *Matej von Janov*, als Nachfolger und nächstes Glied der Stammbaumkette. Matej hat dafür gesorgt, daß die Predigtsammlungen seines Lehrers erhalten blieben; wir entnehmen daraus, daß Milič für die »einfachen Seelen« zu wirken suchte und sich entschieden gegen die Schul- und Philosophenweisheit der Universitätsleute wandte. »Wo ist Aristoteles jetzt?« fragt er nach dem Abgott und der Autorität der Hörsäle: »Er zittert in der Unterwelt.« Was sind das für neue Lehren, die da so eifrig diskutiert werden? Es spintisieren die Magister, Philosophen und Logiker über große Dinge und kaufen sich große Pfründen und Prälaturen damit, und dann zerstören sie wieder die eben aufgestellten Lehrsätze, und dazu lügen sie in den alten Sprachen und verbreiten die Lügen der Antike! Er zählt einige der Disputationsthemen auf: Man streitet über die Prädestination, den freien Willen, man spricht vom Fatum (statt von Gottes Willen). Man klaubt an dem Problem herum, ob die geschaffene Welt schon von Ewigkeit her vorhanden gewesen sei. Ob die Urmaterie gleichzeitig zu denken sei mit dem ersten Prinzip (nämlich Gott) – alles in der Tat die Themen der Universitätsdebatten. »Und so plündern sie den Himmel leer!« ruft er aus. Sie glauben womöglich, daß niemand die Glaubensfragen der Theologie begreifen könne, der nicht zuvor Physik und Logik studiert habe, wie es allerdings der Lehrplan der Hochschule, mit Aristoteles als Handbuch, vorsah.

In Milič kommt zum ersten Male deutlich das Laienelement zu Worte in der Bewegung, die Ablehnung, ja Feindschaft gegen das bloße Buchwissen der hohen Schulen. Er zitiert genügend bewährte Autoritäten, aber nur der alten und ältesten Zeit. Alles andere sind »neue und verderbliche« Erfindungen müßiger Gehirne.

Matej von Janov gehörte selbst zu den von seinem Lehrer verachteten Universitätsleuten. Er hatte sieben Jahre zu Paris studiert und war als »Pariser Magister« bekannt. Wie alle Universitätsdozenten mußte er sich um eine Pfründe bewerben für seinen Unterhalt; sie wurde ihm auch vom Papst Urban zugesagt. Der hochmögende Prager Klerus der Domkirche nahm ihn aber nur mit dem Titel eines Kanonikus auf; er bekam keine Präbende. Die feineren Unterschiede innerhalb der Hierarchie machten sich bemerkbar; Janov verfügte offenbar über keinerlei Protektion von genügendem Gewicht, obwohl er Hausgenosse eines der Domherren war. Als er in Nachfolge seines Lehrers Milič durch Predigt für das Volk lästig zu werden begann, schob man ihn auf eine kleine Pfarre in der entlegenen Provinz ab. Und dort schrieb er eifrig an seinen Kommentaren zur Bibel, die er etwas anspruchsvoll »Regeln zum Alten und Neuen Testament« nannte. Sie sind ein wahres Repositorium von abweichenden Ansichten, reformerischen Vorschlägen und sehr kühnen Rezepten, unter vielen Zitaten aus bewährten Kirchenvätern, nebst Gedanken der Mystiker. Die Prophezeiungen des Joachim de Fiore fehlen nicht, das politische Dynamit des Marsilius von Padua, die brisanten Ideen der radikalen Franziskaner. Janov kritisiert das Mönchstum auf das schärfste und möchte es gänzlich abgeschafft sehen. Er wendet sich gegen das veräußerlichte Zeremoniell, die übertriebene Anbetung von Bildern und Reliquien, die Wallfahrten, die Simonie. Der Grundtenor ist jener: Zurück zur alten, zur ursprünglichen Kirche der Frühzeit! Die offizielle Kirche der Gegenwart beruft sich darauf, daß sie die »apostolische« sei; für Janov ist »apostolisch« die Urkirche. Und er vertritt schon die These, die dann von Hus aufgenommen wurde, daß eine ganz neue oder nach seiner Auffassung alte Konzeption des Begriffes »Kirche« statthaben müsse. Kirche – das ist nicht, wie die Vertreter der kurialen Orthodoxie betonen, in erster Linie der Papst und der Kreis der Kardinäle, noch allenfalls die hohen Würdenträger des Episkopates, und danach, kaum der Erwähnung würdig, das Volk der Gläubigen. Die Kirche – das sind die Gläubigen, die aller Zeiten, von Anbeginn des Christentums her und auch aller Länder und Bekenntnisse. Böhmen war der griechisch-orthodoxen Welt immer sehr viel näher als die lateinisch bestimmte römische Kirchenwelt. Byzanz bestand noch, obwohl sehr bedrängt und zusammengeschrumpft. Aber im Osten gab es ein ganzes, gewaltiges Reich der griechischen Kirche, dem Westen meist sehr entlegen und fremd, unter den verschiedensten Herrschaften der Litauer, Polen, Serben, Bulgaren, und in den Ländern der böhmischen Krone war die Tradition der ersten griechischen Missionare nicht vergessen; mitten in Prag sogar hatte der vieles bedenkende Kaiser Karl das Slawenkloster St. Emaus protegiert, das diese Kontakte pflegte und die alte Liturgie bewahrte. Der Papst hatte, obwohl recht widerwillig, seine Erlaubnis dazu gegeben; man hoffte bei der Kurie immer noch auf eine Union, worunter man Unterordnung der griechischen Kirche verstand. Und so stellte Matej die ganze Welt der Christenheit in drei großen Gruppen nebeneinander: hier die römische, dort die »französische«, mit Avignon als Mittelpunkt, und die griechische im Osten. »Die Römer sagen: ›Hier ist die Kirche, hier Christus.‹ Die Franzosen sagen: ›Nicht so, wir sind die Kirche, und Christus ist bei uns.‹ Die Griechen betonen unverrückt: ›Ihr lügt alle beide, wir sind die Kirche, und Christus ist hier.‹«

Die Situation unter dem Schisma für den Gläubigen kann nicht leicht prägnanter und volkstümlich verständlicher ausgedrückt werden. Matej fügt noch, aus Vorsicht oder Gerechtigkeitsgefühl, hinzu, daß er selbst an die römische Kirche glaube. »Aber ich spreche im Namen der gesamten Gemeinschaft aller, die früher Christen genannt wurden. Ich spreche von der Gewißheit der früheren heiligen Kirche, und da wußten sie sehr wohl, wo die Kirche war und wo Christus. Heute gibt es solche Gewißheit nicht, und wer wäre wohl mutig genug, dafür sein Leben zu lassen, wo die einzige Wahrheit zu finden ist?«

Wesentlich ist aber für Matej und die ganze Bewegung, deren erster ausführlicher seine Gedanken niederlegender Repräsentant er war, die Tendenz zur Vereinfachung. Sie hat dann auch in der Reformation die größte Rolle gespielt. Matej will kontrahieren. Er konzentriert den Kultus auf das Abendmahl als das Kernstück. Sein ganzer vielbändiger Traktat dient dem Lob und Preis der Kommunion. In ihr sieht er das Erlebnis der Nachfolge Christi und der Annäherung und Vereinigung mit Gott. So kommt er zu der Forderung nach nicht nur gelegentlicher Kommunion, wie sie die Kirche vorsah. Täglich vielmehr, wenn irgend möglich, soll sie vollzogen werden. Das »Unser täglich Brot« wird zur Forderung nach dem täglichen Brot der Hostie. Und sehr bald, bei Matej noch nur vorsichtig angedeutet, kommt dazu die Forderung nach dem Kelch: Auch das Blut Christi darf den Gläubigen nicht verweigert und lediglich dem Priester vorbehalten bleiben. Leib und Blut Christi, den ganzen Christus will der Gläubige haben dürfen, und er soll auch nicht durch kirchliche Gebote in diesem Genuß beschränkt oder reguliert werden. Am wenigsten, und da kommt die scharf kritische, rebellische Note der Zeit zum Zuge, durch eine Priesterschaft, die sich überhaupt um das Heil ihrer Schafe nicht bekümmert, sondern ihren sehr weltlichen Interessen nachjagt, die Pfründenjagd betreibt, in Pomp und Pracht daherzieht oder offen in Sünden lebt. Das Problem des »unwürdigen Priesters« taucht auf und die entscheidende Frage, wie weit er nicht die Gaben, die er darreicht, damit unwirksam macht. Und das wurde dann einer der Hauptanklagepunkte in den Hus-Prozessen.

Matej ist noch ein Vorläufer. Er gibt sich große Mühe, seine Rechtgläubigkeit zu belegen. Aber er greift, ein weiterer Reformpunkt von großer Folge, immer auf die Bibel zurück. Sie ist die Autorität, nicht das große Dekretalenwerk, das die Kirche aufgebaut hat. Er ist in der Tat schon ein Protestant, 150 Jahre vor Luther.

Neben diese drei Männer, Waldhauser, Milič und Matej, tritt noch ein Laie hinzu, ein verwitweter Edelmann, *Thomas von Štítný*, der fromme Erbauungsbücher für die Familie schreibt. Er hat zwar auch einige Semester studiert, aber sich dann seiner Gutsverwaltung und nach dem Tod seiner Gattin der Erziehung seiner Kinder gewidmet. Štítný wäre unter anderen Umständen kaum mehr als eine sympathische, abgelegene Erscheinung. Er rückt aber in die Mitte des Geschehens als einer der ersten tschechischen Autoren in der Volkssprache. Er ist feuriger Patriot, ein Gegner der Deutschen, ein Gegner des Internationalismus, der in Prag florierte. Er will Tscheche sein, in seiner Muttersprache lehren, seine Kinder erziehen, die tschechische Bibel sollen sie lesen und hören. Er müht sich mit der theologischen Literatur ab, ohne viel Efolg, aber er übersetzt unermüdlich, auch aus den deutschen Mystikern wie dem Seuse, aus Augustinus. Die Familie ist für ihn noch die Hauptsache, der Kreis der Kinder und Hausgenossen. Und unversehens wird daraus eine ganz neue Sprache, die Grundlage für Hus und die ganze Bewegung. Sie ist noch unvollkommen, aber gerade in ihrer Schlichtheit sehr wirkungsvoll. Und obwohl die Verbreitung durch den Druck noch fehlt, gehen diese Traktate von Hand zu Hand in Abschriften. Ein Vokabular entsteht für Begriffe religiöser Art, für die Diskussion und für die Anklage. Es ist höchst kennzeichnend, wie auch bei diesem erzfrommen Hausvater, der seine Kinder unaufhörlich an die Zehn Gebote mahnt, besonders an das »Du sollst Vater und Mutter ehren« – und die verstorbene Mutter nicht vergessen! –, der für eine rechte Hausfrau die denkbar altväterlichsten Rezepte gibt – wie auch dieser Landedelmann den ganzen Katalog der Beschwerden und Klagen über den Klerus und die Veräußerlichung des Kirchenlebens aufrollt. Er wendet sich gegen den übertriebenen Heiligenkult und gibt dabei recht instruktive Beispiele: Da verehren sie den St. Fortunat, um reich zu werden; sie bitten zum St. Stefan, wenn sie Erfolg im Handel mit Pferden haben wollen (Böhmen war berühmt durch seine Pferdezucht). »Sicherlich hat St. Stefan etwas Besseres zu tun, als sich um Pferde zu kümmern«, meinte er. »Und gab es nicht auch schon Pferde, ehe es einen Stefan gab? Wer sorgte denn da für die Rösser?« Er ist gegen die Totenmessen und die blinde Repetition von Gebetsformeln, gegen die Wallfahrten, die nur rein äußerlich der Reliquienverehrung dienen. Er ist gegen den Ablaß.

Aber mit der Anklage und Ablehnung ist ihm nicht genug geschehen, wie überhaupt die Kritik nicht seine Sache ist. Er ist der früheste und vornehmste Repräsentant einer Frömmigkeit im kleinen Kreise. Er hat mystische Züge, die ihn wie einen Vorläufer des Jakob Böhme erscheinen lassen. Er ist ein Mann vom Schlage seines Landsmannes Petr Chelčicky, des Tolstoianers vor Tolstoi, der den großen russischen Dichter dann noch so stark beschäftigt hat. Ein Böhme von der Art der böhmischen Brüder, die später fast allein und verfolgt, am Ende exiliert, die religiöse Tradition des Hussitentums weitergeführt haben, mit der großen Gestalt des Amos Comenius als Abschluß.

Die kleinen Kreise, die Familie, das Haus – und der Hausvater vorlesend bei Tisch, wie Štítný es wünscht, aus der Bibel oder einer frommen Schrift, mit Gespräch und Diskussion darüber: Das ist ein wesentliches Moment auf dem Vorfeld zur hussitischen Revolution. Überall im Lande sind solche kleinen Kreise, immer abseits der offiziellen Kirche, immer bedrängt, unbeliebt, zuweilen verfolgt. Die rapide Ausdehnung der großen Bewegung in so wenigen Jahren ist nur durch sie zu erklären. Sie haben den Boden vorbereitet – oder »unterwühlt«, wie die Offiziellen meinten.

Štítný hat sich in seinen späteren Jahren dem Kreis um die Bethlehemkapelle in Prag angeschlossen, der zur Kernzelle der Bewegung wurde. Seine Tochter Agnes hat dort ein Haus gebaut und eine wiederum freie, aber um so fester verbundene kleine Frauengemeinschaft um sich gesammelt. Hus hat für sie noch seinen kleinen Traktat »Die Tochter« geschrieben, dessen Kapitel jedesmal mit »Höre meine Tochter« beginnen und die Gedanken ihres Vaters paraphrasieren.

Die Kapelle »Bethlehem« war ausdrücklich als Stätte für die Predigt im Tschechischen gegründet worden. Sie gilt noch heute als nationale Erinnerungsstätte. Unter den etwa zwanzig Kirchen der böhmischen Hauptstadt war keine einzige, in der in der Landessprache gepredigt wurde; der Gottesdienst vollzog sich in den Formen der lateinischen Liturgie. Die Gründungsurkunde erwähnt das vorwurfsvoll: »Die Prediger in tschechischer Sprache sind größtenteils gezwungen, in den Häusern oder an versteckten Orten zu predigen, und das ist ein unwürdiger Zustand.« Reiche Bürger, auch ein deutscher Ritter der Hofgesellschaft, gaben die Mittel für den Bau und den Ankauf eines Grundstücks. Ein unregelmäßiger Gebäudekomplex entstand, angrenzend an ein Brauhaus und einen großen Malzkeller. Eine Ecke stieß bis in das Territorium der benachbarten Pfarrkirche vor, die dafür eine ständige Abgabe verlangte. Das Vorstoßen in das Gebiet der »Mauerkirche« ist damit schon in den Grundmauern der Neugründung deutlich. Noch sichtbarer wurde es in der Architektur. Sie stand zum Teil unter dem Zwang, daß Bethlehem nie die Rechte einer »Kirche« erhielt, sondern lediglich eine »Kapelle« blieb. Keine ragende Kirchturmspitze war daher erlaubt, wie sie sonst den Stolz jedes Kirchengebäudes bildete. Nichts Pomphaftes, nichts golden Glitzerndes sollte nach dem Willen der Bethlehemiten prunken. Das Wort und nur das Wort in der Landessprache sollte herrschen. Bethlehem ist daher die erste reine Predigtkirche, schlicht, nahezu ärmlich im Äußeren, nur mit zwei einfachen Giebeln nach der Straße zu. Dabei keineswegs nur eine Kapelle im Inneren, sondern ein sehr großer, fast riesig zu nennender Raum für die Gemeinde, mit Platz für 3000 Personen. Als Zentrum die Predigtkanzel, viereckig auf einem mächtigen Pfeiler, angelehnt an die Wohnung des Geistlichen, der sie von dort aus betritt. Auch ein Altar war vorhanden, bedient von einem besonderen Priester, aber er war nicht das Hauptstück, sondern gleichsam eine Konzession, eine Zugabe an die Tradition. Der übliche Gottesdienst hatte sich auf das liturgische »Schauspiel« der Messe konzentriert, und es war in den letzten zweihundert Jahren noch dazugekommen, daß der Priester, im Gegensatz zu den älteren

Zeiten, der Gemeinde den Rücken zukehrte. Er hatte sich ausschließlich seinem Amt der Weihe und Wandlung des Sakramentes zu widmen; die Gemeinde wiederum war relegiert in die Stellung von bloßen Zuschauern. Die ganze Hussitenbewegung und die Reformbewegung als ihr Vorläufer stehen unter dem Zeichen, daß die Gläubigen unmittelbar teilnehmen wollen. Sie wollen, daß der Priester von Angesicht zu Angesicht zu ihnen spricht. Sie wollen am Abendmahl teilnehmen, direkt, in vollem Umfang, nicht nur als einer feierlichen Handlung in der distanzierten lateinischen Kirchensprache. Sie wollen dabeisein, mittun – nicht als Untertanen, um es politisch auszudrücken, sondern als vollberechtigte Mitbürger. Der Priester soll nicht eine durch seine Weihen privilegierte Person höheren und besonderen Ranges sein, der ein Amt verwaltet. Ein Amt, das nur ihm vorbehalten ist und das sich auch, ganz unabhängig von etwaigem Makel seiner Person, äußert und ein stets erneutes Wunder vollzieht. Der Gedanke, daß jeder Gläubige auch Priester sei oder sein könne, kommt hier zum Ausdruck, und er hat die gesamte reformatorische Entwicklung bestimmt. Bethlehem war revolutionär. Die Mauern, ohne die es ja nun einmal nicht abging, waren im Grunde nur Wände. Die Versammlung hätte auch, wenn das nicht allzu revolutionär gewesen wäre, im Freien stattfinden können. Und die spätere Entwicklung des Hussitentums hat dann ganz folgerichtig diesen Schritt getan und ist hinausgezogen auf die Berge bei Tabor.

Die Anfänge waren noch unauffällig und fanden sogar Sympathien in den herrschenden Kreisen, bis hinauf zum Hof, dem Magistrat der Altstadt mit seinen großbürgerlichen Patriziern, von denen einer, der reiche Kaufmann Kříž, von den Deutschen Kreutz genannt, zu den Gründern gehörte. Ein ganzer, kleiner Stadtteil entstand. Die verbotene und ausgewiesene Schülerschaft des Milič fand sich mit neuen Mitgliedern wieder zusammen, und es sollte auch ausdrücklich das »neue Jerusalem« weitergeführt werden, allerdings nicht mit dem Heim für die bekehrten Magdalenen. Unverkennbar aber ist bei dieser wie bei den folgenden reformatorischen Bewegungen die streng moralische, »puritanische« Note. Die offizielle Kirche hat viel gegen die Bethlehemiten vorgebracht, aber sie hat keinerlei Anklage gegen die Sitten der Gemeinschaft erheben können. Es war vielmehr umgekehrt: Die Anklage ging von Bethlehem aus, und sie war schwer, wenn nicht gar unwiderlegbar. Die These vom sündigen und damit »unwürdigen« Priester, ein Hauptstück des Streites, hatte hier ihren Ursprung.

Die weite und recht kahle Halle wurde im weiteren Verlauf der Revolution noch mit Fresken versehen, die aber nicht dem Schmuck dienen sollten. Sie waren Plakat-Propaganda, Kritik, Satire, Parodie. Ganz wie später in den Holzschnittheften der Lucas-Cranach-Presse zu Wittenberg wurde immer in Paaren gegenübergestellt: die offizielle Kirche und die wahre Kirche Christi. Der Papst, hoch zu Roß in prunkvollem Habit – daneben Christus, demütig unter das Kreuz gebeugt. Der Kaiser Konstantin mit seinem Palastgebäude, dem Papst die mythische Schenkung des ganzen Abendlandes in Form einer goldenen Krone überreichend – daneben Christus in der Dornenkrone vor Pilatus.

Schließlich wurde Bethlehem auch zur Stätte für den Choralgesang in der Volkssprache, der sich schon gegen den Widerstand der Kirchenbehörden in die Hymnen eingeschlichen hatte. Hus hat mit seinen Genossen und Nachfolgern viele der alten lateinischen Hymnen übersetzt. Der Choral, schlicht und einstimmig von der Gemeinde gesungen, wurde zu einem Charakteristikum des Hussitentums. Der gesamte Corpus der Hussiten auf diesem Gebiet bildet den größten Beitrag der Bewegung zur Geschichte der Künste. Auch hier, wie bei der Architektur und Kirchenausstattung, ist der Gegensatz zur Praxis und Entwicklung der offiziellen Kirche markant: Die Kirchenmusik der großen Kathedralen war zunehmend kunstvoll geworden und entfernte sich immer mehr von der Teilnahme der Gemeinde. Sie wurde mit ihrer beginnenden Vielstimmigkeit, bald mit außerordentlich verfeinerter Polyphonie berufsmäßigen Kapellen übertragen und eine Sache von ausgebildeten Fachmusikern. Sie wurde eine »höfische« Kunst, Kunst der weltlichen und geistlichen Höfe, und hatte schließlich sogar in der Form eigner »Staatsmotetten« die Verherrlichung politischer Ereignisse zu zelebrieren. Der Hussitenchoral dagegen war einfach und wurde von allen angestimmt. Er wurde am Ende, wie in der Reformationszeit, auch Kampflied. Die singenden Hussiten wurden ebenso gefürchtet wie die kämpfenden mit ihren kurzen böhmischen Schwertern. Bei einer der entscheidenden Schlachten gegen die Kreuzfahrer, so erzählten die Chroniken, flohen die Feinde schon, als sie das Heranrücken der Hussiten unter ihrem Feldchoral »Die wir Gottes Streiter sind« hörten.

Die Kunst- und die Sozialgeschichte gehen nicht immer im gleichen Schritt, und es ist gefährlich, wenngleich verführerisch, in der Kunst einer Zeit ihren »typischen Ausdruck« zu sehen. Noch gefährlicher, wenn man die beliebten großen »Entwicklungstendenzen« verfolgt, die nicht immer so geradlinig verlaufen, wie es für eine zügige Darstellung wünschenswert wäre. Rein ästhetisch-kunstgeschichtlich betrachtet, ist die »böhmische Spät- und Sondergotik« Karls IV. der Glanz und die Glorie des »Goldenen Prag«. Die Hussiten wollten von diesem Gold nichts wissen. Musikgeschichtlich ist die große französische Schule – und dann die noch größere der Niederländer mit ihrer überaus verfeinerten und differenzierten Polyphonie – dem oft schon rein mathematischen Geflecht des Satzes unendlich überlegen und eine großartige Etappe auf dem Wege zu hoher Musik. Der Gemeindegesang zu Bethlehem mutet demgegenüber primitiv an, altertümlich, am Ende brutal. Aber die Hussiten wollten keine komplizierten Spiele, weder mit der Bildnerei noch den Tönen. All das erschien ihnen Ablenkung vom Wesentlichen. Sie haben, wie später die Bilderstürmer der Reformationszeit, ohne Bedenken zerschlagen und in die Moldau versenkt, was ihnen als rein äußerlicher Bilderkult mißfiel. Und schließlich ist später mit verändertem Stilgefühl des Barock von der gleichen Kirche, die in den gotischen Meisterwerken triumphierte, ebenso viel, wenn nicht noch sehr viel mehr von ihren Denkmalen zerstört worden als von den Bilderstürmern.

Die Sozialgeschichte jener Zeit im Vorfeld des Hussitentums leidet daran, daß es ihr an zuverlässigen Dokumenten auf großen Gebieten fehlt. Die Kirche war keine Einheit. Es gab den hohen Klerus, der sehr reich war, sehr ehrgeizig, im Genuß der »fetten Pfründen«, deren Erjagung möglichst in mehreren Präbenden nicht den kleinsten Teil ihrer Beschäftigung bildete. Wir wissen über die Zusammensetzung der Domkapitel, der Bischofssitze und anderen Posten gut Bescheid. In Prag gehörten von den 1200 Geistlichen in der Stadt allein 200 zum Dom von St. Veit. Was sie dort taten und wieweit sie sich in »geistlicher« Arbeit verzehrten oder nur behaglich ihre Pfründen genossen, ist dokumentarisch weniger genau überliefert. Von den Sitten der hohen Herren und des Klerus melden aber nicht nur die wütenden Vorwürfe der Laien, die Literatur mit so gut wie allen großen Namen und zahllosen volkstümlichen Satiren. Die Kurie selbst äußerte sich von Zeit zu Zeit, so etwa Clemens VI. aus Avignon, der sich etwas gewundener ausdrücken mußte; er lebte als der »Magnifico« im luxuriösesten Hofstaat der Zeit. Aber er donnerte den Klerus an wegen seines Stolzes, seiner Arroganz, seiner Prunksucht und Habgier. Etwas leiser donnerte er weiter: »Und was die Keuschheit anbetrifft – aber davon wollen Wir lieber schweigen; nur Gott weiß, was jeder Mensch tut und wie viele von Euch ihre Lüste befriedigen.« Nicht Gott allein, auch die Kirchenbehörden wußten es. In den Visitationsberichten des Prager Erzbistums ist von »Konkubinen überall« die Rede; die Domkapitel wurden allerdings nicht visitiert. Daneben wird über Bestechung, Wucher, Waffentragen der Kleriker und ständige Abwesenheit von der Amtsstelle Klage geführt. Man kann darin Reformwilligkeit auch der Kirchenbehörden erkennen; sie führte nur zu nichts und blieb bei gelegentlichen Anläufen. Der Skandal war da.

Schließlich und endlich ging es immer um Geld. Die Menschen des Mittelalters waren ganz außerordentlich zahlungsunwillig, und das nicht nur, weil das Geld so rar war. Sie sträubten sich gegen jede Steuer mit einer Hartnäckigkeit, die uns längst abhanden gekommen ist. Auch Beiträge, deren Summe unbeträchtlich war, wurden erbittert umkämpft. Man gab gern und oft erstaunlich reichhaltig in Almosen und Stiftungen, aber das war freiwillig und diente außerdem dem Seelenheil. Man konnte dafür, wenn auch erst im Jenseits, eine Gegenleistung erwarten. Man steuerte jedoch ungern Gelder, die nur dem Wohlleben einer kleinen privilegierten Klasse zugute kamen. Einer Geistlichkeit, die sich in ihren höheren Schichten kaum noch die Mühe gab, die alleräußersten Pflichten ihres Amtes zu erfüllen, sondern das schlechtbezahlten Substituten überließ, während sie selbst zur Jagd ritt, in weltlichem Kostüm ging und dafür die oberste Stellung im Staate beanspruchte.

Es gibt einige Zahlen aus Prag: von 700 erteilten Weihen in einem Jahre wurden nur 100 für die Weihe zum Priester und Amtsträger erteilt. Die anderen dienten lediglich dazu, die Berechtigung zur Annahme einer Pfründe zu erteilen. Mit Domherrenposten und anderen einträglichen Präbenden wurden die Hofbeamten und Staatsdiener bezahlt und auch bloße Günstlinge ohne sonderliche Befugnisse. Ein Dichter wie Petrarca, der freilich auch als einflußreicher »Publizist« in Betracht kam, lebte zeitlebens von solchen Präbenden. Wenn er durch die Weihen die Verpflichtung zum Zölibat übernahm, so hat ihn das nicht im geringsten bekümmert; es hatte nur die Folge, daß seine Kinder illegitim geboren waren. Wie viele solcher Sprößlinge in Prag umherschlichen oder einherstolzierten, je nach der Großzügigkeit ihres Erzeugers und seinen Beziehungen, ist schwer zu schätzen. Man war im Mittelalter, ein versöhnlicher Zug, sehr nachsichtig gegen die Bastardkinder. Es gab feste Taxen für Legitimierung, und sie bildeten einen beträchtlichen Einnahmeposten der Kirche.

Das Bezahlenmüssen jedoch für die kirchlichen Segnungen bei jeder Gelegenheit erbitterte. Der Weltklerus wetteiferte mit den Bettelorden und stritt sich mit ihnen auf das heftigste über die Gebühren. Die Beichte, das Abendmahl, Taufe, Begräbnis – nichts wurde umsonst gereicht; die Ablässe, als immer häufiger verlangte Zahlungen, kamen hinzu. Die Erzbischöfe und Bischöfe hatten von der ungemein tüchtigen Praxis der Kurie in Avignon gelernt. Sie bauten sich ihre eigne Bürokratie auf. Und da das gesamte Leben auf das innigste mit der Kirchenverwaltung verflochten war, mußte bei uns kaum vorstellbaren Gelegenheiten gezahlt werden. Bei Rückständen oder Nichtzahlung traten die Kirchenstrafen in Kraft, mit der Exkommunizierung oder dem Interdikt für ganze Kommunen; sie hatten zugleich wirtschaftliche Bedeutung, da sie geschäftsunfähig machten, für die Handlungen des einzelnen oder einer Stadt. Der Bann wurde nicht nur vom Papst verhängt, sondern neuerdings auch von Erzbischöfen, Bischöfen, Äbten, nicht selten geradezu gebündelt und bei bestimmten Zahlungsterminen. In Italien unter seinen sehr herzhaft ungläubigen Stadttyrannen war dieses ehemals furchtbarste Kampfmittel der Kirche so gut wie wirkungslos; im gläubigen Böhmen griff es noch scharf und empfindlich ein. Eine Topographie und Zusammenstellung über Bann und Interdikt im 14. und 15. Jahrhundert wäre lehrreich; sie ist aber nie versucht worden. Zeitgenossen nur haben schon gestöhnt, daß fast ein Drittel der Christenheit unter Bann oder Interdikt läge. In manchen Städten hat die Kirchensperre ein Dutzend oder mehr Jahre gedauert; in Frankfurt einmal 28 Jahre. Im Leben des Hus wird sie uns noch als entscheidende Wendung begegnen.

Die Kirche war keine Einheit. Sie war ständisch so vielfältig gegliedert und gestaffelt wie die übrige Gesellschaft. Der Abstand zwischen dem »Hochadel« der großen Bischofssitze und dem mittleren Klerus war nicht geringer als der beim weltlichen Adel. Der Erzbischof von Prag, das erst durch Karl IV. zu dieser national wichtigen Würde befördert wurde, war zugleich der reichste und mächtigste Mann des Königeichs und ex officio der Kanzler. Sein Amtsbruder zu Mainz hatte die gleiche Stellung als Kanzler im Heiligen Römischen Reich inne; an beiden Stellen haben sich unendliche Streitigkeiten und Fehden unvermeidlich angeschlossen. Die sehr weitgehenden Gerichtsbefugnisse des erzbischöflichen Konsistoriums trugen noch dazu bei. Unablässig mußten Streitfälle entschieden werden, und damit trat schon ein Stand seine Laufbahn an, der dann in der politischen Entwicklung führend wurde: der des Juristen. Der kirchliche Jurist, der nach dem kanonischen Recht urteilte, war noch allmächtig; der weltliche Jurist begann ihn eben erst abzulösen. Frankreich machte den Anfang und erzielte bereits damit seine größten politischen Erfolge.

All das war immer noch halb kirchlich, halb »geistlich« mit Präbenden und anderen Kirchenstellen verbunden. Unter dieser Aristokratie, in der die Söhne des Adels entscheidend vertreten waren, lebte der niedere Klerus, dem man bereitwillig die Amtsarbeit überließ, abgesehen von großen repräsentativen Gelegenheiten. Er war schon rein äußerlich viel bescheidener gekleidet, und es wurde streng darauf gesehen, daß er keinen Atlas oder womöglich Pelzwerk trug. Er war oft kläglich bezahlt und mußte sehen, daß er sich durch Eintreibung der täglichen Zahlungen für geistliche Dienste seinen Unterhalt verschaffte.

Wir können getrost einen ganz beträchtlichen Teil der Kleriker als »geistliches Proletariat« bezeichnen. Sie bettelten nicht offiziell, aber sie gingen abgerissen, verbittert, rebellisch umher. Nicht wenige von ihnen schlossen sich der Revolution an. Einige wurden deren Führer.

Über die ständische Gliederung und die Klassen in der Stadt und auf dem Lande wird erst jetzt mit dem dafür geschärften Auge der marxistischen Geschichtsauffassung etwas mehr Material erarbeitet. Man hat früher nicht viel mehr notiert, als daß in den Städten die Patrizier das Regiment führten, die Großbürger, immer stark bedrängt von dem aufstrebenden Mittelstand und den Vertretern der Handwerkerschaft, den Zünften. Was sich darunter bewegte – und das muß immer die ganz überwiegende Majorität gewesen sein – wurde in den Chroniken nicht beachtet. Die Vollbürgerschaft war an bestimmten, anfangs recht hohen Besitz gebunden und gab auch das Recht, Waffen zu tragen. Das waren die »Mächtigen«, die »Potenten«, wie sie sich selbst nannten; dann kamen die etwas weniger Potenten, die »Besseren«, und schließlich die Armen, die »pauperes«. Aber diese Gliederung war zunehmend erweicht und aufgelöst mit dem ständigen Aufstieg der Städte, Prags insbesondere, der zunehmenden Geldwirtschaft, dem wachsenden Selbstbewußtsein des Handwerkertums. Der Kampf der Zünfte um die Macht war eine der großen Auseinandersetzungen des Jahrhunderts im ganzen Europa; er endete in den deutschen Städten meist mit dem Sieg der Zünfte, dem zum mindesten zeitweiligen Sieg über die privilegierten »Geschlechter«, die sich die Bezeichnung »die Ehrbaren« zugelegt hatten, worunter nichts Moralisches verstanden wurde, sondern daß sie sich alle Ehrenstellen vorbehielten. Auch in Prag war diese Entwicklung im Gange; sie stand aber noch unter dem besonderen Kennzeichen nationaler Gegensätze. Die Stadt bestand aus drei sehr scharf geschiedenen Teilen: der Altstadt, der von Karl IV. erst gegründeten Neustadt und am anderen Moldauufer der Kleinseite mit der Königsburg und dem Dom samt dazugehörigem Erzbischofssitz. Die Altstadt wurde dominiert von den deutschen Großkaufleuten, die auch das Landesprivileg des Außenhandels hatten; die Neustadt war ganz überwiegend tschechisch, die Kleinseite die Zitadelle des Königtums und der Kirchenherrschaft. Kampf zwischen Alt- und Neustadt, zuweilen auch beider gegen die Zitadelle beherrschten die ganze Geschichte des Hussitentums. Stolz auf die gemeinsame Stadt verband nur zeitweilig. Die Altstadt hatte als erste sich ein Rathaus erstritten; die Rathäuser sind in allen Städten Mitteleuropas die Wahrzeichen für eine neue Machtstellung des Bürgertums. Sie lösen in vieler Beziehung, auch baugeschichtlich, die große Zeit der Kathedralen und Kirchenbauten ab.

Die Rathäuser der böhmischen Städte wurden die Zentren im Kampf um die Macht. Mit dem Sturm auf das Neustädter Rathaus und dem Fenstersturz der Ratsherren am 30. Juli 1419 begann die hussitische Revolution in allem Ernste.

Woraus sich aber das Proletariat, im modernen Sinne, zusammensetzte, ist viel schwerer zu entscheiden, als heutige Sympathien es nahelegen mögen. Die kleinen Gruppen, die Familie, die Großfamilie, die Hausgemeinschaft, auch bei Gewerbebetrieben, bildeten noch die Grundlage. Die Armen galten als ein fester und gottergebener Bestandteil der Weltordnung. Man sollte sie nicht verachten, im Gegenteil: schätzen und ehren. Man gab ihnen Almosen, ein als unentbehrlich angesehenes Element der Lebensführung; wenn es keine Bettler gab, so würde man dieser Möglichkeit, sich Verdienste vor Gott zu erwerben, beraubt. Bettel war ein von der Kirche privilegierter Bestandteil der sozialen Ordnung, in den großen Bettelorden wie auch sonst; Bettel waren die Kollekten und Ablässe. Freiwillige, gewollte Armut galt als ein Ideal, ein gottgefälliges Beispiel. Milič hatte es vorgelebt, als er seine reiche Pfründe aufgab. Nutznießer dieser Armutsverehrung waren die weitverbreiteten Bettlerhorden, die sich, wiederum in der Form kleiner Gemeinschaften, zu nahezu ordensartigen Gruppen zusammenschlossen oder »Bettlerkönige« ernannten, die reich wurden und gefürchtet waren durch die strenge Disziplin, die sie hielten, und die zahllosen Erpressungen und Raubtaten ihrer Mannschaften. Die Magistrate und anderen Obrigkeiten suchten zu regulieren. In Nürnberg erhielten die vom Rat konzessionierten Bettler eine Blechmarke als Ausweis und hatten einen Patrizier, den »Bettelherrn« als Vorgesetzten. Sie bildeten eine förmliche Zunft, mit eingeschriebenen Mitgliedern; die nicht registrierten wurden als »Landstörtzer« und »Geiler« ausgewiesen.

Die Armen, die »pauperes« nach damaliger ständiger Einteilung, waren jedoch etwas anderes, nämlich schlicht die Besitzlosen und Abhängigen. Dokumentarisch erfaßt wurden nur die Steuerfähigen mit Hausbesitz oder festem Einkommen; alles andere ging unter dieser sehr unbestimmten Rubrik. Dienstleute, selbst in sehr bescheidenen Haushaltungen, waren noch zahlreich. Bei den Handwerkern gehörten die Lehrlinge und Gesellen zum Haushalt und unterstanden seiner patriarchalischen, strengen Zucht. Der Zunftzwang und die

Machtergreifung durch die Zünfte hatten zur Folge, daß die aufrückenden Handwerker verbürgerlichten und sich immer stärker abschlossen gegen neuen Zuzug. Die nicht zur Meisterschaft zugelassenen Altgesellen, die sich nicht entschließen konnten, eine vielleicht unansehnliche Meisterstochter oder Witwe zu heiraten, oder einfach überzählig waren, bildeten ein neues Element der Spannung und Unruhe. Über die Lage der Lohnarbeiter zerbrach sich niemand den Kopf; König Karl war am Handel und Fernhandel interessiert, für den er grandiose Zukunftspläne einer großen Handelsstraße von der Ostsee bis zur Adria über Prag und gewaltige Kanalbauten erwog, aus denen allen nichts wurde. Zu den als gottgewollt hingenommenen großen Krisen durch Mißernten und Naturkatastrophen kamen die neuen, von Menschen geschaffenen Wirtschaftskrisen im Handel und Verkehr der zunehmenden Geld- und Güterwirtschaft. Es versteht sich, daß die »pauperes« in allererster Linie davon betroffen wurden. Wir haben also, in den Städten wie auch auf dem Lande, das an dem ansteigenden Güteraustausch teilzunehmen begann, eine breite Schicht, die Grund hatte unzufrieden zu sein und den Mutterboden für die Hussitenbewegung bildete.

Wir wollen diese rein materiellen Hintergründe gewiß nicht unterschätzen. Die Kirche tat das zu allerletzt. Sie stritt mit unbeirrter Zähigkeit um Besitzrechte, Abgaben und Ansprüche, die für die Zeitgenossen schon nur recht fragwürdige »geistliche« Berechtigung hatten, obwohl sie sich auf religiöse Gründe berief. Der Kirchenbesitz bestand – wir sind wieder nur auf Schätzungen angewiesen – aus ungefähr einem Drittel des Landes. Man muß dazu noch sagen, daß es obendrein meist der beste Boden war, auch vielfach der am besten bewirtschaftete, am besten verwaltete, in günstigster Lage. Die Stimmen, die von fast der gesamten Hälfte sprechen, haben nicht ganz unrecht. Für diesen Besitz wurde Immunität und Steuerfreiheit verlangt, wenn auch nicht immer durchgesetzt. Er war unveräußerlich, ein Fideikommiß im wahrsten Sinne des Wortes; er konnte nur und sollte nur noch erweitert werden. Er war immer und unaufhaltsam angewachsen und nie vermindert worden, außer in Zeiten, wo die Kirche sehr schwach war und die weltlichen Mächte, der König und der Hochadel, sehr stark. Es ist nicht recht auszudenken, wie das hätte weitergehen sollen; nach Ansicht der radikalen Verfechter der Kirche – die auch ihre Radikalen hatte, und sie gaben den Weltlichen in nichts nach – wäre es durchaus wünschenswert gewesen, daß die Kirche das ganze Land übernahm. In der Idee und in der Theorie der Kanonisten erhob sie diese Forderung. Kaiser Konstantin hatte, so lautete die Legende, dem Papst Silvester I. das gesamte Abendland zum Geschenk gemacht, als er, aus Dank für die Heilung von furchtbarem Aussatz, Christ wurde. Das war für das Mittelalter keine Legende, sondern eine auf Pergament vorhandene Urkunde, ein Schreiben des Kaisers an den Papst. An seiner Authentizität zu zweifeln war Ketzerei. Das Dokument stammte erst aus dem 8. Jahrhundert und war eine Fälschung. Es wurde jedoch geglaubt, auch noch zur Zeit des Hus, obwohl schon insgeheim bezweifelt; erst in den nachfolgenden Jahrzehnten hat die frühe humanistische Historik Kritik zu äußern gewagt, auch in der Person des Kardinals Nikolaus Cusanus. Das Fresken-Plakat in der Bethlehemkapelle akzeptiert noch durchaus die Schenkungsthese; es stellt nur die Armut und die Demut Christi gegenüber. Was »Besitz« des ganzen Abendlandes aber bedeuten solle, darüber gab es stets verschiedene Ansichten. Und da die Macht der Kirche nun schwach geworden war, erhoben sich »gierige Hände«, nach Ansicht der Kirche, um nach diesen Gütern und Besitzungen zu greifen. Die Säkularisierung des Kirchenbesitzes wurde die am schärfsten eingreifende Forderung und Maßnahme der Revolution. Sie überdauerte sogar zum größten Teil den späteren Zusammenbruch der Umwälzung und blieb bestehen, als sonst fast alle Forderungen und Errungenschaften der Hussiten abgebaut waren. Sie bildete den Hauptgegenstand des Streites der Kirche mit Böhmen das ganze 15. Jahrhundert hindurch; Böhmen war das Ketzerland, weil es den Kirchenbesitz beschlagnahmt hatte. Der große Nutznießer wurde jedoch nicht das Volk, sondern der Hochadel.

Auch von diesem ist zu sprechen, wenn wir das Vorfeld ableuchten wollen. Die großen böhmischen Herren hatten eine sehr eigentümliche Stellung. Sie waren keine Lehensleute, sondern unbeschränkte erbliche Eigentümer ihrer Besitzungen, sehr zum Unterschied vom sonstigen feudalen Europa. Sie aspirierten ständig auf eine Rolle, die sie den deutschen Reichsfürsten angeglichen hätte; allerdings haben sie das nie erreicht oder erst zur Habsburgerzeit, etwa in der Person Wallensteins. Mächtig genug waren sie immer gewesen; die ältere böhmische Geschichte ist zum großen Teil der Kampf der Großen mit der Krone, mit wechselnden Erfolgen. Das Kernstück der sonst so durchgreifenden Reformen Kaiser Karls IV., die »majestas Carolina«, die nach Bereinigung anderer großer Fragen auch ihnen zu Leibe rücken wollte mit einer Kodifizierung ihrer Rechte, hatten sie zu Fall gebracht. Sie wußten, daß bereits mit genauer Definition und womöglich Auslegung durch staatliche königliche Beamte ihren altgeheiligten Rechten Gefahr drohen würde. Sie behielten sich also die Rechtsprechung und damit die Macht auf ihren Besitzungen vor und sprachen Recht oder taten Unrecht nach altem Brauch, der keiner schriftlichen Festlegung bedurfte.

Sie waren auch sonst keine Freunde genauer Definitionen. Selbst in den Titulaturen, die beim deutschen Adel eine so enorme Rolle spielten, genügte das Wort »Herr«. Man wußte ohnehin, wer die Herren von Rosenberg waren, denen ein großer Teil von Südböhmen gehörte, ein Herzogtum nach den Begriffen des übrigen Europas. Sie heirateten Königstöchter oder Königswitwen. Andere waren nicht viel weniger mächtig. Sie waren die Königsmacher, die »Kurfürsten«, auch wenn sie diese Bezeichnung nicht trugen. Und einer von ihnen, Georg von Podiebrad aus dem Haus der Kunštat, wurde dann in der Tat als Erbe der hussitischen Revolution König von Böhmen, der »Ketzerkönig«, wie man ihn in der übrigen Welt hieß: der einzige Herrscher aus einheimischem Geschlecht, den das Land seit hundertundfünfzig Jahren aufzuweisen hatte, und der letzte überhaupt für alle Folgezeit. Diese Herren, die oft deutsche Ortsbezeichnungen an ihren Namen hängen hatten, waren, bei allen internationalen Beziehungen durch Heiraten und Besitzverhältnisse, in erster Linie Böhmen. Sie konnten sehr patriotisch auftreten, auch wenn sie sonst nicht gerade viel für ihre Heimat taten und immer bereit waren, nach allen Seiten hin zu konspirieren und zu lavieren. Man hat sich oft über ihre abrupten Kehrtwendungen und Verrätereien gewundert, ihre Unzuverlässigkeit in großen Fragen. Aber sie waren unbedingt zuverlässig und konsequent in der Wahrung der Interessen ihres Standes, einer kleinen, durch Familienverbindungen und gemeinsame Hochziele eng verbundenen Gruppe. Bei der Aufteilung des Kirchenbesitzes sicherten sie sich – und sie besaßen darin schon eine jahrhundertelange Tradition – den Löwenanteil. Konfessionelle Rücksichten wurden dabei nicht beachtet. Die streng katholischen Herren waren darin eher noch eifriger als ihre ketzerischen Genossen. Im übrigen verstanden sie es auch, ihre Besitzungen vorzüglich zu verwalten; sie besaßen ebenso wie die erzbischöfliche Kanzlei bereits eine ausgebildete Bürokratie und Beamtenschaft. Sie trieben umsichtigen Handel mit ihren Produkten und waren deshalb die geschworenen Feinde der Städte. Kaiser Karl IV. hatte in seiner Autobiographie – der einzigen eines mittelalterlichen Kaisers – über sie geklagt, als er die Regierung übernahm: »Der König war gezwungen, den Großen schönzutun, wenn er sie zu Frieden und Gehorsam bewegen wollte. Ja, er mußte ihnen den Frieden geradezu mit großen Geldsummen abkaufen, die er doch zur Bestreitung seines knappen Haushaltes so dringend brauchte.« Er hatte sie immerhin leidlich gebändigt; unter seinem Sohn Wenzel machten sie sich wieder frei. Ihre »Libertät«, wie das die deutschen Kollegen nannten, ging so weit, daß sie ihren König auch gegebenenfalls gefangen nahmen und seine Ratgeber, wenn sie ihnen mißfielen, ermordeten. Der Schatten dieser wahrhaft gebietenden Herren fällt in überlebensgroßer Silhouette über die Landschaft der Zeit, von der wir sprechen.

Der mittlere und kleine Adel war von anderem Schlage, oft ähnlich einem Großbauerntum. Unter ihm finden sich viele Anhänger der Reformbewegung, Männer wie Thomas von Štítný, auch spätere Hussitenführer wie der größte Feldherr der Revolution und des ganzen Jahrhunderts, Žižka. Hus hat bei ihnen seine Beschützer gefunden, als er ins Exil gehen mußte, seine Fürsprecher beim Prozeß in Konstanz, die ersten und sehr zahlreichen Unterzeichner der Proteste gegen seine Verurteilung. Nicht wenige waren auch Raubritter und Fehdehelden. Zweikampf aus den geringsten Ehrenhändeln oder zu Ehren einer Dame war beliebt. Matej von Janov schildert ihre blutigen Duelle, mit Vorliebe »nackt oder halbnackt ausgefochten«, bis zum Niederstechen des Gegners. Als Söldnerführer und Condottieri haben sie sich weithin bekannt gemacht, über die Grenzen hinaus und noch das ganze 15. Jahrhundert hindurch, im Dienst von Fürsten oder deutschen Reichsstädten. Ein Nürnberger Flugblatt bildet einen solchen böhmischen Hauptmann ab, mit mächtigem böhmischem

Schnauzbart, den scharfgespitzten Fausthammer in der Rechten. Andere wieder waren stille Sinnierer; auch solche gab es unter ihnen.

Wenig Zeit und Muße zum Sinnieren verblieb den Bauern. Die böhmischen Bauern waren zu einem Teil besser gestellt als in anderen Ländern; die Zeit der allgemeinen Leibeigenschaft und Helotisierung begann erst später. Viele hatten sich von den Hörigendiensten gegen eine Rente als Zins freigekauft. Die Dorfgemeinden besaßen eine gewisse Selbstverwaltung, wie sie im benachbarten Deutschland kaum zu finden war. Die Erinnerung an frühere noch weitergehende Rechte und Bräuche der Gemeinschaft, wie sie in der Kolonisations- und Rodezeit bestanden hatten, war nicht erloschen. Es ist wie in der Vorgeschichte des deutschen Bauernkriegs von 1525 und auch unter anderen ähnlichen Verhältnissen kennzeichnend, daß solche Überlieferungen nie ganz verlorengehen. Der Bauer hat ein langes Gedächtnis. Er hat ein scharfes Gefühl für altes Recht, auch wenn es nicht aufgezeichnet ist, und neues Unrecht, mag es noch sosehr mit Urkunden und Verfügungen ihm vorgehalten werden. Und wie stets sind es nicht die völlig versklavten und heruntergedrückten Teile der Bauernschaft, die sich erheben, sondern die selbstbewußteren und etwas besser gestellten, die auch schon einige Formen des Zusammenschlusses und der Organisation kennen. Die stärkere Schlagkraft der Hussitenheere, die sich den Söldnerhorden der »Kreuzfahrer« als so überlegen erwiesen, hat da eine ihrer Grundlagen.

Wir blicken aus der Vogelschau auf die Gemengelage dieses Vorfeldes. Vieles entzieht sich unseren Augen, und wir wollen es nicht durch Spekulationen ersetzen. Was diese Bauern, diese städtischen »Armen«, in religiöser Hinsicht glaubten, läßt sich nur durch das erschließen, was dann geschah. Die geistliche Versorgung durch die Kirche war dürftig genug. Aberglauben ging um, und das nicht lediglich bei den unteren Ständen. Uralte heidnische Bräuche, oft kaum eingehüllt in kirchliche Formen, oder auch einfach nackt, waren weithin im Schwange. Man grub, wie Štìtný erzählt, Mandragorawurzeln aus. Man sammelte Knochen unter dem Galgen auf, und es gab überall Galgen. Man schnitt den Gehängten ein Stück Haut ab und trug es als Amulett. Man verübte Taufakte an Kröten und Fröschen, die zu Heilzwecken dienen sollten, besonders gegen die grassierenden Hautkrankheiten. Man weihte Mistelzweige, die nicht nur in England beliebt waren. Dunkle Weissagungen gingen um, von der Endzeit und dem Anbruch des tausendjährigen Reiches in nächster Zukunft. Die kirchlichen Lehren vom Jüngsten Gericht waren kein Gegengewicht; sie förderten eher solche Weissagungen. Die Lehre vom Purgatorium mit seinen zeitlich unbemessenen Qualen erschien denen, die schon im Leben Not und Qualen genugsam zu erdulden hatten, kein Trost. Gerade dieser Punkt der Kirchenlehre wurde dann von den Radikalen verworfen. Die Verweisung auf ein immer weiter in die Ferne gerücktes Himmelreich, dem man sich allenfalls durch Ablaßzahlung um ein paar winzige Schritte nähern könnte, machte ungeduldig. Man wünschte es hier und heute oder wenigstens morgen. Die chiliastischen Erwartungen der Massen, die sogleich unverzüglich aufzubrechen bereit waren, auch unter den größten körperlichen Entbehrungen, haben die ersten großen Auszüge aus den Städten und Orten auf die Berge hervorgerufen. Der Wunderkult vor Reliquien und Heiligenbildern wechselte hinüber in den Glauben an Wunder auch anderer Art, die sich begeben und die man herbeiführen könne. Die Vielzahl, ja fast Unzahl von Heiligen und Andachtstätten verwirrte. Es hatten sich ohnehin sehr national bedingte Kulte ergeben, aber selbst diese wurden ständig erweitert durch neue, oft »modische« und zuweilen auch den Kirchenbehörden verdächtige Schöpfungen. Die Böhmen waren patriotisch in der Verehrung des Landesheiligen St. Wenzel als des Ahnherrn der heimischen großen Dynastie der Přemysliden und seiner Vorfahrin, der Ludmilla. Aber Wanderprediger brachten ständig neue Reliquien und priesen sie höchlichst über alle früheren an. Die Hussiten haben den Kalender sehr vereinfacht; Marienlieder haben auch sie gesungen. Die Wallfahrten brachten das Erlebnis von Massenbegeisterung und Massenekstase. Oft waren sie ebenfalls der Kirche suspekt, besonders wenn sie außer Landes führten und nicht genau untersuchten Kultstätten dienten. Die Pilgerfahrt zum »Heiligen Blut« des Dorfes Wilsnack im Brandenburgischen setzte urplötzlich die Scharen in Bewegung. Der Prager Erzbischof hat noch Hus in die Kommission zur Prüfung dieses Wunders berufen. Eine Hostie war beim Einsturz des Kirchleins von Wilsnack im Schutt gefunden worden; sie blutete, als man sie aufhob. Die Vorstellung, daß die Hostie bluten könne, entsprach ganz materialistisch der mystischen Lehre von der Transsubstantiation und der leiblichen Gegenwart Christi im Sakrament.

Bei den Judenverfolgungen, zu neuer Höhe geführt durch den Siegeszug des Schwarzen Todes um die Jahrhundertmitte, ließ man sich diesen Gedanken nicht entgehen. Neben dem Vorwurf, die Juden hätten durch Brunnenvergiftung die Pest erzeugt, trat nun auch die Behauptung auf, sie verschafften sich heimlich Hostien und durchbohrten sie mit dem Messer, um den Heiland zu martern. Daß dabei das Blut aus der Hostie austrat, wie Zeugen beschworen, war der Beweis. Die Horden der Geißler, die führend wurden beim Aufruf zu neuen Metzeleien, zeigten eine neue Version des Blutkultes auf, mit zweifellos auch sexuell mitbestimmender Selbstpeinigung. Die Lust, sich zur Schau zu stellen mit seiner Buße, dem Sichpeitschen bis aufs Blut, das Gruppenerlebnis der Ekstase brauchen für uns keine ausführlichere Deutung. Bemerkenswert ist dabei die außerordentliche Disziplin dieser Mord- und Geißelscharen. In musterhafter Ordnung marschierten sie. Sie hielten strengste Ordnung in ihren Reihen. Sie warfen sich in genauem Kreis nieder, bildeten dann ein präzises Kreuz am Boden, entkleideten sich und schlugen sich methodisch mit den Geißeln, die vorgeschriebene Stacheln hatten. Ebenso methodisch schritten sie dann zum Blutrausch der Judenpogrome, wenn sie ihre Darbietung nicht damit eingeleitet hatten. Ihre Züge gingen durch ganz Europa; Böhmen blieb nicht verschont. Die Kirche begrüßte sie zunächst; Geißelung war ein altgeheiligter Brauch. Dann machten sie sich dadurch verdächtig, daß sie ihre Anführer selbst wählten und sich ihre Tracht mit dem Kreuz selbst bestimmten, ferner durch ihre Ausschreitungen. Und nicht zuletzt durch seltsame Lehren, die ihnen zugeschrieben wurden: Sie sähen Blut als eine zweite Taufe an. Eine neue, wirksamere Taufe, die sie dem Leiden Christi ähnlich mache und damit womöglich »sündenfrei«. Papst Clemens VI. verurteilte sie scharf, als sie bis in die Nähe von Avignon vorrückten; er erließ sogar Verordnungen zur Schonung der Juden, die wirkungslos blieben. Ganz ist die Bewegung lange nicht erloschen, obwohl sie vornehmlich im Gefolge der Pest auftrat. Auf alle Fälle hinterließ sie ihre Spuren. Pogrome wurden zur obligaten Begleiterscheinung aller Aufstände. Tanzepidemien begleiteten noch das makabre Ballett der Geißler, mit Horden von Männern und Frauen, die ihren Reigen drehten, bis sie besinnungslos zusammenbrachen. Es hieß, daß sie in der Ekstase wilde Blasphemien ausstießen, gegen den Klerus aufriefen und zum Totschlagen aller Pfaffen animierten. Die kirchlichen und weltlichen Obrigkeiten in den meisten Ländern begannen gegen all diese Erscheinungen scharf vorzugehen; die Prozesse gegen die Geißler zogen sich bis weit in das 15. Jahrhundert hin, wo noch einige Hunderte von ihnen in Thüringen verbrannt wurden. All das spielt sich nicht am Rande ab. Es zieht mitten durch die Zeit. Der Geruch von Blut und der branstige Gestank der Scheiterhaufen liegt über den Landschaften in dichten Schwaden. Die Epidemien dieser Art traten ebenso häufig auf wie die Pest, die immer wieder aufflackerte. Es hat in vielen Epochen des Mittelalters solche Phänomene gegeben, selten jedoch in solcher Fülle und Wildheit und kaum je so ständig wiederholt.

Die Kunst hat sich noch, mit beginnendem Realismus, der Geißel- und Marterszenen angenommen. Die Marter Christi wurde bald immer drastischer und brutaler ausgemalt. Die Darstellungen der Hinrichtungen der Heiligen und Märtyrer wurden ständig und mit unverkennbarer Lust an Grausamkeiten verschärft und verdeutlicht und der zeitgenössischen Gerichtspraxis angeglichen. In den Mysterien- und Passionsspielen konnte es nicht wüst genug zugehen bei solchen Szenen, mit grinsenden Henkersknechten in entmenschten Fratzen. Diese Visagen, die heute das Entzücken rein kunsthistorischer Betrachtungen bilden in den davon abgeleiteten Gemälden, waren nur zu sehr der unmittelbaren Gegenwart entnommen. Das bestialische Vergnügen bei öffentlichen Marterungen und Verbrennungen zeugte nach Ansicht der Veranstalter nur vom »gesunden Volksempfinden«. Hinrichtungen wurden zum Volksfest erhoben. Die ganze Stadt, mitsamt Frauen und Kindern, zog zur Richtstätte. Das Fest konnte nicht lange genug dauern. Der Theorie nach sollte das Feuer des Scheiterhaufens »reinigen«. Es wurde zur lange nachwirkenden Beschmutzung der Seelen. Die Menschen *genossen* die Qualen der Opfer. Sie fühlten sich damit erhoben, gerechtfertigt, bestätigt, in krassester Umkehrung der eigentlich verkündeten Gnadenlehren. Die lange und ausführliche Marter am Pfahl zu Konstanz, die Hus und sein Freund Hieronymus erlitten – sie wurden keineswegs stillschweigend abgekürzt, wie es zuweilen Brauch war, durch Erdrosselung mit der Halskette –, befriedigte nicht nur den Schaupöbel der Stadt. Die gelehrtesten und feinsten Köpfe der Universitäten Europas, Reformkardinäle mit weitausschauenden Plänen, ein feinsinniger Literat und Papstsekretär schauten zu, aufmerksam und voller Genugtuung.

Alle diese Menschen waren gläubig oder hielten sich dafür, in den verschiedensten Formen und Abwandlungen. Selbst unter den radikalsten Ketzern finden sich keine, die sich als Atheisten bezeichnen, keine, die nicht wenigstens Elemente christlicher Vorstellungen und Lehren beibehielten und verkündeten. Es gab zahlreiche Skeptiker: Dante, der sie die »Epikuräer« nannte, schickte einige Tausende aus seiner Umgebung in die Hölle, wo er auch ohne Ausnahme die Päpste seiner Zeit ansiedelt. Es gab Skeptiker bei der Kurie; der Papstsekretär und Frühhumanist Poggio, dem wir den Augenzeugenbericht über das Ende des Hus verdanken, dürfte insgeheim eher an St. Cicero geglaubt haben als an einen der Kirchenheiligen. Er hütete sich wohl, das zu sagen. Wir besitzen keinen Zollstock, mit dem wir die Gläubigkeit abmessen können. Man kann nicht einmal die rein äußeren Bekenntnisse zuverlässig beurteilen in einer Zeit grundlegender Erschütterungen und gegenseitiger Verdammungen der obersten Spitzen der Hierarchie. Aber wir können immerhin erkennen, daß die Hussiten als eine Glaubensbewegung begannen und wie stark sie von ihren religiös bestimmten Anfängen geprägt wurden. Weder die rasche Ausbreitung und der gewaltige Elan, der sie so hoch emportrug, wären sonst zu erklären, noch der spätere Zusammenbruch und die Auflösung in sich befehdende Sekten, die ebenso zu der Katastrophe beitrugen wie die erstarkende Gegnerschaft des Bürgertums und der Adeligen, so hoch wir diese bewerten müssen. Das religiöse Element – und es war eine »elementare« Macht – verband sich für eine Weile mit dem nationalen und wurde damit unwiderstehlich. Der Glaube an die Nation ist noch immer die Religion vieler Völker, nicht selten ihre einzige. Er war damals etwas Neues. Er bedeutete eine Revolution, die weit über die Grenzen des Landes Böhmen hinaus Schule machte und weiterwirkte, als von Hus und den Hussiten kaum mehr als die Namen in der Erinnerung verblieben waren.

Wir sprachen von den Vorläufern, die Prediger waren, Volksprediger und schon damit dem »Ketzerischen« sehr nahe. Sie wurden deshalb vor die Inquisition geladen. Die Kirche war darin sehr wachsam; niemand konnte ihr später vorwerfen, sie hätten nicht schon sehr früh zugegriffen. Wohl aber zeigte sich bereits dabei, daß ihre Hand nicht mehr die gleiche Stärke besaß wie ehedem. Sie mußte Rücksichten nehmen auf die Herrscher, im Wechselspiel der politischen Konstellationen, auf die Völker und die neuen nationalen Kräfte. Rücksichten auch auf die herangewachsenen geistigen Kräfte der Laienwelt, repräsentiert in den Universitäten, die immer unverhüllter ihre Ansprüche anmeldeten. Und das war eine Macht, die im Kampf um den Konzilgedanken als die dem Papst übergeordnete Institution den Sieg erfocht über die Kurie – für eine Weile, die immerhin ein halbes Jahrhundert dauerte. Auch das war eine Revolution und hatte seine langdauernden Folgen. An den Universitäten, zu Paris, zu Oxford und am schärfsten in Prag, wurden die ersten schweren Auseinandersetzungen ausgetragen, in Kämpfen von übernationaler Bedeutung. Der Oxforder Professor Wyclif war der Ahnherr, der Prager Magister Jan Hus der Sohn; der Wittenberger Dr. Luther der Enkel. Die Zeitgenossen sahen es so an. Das erklärt nicht alles, aber doch einen der wesentlichen Zusammenhänge.

Von den Universitäten, die mit ihren spitzfindigen Diskussionen »den Himmel leerplünderten«, wie der schwärmerische Prophet Milič meinte, haben wir nun zu handeln. Es sind in der Tat sehr subtile und auf die Spitzen des Denkens getriebene Debatten. Mit der noch immer etwas abschätzig klingenden Bezeichnung der »Scholastik« sind sie nicht abzutun. Auch diese Kämpfe führten zu Spaltungen, einem Schisma im Philosophischen, zu Gegensätzen und Parteiungen, die bis heute die Geister beschäftigen.

Die Universitäten

Der Kaiser und König Karl IV. hatte die Universität Prag als erste Hochschule im Reich und jenseits der Alpen geschaffen – eine verhältnismäßig späte Gründung, die sich in ihrer Verfassung den Jahrhunderte älteren und führenden zu Paris und Bologna anschloß. Als König von Böhmen hatte er sie für seine Landeskinder, als Kaiser für alle Studenten des Reiches, als mittelalterlicher Herrscher für jeden Scholaren aus der ganzen Christenheit bestimmt. In jenen dunklen Jahrhunderten bestand – nicht nur in Prag – unbeschränkte Freiheit des Studienortes; im Ausland studiert zu haben und womöglich promoviert zu sein, galt als hohe Auszeichnung. Gemeinsam war ohnehin die lateinische Sprache; gemeinsam waren im wesentlichen die Lehrgänge und Lehrgegenstände; gemeinsam der Glaube, dem die hohen Schulen – aus den Studiengängen der Kathedralschulen erwachsen – zu dienen hatten. Der Graduierte erwarb mit der Magisterwürde das Privileg, überall zu lehren, wie das auch Kaiser Karl in seiner Gründungsurkunde hervorhob. Die kulturelle Einheit des Mittelalters war in den Universitäten auf das schönste verwirklicht.

Streit, schärfste Gegensätze und Kämpfe innerhalb der hohen Schulen und auch der Universitäten mit den hohen Autoritäten der Kirche wie des Staates sind ebenfalls dokumentiert. Die Universitäten, ursprünglich gedacht zur Heranbildung brauchbaren und zuverlässigen Nachwuchses, bildeten einen neuen Stand heran, der nirgends sonst in der streng ständischen Gesellschaftsordnung vorgesehen war: den der Geistigen, der Intellektuellen. Sie wurden zwar kein eigener Stand; aus Gilden, Zünften, die den geistigen Handwerksbrauch für das künftige Amt als Geistlicher oder Jurist lehrten, entwickelten sie sich, und Korporationen blieben sie – mit Korporationsgeist. Aber sie durchbrachen in sonst unbekannter Weise die strenge erbständische Regelung, die jeden seiner Geburt und Abstammung nach auf die Rangstufe seiner Herkunft verwies; sie war nur von der Kirche nicht beachtet, in der auch ein Bauernsohn Erzbischof werden konnte. An diesem Privileg nahmen sie teil; Theologie war ohnehin ihr Hauptlehrziel, die theologische Fakultät die oberste, kanonisches Recht der Hauptgegenstand für die Juristen; die Medizin wurde geduldet als notwendiges Übel, obwohl sie in Salerno, mit viel östlicher und arabischer Weisheit in nahem Kontakt, die erste und älteste aller abendländischen Hochschulen gestellt hatte. Kleriker waren alle Dozenten, ihre Bezahlung kirchliche Pfründen, in den meisten Fällen vom Papst und der Kirche zugeteilt. Kirchlich war die Oberaufsicht, in Prag durch den Erzbischof. Kirchlich war die Zensur, auch alle Werke betreffend, die etwa von den Naturwissenschaften, der Physik, Astronomie, der Musik handelten. Das Denken war von der Kirche kontrolliert; für die Philosophie hatte die Kurie nach anfänglichen Verboten Aristoteles als Lehrmeister anerkannt und schließlich vorgeschrieben.

Vorgeschrieben war alles, auch im buchstäblichen Sinne der Kolleghefte: Sentenzen, Glossen, bereits zweihundert Jahre alt, die unablässig nachgeschrieben, kopiert und in den Hauptsätzen auswendig zu lernen waren. In Prag waren Kolleghefte angesehener Lehrer aus Paris und Oxford verordnet. An diese hatte man sich zu halten. Der Scholar sollte sich mit beiden Händen festhalten an den genehmigten und seit so vielen Jahren erprobten Texten und nicht nebenbei ausgreifen nach den verurteilten und verbrannten Schriften von subversiven Autoren, die es – leider – auch zahlreich gab. Denn im Schoße der Universitäten hatte der große Streit der Meinungen und Ansichten über »Gott und die Welt« begonnen, der ebenfalls ein Kennzeichen des universalen Mittelalters ist. Paris, die bei weitem einflußreichste Hochschule, hatte damit den Anfang gemacht; da wurden schon Schlachten geschlagen, und zwar keineswegs nur mit geistigen Waffen.

Die Kirchenführung hatte sich ein Instrument geschaffen, das die Ordnung verbürgen sollte: das kanonische Recht. Bologna, die andere führende Universität des Abendlandes, war dafür maßgebendes Zentrum. Die Päpste sorgten dafür, daß der Aufbau dieses wichtigsten aller Machtmittel, die sie besaßen, nicht durch Beschäftigung mit anderweitigen Fragen, auch nicht denen der Theologie, gestört wurde. Sie haben überhaupt Theologie, Philosophie und was sonst noch allenfalls an Wissenschaften in Betracht kam, aus Italien ferngehalten; Paris, das entfernte, mochte dafür zuständig sein und konnte mit weitreichender Hand zensiert werden, was immer wieder nötig war. Das kanonische Recht – es ist erst 1918 ersetzt worden durch neue für den internen Kirchengebrauch bestimmte Fassung – betraf keineswegs nur Angelegenheiten der Kirche. Denn da diese die Leitung des gesamten Weltwesens bis in Einzelheiten des täglichen Lebens beanspruchte, war es zugleich Staatsrecht, Wirtschaftsrecht, Völkerrecht und verbürgte die Autorität, in jede Frage einzugreifen, von der Absetzung eines Kaisers oder Königs bis zur Entscheidung über den Besitz eines Fischweihers in Polen. Besitzrecht, Machtrecht war ein großer Teil, hergeleitet aus dem Prinzip: Der Papst hat die

Fülle der Macht, die *plenitudo potestatis* über das gesamte Abendland, das ihm – dies eine Legende, aber »verbrieft«, wenngleich mit gefälschtem Dokument – durch Kaiser Konstantin bei der Bekehrung zum Christentum geschenkt worden war. Geschichtliches Wissen war völlig unterentwickelt und auch unerwünscht, Geschichte – nicht einmal Kirchengeschichte – kein Lehrgegenstand an irgendeiner Universität, Geschichtsbücher durchaus Privatsache, von Laien und Außenseitern geschrieben in Form von Stadt- oder Landeschroniken, Mönchschroniken oder auch einer deutschen Kaiserchronik, die das Papsttum schlicht ignorierte, während die Mönchschroniken, wie etwa die am weitesten verbreitete des Martin von Troppau, die überragende Stellung des Heiligen Vaters zur Richtlinie nahmen.

Geschichtliche Tradition lag aber dem kanonischen Recht zugrunde. Die weit verstreuten und sich oft widersprechenden kirchlichen Ordnungen mußten gesammelt werden, als gegen das 11. Jahrhundert die Kirche sich als zentralisierte Institution festigte, erweiterte und zur Herrschaft erhob. Wie viele wesentliche Entwicklungen ging die Begründung nicht von der Führung aus. In Bologna trat ein Mönch Gratian auf das Katheder – dem Orden von Camaldoli angehörend, in weißer Kutte, mit weißem Gürtel und weißem Skapulier – und las seinen Studenten aus einem Kollegheft vor. Sein Orden, aus den Benediktinern abgespalten, war alsbald, wie viele Ordensgründungen, zerfallen in zwei streitende Kongregationen: solche, die Einzelleben in der Zelle und solche, die gemeinsames Leben wünschten, diese letzteren wiederum in zwei Richtungen auseinandergehend, die genaue Beachtung der Regeln oder mehr konventionelle Haltung bevorzugten. Nicht anders sah es überall in der Kirche aus, so weit Gratian blickte. Er versuchte nun in dieser Vielfalt oder Unordnung Einheit und Übersicht herzustellen – eine *concordantia discordantium,* wie er es nannte. Er bediente sich dabei der dialektischen Methode, die der genialische Abälard zu Paris begründet hatte, ein »Privatlehrer« mit großem Zulauf, besonders von seiten der Jugend, bis er verurteilt und ins Kloster verbannt wurde; sein »sic et non«, das »so und auch nicht so«, These und Antithese, die zur Synthese führen sollen, eroberte die Hochschulen und wurde zur Grundlage der scholastischen Methode; seine Dialektik lebte weiter und lebt noch unter uns, wie wir nicht auszuführen brauchen. Für den Mönch

Gratian war diese Anregung zum Denken willkommen, denn die Texte, die ihm vorlagen, besonders die alten Dekrete früherer Päpste, waren schwer zu vereinigen; die discordantia war offenkundig, die Konkordanz nicht so einfach zu erzielen. Es gelang ihm jedoch mit Hilfe der Dialektik: Die Synthese war für ihn von vornherein gegeben, und es kam nur darauf an, die widerstrebenden Thesen entsprechend gegenüberzustellen und anzuordnen, so daß sie auf das Papsttum und die Kirche als die beherrschende Lösung hinwiesen. So wurde dieses Kollegheft, von Haus aus bescheiden angelegt, eines der »Bücher, die Geschichte machten«, selten erwähnt in diesem Zusammenhang und doch viel folgereicher als manches, was unter dieser Kategorie angeführt wird. Der »Gratian« wurde abgeschrieben und schon in der ersten Zeit des Buchdrucks so oft wie die Bibel gedruckt; er *war* die Bibel für alle Fragen des kanonischen Rechtes. Es kamen noch weitere Bände hinzu, die Dekrete der Päpste des Hochmittelalters in drei Bänden, Nachträge in zwei weiteren Büchern, bis das Riesenwerk gegen Ende des 15. Jahrhunderts abgeschlossen war und weitere vier Jahrhunderte überdauern konnte.

Nach offizieller Einteilung gilt das Buch des Gratian zwar als »privat« und nur die Dekrete der Päpste, die nachfolgten, als »amtlich«; die Weltgeltung jedoch verdankt der Kodex diesem ersten Kollegheft, und bei weltgeschichtlichen Entscheidungen wurde er als oberste Autorität zitiert. Beim Konzil zu Konstanz konnte man sehen, wie ein an und für sich zurückhaltend und vorsichtig gedachter Satz des Gratian dazu dienen mußte, das Schisma zu beenden und drei Päpste abzusetzen. Denn Gratian hatte bereits zusammengestellt, daß der Papst unantastbar sei und keinem Menschen verantwortlich, aber den behutsamen Nachsatz hinzugefügt: »... es sei denn, daß er vom Glauben abfiele«, was ihm dadurch nahegelegt wurde, daß in den sich widersprechenden alten Dekreten von Verurteilungen einiger Päpste gegen abgefallene vorhergehende die Rede war. Er sprach sonst überhaupt nicht allzu viel vom Papst und Papsttum, das zu seiner Zeit, um 1150, noch nicht die Machtstellung errungen hatte, die in den folgenden Dekretalen zum Ausdruck kam. Aber er hatte immerhin schon die leitende Hauptthese formuliert, die dann in der Folgezeit ausgebaut wurde bis zu der Formel, daß überhaupt »der Papst und die Kardinäle *die Kirche sind*«. Gegen diese Auffassung ging der

Kampf des Wyclif und Jan Hus. Und bezeichnend war es, daß Luther bei der bekannten Verbrennungsszene vor den Toren von Wittenberg, die seinen Bruch mit der Kirche demonstrativ vollzog, als erstes und wichtigstes Dokument das kanonische Recht den Flammen übergab; die Bannbulle war nur eine Zugabe, von der übrigens auch in den meisten zeitgenössischen Berichten gar nicht gesprochen wurde. Das kanonische Recht zu verbrennen – das war das Ungeheuerliche, die Infragestellung der Grundlage aller Ordnungen.

Hus ist so weit nie gegangen; er zitiert vielmehr vielfach aus dem Kodex, und selbst seine radikaleren Nachfolger tun das an vielen Stellen, wo sich ihnen dafür nach dialektischer Methode Stellen anbieten. Denn diese Rechtsbibel enthielt in der Tat, wie die Heilige Schrift, vieles, was sich durchaus gegen den derzeitigen Stand der Kirche verwenden ließ, fromme und strenge Mahnungen, ernste Verurteilungen von Simonie und Ämterschacher, scharfe Verbote und Regeln, die nur gemildert oder durchbrochen werden konnten durch die Kardinalthese von der Allgewalt des Papstes, dem es auch nicht verwehrt werden konnte, jeden Eid zu lösen, auch solchen, den er selbst geschworen hatte; man wird sehen, welche Rolle das bei der Kirchenspaltung spielte. Aus Dispensen mit Aufhebungen der kanonischen Bestimmungen bestand ein großer Teil der Praxis der Kurie und ein wesentlicher Posten ihrer Einnahmen; Dispense bei Ehehindernissen waren eines der großen Machtmittel im politischen Kampf mit den Fürsten, die für die Erlaubnis, sich scheiden zu lassen oder eine Verwandte zu heiraten, mit großen Konzessionen zahlen mußten. Der weltgeschichtlich bekannteste Fall ist der Heinrichs VIII., der über Verweigerung des Heiratsdispenses zur Trennung Englands von der römischen Kirche führte.

Der ganze Kampf, den Wyclif und Hus führten, und nicht nur sie, war ein Kampf gegen des kanonische Recht. In ihm war für die Reformer die Entwicklung der Kirche zu immer stärker ausgebauter *Institution* niedergelegt und zum universal geltenden Gesetz erhoben; das kanonische Recht war das »Menschenwerk« späterer Jahrhunderte, gegen das sie sich wandten und gegen das sie die christliche Frühzeit als die wahre Zeit des Glaubens aufriefen, die von all diesen zahllosen Paragraphen und Verboten oder Privilegien nichts gewußt habe.

Für Kaiser Karl IV. war der Kodex noch das Grundbuch jeder Ordnung; Bologna daher, vom Papst mit dem Ehrentitel »Lehrerin des Abendlandes« belehnt als Hüterin der juristischen Studien, wichtig bei seiner Neugründung. Die juristische Fakultät seiner Prager Universität wurde eine ihrer erfolgreichsten; sie trennte sich bald von der übrigen Hochschule und bildete eine Art selbständiger zweiter Universität, die charakteristischerweise auch nicht teilnahm an dem historischen Kampf, der aus der universalen Reichsuniversität eine Landesuniversität machte. Zu Bologna war eine höchst eigentümliche Verfassung: Die Studenten bildeten im Grunde die Hochschule, sie bezahlten die Lehrer, kontrollierten sie auf Pünktlichkeit, riefen sie bei Nachlässigkeit im Unterricht zur Ordnung. Sie verhandelten mit dem Magistrat über Wohnungspreis und Lebensmittelkosten; sie konnten auch, und die Prager Fakultät folgte ihnen darin, den Rektor stellen. Die stärkste Demonstration ihrer Unabhängigkeit äußerte sich darin, daß sie bei Streit mit Auszug drohten und diese ultima ratio wahr machten: Die späteren Universitätsgründungen in Italien, wie etwa Padua, entstanden aus solchen Sezessionen. Eine Universität war für jede Stadt eine wichtige und hoch begrüßte Einnahmequelle. Im übrigen stelle man sich die Rolle der Rechtsstudenten nicht allzu revolutionär vor, ganz abgesehen davon, daß auch die Dozenten zu Bologna sich dann korporativ organisierten und sich die Lizenz zu lehren und die Promotion vorbehielten. Die Studenten waren vielfach ältere Leute, bis zu vierzig Jahren, oft Adelige, auch ein Bischof, der sich damit für höhere Aufgaben qualifizieren wollte, Pfründeninhaber; in Prag war das studentische Rektorat fast durchweg in den Händen von Adeligen. Denn die juristische Fakultät war die Schule derer, die Karriere machen wollten und wenig an philosophisch-theologischen oder sonstigen Auseinandersetzungen interessiert waren. Das kanonische Recht und auch das römische Recht, ebenfalls zu Bologna neu aufgenommen und in Glossen für den Zeitgebrauch bearbeitet, stand fest wie ein Fels; darüber war nicht zu debattieren. Es war auswendig zu lernen, anzuwenden, zu erweitern; es in seinen Grundlagen zu bestreiten oder auch nur am Rande anzuzweifeln fiel niemandem ein. Es verbürgte bei genügender Beherrschung die höchsten Posten im Staat oder der Kirche; selbst die Päpste zu Avignon waren vornehmlich Kanonisten aus der Bologneser Schule und nicht Theologen. In der

Hussitenbewegung spielte eine Rolle der Doktor Jesenitz aus der Prager Fakultät, der Rechtsberater des Hus und eine der einflußreichsten politischen Persönlichkeiten der Reformbewegung, den die Kurie mit lang andauerndem Bann vergeblich von Prag fernzuhalten und zum Schweigen zu bringen suchte; auch er hatte zu Bologna seinen Doktor gemacht.

Sonst jedoch hat sich die Juristenhochschule vom Streit ferngehalten, zu Prag wie anderswo. Der Kampf der Juristen um Geltung und Macht verlief in anderen Bahnen als die leidenschaftliche und »dramatische« Auseinandersetzung in der Artistenfakultät, als in der philosophischen; sie haben keine kühnen Rebellen und Ketzer aufzuweisen, keine glorreichen Siege und lamentablen Niederlagen. Zäh, folgerichtig, wie es der Schulung durch das römische Recht entsprach, rückten sie vor; es ist ein Vorgang, der wenig Glanz hat, aber nicht weniger weltgeschichtliche Bedeutung als die so viel eindrucksvolleren Kämpfe in Philosophie und Theologie. Der große Kanonist Zabarella war beim Konzil zu Konstanz unbestritten der führende Mann, der »Primas« unter den Würdenträgern – nicht als Kardinal, sondern als Rechtskenner. Die Führung auf diesem Gebiet hatten aber die Franzosen, bei denen die Juristen dann auch bis zur Revolution von 1789 und darüber hinaus das staatliche und politische Leben beherrschend gestaltet haben.

Paris war für die Prager Gründung das Vorbild in anderer Beziehung. In Paris, der am meisten internationalen Universität des Mittelalters, waren die Studenten und Dozenten nach »Nationen« organisiert, vier an der Zahl, eine französische, eine pikardische, eine normannische und eine englische, zu der auch die Deutschen gehörten. Die landsmannschaftliche Einteilung war sehr ungefähr, aber Nationen im neueren Sinne kannte man ja noch nicht. In Prag wurden ebenfalls vier Nationen gebildet: die böhmische, polnische, sächsische und bayrische. Auch das waren ungefähre Einteilungen, die vieles umfassen sollten, mehr nach den Himmelsrichtungen gewählt als aus nationalen oder staatlichen Rücksichten. Zur böhmischen Nation zählten auch die in Böhmen geborenen Deutschen, ferner Ungarn, Kroaten, Dalmatiner; zur polnischen Nation die Studenten aus den schlesischen Herzogtümern, die staatsrechtlich zur Krone Böhmen gehörten; zur bayrischen alles, was nach Westen hin sich erstreckte bis zum Rheinland und Holland, zur sächsischen alles nach Norden bis nach Skandinavien hin. Die Universitätsnationen waren nicht wie die späteren Landsmannschaften deutscher Universitäten private Zusammenschlüsse: Sie stellten mit kompliziertem Wahlsystem die Verwaltung, die Dekane und Rektoren. Nach dem Beispiel dieser Universitätsnationen – und damit erhielt die Bezeichnung historische Bedeutung – wurden dann auf dem Konzil und Völkerkongreß zu Konstanz vier Nationen, zum Schluß fünf, gebildet, um nach neuen Prinzipien die Abstimmung gegenüber dem bisher geltenden Übergewicht der Prälatenstimmen zu sichern. Das Wort Nation begann damit seinen Siegeszug, der noch andauert. Es ist immer ein umstrittener Begriff gewesen, zu Definitionszwecken erweitert zur »Kulturnation«, in staatlicher Rücksicht meist sehr schwer zu handhaben; im Königreich Böhmen besonders, wo zu dem engeren Königreich Böhmen noch die Länder der »Krone Böhmen« kamen sowie die sprachlichen Unterschiede von tschechischen und deutschsprechenden Untertanen. Davon wird noch beim Prager Universitätsstreit gesprochen werden, der alle Schwierigkeiten des Nationsbegriffes aufrührte. Die Nationalsprache war da schon ein Hauptproblem, die »Zunge«, wie man es noch im mittelalterlichen Sprachgebrauch nannte. Und die Volkssprachen waren in allen Ländern erst dabei, sich überhaupt literarische und »offizielle« Geltung zu verschaffen.

Denn noch herrschte die Universalsprache des Lateinischen an den Universitäten unbedingt; daß Jan Hus auch in der Volkssprache schrieb und predigte, war einer der Haupteinwände seiner Gegner gegen ihn als »wissenschaftlich« nicht recht ernst zu nehmenden halben Laien. Die Prager Gründung Kaiser Karls war gut orthodox in ihren ersten Jahrzehnten; für turbulente Außenseiter und aufregende Auseinandersetzungen hatte man an ihr wenig Platz. Prag war auch dafür etwas spät gekommen. Die großen Geistesschlachten zu Paris waren bereits geschlagen und lagen weit zurück; die am stärksten umstrittenen Lehrmeinungen waren bereits Lehrgegenstand geworden als »Ansichten«, die nach dialektischer Methode mit »so oder auch nicht so« diskutiert werden konnten. Denn Diskussion, Disputation, geistiges Turnier zur Schärfung der Geisteskräfte war das leitende Prinzip akademischer Schulung. Daß für die schwierigsten und heikelsten Probleme des Glaubens der Verstand zuständig sein könne, ja müsse, war die große Neuerung der Pariser Giganten des 12. und 13. Jahrhunderts gewesen – eine Entdeckung, die man dem Einfluß arabischen Denkens verdankte. Der Intellekt, so lange – wohltätig nach Ansicht der Autoritäten – schweigend vor den Mysterien der Glaubenslehre, war in schweren Kämpfen anerkannt worden. Die Kämpfe hörten nicht auf. Der große Meister Thomas von Aquino hatte noch dem Verstand seine bestimmte Rolle angewiesen, als eminent wichtig, aber dienend und dem Glauben untergeordnet. Dienst, Unter- und Einordnung in die große Ordnung aller Dinge – von den Pflanzen und Tieren über den Menschen bis zu den Engeln, alle hingeordnet auf Gott als das höchste Ziel allen Strebens – war das große Modell, das er aufzeichnete. Der Intellekt, einmal aufgerufen, gab sich damit nicht zufrieden. Er wünschte die Philosophie als selbständige, wenn nicht überlegene Macht zu stabilisieren; in den Richtungen, die sich auf den arabischen Denker Averroes beriefen, fanden sie als *Averroismus* ihren Ausdruck. Die Formel von der »doppelten Wahrheit«, der philosophischen und der theologischen, wurde geprägt, wobei es gleichgültig ist, ob die Averroisten sie selbst anwandten oder ob sie ihnen als hinterhältige Ausflucht von den Gegnern zugeschrieben wurde. Sie enthielt jedenfalls die stillschweigende Ansicht, daß das kühne Denken auch über die von der Kirche vorgeschriebenen Grenzen hinausgehen könne, während man »sonst« bereit war, sich an die Glaubenssätze zu halten. Wissen oder Forschen waren vom Glauben zu trennen, und das wurde dann die Lehre der Nominalisten, die dem Verstand die Dinge dieser Welt zur Forschung und Erfassung übergaben und die Fragen des Glaubens als unerforschlich und unerfaßbar vom Intellekt bezeichneten. Sie schieden sich von den »Realisten« über die Frage der »Universalien«, der Allgemeinbegriffe; nach Ansicht der Realisten waren die über und vor den Einzeldingen liegenden Wesenheiten die »Realien«, nach Ansicht der Nominalisten nur »Worte«, von Menschen geprägt, um Ähnlichkeiten der Dinge zusammenzufassen: eine Schulfrage, ein scholastischer Diskussionsgegenstand. Er konnte auch tödlich sein, wie im Prozeß des Jan Hus zu sehen sein wird. Die Nominalisten, mit William von Ockham als dem führenden Geist, bezeichneten sich als den »modernen Weg« des Denkens, die Realisten als den »alten Weg«; die Tatsache, daß vom Nominalismus, welcher Forschung und Erfassung der Dinge des Lebens freigab und von den Glaubensfragen ausdrücklich schied, in der Tat die neuere Philosophie ausgegangen ist, hat dazu geführt, diese Etikette »alt« und »modern« allzu unbedenklich zu übernehmen. Ebenso sind die Schulunterschiede, für die Unterscheidung von »Systemen« allerdings unentbehrlich, viel zu scharf herausgearbeitet worden, als man nach langer Mißachtung sich ausführlicher mit dem scholastischen Denken beschäftigte. Man neigt jetzt eher dazu, viel mehr Übergänge und Querverbindungen anzunehmen. Am Beispiel des Hus kann man sehen, daß auch der »Realist« in manchen und sogar entscheidenden Fragen ein »Nominalist« sein konnte, ohne daß ihn das vor dem Stigma rettete, von seinen Gegnern als »Realist« verdächtigt und verurteilt zu werden.

Der Nominalismus ist seiner späteren Wirkung halber auch vielfach als eine Lehre aufgefaßt worden, die höchst gefährlich für die Kirche gewesen sei, was über weite Zeiträume hin gelten mag; in der Zeit, von der wir sprechen, war er durchaus anerkannt – nicht als einzige Lehre, aber als eine in vieler Beziehung erwünschte, die der Kirche ihr volles Recht, alle Glaubensfragen zu regeln, zubilligte. Erst mit dem Zunehmen der Forschung auf allen Gebieten änderte sich das; zu Prag war davon noch nicht die Rede. Forschung im neueren Sinne wurde nicht betrieben; Auslegung des von Aristoteles oder in der Medizin von Galen Überlieferten genügte vollauf wie für den Theologen das Studium der Sentenzenkommentare. Es ist durch diesen Zustand einer auf starke neue Eindrücke ganz unvorbereiteten Universität zu erklären, daß der Einbruch der Schriften Wyclifs zu Prag zum ersten Male einen so schicksalsreichen Streit heraufbeschwor, wobei der »alte Weg« des Realismus sich als viel »moderner« erwies – jedenfalls in den Thesen Wyclifs – als der »neue«. Im übrigen waren es nicht die philosophischen Lehren Wyclifs, die den Aufruhr verursachten, sondern seine politischen.

Dies war nun nicht nur das Kennzeichen Wyclifs. Mit Ockham, der etwa zur Zeit der Geburt des Hus starb, als Gebannter im Exil am Hof des ebenfalls gebannten Kaisers Ludwig des Bayern zu München, waren die Universitätslehrer und Intellektuellen schon nachdrücklich über die Grenzen der Universität hinausgetreten. Sie nahmen am politischen Leben teil, sie wurden Publizisten von Broschüren, Kampfschriften keineswegs nur theologischer oder philosophischer Art. Es wurde nicht mehr nur über die Fragen von Sein und Essenz, das Problem, ob Gott der »erste Beweger« der Welt sei oder ob die Schöpfung seit Ewigkeit vorhanden zu denken wäre, disputiert, sondern über die aktuellsten Zeitfragen in der Auseinandersetzung zwischen Staat und Kirche, zwischen Laien und Geistlichkeit. Die Hinwendung zur Gegenwart forderte ihr Recht. Die Vorgänger hatten sich mit prinzipiellen Grundfragen des Seins befaßt, und auch das war ein notwendiges Stadium gewesen. Sie hatten Modelle entworfen, die »den Menschen« zum Ausgang nahmen, »den Staat«, »die Kirche«, eine wünschenswerte Ordnung, ohne nur einen Blick auf die Wirklichkeit zu tun. Es ist bezeichnend, daß Thomas von Aquino, Sohn eines Hochadligen aus der Umgebung Kaiser Friedrichs II., mit nicht einem Wort Stellung nimmt zu dem die Welt seiner Zeit erschütternden Streit zwischen Kaiser und Papst, der sein ganzes Ordnungsbild in Frage stellte. Ganz anders nun: Ockham stritt mit dem Papst; sein Exilgenosse, der General des Franziskanerordens Michael, stritt mit dem Papst, der ihn ebenfalls gebannt hatte; beide beschuldigten Johann XXII. der Ketzerei. Der Ketzervorwurf, bisher nur gewissermaßen »von oben« her angewandt, wurde nun auch »von unten« erhoben. Man blieb nicht bei bloßen Beschuldigungen. Der Pariser Dozent Marsilius von Padua verfaßte als Gegenmittel gegen die päpstlichen Ansprüche, von den Kanonisten allmählich ins nahezu Ungeheuerliche erhoben, seine Schrift »Der Verteidiger des Friedens«, die nicht nur kritisierte, sondern erste durchdachte und begründete Reformvorschläge machte; auch dies ein »Modell« einer wünschenswerten Gesellschaftsordnung, aber in naher Fühlung mit der Wirklichkeit. Auch er war nur ein Vorläufer, aber seine These, daß dem Papst ausschließlich die Sorge für das Seelenheil, dem weltlichen Herrscher jedoch der Staat anvertraut sei und daß in weltlichen Fragen die Kirche keine Gewalt über die Laien haben könne, wurde epochemachend; seine noch weiter ausgreifenden Ansichten, daß auch der Fürst dem Volk verantwortlich sei, haben Jahrhunderte auf Anerkennung warten müssen. Bei Wyclif – in dessen Bann durch den Papst Marsilius auch ausdrücklich als gefährlicher Vor-Ketzer zitiert wird – und den Auseinandersetzungen der Konziliaren beim Konzil zu Konstanz hat seine Schrift erst ihre volle Wirkung entfaltet. Sein

Mitstreiter und Mitarbeiter Johann von Jandun, vielleicht der philosophische Kopf hinter seinen Theorien, als »der bekannte Averroist« von den Gegnern verketzert, zeigt schon die damals nicht gerade häufigen Züge voltairianischer Satire in seinen Beteuerungen guter und korrekter Orthodoxie an heiklen Punkten seiner Beweisführungen. So, wenn er etwa sagt: »Ich glaube, daß dies wahr ist. Beweisen kann ich es nicht; gut Glück dem, der es kann«, oder: »Ich sage, daß Gott dies tun kann, aber wie, das weiß ich nicht – Gott weiß es.« Zur unendlich debattierten Frage der ersten Schöpfung fügt er hinzu: »Ich möchte noch bemerken, daß nur selten eine Schöpfung stattfindet, es hat überhaupt nur eine gegeben, und das ist sehr lange her.«

Auch diese Seite der »Scholastik« ist wert beachtet zu werden; es war nicht alles große Systematik und strenge Grenzziehung. Und vieles, was in kühnen Paradoxen vorgetragen wurde, gehörte in die Turniertechnik, bei der die neuerworbene Waffe der Logik wie eine Lanze gehandhabt wurde und es vor allem darauf ankam, einen Gegner aus dem Sattel zu heben. Ein Denker, der für allzu verwegene Thesen dann mit lebenslänglichem Kerker im Papstgefängnis zu Avignon büßen mußte, hat auch von dem »Juckreiz der Philosophie« gesprochen, der ihn bei seinen Studienjahren verführt habe – ein denkwürdiges Wort.

Vor allem jedoch ist zu bedenken, unter welchen Umständen gedacht und philosophiert wurde: im Umherziehen von Land zu Land, ambulant, selbst bei den Größten wie einem Thomas von Aquino unter ständigen Kämpfen, Bedrohungen, mit dem Scheiterhaufen dicht neben dem Katheder, und dies nicht nur bildlich. Verbrennung, Verbannung, als milde Strafe Einkerkerung, die auch als Mittel der Verblödung benutzt wurde – vielleicht hat erst unsere Zeit, die zu den gleichen Methoden der Bekämpfung unerwünschter Gedanken zurückgekehrt ist, den Blick dafür geschärft, was es bedeutet, in solcher Atmosphäre denken zu wollen. Die Zeiten der Freiheit sind immer nur kurz bemessen. Man hat von dem »offenen zwölften Jahrhundert« gesprochen, das weitgehende Freiheit erlaubte – zum großen Teil wohl, weil die Kirche die Gefahr noch nicht erkannt hatte, die ihr von Debatten über so scheinbar unschuldige Fragen wie Methoden der Logik drohte. Dann wurden die Grenzen, auch nach dem

Osten hin, geschlossen. Es sollte haltgemacht und nur noch repetiert werden.

In diese Spätzeit, die nicht ganz so unproduktiv war, wie man lange angenommen hat, aber doch steril genug, um eine gefährliche Stauung zu erzeugen, fiel die Gründung der Universität Prag. Sie nahm teil am braven, ordnungsgemäßen Studienbetrieb der Zeit in ihren ersten Jahrzehnten; sie wuchs, bis sie an Dozenten- und Scholarenzahl Paris fast einholte; sie hatte den vorgeschriebenen Aufbau mit der Artistenfakultät, der »philosophischen«, die die sieben freien Künste lehrte, die Dreiheit Grammatik, Rhetorik, Dialektik und die Vierheit Arithmetik, Geometrie, Musik und Astronomie; die theologische Fakultät war die übergeordnete. Prag hatte die Magister als Dozenten oder Professoren an der Artistenfakultät und die Doktoren an der theologischen; der Studiengang folgte den seit zweihundert Jahren bewährten Vorlagen. Die Studenten kamen aus »aller Welt«, wie der Hofhistoriograph etwas ruhmredig verkündete, reichlich auf alle Fälle und unruhig wie überall, zu Streit und Demonstrationen geneigt. Es gab auch eine Menge fleißiger Karrieremacher. Dazu, eine Eigentümlichkeit Prags als großes Handelszentrum, eine gar nicht unbeträchtliche Anzahl von solchen, die nur die beträchtlichen Privilegien der Hochschule, vor allem die Freiheit von der sonstigen Gerichtsbarkeit, dazu benutzten, als Agenten, Spediteure und Vertreter für die Fernkaufleute Geschäfte zu machen. Auch die Buchhändler, Kopisten, Buchbinder und Schreibwarenhändler gehörten dazu. Eine Insel in der Stadt war die Hochschule, obwohl kein eignes Universitätsgebäude den Zusammenschluß präsentierte; einzelne Häuser nur und Kollegien, meist »gestiftet« aus dem Nachlaß bei dem großen Pogrom um die Jahrhundertmitte ermordeter oder geflüchteter Juden, wie das Haus des Juden Lazarus, das in das berühmte Carolinum umgewandelt wurde. Die Scholaren meist im Hause eines Lehrers untergebracht, in engen Kammern, zu zweien in einem Bett, oft arm und hungrig, sehr schmutzig, geplagt von Flöhen und Läusen, die allerdings auch die Hofgesellschaft heimsuchten. Mit unbarmherzigen Bräuchen bei der Einweihung zum akademischen Bürger, viel altgeheiligtem Ulk grotesk-blasphemischer Art, unmäßigem Stolz auf die privilegierte Stellung und demütigem Umschauen nach Protektion auf der Suche nach einer Stelle in der Zukunft. Strengste Disziplin in den Kollegien und Bursen, mit vorgeschriebener Spionage und Angeberei für alle möglichen Vergehen, besonders solche subversiver Ansichten; größte Ausgelassenheit zugleich im Trinken, Raufen oder Huren. Bewaffnet alle oder zumindest in Waffen geübt und bereit, sie zu ziehen. Frömmigkeit vorgeschrieben und vorschriftsmäßig zu bekunden; wildes Lästern daneben und heimliche Weitergabe der schärfsten Spottlieder und Zoten über Kirche, Mönche und den hohen Klerus. Spiel, Würfelspiel, Kartenspiel, Schachspiel, Liebesspiel, mit Strafen belegt und viel geübt. Aufsässigkeit und Duckmäusertum, je nach Temperament. Hohe Begeisterungsfähigkeit neben nüchternem Abschätzen der Möglichkeiten, eine Pfründe dermaleinst zu ergattern, wozu die Tonsur den Zugang eröffnete. Auch Hus hat sich angeklagt: »Ich wollte recht rasch Priester werden, um mir einen sicheren Lebensunterhalt zu verschaffen, mich gut zu kleiden und bei den Leuten Ansehen zu haben.«

Denen, die etwa so dachten, war der Studiengang zugedacht. Die großen Leistungen, die auch die Universitäten des Mittelalters hervorgebracht haben, sind so gut wie ausnahmslos von Rebellen, Außenseitern, Ketzern und Verketzerten vollbracht worden. Es ist dabei noch merkwürdig und lehrreich zu beobachten, wie selbst die später als offizielle »Lehrer der Kirche« anerkannten Größen wie ein Thomas von Aquino anfangs der Verdammung nicht entgingen, wie die Nominalisten mit Ockham an der Spitze in einem Jahrhundert als durchaus wünschenswerte Richtung galten, im nächsten als höchst verabscheuungswürdig und zu unterdrücken. Die Antwort der Kirchenführung auf die wichtigsten geistigen Bewegungen war ausschließlich das kanonische Recht, die Zensur. Die Einheit der Christenheit war ein Dualismus, der nur überbrückt wurde in idealen, meist im bloßen Lippenbekenntnis angerufenen Formeln. In diese Formelwelt brach immer wieder die Wirklichkeit ein, und als ihr Sprecher einer der an den Universitäten geschulten Geister. Die Universalität bewährte sich darin, daß auch von Oxford nach Prag ein solcher Funke überspringen konnte, um dort ein Feuer zu entfachen, das nicht so leicht auszulöschen war wie an der Stelle, wo es entstanden war.

Der Erzketzer Wyclif

John Wyclif, Doktor der Theologie und Professor in Oxford, gab der großen Ketzerbewegung vom Ende des 14. und Anfang des 15. Jahrhunderts den Namen: »Wiclifismus« hieß es in den päpstlichen Bullen, die zahlreich waren und die in den Sendschreiben der Könige und ihrer Räte häufig wiederholt werden mußten. Die »Wiclifiten« wurden auch vom Volk noch lange nach dem Feuertod des Jan Hus die Hussiten genannt. Das erstaunlichste ist, daß der Erzketzer trotz vielfacher Verdammung nicht verbrannt wurde; er konnte sein Leben im Exil seiner kleinen Dorfpfarre Lutterworth beschließen und in seinen letzten Jahren, schon schwer leidend, noch die gewagtesten seiner Schriften vollenden und seine Anhänger, akademische Schüler und seine »poor priests«, instruieren und ins Land aussenden. Das große Werk seiner Bibelübersetzung, der ersten vollständigen Übertragung der Heiligen Schrift in das eben erst zur Schriftsprache heranreifende Englisch, wurde noch von seinen Mitarbeitern abgeschlossen und in Hunderten von Abschriften verbreitet, die auch solche lasen, die nichts von Wyclif und seinen Lehren wissen wollten. Seine Ketzerlehren aber wurden gründlich unterdrückt, zunächst an der Universität, dann auch im Volke, wo sie nur in der Volksbewegung der »Lollards«, vielfach verändert, bis in die Zeiten der Reformation hinein im Untergrund weiterlebten.

Eine ganz andere Wirkung war ihnen aber an weit entfernter Stelle beschieden, in Böhmen, das nach englischer Vorstellung fast »am anderen Rande des Abendlandes« lag. Zwei Monate dauerte die Reise von Oxford nach Prag für die böhmischen Studenten, die Schriften des Professors in ihre Heimat brachten; es ist fraglich, ob man in England mehr über Böhmen wußte als noch Anno 1939 der englische Premierminister Chamberlain. In Prag aber schlugen die Lehren Wyclifs tiefe Wurzeln. Sie breiteten sich aus »wie Unkraut«, nach dem Bild der Gegner, wie ein Lauffeuer in der Anschauung der Anhänger. Sie entfesselten einen Brand, dessen Widerschein ganz Europa erleuchtete, sie führten zu einer ersten großen Revolution und Jahrzehnten blutiger Interventionskriege, »Kreuzzüge« genannt und von den Böhmen stets siegreich abgewehrt. Als Wiclifit und Verbreiter der Lehren des Erzketzers wurde Jan Hus zu Konstanz verurteilt; das Konzil verdammte zuerst nochmals den längst verstorbenen Engländer, ehe es sich dem Prager Magister zuwandte. Es verfügte, daß die schon seit dreißig Jahren im Grabe ruhenden Gebeine des Verdammten – soweit noch zu identifizieren und nicht mit denen frommer Christen vermischt – exhumiert, verbrannt und die Asche in das nächste Wasser gestreut werden solle. Der Befehl wurde nicht befolgt, und zwar dank der stillen Einwirkung eines alten Schülers, der, wie fast alle anderen Oxforder Genossen, bereut und widerrufen hatte und zum Bischof befördert worden war. Noch weitere fünfzehn Jahre später, fast ein halbes Jahrhundert nach dem stillen Tode Wyclifs, mußte der Befehl durch den Papst mit scharfer Mahnung an alle zuständigen Instanzen, einschließlich des Königs, erneuert werden.

Die Protestanten feierten Wyclif dann als einen ihrer Märtyrer und Vorläufer; in barocker Rhetorik hieß es im 17. Jahrhundert bei Thomas Fuller über die Vernichtung der Überreste: »Der Bach hat seine Asche in den Avon getragen, der Avon in den Severn, der Severn in die Meerenge und von da hinaus in den weiten Ozean. So ist Wyclifs Asche zum Symbol seiner Lehren geworden, die nun über die ganze Welt verbreitet sind.« Milton feierte ihn in seinem berühmten Traktat über die Freiheit der Presse »Areopagitica« fast überschwenglich, ohne von ihm mehr zu wissen als den großen Namen des früheren Reformators. Er war vielmehr so gründlich vergessen, daß erst im 19. Jahrhundert eine seiner wichtigeren Schriften wieder gedruckt wurde, dann allerdings gefolgt von sehr gründlichen Ausgaben, bis zu den 40 Bänden der Wyclif-Gesellschaft. Deutsche Gelehrte waren dabei besonders eifrig beteiligt, und in Worms wurde ihm denn auch in dem großen Reformationsdenkmal eine erste bescheidene Statue gesetzt, zusammen mit Jan Hus und zu Füßen Martin Luthers. Seine Landsleute haben ihm gegenüber meist Distanz, um nicht zu sagen eine ausgesprochen kühle Haltung, gewahrt. Auch »destruktiv, anarchistisch« heißt es, oder »theologisches Dynamit, das das Gefüge der Gesellschaft, der Laien- wie der Kirchenwelt in die Luft sprengen könnte«. Als früher Ideologe der Revolution ist er von anderer Seite interpretiert worden.

Ein Professor, ein Gelehrter? Auch das, sicherlich, und für manche Jahre eine Leuchte der Universität Oxford, die unter ihm eine große

Zeit erlebte und durch die »Säuberung« nach seinem Sturz für ein Jahrhundert in recht kläglichen Verfall geriet. Seine Vorlesungen und wissenschaftlich-theologischen Schriften können uns nicht lange aufhalten; sie sind untergegangen mit dem schon zu seinen Lebzeiten in vieler Beziehung an ein Ende geratenen »Realismus«, für den er nur noch eine Art »Super-Realismus« geprägt hat. Sie sind wichtig für gewisse Folgerungen, die er aus der Grundthese des Realismus zog, daß die Allgemeinbegriffe als »real« anzusehen seien, die wahren und einzigen Realien, während die Erscheinungen dieser Welt nur ihre Abbilder sind. Er zog daraus die Konsequenz für seine Auffassung vom Abendmahl und verfiel damit nach geltender Lehre in die dogmatisch folgenschwerste Ketzerei: Im Sakrament verbleibe, auch nach der Wandlung durch die Weihe des Priesters, das Brot als Brot und *repräsentiere* nur den Leib Christi, werde aber nicht zur »Substanz« des Heilands, wie die Kirche festgehalten wissen wollte. Dies, mehr als alle anderen revolutionären Gedanken Wyclifs, war die »Erzketzerei« und übrigens auch der Punkt, den man dann Jan Hus beharrlich bei seiner Verurteilung vorhielt, obwohl er vergeblich bestritt, darin Wyclifs Schüler zu sein.

Aber Wyclif war viel mehr als ein Dozent. Er war politischer Publizist und Prediger; er saß nicht nur über das Pult gebückt mit seinen Vorlesungsheften, er war alles andere als ein bloßer weltfremder Denker und Theoretiker.

Er tritt uns zuerst 1377 deutlicher vor Augen, ein schon gereifter Mann von fast fünfzig Jahren, der die übliche, lange Studienzeit bis zur Erlangung des theologischen Doktorgrades absolviert hat, angesehener Universitätslehrer, Inhaber der üblichen kleineren Pfründe für sein Gehalt und bei den weltlichen Großen gut angeschrieben. Er hat sogar als Berater der Regierung an Verhandlungen über die Abgaben an die Kurie und die höchst brisante Frage der Verteilung von englischen Pfründen an Ausländer als Stipendiaten des Papstes teilgenommen. Bei dieser Gelegenheit hat ihn der Königssohn John of Gaunt, Herzog von Lancaster, kennengelernt und als für seine Zwecke ungemein nützliches Werkzeug erkannt. Als »Mann« des Herzogs, der dominierenden Gestalt am Hofe und in der Politik des Landes, hat Wyclif seine Rolle auf dem Markt des Tages gespielt; der Mann Lancasters, nach feudalen Begriffen, ist er noch geblieben, als sich ihre Wege trennten; der Herzog hat dafür gesorgt, daß auch der Verdammte und Verfemte in Ruhe sterben konnte.

Tumult ist aber sogleich um ihn, Kontroverse, der Lärm der Auseinandersetzungen. England war in recht schlechtem Zustand, der hundertjährige Krieg gegen Frankreich, derzeit erst auf der Hälfte seines Weges, schien nach anfänglich glorreichen Siegen auf das kläglichste zu scheitern, es drohte sogar Invasion. Die Finanzen waren erschöpft, König Edward, einstmals hochgepriesen als der ritterlichste Herrscher seit König Artus, war senil geworden und in den Händen seiner Mätresse Alice; die Hofpartei stritt mit dem Parlament, man stritt außerdem erbittert mit der Kurie um fällige Zahlungen. Der hohe Klerus, lange maßgebend in der Regierung, war weiterhin verhaßt. Der Papst war verhaßt wegen seiner ständigen Forderungen. Genereller Antiklerikalismus war an der Tagesordnung; die Orden, besonders die Bettelmönche, hatten sich mißliebig gemacht, die päpstlichen Steuereintreiber, die Ablaß- und Reliquienverkäufer. Wyclif schrieb seine erste Streitschrift; sie mutet an wie das Echo der großen Debatte in Westminster zwischen den geistlichen und weltlichen Lords. Da waren schon scharfe Worte gefallen über den Anspruch des Papstes auf Oberherrschaft über sein »Vasallenland« England. Es ging eigentlich um längst verschollene Dinge: König Johann »Ohneland« hatte, als seine Barone ihn bedrängten und ihm die »Magna Charta« abtrotzten, sein Land vom Papst zum »Lehen« genommen und dafür jährlich Tribut zugesagt. Der war zwar seit langem nicht mehr gezahlt worden, aber die Kirche vergaß keine Forderung und machte sie nun von Avignon aus, im Zuge der gewaltig erstarkten Finanzwirtschaft der Kurie, erneut geltend. Dabei wurde die grundsätzliche These wieder zur Sprache gebracht: daß der Papst sowohl geistlicher wie weltlicher Herr über alle Länder des Abendlandes sei. Die Szene in Westminster ist denkwürdig und bezeichnend für das Schicksal der großen Auseinandersetzung zwischen Kirche und Staat, die den ganzen Zeitraum unserer Darstellung beherrscht. Es ging hier nicht um theoretische Disputation, sondern um die praktische Auslegung der Theorien im Machtkampf. Die Laien, vertreten durch die Barone, standen gegen den Klerus. Und selbst der Klerus, ein Zeichen der Zeit, war nicht einig: Die Bettelmönche ließen ihn im Stich und schlugen sich auf die Seite der Laien. Ein Prior zitierte das Wort des cäsarischen Papstes Hildebrand-Gregor VII. von den »beiden Schwertern« der geistlichen und weltlichen Gewalt, die beide dem Papst verliehen seien. Ein Franziskaner sprang auf, erwiderte mit dem Bibelwort: »Stecke dein Schwert in die Scheide!« und stritt dem Papst entschieden die Verfügung über weltliche Herrschaft ab. Ein Mönchsgezänk? Das auch, aber vor allem eine Kardinalfrage der Zeit. Der Primas beschwerte sich beim Vorsitzenden, dem Black Prince und Thronfolger. Der fuhr ihn an: »Wenn wir Eurem Rat folgen wollten, wäre das Königreich verloren!« Der Erzbischof schwieg. »Antworte, du Esel!« Der Prinz, schwer krank schon am Wechselfieber: »Es ist doch Eures Amtes, uns zu belehren!« Der Erzbischof, ebenfalls ein Todeskandidat, der zwei Wochen später dahinging, mit einem Blick auf die aufgebrachten Barone: »Ich bin durchaus bereit, zuzugeben, daß der Papst nicht Herr über England ist.« Die übrigen Prälaten murmelten ihre Zustimmung. Der Black Prince noch zu dem Prior: »Und was ist es nun mit deinen zwei Schwertern?« »Mylord«, antwortete der Prior, »ich bin jetzt richtiger instruiert.« Die Barone gaben das Verdikt, daß die »Schenkung« König Johanns von vor hundertfünfzig Jahren ungültig sei, da ohne Zustimmung des Landes und seiner Barone vorgenommen. Dementsprechend wurden die Gesandten des Papstes angewiesen.

Die nur gehauchten Worte des schon sterbenden Erzbischofs markieren recht sinnfällig das Absterben einer Epoche.

Ungemein lebendig aber greift Wyclif nun in seinem Traktat die Sache auf und zeigt sich des Vertrauens würdig, das Lancaster in ihn gesetzt hat. Er läßt wie auf einer Bühne sieben Lords auftreten, die im Wechselgespräch den ganzen Katalog der Beschwerden vortragen. Der erste, als rüstiger Krieger, erklärt fröhlich: Mit dem Schwert wurde England erobert. Nur mit dem Schwert könnte der Papst seine Forderung durchsetzen. Will er das versuchen, dann ist es unsere Sache, unser Recht zu verteidigen.

Der zweite: Eine Steuer kann nur an jemanden gezahlt werden, der dazu berechtigt ist; der Papst ist nicht berechtigt. Er soll doch der Nachfolger Christi sein; Christus aber hat alle weltliche Herrschaft verachtet.

Der dritte wird noch schärfer: Der Papst soll der Diener der Gläubigen sein; welche Dienste aber erweist er unserem Lande? Er nutzt uns nur zu persönlichen Zwecken aus und für seine Kurtisanen. Schlimmer noch: Er unterstützt unsere Feinde – das heißt die Franzosen – mit Geld und Rat.

Der vierte zählt auf: Der Papst ist, nach seinen Ansichten, der Obereigentümer allen Kirchbesitzes. Ein Drittel unseres Landes ist so im Besitz der toten Hand, und zum Zeichen dessen nimmt er davon die Erstlinge. In weltlicher Herrschaft kann es aber nicht zwei Herren geben; der eine muß Herr, der andere Vasall sein. Wir sind nicht gesonnen, unseren König irgend jemandem in dieser Beziehung zu unterstellen.

Der fünfte kommt auf König Johann zurück: Seine Schenkung sollte sicherlich nicht für alle Ewigkeit gelten! Er wollte doch nur vom Bann absolviert werden. Die Bedingungen sind ungültig, denn sie sind unehrliche Simonie und Schacher.

Der sechste malt das noch aus: Sollte das christlich sein, nur zu absolvieren, wenn dafür soundsoviel Geld im Jahr gezahlt wird? Und auf wen fällt die Last? Nicht auf den sündigen König, sondern auf das Volk, unschuldig an alledem. Das Geld sollte eher an die Armen gegeben werden. Könnte der Papst, wenn die These gelten soll, daß das Land ihm gehört, es nicht nach Belieben in toto zurückfordern, weil wir so lange im Rückstand geblieben sind?

Der letzte beschließt: Ein schlechtberatenes Abkommen, durch König Johanns Fehler abgeschlossen, ohne Zustimmung des Landes. Es kann nicht aufrechterhalten werden. Er versteigt sich am Ende – nicht ganz im Charakter der Rolle eines Barons, die Wyclif sonst so nahezu dramatisch durchführt – zu der demokratischen These: *Jeder einzelne* im Lande müßte zu einem solchen Abkommen seine Zustimmung erklären.

Der Satz ist charakteristisch für Wyclif, der sich immer an den einzelnen wendet und die »Übergeordneten« – die Kirche – beiseite zu lassen sucht. Der Kirche, nicht aber des Staates, der weltlichen Macht. Diese vielmehr sieht er entschieden dazu berufen zu regieren; wo es not tut, auch den Klerus. Im besonderen aber den hohen Klerus, der sich ganz unangemessen die höchsten Regierungsämter im Lande angemaßt hat und sie selbstherrlich verwaltet, noch dazu geschützt durch das Privileg des Geistlichen, der vor kein weltliches Gericht gezogen werden darf und somit immun ist.

Damit tritt Wyclif in die nächste, entscheidende Phase seiner politischen Aktivität ein. Aus dem Beratungssaal in Westminster geht er auf die Straße. Er predigt in London, unter dem Schutz Lancasters, der es gerne sieht, daß der hohe Klerus gezaust wird. Der Herzog hat da seine intimsten Gegner; er ist keineswegs, wie er später als Beschützer des Erzketzers hingestellt worden ist, ein eifriger Reformer, sondern ein hochfeudaler Großer, der weitaus größte Gundbesitzer des Landes, als Königssohn noch ständig unter dem Verdacht, die Krone an sich zu reißen, die dann erst sein Sohn erbeutet. Lancaster ist nicht im geringsten ein »Demokrat«; er hat das »gute Parlament«, das versuchte, gegen den Hof vorzugehen, ausgeschaltet, den Speaker gefangensetzen lassen und seinen Hauptgegner, den Bischof Wykeham, der Mißwirtschaft als Kanzler anklagen und aufs Land verbannen lassen. Er hat ein neues willfähriges Parlament zusammengebracht und mit seinen Anhängern vollgepackt; dieses tagt nun zur Zeit. Ein recht fragwürdiger Protektor und Patron für einen leidenschaftlichen Neuerer und Reformer wie Wyclif. Es ist fraglich, ob er je von dessen Schriften genauer Kenntnis genommen hat; Lancaster war im Grunde strikt kirchentreu, ein großer Stifter für Abteien und Orden, von denen die Karmeliter seine speziellen Schützlinge waren. Er benutzt seinen Schützling Wyclif im Parteikampf und läßt ihn dann fallen, als sich die Konstellationen ändern. Im Augenblick erscheint ihm der Mann sehr brauchbar.

Unter diesem Protektorat beginnt Wyclifs aktive Laufbahn. Furchtlos stellt er sich auf den Markt; Mut ist eine der Eigenschaften, die man ihm noch weniger absprechen kann als dem deutschen Reformator. Er predigt. Der kleine, hagere Mann mit den asketischen Zügen, nicht sehr gesund, ein früher Puritaner, predigt gänzlich unprofessoral, wild, scharf und ohne jede Rücksicht. Er geißelt den Luxus und Hochmut der Prälaten, ein dankbares Feld, das auch andere beackern. Daß die Hierarchie auf einem Tiefpunkt angelangt und daß das gesamte offizielle Kirchenwesen zu einer gänzlich verweltlichten Pfründenversorgung degeneriert war, hat auch die bemühteste Apologetik der Kirchengeschichtsschreibung nicht bestreiten können; sie kann sich nur auf das theoretische Prinzip der Autorität und Ordnung berufen, die gewahrt bleiben müsse.

Ein halbes Jahr, eine lange Zeit, predigte Wyclif in London. Wir haben keine zuverlässigen Abschriften seiner Sermone, aber wir können aus seinen Schriften einigermaßen den Tenor entnehmen. Wyclif war ein neuer Typus des Predigers: hart, nüchtern, sachlich, ohne einen Funken des Humors, der sonst bei mittelalterlichen Bußpredigern so häufig ist; es fehlt bei ihm völlig das bunte, für den romantisierenden Nachfahren ästhetisch so reizvolle Spiel mit den Bildern von Ameisen oder Bienen, von Wundern und Wundertaten der Heiligen, den Wonnen des Paradieses und den Schaudern der Hölle. Seine Grundanschauung ist unbarmherzig radikal, die Lehre der Prädestination, die auch Jan Hus von ihm übernommen hat: Vorbestimmt ist jeder von Gott, zum Heil oder zur Verdammung; wir werden davon noch später mehr sagen. Radikal ist auch seine Kritik am Klerus: Um Geld und Geldeswert geht es der Geistlichkeit ausschließlich; ihre Seelsorgepflichten vernachlässigt sie kläglich. Jagd nach Pfründen und Abgaben – sie »jagen mit Händen und Füßen«, die Steuern einzukassieren und nach ergiebigen Stellen zu rennen. Der hohe Klerus besetzt die höchsten Regierungsämter und läßt seine Bischofssitze von billigen Vertretern verwalten, der Bischof Wykeham als Kanzler hat sich allein über fünfzehn der ergiebigsten Pfründen im Königreich verschreiben lassen und ist als Mann von bescheidenem Herkommen zum reichsten Rentenbezieher in ganz England geworden. Jeder bessere Priester läßt sein Amt im Stich und fahndet in London nach einem Regierungsposten; die Pfarre läßt er in der Hand eines unwissenden und kärglich entlohnten Stellvertreters, der dafür sorgen muß, daß die Einnahmen ordnungsgemäß in die Stadt abgeführt werden. Und woher diese ganze Mißwirtschaft, die zum Himmel schreit? »Endowment«, Stiftung, Vergebung von Besitz durch fromme Gläubige ist die Wurzel allen Übels. Ein Drittel des ganzen Landes haben die Menschen hingegeben, um ihres Seelenheiles willen; sie hofften sich damit Fürsprache bei Gott zu erwirken durch gottesfürchtige, fromm lebende Geistliche. Welchen Wert aber kann im Himmel die Fürsprache eines hochfahrenden Prälaten haben, der mit Lakaien und Ausrufern zu Hofe reitet, auf kostbar behängtem Pferd, um an den Kabalen der Regierung teilzunehmen? »Endowment« hat die Kirche bis auf den Grund verdorben. In der Bibel ist nicht von Besitz, Grundherrschaft, Einkommen aus Zehnten die Rede, noch weniger davon, daß der Geistliche die Abgaben durch

Kirchenstrafen erzwingen kann und mit Bann und Ausschluß aus der Kirche strafen darf, wenn ein Armer in Verzug gerät. In der Bibel ist nirgends erwähnt, daß ein Heer von Richtern und Advokaten der Kirche mit Gefängnis beim Eintreiben von Steuern hilft. Die Apostel waren arme Leute, Fischer, Handwerker; Christus war arm, und er predigte den Armen. Die Kirche wird erst wieder genesen, wenn sie arm wird wie in apostolischer Zeit. Aufhebung des gesamten Stiftungsunwesens als letzte und entschiedenste Konsequenz wird gefordert.

Wyclif hatte viel Zulauf. Der Primas, Erzbischof Sudbury, zögerte einzugreifen; er war selbst nicht ohne Kritik am Klerus. Der viel energischere Bischof von London, Courtenay, aus hohem Adelshaus, nachmals der entschlossenste Bekämpfer der Lollards, ließ den unbequemen Prediger vorladen, um ihm den Prozeß zu machen, als Ketzer und Verleumder der Geistlichkeit.

Es ergab sich eine große und tumultuarische Szene in der Kathedrale von St. Paul. Zuerst zogen die Bischöfe feierlich ein, dann wurde der Angeklagte herbeigeführt, begleitet von seinem Protektor Lancaster, dem Earl Marshal Percy, anderen Rittern und Trabanten sowie vier Franziskanern als Verteidigern. Die Kirche war überfüllt mit Bürgern, Neugierigen, Volk, das Gedränge so groß, daß die Trabanten mit groben Stößen den Weg freimachen mußten. Bischof Courtenay protestierte sogleich erregt: Hier sei er der Hausherr auf kirchlichem Gebiet! Wenn er das geahnt hätte, hätte er den Eintritt gesperrt für die weltliche Gewalt. Lancaster hochfahrend: Der Earl Marshal wird seines Amtes als Ordnungsstifter walten, ob der Bischof das billigt oder nicht! Die Parteien stehen sich in der Lady Chapel gegenüber.

Lancaster: »Der Angeklagte soll sich setzen. Es wird lange dauern mit der Verhandlung.«

Der Bischof: »Er hat zu *stehen* als Angeklagter vor seinen Bischöfen!«

Ein wütender Wortwechsel folgt. Die Menge im Kirchenschiff mischt sich mit Geschrei ein. Wyclif ist beliebt bei vielen; Lancaster äußerst unbeliebt, einer der bestgehaßten Männer zur Zeit; der Bischof hat viele Anhänger aus lokaler Loyalität, er gilt als »unser Bischof«, zumal er durch scharfes Vorgehen gegen die ausländischen Kaufleute und Händler in der Stadt bekannt geworden ist.

Lancaster schreit den Bischof an: »Du verläßt dich auf deine Familie – die Earls of Devon –, aber die wird dir nicht helfen! Sie sollen aufpassen, was aus ihnen selbst wird!« Er schwört, er werde schon den Hochmut des Bischofs dämpfen »und überhaupt aller Bischöfe in England!«

Der Bischof: »Wir vertrauen auf Gott!«

Der Herzog, nun völlig unbeherrscht: »Ich werde den Bischof noch am Schopf aus der Kirche schleifen!«

Im Kirchenschiff Gebrüll der Menge, Handgemenge, die Londoner sind erheblich stärker als die Trabanten des Herzogs, der sich mit seinem Schützling zurückziehen muß. Von einem Verfahren ist keine Rede mehr. Die Menge tobt weiter. Der eigentliche Grund für ihre Aufregung hat nichts mit Wyclif zu tun: Am Morgen ist bekannt geworden, daß Lancaster beabsichtigt, einen königlichen Stadthauptmann für die unruhige Stadt zu ernennen mit voller Polizeigewalt anstatt des Lord Mayor. Die Privilegien von London sind bedroht. Das Eingreifen der Leute Lancasters und des Earl Marshal war nur ein erstes Zeichen für das, was bevorstand. Schon soll ein Mann gefangengesetzt worden sein. Die Bürger greifen zu den Waffen, und jeder hat Waffen.

Am nächsten Tag kommt es zum Sturm auf das Gefängnis, das verbrannt wird, auf das Savoy, die Stadtbesitzung Lancasters, die Träger seiner Livree werden mißhandelt. Er selbst muß im Boot die Themse hinauf an den Hof des Königs flüchten. Der Abschluß des Aufruhrs ist nach einigen Tagen eine lahme Aussöhnung: Der König bestätigt die Privilegien; der Magistrat ordnet eine Bußprozession »des guten Willens« an, zu der niemand erscheint außer den Offiziellen. Das Ganze ist nur ein bescheidenes Vorspiel zu der großen Rebellion, die wenige Jahre danach, 1381, über das ganze Land fegen und der Beziehung zwischen Wyclif und dem Herzog ein Ende bereiten wird.

Bischof Courtenay läßt nicht so rasch nach wie die Bürger von London. Er behält den Ketzer und Aufruhrprediger im Auge, der inzwischen wieder nach Oxford zurückgekehrt ist oder sich auf seine Pfarre verzogen hat. Es wird nach Rom berichtet, mit Zitaten aus dem, was von Wyclifs Schriften bekanntgeworden ist. Papst Gregor XI. erläßt sogleich nicht weniger als fünf Bullen – an die Bischöfe, den

König, die Universität – und fordert scharfes Vorgehen, Gefangennahme des Ketzers und zitiert Wyclif vor sein Gericht. Eine Liste von neunzehn ketzerischen Thesen ist beigelegt. Und damit beginnt das Verfahren gegen Wyclif, das zu seinen Lebzeiten allerdings nie förmlich abgeschlossen worden ist und erst 44 Jahre nach seinem Tode zu der vorgeschriebenen Vollziehung der Verbrennung an den ausgeblichenen Gebeinen geführt hat.

Wir sind aber nicht nur damit befaßt, den dünnen Faden dieses überlangen Ketzerprozesses, in dem Jan Hus die wichtigste Stelle einnehmen wird, zu verfolgen. Er mußte immer wieder mühsam zusammengeknüpft werden und riß zeitweilig ganz ab. Wir können uns auch nicht damit begnügen, nur die verschiedenen Theorien über das, was eigentlich »Herrschaft« ist, zu verfolgen; die Theorie von der Allgewalt des Papstes oder das, was Wyclif als Rebell unter »dominium« verstand, wobei der Einzelmensch, der Gläubige, gestützt auf die Worte der Bibel, entscheidend hervortritt. Wir sehen um jene Zeit eine Welt vor uns, in der noch ganz andere Faktoren entscheiden. In London tobte der Mob und nicht nur dieser; auch die Bürgerschaft erhob sich. In Paris folgten Aufstände auf Aufstände. In Rom, aus dem Papst Gregors Bullen gegen Professor Wyclif ergingen, herrschte der römische Mob, und zwar so mächtig, daß er es fertigbrachte, die gesamte Kirche des Abendlandes zu spalten. Die vielberufene »Einheit« des Mittelalters, so fragwürdig geworden, wenn sie je recht bestand, war immerhin darin noch sehr gegenwärtig, daß eine Zentralinstanz, die Kirche, bestand und die Regulierung der Ideenwelt beanspruchte. Das Papsttum hatte in der Praxis unaufhörlich Kompromisse zu schließen, nachzugeben, oft sich schmählich zu fügen. Aber es hielt unverändert die These aufrecht, daß der Papst die gesamte Gedankenwelt zu kontrollieren und zu zensieren habe, notfalls durch Gefängnis und Scheiterhaufen.

Es lag darin, wenn man will, eine hohe Anerkennung des Denkprozesses und der Männer, die zu denken wagten und dabei unvermeidlich in den »Geruch der Ketzerei« gerieten. Das Wort ist sinnvoll: Es gab so etwas wie die »Nase« für Ketzerei und abweichende Ansichten; sie reagierte schon bei nur flüchtigem Durchblättern eines Traktates, ja bei einem Blick auf einige Thesen oder Artikel, die jemand ausgezogen und unterbreitet hatte. Und wir müssen sagen, daß die Zensoren meist, von ihrem Standpunkt aus, die richtige »Witterung« hatten. Das System der autoritären Kirche, so wie sie sich in den letzten Jahrhunderten entwickelt hatte, war so eng gefügt, so steil und starr geworden, daß jede Abweichung vom sogenannten geraden Weg bereits gefährlich erscheinen mußte. Um so gefährlicher, als abweichende Ansichten immer damit rechnen konnten, große Zustimmung der Staaten und gesellschaftlich wichtiger Schichten zu finden und für »Forderungen des Tages« benutzt zu werden. Diese Forderungen waren so weitgespannt wie die des Papsttums und hatten in immer größerem Ausmaß, als die Staaten erstarkten, Aussicht, sich durchzusetzen.

Das war Wyclifs Situation, als er begann. Er trat auf als Champion der englischen nationalen Ambitionen, wir können getrost sagen, des englischen Nationalismus. Der Nationalismus, nicht nur der Engländer, erlebte in jener Epoche seine erste Blüte, der noch viele folgen sollten. Jedes Eingreifen des Papstes in den Streit zwischen England und Frankreich, der aus einer ursprünglich rein dynastischen Frage zwischen Verwandten zu einem Kampf der Nationen geworden war, erbitterte, und das um so mehr, als die Avignon-Päpste durchwegs Franzosen waren und ganz zweifellos – sosehr sie sich dagegen verwahrten – stark unter französischem Einfluß standen.

Daß englische Könige und Minister schwierig waren, hatte man bei der Kurie genügend erfahren. England war, unter dem nun schwach gewordenen Edward III., so stark gewesen, daß es als erstes europäisches Land sich mit bis dahin unerhörten Gesetzen gegen päpstliche Autorität auflehnte und verwahrte; die Statuten über päpstliche Provisionen, d. h. Stellenbesetzungen und Pfründenvergebung, und die noch bedeutsameren Statuten »praemunire«, die Berufungen an die Kurie verboten und den ersten mächtigen Schlag gegen die Universalität des kanonischen Rechtes als der übergeordneten Instanz führten, waren nur der Anfang gewesen. Die Zahlungen des Lehenstributes hatte man eingestellt; es war nun bereits die Rede davon, daß überhaupt der große Kirchenbesitz angegriffen werden und eventuell beschlagnahmt werden könne. Das war keineswegs nur ein Theorem eines Universitätsdozenten, sondern wurde auch mit viel Hoffnungen unter den Großen diskutiert. Wyclif war, wie in vielem, ein Verfrühter; hundertundfünfzig Jahre später wurde diese These zur Wirklichkeit in England.

Im Falle Wyclifs jedoch wäre zu sagen, daß die Thesen in der Tat Kernpunkte seiner Schriften richtig herausgreifen. Und diese erste Liste, so hastig sie aufgestellt wurde, hat dann auch bei den immer wiederholten Verdammungen viele Jahrzehnte hindurch den Grundstock abgegeben.

Hinzufügen müssen wir aber noch, daß die entscheidenden und gefährlichsten Sätze den Zetteln eines Denunzianten – oder aufmerksamen Wächters der Rechtsgläubigkeit nach seiner Auffassung – entstammten, der sich schon im Hörsaal eifrig seine Notizen gemacht hatte. Auch dieser Typus kehrt immer wieder, im Falle des Jan Hus wie bei Luther; er ist noch nicht ausgestorben. Wyclif konnte sich darauf berufen, daß nach scholastischer Übung im Hörsaal kühn und scharf dialektisch disputiert werden durfte. Daß Schulung im Wortgefecht, auch über höchst paradoxe Propositionen, zum Brauch gehörte und sogar gewünscht wurde. Solange das im Rahmen akademischer Debatten blieb, wurde es geduldet. Viele der als Größen verehrten Meister der Schulen hatten Dinge gesagt, die isoliert höchst verfänglich klingen konnten; vieles mutet heute den in solcher Dialektik nicht Erfahrenen ungeheuerlich oder grotesk an, wie etwa der bekannte Satz des Ockham, daß Gott sich auch als Esel hätte der irdischen Welt vorstellen können, wenn ihm das beliebt hätte, was nichts anderes belegen sollte, als daß seine Allmacht eben unbeschränkt sei und nichts mit unseren irdischen Vorstellungen zu tun hätte; niemand hat damals Anstoß an diesem Satz genommen. Wohl aber wurde Anstoß genommen und schärfstens eingegriffen, wenn Sätze und Thesen in die Öffentlichkeit drangen und außerhalb der hohen Schule das niedere Volk oder die großen Laien bewegten. Das brachte unverzüglich die Anklage auf Ketzerei ins Spiel.

So hier im Falle Wyclifs. Seine theologische Auffassung von der Gnade, auf augustinischen Gedanken beruhend, und seine philosophische Richtung des »Realismus« – eine durchaus gebilligte, ja lange herrschende Schulmeinung – führten ihn dazu, sich nun mit der Frage zu beschäftigen, was denn eigentlich »dominium« sei, Herrschaft, irdische Herrschaft, Besitz, Eigentum, staatliche Macht. Auch da hatte er Vorläufer, wie er überhaupt nicht in allem »originell« war, was für einen mittelalterlichen Denker nicht als Auszeichnung galt. Herr, so lautete seine These, sei überhaupt nur Gott, nur ihm sei dominium im vollen Sinne gegeben. Das war, nach Wyclifs Denkweise des Realismus, die einzige und wahre Realität. Nur durch Gottes Gnade ist auf Erden, und nur sehr zeitweilig und widerruflich, Herrschaft gegeben, auch Besitz, irdisches Gut jeder Art. Sie ist nur geliehen, kein Recht, und überhaupt nicht durch von Menschen gemachte Bestimmungen zu »vererben«.

Auch die Scholastik konnte sehr revolutionär sein. Es läßt sich denken, daß Papst Gregor aufhorchte, als er diese ersten Thesen sah. Sie stellten die Grundlagen seiner Kirche in Frage. Es war obendrein noch ausdrücklich gesagt, daß von der politischen Herrschaft des Petrus und seiner Nachfolger über die Welt die Rede sei. Nun aber noch schlimmer, und aktueller: Wenn die Kirche durch Nachlässigkeit in Schuld gerät, können die weltlichen Herrscher rechtmäßig ihr die »segensvollen Gaben des Schicksals« nehmen. Noch gefährlicher sagt der Ketzer: »Ob die Kirche nun in solchem Zustand ist, habe ich nicht zu diskutieren. Das ist Sache der weltlichen Herren. Und wenn sie so befinden, dann mögen sie mit Zuversicht vorgehen und die weltlichen Besitzungen der Kirche beschlagnahmen, auch wenn man sie mit Verdammung bedroht.« Das war die Stimme des Aufruhrs. Fast überflüssig, daß der Ketzer dann noch gegen die Exkommunikation polemisiert und bestreitet, der Papst oder die Kardinäle könnten lediglich aus eigenem Willen und durch eine Bulle entscheiden, ob jemand fähig oder unfähig sei, der Kirche anzugehören. Nur in Fragen Gottes, des Glaubens dürfte jemand ausgeschlossen werden, nicht in Fragen weltlichen Besitzes.

Es ist begreiflich, daß Papst Gregor unverzüglich seine Bullen aussandte und Gefangennahme dieses Dozenten befahl. Das Schicksal seiner Bullen zeigt aber, wie matt bereits die Herrschaft der Kirche geworden war.

Wir werfen zuvor noch einen Blick auf die Situation zu Rom, denn sie ist nicht gleichgültig. Gregor war erst seit wenigen Wochen dort eingetroffen, als er die Sendschreiben erließ; gezwungen durch die Meinung weiter Kreise der Welt, gemahnt in den schärfsten Worten und bedroht mit Höllenstrafen durch die Heilige Katharina von Siena, wenn er zögere, hatte er die endgültige Rückverlegung der Kurie von Avignon nach Rom beschlossen, gegen den Willen seiner rebellischen Kardinäle. Rebellion war überall und in erster Linie vor seiner Tür: Florenz hatte sich gegen ihn erhoben, Bologna, ein großer Teil des Kirchenstaates war mit ihnen im Bunde. Kirchenstrafen hatten in Italien wenig Wirkung, der Bann schreckte nicht; es war Krieg. Die Truppen des Papstes, Söldner aus der Bretagne, der Gascogne kämpften für ihn. Sein Kardinal Graf Robert von Genf, im nächsten Jahre sein Nachfolger – einer seiner beiden Nachfolger –, hatte zu Cesena ein Blutbad unter den aufrührerischen Einwohnern angerichtet und einige Tausende erschlagen lassen; als der »Schlächter von Cesena« figurierte er in den italienischen Chroniken. Es wäre schwer zu sagen, worin zu diesem Augenblick die »Herrschaft« des Papstes bestanden hätte, außer in ideellen Ansprüchen. Man kann es imponierend finden, daß der schon kranke Mann noch die Energie aufbrachte, sich unter all diesen Schlägen und Wirren mit den Thesen des Professors Wyclif zu beschäftigen und sie so eingehend zu analysieren.

Die englischen Bischöfe hielten sich zunächst zurück. Die Universität Oxford, empört darüber, daß Gregor sie angefahren und der Lässigkeit beschuldigt hatte im Kampf gegen die Ketzerei, beantwortete die Bulle damit, daß sie die Thesen durch ihre führenden Theologen untersuchen ließ. Ihr Verdikt lautete, sie seien orthodox. Allerdings beanstandete man, daß sie »nicht gut in den Ohren klängen«. Der Kanzler der Universität verkündete das nach einstimmigem Beschluß. Der Vizekanzler jedoch – es gab Parteiungen wie an jeder Universität – fühlte sich durch die ausdrücklichen Befehle der Bulle ermächtigt, Wyclif einzusperren, allerdings in der milden Form der Beschränkung auf sein College. Schon das erregte den Zorn der Regierung: Der Vizekanzler wurde nun seinerseits eingesperrt, was vielleicht auch mit Studentenunruhen zu tun hatte, bei denen ein Besucher vom Königshof belästigt worden war. Jedenfalls erhielt der Ketzer vom Kronrat noch den Auftrag, sich als Gutachter über die Frage zu äußern, wieweit die Zahlungen an den Papst in Zeiten der Gefahr für die Landesverteidigung zulässig wären. Wyclif setzte sein Gutachten auf und verbreitete auch scharfe Antworten auf die Bullen. Er war sehr bald wieder freigelassen worden. Damit aber und mit seinem Memorandum, das die Regierung zur Kenntnis nahm, war Wyclifs Laufbahn in offizieller Stellung beendet. Er hatte sich als nützlich erwiesen und wurde nicht mehr gebraucht. Der Kronrat befahl ihm, nun zu so heiklen Fragen, wie in seinen Thesen enthalten, zu schweigen.

Der Grund für diese Wendung war der Tod des alten Königs; die Jugend des Nachfolgers Richard II., eines zehnjährigen Knaben, ließ die Regierung offen für ein recht verwickeltes Ringen um die Macht zwischen den Parteien und Großen, wobei sein Protektor Lancaster sich nur sehr mühsam behaupten konnte. Streit mit den mächtigen Prälaten erschien zur Zeit ganz unerwünscht. Lancaster selbst mag seinem Schützling die Stillhalteorder gegeben haben.

Die Bischöfe, ermutigt durch diese Situation, unternahmen einen neuen Vorstoß. Sie luden Wyclif im folgenden Jahre erneut vor. Zur Verhandlung hatten sie vorsichtshalber, nach den Erfahrungen mit dem Aufruhr von St. Paul inmitten der Stadt, den weiter abgelegenen Erzbischofspalast in Lambeth gewählt. Trotzdem gab es neue Szenen: Seine Londoner Anhänger brachen in den Saal ein und beteiligten sich mit Zustimmung und Mißfallen. Außerdem, etwas wirkungsvoller, war ein Ritter als Abgesandter der Königinmutter erschienen, die zu Wyclifs Gönnern gehörte; er überbrachte die Botschaft, es solle keinesfalls ein Urteil über Wyclif gesprochen werden. Die Prälaten waren rasch entmutigt. Sie begnügten sich, ihn zu entlassen mit der Auflage, »er habe hinfort solche Thesen nicht im Hörsaal oder in Predigten zu diskutieren, damit kein Ärgernis bei der Laienwelt entstünde«.

Es ist vielleicht die seltsamste Ketzerverhandlung, von der wir Kenntnis haben. Sogar der Mob – nach Ansicht eines Mönchschronisten der »Abhub der Londoner Gassen«, in Wirklichkeit wohl eher aus guten Bürgern bestehend – scheint gemäßigt seine Stimme geltend gemacht zu haben, schon aus Respekt vor »seinem Bischof« Courtenay. Weder von Gefängnis noch Verbrennung war die Rede; die Bullen des Papstes blieben toter Buchstabe.

Wenn Wyclif ein Mann von geringerem Kaliber gewesen wäre, ähnlich wie seine nächsten Anhänger nach seinem Tode sich zeigten, so hätte er sich mit diesem halben Freispruch zufrieden geben können und vielleicht, wie jene, noch eine befriedigende Karriere gemacht. Er wurde erst jetzt zum entschlossenen Revolutionär und Radikalen. Er gab das Eintreten für die Regierung auf; sie erschien ihm lau und unentschlossen, wie sie auch war; man nahm die Zahlungen an die Kurie wieder auf; die Beschlagnahme von Kirchengut, die er vorgeschlagen hatte, mußte auf Heinrich VIII. warten. Er schritt aber noch sehr viel weiter vor: Nicht nur die Geldgebarung der Kirche war ihm zweifelhaft geworden, sondern die Institution als solche überhaupt, beginnend mit der Hierarchie und dem Papst an der Spitze. Den zu Rom neugewählten Papst von 1378, den Neapolitaner Urban VI., begrüßte er zwar noch hoffnungsvoll, wie viele zu Beginn; er erwartete von ihm die große Reform, von der alle Welt sprach. Von Reform war nichts zu spüren; es folgte die Spaltung, die Gegenwahl des französischen Papstes Clemens, das Auseinanderfallen der Kirche in zwei streitende Teile und zwei Päpste, die sich gegenseitig als Ketzer verdammten. England entschied sich für den Italiener Urban, aus Gegnerschaft gegen die französische Avignonlinie. Damit entfiel auch die Notwendigkeit für antipäpstliche Propaganda; die Regierung legte nunmehr Wert auf gute Beziehungen zur Kurie Urbans in Rom und wurde auch durch beträchtliche Konzessionen in der Stellenbesetzung belohnt. Für Wyclif war kein Bedarf mehr. Das ist nur das äußerliche Resultat der großen Wendung, deren weltgeschichtliche Folgen sich erst zeigen sollten, als das Schisma ein ganzes Menschenalter anhielt und die völlige Unfähigkeit der streitenden Hierarchien aufzeigte, aus eigner Kraft wieder zur Einheit zu gelangen.

Wyclif zog schon vorher seine Konsequenzen. Was er in seinen ersten Schriften, vielfach nur nach scholastischer Methode, in gewagten Propositionen als ein »man müßte danach doch folgern«, oder »hieraus ergibt sich« vorgebracht hatte, wurde nun zu einer Lehre. Seine Lehre ist kein System und nicht zu vergleichen den großen Kathedralgebäuden der hochmittelalterlichen Meister. Die können Bewunderung erwecken durch ihre Geschlossenheit und ihre bis weit in den Himmel hineingreifenden Pfeilergewölbe, die Kühnheit, mit der sie jedem seinen Platz anwiesen in der göttlichen Ordnung. Ordo, Ordnung war das große Wort für die genaue, fast katasterhafte Einteilung des Weltwesens; sie entsprach leider nicht den Zuständen auf dieser sündigen Erde.

Von diesen jedoch ging Wyclif aus. Er sah Unordnung überall, und am schlimmsten in der Kirche. Er war Moralist, ein Wort, das die offizielle Kirche stark beargwöhnte und in grundsätzlichen Fragen der Institution überhaupt ablehnte: Die Kirche war etwas, das unabhängig zu sein hätte von Eigenschaften oder etwaigen moralischen Fehlbarkeiten ihrer Vertreter und durch sich selbst sakramental wirkte mit den Gaben, die sie im Sakrament darreichte. Das war die Bedeutung des Abendmahls in seiner seit dem 13. Jahrhundert neu formulierten Fassung der Transsubstantiationslehre: Christus selbst wurde durch die Weihe des Priesters herbeigeführt in Person, leibhaftig, real, in Fleisch und Blut; man nahm dazu noch die Teilung vor, daß der Kelch den Priestern vorbehalten sein müsse, während dem gewöhnlichen Gläubigen die Teilnahme am Brot der Hostie gewährt wurde. Wyclif griff auch diese Konzeption an. Ganz hat er diese Ketzerlehre nicht durchgebildet, die sich ja auch »logischer« Definition nicht gut fügen will, aber immerhin so weit, daß er zum Erzketzer erklärt werden konnte. Und dies nicht nur in den Augen der Kirche: Auch die Laien, sein Gönner Lancaster selbst schieden sich in dieser Frage von ihm. Es erschien ihnen ruchlos, daß man ihnen die unmittelbare Begegnung mit dem Heiland in Person fortdisputieren wollte; in allen religiösen Vorstellungen der Zeit war ein massiv materialistisches Element am Werke. Die Hostie hatte ganz materiell der Leib Christi zu sein; sie blutete, wenn ein tückischer Jude sie durchstach, sie blutete, wenn sie durch Einsturz einer Kirche verletzt wurde. Die Heiligen hatten durch Heilung von Krankheiten ihre Heiligkeit zu beweisen, und nur damit, in Gestalt der kanonisch geforderten Wunder, erlangten sie ihre Würde. Dem französischen König sogar, den seine Landsleute auch mit erheblicher Heiligkeit ausstatteten, wurde zugeschrieben, daß seine Handauflegung die »Königskrankheit« der Skrofulose beseitige. Bei Prozessionen, vor Reliquien hatten sich Wunder zu vollziehen, die nicht Visionen waren, sondern sichtbar, greifbar, »real«.

Wyclif wandte sich gegen all das. Seine Systematik bestand in nahezu vollständiger Ablehnung und Ausschaltung des gesamten Aufbaus und Brauches der Kirche. Er war darin allerdings Utopist, ein Verfrühter, ein Vorläufer der Reformation und noch darüber hinaus. Daß er zugleich in vielem befangen blieb, was er aus seiner scholastischen Schulung mitbrachte, wird nicht verwundern; niemand kann sich von seinen Lehrjahren gänzlich lösen. Entscheidend aber ist es, wie er versucht hat, seine Kritik und Ablehnung in praktische und positive Wirkungen zu verwandeln. Statt des Christus, der im Sakrament zugegen ist, stellte er den inkarnierten, den »fleischgewordenen« Christus vor, den »communis homo«, der nach seiner Auffassung des Realismus als das »Urbild« des Menschen mit jedem Menschen vereint ist. Da sind keine Rangunterschiede oder Grade, das »communis« ist ein religiöser Kommunismus und für Wyclif auch eine »Soziallehre«, wie wir sagen würden. Die Gemeinschaft der gläubigen Menschen mit Christus ist für ihn die Kirche, nicht die Institution, der Apparat, und am wenigsten die bloße Hierarchie.

Wyclif theoretisierte nicht lediglich, obwohl er auch ab und zu in Oxford weilte und dort viele Anhänger gewann. Sein Hauptquartier war seine Pfarre zu Lutterworth. Sie wurde ein Zentrum dessen, was der Lollardismus hieß und sich lange unter vielen Verfolgungen hielt. Er hatte diese Bewegung sehr losen Zusammenhanges nicht geschaffen, sie bestand schon vor ihm: Wanderprediger, in einfacher, oft zerlumpter Tracht, barfuß, am langen Stabe dahinpilgernd, in der Volkssprache predigend, sich auf die Bibel berufend. Aufruhr wurde da gepredigt, Kritik am Klerus und seinem Pomp, meist leise, oft in Flüsterworten, zuweilen halb gehaucht oder gesungen. »Leise singen« heißt »lollen« auf Holländisch; vom Kontinent war das Wort gekommen, wo man es häufig auf die Begarden anwandte. Als bloßes »Gebabbel« taten die Hochmütigeren das ab; als höchst verdächtige subversive Elemente waren die Lollards den Autoritäten bekannt. Sie lallten nicht nur. Sie trugen auch knappe, eindrucksvolle Verse und Merksätze umher. Bei ihnen ging schon lange, ehe die große Rebellion der Bauern ausbrach, der Zweizeiler um:

> Als Adam grub und Eva spann,
> wo war denn da der Edelmann?

der keinen langen Kommentar benötigte.

Aus den Kreisen dieser Lollards nahm Wyclif sich seine »poor priests«, die er instruierte und aussandte. Sie waren zunächst arme Kleriker. Ein reiches Proletariat von in abgerissenen Talaren wandernden Klerikern ohne Pfarre stand zur Verfügung; später kamen auch Laien hinzu. Die radikalen Franziskaner waren darin sein Vorbild, sie hatten ihre Armutslehre und Armutspraxis ähnlich gehandhabt, ehe sie in langen Kämpfen unterdrückt, verboten und nahezu ausgerottet wurden. Auf ihre noch unter gleichem Namen weiterbestehenden Ordensbrüder hatte Wyclif anfangs seine Hoffnungen gesetzt; er wandte sich dann, enttäuscht, auch von ihnen ab und machte den Katalog seiner Ablehnung vollständig: die Mönchsorden seien nunmehr überflüssig geworden. Sie bildeten daraufhin die Kerntruppe seiner bittersten Gegner.

Das allererstaunlichste in der Laufbahn des Ketzers, über dem ständig noch die Drohung der Papstbullen schwebte, ist die Tatsache, daß er diese letzten und folgenreichsten Jahre seines Lebens überstanden hat. Genauer ist nie aufgeklärt worden, wie das möglich war. Die Protektion der hohen Herrschaften, ob Lancasters oder der Königinwitwe, war immer eine unsichere Sache und abhängig von der jeweiligen politischen Konstellation. Er muß aber außerdem sehr weit verbreitete Anhängerschaft besessen haben, bei Hofe, dem Adel in der Provinz, an der Universität, im Bürgertum und vor allem beim Volk. Man könnte die Motive für diesen »Wiclifismus« aufteilen und etwa sagen, daß der Adel ihm nicht sein scharfes Eintreten für Konfiskation von Kirchengut vergessen hatte; das gleiche ist dann für die adligen Anhänger des Jan Hus geltend gemacht worden. Sicher hat auch das mitgespielt. Wir wollen nicht einmal ausschalten, daß die Großen es sich vorbehielten, eine solche »Pressionsgruppe« nach heutiger Terminologie bei ihrem ständigen Kampf mit dem hohen Klerus in Reserve zu behalten. Aber so einfach dürfte es nicht gewesen sein. Es war an Wyclifs Lehren viel, was an sehr viel tiefere Instinkte appellierte. Besonders Frauen gehörten zu seinen Anhängern, wie auch später zu denen des Hus. Gegen seine Lebensführung hat nie jemand etwas sagen können; er galt vielen als eine Art »Heiliger«. Und unter anderen Umständen, zu anderer Zeit hätte er wohl mit seinen »poor priests« einen neuen Orden gründen können, wie Franziskus es getan hatte (der auch der Ketzerei viel näher gewesen ist, als die Legende es wahrhaben will, und dessen konsequente Nachfolger ganz konsequent offiziell verdammt wurden). Die Zeit für neue Ordensgründungen größeren Stiles war jedoch vorbei, wie übrigens die Kirche nach den Erfahrungen mit bedenklichen Orden

Schluß geboten hatte. Die Form, in der Wyclif wirkte, war die neuere und »modernere« der Untergrundbewegung; sie gehört in die vielen und verschieden gearteten Regungen des religiösen Bedürfnisses, die seiner Zeit das Gepräge gaben.

Ein Mystiker war Wyclif keineswegs. Seine Denkweise hat eher etwas Trockenes und Nüchternes; er ist auch nicht frei von den Fesseln des scholastischen Denkens. Viele seiner kühnsten Propositionen, die eher in die Disputation passen wollen als in die Praxis des Lebens, stammen daher. Als ungeheuerlichste seiner Thesen wurde ihm der Satz vorgehalten: »Gott muß auch dem Teufel gehorchen.« Er mutete in der Tat lästerlich an und erwies sich als handlich bei der Verfolgung des Ketzers. Er gehört jedoch, aus dem Zusammenhang gerissen, in die ungemein heikle dialektische Auseinandersetzung darüber, wie denn überhaupt das unleugbare Vorhandensein von Sünde und dem weithin sichtbaren Walten Satans auf dieser Erde mit der Allgewalt Gottes zu vereinen wäre. Ein mit den Mitteln scholastischer Deduktionen nicht lösbares Problem, das man nur für unerwünscht und zur Behandlung nicht geeignet erklären konnte.

Wyclifs Stärke lag auf anderer Seite. Er griff zu und vereinfachte, was wiederum im Zuge der Zeit lag. Die philosophisch-theologischen Lehren der Schulen hatten schon begonnen, die Unzahl von Lehrsätzen und Formeln zu reduzieren; im großen Lehrbuch der Sentenzen sogar, nach dem auch Wyclif im Hörsaal zu unterrichten hatte, waren sie zusammengestrichen worden. Die Kompliziertheit der kirchlichen Vorschriften erwies sich als immer undurchführbarer; die Praxis der Kirche bestand in Ausnahmen, Dispensen, Sondererlaubnissen ohne Zahl und Ordnung, und vielfach einfachem Gehenlassen. Eine solche Ausnahme, ein solches Gehenlassen, ohne Erlaubnis und Kontrolle erscheint uns auch die seltsame Existenz Wyclifs. Die Unordnung und Willkür jener Zeiten werden meist nicht genügend in Rechnung gestellt, obwohl sie vernehmlich genug aus dem Text der Chroniken und Akten sprechen.

Ein inoffizieller Orden also, zumindest eine Schar von Getreuen, und weite Anhängerschaft im Lande gruppierten sich um den Pfarrer von Lutterworth. Er hatte einen Stab von Sekretären und Mitarbeitern, und mit ihnen schuf er das höchst respektable Werk der

Bibelübersetzung, eines noch ungelenken Textes in einer Sprache, die erst geschaffen werden mußte. Die Kirche hatte die Bibel nicht verboten, aber völlig vernachlässigt; sie übernahm stillschweigend vielfach die Arbeit des Ketzers und dachte nicht daran, ihr eine eigne Version an die Seite zu stellen. Die Königin Anna sogar besaß eine Wyclif-Bibel, und obendrein mit den Glossen des Wyclif-Schülers Purvey; sie legte das Exemplar dem Erzbischof zur Prüfung vor, der nichts zu beanstanden fand. Mit Anna, einer böhmischen Prinzessin und Schwester des Königs Wenzel, beginnt der lebhafte Verkehr von Studenten und anderen Besuchern zwischen England und Prag, der Wyclifs Ketzerschriften in großer Zahl nach Böhmen brachte.

Reformatorisch war die Betonung des Bibelwortes und auch ketzerisch; alle Ketzerbewegungen des Mittelalters sind begleitet von Bibelübersetzungen. Reformatorisch und ketzerisch war Wyclifs Wendung direkt an das Volk, die Ausschaltung des ordinierten Priesters. Das kann man wiederum nicht isoliert sehen: Predigt und Seelsorge waren skandalös vernachlässigt worden. Der armselige Substitut, der für seinen abwesenden Pfarrherrn die Messe las, war weder imstande noch willens, viel zu predigen; von ernstlicher Fürsorge für Ausbildung und Schulung der Pfarrer war nirgends etwas zu erkennen.

Auch die Ablaßfrage, die für Hus zum Verhängnis wurde und für Luther zum Anlaß für sein Heraustreten in die Öffentlichkeit, hat Wyclif beschäftigt. Er hatte einen besonders gravierenden Fall vor Augen, der ganz England aufregte. Papst Urban hatte zu Anfang des Schismas noch die Hoffnung, seinen Gegner Clemens mit Waffengewalt zu überwältigen oder zumindest schwer zu schädigen. In Flandern stießen die beiden Gehorsamsgebiete der Urbanisten und Clementisten aneinander: Gent war urbanistisch, die anderen Städte und Landstriche gehörten zum Bereich des Gegners, den Urban mitsamt seinen Anhängern für Ketzer erklärt hatte. Er rief einen Kreuzzug aus und erließ dafür Kreuzzugsablaß mit besonders hohem Nachlaß an Sündenstrafen. »Eine unglaubliche Menge von Geld, Gold, Silber kam zusammen, Juwelen, Halsketten, Becher und Löffel, besonders von der Frauenwelt. Reiche und Arme gaben, je nach Stand und über ihren Stand hinaus, damit sowohl ihre lebenden wie die verstorbenen Lieben und sie selbst von ihren Sünden erlöst würden. Denn Absolution wurde verweigert, wenn sie nicht nach ihrem Vermögen und ihrer Stellung gaben. Viele stellten Bewaffnete und Bogenschützen auf ihre Kosten oder zogen selbst aus. Der Bischof hatte wundervollen Ablaß für den Kreuzzug durch Papst Urban erhalten, mit Absolution für Strafe und Schuld.« So der zeitgenössische Chronist.

Die Kollekte begann sogleich mit vielen Unregelmäßigkeiten. Schwindelagenten sammelten unrechtmäßig ein; die legalen behielten die Gelder zurück und rechneten nicht ab. Das Heer war eher eine Horde, mit vielen schlechtbewaffneten Lehrlingen oder Landstreichern, Kriminellen, die Vergebung ihrer Sünden erhofften; auch Mönche meldeten sich zur Teilnahme. Erprobte Veteranen, Ritter aus früheren beutereichen Feldzügen schlossen sich an. Der Feldzug wurde eine Katastrophe. Viele desertierten, sobald das Wetter und die Kriegslage schlecht wurden. Die Hauptleute, erfahrener im zeitgenössischen Kriegshandwerk, akkordierten gegen hohe Abfindungen mit den Kapitänen der Ketzertruppen. Klöster wurden geplündert und einige tausend Einwohner, ohne Unterschied der Konfession, ob urbanistisch oder clementinisch, massakriert. Als die geschlossene Macht der Franzosen unter dem Banner des Ketzerpapstes Clemens heranrückte, flüchtete Bischof Despenser von Norwich mit seinen Kreuzfahrern.

Wyclif berichtet Einzelheiten in seiner Schrift zum Thema. Aber auch das Parlament beschäftigte sich mit der Sache. Der Bischof wurde unter Anklage gestellt und zur Strafe seiner Temporalien enthoben; er hatte außerdem Totenmsesen für die unschuldig Erschlagenen lesen zu lassen. Die Hauptleute mußten sich für ihre Geschäfte mit dem Feind, die Agenten für ihre Unterschleife verantworten. Bischof Despenser wurde, dank seinen hohen Konnexionen, bald pardoniert; den kleineren Schuldigen ging es schlechter.

Wir verweilen einen Augenblick bei dieser Episode, weil sie keineswegs isoliert dasteht und noch weniger das Ende des Mißbrauches mit »Kreuzzug« und Ablaß bedeutet. Wir werden bei Hus einem ganz ähnlichen Unternehmen des Papstes Johann XXIII. begegnen.

Für Wyclif hatte das Erlebnis die Folge, daß er nun die Institution des Papsttums überhaupt in Frage gestellt sah. Wenn ein Papst den anderen zum Ketzer erklärte und in seinem Namen Christen gegen Christen kämpfen ließ, wenn dabei noch Unschuldige ermordet wurden, so ließ sich allerdings für seine These, daß nur »Würdige« beanspruchen dürften, Statthalter und Nachfolger Christi zu sein, etwas sagen. Er erklärte solchen Mißbrauch für widerchristlich, der Papst sei Antichrist, worunter Wyclif nicht sosehr den mythischen Antichrist der prophetischen Legenden verstand, als eben das Gegenteil eines wahren Christen. Mythisches und Prophetisches lag Wyclif ebensowenig wie Mystik. Von hier an jedoch legte er seiner Polemik und seinen Folgerungen keine Zügel mehr an. Er stellte die Frage, ob ein Papst, ein Kardinalat, das solche Dinge zuließ oder noch herbeiführte, überhaupt berechtigt sei. Er verneinte sie. Er meinte, die Christenheit könne doch auch »wie die Griechen«, das heißt die Ostkirche, ohne Papst und Kardinäle auskommen. Mit gleicher Vehemenz wandte er sich gegen die Mönche und Bettelorden, die zum Feldzug gesammelt und womöglich mit der Waffe in der Hand teilgenommen hatten. Er will sie nicht völlig beseitigen, aber »sie sollen verpflichtet werden, sich mit ihrer Hände Arbeit ihren Unterhalt zu verdienen, nicht durch Bettelei«.

Wir können uns nochmals verwundern, daß der Verkünder solcher Lehren unbehelligt blieb, wenn wir sie nur als Thesen betrachten. Wyclif hatte weite Zustimmung. Er sprach aus, was viele dachten und nur nicht zu sagen wagten oder auch gesagt haben mögen, ohne daß es aufgeschrieben wurde. Wyclif war nicht nur der einsame Rufer in der Wüste, der verlorene Rebell, als der er zuweilen dargestellt worden ist. Seine radikalen Thesen behandelten radikale Übel. Sie sind nicht nur in Verbindung mit seinen scholastischen Vorstellungen zu betrachten, eine so wichtige Seite seiner Struktur diese auch bilden.

Und dann war er in erster Linie ein Evangelist. Predigt, Verbreitung der Worte der Schrift war für ihn die Hauptsache. Er selbst konnte nicht mehr auf das Pult steigen. Er schrieb seine Sermone und sandte seine »poor priests« aus. Die Bibel war für ihn nicht ein Studienobjekt, der Gelehrtenstube vorzubehalten. Die Bibel ist für ihn ein offenes Buch, sehr gut zu verstehen für jeden. »Christus schrieb seine Gebote nicht auf Schreibtafeln oder Tierhäute (Pergament), sondern in die Herzen der Menschen.« Der Heilige Geist lehrt uns die Ansichten der Schrift wie Christus seinen Aposteln.

Das war etwas anderes als das enorm kompliziert gewordene Verfahren der Kirche mit der vierfachen Erläuterung der Bibelworte nach ihrem wörtlichen, allegorischen, tropologischen und anagogischen Sinn, der selbst den hohen Gelehrten große Schwierigkeiten machte. Die Bibel war freilich auch voll von sehr revolutionären Gedanken, Lehren, Beispielen.

Es waren nicht nur die Bibel und Wyclifs Lehren, verbreitet durch seine Sendboten, die den großen Sturm von 1381, drei Jahre vor seinem Tode, herbeiführten. Die Chronisten haben ihn als einen Hauptschuldigen an dem Aufstand bezeichnet und dazu auch Bekenntnisse gefangener Rädelsführer angeführt. Die Sozialforschung hat die Lage der Bauern, die Leibeigenschaft, die gesetzliche Beschränkung von Löhnen, die Mitwirkung von Kleinbürgern und Mittelständlern untersucht; genauere Lokaluntersuchungen sind noch im Gange. Die Kopfsteuer, vom ratlosen Parlament eingeführt und besonders die zahlungsunfähigen Landgemeinden treffend, die kollektiv – und nach ganz willkürlichen Schätzungen – haftbar waren, wirkte als auslösendes Element. Wyclifs Einfluß, ob nun bewußt oder unbewußt geltend gemacht, soll ganz und gar nicht unterschätzt oder abgestritten werden. Er hat schwerlich an allgemeine Enteignung gedacht. Das lag weder in seiner Herkunft aus kleinadligem Hause noch in seiner bisher vertretenen Propaganda, die sich ausschließlich gegen den Besitz der Kirche richtete. Aber Parolen über die Hinfälligkeit von Besitz und Eigentum, über unwürdige Herrscher – ob Prälaten oder Große und Könige – lassen sich nicht gut abgrenzen, wenn gekämpft wird. Und es muß Wyclif zu Ehren gesagt werden, daß er nach der Niederlage der Rebellen mutig genug war, sie nicht im Stich zu lassen, sondern zu verteidigen.

Der Aufstand selbst war kurz, wie alle Rebellionen auch in den anderen Ländern; das Jahr 1381 hatte da besondere Bedeutung.

Es gibt offenbar Sturmjahre. Außer in England erhoben sich die Leute in Frankreich, in den Niederlanden, in Italien, in Deutschland um diese Zeit: die Bauern, die Bürger, die Arbeiter. Frankreich hatte schon zwei Jahrzehnte zuvor den blutig niedergeschlagenen Bauernaufstand der »Jacquerie« gesehen, des »armen Jakob«, der verzweifelt war über die Plünderungen durch die Freikorps, die Horden der Prätendenten um die Regierungsmacht; er wurde nach wenigen

Wochen zur grausigen Metzelei der schlechtausgerüsteten Bauern durch die gutbewaffneten Söldner. Jetzt gab es in Paris und vielen Städten und auf dem Lande Rebellion gegen die letzten Steuerforderungen; in Paris wurde das Arsenal gestürmt, mit den dort gefundenen Bleikolben erschlug man die Steuereinnehmer; die »maillotins«, die Hammermänner wurden diese Aufständischen genannt. Sie hatten Nachfolge im ganzen Lande bis zum Süden hin. In Gent erhob sich die Bürgerschaft in republikanischem Stolz gegen den Grafen von Flandern und die Franzosen; sie wurde erst nach einigen Jahren niedergezwungen. In Florenz kam es 1381 zu einer ersten Arbeiterrevolte, die Textilarbeiter der Wollindustrie kämpften gegen das Patriziat und die bevorrechtigten »höheren« Zünfte, unter denen auch die Geldwechsler und Bankiers figurierten. In Deutschland fochten, und nicht nur in diesem Jahr, die Zünfte gegen die privilegierten »Geschlechter«.

Das Kennzeichen all dieser Erhebungen ist ihre sehr kurze Dauer; man sollte sie nicht als Revolutionen bezeichnen. Durchweg handelte es sich um Einzelforderungen, Linderung von besonders drückenden Auflagen, Teilnahme am Regiment, Beseitigung von verhaßten Vorgesetzten oder generelle Forderung auf Beseitigung der Korruption, die allenthalben gewaltig war. Religiöse Parolen, wie später im deutschen Bauernkrieg von 1525, spielten kaum eine Rolle; eine größere Konzeption, wie eine neue gesellschaftliche Ordnung aussehen, eine Regierung oder Verwaltung gebildet werden sollte, fehlte – abgesehen von den Städten, die dafür schon Vorbilder hatten. Mit Sympathien für die Bauern, die in der Tat auf das schauderhafteste unterdrückt waren und über die nach damaligem Brauch obendrein die Kriegsfurie mit Plünderung und Verwüstung herging, ist es nicht getan, noch weniger mit historischen Statistiken, wie weit sie denn wirklich verelendet gewesen seien oder »etwas besser gestellt« durch den Arbeitermangel nach den Menschenverlusten des großen Schwarzen Todes und den folgenden Pestepidemien. Sie waren ratlos, führerlos und nur eine allerdings furchtbare dumpfe Macht im ersten Ansturm; die Anfangserfolge wurden fast immer ihr Verhängnis.

Nirgends zeigte sich das so katastrophal wie bei den englischen Erhebungen. Sie begannen mit Erschlagung von Steuereinnehmern,

Verbrennung von Steuerlisten, Plünderung der reichen Abteien; gegen den Klerus richtete sich die erste Wut. Kent war ein Zentrum, weite Teile des ganzen Landes wurden erfaßt. Befreiung von der Leibeigenschaft mit ihren immer höher getriebenen Lasten und Beschränkungen war eine Forderung; die geistlichen Besitzungen, Abteien und Klöster hatten sich dadurch speziell ausgezeichnet, daß sie Freilassung, in England mit dem römischen historischen Ausdruck für Sklavenfreisetzung »manumissio« genannt, ablehnten. Ein Bischof oder Abt war durch Amtseid bei Antritt seiner Würde verpflichtet, den gesamten Eigentumsbestand seines Gebietes unversehrt zu bewahren; dazu gehörte auch jedes Haupt eines Leibeigenen oder jede »Seele«, wie es nachmals in Rußland hieß. Es war schwerlich die Folge der Propaganda Wyclifs, wenn diese erste Rage sich vornehmlich gegen Kirchenbesitzungen richtete und die weltlichen Herren meist verschont wurden, aber es bestätigte seine Anschauung, daß hier ein ganz besonders eklatanter Mißbrauch vorlag. Arme Priester waren unter den Anführern; einer hat dann ausgesagt, er sei zwei Jahre Schüler Wyclifs gewesen, aber das wurde erst zwanzig Jahre nach den Ereignissen aufgezeichnet. Daß von seinen »poor priests« jemand beteiligt gewesen wäre, ist nicht behauptet worden; »Lollardismus« im weiteren Sinne war zweifellos am Werke.

Zwei Kolonnen, aus Kent und Essex, stießen bis nach London vor und lagerten am Rande der Stadt. Der König, vierzehnjährig, mit seinen Ministern im Tower versammelt, ließ sie fragen, was sie begehrten. Sie erklärten sich für loyale Untertanen ihres Königs, wünschten aber, daß er tatkräftig gegen die Mißregierung seiner Ratgeber vorgehen sollte. Er versprach, mit ihnen zu reden; ein erster Versuch, vom Boot auf der Themse aus, mißlang, und er kehrte in den Tower zurück. Die Rebellen, kräftig unterstützt durch Londoner Anhänger, brachen in die Stadt ein. Die Häuser von Juristen als den besonders verhaßten Helfern der Autoritäten, von ausländischen Wechslern und Kaufleuten, der Palast Lancasters gingen in Flammen auf. Richard ließ proklamieren, er werde nochmals zu den Aufständischen sprechen. In Mile End fand die denkwürdige Begegnung statt; sie hatte fast die Form der auch sonst bei damaligen Kampfhandlungen üblichen Stillstandsbesprechungen vor dem Waffenentscheid. Die Rebellen ließen sich versprechen, die Lasten der

Leibeigenschaft würden gänzlich abgeschafft; »manumissio« für jedermann. Ihre Forderungen waren bescheiden: Sie wünschten lediglich eine Herabsetzung der Landrenten auf vier Pence pro Morgen und sonst Rückkehr zu den Abgaben, die auch ihre Vorfahren gekannt und entrichtet hätten; beseitigt werden müßten die vielen Neuerungen und Beschränkungen. Richard sagte das zu. Er erklärte, die an Mißwirtschaft Schuldigen sollten bestraft werden, die Rebellen selbst könnten mit ihnen abrechnen, aber nur nach rechtmäßiger Untersuchung. Inzwischen hatten Trupps der Aufständischen den Tower gestürmt, den Kanzler und Schatzkanzler ergriffen und enthauptet.

Teile der Aufständischen waren mit den Versprechungen und dem »Urteil« an den Ministern zufrieden und begannen abzuziehen. Die radikaleren Bauernhaufen blieben und plünderten in der Stadt, weitere Mißliebige wurden erschlagen. Richard ließ eine neue Verhandlung ausrufen. Die Rebellen marschierten auf dem Viehmarkt von Smithfield vor der Stadtmauer auf. Ihr Führer Wat Tyler, »Walter der Ziegelbrenner«, ritt vor und führte das Wort. Er stellte neue und schärfere Forderungen: Beseitigung aller Standesunterschiede; sie wünschten niemand zwischen sich und dem König, der ihr einziger Herr sein solle. Auch Aufhebung aller Bischofsitze, bis auf einen, Beschlagnahme aller Kirchengüter zugunsten der Laienwelt. Die Begleiter des Königs murrten. Richard versprach erneut wohlwollende Prüfung. Wat Tyler trieb sein Pferd näher heran, der Schwanz seines Rosses peitschte das Pferd des Königs. Ein Ritter fuhr auf und beschimpfte den Rebellen. Tyler zog seinen Dolch. Der Lord Mayor von London, William Walworth, sprang hinzu und schlug ihn vom Pferde, einer der Ritter der Begleitung stach ihn nieder.

Der Bauernhaufen brüllte auf und legte Pfeile auf die Bogen. Der Vierzehnjährige ritt allein auf sie zu, seine Begleitung hinter sich lassend. Er rief: »Wollt ihr auf euren König schießen?« Sie zögerten. Er rief weiter: »Folgt mir. *Ich* bin jetzt euer Führer!« Sie schwankten – und folgten ihm. Er zog, voranreitend, mit ihnen etwas weiter von der Stadt ab auf das Feld von Smithfield. Dort lagerten sie sich zu weiteren Besprechungen.

Der Lord Mayor war in die Stadt zurückgeeilt und hatte Mannschaften gesammelt. Er rückte mit einer starken Truppe heran und wollte einhauen lassen. Der König untersagte das, es sei unnötig. Er verkündete den Aufständischen vollen Pardon, wenn sie abzögen. Sie zogen ab. Es kam zu keinen größeren Kampfhandlungen.

Erst als der Pardon, nachdem sich die Regierenden ermannt hatten und Truppen zusammengerafft hatten, unverzüglich widerrufen wurde, regte sich in Essex Widerstand, der durch die Söldner niedergeschlagen wurde. Die Versprechungen Richards, als unter Druck ergangen, wurden für ungültig erklärt. Sondergerichte verurteilten die Rädelsführer oder was dafür angegeben wurde. Die Lokalbehörden hängten und ließen hinrichten; auch die vielen kleineren Revolten in der Provinz erloschen sehr bald. Im Herbst – der Aufstand fand im Juni statt – verfügte das Parlament eine Amnestie.

Die Reaktion nahm die üblichen Züge an: Die verschreckten oberen Klassen rückten zusammen, der Gegensatz zwischen weltlichen Herren und hohem Klerus verschwand. Es wurde »zugegriffen«, um so herzhafter, je verzagter man sich vorher gezeigt hatte. Auch Wyclif bekam das zu spüren. Sein alter Gegner Courtenay, nun auf den Posten des ermordeten Erzbischofs und Primas einrückend, fand es an der Zeit, jetzt erneut gegen ihn vorzugehen. Bei Hof hatte der Ketzer jede Sympathie verloren; nur an der Universität hielt ein großer Teil der Dozenten zu ihm. Dafür hatte er sich nun die Mönche zu Feinden gemacht; sie bildeten auch in Oxford eine Macht. Der Erzbischof ging umsichtig und weit ausgreifend vor: Er wollte nicht nur Wyclif treffen, sondern jede subversive Meinung. Die Unabhängigkeit der Universität, die sich vom Papst eine Bulle mit Befreiung von geistlicher Oberaufsicht besorgt hatte, wurde gebrochen; Nichtbeachtung einer Papstbulle war in diesem Falle eine wohltätige disziplinare Angelegenheit, und die Krone beteiligte sich daran. Courtenay brachte einen geistlichen »Rat« zur Bekämpfung der Ketzerei zusammen, vorwiegend aus Mönchen bestehend; er tagte im Haus der Blackfriars, der Dominikaner, als eine Art Inquisitionsbehörde, die es sonst in England nicht gab. Geschickt ließ er diesmal Wyclif persönlich nicht vorladen; es wurden nur seine Kernsätze, erheblich vermehrt um neue und schwerere Ketzerthesen, generell verdammt. Unter einem der in London nicht gerade häufigen Erdbeben fand eine Sitzung statt; der »Erdbebenrat« wurde die Tagung genannt, und der Erzbischof ließ sich erbaulich vernehmen: keine

Flucht! kein Aufgeben des gottgewollten Vorhabens, wie ängstliche Gemüter schon vorgeschlagen! Ein gutes Zeichen des Himmels vielmehr: Das Land soll endlich gesäubert werden von Ketzerei, so wie die Erde sich von den giftigen Dünsten in ihren Eingeweiden reinigte durch einen solchen Erdstoß.

Einstimmigkeit über 24 Thesen, und sorgfältig an die Spitze gestellt Wyclifs gefährlichste These über Brot und Wein im Abendmahl. Vorladung von Wyclifs wichtigsten Anhängern unter den Oxforder Dozenten. Brechung des Widerstandes der Universität, die anfänglich obstinat war. Die Schläge fielen nun Schlag auf Schlag und waren wohl berechnet. Die Vorgeladenen fügten sich und widerriefen, nicht sogleich, nicht ohne Kampf; es ging auch nicht ohne Einkerkerung für einen der Hartnäckigsten ab, der zu den vorgelegten schwierigen Fragen über die Materie von Brot und Wein schlicht erklärte, dieses Problem überstiege seine Verstandeskräfte, was eigentlich philosophisch, jedenfalls nach Ansicht der Nominalisten durchaus richtig war; der Erzbischof herrschte ihn aber an, er habe das als Kleriker und Graduierter zu wissen und ließ ihn abführen. Auch dieser schwor ab. Der Kanzler von Oxford wurde zitiert und mußte sich unterwerfen. Wir können über Wyclifs engste Kollegen keine Märtyrer- und Heldengeschichte erzählen, aber wir vermeiden es, sie aus weiter Entfernung zum Opfertod zu ermuntern oder anzuklagen. Die Autorität der Kirche wurde auf alle Fälle vom Erzbischof Courtenay wiederhergestellt; sein Nachfolger machte den Unabhängigkeitsbestrebungen Oxfords endgültig ein Ende.

Selbst der immer noch sehr mächtige Lancaster sah sich bewogen, seinem früheren Gegner, den er am »Schopf aus der Kirche schleifen wollte«, nachzugeben; er intervenierte persönlich bei Wyclif und zeigte sich entrüstet über die verfängliche Abendmahlslehre; es ist möglich, daß da auch seine eigne Überzeugung mitsprach. Er traute es sich sehr wohl zu, auch in theologischen Problemen oberster Ordnung seine Ansichten vorzubringen und sich darüber notfalls des längeren auszulassen. Lancaster gebot seinem Schützling Schweigen; er solle sich in Oxford nicht mehr zeigen. Er hielt immerhin noch vorsichtig seine Hand über ihn und sorgte dafür, daß der Erzbischof ihn nicht nach Rom auslieferte. Von dort war eine letzte Vorladung ergangen. Wyclif konnte sie damit beantworten, daß der König, offenbar auf Rat Lancasters, die Reise untersagt habe. Er sei körperlich schwer behindert; auch der »König der Könige« habe ihm ein Zeichen gegeben.

Das Zeichen bestand in einem Schlaganfall; die letzten beiden Jahre hat er offenbar mehr oder weniger paralysiert in Lutterworth zugebracht. Noch immer waren Schüler und Mitarbeiter um ihn. Noch immer gingen seine »poor priests« aus in die Umgebung; in Dörfern der Nähe kopierten böhmische Studenten seine Manuskripte, die in Oxford nicht mehr vorgezeigt werden konnten. Das große Werk der Bibelübersetzung wurde weitergeführt und nach seinem Tode vollendet. Eine große Anzahl seiner Schriften, meist wohl nach früheren Aufzeichnungen, wird in diese Zeit verlegt, darunter schärfste und folgereichste wie sein »Trialogus«, sein Dreigespräch zwischen einem Philosophen, einem Ungläubigen und einem Theologen, das noch einmal Hauptgedanken zusammenfaßt. Wenn die Datierungen, meist geschätzt, stimmen, muß der Gelähmte eine kaum glaubhafte Zähigkeit und Widerstandskraft besessen haben, wie sie manchmal schwer körperlich Geschlagenen zuteil wird.

In seinem letzten Brief, an den Papst adressiert, aber in Wirklichkeit an seine Anhänger gerichtet und in seinem Text nicht ganz unverdächtig späterer Zusätze, spricht er von der irdischen Pilgerfahrt, die in Nachfolge Christi zu vollbringen sei. Auch der Papst, und er in erster Linie, habe sich in solcher Nachfolge seines Amtes würdig zu zeigen, nicht in weltlicher Größe und Macht. Christus war, als er auf Erden wandelte, der Ärmste der Armen; er lehnte jeden Anspruch auf weltliche Herrschaft ab.

Die Pilgerschaft Wyclifs endete am letzten Tage des Jahres 1384. Er wurde ordnungsgemäß begraben, da er weder exkommuniziert noch endgültig verurteilt war. Ein Grabstein wurde ihm gesetzt. Böhmische Anhänger schlugen sich bei Besuchen in England Splitter davon ab und nahmen sie als Reliquien mit in die Heimat.

Das Fortwirken seiner Lehren im Lande selbst gehört in die englische Geschichte des nächsten Jahrhunderts und geht unter in der Geschichte der Lollards. Sie wurden unterdrückt, am schärfsten unter dem Sohn seines Protektors Lancaster, der als Heinrich IV. die neue Dynastie begründete und auf engste Zusammenarbeit mit den großen Kirchenmännern angewiesen war; er hat auch die erste gesetzliche Regelung der Ketzerverbrennung in England verfügt. Es hat Aufstände gegeben, die niedergeschlagen wurden, Konspirationen, die mißlangen; ganz auszurotten war die Ketzerei nicht, am wenigsten da, wo sie sich mit sozialen Forderungen verband, bei den »niederen Lollards«, die allmählich vorwiegend Laien waren.

Etwas ganz anderes war seine weitere Wirkung über England hinaus. Für das Papsttum blieb sein Name und die Erinnerung an seine Thesen ständig im Gedächtnis; es bedurfte nur einer neuen Rührung des Geistes der Kritik, um die Gefahr des »Wiclifismus« heraufzubeschwören. Keiner hatte bisher die alten und neuen Probleme bedrohlichster Art so wuchtig, konzentriert und wir möchten sagen robust formuliert.

Das waren nur Bedenken und Beängstigungen. Sie mochten zuweilen übertrieben erscheinen neben den anderen aktuelleren, die sich aus dem Schisma und der Gefahr völligen Auseinanderbrechens der Kirche ergaben. Aber in seltsamer Fernwirkung, und wie um die noch vorhandene Einheit des Abendlandes zu bezeugen, schlugen Wyclifs Gedanken in Böhmen Wurzel. Auch da, im Zuge der allgemeinen nationalen Entwicklung, verbanden sie sich mit den Nöten und Aspirationen eines Volkes, das selbstbewußt wurde. Auch da gewannen Wyclifs moralische Thesen von der Würdigkeit oder Unwürdigkeit der Herrscher, in Kirche wie Staat neue explosive Gewalt. Auch da wurde auf die Bibel zurückgegriffen, die Volkssprache, auf den Armutsgedanken. Und anders als in England, wo Wyclifs Thesen Vorschläge blieben, wurden sie in Böhmen zur Wirklichkeit und noch dazu in weit radikaler ausgreifender Form, als er es je geahnt hatte. Jan Hus war nicht nur der »Schüler« Wyclifs, den er sorgfältig kopierte und aus dem er ganze Absätze seiner Schriften entnahm; er war sehr viel mehr und sehr vieles andere. Aber als das mächtige auslösende Element haben seine Gedanken dort ihre Wirkung gehabt in der großen Bewegung, die symbolisch erst ihren Abschluß und Höhepunkt erreichte um die Zeit, als der Befehl erging, nun endlich und endgültig die Gebeine des Erzketzers zu verbrennen und die Asche zu zerstreuen, ein halbes Jahrhundert nach seinem Tode.

Erste nationale Revolution

Am Hofe Kaiser Karls IV. zu Prag erschien um die Jahrhundertmitte unter vielen Bittstellern, Künstlern, Diplomaten ein Italiener und bat um Gehör. Mit Erstaunen nahm man zur Kenntnis, daß es sich um eine weltberühmte, berüchtigte Persönlichkeit handelte, die zwei Jahre lang verschwunden gewesen war, versteckt in einem einsamen Apenninenkloster der radikalen Franziskaner, der »fraticelli«. Er war ein römischer Notar, Nikolaus, abgekürzt Cola, genannt und nach seinem Vater Lorenzo »di Rienzo«, der Sohn des Rienzo. Man wußte, daß er im Auftrag des Papstes Clemens in Avignon nach Rom gegangen war, dort eine Revolution ausgerufen, sich zum Tribunen des Volkes gemacht hatte und zum Führer einer freien Republik. Der Aufstand war, wie die meisten römischen Revolten, nach einiger Zeit zusammengebrochen, und es hieß, daß der Aufrührer nun vom Papst gebannt sei. Aber die Sache hatte doch eigentümliche Züge gehabt und in ganz Europa Aufsehen gemacht, viele Federn und selbst die Kabinette beschäftigt. Putsche, Umsturzbewegungen, Machtwechsel in großen Städten Italiens waren keine Neuigkeiten und wurden vielfach kaum beachtet; dem Kaiser besonders, der sich in jüngeren Jahren intensiv mit den italienischen Angelegenheiten hatte befassen müssen, war es recht gleichgültig geworden, welche Partei, ob ghibellinisch oder guelfisch, an einem Orte die Oberhand gewann und die Gegenpartei vertrieb. Er hatte weise die weltgeschichtliche Entscheidung getroffen, dem jahrhundertelangen Italientraum der deutschen Kaiser valet zu sagen und das Schwergewicht des Reiches nach dem Osten zu verlegen, um dort mit Prag und Böhmen als Zentrum ein ganz anderes, neues Reich zu begründen. Sein Interesse an italienischer Kultur war ihm jedoch verblieben; er nahm in sein Grundgesetz für das Römische Reich, die »Goldene Bulle«, die Bestimmung auf, daß die Söhne der Kurfürsten neben der tschechischen seines Erblandes auch die italienische Sprache lernen sollten; er korrespondierte mit italienischen Poeten und Gelehrten; er hörte sich nun auch diesen Cola di Rienzo an.

Seiner Gewohnheit nach saß er schweigend da, mit einem kleinen Messer eine Weidengerte zerschnitzelnd, und sah dem Besucher nicht ins Gesicht. Es entging ihm kein Zug: das etwas fahrige Wesen des

Mannes, seine weit ausgreifenden Bewegungen, der große rhetorische Schwung seiner Sätze und das leidenschaftliche Feuer, mit dem Cola seine Gedanken vortrug. Karl schätzte die neue, jetzt frühhumanistisch genannte Rhetorik und wünschte sie für seine Zwecke nutzbar zu machen. Er hatte von dem schon berühmten Petrarca Briefe erhalten, die ihn mit großer Beredsamkeit und vielen antiken Beispielen aufforderten, doch endlich den Wirren in Italien mit kaiserlich fester Hand Schluß zu gebieten, in Rom seinen Thron einzunehmen und von dort aus nach dem Muster der Cäsaren zu regieren. Ganz einfach erschien das dem Literaten, dessen Stil Karl bewunderte: Es gehörte nur Mut dazu und rascher Entschluß. Der Dichter hielt ihm als Beispiel diesen Cola di Rienzo, seinen Freund, vor: ein einfacher Mann aus dem Volke, weder König noch Patrizier, nur ein Bürger, der sich zum Vorkämpfer der römischen Freiheit erhoben hatte. »Und alsbald«, schrieb der Poet, »streckte ihm Toscana, wie Du weißt, die Hand begierig entgegen.« Karl wußte es anders. »Schon folgte allmählich ganz Italien, schon war Europa, ja der gesamte Erdkreis in Bewegung.« Schön gesagt, etwas übertrieben. »Gerechtigkeit und Frieden schienen wieder eingezogen und die sie begleiten: Vertrauen, Ruhe, Sicherheit, die Zeichen des Goldenen Zeitalters, das bis zum Ende aller Tage dauert. Und eben, da die Dinge so herrlich aufblühten, sind sie verdorrt.« Das war es wohl; hatte er je bei seinen Erfahrungen in Italien etwas anderes gesehen? Der Humanist schloß mit dem Appell: »Jener Cola nahm nur den Titel eines Tribunen an, die bescheidenste der altrömischen Würden, und wenn er damit schon so viel erreichen konnte: Was würde da nicht der Name des Kaisers ausrichten?« Karl taxierte es besser, was der Name des Kaisers wert war; er hatte sich auf eine Briefdiskussion mit dem hochgefeierten Publizisten eingelassen und ihm das Wort des Augustus zitiert: »Ihr ahnt nicht, was für eine Bestie die Herrschaft ist«, nur um belehrt zu werden, es sei erstens ein Ausspruch des Tiberius und dann: eine Bestie wohl, eine ungeheure. Aber durchaus zu bändigen bei festem Zugriff: »Wage es, handle, reiße die Zügel an dich, schwing dich auf den Thron der Cäsaren, der dir zukommt!« Vergeblich der Einwand, daß dazu Mannschaften nötig seien, Krieg, besser zu vermeiden nach Karls Lebensmaxime: »Alles muß man versuchen, ehe man zum Eisen greift!« Der Lyriker höhnte nur: »Es fehlte nur noch, daß du dich wie ein Bittsteller den Feinden des Reiches zu Füßen wirfst!« Auch Geld würde nötig sein; Karl bekannte offen, er sei arm.

»Was hat Armut mit einem Kaiser zu tun? Wie kann jemand arm sein, der andere reich macht? Das Herz macht arm und reich!« harfte der Sonettist und fügte lockend hinzu: »Viele hat Armut in den Krieg getrieben und ihnen Mut verliehen, vor allem, wenn der Gegner reich war!« Karl wies auf die Schwäche des Imperiums hin; Petrarca: »Du wirst seine Macht wiederherstellen!« Karl aus reicher Erfahrung: »Die Latiner selbst haben sich die Knechtschaft gewählt!« Die Antwort des Humanisten: »Du wirst sie ihnen vom Nacken schütteln, wenn sie erst die Deinen sind!«

Karl besaß nicht die geringste Neigung zu solchen Experimenten. Er war eher bereit, sich feige schimpfen zu lassen, wie der gekrönte Poet mit dem Freimut eines Kollegen dem Kronenträger enttäuscht schrieb, einen Verräter an seinem hohen Amt und den Gedanken seines Großvaters Kaiser Heinrich VII. Der hatte kühn den Italienzug gewagt. Ein anderer Dichter, Dante, war unter seinen Herolden gewesen mit hoffnungsvoller Phantasie über »die Monarchie«; es hatte schlecht geendet im Miasma des italienischen Parteienmorastes. Karl hatte andere Pläne. Altmodisch, überholt waren diese imperialen Phantasien, neu und elegant der Stil. Als Schmuck an seinem Hofe, vielleicht als Historiograph für den Ruhm Böhmens und seines Herrschers, wäre ein solcher Italiener zu verwenden. Und brauchbar war allenfalls die Parole »auf nach Rom« für den Papst; viel zu lange saß die Kurie in Avignon. Als Rufer in dieser Sache mochte der hochbegabte Skribent nützlich sein. Karl war kirchentreu und legte großen Wert auf gute Beziehungen zum Papsthofe, dem er seinen Aufstieg verdankte; im übrigen ging er seine eigenen Wege.

Der geflüchtete Tribun trug ihm die gleiche Litanei vor wie der von Avignon nach Mailand geflüchtete Petrarca. Neu war für Karl nur die fanatische Leidenschaft, mit der das Wort »Nation« immer wieder ausgesprochen wurde. Für ihn waren die Nationen Provinzen, landsmannschaftliche Zusammenschlüsse; gewiß, man zählte eine ganze Reihe davon im Reich. An den Universitäten gab es Nationen, in Paris, wo er studiert hatte. Auch das Wort Republik, das der Tribun mit solcher Emphase verwandte, war dem Kaiser nicht fremd;

Venedig war eine Republik, Genua, im Reich nannten Dutzende von Städten sich Republiken. Höhere politische Bedeutung hatte das alles doch kaum. Was wollten diese beiden nur mit ihrem Rufe »Italia«, einer römischen, einer italienischen Nation? Italien bestand aus dem Kirchenstaat, dem Königreich Neapel, dem mächtigen Stadtstaat Venedig, der Republik Genua, aus der Herrschaft Mailand, der sehr starken Republik Florenz und einigen hundert anderen Städten, die meisten Signorien. Was wollten die Phantasten mit dem altrömischen Begriff »patria«, den sie auch im Munde führten? Für den Kaiser war patria, wie die Kirche lehrte, das himmlische Vaterland im *Jenseits;* nur so hatte der Begriff Sinn. Karl war geborener Prager, aus dem Hause Luxemburg an der Grenzscheide zwischen Frankreich und Deutschland, in Paris erzogen; sein Reich umfaßte Böhmen, Deutsche, Niederländer, Franzosen, Italiener, Burgund, das Königreich Arelat, die lombardische Krone, Rechte im »Reichsitalien«, mit Vorsicht zu behandeln. An seinem Hofe sollten sich Vertreter all dieser Völkerschaften treffen und zusammenwirken, zum Wohle und Ruhme des Hauses Luxemburg und seiner Untertanen. Für Nation und Patria war dabei nur soviel Platz, daß man es jedem überließ, auf seine Herkunft stolz zu sein.

Er unterhielt sich, zusammen mit seinem Kanzler Johann von Neumarkt, noch einige Male mit dem Phantasten. Dann schob er ihn ab. Briefe der Kurie aus Avignon waren eingegangen: Man verlangte Auslieferung des Rebellen. Karl übergab ihn seinem Erzbischof, der Cola in den Kerker legte, um dem Papst guten Willen zu zeigen; dann wurde er in das weiter nördlich gelegene Raudnitz gebracht, das ein Reformkloster der Augustiner besaß, eine Pflanzstättte humanistischer Studien und außerdem ein festes erzbischöfliches Schloß mit starkem, vielfach benutztem Gefängnis. Zwischen diesen beiden Alternativen, Studium und Kerker, hat Cola als Häftling seine nächsten beiden Jahre verlebt, ehe er nach Avignon ausgeliefert wurde zur Verbrennung.

Unter dieser Bedrohung schrieb er seine Briefe, an Petrarca, den Kanzler Johann von Neumarkt und andere. Sie gelten als eines der wichtigsten Dokumente für die Anfänge des Humanismus. Cola und seine Freunde wußten so wenig vom Humanismus wie ihre Zeitgenossen, die Maler und Bauleute, von der Gotik. Und außer Gedanken, die der Tribun seinen Studien der römischen Klassiker entnahm, war er auch Erbe der Franziskanertradition und der prophetischen Lehren des Abtes Joachim de Fiore der Hohenstaufenzeit, weitergetragen von den »fraticelli« und erweitert. Trost und Hoffnung lagen für ihn in den Bildern einstiger Größe für die Erben und Enkel der Jahrhunderte weltbeherrschenden Römer. Ein neues Jahrtausend, ein drittes römisches Reich, war herbeizuführen mit dem Ruf »Italia!«; er ist noch von Gabriele d'Annunzio, unter Berufung auf Cola di Rienzo, angestimmt worden: »Italia nostra!« Ein anderes drittes Reich hatte der Abt Joachim verkündet mit seiner der Trinität nachgebildeten Lehre von den drei Reichen, dem des Vaters, des Sohnes und des Heiligen Geistes: Die beiden ersten seien schon historisch geworden, das Reich des Alten und des Neuen Testaments, das dritte des Geistes, des ewigen Evangeliums, stand unmittelbar bevor. In ihm erst würde die Fülle des Geistes und der Freiheit erreicht werden, die auch im zweiten, dem des Sohnes und von dessen Nachfolgern, der Kirche noch nicht verwirklicht war. Die enorme Brisanz dieser Umkehrung des bisherigen Geschichtsbildes, das unweigerlich das Goldene Zeitalter in der fernsten Vergangenheit sah, in die Vorstellung von Fortschritt und weiterem Aufstieg hat sich bis in die Reformationszeit hinein erwiesen. Große Wirren, das Erscheinen des Antichrists als Einleitung zum Ausbruch des dritten Reiches, waren prophezeit; er müßte in der Gestalt eines Kaisers die Welt erst mit blutigem Schwert einigen, denn ohne das blanke Eisen – das auch Petrarca so unentbehrlich fand – waren die streitenden Völker nicht zusammenzuzwingen. Die verschiedenen Daten für sein Auftreten waren immer von neuen Ereignissen überholt worden; die chiliastische Erwartung hatte darunter nicht gelitten. Das wird man auch bei den Hussiten wiederfinden.

Ganz ungezwungen gingen diese Vorstellungen bei Cola zusammen; man braucht sie nicht zu trennen. Etwas Neues tat er nur noch hinzu. Die alten Römertugenden, von denen er in seinem Livius las, sollten wiederhergestellt werden und das neue Reich, das der Gerechtigkeit, herbeiführen. Sie schlummerten nur im Volke. Im Volke, nicht beim Adel oder den Großbürgern, die nur ihre eigensüchtigen Interessen vertraten. Kampf also diesen Verrätern am Gemeinsamkeitsgedanken, und alle Macht dem Volke, repräsentiert durch seinen Führer. Für diesen Posten hatte er seinen Klassikern mit sicherem

Griff den Titel eines Volkstribunen entnommen, der im alten Rom die Plebejer vertrat. Der Titel war völlig in Vergessenheit geraten, so viele altrömische Bezeichnungen man auch im Mittelalter beibehalten hatte. Senator, Präfekt, Konsul: dem Adel oder Patriziertum vorbehalten, es waren die üblichen Titulaturen; an einen Tribunen der Plebejer hatte niemand gedacht. Dies war eine der »humanistischen« Entdeckungen Colas, und durch ihn und sein Beispiel ist die Bezeichnung in der Weltgeschichte heimisch geblieben. Er las in seinen Klassikern auch von den ehrenhaften und löblichen Bräuchen jener Volkstribunen: Schlicht gekleidet gingen sie, ohne jedes Amtszeichen, jedem bekannt. Nach geheiligtem Übereinkommen waren sie sakrosankt. Ihre Unantastbarkeit war bei allem Bürgerstreit stets gewahrt worden, ihr Haus stand offen allen Schutzsuchenden, bei Tage wie bei Nacht.

Ausgerüstet mit diesen klassischen und religiös-mystischen Gedanken hatte Cola seine Revolution in Rom durchgeführt. Er war der Sohn eines römischen Gastwirts, die Mutter, eine Wäscherin, starb früh. Der junge Cola adoptierte Italia als seine »madre«. Er las viel, die römischen Inschriften, damals noch sehr zahlreich unter den erst halb abgetragenen Ruinen, Handschriften, soweit er sie auftreiben konnte, juristische waren am ehesten erhalten. Er qualifizierte sich damit zum Rechtskenner ohne akademische Grade, die in Rom nicht zu haben waren. Man schätzte ihn im Kreise der römischen *Popularen*, die in den verschiedenen Machtverschiebungen der Hauptstadt zeitweilig führend waren. Der »Rat der dreizehn guten Männer« schickte ihn mit einer Gesandtschaft 1343 nach Avignon. Er sollte Klage führen über die Raubsucht und Tyrannei der Barone, die immer größere Teile des Kirchenstaates an sich rissen und Rom bedrängten; Rückkehr des Papsttums nach Rom sei daher dringend geboten. Außerdem war ein für Rom lebenswichtiges wirtschaftliches Problem zu besprechen: der Pilgerverkehr, das Jubeljahr. Rom war arm, eine Ruinenstadt von kaum zwanzigtausend Einwohnern ohne Handel oder Industrie; die Pilger waren die wesentlichste Einnahme. Das Jubeljahr 1300, als erstes verkündet, war ein überraschender Erfolg gewesen mit einem Zustrom von Fremden wie nie zuvor, mit großen Schenkungen und vielen kleinen Beiträgen der Wallfahrer, mit Beschäftigung für die Gastwirte, Wäscherinnen und Handwerker. Das nächste Jubeljahr lag weit ab mit der sakralen Ziffer 1400. Könnte man die Zahl nicht halbieren? Clemens, der die Rückkehr nach Rom entschieden ablehnte, bewilligte wenigstens 1350 als Datum für das nächste Heilige Jahr für die Heilige Stadt.

Er hatte lange Unterhaltungen mit Cola und ernannte ihn zum »Notar der Stadt Rom« mit einer kleinen Pension und gab ihm Geheimauftrag, gegen die Adligen vorzugehen, das Haus Colonna vor allem, einen anderen Baron aus dem Hause der Vico, der sich mit angeblichen Erbrechten als »Präfekt von Rom« bezeichnete.

Bei seiner Rückkehr war der »Rat der guten Männer« bereits verschwunden, die baronale Anarchie zurückgekehrt, mit ständigen Raubzügen der Mannen großer Familien und selbständigen Gangsterbanden. Cola begann umsichtig zu operieren. Er sammelte Anhang unter den geplagten Massen des Volkes. Er hielt feurige Reden, und er war ein großer Orator. Bildpropaganda wurde angewandt mit allegorischen Darstellungen auf öffentlichen Wandflächen. Er veranstaltete geheime Versammlungen, symbolisch auf dem Aventin, den einstmals die Plebejer beim Auszug aus der Stadt besetzt hatten. Die Barone waren sorglos. Der führende Colonna war an der Spitze der Miliz ausgerückt, um Lebensmittel auf militärischem Wege zu beschaffen; Rom litt ständig an Zufuhr, es war arm, zahlte schlecht und hoffte auf das Jubeljahr. Der Vikar des Papstes, Bischof von Orvieto, war bei einer der Besprechungen auf dem Aventin zugegen.

Der Putsch, wohl vorbereitet und legalisiert, gelang. Cola führte eine fromme Prozession an und bog überraschend zum Kapitol aus. Die Sturmglocke wurde geläutet. Umgeben von Anhängern, vor einer Menge von Tausenden auf dem Hang des Hügels und dem Platz davor, sprach Cola eine seiner leidenschaftlichen Reden. Der Beifall war groß. Parat gehaltene Dekrete wurden verlesen. Der Bischof von Orvieto, als Vikar des Papstes, bestätigte die Übernahme der Regierung durch den Notar Cola di Rienzo und seine Freunde. Aus Avignon ging noch einen Monat später ein Schreiben der Kurie ein, das den Vorgang legalisierte. Es schien alles nach den Intentionen des Papstes zu verlaufen.

Die neuen Machthaber bezeichneten sich nach Colas Vorschlag als Tribunen des Volkes. Die Barone flüchteten. Die Miliz, mit erbeutetem Proviant, kehrte zurück. Der stolze Colonna gab das Kommando ab. Die Tribunen organisierten die kleine Truppe von etwa 1500 Mann um. Cola regierte mit überraschender Umsicht. Die Gangsterbanden, die Rom im Einvernehmen oder in Konkurrenz mit den Baronen tyrannisiert hatten, verschwanden. Soziale Maßnahmen zur Sicherung der immer bedrohten Lebensmittelversorgung wurden eingeleitet. Die völlig verworrenen Finanzen der Heiligen Stadt wurden inspiziert; sie sollen sogar geordnet worden sein, was kaum glaublich erscheint. Verbrechen wurden zeitgemäß scharf und rasch bestraft. Der Tribun zog aus gegen die Barone und hatte Erfolge gegen den »Präfekten« Vico und gegen die Colonna, von denen einige fielen. Alle alten Römertugenden schienen erwacht, mit Ausnahme der hartnäckigen Folgerichtigkeit der Republikaner von ehedem, die jeden Fußbreit gewonnenen Territoriums konsolidierten, ehe sie weiterschritten.

Der Tribun ging rascher vor. Er teilte die Gründung seiner Republik Rom nach allen Seiten mit, auch den Mächten im Ausland. Eine Kanzlei wurde geschaffen; er selbst schrieb mit in seiner vorzüglich sauberen Notarsschrift, die erhalten ist. Er bezeichnete sich als »Nikolaus von Gnaden Unseres Herrn Jesus Christus, der strenge, aber milde Tribun der Freiheit, des Friedens und des Rechtes, Befreier der Heiligen Römischen Republik.« Seine Verordnungen wurden ausgestellt als »gegeben auf dem Kapitol«, wo er seinen Sitz nahm, datiert »seit dem Tage, da Gerechtigkeit vom Himmel zu uns herabgestiegen ist«. Er ließ eigene Münzen schlagen. Er umgab sich mit Anhängern, die seine Gegner als einen »Hofstaat« bezeichneten. Sie flüsterten aber nur.

Der nächste Schritt: eine feierliche Verfügung vom Kapitol an alle Städte Italiens: »Wir dekretieren, erklären und proklamieren!« – dies noch im Notariatsstil der mehrfachen Wiederholungen, dann fortfahrend im klassischen Monumentalstil der Inschriften auf den Ruinen – »Die heilige Stadt Rom ist die Hauptstadt der Welt und die Basis des christlichen Glaubens. Alle Städte Italiens sind frei. Mit diesem Augenblick, so bewirken, erklären, proklamieren wir, sind alle Einwohner und Bürger der Städte Italiens auch Bürger Roms und genießen die Privilegien der römischen Freiheit.«

Die Proklamation blieb nicht Rhetorik. Der Tribun berief die Städte nach Rom. Fünfundzwanzig Kommunen entsandten ihre Vertreter. Cola gab ihnen und dem Volk von Rom ein großes Schauspiel, wohl berechnet auf den Augensinn seiner Landsleute, die mehr noch als gewaltige Worte die symbolischen Gesten zu schätzen wissen. In Prozessionen zog er mit den Delegierten zum Lateran. Vor dem Baptisterium legte er seine Rüstung ab, stieg in das Taufbecken und badete, um die Wiedergeburt Italiens zu demonstrieren nach Vorbild des Kaisers Konstantin, der dort die Taufe empfangen haben sollte. Er ließ sich im Auftrag des Heiligen Geistes zum Ritter schlagen, der ihn dazu bestimmt habe, und zog sein Schwert. Mit dem blanken Eisen stieß er in alle Windrichtungen, die Rom einmal beherrscht hatte.

Die nächste Verkündung lautete: Die römische Republik hat nun die Obergewalt über das Heilige Römische Reich übernommen. Die beiden zur Zeit streitenden deutschen Gegenkönige Ludwig der Bayer und Karl von Böhmen-Luxemburg werden vor den Richterstuhl des Tribunen geladen. Rom gebühre, wie von alters her, die Kaiserwahl und die Jurisdiktion über das ganze Imperium. Auch die deutschen Kurfürsten hätten zu erscheinen. Im übrigen wolle er den Rechten der Kirche nicht vorgreifen. Sein bisheriger Protektor, der Vikar Bischof von Orvieto, fand diesen Vorbehalt gänzlich ungenügend. Er ließ einen Protest aufsetzen und wollte ihn durch seinen Notar verlesen lassen. Der Tribun gab einen Wink: Er ließ die Trompeten blasen.

Zwei Wochen später wurde der Tribun in Santa Maria Maggiore mit dem Silberkranz als Zeichen des Herrschers über das Imperium gekrönt. Er verbot durch neues Dekret für ganz Italien die Parteibezeichnungen Guelfen und Ghibellinen.

Die heimgekehrten Städteboten berichteten ihren Kommunen. Die Antworten auf den Einigungsplan waren kühl. Florenz insbesonders streckte keineswegs, wie Petrarca es dem Kaiser geschildert hatte, die Hand begierig aus. Es fühlte sich Rom unvergleichlich überlegen: dreimal so volkreich, mit blühender Industrie und Kunst, den besten Banken, einem fürstlichen Territorium. Wenn von Freiheit die Rede sein soll, so formulierte es später der florentinische Kanzler Salutati, so muß es die florentinische Freiheit sein. Die einer freien Stadt, und Florenz war schon autonom, ehe es überhaupt eine römische Herrschaft gab.

In Avignon fand man es an der Zeit einzugreifen. Es waren noch Nachrichten eingegangen, daß der Tribun sich auch in die intimste Streitfrage der Papstpolitik einmischte: die Auseinandersetzung über Neapel zwischen den beiden Dynastien Anjou-Neapel und Anjou-Ungarn; er hatte verlauten lassen, das Königreich solle der neugeschaffenen römischen Republik unterstellt werden. Papst Clemens gab seinem Legaten in Italien Auftrag, nach Rom zu gehen und seinem Ex-Schützling zu befehlen, von solchen Plänen Abstand zu nehmen. Weigere er sich, so sei er zu exkommunizieren. Der Tribun erschien vor dem Legaten im Vatikan in voller Rüstung, den Silberreifen auf dem Helm, ein stählernes Zepter, nicht unähnlich einem Fausthammer, in der Hand. Er fragte kurz: »Was wollt Ihr?« Der Legat stammelte, er habe Instruktionen des Heiligen Vaters zu überbringen. »Worin bestehen sie?« Dem Legaten ging der Atem aus. Er wagte nicht mehr zu antworten. Der Tribun lächelte und klirrte hinaus. Der Legat flüchtete aus Rom zwei Tagereisen weit auf die Papstburg Montefiascone am See von Bolsena.

Der Adel und die Barone, anfangs nicht gerade beherzter, hatten sich inzwischen etwas gefaßt. Der Legat trat mit ihnen in Verbindung, an Stelle ihres ursprünglich vorgesehenen Bekämpfers. In Rom rührten sich, wie noch nach jedem Umsturz, die Gegenkräfte. Die altrömischen Bürgertugenden, anfänglich wohltätig empfunden, fielen lästig. Die Verpflegung war so unregelmäßig und fragwürdig wie je. Der Pilgerzustrom nahm ab. Ein Aufstand der Adligen wurde noch einmal blutig abgewehrt, aber ihre Gegenpropaganda blieb nicht ohne Wirkung. Der Tribun, so wurde gemurrt, hielt sich nicht an die Bräuche des Altertums, die er verkündete. Er ging nicht schlicht gekleidet, sondern in prachtvoller Rüstung, als Ritter, mit großer Begleitung. Seine Wohnung auf dem Kapitol stand nicht Tag und Nacht allen Schutzflehenden offen. Es war eine Festung, eine Kaserne. Er wurde auch nicht wie die Volkstribunen der römischen Republik für sakrosankt angesehen.

Im Mai hatte der Tribun seine Republik ausgerufen, im November noch einmal die Gegner abgewehrt, im Dezember des Revolutionsjahres 1347 brachen die Mannen des Grafen von Minervino in Rom ein, mit dem nicht ganz ehrlichen Ruf: »Popolo, popolo!« und dem aufrichtigeren: »Tod dem Tribunen!« Die Sturmglocke auf dem Kapitol wurde geläutet. Das Volk war verwirrt, Cola desgleichen. Es wurde geplündert, an einigen Stellen gefochten, keine geschlossene Hilfe für den Tribunen zeigte sich. Er flüchtete in die Engelsburg. Als sich auch da kein rechter Anhang einfinden wollte, legte er seine Rüstung und Insignien ab und verließ als schlichter Pilger die Stadt. Er pilgerte bis weit hinauf in die Berge der Apenninen. Ein kleines Kloster seiner Freunde, der fraticelli, nahm ihn auf; niemand wußte, wo er sich verborgen hielt. Er las in den Prophezeiungen des Joachim de Fiore. In Rom wurde unter Assistenz des Legaten die Republik für aufgelöst erklärt; zwei Barone, ein Savelli und ein Orsini, als Senatoren übernahmen das Regiment. Die erste Republik hatte sieben Monate gedauert.

Die Adelsherrschaft währte vier Jahre, während deren Cola sich verborgen hielt und in Böhmen weilte. Dann war Rom zu einem neuen Umsturz reif. Die Popolaren machten einige kurzlebige Versuche mit einem der Ihren als »Capitano«, der bald abdankte nach Niederlage gegen den mächtigen Präfekten Vico, einem anderen, den sie wie Cola Tribun nannten, und schließlich kam es zum dritten Tribunat des Cola di Rienzo. Er war auf das starke Drängen der Kurie von Kaiser Karl nach Avignon ausgeliefert worden und sollte dort verbrannt werden, als Papst Clemens verstarb. Der Nachfolger Innozenz VI. begnadigte ihn und ließ sich bestimmen, ihn nochmals nach Italien in Bewegung zu setzen. Dort hatte sich im Kirchenstaat die Lage gewandelt: Der Legat, der ungemein energische Kardinal Albornoz, Spanier, erprobt als Krieger im Kampf gegen die Mauren, hatte große Teile des Kirchenstaates wieder der Kurie zurückerobert; zum Dank wurde am Papsthof heftig gegen ihn intrigiert. Im Zuge dieser internen Politik gedachte man auch den Extribunen zu verwenden. Er wurde mit einem Schreiben Albornoz zugesandt und zum »Senator von Rom« ernannt. Albornoz nahm ihn argwöhnisch auf und verbot ihm, vorläufig weiter vorzugehen als bis Perugia. Später mochte er eventuell in Rom sein Heil versuchen.

Cola suchte sein Heil auf eigene Faust. Er verschaffte sich Geld zu Perugia durch die Brüder des Condottiere Fra Moriale, der dort seine Schätze deponiert hatte. Fünfhundert Söldner wurden geheuert. Mit dieser Schutztruppe zog Cola wieder in Rom ein. Das Volk jubelte ihm zu, wie es heißt.

Er regierte wieder vom Kapitol aus, in anderem Stil. Es gab keine Prozessionen und Proklamationen. Cola führte das Regiment nun nicht als Tribun, sondern als Diktator, was auch altrömische Vorbilder hatte. Er war mißtrauisch, nicht ohne Grund. Fra Moriale begab sich unvorsichtig in die Stadt, im Glauben, daß seine vorgeschossenen Gelder ihm gewisse Anrechte geben müßten. Er wurde geköpft. Für soziale Maßnahmen und weitreichende Dekrete blieb keine Zeit. Drei Monate nach Colas Rückkehr stürmten Scharen im Dienst der Colonna das Kapitol. Sie legten Feuer an das Gebäude. Cola tat abermals seine Rüstung ab. Als Bauer verkleidet, mischte er sich unter die Belagerer und die schreiende Menge. Er wurde erkannt, auf die halbe Höhe des Hügels geschleppt, wo als Sinnbild der Macht Roms ein Löwe im Käfig gehalten wurde. Dort stieß man ihn nieder. Ein Notar, um den Vorgang amtlich zu machen, schnitt ihm den Kopf ab. Der Mob verstümmelte die Leiche, der Kadaver wurde drei Tage vor San Marcello aufgehängt. Das genügte den Siegern nicht, den Colonna an der Spitze: Vor ihrer Stadtfestung, dem zur Burg umgebauten Mausoleum des Augustus, wurden die Reste verbrannt. Den Befehl dazu erhielten die Juden, als letzte Erniedrigung und zum Zeichen, daß das Volk nichts mit ihm zu schaffen hätte. Auch die Barone legten Wert auf sinnbildliche Handlungen. Sie übernahmen wieder das Regiment.

Die erste Herrschaft des Cola di Rienzo hatte sieben, die zweite drei Monate gedauert. Der Traum des Visionärs lebte weiter. Das Kapitol wurde immer wieder zum Zentrum von Aufständen und Regierungssitz für rebellische Machtgruppen; noch zu Beginn des 16. Jahrhunderts, unter dem cäsarischen Papst Julius II., wurde es erstürmt, diesmal unter Anführung eines Colonna, der die Republik ausrief, für die wenigen Tage, bis der todkrank gesagte Julius wieder aufstand von seinem Krankenbett. Der Name Cola di Rienzo blieb unvergessen. In der Zeit der Romantik wurde er für den Roman, die Bühne neu entdeckt. Richard Wagner, in seiner revolutionären Epoche vor den Ereignissen von 1848, sah in ihm mit seinem »Rienzi, der letzte der Tribunen« die geeignete Gestalt für die Zeit und ein gutes Thema für große Massenszenen im Stil der großen Oper: mit Treueschwur des Volkes für den Volkshelden als erster Aktschluß und Feuer in das zusammenbrechende Haus am Ende, vom gleichen

Volk geschleudert. Er errang damit seinen ersten großen Erfolg. Später nannte er seinen Tenor Rienzi einen »Schreihals«.

Der Tribun war etwas anderes. Die theatralischen Züge dürfen darüber nicht täuschen; sie sind weit überboten worden durch seine Nachfahren zu unserer Zeit, die seine imperialen Parolen übernahmen und seinen Namen anriefen. Die Kürze seines Auftretens, das vielen seiner Zeitgenossen fast eine Narretei erschien, darf nicht irreführen. Die nationale Parole hat er als erster mit Silbertrompete verkündet; sie wurde gehört und aufgenommen. Die vielen, fast zahllosen römischen und sonstigen Umsturzaktionen waren lokale Angelegenheiten; er hatte den Ruf »Italia« ausgestoßen, und er verstummte nicht mehr. Das Papsttum wurde sehr gegen seinen Willen gezwungen, ihm Folge zu leisten und seinen Sitz wieder in Rom zu nehmen. Darüber zerbrach die Einheit der Kirche, und so wurde das große Schisma für ein halbes Jahrhundert herbeigeführt. Aus der Einheitsforderung für Italien entstand die Spaltung, aus der Spaltung das Aufsteigen der Nationen, lang schon vorbereitet, nun mit unwiderstehlicher Gewalt. Es waren andere Nationen als Colas Italia nostra. Eine davon, das Volk der Böhmen, meldete sich zum Wort.

Die Lehren der Humanisten haben dort weitergewirkt; man hat sie lange nur zu sehr vom rein literarischen Standpunkt aus gewürdigt und als eine feinsinnige Richtung kleiner Kreise, wie etwa um den Kanzler Johann von Neumarkt, angesehen. Auch Cola di Rienzo gehört zu den Ahnherren der Hussitenbewegung, die eine sehr starke nationale, patriotische Komponente hat. Die Mischung von nationaler Begeisterung, Stolz auf große Vergangenheit und das Sendungsbewußtsein zu besonderer Berufung, mit chiliastischer Erwartung der Endzeit, »des Tages«, die bei Cola ihren ersten Ausdruck gefunden hatte, lebte fort. Der Mitstreiter des Hus, Hieronymus von Prag, wurde ihr Repräsentant: Statt Rom, dem nunmehr verfallenen, sollte das geheiligte Prag die Hauptstadt der Welt sein; von dort würde eine neue Epoche ausgehen. Die politischen Köpfe der Hussiten, ebenso stark und zeitweilig stärker als die religiös bestimmten Führer, stammten aus dieser Schule; sie besaßen keine festgefügte Lehre, keine formulierten Dogmen und konnten an die allerbreitesten Schichten bis in weite Kreise des Adels hinein appellieren. Die Kräfte, die damit dem Abwehrkampf gegen die ganze übrige Welt zuwuchsen, sind kaum zu überschätzen. Daß nun nicht nur, wie im Falle des römischen Tribunen, das mythische »Volk von Rom« zu den Waffen griff, sondern ein Volk ganz anderer Art, wurde die Entscheidung.

Denn für Cola wurde es zum Schicksal, daß er die Buchweisheit von altrömischen Bürgertugenden auf die Bevölkerung der Stadt am Tiber von 1350 anwenden wollte. Unleugbar fehlte es ihm an Augenmaß, an dem sicheren, brutalen Griff, mit dem sich allüberall in Italien Usurpatoren einer Herrschaft bemächtigten und sie, oft lange, oft auf Generationen hinaus festzuhalten wußten. Wenn er in seiner zweiten Amtsperiode versuchte, auch ein Tyrann zu sein, ein Signore, so ging ihm dafür das Metall ab. Das Eisen im Blut war auch nicht gerade das Kennzeichen der Römer seiner Zeit: einem hoffnungslosen Gemenge, das sich viel mehr aus lokalen Loyalitäten gruppierte als aus Klassen und Schichten wie in weiter entwickelten Städten Italiens. Verwöhnt, gehätschelt schon in der alten Kaiserzeit, immer von außen ernährt, von Zufuhr abhängig; es finden sich in Rom keine festgegründeten Arbeiterschichten oder Zünfte wie in Florenz, kein Bürgertum von nennenswertem Gewicht; eine soziale Revolution, wie der Tribun sie anfangs im Auge gehabt haben mag, war mit diesem Volk nicht zu bewerkstelligen. Viele waren arm, manche reich, alle stolz und bereit, sich jedem Eroberer oder »Protektor« zu unterwerfen, für einige Zeit. Selbst die in ganz Italien geltenden Parteibezeichnungen der Guelfen und Ghibellinen, die Cola verbieten wollte, hatten für Rom keine Bedeutung. Eine Papstpartei, wie die Guelfen es sein sollten, hat es in der Papstresidenz nie gegeben, Meuterei gegen die Päpste hingegen als ständige Tradition. Man vergißt leicht über dem Bild der späteren Jahrhunderte, daß die Päpste, wie man berechnet hat, in den zweihundert Jahren vor Beginn des Abzuges nach Avignon 122 Jahre außerhalb und nur 82 zu Rom hatten residieren müssen. Viele salbungsvolle und für die Autoritäten beruhigende Betrachtungen sind immer angestimmt worden über das stets unzuverlässige, wetterwendische Volk, das heute jubelt und morgen verdammt und somit kaum zu fürchten ist, auch wenn es unablässig revoltiert, putscht und sich wieder duckt.

Eine erste nationale Revolution war mit diesen Menschen nicht zu machen. Sie konnte nur als Parole, als Gedanke verkündet werden. Aber diese Vision erwies sich als beständige Realität. Sie überdauerte die sehr realistischen Beobachtungen Kaiser Karls IV.: »Was willst du, Petrarca? Die Latiner selbst haben sich doch die Knechtschaft gewählt!«

Die große Spaltung

Die Kirchenspaltung dauerte vierzig Jahre, von 1378 bis Ende 1417; Wyclif hat den Beginn noch erlebt, Jan Hus nicht mehr den Ausgang. Das große *Schisma* wurde sie mit dem griechischen Ausdruck genannt, nach der ersten ganz großen Trennung der römischen von der griechischen Kirche, die bis heute nicht behoben ist. Es hatte viele Spaltungen gegeben, viele Gegenpäpste, und zuweilen ist es fraglich, wer rechtmäßiger Papst war. Aber all diese Kämpfe dauerten nur kurze Zeit. Das große Schisma verwirrte ganze Generationen; fast zwei Menschenalter wurden in Mitleidenschaft gezogen, wenn man die beschränkte Lebensdauer der Menschen von damals in Betracht zieht. Wenige lebten noch, als wieder *ein* Papst ausgerufen wurde, die den Anfang noch wußten, darunter der uralte und unbelehrbare Spanier Pedro de Luna, der als Papst Benedikt XIII. auf einer einsamen Felsenburg an der spanischen Küste seinen Anspruch hartnäckig verteidigte und das Schisma formell noch um ein Jahrzehnt verlängerte.

Die Spaltung betraf nicht lediglich die Kirche; es gibt um jene Zeit nichts, was »nur« die Kirche angeht. Sie ging aus dem Verschulden der Hierarchie hervor, aber die Völker, die Nationen, die Herrscher haben ihren Anteil daran zu verantworten. Die Nationen und Staaten, erst in der Bildung begriffen zu selbständigen Einheiten neuer Art, noch überlagert von dynastischen Bindungen, waren erstarkt und formierten sich. Die Universalität des Mittelalters starb ab; sie war großteils eine ideelle Einheit gewesen. Jetzt wurde sie hinfällig. Zwei Päpste regierten; jedem gehorchte etwa die Hälfte der Länder; zum Schluß wurden es drei Päpste und drei »Linien«, wie man sie nach genealogischem Muster bezeichnete, denn die ersten Stammhalter der Spaltung waren schon dahingegangen und hatten ihre Erbansprüche Nachfahren hinterlassen. Als die »unheilige Dreifaltigkeit« wurden sie bitter verspottet. Denn auch dies ist zu vermerken, daß Spott, Hohn, Satire, schärfste Kritik, grundlegende Infragestellung aller Institutionen der Kirche einen Aufschwung nahmen wie nie zuvor. Die Parodien, Satiren und Verslein vergangener Zeiten, die auch scharf und böse sein konnten, muten dagegen fast harmlos an und stellten selten grundsätzliche Fragen. Die Gelehrten meldeten sich jetzt zum Wort, die politischen Publizisten, der aufkommende Stand der Juristen und Rechtsberater der Fürsten, die Fürsten selbst, diese mit ganz erheblich erhöhtem Selbstgefühl.

Frankreich hatte schon zu Beginn des Jahrhunderts die Führung übernommen und die Verlegung der Kurie von Rom nach Avignon herbeigeführt. Damit kam das nationale Element ins Spiel. Das Papsttum in Avignon, besetzt für siebzig Jahre mit durchweg französischen Päpsten und einem fast ausschließlich französischen Kardinalat, konnte nicht mehr als Schiedsrichter und unparteiisch angesehen werden, was immer die Päpste dazu sagten oder zuweilen zu tun versuchten. Als die »babylonische Gefangenschaft der Kirche« hat Petrarca mit einem wirkungsvollen Schlagwort dieses Exil bezeichnet; das Wort von der »babylonischen Hure« an der Rhône kam hinzu. Kritik und Satire begannen schon vor der Spaltung. Aber Avignon bedeutete im Grunde bereits das Schisma. Die Fortverlegung aus Rom, dem »apostolischen« Sitz, dem das Papsttum seine Stellung verdankte als Nachfolge Petri, war nicht nur ein Ortswechsel, sondern eine verhängnisvolle Aufgabe von mythischen Machtmitteln, die nun einmal an bestimmte geschichtsträchtige Orte gebunden sind. Die große, ja gewaltige Neuordnung der Verwaltung und des Finanzapparates der Kirche, die in dem ruhigeren Avignon von der Kirche vorgenommen wurde, bot dafür keinen Ersatz. Und während ein Steuerzentralismus geschaffen wurde, mit Erträgen, die bis dahin beispiellos waren und den bewundernden Neid der weltlichen Herrscher erweckten, blieb gleichzeitig der ständige Dualismus bestehen: der römische Papst residierte in Avignon, sein Kirchenstaat, sein »patrimonium Petri«, blieb in Italien und mußte unaufhörlich verteidigt, zurückerobert oder womöglich erweitert werden. Diese Kämpfe und Kriege verschlangen am Ende selbst die riesenhaften und mit immer neuen bürokratischen Erfindungen gesteigerten Einnahmen des päpstlichen Schatzamtes; der Abschluß war finanzieller

Bankrott. Und nicht nur dieser: Das Papsttum hatte auch moralisch Bankrott gemacht, obwohl die Avignonpäpste persönlich kaum einen prominenten Sünder gestellt haben. Freilich auch keine ragende Gestalt; sie waren zumeist Juristen oder Diplomaten und kamen aus der Verwaltungskarriere des französischen Hofes. Sie sorgten mit französischem Familiensinn umfassend für ihre vorwiegend hochadligen Nepoten; die Papstwürde selbst ging in der Schlußphase im Hause der Grafen Beaufort vom Onkel auf den Neffen über, mit vielen Beauforts in anderen hohen Stellungen.

In diese reiche und so scheinbar festgefügte Welt, die Avignon zum prachtvollsten Hofe Europas gemacht hatte, brach brutal die Forderung ein, nach Rom zurückzukehren. In Italien hatte man sich mit dem Verlust Roms als Residenz nie zufriedengegeben; die Frühhumanisten, mit Petrarca an der Spitze, waren die rührigsten Rufer im Streit um diese Frage. Die Deutschen drängten, aus Gegnerschaft gegen Frankreich, die Engländer nicht weniger, fast alle Völker beteiligten sich. Die Heiligen sogar erhoben ihre Stimme, und sie waren einflußreiche Sprecher. Es ist die Zeit von äußerst aktiven gottbegeisterten Frauen und Jungfrauen, die neben ihren Wundertaten und Visionen erfolgreich eine politische Rolle spielten, wie die schwedische Brigitte und die Katharina Benincasa, die Färberstochter aus Siena. Der historischen Forschung sind diese Heiligen etwas unbequem und suspekt; man möchte sie lieber aus der politischen Geschichte ausscheiden. Sie stellen uns aber einen sehr wertvollen Faktor dar. Sie waren, in noch leidenschaftlich gläubiger Zeit des Volkes, eine Stimme der öffentlichen Meinung, die selbst die Päpste nicht überhören konnten. Geschützt durch den Mantel ihrer Heiligkeit, durften sie Dinge sagen, die niemand sonst zu sagen wagte. Keiner der kühnsten Publizisten, kein Wyclif oder Hus, hat Worte, Drohungen, Verdammungen auch nur von fern geäußert, die an die Prophezeiungen der Brigitte und Katharina heranreichen. Es kommt hinzu, daß die schwedische Brigitte aus hohem Hause stammte und vielfache Verbindungen besaß; sie etablierte sich nach Gründung eines eignen Ordens in der Heimat in Rom und sandte von da ihre Missiven und Visionen aus, die in ganz Europa beachtet wurden. Sie muß eine förmliche Kanzlei dafür gehabt haben, mit Sekretären und Schreibern und außerdem einer sehr tatkräftigen Tochter Karin, denn sie war verheiratet gewesen, ehe sie ihre Laufbahn als Klosterbegründerin und Visionärin begann.

»Ein Bordell nur«, heißt es bei ihr über Avignon, »ein von Unkraut überwachsenes Feld, mit eiserner Hacke muß es bearbeitet werden, und dann soll der Pflug darüber hergehen!« Unverzagt griff die Heilige die Päpste mit Namen an, was vor ihr allenfalls Dante gewagt hatte, so den eben verstorbenen: »Du, Innozenz VI.! Schlimmer als die jüdischen Wucherer, ein größerer Verräter als Judas, grausamer als Pilatus! Wie ein schwerer Stein bist du in die Hölle geworfen worden, deine Kardinäle verschlingt das Feuer, das Sodom verzehrte«, was zugleich eine sexuelle Anspielung bedeutete. Sie blieb völlig unbehelligt zu Rom. Sie bedrohte Papst Gregor unaufhörlich wegen seines Zögerns, nach Rom zurückzukehren, und lud ihn vor den Richterstuhl Gottes: »Gregor, warum kommst du nicht?« Sie geißelte die Laster seines Hofes: »Deine Geistlichen brechen alle Gebote der Kirche. Sie tragen kurze Röcke, darunter das Schwert und Panzerhemd. Schamlos umarmen sie ihre Mätressen und ihre Kinder. Die Klöster haben sie in Hurenhäuser verwandelt.« Zu Avignon sind die Zehn Gebote in ein einziges zusammengezogen: »Es lautet: Bring dein Geld her!« Seinen Vorgänger Urban, der den ersten Vorstoß machte, nach Rom zurückzugehen, und umkehrte, hatte sie mit der Prophezeiung erschreckt, er werde solche Flucht vor der Verantwortung nicht lange überleben; er war drei Monate danach tot, und der Nachfolger nahm sich das zu Gemüt. Er ließ ehrfürchtig bei der hohen Frau in Rom nachfragen, was sie denn über seine Pläne dächte, und sie gab detaillierte Weisungen, nicht nur exaltierte Prophetien: »Kein Krieg in Italien mit den Visconti! Keine Rücksichten auf Deine Verwandten, den Clan der Beauforts zu Avignon! Kein Zögern, keine Ausreden – auf nach Rom, unverzüglich!«

Die andere Heilige – beide übrigens schon bald nach ihrem Tode heiliggesprochen –, Katharina, ging noch energischer vor: Sie begab sich in Person nach Avignon, bewundert und als Attraktion umhergereicht in der Hofgesellschaft, die nie eine Heilige oder Ähnliches gesehen hatte. Sie erschien mit einer amazonenhaften Leibgarde frommer Jungfrauen und mahnte so unwiderstehlich, daß Gregor sich schweren Herzens zur Abreise entschloß. Sie folgte ihm aufmerksam zu Lande; der Papst fuhr zur See in seiner Galeere. An jeder

Station, bei der er haltmachte (angeblich wegen »widriger Winde«), war sie zur Stelle; die Kardinäle drohten wiederholt, es müsse umgekehrt werden. Das beliebte Bild von dem Schifflein Petri, von Stürmen umhergetrieben, wurde leibhaftig bei dieser Reise illustriert. Der Steuermann Gregor begab sich heimlich, aus Furcht vor seinem Konsistorium, bei einem Aufenthalt in Genua zu Katharina und bat um Rat. Sie gab keinen Rat; sie erteilte Befehl zur Weiterfahrt. Das schwankende Boot landete in der Tibermündung. Katharina war vorausgeeilt, um Waffenstillstandsverhandlungen mit dem rebellischen und gebannten Florenz zu führen. Sie hatte unablässig gemahnt: »Frieden! Komm unbewaffnet, Gregor! Dann werden die Wölfe zu Lämmern werden!« Gregor verließ sich auf seine bretonischen Söldner. Er war nach einem Jahr tot, ein noch nicht Fünfzigjähriger, aufgerieben durch die Strapazen, seine Sorgen und das römische Klima, worunter auch die ständige politische Malaria zu verstehen ist, die unter den »Söhnen der Wölfin« grassierte. Mit seinem Tode begann das große Schisma.

Auch Katharina hatte vier Schreiber, die im Kreis um sie saßen und ihre Visionen aufschrieben. Sie sandte unter Mitwirkung ihres Beichtvaters Raimondo ihre Briefe aus, an die Päpste, die Könige von Frankreich und Ungarn; sie war zugleich Mystikerin mit zarten, dichterischen Zügen. Sie steht, ungebildet, des Lateins nicht mächtig, im Italienischen wortgewaltig, mit an den Anfängen der Volksliteratur in der Landessprache, die sich nun überall regte und wesentlich ins Bild der Umwälzungen gehört. Wyclif hielt ganz nahe dem Chaucer, der ebenfalls ein Schützling Lancasters war; Hus schuf wie sein englischer Lehrmeister früheste Bibelübersetzungen in der Sprache seines Volkes.

In Rom trat das Volk bei der Papstwahl von 1378 noch in anderer Weise in der Landessprache in Erscheinung. »Romano lo volemo!« – »Einen Römer wollen wir!« hieß die Parole. Sie wurde sehr kriegerisch verkündet. Die Kardinäle, vierzehn Franzosen und vier Italiener, waren sich in der Majorität einig, wieder einen Franzosen zu wählen und so bald als möglich nach Avignon zurückzugehen. Das Volk von Rom schrie: »Wir wollen einen Römer als Papst, oder zumindest einen Italiener!« Die Magistratsherren waren darin mit dem Volk solidarisch. Sie ließen die Tore schließen, den Booten auf dem Tiber die Ruder nehmen. Zuzug wurde heranbeordert aus den Sabiner Bergen, wilde Männer in der Schafschur mit langen Messern. Die Adligen hatte man, als unsichere Kantonisten, aus der Stadt gewiesen; Rom war wieder einmal, wie zur Zeit Rienzos, republikanisch. Der Vatikan als Wahlstätte wurde nur lässig durch Bürgermiliz bewacht. Am Vorabend drangen schon Scharen in den Palast ein und begannen zu plündern, geheiligtes Recht des Volkes bei Papstwahlen, aber erst nach vollzogener Entscheidung. Die Entscheidung war für die Römer bereits gefallen: »Romano lo volemo!« Man zerschlug im Keller die Fässer mit dem guten französischen Wein, der als erstes Umzugsgut von den Beamten der Kurie mitgeführt worden war; er steht in den sorgfältig geführten Akten der Avignonverwaltung verzeichnet. Man klopfte mit Stangen an den Boden des Sitzungssaales und schrie den verängstigten Wählern hinauf: »Romano lo volemo!« Die Bannerleute der Kommune meldeten sich beim Konklave und erklärten mit dürren Worten: »Beeilt Euch, Eminenzen! Das Volk rast. Wir können für nichts garantieren, wenn nicht ein Römer oder wenigstens ein Italiener gewählt wird!«

Die Kardinäle berieten über allerhand Ausflüchte. Sie verfielen auf andere noch fragwürdigere Vorschläge wie den, die Scheinwahl eines Mönches vorzunehmen, den man dem Volk präsentieren und dann beiseite stellen würde; dann auf den Neapolitaner Bartolommeo Prignani, Erzbischof von Bari – kein Kardinal, aber eine ihnen allen wohlbekannte Persönlichkeit. Prignani war ein bescheidener, tüchtiger und zuletzt hoher Beamter der Kurie gewesen und hatte zur Belohnung von Gregor das kleine Erzbistum an der italienischen Ostküste erhalten. Man glaubte, auch mit ihm später akkordieren zu können und ihn mit irgendeinem lukrativeren Posten zum Rücktritt zu veranlassen. Ehe man ihn verständigen konnte, wurden die Türen eingeschlagen. Das Volk stürmte herein: »Romano lo volemo!« Kardinal Orsini, der seine Landsleute kannte, warf beherzt dem uralten Kardinal von St. Peter, Tebaldeschi, dem einzigen Römer unter den Wählern, den Papstmantel um und stieß ihn vor die Tobenden: »Er ist der Papst! Wir haben einen Römer gewählt!«

Die Menge sank in die Knie und bat um den Segen. Tebaldeschi wehrte sich gegen den Griff Orsinis und zischte: »Siate maledetti tuttiquanti – seid verdammt alle miteinander«, was auch seinen

Amtsbrüdern galt. Die Kardinäle waren meist geflüchtet während der Segensszene. Ihre roten Mäntel lagen im Palast umher; sie wollten auf der Straße nicht erkannt werden. Der Mob stürzte ihnen nach, sie flüchteten in die Engelsburg, wo die französische Besatzung lag. Der Greis Tebaldeschi, der bald darauf an den Aufregungen starb, flüsterte den verbliebenen Römern mutig zu: »Ich bin nicht der Papst. Wir haben den Erzbischof von Bari gewählt.«

Neue Wutschreie: »Ein Neapolitaner, kein Römer! Man hat uns betrogen!« Prignani war auf die Kunde von der Wahl in den Vatikan geeilt und hielt sich im unteren Stockwerk auf. Er versteckte sich vor den Tobenden auf dem Abort. Sie zerstreuten sich in der Stadt, um ihn zu suchen. Der Palast wurde leer.

Prignani kam heraus. Ein einsamer Wachmann warnte: »Sie werden dich massakrieren, wenn sie dich finden!« Der kleine stämmige Neapolitaner reckte sich auf: »Ihr kennt mich schlecht!« Er blieb im Vatikan. Mit jeder Stunde wuchs er in seine Rolle hinein. Er begann Befehle zu erteilen, an die Wachleute, die Herren der Stadtverwaltung. Sie erschienen. Sie beugten die Knie noch nicht, aber sie fanden die Wahl eines Italieners immerhin eine leidliche Lösung. Prignani gab Order: Die Kardinäle hätten zu kommen und zu huldigen. Sie kamen, einige waren verprügelt worden; andere erschienen mit einem Gefolge von Bauern aus den Sabiner Bergen, die ihnen in der Volkssprache, die sie nicht verstanden, zuschrien: »Auch für Kardinäle gibt es Scheiterhaufen!« Die Gesten begriffen sie ohne Worte. Die kanonisch vorgeschriebene Huldigung wurde vollzogen, am nächsten Tage die feierliche Krönung mit der Tiara. Das *Romano lo volemo* wurde zum *habemus Papam*. Die Erhebung Prignanis war damit ordnungsmäßig vollzogen. Die Juristen der römischen Kirche haben diese Ansicht bis heute festgehalten.

Die Kardinäle jedoch hielten die Wahl nicht für ordnungsgemäß. Sie unterschrieben zwar die Briefe, die an alle Welt ausgingen und Prignani als Papst Urban VI. verkündeten. Sie nahmen am Krönungsbankett teil und notierten mit Besorgnis, daß der neue Herr so wenig aß und trank. Sie sandten ihrerseits an den französischen König Briefe aus und baten um dessen Zustimmung für Ungültigerklärung der Wahl. Sie brachten die üblichen Geschenke für den neuen Papst und erwarteten die üblichen Gegengaben, die in hohen Verleihungen zu bestehen hatten. Sie kannten Prignani als zuvorkommend, aufmerksam und wohl bewußt seiner geringen Herkunft; es ist möglich, daß sie sich mit der Situation abgefunden hätten, wenn er die in Avignon begründete Tradition gewahrt hätte: der Papst als Vorsitzender des Kardinalskollegiums, ein primus inter pares. Zu Avignon hatte der feine französische Hofton geherrscht wie unter Herren aus großen Familien üblich.

Urban fuhr sie an wie Schulbuben: »Lügner! Betrüger!« Er werde jetzt Ernst machen mit der Reform! »Zurück mit den Bischöfen in ihre Diözesen. Sie sollen sich um ihre Schafe kümmern statt am Hofe umherzulungern und um Pfründen zu betteln!« Urban stierte wild um sich. Er witterte Abfall, nicht ohne Grund. »Verräter!« schrie er dem stolzesten der französischen Kardinäle zu, der erst nach der Wahl eingetroffen war und mit den Florentinern verhandelt hatte. Er packte ihn am Kragen. Nur mit Mühe wurde er verhindert, ihn zu schlagen. Er tobte gegen den Kämmerer, der ihm die Abrechnungen vorlegen wollte: »Sei verdammt mit deinem Geld; glaubst du, Gottes Gaben werden durch Geld erlangt?« Er schlug nach allen Seiten um sich und beleidigte die weltlichen Abgesandten, die ihm huldigen wollten: Dem Prinzgemahl der Königin Giovanna von Neapel erklärte er kurz, er werde Giovanna ins Kloster sperren für ihre weltbekannte Hurerei.

Die französischen Kardinäle stahlen sich aus Rom fort unter dem Vorwand der gefährlichen Sommerhitze. Sie trafen sich in Fondi am Rande des Kirchenstaates bei einem ebenfalls von Urban schwer beleidigten Grafen; auch die drei italienischen Kardinäle stießen zu ihnen, der Römer Tebaldeschi war bereits verschieden. Das gesamte Kollegium war beisammen. Sie setzten ein notarielles Protokoll der Vorgänge auf: Die Wahl, da erzwungen, sei nichtig. Die Zustimmung des französischen Königs, ihre wichtigste Rückendeckung, traf ein. Daraufhin wählten sie den Kardinal Graf Robert von Genf, den tatkräftigen Feldherrn bei den Kämpfen in Norditalien, als Clemens VII. Die Tiara, aus Rom beiseite gebracht, war zur Stelle. Der Schatzmeister, auch gegenwärtig, sandte an alle Länder die Anweisung, hinfort keinerlei Gelder an »Bartolommeo Prignani, unrechtmäßig als Urban VI. bezeichnet«, zu zahlen, sondern ausschließlich an Seine Heiligkeit Papst Clemens VII.

Es dauerte eine Weile, bis die Welt die Vorgänge begriff. Daß sich bei Papstwahlen auch stürmische Vorgänge ereigneten, war nicht ungewöhnlich. Die Kardinäle mußten eindringlich schildern, was ihnen geschehen und gedroht war. Sie betonten besonders, daß das gesamte Kollegium die Neuwahl vorgenommen hätte und daß Urban überhaupt über keinen einzigen Kardinal verfüge; er glich das freilich bald aus und ernannte in einem Schub seine eignen Kardinäle. Er begann auch mit den Verfluchungen und Ketzerverdammungen seiner Gegner, was dann vierzig Jahre lang zur Routine wurde und schließlich nicht mehr als formelle Bedeutung besaß. Aber der Zwiespalt riß doch rasch in die ohnehin sehr dünne Decke des Friedens zwischen den Ländern Europas ein. Frankreich war von vornherein entschlossen für den französischen Papst, das Reich dagegen für Urban, ebenso England, der Osten mit Ungarn und Polen. Daneben aber bildeten sich noch dritte Zonen heraus, die »Neutralisten« oder Abwartenden und Unentschiedenen. Damit nicht genug, gab es in beiden der zwei großen Gehorsamsbereiche – den Obedienzen, wie sie genannt wurden – Enklaven mit Anhängern der Gegenseite, sowohl aus Treue als auch aus Opportunismus. Es wurde zum beliebten Spiel, sich Vorteile durch Drohungen mit Übertritt zum Gegner zu verschaffen; manche Prälaten versuchten, von beiden Seiten etwas zu erhaschen. Auf keiner Landkarte sind die Flicken und Fetzen dieser Verteilung wiederzugeben. Die Herrscher benutzten die Gelegenheit, die Abgaben an die Kurie zu reduzieren und die Einnahmen für sich zu verwenden; die streitenden Päpste antworteten damit, daß sie die Steuern erhöhten und noch unbedenklicher Ämter verkauften als bisher. Sie brauchten dringend Geld. Denn zunächst dachten beide Päpste daran, die Entscheidung durch Waffengewalt herbeizuführen.

Urban, dem es nicht an Energie fehlte, eröffnete als erster die Kriegszüge. Neapel hatte Clemens aufgenommen und sich für ihn erklärt; Königin Giovanna wurde gebannt, dazu ihr gesamter Klerus. Er erklärte sie außerdem kraft päpstlicher Obergewalt für abgesetzt und rief aus Ungarn einen Vetter der Giovanna (wie sie dem Hause Anjou entstammend) zu Hilfe und krönte ihn zum König von Neapel. Giovanna antwortete damit – sie war kinderlos –, daß sie einen anderen Anjou-Vetter aus Frankreich adoptierte und zum Erben bestimmte. Zwei Heere unter französischen Prinzen setzten sich in

Bewegung – das eine »urbanistisch«, das andere »clementinisch«. Der Urbanist war näher zur Stelle, eroberte Neapel und ließ die Kusine im Kerker erdrosseln. Der clementinische Anjou rückte heran mit einem prachtvoll ausgerüsteten Ritterheer und dem Segen des Papstes in Avignon, der ihn ebenfalls zum König gekrönt hatte. Seine Ritter erlagen dem Klima, der Malaria, dem Typhus, den großen und nie genug berücksichtigten kriegsentscheidenden Mächten jener Jahrhunderte; das Heer zerbröckelte.

Urban begab sich nach Neapel und verschob die großen Reformen, wenn er je ernstlich an sie gedacht hatte, auf später. Er hatte zunächst andere Pläne. Ein rundlicher Neffe, Butillo, das »Fäßchen« gemütlich genannt, in Wirklichkeit ein brutaler Bursche, war schon vorausgegangen. Für ihn sollte, nach der uralten nepotistischen Tradition des Papsttums, aus dem Königreich Neapel ein gutes Drittel herausgeschnitten und zu einem eignen Fürstentum Salerno-Capua gemacht werden. Butillo räumte auf. Er ließ durch den mitgebrachten Legaten, einen der neuernannten Kardinäle, unter dem »ketzerischen« Klerus wüten. Der Erzbischof von Salerno, hinderlich für das geplante neue Fürstentum, wurde kurzerhand als Häretiker verbrannt, andere wurden gefoltert, über dreißig Bischöfe und Äbte nur abgesetzt. Der neuernannte Anjou-König wurde widerspenstig. Papst Urban persönlich traf ein. Er nahm Residenz in dem Hohenstaufenschloß Nocera bei Salerno. Von dort aus wollte er das Abendland regieren und das geplante Fürstentum seines Neffen organisieren. Seine Kardinäle hatte er mitgebracht. Sie wurden ebenso schwierig wie der König von Neapel, der Urban durch seine Mannschaften bewachen ließ. Die Kardinäle mußten im Dorf unter der Burg kümmerlich Quartier nehmen, zusammen mit der Kanzlei, bei der sich ein westfälischer Sekretär, Dietrich von Nieheim, befand. Von Dietrich haben wir die farbigen Augenzeugenberichte über diese Episode, die wir nicht gut übergehen können, wenn die Opposition gegen das Papsttum das große Thema der Zeit ist. Wir werden Dietrich von Nieheim noch als Berichterstatter auf dem Konzil zu Konstanz wiederbegegnen, wo er aus profunder Kenntnis der Papstkanzlei nach langjähriger Dienstzeit über einen anderen Papst aussagte, die kühnsten Reformvorschläge vorbrachte und Jan Hus verdammte wie alle anderen.

Papst Urban sah sich eingekreist. Die Wachmannschaften des Königs wurden aus angeblicher Schutztruppe zur belagernden Armee des Feindes; Befehlshaber war der Abt des altberühmten Monte Cassino, ein anderer Prälat, den Urban sich zum Gegner gemacht hatte und der nun gegen seinen Papst zu Felde zog. Urban ließ seine Kardinäle in die Zisterne des Schlosses als Kerker werfen. Der Bischof von Aquila gestand als erster auf der Folter, sie hätten gegen Urban konspiriert und mit dem Feind verhandelt. Dietrich von Nieheim behauptet, dem Papst mutig erklärt zu haben, auf ein solches Bekenntnis dürfe man nichts geben; ein sehr moderner Gedanke, wie viele Ideen des Westfalen, doch damals wenig überzeugend. Urban ließ weiter foltern. Kardinal Sangro, der kurz zuvor unter den »Clementinern« in Neapel gehaust und den Erzbischof von Salerno hatte verbrennen lassen, kam als nächster an die Reihe.

»Als er in den Keller geführt wurde«, so Dietrich, »sah er die Stricke im Halbdunkel von der Decke herabhängen, die für ihn bereit waren. Die Wärter rissen ihm rasch die Kleider herunter bis auf die Unterhose. Dann banden die Henkersknechte ihn scharf an die Stricke. Bei diesem Anblick brach Butillo, der dabeistand, in unmäßiges Gelächter aus.«

Der schwere Mann wurde dreimal zur Decke gezerrt und wieder fallen gelassen. Dietrich flüsterte ihm zu:

»Mein teurer Vater! Siehst du nicht, wie deine Seele zum Himmel schreit? Rette dich! Sag irgend etwas, und du kannst diesmal ihren Händen entkommen!«

Der Kardinal stöhnte: »Ich weiß nicht, was ich gestehen soll.«

Dietrich verzeichnet noch, daß Urban sich des Genueser Piraten Basilio als Oberaufseher für gründliche Durchführung der Tortur bediente, der bekannt dafür war, daß er die Kleriker haßte. Er ordnete an, daß beim nächsten Opfer etwas schärfer angegriffen werden müsse. Er wünschte das Schreien des Kardinals von Venedig zu hören. Selbst in die Folterkammer zu gehen wie der Neffe, verbot ihm der Anstand. Die Prozedur dauerte den ganzen Vormittag. »Währenddessen ging Urban im Garten auf und ab und las mit lauter Stimme in seinem Brevier, damit wir dort drinnen seine Stimme hörten. Er wollte Basilio daran erinnern, er dürfe nicht lässig werden bei Ausführung seiner Befehle.«

Die Truppen des Anjou schlossen das Kastell eng ein. Urban exkommunizierte nun den König und die gesamte neapolitanische Streitmacht. Er wiederholte den Bann täglich viermal; in vollem Ornat trat er an das Fenster des großen Turmes, die brennende Bannkerze in der Hand, schickte seinen Fluch hinunter und warf die Kerze zu Boden.

Aber die Belagerer waren lässig, und Urban konnte fliehen. Er schleppte die Kardinäle mit zur Küste, wo eine genuesische Galeere auf ihn wartete. Der Bischof von Aquila kam auf seinen mißhandelten Beinen nicht mit; der Papst ließ ihn am Wege niedermachen. In Genua empfing der Doge den Heiligen Vater ehrerbietig; das Volk murrte. Urban ging nach Lucca. Die gefangenen Kardinäle verschwanden vor der Abreise, mit Ausnahme eines einzigen, für den der englische König Richard II. sich verwandt hatte als seinen Untertan; auf England, seinen getreuesten Bundesgenossen, mußte Urban Rücksicht nehmen. Er degradierte ihn nur. Wieder rehabilitiert durch Urbans Nachfolger, starb Kardinal Easton zu Rom; er hinterließ einen Traktat »Vom vollkommenen geistigen Leben«.

Die übrigen Kardinäle wurden ins Meer geworfen oder nach anderer Version in eine Grube mit ungelöschtem Kalk. Das Volk behauptete, Urban habe die Leichen in schwarze Kisten gepackt und mit den roten Kardinalshüten darauf mit sich geführt – allen zur sichtbaren Warnung.

Moderne Historiker haben ihn für wahnsinnig gehalten; die Zeitgenossen wissen nichts davon. Wir nehmen an, daß er *größenwahnsinnig* geworden war durch seine Erhebung. Was übrigens von seinen Taten bei dem neapolitanischen Abenteuer damals bekanntgeworden sein mag, ist sehr fraglich. Seine Obedienz blieb unerschüttert. Er widmete sich weiter seinen Regierungsgeschäften, rief zum Kreuzzug gegen Clemens in Avignon auf, ernannte neue Kardinäle und plante einen neuen Feldzug gegen Neapel. Zur Finanzierung sollte der Ablaß des Anno Santo, des Jubeljahres, dienen, das sich zuerst Anno 1300 als so erfolgreich erwiesen hatte. Die Avignonpäpste hatten schon die mythische Ziffer halbiert und 1350 die Einkünfte verdoppelt; Urban setzte das Jahr 1390 als Heiliges Jahr an; als theologische Begründung für diesen Turnus wurde verkündet, daß die Zahl der Lebensjahre Christi maßgebend sein müsse. Pilger aus vielen Ländern brachen auf zu der langen Reise nach Rom. Urban sammelte einige Truppen und setzte sich in Bewegung gegen Neapel. Er stürzte mit dem Maultier und starb im Oktober 1389 zu Rom.

Damit hätte das Schisma nach zwölf Jahren sein Ende finden können. Es hatte noch weitere achtundzwanzig Jahre zu laufen und sechs weitere Päpste und Gegenpäpste zu verbrauchen. Urbans Tod hinterließ die großen Machtgruppen und ihre Gegensätze ziemlich unverändert. Das Papsttum war freilich auf einem Tiefstand wie nie zuvor. Begriffe wie Kirchenbann, Kreuzzug, Verfluchung, Ketzerei wurden bis zur Unkenntlichkeit abgeschliffen, wenn ein Papst den andern als Ketzer und Todfeind der Kirche und des Glaubens verdammte. Der Eid auf die Sakramente wurde bedeutungslos; er konnte jederzeit von einem der Päpste gelöst werden. Die Wahl jedes Papstes erschien zweifelhaft, wenn die Kardinäle selbst sie widerriefen oder zum Gegenpapst überliefen. Die Titel und Namen der Päpste selbst wurden zum Gespött, wenn es in Urkunden und öffentlichen Aufrufen nur noch gegenseitig hieß: »Jener Robert von Genf, der sich Clemens VII. nennt...« oder »Jener Bartolommeo Prignani, der sich als Urban VI. bezeichnet...« Vorsichtige vermieden überhaupt genauere Namensangaben, um auf keiner Seite anzustoßen.

Das hatte gewisse Bedeutung, denn in der Tat galt noch weithin »der Papst« – anonym, ohne Rücksicht auf die Person – als Autorität. Wir werden sehen, wie sich das auch auf Jan Hus und seinen Prozeß auswirkte. Überhaupt ist zu bedenken, daß der Kirchendienst in den gespaltenen Gehorsamsbereichen weiterging wie zuvor. Es wurden nicht weniger Feste gefeiert. Die Pilger zogen nach Rom, ob Urban oder Clemens sie aufgerufen hatte; das Heilige Jahr und der Ablaß waren für sie unabhängig vom Namen des Papstes. Sie kamen aus beiden Obedienzen und dem Bereich der Neutralisten, auch wenn ihnen das verboten war. Die Lehre der Kirche, die Amt und Sakrament trennte von der Person und etwaigen Fehlbarkeit des Priesters, fand ihre praktische Bestätigung.

Diese Theorie hatte aber ihre Grenzen. Sie war berechnet auf gelegentliche »Unwürdigkeit« und darin sinnvoll. Sie konnte nicht gut gelten für vierzig Jahre des Fehlens, Versagens, der Skandale, so nahezu umfassend und offiziell in den gegenseitigen Verkündungen bekannt. Man kann es den Menschen dieser Jahrzehnte nachfühlen, daß sie das Ende gekommen sahen, den Antichrist, der immer wieder prophezeit worden war. Zu wissen, daß es nach vierzig Jahren etwas besser werden würde, hätte anderer prophetischer Gaben bedurft. Über die verfügt erst der »rückwärts gewandte Prophet«, der Historiker.

Das Schisma, das anfangs noch heilbar erschien, machte große Fortschritte. Der Tod Urbans wäre die Gelegenheit gewesen, es zu beenden, und Clemens in Avignon spekulierte darauf. Es brauchte nur in Rom nicht nochmals gewählt zu werden, dann war er der Einheitspapst. Er hatte sogar kurz vor Urbans Tode den kühnen Vorschlag gemacht, ein Konzil einzuberufen; es ist zu beachten, daß dieser Appell an ein übergeordnetes Schiedsgericht von einem der Päpste ausging, ehe die Universitäten und Herrscher sich seiner annahmen. Urban hatte mit erneutem Fluch und Kreuzzugsdrohungen geantwortet, ehe er starb. Nun traten seine Kardinäle, welche nach den Ermordungen und Abfall anderer zu Clemens verblieben waren, eilig zusammen, ehe womöglich Boten aus Avignon eintreffen konnten. Es war ein Häuflein von zwölf Eminenzen, alle Italiener. Die Volksparolen »Romano lo volemo« oder »Wenigstens einen Italiener« wurden sorgfältig beachtet, und nach einer Woche – so lang dauerte es auch bei ihnen – erhoben sie wieder einen Neapolitaner, einen großen, gutaussehenden, liebenswürdigen Mann aus adliger Familie, Tomacelli, der angenehme Zusammenarbeit versprach nach der Schreckensherrschaft des gewalttätigen Vorgängers. Er hat fünfzehn Jahre regiert und das Schisma auf das entschiedenste weitergeführt. Die »römische Linie« war für ihn die einzig legitime. Rom und der Kirchenstaat wurden sein Hauptinteresse. Den Streit mit Neapel beendete er durch Friedensschluß, und daraufhin begann eine förmliche Invasion von Verwandten und anderen Landsleuten nach Rom. Wir müssen den Ton ändern, denn auch der Stil der Papstregierung nahm andere Formen an. Von Folterszenen war nicht mehr die Rede; Bonifatius IX. regierte mit Umgänglichkeit und Umsicht. Er betrieb den Nepotismus und die Versorgung seiner Landsleute in ungeahntem Ausmaße. Rom wurde mit dem Kirchenstaat zu einem Tomacelli-Reich. Urban hatte an seinen einen Neffen Butillo gedacht; unter Bonifaz werden über fünfzig Neffen verzeichnet, die alle reich ausgestattet werden mußten, dazu die Verwandten der Mutter. »La madre«

hielt in Rom einen eignen Hof. Die Sache bekommt fast trauliche Züge. La madre sorgte noch für die unehelichen Kinder der Sippe. Der Humanist Poggio spottete vom behaglichen Posten eines päpstlichen Sekretärs aus in seinen Fazetien: Tomacelli hieß etwa Leberknödel – »welch ungeheure Leber muß das gewesen sein, aus der man so zahllose kleine Tomacellis schneiden konnte«! Der Kinderreichtum damaliger Zeit zeigt sich in seinem versöhnlichsten Lichte. Die reichen Verleihungen in allen Ländern, die noch zur römischen Linie hielten, sind in den Akten verzeichnet, sicher nur unvollständig. Ein filius naturalis eines Papstbruders wird mit sechs Jahren Propst zu Mainz, Prior von S. Sisto in Viterbo und erhält noch Einkünfte aus einem Kapitel in Neapel, ein anderer Sechsjähriger eine Propstei in Ungarn, ein Priorat zu Verona. Eine Nichte, denn auch die weiblichen Sippenmitglieder mußte La madre versorgen, bekam einen Herzog als Mann und als Mitgift venetianische Kirchenkollekten; der Mann ließ sie dann umbringen und behielt die Mitgift. Auch die unteren Stellen wurden mit Neapolitanern besetzt. Die Römer, die nach einem römischen Papst geschrien hatten, schrien nun: Tod dem neapolitanischen Papst und allen Neapolitanern!

Sie schrien nicht allzulaut. Bonifaz entwickelte in der Verwaltung des Tomacelli-Reiches erhebliche Talente; er machte Schluß mit allen republikanischen Einrichtungen. Inmitten der noch halb verfallenen Stadt baute er die Engelsburg zur weithin ragenden Zitadelle aus. Als weltlicher Herrscher hatte er Qualitäten. Weltlich war der Hof. Ein ausländischer Besucher notierte etwas konsterniert, daß er im Vatikan überhaupt keinen Geistlichen sah, nur Wachen, Militärs und Zivilbeamte; seine Regierungsgeschäfte und Unterschriften erledigte der Papst während der Messe.

Sie betrafen in erster Linie die Finanzpolitik. Das Steuersystem von Avignon wurde noch um einige Etagen erhöht, um den Verlust weiter Gebiete auszugleichen. Pfründen und Expektationen wurden in bar verkauft; nach einigen Jahren widerrief er die Ernennungen und forderte erneute Zahlung oder vergab die Posten an den nächsthöheren Bieter. Der Ablaßhandel wurde zu einem Spiel mit Jahreszahlen, das selbst die geduldigsten Zeitgenossen empörte. Das vom Vorgänger ausgerufene Heilige Jahr 1390 brachte wegen der Kriegslage, die viele Pilger abschreckte, nicht genug Erträge. Er verlängerte es auf 1391, prolongierte dann von Jahr zu Jahr weiter bis zum Jahrhundertende; außerdem wurde der Romablaß noch im Ausland in Filialstellen vertrieben, man konnte ihn auch daheim erwerben ohne die mühselige Reise. Die Hälfte der Gelder ging an die Banken, die für Überweisung nach Rom zu sorgen hatten. Als das mythische Jahr 1400 herannahte, das nun erst wieder große Pilgerscharen in Bewegung setzte, scheute Bonifaz sich doch, darüber nochmals eine feierliche Bulle herauszugeben. Zuviel Unruhe war bereits entstanden. Die Pilger trafen ein. Sie standen in dichten Massen vor der Peterskirche und flehten um den Jubeljahr-Ablaß, ohne den sie nicht heimkehren könnten. Bonifaz verkündete nach Beratung mit Theologen einen formell unanfechtbaren Ablaß: 1400 sei »so gut wie das Jubeljahr«, die Fahrt nach Rom solle damit gelten und vollgültig sein. Die Pilger waren mit dem »als ob« zufrieden. Es hat nicht nur Bedeutung für dieses einmalige Ereignis.

Es ist fraglich, ob Bonifaz nicht mehr Unheil gestiftet hat als der tobsüchtige Urban. Von wirklicher Autorität und moralischem Ansehen der Kirche war nur in Resten noch etwas zu verzeichnen. Die Gläubigen wurden ratlos. Sie flüchteten in Mystik, in Glauben an wilde Prophezeiungen, in Aktionen spontaner Art aus eignem Willen und unter eigner Führung. Sie nahmen vielfach noch die traditionelle Form großer Prozessionen und Bußfahrten an. In den Aufregungen um das Jubeljahr 1400 kam es in Italien zu einem religiösen Volksaufstand.

Noch vor Anbruch des neuen Jahrhunderts zogen Scharen durch Norditalien, weiß gekleidet, die »Bianchi«. Sie glaubten nicht an die streitenden Päpste, sie pilgerten quer durch die Kriegszüge der Condottieri und nahmen von Ort zu Ort in gewaltigem Zulauf die Gestalt eines wahren frommen Heerbannes an. Das Tausendjährige Reich war eine ihrer Hoffnungen, oft angekündigt, nun mit der Ziffer 1400 nahe herangerückt. Es hieß: Christus sei einem Bauern erschienen, in der Dauphiné oder in Schottland, von dem wenige wußten, wo es lag. In den ersten Zügen sollte unerkannt der neue Papst schreiten, der wahre und einzige, der »Engelspapst«. Auch der war immer wieder versprochen worden. Er hatte einmal, und nur ganz kurz, eine halbe Verwirklichung gefunden, aber das lag hundert Jahre zurück und hatte traurig geendet: Der Einsiedler Peter von Murrone mußte nach wenigen Wochen als Papst abdanken und wurde von seinem Nachfolger, dem letzten der cäsarischen Päpste, Gregor VIII. eingekerkert, bis er starb; Dante hat den Unglücklichen verdammt, weil er sich dem »hohen Auftrag« seines Amtes entzogen habe. Diesmal würde er gewiß erscheinen; er war schon da, er zog mit. Die »Bianchi« überrannten jeden Widerstand. Die Magistrate und Signori mußten ihnen die Tore öffnen. Die hartherzigsten Wechsler warfen die Schuldbriefe ins Feuer. Mitglieder der überall blutig verfehdeten Familien umarmten sich und beschworen Versöhnung. Noch andere Wunder ereigneten sich. Der Krieg, endemisch in Italien, pausierte, wo die »Bianchi« auftraten. Weite Provinzen wurden erfaßt, mit Schluchzen, Beten, Niederknien, Händeaufheben zum Himmel. Es schien für einen Augenblick, als ob ganz Italien geschüttelt würde von einem frommen Fieber.

Der Zug kam nicht bis Rom. Das Weiß wurde grau. Schwindelpropheten mischten sich ein, Landfahrer, viele gute Bürger kehrten um, als die Fahrt mühseliger wurde. Die Stadtverwaltungen begannen die Tore zu schließen. Nach wenigen Monaten, noch ehe die Schwelle des mythischen Jahrhunderts erreicht war, erlosch das Feuer so rasch, wie es gekommen war. Die Streitenden in den Städten nahmen die Waffen wieder auf.

Auch solche chiliastischen Züge bei Prozessionen gehören ins Bild der Zeit. In Böhmen führten sie zu einer Revolution, die nicht so bald endete und eine andere Farbe trug als das Weiß der »Bianchi«. Sie dauerte zwanzig Jahre.

Mit dem Tod des Papstes Bonifaz nahm das Schisma neue Formen an. Der Gehorsamsbereich der römischen Linie war stark zusammengeschmolzen; Bonifaz hatte sich zu ausschließlich dem Tomacelli-Reich gewidmet. Er ist bereits ein Vorläufer der italienischen Päpste der Folgezeit, die Territorialherren waren in erster Linie, und große Gründer von kurzlebigen Herrschaften ihrer Verwandtschaft. Die Avignonlinie hatte Fortschritte gemacht. Bonifaz verdarb es am Ende noch mit dem deutschen König Wenzel; er hielt es mit dem Gegenkönig Ruprecht von der Pfalz, den einige Kurfürsten erhoben hatten. Denn auch im Reich hatte man nun, in schöner Übereinstimmung mit der Kirche, zwei Obedienzen, geteilt zwischen Ost und West. In Avignon war zudem ein ungemein zäher und energischer Spanier,

Graf Pedro de Luna, als Benedikt XIII. Nachfolger des Clemens geworden. Er hatte bei seiner Wahl eidlich versprechen müssen, für Union zu sorgen und abzudanken, falls der römische Papst gleichfalls resignierte. Das wurde nun die neue Formel, der »Weg der Zession« genannt. Luna, aus »jenem Lande, das die besten Maultiere züchtet«, wie man sagte wegen seiner Hartnäckigkeit, erklärte sogleich, Wahlversprechen und Eide könnten für einen Papst nicht gelten, und hielt diesen Standpunkt während seiner ganzen Regierung inne, die bis zum Ende des Schismas dauerte.

Seine Gegner von der römischen Linie befolgten, etwas behutsamer, die gleiche Taktik: Eid bei der Wahl, Widerruf danach. Ein weiterer Neapolitaner folgte Bonifaz für zwei Jahre, man wählte dann einen Venetianer aus dem alten Adelshaus der Correr als Gregor XII. Er mußte einen noch schwereren Eid schwören – die theologischen Unterschiede zwischen schwerem und leichtem Eid sind uns nicht ganz deutlich –, die Union herbeizuführen, und hielt ihn so wenig wie seine Vorgänger oder seine Gegner.

»Eidbrecher« wurde nun der neue Vorwurf, gegen beide Seiten erhoben und mit gleichem Recht. Die Herrscher wurden ungeduldig. Als eine führende Stimme meldete sich die Universität Paris, mit Propaganda für ein Konzil als einzigen Ausweg. Ein Konzil, bei dem auch die Laienwelt, vertreten durch die Fürsten und die Doktoren der Hochschulen, mitzureden hätte, nachdem die Kirche so eklatant versagt hatte, ihr Haus in Ordnung zu bringen.

Dies Versagen mußte freilich erst noch weitere lange Jahre hindurch in immer drastischerer Weise demonstriert werden, ehe es zu einer Lösung kam. Wir schildern dieses Hin und Her mit seinen vielen Winkelzügen nicht; es weigert sich jeder Darstellung, die nicht zu einem Katalog von Jämmerlichkeiten entartet. Aus dem Schisma wurde in Frankreich noch ein innerfranzösisches Sonder-Schisma durch die Intrigen des Spaniers Benedikt-Luna: Selbst der Klerus seines eigenen Bereiches erhob sich gegen ihn, mit den Erzbischöfen an der Spitze, und sagte ihm feierlich den Gehorsam auf; die Regierung war dabei entscheidend beteiligt. Die Anfänge einer französischen Sonderkirche und des »Gallikanismus« zeichneten sich ab – mit Privilegien, wie sie kein anderes Land besaß. Damit wurden die »Neutralisten« die stärkste Macht; zu ihnen stießen noch die vielen

Schwankenden, Unentschiedenen und Unzuverlässigen, die überhaupt die große Majorität bildeten. Auf Gehorsam, auch nur unter den Kardinälen, konnte keiner mehr rechnen, ob Papst oder Gegenpapst. Zahllos sind die »Desertionen« zur anderen Seite, die bereits bei der Wahl Urbans begonnen hatten und sich immer stärker zeigten. Der gewiegte und als Diplomat unentbehrliche Kardinal Pileus de Prato hatte dreimal seine Loyalität gewechselt. Er hieß danach spöttisch »der Kardinal mit den drei Hüten«. Den ersten roten Hut hatte ihm der römische Papst, dem Brauch gemäß, in der Kathedrale verbrennen lassen, als er ihn verfluchte und ausstieß; den zweiten hatte er selbst in der Kirche zu Genua mit Füßen getreten vor seinem Übertritt zu Avignon; den dritten trug er bis zu seinem Ende nach einem letzten Parteiwechsel.

Wir hüten uns aber davor, es bei solchem Spott zu belassen, ohne für Pileus sonderliche Sympathien zu hegen, für die uns die Unterlagen fehlen. Die ständige »Verräterei« zeigt die krasse Notlage der Situation auf. Wir werden ähnlichem, wiederholtem Frontwechsel auch in den hussitischen Revolutionsbewegungen begegnen, nicht nur bei den Baronen, die dergleichen gewöhnt waren, sondern auch bei den Revolutionären selbst. Ganz unbeirrbar und in unabänderlich »gerader Linie« pflegen nur die Vertreter eines Prinzips zu sein, das sie ein und für allemal ergriffen haben und an dem sie sich festhalten, mag die Welt darüber zugrunde gehen.

Keiner hat das grandioser demonstriert als Pedro de Luna-Benedikt, bis zu dem Punkt, wo er am Ende zur Groteske wurde. Man hat mit Hinweis auf seine spanische Herkunft darin Züge des Don Quichotte sehen wollen; Kämpfer gegen Windmühlenflügel gibt es auch bei anderen Nationen. Ihm gegenüber erscheint sein Kontrahent Gregor von der römischen Linie, auch er ein Greis, als matt, weich, getrieben nicht von dämonischem Machtwillen, eher gestoßen von seinen Nepoten und Verwandten.

Beide hatten aber schließlich – Benedikt nach zähem Kampf mit Frankreich, der ein ganzes Kapitel der Landesgeschichte füllt, Gregor durch allmähliches Abblättern jeder Hoffnung bei seinen Anhängern – so weit abgewirtschaftet, daß es zu einer Entscheidung kam. An Sieg eines der beiden Streiter glaubte niemand mehr. Es hieß nun: Abdankung beider, der »Weg der Zession«. Ein letzter Weg tat sich bereits auf und wurde angedroht, vor allem durch die Pariser Universität: das Konzil als übergeordnete Instanz, die notfalls die Absetzung beschließen könnte.

Gleichzeitige Abdankung hatten beide feierlich beschworen, schon bei ihrer Wahl und seither noch öfter. Eine Farce wurde noch einmal gespielt: Benedikt und Gregor trafen sich oder sollten sich treffen bei Savona an der italienischen Küste in der Nähe von Genua. Jeder hatte überhaupt nur noch Bruchstücke seines einstmals halb Europa umfassenden Gehorsamsbereiches in der Hand; mit gespannter Aufmerksamkeit verfolgten die Länder die Begegnung. Sie war in einem Vertrag zu Marseille mit neuen Eiden beschworen worden. Die Parteien rückten langsam vor. Sie waren schließlich nur noch eine Tagesreise auseinander: Gregor in Lucca, Benedikt in Porto Venere. Beide wurden bestürmt, nun endlich die Union vorzunehmen. Gregor antwortete seinen ungeduldigen Kardinälen damit, daß er den Palast von seinen Trabanten besetzen ließ und vier neue Kardinäle ernannte, darunter zwei seiner Neffen (von denen der eine später der Papst Eugen IV. wurde), und jede Debatte verbot. Benedikt lehnte es überhaupt ab, sich über Bedingungen zu äußern.

Dabei blieben sie. Keiner trat einen Schritt weiter. Es kam nun, nach so vielen Einzelübertritten, zur Massendesertion der Kardinäle beider Seiten. Die Eminenzen vereinigten sich und ignorierten, daß sie gegenseitig gebannt waren. Ein Konzil, lange hauptsächlich ein mißliebiges Projekt akademischer Kreise, wurde zur einzig denkbaren Lösung. Ein Konzil, ein Konzil! Das wurde die neue und letzte Parole, nachdem der »Weg der Zession« sich als ungangbar gezeigt hatte. Die vereinigten Rebellenkardinäle beriefen eines nach Pisa; die beiden Päpste jeder für sich eines nach anderen Orten.

Benedikt-Luna hatte nach Perpignan flüchten müssen; in Frankreich war er ausgewiesen. Er hatte noch drei Kardinäle bei sich, Gregor seine neuernannten vier mit den beiden Neffen. Die beiden Papstkonzile wurden völlige Mißerfolge; auf Gregors Einladung kam überhaupt fast niemand. Das Kardinalskonzil in Pisa fand allgemeine Zustimmung und konnte für ein Jahr Geschichte machen.

Die Krise näherte sich ihrem Höhepunkt: drei Konzile, zwei Päpste, ein dritter von den vereinigten Rebellenkardinälen vorgesehen. In Deutschland zur gleichen Zeit zwei König-Kaiser: Wenzel von Böhmen und Gegenkönig Ruprecht von der Pfalz. In Frankreich die beiden großen Parteigruppen der Königsbrüder miteinander ringend, in Spanien Aragon und Kastilien im Streit; Zwei- und Dreiteilungen fast überall bis zu einzelnen Bistümern und Abteien; weiteste Gebiete besetzt von Gegnern und Feinden oder Söldnern unter ihren Kapitänen; ganze Landstriche »Niemandsland«.

Es ist erstaunlich, daß das Kardinalskonzil zu Pisa unter diesen Verhältnissen zustande kam und sogar pünktlich zum vorgesehenen Termin am 25. März 1409 eröffnet werden konnte. Noch erstaunlicher, daß es so reich beschickt wurde. Die größte Überraschung war die rasche Arbeit, die geleistet wurde. Der Wunsch nach Union war übermächtig. In vielen Ländern hatte sich eine wahre Wut angestaut gegen die Päpste. Die Bannflüche, von beiden Päpsten noch reichlich erlassen, wurden verlacht. In Paris, immer für drastisch-sinnfällige Vorgänge aufgeschlossen, wurden die Brief- und Bannboten Benedikt-Lunas, unter Assistenz der Regierung, in Mistkarren vom Louvre zum Pranger gefahren und dort zur Schau gestellt, Benedikt zum Ketzer erklärt, seine Anhänger mit Gefängnis bedroht und verfolgt, die Teilnahme an Pisa allen Prälaten anbefohlen.

In Pisa waren außer den 22 rebellischen Kardinälen, 185 Bischöfen und 287 Äbten der verschiedensten Länder, den Ordensgeneralen der vier großen Bettelorden auch 13 Universitäten vertreten, als neue und einflußreiche Gruppe ein paar hundert Doktoren der Theologie oder der Rechte und 14 Fürsten, von Frankreich und England bis nach Zypern sowie Herzöge und Fürstbischöfe, die wir getrost zu den weltlichen Herrschern stellen können; in der Tat fast ganz Europa außer Spanien, Neapel, Schottland und Teilen Deutschlands. Es gab wenig Debatten. Man war sich einig. Die beiden Päpste wurden nochmals vorgeladen; Gregor schickte seinen Protektor, den Malatesta von Rimini, der darüber verhandelte, welche finanziellen Kompensationen bei Rücktritt für seinen Papst und insbesondere seine Verwandten denn angeboten würden. Er wurde abgewiesen. Beim Eintreffen der Abgesandten Benedikts gab es einen Aufstand des Volkes; sie mußten sich heimlich aus der Stadt stehlen. Sie versuchten noch, beim mächtigen Kardinallegaten Gregors für Bologna, Cossa, um Geleit zu bitten, damit sie den römischen Papst in Rimini aufsuchen könnten. Cossa, bald danach Papst Johann XXIII., herrschte sie an: »Schleunigst fort!« Wenn er sie auf dem Wege nach Rimini erwischen sollte, würde er sie unverzüglich bei lebendigem Leibe verbrennen.

Man schritt nun, ein bis dahin nie erlebtes Ereignis, zum Prozeß gegen die beiden Päpste. Einer der Wortführer war der Erzbischof von Mailand, ein geborner Grieche aus Kreta, Philargi. Das kanonische Recht ließ nur *einen* Grund für Beseitigung eines Papstes zu (Abfall vom Glauben) und sagte auch nichts über die Prozedur, die dabei zu beachten wäre. Die Juristen und Kardinäle zu Pisa hatten keine Schwierigkeiten, die Spalter als Ketzer zu bezeichnen: Wer hartnäckig die Einheit der Kirche zerstört und Einigung verweigert, schließt sich damit de facto aus der Gemeinschaft aus. Wenn keine allgemein anerkannte Autorität und Spitze der Kirche vorhanden ist, übernimmt das Konzil die Rolle des Statthalters Christi auf Erden. Das Konzil also schleuderte den Bannfluch gegen Angelo Corrario, »der sich als Papst Gregor bezeichnet«, und gegen Pedro de Luna, »der sich Papst Benedikt nennt«, und erklärte sie für abgesetzt.

Das Konzil arbeitete rasch. Es schritt in Hochstimmung alsbald zur Wahl eines neuen Papstes. Der Erzbischof von Mailand empfahl sich dafür. Er galt als fromm, untadelig in seinem Lebenswandel, als verbindlich, freundlich und erfahren in Geschäften, wie er bei den Verhandlungen gezeigt hatte; ein gewisser Nachteil war sein hohes Alter, auch er war ein Greis wie die beiden Abgesetzten. Dafür stand ihm in seinem Kardinallegaten Cossa ein ungemein energischer Herr zur Seite, der zwar kaum Geistlicher war, aber bekannt durch festes Zugreifen im rebellischen Bologna und andere Maßnahmen, die nicht ohne Blutvergießen abgingen.

Ein Kardinal im Panzer unter dem Chorrock, ein geistlicher Condottiere und somit hochnötig und erwünscht in dem Italien der Condottieri, die seit langem die beherrschende Macht im Lande darstellten. Von Cossa wurde gemunkelt, daß er nicht unempfänglich sei für finanzielle Erwägungen, nebst Gerüchten, daß er in seiner Jugend das Piratengeschäft betrieben habe. Das war aber nur eine Umschreibung dafür, daß er aus einer seefahrenden kleinadligen Familie stammte, und Seefahrt war nun einmal an die zeitgemäßen Bedingungen gebunden, die Kaperfahrten als berechtigten Brauch sanktionierten.

Nur etwas mehr als drei Monate dauerte die Zusammenkunft von 1409 in Pisa. Eine Einigkeit hatte sich gezeigt, die alle überraschte und hoch befriedigte. Man hatte der Welt demonstriert, daß ein Konzil – und nur dieses – in solcher Notlage die gegebene Lösung sei. Es verblieb noch der Ruf, am lautesten von den Laien und Universitätsleuten angestimmt, daß auch die »Reform an Haupt und Gliedern« jetzt tatkräftig gefördert werden müsse, nachdem man mit den Häuptern so energisch verfahren war. Dazu hatten die Glieder in den höheren Rängen wenig Lust. Man begnügte sich mit dem Beschluß, dieses ungeheuer schwierige Problem auf einem nächsten Konzil gründlich zu behandeln, das sehr bald stattzufinden hätte. Dann ging man auseinander.

Zum Zeichen dafür, wie heikel die Reform sein würde, scharten sich die geistlichen Würdenträger sogleich um ihren Papst, der sich Alexander V. nannte, und forderten ungeduldig die traditionellen Verleihungen, Geschenke und Gunstbeweisungen, von Böswilligen »Simonie« genannt. Der gefürchtete Nepotismus, den Gregor so verhängnisvoll betrieben hatte, stand nicht in Aussicht; Alexander, als Findelkind in einem venetianischen Kloster erzogen, hatte keine Verwandten. Statt dessen suchte er sich eine Familie aus seinen Anhängern zu schaffen. Er gab und gab, aus Politik und Gutmütigkeit des hohen Alters, er streute aus, erließ Rückstände und hob alle Exkommunikationen von Säumigen auf. Dafür bestätigte er alle Ernennungen und Dispense der beiden Ketzerpäpste. Er vergaß den Franziskanerorden nicht, dem er angehört hatte. Er hob sogar, ein vielbeachteter Schritt, eine der für die Prälaten unangenehmsten Steuern auf: das Recht, den gesamten Nachlaß bei der Kurie verstorbener Würdenträger einzuziehen, mit dem altrömischen Wort für »Beute« das Spolienrecht genannt. Er verstieg sich sogar bei diesem sommerlichen Schauer von Segensgaben bis zu dem Vorschlag, auch die Kardinäle sollten seinem Beispiel folgen und auf die Hälfte ihnen geschuldeter Zahlungen verzichten. Das wurde ungnädig vermerkt und von niemandem befolgt.

Überhaupt währte die Euphorie kaum länger als das Konzil zu Pisa. Es erwies sich, daß Alexander zwar viel, aber keineswegs allgemeine Zustimmung fand. Man hatte nun drei Päpste, drei Linien, die letzte die »pisanische« genannt. Alexander residierte in Mailand; nach Rom wagte er sich nicht, denn niemand wußte sicher, zu wem König Ladislaus von Neapel hielt, der in Rom stand; er hielt zur Linie

Anjou-Neapel und ließ plündern. Der römische Papst Gregor konnte ebenfalls nicht nach Rom, er blieb, ganz an den Rand gedrückt, an der Adriaküste in Rimini unter seinem einzigen Protektor, dem Malatesta; Benedikt saß in Perpignan.

Um die Zerrissenheit weit über die Kirche hinaus noch deutlicher zu machen, hatten die Deutschen, unter ihnen Gregorianer, Pisaner und Neutrale, zur gleichen Zeit drei römisch-deutsche Könige. Gegenkönig Ruprecht war ruhmlos gestorben, Wenzel, obwohl fast völlig auf Böhmen beschränkt, hielt seinen Anspruch aufrecht; einige Kurfürsten wählten dazu seinen Bruder Sigmund, andere seinen Vetter, Jobst von Mähren.

Im Reich dauerte dieses staatsrechtliche Kuriosum nicht lange; Jobst starb sehr bald – umgebracht, wie es in solchen Fällen meist hieß; Wenzel begnügte sich mit der Rolle eines Senior-Königs, und Sigmund wurde alleiniger König und künftiger Kaiser. Er blieb das für die ganze Zeit, von der hier berichtet wird.

Das Papsttum verharrte in der dreifachen Spaltung. Der pisanische Papst Alexander verstarb ebenso rasch wie »König« Jobst, unter gleichem Verdacht, er sei vom Nachfolger vergiftet worden. Man wird davon noch Näheres hören beim Absetzungsprozeß des Bartolommeo Cossa, der als Johann XXIII. das Amt übernahm, nach höchst fragwürdiger Wahl, von der auch noch die Rede sein wird.

Cossa trieb die Kardinäle in der Zitadelle von Bologna zusammen. Das Konklave war kurz, kein Ruf des Volkes drang herein; keine Akten oder Memoranden berichten über die Wahl. Er nahm die Kriegsparole wieder auf, die zu Anfang des Schismas geherrscht hatte, und zog gegen Anjou-Neapel zu Felde. Wir haben ihn nicht willkürlich einen Condottiere genannt: Das Volk taufte ihn »Papa Boldrino« nach einem der bekanntesten Kriegsunternehmer. Auch er verstand sich darauf, Truppen zu mieten; auch er kannte die Finanzverbindungen, die dafür wichtig waren, das Bankhaus Medici in Florenz war sein Geldgeber und Gönner. Ladislaus wurde aus Rom vertrieben, der Bann über ihn verhängt. Für die weitere Kampagne gegen Neapel schrieb der Papst einen Kreuzzug aus mit großem Kreuzfahrerablaß; es war dieser Ablaß, der zum Schicksal für Jan Hus wurde, wie wir sehen werden. Der Anjou mußte klein beigeben. Es kam gar nicht erst zur Kreuzfahrt, nur zur Einsammlung der Ablaßgelder; die Episode dauerte vier Monate, dann erkannte der König Johann XXIII. an. Gregor war nunmehr auf die Stadt Rimini beschränkt, denn auch Sigmund als deutscher König lehnte ihn ab. Papst Johann residierte in Rom und stand auf der Höhe seiner Erfolge. Er berief rasch, wie seine beiden Gegner, ein eigenes Papstkonzil nach Rom ein, das wenig Zuzug fand und nur *eine* Maßnahme verfügte: nochmaligen Bann gegen den lang verstorbenen Wyclif. Denn auch die Parole »Kampf gegen die Ketzerei« wollte Johann erneuern, zur Ablenkung von den vielen Bannflüchen und Ketzerurteilen gegen Päpste und Kardinäle. Die deutschen und französischen Delegierten trafen erst nach Abschluß der Sitzungen ein; wie sie glaubten, absichtlich ferngehalten.

Damit wandte sich sein Glück. Er hatte seinen Kardinalbestand noch erweitert und internationaler gestaltet, um sich als den Einheitspapst zu empfehlen; es waren bedeutende und einflußreiche Männer darunter, wie der Rufer nach einem Reformkonzil d'Ailly, Bischof von Cambrai, oder der große italienische Jurist Zabarella. Alle wurden sie dann seine Gegner; sie wollten ein Konzil der Kardinäle, und vor allem wünschten sie keinen »starken Mann« als Papst. Er war hochfahrend geworden mit seinen Erfolgen, spöttisch, er spottete sogar in der Unbefangenheit seiner neapolitanischen Heimat über Glaubensfragen. Sie waren ihm so gleichgültig wie der Ketzer Wyclif. Das Kettenhemd unter dem Chorrock hatte er abgelegt. Er wollte nun gut leben. Er wurde fett, leichtsinnig und schreckte nur zuweilen vor einem üblen Vorzeichen zusammen, einem krächzenden Vogel, dem bösen Blick unter seinen Vertrauten. Er hatte keinen zuverlässigen Menschen in seiner Umgebung.

Noch weniger im weiteren Anhang. Ladislaus von Neapel brach das Abkommen nach einem Jahr; die Fürsten waren der Ansicht, daß unter Druck geschlossene Verträge ebenso nichtig seien wie Versprechen bei Papstwahl. Er rückte in Rom wieder ein, das ihm so widerstandslos zufiel wie der ganze Kirchenstaat. Johann XXIII. mußte flüchten. In Florenz wollte man ihn auch nicht lange dulden. Er ging nach Bologna und wandte sich an König Sigmund um Hilfe. Das Papsttum bestand zur Zeit aus drei Flüchtigen: Johann, umherirrend und schließlich in Como mit Sigmund einen gezwungenen Pakt abschließend, wonach er ein neues allgemeines Konzil einberufen würde; Gregor in Rimini, allein noch geschützt vom Malatesta;

Benedikt an der Grenze zu Spanien in Perpignan. Keiner wußte nur, ob er in seiner zeitweiligen Residenz überhaupt bleiben könne oder nicht weiterziehen müsse. Keiner besaß von der »plenitudo potestatis«, die dem Papst nach Ansicht der großen Kommentatoren zukam, auch nur einen Halm, an den er sich klammern konnte.

Sigmund ergriff die Gelegenheit. Er sah sich als künftiger Kaiser in der Rolle des Schutzherrn der Kirche, als Vollstrecker des allgemeinen Willens zur Beendigung der Spaltung. Er hatte dabei seinen Ehrgeiz, zweifellos; auch er war ein viel Umhergetriebener, oft Enttäuschter und einer, der viele enttäuscht hatte. Jetzt bot sich ihm eine große Chance dar, unsterblichen Ruhm zu erwerben. Er konnte darauf pochen, daß der Kaiser traditionell zu solcher Aufgabe berufen war; wenn er etwas mehr von der Geschichte gewußt hätte, wäre ihm der Hinweis auf die großen Kaiser der frühen christlichen Zeit zustatten gekommen, die Konzile einberiefen und leiteten, die streitenden Kirchenmänner bändigten, notfalls durch kaiserliche Mannschaften, und die wichtigsten dogmatischen Entscheidungen trafen, kraft ihres Amtes. So weit war aber das historische Bewußtsein noch nicht erweitert worden; erst gegen Ende von Sigmunds Regierung haben ihm die Humanisten auch solche Argumente in die Hand gegeben.

Ein großer Kaiser war er nicht, und von Machtmitteln, wie sie die spätrömischen Imperatoren besaßen, war für ihn nicht die Rede. Er mußte sich auf Diplomatie verlassen, auf das Erspähen und Ausnutzen von Situationen; er sah gut aus, majestätisch, schön beinahe, er sprach fünf Sprachen fließend und redete gern und wohltönend; er konnte sogar witzig und geistreich sein bei Gelegenheit. Unermüdlich reiste er umher, knüpfte Fäden an, ließ sie fallen und brachte neue Kombinationen ins Gespräch. Und so gelang es ihm, das neue, das große, wirklich allgemeine Konzil zustande zu bringen. Er erreichte sogar – eine noch nie erlebte Neuerung –, daß es nach Konstanz am Bodensee berufen wurde und auf dem Boden des Reiches stattfand, unter entschiedener Mitwirkung der Laienwelt, der Fürsten, Universitäten, der Doktoren und Juristen, ein Völkerkongreß zugleich. Die Hoffnungen in aller Welt waren unermeßlich. Die Zusammenkunft wurde das größte Konzil des Mittelalters, die prachtvollste Schau an Turnieren und Banketten. Die Nationen traten zum ersten Male sichtbar und als abstimmende oberste Instanz in Erscheinung. Die Kirchenspaltung wurde behoben, die drei streitenden Päpste abgesetzt, ein neuer Einheitspapst erhoben. Zum Zeichen, daß man es ernst meinte, verurteilte das Konzil nochmals den Wyclif und verbrannte den Jan Hus und seinen Mitkämpfer Hieronymus von Prag. Die Spaltung der Staaten und Länder blieb bestehen. Die »Reform an Haupt und Gliedern« wurde vertagt.

Der Mann aus dem Flecken Husinec

Die vierzig Jahre der großen Spaltung umschließen das Leben des Jan Hus. Er wurde kurz vor Beginn des Schismas – ungewiß wann, etwa 1370 – in dem südböhmischen Flecken Husinec geboren; man hat ihn zu Konstanz 1415 hingerichtet, kurz ehe die Einigung bevorstand, und die Konzilherren gedachten diese damit zu fördern. Wieviel von den Ereignissen, die wir schilderten, bis nach Böhmen gedrungen ist, bleibt unklar; wenige Menschen werden auch nur die Namen der zehn Päpste und Gegenpäpste gewußt haben, die regierten oder den Anspruch erhoben zu regieren. Es lassen sich stille Gegenden und Orte denken, an denen das alles vorbeirauscht. Ein einsamer Pilger oder Reisender brachte allenfalls Kunde vom großen Unheil in der Welt. Aber das Schisma rührte doch alle an. Es griff hinein in die Kirchen, Klöster, Kapitel, es erfaßte die Stadtverwaltungen, die Regierungen. Es packte mit Bann und Interdikt Personen und ganze Städte, deren Wirtschaftsleben bedroht wurde. Es regte die Gemüter auf: zwei Päpste, zwei Träger der heiligen Schlüssel, die das Tor zum Himmel auftun sollen! Wenn keines der Schlüsselpaare paßte, blieb das Tor verschlossen. Solange zwei Päpste regierten, blieb man in Ungewißheit, und niemand konnte sagen, wie lange das dauern würde. Damit fanden die Propheten Gehör, die das Tausendjährige Reich, immer wieder angesagt und vergeblich erwartet, nun ganz unmittelbar vor der Tür sahen. Der Antichrist, ständig verkündet seit Jahrhunderten, war da, womöglich in Gestalt eines der beiden Päpste. Aus den Wäldern, den noch sehr dichten und unwegsamen böhmischen Wäldern, kamen hagere Gestalten mit eingekehrtem Blick, in abgerissenen Gewändern, zuweilen halbnackt. Die Grubenheimer nannte man sie, was hieß, daß sie in Erdgruben hausten in gottlosen Gemeinschaften, von der Kirche verdammt, verfolgt, verbrannt – wenn man sie erfaßte. Sie verweigerten jeden Eid; sie brachen ihn nicht. Sie lehnten jede Tötung ab, auch von Missetätern, und Hinrichtung war noch die Strafe für unzählige Vergehen. Sie verwarfen das Priestertum der Geweihten; Laien konnten bei ihnen predigen und die wenigen Riten vollziehen, mit denen sie sich zum Glauben bekannten. Sie erkannten weder Papst noch Bischof an, weder Kaiser, König, Edelmann noch andere Unterschiede der Stände. Sie lehnten sogar, was vielen die gräßlichste Ketzerei erschien, das Fegefeuer ab und meinten, »die Armen haben schon hier im Leben Fegefeuer genug«. Armut jedoch war ihre große Parole, gewollte, bedingungslose Armut als einzige wahre Nachfolge des Heilands, der selbst arm war. Besitz, jeder Besitz sei Sünde, die schwerste Sünde der Besitz der Kirche; aus Besitz entsteht Habgier nach mehr Besitz, Totschlag, Krieg.

Krieg war nun überall und fortwährend, Krieg der Päpste, der Könige, dazu Bürgerkrieg, Fehdekrieg von Rittern gegen Ritter oder Adligen gegen die Städte, Raubzüge einfacherer Räuberbanden unter adligen Führern oder schlichten Hauptleuten. In Böhmen war unter Kaiser und König Karl eine gewisse Ruhe eingetreten um die Zeit, als Hus geboren wurde; einige Sicherheit herrschte, von den königlichen Historiographen, stark aufgetragen, als die »goldne karolinische Zeit« geschildert. Man erzählte, daß der König selbst einem Ritter, dem er die goldne Ehrenkette verliehen hatte für tapfere Taten im Dienste des Landes, dann den Strick um den Hals gelegt habe, ehe er gehängt wurde wegen offenbaren Straßenraubes: »Ich teile nicht nur Gnaden aus!« Der Kleinadel wurde gebändigt, denn Karl legte Wert auf Sicherheit der Handelswege; er war ein Kaufmannskönig, ein großer Protektor der Städte und ihrer Wirtschaft, ein Kenner der Finanzpolitik seiner Zeit, der mit Kauf von ganzen Ländern, Verpfändung anderer und Wiederkauf, durch Mitgiften bei seinen vier Heiraten und listige Diplomatie sein Reich erweiterte wie kaum einer der mittelalterlichen Herrscher. *Sein* Reich – nicht *das Reich*, das Heilige Römische Reich, dessen Krone er *auch* trug. Den »Stiefvater des Heiligen Römischen Reiches« hat ihn ein Nachfolger aus dem

Hause Habsburg mit wirkungsvoller Propaganda genannt; als den »Vater Böhmens« bezeichneten ihn seine engeren Untertanen. Das sind Schlagworte, die mächtig genug sein können und lange Zeit durch die Schulbücher gingen. Das Reich Karls sollte etwas grundlegend anderes sein als das der früheren deutschen Imperatoren. Die weltgeschichtlich bedeutende Wendung war seine entschiedene Abkehr vom Italientraum, der die deutsche Politik beherrscht hatte, und die Verlagerung des Schwergewichtes nach Osten. Das Reich und die Kaiserwürde waren für Karl in der Tat »stief«; sein Reichsgrundgesetz der »Goldenen Bulle« besiegelte nur mit goldfarbenem Wachs den Zustand des Auseinanderfallens und der Bildung neuer selbständiger Einheiten, den er vorgefunden hatte. Die Kurfürsten wurden die De-facto-Herrscher in deutschen Landen; die Randgebiete, halb oder ganz französische Landschaften bis nach Cambrai hin, Burgund, die Niederlande, die Schweiz, begannen sich abzulösen. Es war nicht nur zeitweilige Resignation, sondern Liquidation der hochmittelalterlichen Idee vom Kaisertum als Universalmacht. Karl, der selbst als Gegenkönig gegen Kaiser Ludwig den Bayern emporgekommen war, protegiert von seinem früheren Lehrer zu Paris, dem späteren Papst Clemens VI., wußte zu genau um die Unzuverlässigkeit und Selbstsucht der deutschen Fürsten und die Machtmittel, die sie besaßen. Er nahm nicht weniger genau den Zuständen in Italien Maß; sein Großvater, Kaiser Heinrich VII., hatte sich schon auf dem letzten großen Ritterzug nach Süden dort den frühen Tod geholt. Böhmen sollte nun, als Erbland, den Kern des Reiches der Luxemburger bilden, militärisch unangreifbar im Schutz seiner Gebirgs- und Waldketten, unanfechtbar als Erbmonarchie. Um dieses Zentrum sollte sich unter der »böhmischen Krone«, als übergeordneter Instanz, ein Vorfeld von Ländern legen: die Lausitz, die schlesischen Fürstentümer, dreizehn an der Zahl, darunter eines mit dem berüchtigt gewordenen Namen Auschwitz; die Mark Brandenburg, den Wittelsbachern abgekauft, die Markgrafschaft Mähren. Karl dachte noch weiter: Polen war in Betracht gezogen, Ungarn; für beide Länder wollte er durch seine Söhne sorgen. Die Verbindung zum Reich war dadurch gesichert, daß er mit Böhmen und Brandenburg über zwei der sieben Kurstimmen verfügte, die den König und Kaiser zu wählen hatten.

Eine Konstruktion, eine dynastische Idee. Man soll ihr nicht Konzeptionen eines slawisch-deutschen Großreiches unterlegen. Karl wollte dem Hause Luxemburg eine durch große »Hausmacht« gesicherte Stellung geben. Böhmen, von seinem Vater König Johann durch Ehe mit der Erbtochter der ausgestorbenen einheimischen Dynastie der Přemysliden erheiratet, erschien ihm dafür die solide Basis. Dauerhafte Grundlage für dynastische Pläne ist Fruchtbarkeit, nicht an Ideen, sondern an Nachkommenschaft. Mit seinen Söhnen König Wenzel und Kaiser Sigmund erlosch das Haus Luxemburg, übrigens in allen Zweigen, auch den weiblichen Abkömmlingen, bis auf eine Erbtochter. Die gab die Herrschaft und den Osttraum an die Habsburger weiter.

Karl war halb Tscheche, halb Deutscher aus grenzdeutscher Familie, seiner Erziehung nach französisch orientiert durch seine Jugend in Paris. Er sprach das Tschechische seiner Mutter, Italienisch, Französisch, Deutsch und Latein, vielleicht auch etwas Magyarisch. Er hatte in seine »Goldene Bulle« die Bestimmung aufgenommen: »Die Söhne der Kurfürsten sollen außer in der Grammatik auch in der italienischen und slawischen Sprache unterrichtet werden«; denn, so begründete er: »Das Heilige Römische Reich besteht aus verschiedenen Nationen mit ihren Sitten, Lebensformen und verschiedenen Sprachen und Gesetzen.« Solche Sprachkenntnis sei nicht nur nützlich; sie sei »äußerst notwendig für die Führung der Geschäfte des Reiches«. Sein Sohn Sigmund wurde noch entsprechend erzogen, dann starb auch diese Idee mit den Luxemburgern aus.

Prag aber wurde unter ihm ein internationales Kulturzentrum, eine mächtige Handelsstadt, an Größe und Bevölkerung dem damaligen Rom etwa um das Doppelte überlegen. Er erhob es zur permanenten Residenz des Kaisers, etwas völlig Neuem, denn die Vorgänger hatten kaum je länger an einem Orte geweilt, und eine Stadt mit dem Glanz und Prestige der Reichsresidenz war nie in Erscheinung getreten. Das »Goldene Prag« prunkte mit Bauten französischer und deutscher Baumeister. Italienische Humanisten kamen als Besucher, mit Petrarca und Boccaccio. Die erste Universität des Reiches wurde begründet. Karl betrieb, wie man jetzt sagen würde, »Kulturpolitik«. Den Kult des tschechischen Nationalheiligen Wenzel, als des Märtyrers und ersten Königs, propagierte er durch Neufassung der alten Legenden.

Eine Landesgeschichtsschreibung sollte geschaffen werden, im neuen italienischen Stil, gelehrt, keine Chronik, wofür er sich einen weitgereisten Italiener verschrieb, der bis nach Peking gekommen war; Karl verfaßte eigenhändig seine Autobiographie, die erste und einzige eines mittelalterlichen Herrschers. Eine Reichskanzlei wurde eingerichtet, eine Neuerung in ihrer Ordnung und Sprache; der Kanzler Johann von Neumarkt, selbst als Autor von Übersetzungen aus dem Lateinischen und Verfasser von Gebeten tätig, steht mit seinen Bemühungen um eine über den Dialekten stehende Schriftsprache an wichtigster Stelle in der deutschen Sprachgeschichte, für die Böhmen auch mit frühesten Bibelübersetzungen der Ausgangspunkt ist. Gleichzeitig – Karl unternahm vieles simultan – wurde das Tschechische nachdrücklich gefördert im Gebrauch bei Gericht, in den Verhandlungen der Stadtverwaltungen. Die fruchtbare gegenseitige Berührung der Sprachen und Kulturen, des Tschechischen, Deutschen und der frühhumanistischen Bestrebungen findet ihren dichterischen Ausdruck in dem Streitgespräch des »Ackermanns aus Böhmen«, der Anklage gegen den Tod erhebt. Es erscheint uns gleichgültig, ob der deutsche Ackermann oder der tschechische »Tkadleček« (der Weber) die Priorität hat; beide sind denkwürdige Zeugnisse dafür, daß sich der Einzelmensch nun rührt, um Klage und Anklage, auch gegen die obersten Instanzen des Weltwesens, zu führen.

Das »Goldene Prag« hat mit seinem Glanz die recht dunklen Schattenseiten dieser Vorzeit großer Stürme überstrahlt; es war eine Glanzzeit für Baumeister, Bildhauer, Miniaturisten, Goldschmiede. Prag ist um diese Zeit nicht lediglich Regierungszentrum. Es zieht die besten Kräfte von weither an und zieht die stärksten Begabungen aus dem Lande hoch. Auf dem Hradschin wuchs ein Königsschloß, nach dem Muster des Louvre, in dem Karl als Jüngling seine Eindrücke empfing, aus der Brandstätte hoch – einer Hinterlassenschaft seines Vater, der als fahrender Ritter in aller Welt gekämpft hatte und nach Böhmen nur gelegentlich kam, um Gelder einzutreiben für neue Fahrten. Das Schicksal dieses Vaters hatte Karl sich nicht weniger zu Herzen genommen als das seines Großvaters: Nach einem Leben der Turniere, Feldzüge im Osten gegen die heidnischen Litauer, im Dienste des Deutschen Ordens, im Süden in Italien, im

Westen als getreuer Kämpfer für die Sache des befreundeten französischen Hauses war König Johann von Böhmen bei Crécy gegen die Engländer gefallen – erblindet schon, zusammen mit einigen Begleitern, die sich mit Stricken an ihren König gefesselt hatten bei der Attacke und mit ihm erschlagen wurden. Eine berühmte Episode der absterbenden Ritterzeit, gefeiert auch vom Gegner, der sich drei Federn aus der Helmzier des Helden und seine Devise »Ich dien!« für das Wappen des englischen Thronfolgers von Jean l'Aveugle entnahm. Enea Silvio, der spätere Papst Pius II., hat mit Beziehung auf ihn und den ebenfalls blinden Hussitenheerführer Žižka in seiner »Böhmischen Geschichte« die vielzitierte Formel geprägt: »Ein blindes Volk unter blinden Führern.«

Der Sohn Karl hielt die Augen offen. Er liebte die Kriegszüge nicht, er verhandelte und handelte. Er saß bei seinen Staats- und Finanzgeschäften still da und schnitt mit einem kleinen Messer ein Weidenstäbchen in Stücke. Dabei beobachtete er. Er war etwas schief in der Schulter, mit dunkler Hautfarbe und schwarzen Haaren, meist einfach gekleidet. Er sah dem Gegenüber selten ins Auge, man hielt ihn für zerstreut, es entging ihm jedoch keine Silbe und Geste. Seine Antworten waren knapp und zeugten von genauer Kenntnis. Seine stärkste Begabung, nur wenigen Herrschern gegeben, war Menschenkenntnis und die Fähigkeit, hervorragende Mitarbeiter heranzuziehen und selbständig arbeiten zu lassen. Er liebte es zu delegieren, und seine Delegierten belohnten das Vertrauen durch unermüdliche Tätigkeit. Es gibt kaum ein Beispiel für einen mittelalterlichen Herrscher, der so gut und ohne nennenswerte Intrigen bedient wurde; noch unter seinem törichten Sohn Wenzel, der das Erbe vertat, hielt diese Mitarbeiterschaft das kunstvoll errichtete Gebäude des Luxemburg-Reiches für ein ganzes Jahrzehnt erfolgreich zusammen. Karl benutzte dabei schon »neue Leute«, Kleinadelige, Bürgerliche; er führte sogar die Institution des »Briefadels« ein, alles zum stillen und gefährlichen Ingrimm der Barone, mit denen er überhaupt nur in Ansätzen fertig wurde, im Endeffekt gar nicht. Das von ihm für Böhmen als wichtiges Gegenstück zur Goldenen Bulle geplante Grundgesetz einer *majestas Carolina* blieb ein Torso; die Rechte des Hochadels konnte auch er nicht antasten, und es waren sehr majestätische Rechte. Unter Justiz verstanden die hohen Herren in erster Linie, daß sie mit ihren Untertanen – die sie nicht als Untertanen des Königs, sondern ihren Erbbesitz ansahen – schalten und walten konnten. Vom Recht der Bauern raunten nur noch Erinnerungen an frühere Zeiten; was verblieben war, wurde beharrlich abgebaut. Diese großen Herren hatten schon ihren einheimischen Fürsten das Leben bitter schwergemacht; sie betrieben zäh und geduldig die gleiche Standespolitik unter Kaiser Karl, ungeduldiger und erfolgreicher unter dem Sohn, gefährlicher noch in der Hussitenzeit.

Mit der Kirche hielt Karl sich in bestem Einvernehmen. Niemand konnte über seine strikt orthodoxe Frömmigkeit klagen; er baute Dome, wie die St.-Veits-Kathedrale, die mächtige Barbarakirche in der Bergbaustadt Kutná Hora (Kuttenberg), einer Hauptstütze böhmischer Wirtschaftspolitik; er sorgte für prächtigste Ausstattung und kaufte unermeßliche Schätze an Reliquien in ganz Europa auf. Der Beruf der Reliquienhändler und -agenten florierte in Prag noch üppiger als die Handwerke der Goldschmiede und Juweliere, die für die Heiligtümer die Monstranzen und kostbaren Gehäuse herzustellen hatten. Der sonst so nüchterne Rechner, von manchen als geizig und schäbig verschrien, konnte großzügig bis zur Verschwendung sein, wenn es galt, eine Ampulle mit der Milch der Gottesmutter zu erwerben, eine Probe Stroh aus dem Stall zu Bethlehem oder die vielbegehrten vollständigen Gebeine von jüngeren Heiligen, über die – wie im heutigen Kunsthandel – notarielle Protokolle und Stammbäume der Herkunft beigefügt wurden. Als Ketzerverfolger im Sinne straffer Staatspolitik erließ er schärfste Edikte; eine Inquisition wurde zu Prag eingerichtet, auch diese mit ausführlichen bürokratischen Bestimmungen, darunter dem Paragraphen, daß die Inquisitoren eine beträchtliche Provision an dem beschlagnahmten Gut der Verurteilten erhielten. Buchhaltung sollte auch hier Ordnung schaffen. Die umhervagierenden Begarden und Beginnen ließ er rücksichtslos verfolgen; sie erschienen ihm schon durch ihre streunende Lebensführung unnütz und schädlich. Eine ausgesprochen rationalistisch-kommerzielle Note ist in seiner ganzen Regierung unverkennbar; nicht zum Nachteil des Landes. Die ganz außerordentliche Lebenskraft Böhmens zeigt sich darin, daß schon in diesen wenigen Jahrzehnten leidlicher Ruhe ein Aufschwung stattfand, den man dann als eine »Blütezeit« pries und später, als die Zeiten ganz anders wurden, beklagte.

Die Wandlung kam rasch. Karl, bei aller Umsicht, bei allen weitausgreifenden Projekten, die auch den phantastischen Zug seiner Natur kennzeichnen – denn er war nicht nur Rechner und Haushalter –, unterlag gegen Ende dem dynastischen Erbübel: Jedes der zahlreichen Kinder sollte versorgt werden. So wurde geteilt. Wenzel als Ältester erhielt Böhmen und die deutsche Krone, von den Kurfürsten schon für den Knaben mit sehr teurem Geld erkauft, der zweite Sohn Sigmund die Mark Brandenburg, von den Bayern erworben, und Aussichten auf Ungarn durch Ehe mit der dortigen Erbtochter; für einen dritten mußte ein eigenes, kurzlebiges Herzogtum Görlitz aus den Ländern der »böhmischen Krone« herausgeschnitten werden. Selbst für Neffen noch sorgte die Familienpolitik – all dies in der Illusion, damit einen mächtigen und einigen Sippenverband zu schaffen. Am Streit, Verrat, der zähen Selbstsucht der Luxemburger Brüder und Vettern sind sie schon an den Rand des Unterganges gelangt, ehe sie leiblich ausstarben. Auch dieser Familienkrieg gehört in das Bild der Zeit unaufhörlicher Aufstände und Rebellionen. Er hat viele Parallelen in ähnlichen Familienfehden der kleineren deutschen Fürstenhäuser, von denen kaum eines ungeteilt und ohne Erbstreit geblieben ist. Die These der radikalen Schwärmer und Ketzer vom Besitz als Wurzel allen Übels, der Habgier als der Todsünde, die zu Totschlag und Krieg führt, stand nicht als bloße moralische Forderung in der Luft. Sie hatte Beispiele vor Augen. Das Wort Todsünde, das so unaufhörlich in den Programmforderungen der Hussiten, in den Predigten des Hus und seiner Gefährten auftaucht, hat einen matten Klang für den heutigen Menschen, der überhaupt zumeist schon den Begriff Sünde ablehnt und nicht einmal für die grausigsten Verbrechen der Weltgeschichte gelten lassen möchte. Er war damals noch lebendige Gegenwart, verkörpert in kenntlichen Gestalten und Personen.

In die kurze Zeit der Nachblüte des karolinischen Luxemburg-Reiches hinein wurde Jan Hus geboren; unter den Wirren der Wenzel-Epoche hat er sein Leben verbracht; der Kaiser Sigmund wurde sein Schicksal. Sein Geburtshaus zu Husinec wird noch gezeigt; der kleine Ort liegt in der Nähe der Markt- und Handelsstadt Prachatice, die den Umschlagplatz für die Kaufmannsgüter aus Bayern nach Prag bildete. Sein Vater Michael soll Fuhrmann gewesen sein; Genaueres ist weder über ihn noch die Familie bekannt. Auch die gesamte Jugend ist dunkel, und die erste beglaubigte Notiz stammt aus der Universitätszeit. Er selbst hat nur gelegentlich Bemerkungen über sein Leben einfließen lassen in Predigten und Traktate; Selbstdarstellung war erst eine Forderung und Praxis der Humanisten, und vom humanistischen Geist, den Kaiser Karl schon zu kultivieren suchte, lassen sich bei ihm nur Spuren erkennen. Er war darin, wie in vielem, durchaus konservativ: Die eigene Persönlichkeit hatte zurückzutreten gegenüber der Aufgabe. Wir wissen nicht einmal Bestimmtes über sein Aussehen, so berühmt-berüchtigt er vor seinem Tode geworden war. Die bekannten Darstellungen auf Bildern und Denkmälern sind alle fromme Fälschungen oder Phantasien. Er hatte weder einen Bart, den nur sein Freund und Leidensgenosse Hieronymus trug, noch das abgezehrte Gesicht der legendären Darstellungen. Er dürfte eher rundlich, untersetzt und mit knappen, festen Gesichtszügen zu denken sein, obwohl auch von zahlreichen Erkrankungen berichtet ist, die zum Teil, wie bei Luther, psychosomatisch bedingt gewesen sein mögen. Wir vermeiden jedoch, aus Mangel an zuverlässiger Dokumentation, alles Spekulieren, auch über Umwelteinflüsse, etwaige Erlebnisse in der Jugendzeit, die seinen rabiaten Sexualhaß erklären könnten, oder Ähnliches. Was wir wissen, ist kurz dieses: Er wurde in Prachatice auf die Lateinschule geschickt und ging von dort nach Prag, um zu studieren. Er war arm und lebte das übliche Leben des armen Studenten, als Gehilfe und Famulus eines Dozenten. Die geistliche Laufbahn war für einen unbemittelten Schüler das Gegebene; in der Kirche konnte er – dies war die einzige Möglichkeit – aufsteigen oder wenigstens sich einen Unterhalt erwerben. Die Umgangssprache war das Latein; Hus dachte in Lateinisch, was Bedeutung hat für seine Schriften und ihre Deutung. Woher ihm dann trotzdem die Kraft und Eindringlichkeit seiner Muttersprache gekommen ist, in der er predigte und später schrieb, das ist ebenso ein Geheimnis wie die Sprachgewalt, mit der Martin Luther erst als fünfunddreißigjähriger Mann aus dem Lateinischen ausbrach ins Deutsche seiner ersten Schriften in der »Volkssprache«. Hus verstand auch Deutsch, das schon in Prachatice gesprochen wurde und erst recht in Prag; auf der Reise nach Konstanz hat er nach Bericht in seinen Briefen auf deutsch gepredigt. Die Studentenschaft war international, mit Hörern aus Polen, Litauen, Ungarn, Kroatien, den verschiedensten deutschen Ländern und, seit einiger Zeit, einer Majorität von Landeskindern, die sich aufzulehnen begannen gegen das bis dahin bestehende Übergewicht der Deutschen. Das führte zu vielen Reibungen und schließlich dem Universitätsstreit mit Auszug der deutschen Scholaren und Dozenten, von dem noch zu sprechen ist.

Der arme Student war einer unter vielen, die sich mit Dienstleistungen, durch Chorsingen, Abschreibearbeiten und Vorlesungshilfen für einen Dozenten ihren Unterhalt verschaffen mußten. Das Essen war knapp, Hus erwähnt einmal, daß er seine Erbsen mit einem Brotlöffel aus der gemeinsamen Schüssel geholt hat, »zum Schluß fraß ich den Löffel«. Ein andermal: »Als Student sang ich im Chor mit andern zusammen, wir machten das rasch ab, um die Sache zu erledigen, denn jemand anderes kassierte das Geld dafür ein und eggte und pflügte mit unserer Arbeit«, eine Anspielung auf den Küster oder Priester, der den Auftrag mit den Chorsängern übernommen hatte. Hus war ein fleißiger und braver Student, beliebt bei seinen Lehrern, seine Dozenten verehrend, von denen sein Lieblingsprofessor Stanislaus von Znaim einer seiner erbittertsten Gegner wurde, als der Streit begann. Eine kritische Note gegenüber den Buchautoritäten schlägt er später an: »Von den frühesten Anfängen meiner Studien an habe ich mir zur Regel gemacht: Wenn ich eine gesündere, bessere Ansicht in irgendeiner Frage unterscheiden kann, ganz gleich worüber, so gebe ich fröhlich und demütig die frühere auf. Denn ich weiß: Die Dinge, die ich gelernt habe, sind das wenigste im Vergleich zu dem, was ich nicht weiß.« Das ist schon der Rebell; der Schlußsatz ist die übliche Demutsformel. Die »gesunden« Ansichten, nach denen er zu studieren hatte, waren die altbewährten Sentenzensammlungen, so kanonisiert wie nur die Dekretalen der Päpste im Kirchenrecht und die anderen Lehrbücher, seit Jahrhunderten im Gebrauch und noch für ein weiteres Jahrhundert obligatorisch.

Den Umfang seiner Studien kann man sich recht imposant vorstellen, wenn man die Fächer des Lehrganges mit heutigen Assoziationen verbindet: das Trivium, die drei Gebiete der Grammatik, Rhetorik, Dialektik, das Quadrivium, der »Vierweg«, mit Arithmetik, Geometrie, Musik, Astronomie. Seine Auszüge und Zitate aus Kirchenvätern und anderen Autoritäten dürften großenteils aus Anthologien und

Enzyklopädien stammen, wie üblich war, aber wir wollen ihm keineswegs abstreiten, daß er sich auch weiter vertiefte und schon begann, nach der »gesunderen« Lehre zu forschen. Die Bibel wurde dafür, wie für alle reformatorischen Geister, die Autorität. Sie enthielt nicht nur diese oder jene Meinung, über die man streiten konnte. Sie war *die Wahrheit.* Sie bedeutete außerdem das große Geschichtsbuch, dem man sich die Bilder entnahm für die Begriffe von Königen, Feldherren, Priestern, Propheten, alle so gegenwärtig gesehen wie auf den zeitgenössischen Gemälden und ganz unbefangen in die Ahnenschaft einbezogen. Hus mag auch einiges in den böhmischen Chroniken gelesen haben, wie in der Reimchronik unter dem Namen Dalimil, die viel Legendäres enthält und viel bittere Worte über die Deutschen.

In seinen Buß- und Streitpredigten hat er sich über dieses Frühstadium seiner Studentenzeit mit Strenge ausgelassen: »Ich muß es bekennen: Ich hatte üble Wünsche, ich wollte recht rasch ein Priester werden, um mir einen guten Lebensunterhalt zu verschaffen, um mich gut zu kleiden und in den Augen der Leute angesehen zu sein.« Strenger noch: Er habe auch zur Schar der »närrischen Studenten« gehört, die viel Narreteien und Torheiten begingen; er verurteilte sogar das Schachspiel, dem er sich ergeben habe wie einem Laster. Der Laster- und Sündenkatalog, den er im Predigereifer aufschlägt, ist recht landläufig. Er steht da näher den Kirchenautoritäten, soweit sie scharf zugriffen, als der Rebellion; er lobt auch unmäßig den Erzbischof Johann von Jenstein seiner Jugendjahre, der einen der beliebtesten Studentenulks verbieten wollte: das Fest des Narrenbischofs am Tage der Unschuldigen Kinder. Da zog man, Studenten oder Chorknaben, mit einem als Bischof verkleideten Genossen in die Kirche, der Bischof saß auf einer Eselin, mit dem Gesicht zum Schwanzende, einen Stecken als Bischofsstab in der Hand. Musik dazu, Gejohle, große Krüge Bier vorangetragen; eine blasphemische Messe vor dem Altar mit höhnischen Gesten, Zoten; statt frommer stillbrennender Kerzen schwangen die Studiosen wilde Pechfackeln. Ein alter Brauch, mit Tierkostümen und Fellkleidung auf noch ältere Bräuche deutend; von der Kirche toleriert als sinnvolle Freigabe ununterdrückbarer Triebe an diesem einen Tag und für eine ohnehin schwer zu bändigende Sondergruppe, die unverzüglich wieder in die Disziplin des Lehrplans zurückzukehren hatte, wenn der Unfug sich ausgetobt hatte.

Von Auflehnung oder nur kleineren Verstößen gegen die Ordnung, in vielen Paragraphen festgelegt und bei der Immatrikulation ausdrücklich beschworen, ist aus Hus' Studentenzeit nichts berichtet. Er scheint eher bis zur Erschöpfung gebüffelt zu haben. Bei der Promotion zum Bakkalaureus, der ersten Stufe der akademischen Laufbahn – dem frühesten beglaubigten Datum seines Lebens, 1393 –, bestand er als sechster von zweiundzwanzig, drei Jahre später bei der Magisterprüfung als zehnter unter sechzehn Kandidaten. Wir ziehen keine Schlüsse aus dieser Sitzordnung. Statutengemäß hatte der Promovierte sich eidlich zu verpflichten, als Gegengabe für so viel erhaltene Belehrung nun mindestens zwei Jahre selbst zu unterrichten. Wenn er keine Pfründe für den Unterhalt erhielt – festgesetzte Honorare gab es nicht –, mußte er auch in den Pfarrschulen auf dem Lande den Schulmeister abgeben. Das war eine der vielen Beschwerden der böhmischen Studenten, denn die Deutschen hielten sich so gut wie alle Präbenden zu ihrer Verfügung, dank ihrer Majorität von drei zu eins in den regierenden Fakultätsstellen, und sie hatten keine Hemmungen, die an ihre Landsleute zu verteilen. Wir werfen auch an dieser Stelle noch einmal einen Blick auf die mittelalterliche Unordnung, die grundsätzlich feste Entlohnung ablehnte, ob für einen Professor oder Minister und sonstige Staatsbeamte, und auf »geistliche« Benefizien verwies, dem Wortsinn nach als »Wohltaten« gedacht. Der Streit um solche Versorgung geht durch die ganze Kirchen- und Staatsgeschichte und hat mit religiösen und kirchlichen Dingen nichts zu tun. Das Pfründenzeitalter könnte man es nennen. Die Kardinäle und Prälaten jagten nach Pfründen – »mit Händen und Füßen«, wie Wyclif sagte –, die Berater der Könige, die Professoren, die Studenten und Graduierten; sie alle »Kleriker« dem Namen nach, oder womöglich aus den Bettelorden, die längst die Armutsformel vergessen haben. Um eine Pfründe, noch so klein, zu erlangen, mußte man Beziehungen haben, in Prag zum Domkapitel, das sich selbst so reich versorgt hatte und zuweilen etwas abgab, um sich einen breiteren Anhang zu verschaffen, oder zum Hof, der mit dem Erzbischof und dem Domkapitel um jeden einzelnen Posten handeln mußte.

Jan Hus hatte keine Beziehungen. Er war jedoch nicht ohne Gönner. Die Schärfe und Unduldsamkeit in seinen Sermonen läßt ihn leicht als den Außenseiter und fanatischen Umstürzler erscheinen, der wie ein Rammbock gegen die Autoritäten anrennt. Er war zumindest in seinen Anfängen ganz etwas anderes. An guten Freunden hat es ihm nie gefehlt, unter seinen Studiengenossen, seinen Schülern, seinen Lehrern, später noch beim Adel, einflußreichen Bürgern, sogar in der Hofgesellschaft. Seine Ehelosigkeit als Kleriker, sein noch sehr altertümlicher rabiater Antisexualismus wandten sich ins Positive darin, daß er sich eine Art Großfamilie schuf, in der auch Frauengruppen nicht fehlten, die überhaupt seine ergebensten Anhänger darstellten, die Königin Sophie, als vielfach von ihrem Manne Wenzel enttäuschte kinderlose, eingeschlossen. Züge einer Großfamilie trug die engere Hus-Bewegung zu seinen Lebzeiten, und wenn man will, kann man darin slawische Tradition sehen. Die Züge solcher Sublimierung, die mit dem beliebt gewordenen Begriff der Verdrängung nicht genügend erfaßt werden kann, haben noch nicht die Beachtung der Psychologen gefunden, die sie verdienten; wir können das hier nicht durch einen Exkurs ersetzen. Wir weisen nur darauf hin, daß sie im Falle des Hus auch eine starke Komponente des Gemütvollen enthalten, wie sie etwa in den Abschiedsworten seiner letzten Briefe aus dem Kerker zum Ausdruck kommt. Da werden die Neffen aus der eignen Sippe nur am Rande erwähnt: Man möge sie ein Handwerk lernen lassen, mehr ist nicht gesagt; auf das liebevollste dagegen ist jeder einzelne aus der Großfamilie seines Anhanges erwähnt, dessen Namen er gerade in die Feder bekommt, Frauen, Männer, auch die Ritter aus seiner Schutzherrenbegleitung, die Gemeinde seines Bethlehem vor allem.

Seine Lehrer sorgten dafür, daß er nicht als Schulmeister aufs Land mußte, sondern im Goldenen Prag blieb, an der Universität als Dozent und nützliches Mitglied der akademischen Gemeinschaft. Als Promotions- oder »Doktorvater« war er beliebt, eine Reihe der Einführungen für seine Dissertanden hat sich erhalten. Darin zeigt sich hier und da selbst etwas Humor, sonst nicht gerade die Stärke des Jan Hus, mit jenen reichlich simplen Witzlein und Wortspielen um Namen und lokale Anspielungen, die beliebt waren. Zuweilen wird er »obszön«, wie ehrpusselige Kommentatoren später es nannten, die von dem Sprachgebrauch und den Sitten früherer Zeit nichts mehr wußten. Er selbst hat auch häufig das übliche Wortspiel um den Namen mitgespielt und das »Hus«, die Gans seines Geburtsortes, noch in den schicksalsvollsten Augenblicken verwandt: »Die Gans ist noch nicht gebraten«, heißt es in einem Kerkerbrief aus Konstanz.

Zunächst hatte er sich nach der Promotion durch ein solennes Festmahl für die Dozenten, vermutlich mit Gänsebraten, zu bedanken; eine große Ausgabe, die Ärmeren erlassen oder gestundet wurde; er scheint sich das Geld gespart zu haben. Er erhielt als Bakkalar den faltenreichen Talar, als Magister den sehr viel prächtigeren Habit mit Flügelärmeln und Kappe mit weißem Pelzbesatz, der ihn schon im Straßenbild weithin kenntlich machte. Der strengere Hus hat dann solchen Pomp als Eitelkeit beklagt; er war durch die Universitätsregeln vorgeschrieben. Die nächste Beförderung war zum *magister regens* in der Artistenfakultät; das theologische Studium, als höhere und höchste Stufe, stand noch aus. Auch dafür ließ er sich vormerken. Von Glaubensstürmen und Zweifeln war noch nicht die Rede. Hus studierte weiter, und Studium der Theologie wurde üblicherweise erst mit 35 Jahren oder noch später beendet. Er disputierte mit den anderen Dozenten, bei Tisch, privat im engeren Kreise, wo auch gewagte neue Ansichten debattiert werden konten, bei den öffentlichen Wortgefechten, die auch Publikum aus der Stadt und vom Hofe anzogen und geistliche Turniere waren. Er schrieb älteste und neueste Literatur ab, Kolleghefte der Pariser und Oxforder Größen – ausdrücklich dafür vorgesehen und freigegeben von der Universitätsbehörde. Er beugte sich über Hefte mit den Schriften Wyclifs, als neueste Errungenschaft kühner Gedanken von seinem Studiengenossen Hieronymus aus England mitgebracht.

Seine Glaubenswelt war durchaus korrekt. Während seiner Promotion zum Bakkalar, 1393, gelangte nach Prag eine der vielen Austeilungen des Gnadenjahres, die Papst Bonifaz-Tomacelli vorgenommen hatte. Wir haben geschildert, wie dieses »heilige Geschäft« – buchstäblich und ganz unbefangen so bezeichnet – sich vollzog und wie zum Ersatz für enttäuschend geringen Eingang von Geldern beim ursprünglich verkündeten Heiligen Jahr 1390 von Jahr zu Jahr prolongiert wurde bis zum Jahrhundertende. Wie schließlich Bonifaz, zum schweren Ärger seiner Römer, das heilige Geschäft auch im Ausland betreiben ließ und solche mit dem Ablaß begnadete, die sich die Reise ersparten, daheim teilnahmen und dafür so viel entrichteten, »als ob« sie nach Rom gepilgert wären. Die Prager waren begeistert. Der junge Bakkalar aus dem Flecken Husinec, der eben begann, sich abgekürzt Johann oder Jan Hus zu nennen, zog mit in den Prozessionen hinauf zum alten Burgberg des Vyšehrad, dessen Propst auch über seine heimatliche Stadt Prachatice verfügte, hinab in die drei anderen vorgesehenen Kirchen. Er hat sich so wenig wie einer seiner Universitätslehrer, der feurige Ablaßpredigten hielt, darüber theologische Gedanken gemacht, was es denn mit dem jetzt schon zum dritten Male prolongierten Heiligen Jahr für eine Bewandtnis hätte. Er beichtete und gab dem Beichtvater bereitwillig seine letzten vier Groschen. So erzählte er später, als der Ablaßhandel ihm fragwürdig wurde.

Um die Jahrhundertwende erhielt er die Priesterweihe. Er tat nun neben seiner Tätigkeit an der Universität auch als Prediger Dienst an einer der Stadtkirchen, St. Michael. Er muß dabei schon weithin bekannt geworden sein. Zwei Jahre später, 1402, wurde er als Rektor und Prediger an die Bethlehemkapelle berufen; einer seiner Lehrer, Stefan von Kolin, machte ihm durch Rücktritt dafür Platz. Dieses neue Amt an dem einzigen ausschließlich der Predigt in tschechischer Sprache vorbehaltenen Gotteshaus mit seiner großen Gemeinde, vorwiegend aus den unteren Klassen, wurde für ihn zum Schicksal und zur Berufung. Er trat aus der akademischen Welt heraus unter das Volk.

Die Stürme beginnen

Mit dem Eintritt ins Amt des Volkspredigers begannen die Stürme für Hus. Seine akademische Tätigkeit und Laufbahn ging weiter; er war darin angesehen und erfolgreich und bekleidete auch einmal die Stellung des Dekans der Artistenfakultät. Als Ausleger des großen Sentenzenkommentars des Petrus Lombardus, zu dem er seinen eignen umfangreichen Kommentar schrieb, rückte er bis zum *baccalaureus formatus* auf, kurz vor dem theologischen Doktorgrad, zu dem es nicht mehr kam durch seinen Streit mit den kirchlichen Aufsichtsbehörden. Man hat seine Schriften aus dieser Dozentenzeit auf der Suche nach »erster Rebellion« und »Ketzerei« so genau durchgekämmt wie die Frühschriften Luthers und anderer »Devationisten«; wir haben unsere Bedenken gegen eine solche Methode, die oft noch am mittelalterlichen Brauch des Urteilens nach Sentenzen und Einzelstellen haftet. Er benutzte ein umfangreiches Material an bewährten Autoritäten, er polemisierte, wie dies durchaus üblich war in der Theologie, gegen diese oder jene Richtung und entschied sich für andere; er verwandte auch Argumente Wyclifs, der ein noch hochgeschätzter Lehrgegenstand war und von seinen akademischen Lehrern zur Grundlage genommen wurde für ihre Werke. Hus war »Realist«, wie diese, und damit Gegner des »Nominalismus«, den vorwiegend die deutschen Professoren vertraten. Aber er schätzte trotzdem William von Ockham, den Erznominalisten, den Thomas von Aquino – zum Teil nach einem Pseudo-Thomas, dessen Schrift er für das Werk des Meisters hielt, was häufig passierte bei den nunmehr schon zweihundert Jahre alten und mit vielen Fehlern und Irrtümern abgeschriebenen Klassikern. Er kritisierte Duns Scotus und Bonaventura, den Meister der frühen Franziskaner. Wir müssen diese Debatten den Kirchenhistorikern überlassen; die Philosophiegeschichte ist bereits recht zweifelhaft geworden über die noch vor einigen Jahrzehnten im Entdeckereifer der scholastischen Denk- und Turnierübungen vorgenommenen scharfen Abgrenzungen von Schulmeinungen, Grundthesen und »Systemen«. Man bemerkt jetzt viel mehr Überschneidungen, Gemeinsamkeiten oder auch schlicht Unklarheiten, als lange üblich und für übersichtliche Darstellung wohltätig war. Die Scholastik hat eine eigentümliche Rache an allen geübt, die sich in ihr eifersüchtig gewahrtes Gehege gewagt haben. Wir versuchen die eigentümlichen Züge des Hus zu erkennen, mit denen er an dieses unendlich verflochtene Denkwesen herantrat. Der Widersprüche sind dabei so viele wie bei sehr viel größeren und schärferen Meistern. Das hat auch für ihn schicksalsvolle und furchtbare Bedeutung gehabt: Als »Realist«, weil Wiclifit, wurde er bei den tödlichen Verhören seines Prozesses vom wissenschaftlichen Hauptgegner, dem Kanzler der Pariser Universität, Gerson, angesehen; als solcher müsse er »logischerweise« auch Vertreter der Abendmahlsthesen Wyclifs sein, was Hus vergeblich bestritt. Es wurde trotzdem in das Schlußurteil über ihn als ein Hauptpunkt der Verurteilung aufgenommen. Akademische Schulstreitigkeiten konnten tödlich sein. Wir haben Ähnliches beim Streit um Fragen der Biologie oder Linguistik erlebt.

Seine angesehensten Lehrer und Vorgesetzten waren »Wiclifiten«, solange der englische Ketzer noch nicht zu Prag verboten war, und sogar noch, als er leidenschaftlich umkämpft wurde. Hus folgte ihnen und hielt sich damit im Rahmen akademischer Tradition, die auch scharfe Gegensätze im Denken und Disputieren erlaubte und sogar wünschte. Zu den führenden Meistern der Prager Universität hat er zu Lebzeiten nicht gehört; sein Lehrer Stanislaus genoß weit höheres Ansehen, und auf der Gegenseite der deutschen Professoren und »Nominalisten« gab es einige von europäischem Ruf, die zu Paris schon ihr Renommee erworben hatten und von dort nur im Streit um das Schisma nach Prag geflüchtet waren. Von da zogen sie weiter und trugen den Streit auf neuer Ebene weiter. Die Streitsucht der Theologen ist kein Kennzeichen der Zeit des Hus; Melanchthon hat noch auf dem Sterbebett geseufzt, er sei froh, nun endlich der *rabies theologica*, der theologischen Tollwut, enthoben zu sein. Wir merken auch hier an, daß diese rabies nur eine der Formen besessenen und unbarmherzigen Urteilens und keineswegs den Theologen vorbehalten ist.

Für Hus' Denkweise scheint besonders kennzeichnend seine Abneigung gegen Mystik und überspitzfindige Deduktionen. Er war nüchtern, obwohl das ein zu kahles Wort ist für seine leidenschaftliche Betonung der moralischen Forderungen. Das *gute* Leben – und dagegen das *schlechte*, das unwürdige; damit rückt er schon gefährlich an die Hauptfragen heran, die seinem Leben die Wendung geben. Es geht ihm nicht um Spekulation über die Mysterien der Gottheit; er ist darin einig mit den Nominalisten, die solche Dinge entschieden dem Glauben vorbehielten und dem menschlichen Verstand als unzugänglich bezeichneten. Er stellt nicht jene unendlichen und ins Unendliche ausschweifenden Fragen nach dem ersten Anfang der Dinge, der allerersten Ursache. Etwas vom englischen »first things first«, das ihm auch unbewußt Wyclif sympathisch gemacht haben kann, ist in seiner Art, die Dinge anzugreifen. Das erste und wichtigste ist, recht zu leben, nicht »korrekt« zu denken. Das führt ihn zu seiner Auffassung von der Kirche, in der er sich wieder mit Wyclif trifft: Sie ist im Grunde ethisch bestimmt. Die Guten und die Schlechten werden unterschieden: Die Guten, die recht leben, sind die Erwählten; die Schlechten, die schlecht leben, die Verdammten. Über beide freilich entscheidet erst Gott als höchster letzter Richter. Die scheinbare Präzision der Lehre von Vorherbestimmung und Vorherverurteilung für solche Trennung in gute Schafe und schwarze Böcke läßt leicht übersehen, daß dabei insgeheim an einen Imperativ gedacht ist, nicht an bloßen Fatalismus, der sich damit zufriedengibt, daß nun ohnehin und ohne Verschulden oder Verdienst die Entscheidung von höherer Stelle getroffen sei. Nur gedacht allerdings, nicht klar ausgedrückt. Die Frage nach den Grenzen oder den Möglichkeiten des freien Willens hat Hus nicht gelöst, so wenig wie andere, sehr viel stärkere Geister.

Seine Begabung lag auf anderem Gebiete. Wenn wir in ihm keinen der großen Denker sehen können, so bedeutet das kein abschätziges oder nur einschränkendes Urteil. Man hat ihn, besonders wegen seiner Abhängigkeit von Wyclifs Schriften, die er nach Brauch seiner Zeit unbedenklich in seine Werke übernahm, seitenweise, kapitelweise, abwerten wollen; das beruht auf Nichtbeachtung der Praxis seiner Zeit. Originalität, heute ein Schibboleth, war keine Tugend, eher ein Makel. Die »Wahrheit«, wo immer man sie fand, zu ergreifen war recht und billig, lobenswert, notwendig; sie war kein »literarisches Eigentum«, das irgendwer zu beanspruchen hätte. Und Hus hat sich allerdings oft genug dagegen verwahrt, daß er ein bloßer »Wiclifit« sei; mit nur geringem Erfolg, denn das Stigma allein genügte. Wir müssen freilich sagen, daß seine Abgrenzungen gegen die Lehren des Oxforder Meisters nicht immer überzeugen; sie sind zum Teil im Zwang der Verteidigung vorgenommen, seine Gegner sahen in ihnen Ausflüchte; wir rechten darüber nicht mit einem, dem der Tod auf dem Scheiterhaufen bevorsteht. Und außerdem lassen sich bei den größten Denkern schwache und unklare Stellen, auch seitenweise, auch kapitelweise, feststellen.

Hus' Stärke war die Predigt. Damit hat er gewirkt, damit seine historische Stellung begründet. Die Predigt und die Schaffung einer

Gemeinde, die zu einer Bewegung wurde weit über den Kreis seiner Hörer in der Bethlehemkapelle hinaus. Man hat auch da versucht, seine Bedeutung einzuschränken und ihn als »einen von vielen« Reformern und Rebellen hinzustellen, der nur durch seinen Märtyrertod eine so überragende Rolle bekommen habe. Falls er aus Konstanz heimgekehrt wäre, hätte er vielleicht zurücktreten müssen in die zweite Reihe anderer und entschiedenerer Genossen und Nachfolger. Niemand weiß, was Hus getan oder gelassen hätte, wenn ihm ein längeres Leben vergönnt gewesen wäre. Hus hat der Bewegung nicht lediglich den Namen geliehen. Einen »Hussitismus«, wie er als »System« und genaues Programm oder als theologische Lehre formuliert worden ist, können wir nicht erkennen. Wohl aber hat der Umsturz, der seinen Namen trägt, unverkennbar Züge seines Wesens, er ist geprägt von seinem Wollen. Er hat durch ihn den entscheidenden Anstoß bekommen, der zum Durchbruch führte. Seine Sermone waren meist lateinisch konzipiert und dann von ihm ins Tschechische übertragen. Daneben hat er auch extemporiert; davon haben sich leider nur gelegentliche, besonders markante oder aufregende Sätze erhalten. Das ist besonders bedauerlich, weil zweifellos die stärkste Wirkung nicht von den oft mit Zitaten und Buchwissen befrachteten Sermonen ausging. Sie sind nach dem Urteil der Fachleute »orthodox« und »einwandfrei«. Gänzlich anders muß seine Volkspredigt gewesen sein, das Ausbrechen in wilde Anklagen, der »Dialog«, den er zuweilen mit seinen Zuhörern führte und der sich bis zu leidenschaftlichen Fragen und Zurufen, auch Antworten im Chor der Gemeinde verstieg. Wenig erhalten ist auch von der Derbheit, die wir uns nicht gering vorstellen, dem rücksichtslosen Anspielen auf Zeitereignisse, das Hier und Heute, die Tagespolitik. Die Kanzel bedeutete für Hus den Zugang zur Öffentlichkeit; daß man ihm bei seinem Verhör im Prozeß zu Konstanz die Öffentlichkeit der Vollversammlung des Konzils verweigerte, auf die er gehofft hatte, war die schwerste Enttäuschung seines Endes, und ein Grund dafür, daß er das Feuer vorzog.

Predigt war ja nun überhaupt, nicht nur im Falle des Hus, etwas anderes als heute. Sie hatte viele Funktionen zu erfüllen. Sie konnte akademischer Festakt sein; Hus hat auch das absolviert und zum Lob und Preis Kaiser Karls IV. wohlgefügte Perioden gesungen. Die Predigt diente staatlicher Propaganda, der Sittenlehre und Erbauung, auch dem Amüsierbedürfnis mit frommen Märlein, nach Art späterer »Kapuzinerpredigt«, derben und komischen Geschichtlein, Fabeln, Beispielen. Sie war »neue Zeitung« mit aufregenden und aufreizenden Nachrichten. Sie konnte Furcht und Schrecken verbreiten vor drohendem Unheil oder bereits gegenwärtiges Elend als Strafe Gottes in den schwärzesten Farben schildern. Nicht schwarz aber, sondern bunt war sie im Gebrauch des geborenen Predigers; wir haben leider nur kümmerliche Proben davon.

Bekannt ist die Wirkung großer Predigt in jenen Zeiten, das Ergriffenwerden ganzer Städte in Schluchzen und Zerknirschung mit Reuebekenntnissen, Wundertaten, Erweckungen. Der Wanderprediger, der wie ein Gewitter hereinbrach und ebenso rasch wieder sich verzog, war die charakteristische Erscheinung; es gibt kaum eine Chronik aus irgendeinem Land, die nicht davon berichtet, gerührt und etwas kleinlaut beim Übergang ins gewohnte Leben. Die Ausdauer bei solchen Predigten war erstaunlich, von morgens bis zum Dunkelwerden sprach, schrie, weinte der Wundermann, wiegte sich die Menge drei Tage lang, eine Woche; wir haben ähnliche Beharrlichkeit bei den musikalischen Taumelfesten unserer Zeit, die auch Massen von hunderttausend Menschen auf einer Wiese für eine Woche zusammenbringen zum Kult gemeinsamer Unterwerfung unter einen Rhythmus, eine Formel, ein wiederholtes Ja-ja-ja. Die Entrückungen von damals wurden nicht selten sorgfältig organisiert von den Veranstaltern; der Dominikaner Vinzent Ferrer zog mit einer Leibgarde von Geißlern einher, Ordner eilten voran, Barrieren wurden aufgerichtet, um den Heiligen gegen allzu drängende Verehrer zu schützen; Verpflegung und Quartier wurden geregelt, Notare waren zugegen, um die Wunder zu protokollieren, denn es gab Skeptiker, die zweifelten.

Hus war kein Wanderprediger. Er hatte seine Bethlehemgemeinde, seine festgefügte Großfamilie, die sich unablässig vermehrte. Er trat nicht als Wundermann auf; er polemisierte gegen den übermäßigen Reliquien- und Heiligenkult und gab Beispiele dafür. Die zahlreichen Reliquienhändler, nahezu eine eigne Zunft, nahmen diese Geschäftsbeeinträchtigung übel; die Wallfahrtsorte, bedroht in ihren Einnahmen, protestierten.

Beliebt, nicht nur bei Hus, war Predigt gegen Pomp, Luxus, Modetorheiten. Die »babylonische Hure« war das übliche Bild aus der Apokalypse, mit etwas apokalyptischem Schauder umgeben; Hus hielt sich an die Gegenwart und Umgebung. Die neueste Mode hatte, nach den meterlangen Spitzhauben, den »hennin« der französischen, schon damals führenden Modemeister, einen doppelgehörnten Kopfputz eingeführt, unverkennbar den Satan anzeigend; Hus sah überall die Teufelshörner, wo nur irgendein Vorsprung an Leib und Kostüm hervorlugte. Die Schuhe waren vorwitzig gehörnt. Die Männer trugen enganliegende Strumpfhosen und präsentierten die Geschlechtsteile in schamloser, »Schamkapsel« genannter Kaumverhüllung. Die Tuchhändler und Modeverkäufer wurden unruhig.

Hus wetterte gegen den hohen Klerus, der sich sehr bunt und sehr prächtig trug. Die Domherren des Kapitels auf der Kleinseite, der Zitadelle kirchlichen Reichtums, beklagten sich über solche Aufhetzung des Pöbels. Hus verschonte den niederen Klerus keineswegs, das rücksichtslose Eintreiben von Gebühren für jede geistliche Handreichung, den gierigen Bettel, die Unzucht. Huren sie nicht überall, ohne Scheu? Sie laufen in die Bordelle von »Klein-Venedig«, sie tanzen mit, wo getanzt wird, sie sind die begehrtesten Ehebrecher für die Weiber. Hat man nicht erst jüngst einen Mönch mit einer Ehefrau beim offenen Akt in der Kirche ergriffen? Das Gotteshaus mußte danach neu geweiht werden. – Die Bettelorden wurden seine wütenden Gegner.

Vieles von dem, was er vortrug, immer direkt zustoßend, Namen nennend oder unverkennbare Hinweise gebend, war die landläufige Bußpredigt. Die durfte robust sein, anders war das Volk, auch nach Ansicht der Autoritäten, nicht »aufzurütteln«. Kaiser Karl IV. selbst hatte sich vom Bußprediger Jan Milič ins Gesicht den Antichrist nennen lassen. Der junge, neu ernannte Erzbischof Zbynek aus der Hochadelsfamilie Hasenburg, tüchtiger Kommandeur bei Feldzügen, kein Theologe, fand Gefallen an dem tatkräftigen Prediger, der zuschlug und vorging, ohne sich zu fürchten. Hus machte weiter Karriere; er wurde zum offiziellen Prediger bei den zweimal im Jahr stattfindenden Kirchenversammlungen des Landes ernannt. Da konnte und sollte er dem Klerus unangenehme Dinge vorhalten, in etwas würdigerer Sprache und damit um so ärgerlicher. Der Erzbischof wollte auf soldatische Weise etwas mehr Disziplin und Ordnung schaffen. Die mächtige Gesellschaft der Domherren, ein Herrenklub mit unmäßigem Selbstbewußtsein und ganz unverhältnismäßigen Einnahmen, eine Stadt in der Stadt, ein Staat im Staate, eine Aristokratie innerhalb der Hierarchie, war ihm ein Dorn im Auge; Zbynek hatte nicht sehr scharfe Augen und eine unsichere Hand. Sehr bald mußte er einsehen, daß diese Gruppe nun einmal die Stütze seines eignen Erzbischofsreiches war. Vom Domkapitel aus, das sich mit Recht als prominent angegriffen fühlte, sind die hartnäckigsten und am sichersten gezielten Angriffe gegen Hus ausgegangen, noch während seines Prozesses zu Konstanz. Das Kapitel war ein Verband von rund 300 Geistlichen mit reicher Dienerschaft, Sekretären, Trabanten, Finanzsachverständigen. Die Verwaltung der weitverstreuten Besitzungen bildete das Hauptstück ihrer Tätigkeit, soweit sie überhaupt etwas Bestimmtes taten. Auch ein geistreicher Mann verirrte sich einmal unter die erlauchte Schar, wie der weitgereiste Albert Ranconis, der Rektor der Pariser Universität gewesen war und – zu hochmütig, unter den Mittelmäßigkeiten der Prager Fakultät zu lehren – in seiner Studierstube eine Art Privatissimum abhielt, mit sehr gewagten Themen und humanistischen Gedanken.

Der Erzbischof berief Hus zur Untersuchung der Pilgerfahrten zur blutenden Hostie von Wilsnack bei Potsdam; auch solche Prozessionen waren Zbynek mißliebig. Das Geld wurde aus dem Lande getragen; die Zusammenrottung von Menschenmengen erschien ihm überhaupt suspekt und führte leicht zu verdächtigem Gemurmel und Gedankenaustausch über andere als fromme Dinge. Daß es bei den Pilgerfahrten oft ausgelassen zuging, war bekannt. Scharen von Männern und Frauen, meist von ihren Familien getrennt, zusammen schlafend in Scheunen oder Notquartieren; die Klagen darüber waren häufig, ebenso die Witzworte über Weiber, die »wie durch ein Wunder« schwanger zurückkamen. Hus vernahm Zeugen und referierte sachlich: Die Wunder seien erschwindelt oder ganz übertriebene Behauptungen. Zwei angeblich blinde Frauen, zu Wilsnack geheilt, gaben zu Protokoll: Sie seien nie blind gewesen, sie hätten nur einmal ein krankes Auge gehabt. Ein Prager Bürger mit verkrüppelter Hand: Er habe zu Wilsnack eine silberne Hand geopfert und sei hoffnungsvoll einige Tage verblieben. Da habe er vom Priester verkünden gehört: »Wieder eine Wunderheilung; seht hier zum Zeichen die silberne Hand als Dankgabe dargebracht.« Er habe wütend gerufen, die krumme Hand erhebend: »Du lügst!«

Zbynek verbot die Fahrt nach Wilsnack. Hus schrieb einen Traktat »Über die Verklärung des Blutes Christi«, der sich in der Tat »vorreformatorisch« ausnimmt und von seinen Gegnern beim Prozeß mit gewichtigen Argumenten hätte angeführt werden können; man kannte ihn nicht oder ließ ihn aus. Er wendet sich energisch gegen den materiellen Kult von Reliquien: Christus sei bei der Himmelfahrt gänzlich verklärt worden; nichts Irdisches sei zurückgeblieben. Keine Verehrung also von angeblichem Blut, auch auf dem Rock Christi, in verschiedenen Kirche gezeigt, blutbesprengt, des Schweißtuches: Das Blut Christi existiert nur als Sakrament. Hus betont allein den Glauben und zitiert die Worte an den ungläubigen Thomas aus der Bibel: Selig sind, die nicht sehen und doch glauben! Hus endet: »Wer Wunder braucht, ist schwach im Glauben.«

Der Sturm brach von ganz anderer Seite über ihn herein. Das erste Wetterleuchten ging über der Hochschule auf, und Hus war zunächst gar nicht unmittelbar beteiligt. Sein Lehrer Stanislaus von Znaim wurde als »Wiclifit« denunziert von einem der früheren Professoren, inzwischen in Krakau angestellt. Das Denunziantenwesen ist eine der widerwärtigsten Erscheinungen jener Zeit; es beruft sich darauf, über der Reinheit der Lehre sorgsam wachen zu müssen. Daß akademischer Neid gegen einen Kollegen, eigne Eitelkeit oder auch Wunsch nach Beförderung mitspielen könnten, behauptet hämisch nur der Schuldige und Verdächtige. Daß es gerade sein hochgeschätzter Lehrmeister Stanislaus war und dann sein Freund und Studiengenosse Stefan Paletsch, die ihn dann verfolgten, hetzten, unermüdlich wieder und wieder denunzierten und schließlich auf den Scheiterhaufen brachten, war für Hus eine seiner schwersten Enttäuschungen.

Der Prager Universitätsstreit ist überhaupt eine klägliche Angelegenheit: Er wurde zu einer nationalen Sache, zu einem europäischen Skandal und für Hus zum Lebensschicksal. Zu allem übrigen hat sich der Streit noch nahezu verewigt; in den nationalen Auseinandersetzungen im Habsburgerreich des 19. Jahrhunderts wurde er wiederaufgenommen, in der historischen Literatur wie an Ort und Stelle im alten Universitätsgebäude des Carolinum; er ist noch nicht ganz beendet und wird im Druck weitergeführt. Man hat ihn vereinfacht: es ging eben um Deutsche und Tschechen; es ging auch um Nominalismus und Realismus, nicht sosehr um diese philosophisch-theologischen Lehrmeinungen als darum, daß sie Parteiansichten der verfeindeten Dozentenschaft geworden waren. Es ging um Staatsautorität und Gehorsam oder Freiheit der Lehre. Es ging auch ums liebe Brot und dies gar nicht zuletzt, um Stellenbesetzung, Pfründen, Einnahmen. Und bei den Machtmitteln, die sowohl der Staat wie die streitenden Parteien heranziehen konnten, ging es am Ende ums Leben.

Die Deutschen waren statutenmäßig in der Majorität zu Prag, der Anzahl an Studenten nach erheblich in der Minorität. Darüber war schon seit längerem gestritten worden; die Tschechen fühlten sich benachteiligt. Die ursprüngliche Regelung Kaiser Karls IV. war für eine Reichsuniversität gedacht, allerdings auch zur Heranziehung von Studenten und künftigen Geistlichen, Beamten, Gelehrten des Landes und der Länder der »böhmischen Krone«. Die Stiftungsurkunden bekamen eine gar nicht vorausgesehene Bedeutung, als die Tschechen heranwuchsen, eigne Dozenten stellten, an Zahl und Selbstgefühl zunahmen; gleichzeitig zogen die Hochschul-Neugründungen im Reich, in Wien, Heidelberg, Erfurt, Köln, in Polen zu Krakau viele der wichtigeren Lehrer ab; Prag war nicht mehr die einzige und zentrale Hochschule. Es kam noch hinzu, daß Böhmen und Prag durch die politischen Ereignisse der Regierungszeit Wenzels immer mehr aus dem losen Verband des Reiches herausrückten; mit seiner Absetzung durch die deutschen Kurfürsten verblieb Wenzel überhaupt nur noch als König von Böhmen, wenn er auch der Form nach hartnäckig seinen Anspruch als deutscher König verteidigte. Auch dies spielte entscheidend hinein, denn er hoffte auf Restitution seiner Würde. Und endlich griff auch hier, wie überall, das Schisma in die Ereignisse ein. Wir sehen nochmals, wie eng verflochten die Gesamtlage mit den Lokalverhältnissen war; es gab auch damals schon etwas wie einen »Primat der Außenpolitik«, die eben auch Kirchenpolitik sein konnte und damit ins Gestrüpp dogmatischer Auseinandersetzungen geriet.

Eine dogmatische Frage wurde von den deutschen Magistern zum Anlaß genommen, die böhmischen Kollegen zu bedrängen. Wir lassen das Sprachenproblem ganz aus dem Spiel; das Universitätsleben vollzog sich im Lateinischen, und übrigens waren in der *natio bohemica* der Universität auch die deutschsprechenden Landeskinder einbezogen. Die Deutschen hatten drei Stimmen, die Böhmen eine. Als Vorbild für die Einteilung nach Nationen hatte Kaiser Karl, der selbst in Paris studierte, die dortige Anordnung genommen, ohne allzuviel zu grübeln; es war das Gegebene. Wir haben schon geschildert, wie diese vier Nationen aussahen, und wie wenig sie dem entsprechen, was wir unter Nationen verstehen. Die Deutschen hatten die Majorität, und sie nutzten sie ohne große Bedenken aus; die der Hochschule zugewiesenen Pfründen waren in ihrer Hand, nur einige Konzessionen waren ihnen davon abgerungen worden. Sie wurden um so verbissener, je mehr sie fühlten, daß die Zeit ihrer unbestrittenen Superiorität vorbeiging, und auch je weniger glanzvoll ihre Vertreter waren. Für überlegen hielten sie sich aber noch immer als Gelehrte: Der Nominalismus war für sie die *via moderna*, die fortschrittliche, weite Bahnen eröffnende Lehre. Weite Bahnen haben sie, sofern in Prag vertreten, nicht beschritten; das war erst der Zukunft, und an anderen Stellen, vorbehalten. Die grundsätzliche Trennung von Fragen des Glaubens und solchen, die dem Menschenwissen, der Forschung überlassen werden sollten, hatte sie auf das bequemste zu Konservativen gemacht: Die Kirche, ganz gleich mit welchen Repräsentanten vertreten, hatte die Verwaltung der Glaubensfragen in ihrer Hand; es war überflüssig und ungehörig, darüber nachzudenken, ein »Forschungsgegenstand« war das prinzipiell nicht. Vielleicht tun wir dem einen oder anderen unrecht; als Partei und Gruppe traten sie auf. Sie bildeten eine sehr geschlossene Partei, mit »Fraktionszwang«, wofür auch Eide abgelegt wurden. Der *Realismus* der Böhmen dagegen erschien ihnen altmodisch, überholt, zurückgeblieben. Auf das erwünschteste kam ihnen zustatten, daß die Realisten zu Thesen verleitet wurden, die als dogmatisch verfänglich, womöglich ketzerisch bezeichnet werden konnten. Wyclif hatte sich weit vorgewagt: Wiclifismus wurde das Feldgeschrei bei der Ketzerjagd. Wyclif war offiziell verdammt. Man war auf solidem Boden, wenn man gegen seine Lehren vorging.

Stanislaus, als der führende Kopf der Gegenseite, war vorgestoßen bis zur offenen Anerkennung der Abendmahlslehre des Engländers.

Ketzerei also, ein Dogma angegriffen, eine grundsätzliche Frage, nicht nur eine der Kirchendisziplin, über die sich debattieren ließ. Anzeige daher, recht geschickt von Krakau aus lanciert, an den Erzbischof. Der Soldat Zbynek verstand wenig von diesen theologischen Dingen, aber er wußte, daß man solchen Vorwurf, noch dazu von einer hochangesehenen Universität des Auslands, berücksichtigen müsse. Es ging ohnehin immer wieder das Gemunkel um, Böhmen sei ein Ketzerland, unterwühlt und untergraben. Das griff an die Ehre. Dieser Ehrenpunkt hat eine wesentliche Rolle gespielt in der ganzen Zeit. Er hatte auch praktisch-politische Bedeutung: König Wenzel wurde damit schwer behindert bei seinen Bemühungen, wieder als römischer König anerkannt zu werden. Zbynek legte die Sache in die Hände eines vierköpfigen Theologenausschusses. Der entschied: Ketzerei, zweifellos.

Stanislaus verteidigte sich: Er habe die Ketzerlehre nicht selbst bekannt, sondern nur diskutiert, wie erlaubt, als eine mögliche Ansicht in akademischer Debatte. Das war reichlich lahm; er hatte sich viel entschiedener ausgedrückt. Er hinkte weiter: Sein Traktat sei unvollständig. Er sei dabei, ihn umzuarbeiten. Die Gegenseite ließ nicht locker. Sie bekam Zuzug von der Zitadelle der Domherren, die eine Gelegenheit sahen, die ganze unbequeme Reformgesellschaft mit ihrem Geschrei in der Bethlehemkapelle zu treffen und auch dem Erzbischof eine Mahnung zukommen zu lassen, er habe sich mit sehr fragwürdigen Elementen eingelassen. Die Bethlehemkapelle war zu einer Macht geworden in der Stadt. Zu der Zuhörerschaft, aus »niederem Volk« zumeist, da tschechisch gepredigt wurde, hatten sich noch fromme Frauen aus angesehenen Familien in der Nachbarschaft angesiedelt, eine Schwester des Erzbischofs war darunter. Hus hatte sich ferner eine Art Seminar angegliedert. Er predigte nicht nur. Er stand nicht allein auf der Kanzel und wetterte gegen den Kleiderluxus und den Pomp der Prälaten und die Geldwirtschaft des Klerus. Er hatte Mitarbeiter, feurige, radikale Geister, einen kleinen, untersetzten Studiengenossen, Jakob aus Stříbro (Mies) darunter, wegen seiner Statur der »kleine Jakob« genannt, Jakoubek oder Jakobellus, zum Unterschied von den vielen gleichen Namens. Jakoubek wurde dann sein Nachfolger als Rebell, der »zweite Begründer« der Hussitenbewegung.

Die Domherren hatten ihre Verbindungen. Sie entsandten einen sächsischen Magister Meistermann nach Rom. Um die Sache gewichtiger zu machen, hatte Meistermann sich von der Universität Heidelberg eine Empfehlung des Falles verschafft, das heißt eine neue und verschärfte Denunziation. Heidelberg empfahl sich seinerseits mit solchem Vorgehen gegen den Gegenkönig Wenzel und seine Leute dem eignen Gegenkönig und Landesherrn. Ruprecht war stark bedrängt, sein Königtum stand auf schwachen Beinen; er mußte, ob er wollte oder nicht, zum Papst Gregor dem Venetianer halten, der selbst im großen Papstspiel immer mehr an den Rand geschoben wurde. Ruprecht verdächtigte Wenzel, wo er nur konnte, als lauen Anhänger der einzig legitimen »römischen Papstlinie«; Ketzerei in Böhmen war ein willkommener Vorwurf zu den vielen anderen, die dem Luxemburger Böhmen gemacht wurden. Die Verbindungen reichten noch weiter: Aus England verschaffte man sich das Votum gegen Wyclif vom Jahre 1382, nunmehr ein Vierteljahrhundert alt, aber immer noch sehr brauchbar. Die Domherren hatten von ihrem Burghügel auf dem Hradschin aus eine weitere Übersicht als die Lokalgrößen unten in der Stadt. Sie wußten, daß in England nun ein scharfer Wind wehte gegen Wiclifiten und Lollarden; der Usurpator König Heinrich IV. mußte es mit den großen Prälaten halten, seine anderen Großen hielten zueinander und gegen ihn.

Der Delegierte Meistermann traf den römischen Papst nicht in Rom an, das wieder einmal bedroht war, sondern in Lucca. Die immer verzögerte Union der streitenden Päpste sollte nun endlich vollzogen werden mit der Begegnung zu Savona; wir haben gehört, wie jeder der beiden Kontrahenten sich beharrlich weigerte, den letzten Schritt zu tun. Die Kardinäle selbst, hüben und drüben, begannen bereits zu meutern und liefen ihren Gebietern wenige Monate später davon. Einer auf seiten Gregors fand immerhin unter diesen weltbewegenden Intrigen Zeit, das Dossier des Prager Delegierten zur Hand zu nehmen und schleunigst zu entscheiden: Wiclifismus wird erneut verdammt, der Prager Professor Stanislaus bei Bannandrohung innerhalb von zwei Monaten vor die Kurie geladen. Damit begann, allen Beteiligten noch unbewußt, die Kette von Prozessen, die Hus auf den Scheiterhaufen führte.

Die Prager Prälatenpartei hatte sich die entscheidende Stimme verschafft; unter welchen Umständen sie ergangen war, spielte keine Rolle. »Der Papst«, »die Kirche« hatte gesprochen, das »Roma locuta est – die Sache ist damit abgeschlossen« galt, gleich ob der Spruch zu Lucca ergangen oder von einem Papst, dessen Obedienz zur Zeit zusammengeschrumpft war auf ganz unbestimmte kleine Bereiche und einzelne Anhänger.

Die Prager Reformer blieben auch nicht müßig; sie suchten nach anderer Munition für ihren Kampf. Sie schickten zwei Studenten nach England, um nach Wyclif-Manuskripten zu fahnden. In Oxford, so mußten sie bekümmert feststellen, war inzwischen vom energischen Erzbischof Courtenay gründliche Säuberung vorgenommen worden; wer noch etwas von Wyclif besaß, ließ nichts darüber verlauten. Die beiden Studenten gingen auf die Dörfer, in denen die Lollarden sich noch zäh hielten. Triumphierend brachten sie eine ganze Menge von Abschriften des Meisters nach Prag zurück. Sie zeigten obendrein ein Pergament mit dem Siegel der Universität Oxford vor: Wyclif sei ein völlig einwandfreier orthodoxer Mann gewesen von exemplarisch frommem Leben. Das Siegel war zweifellos echt; der Text sehr viel weniger, wahrscheinlich von einem der noch zahlreichen Anhänger Wyclifs verfertigt.

Wortgefechte hatte es schon seit Jahren gegeben zwischen den beiden Parteien, auch wütende Zusammenstöße über die Thesen Wyclifs, mit aufgeregtem Hinauslaufen von Professoren, die überschrien wurden, und erbitterten Rufen: »Lügner! Fälscher! Ihr habt die Sätze des Wyclif entstellt!« Stanislaus und Paletsch waren dabei die eifrigsten Verteidiger des Engländers gewesen. Hus hatte sich beteiligt an den Debatten: »Sind Gedankenverfälscher nicht schuldiger als Kaufleute, die Waren verfälschen?« Zwei Safranhändler mit der kostbaren und von weither importierten Gewürzware hatte der Magistrat vor kurzem verbrennen lassen. Hitzig plädierte er: »Solche Bücherfälscher müßten eher ins Feuer als zwei armselige Kaufleute, die ein bißchen Safran gefälscht haben!« Das Ende war gewesen, daß nach vielen gegenseitigen Hinaus-Rufen die Majorität ein Verbot der verlesenen Wyclif-Artikel durchsetzte, das nur wenig befolgt wurde.

Jetzt konnte das schwerere Geschütz mit Bann und Vorladung vor die Kurie aufgefahren werden. Denunziationen an den Papsthof wurden weiter abgeschossen; Magister Paletsch stand nun auch auf der Liste.

Die beiden Professoren Stanislaus und Paletsch, recht besorgt, denn solche Zitation war die Drohung mit dem Feuer, machten sich auf die Reise. Ehe sie an die Kurie kamen, wurden sie in Bologna vom Kardinallegaten Baldassare Cossa abgefangen; er wird uns als Papst Johann XXIII. bald beschäftigten. Cossa steckte sie für ein Jahr in den Kerker. Er regierte zu Bologna mit eiserner Hand und hatte die stets gegen den Papst revoltierende Bürgerschaft blutig niedergeworfen. Er machte wenig Umstände mit zwei Prager Dozenten; wie weit er seine Panzerfaust gegen sie ausgestreckt haben mag, wissen wir nicht. Jedenfalls fielen die beiden um, völlig und bedingungslos. Ob das nun lediglich eine »Gehirnwäsche« war oder etwas schärfere Mittel zur Erkenntnis angewandt wurden: sie kehrten nach Prag als reuige Sünder zurück, verdammten nunmehr jeden Wiclifismus und widmeten sich energisch der Verfolgung aller, die noch an den Irrlehren hingen. Es war die schwerste Niederlage, die von der Prälatenpartei ihren Gegnern bisher beigebracht worden war.

Das Domkapitel nahm sich nun den Erzbischof vor und erschreckte ihn nicht wenig. Auch er, so wurde ihm bedeutet, käme in den Geruch eines Begünstigers der Ketzerei. Zbynek, im Felde mutig und resolut, geriet auf diesem Terrain in Panik. Er stolperte ein über das andere Mal und wurde obstinat. Der Rest seines kurzen Lebens war eigensinniger Kampf um die geheiligten Rechte seines Erzbischofssitzes und seine Würde als »erster Mann des Landes«; es endete mit Flucht und Mord.

Der erste Mann des Landes sollte freilich der König sein. Es ist an der Zeit, Wenzel vorzustellen, der nun immer fataler in die Ereignisse verwickelt wird. Sie ziehen ihn hinein; er beherrscht sie nicht, es ist überhaupt kaum zu sehen, wann er als Herrscher, von ganz spontanen Eingriffen abgesehen, fungiert hat. Ein König? In den Geschichtsbüchern wird ihm die unwahrscheinlich lange Regierungszeit von vierzig Jahren zugeschrieben, von 1378 bis 1419. Im Jahr des Ausbruches des großen Schismas hatte ihm sein Vater die böhmische und dazu noch die Kaiserkrone Karls des Großen auf das Knabenhaupt gedrückt; in den Sturmtagen der böhmischen Revolution ist er an einem Wutanfall gestorben. Ein Kind ist er in vieler Beziehung stets geblieben, mit großen, schönen Augen in einem unreifen, weichen Gesicht. Erstaunt immer wieder über so viel Verrat und Gemeinheit der Menschen, seiner nächsten Verwandten besonders, zu denen er doch stets wieder flüchtet, aus Hilflosigkeit und Indolenz. Wie viele Jahre er »regiert« hat, ist nicht leicht auszumachen; er gab gern das Regiment gänzlich ab oder ließ es sich aus den Händen winden; nicht nur die Kurfürsten setzten ihn ab, auch der Hochadel entmündigte ihn nahezu, seinem Bruder Sigmund gab er selbst die Vollmacht. Wir konnten von den weltregierenden Päpsten keine leidlich befriedigende Gestalt aufzeigen; die weltlichen Herrscher traten ihnen zur Seite. Zu halb oder ganz Wahnsinnigen wie Karl VI. von Frankreich und dem Neurotiker Richard II., seinem Schwager, präsentiert Wenzel noch einen jähzornigen Faulpelz, der sich vor jeder Entscheidung drückt, trinkt, auf die Jagd geht, seine einzige Passion, oder mit Kumpanen in den Straßen umherzieht und die Bürger neckt, wobei ein Totschlag unterlaufen kann. Ein Totschlag oder Mord ist die lange Zeit berühmteste Episode seiner Regierung, in die Annalen der Heiligen der Kirche aufgenommen: Beim Streit um einen Bischofssitz wird der erzbischöfliche Generalvikar Johann von Pomuk gefangengenommen, gemartert, wie es heißt vom König Wenzel eigenhändig und persönlich, um Geständnisse zu erzwingen und, schon tot, von der Karlsbrücke in die Moldau gestürzt. Als der heilige Nepomuk, der das Beichtgeheimnis nicht habe verletzen wollen, das er der Königin schuldete, ist er in der Kirche kanonisiert und zum Landespatron Böhmens bestimmt worden; der Wunsch, dem noch lebendigen Andenken des Jan Hus damit ein Gegengewicht zu schaffen, hat dabei eine nicht unwesentliche Rolle gespielt. Zu Wenzels und Hus' Zeiten blieb es eine Episode; nicht einmal der Papst, dem der Erzbischof über die Untat berichtete, konnte sich entschließen, dazu Stellung zu nehmen, aus Furcht, der König würde zum Gegenpapst übergehen. Wenzel bereute unverzüglich, er war nach jeder Aufwallung seines flackernden Temperaments weich, kniete nieder und bat um Verzeihung. Die Streitigkeiten mit dem Episkopat – und darum handelte es sich, nicht um die Königin, die nichts mit dem Fall zu tun hatte – gingen weiter. Die Königin war überhaupt unwesentlich; seine Hunde waren die große Liebe, riesige Köter zur Wolfs- und Bärenjagd, einer von ihnen soll die hohe Dame, als sie des Nachts zum Abort ging, niedergerissen und zerfleischt haben, was der beste Kenner der Zeit für glaubhaft hält. Wenzel weinte innig und heiratete eine zweite Gemahlin, die bayrische Prinzessin Sophie, die zu Hus' Verehrerkreis gehörte. Kinder hatte er von keiner; von sonstigen Affären, bei seinem Bruder Sigmund notorisch, wurde nichts vermeldet. Der schwere Trinker dürfte impotent gewesen sein. Er selbst entschuldigte seine Trunksucht damit, er habe nach einem Vergiftungsversuch eine geschwollene Leber und unermeßlichen, nicht stillbaren Durst zurückbehalten. Als Trunkenbold machte er sich selbst bei großen Staatsaktionen verächtlich, und die Zeit war viel gewöhnt auf diesem Gebiet. Bei den eminent wichtigen Verhandlungen mit dem befreundeten Frankreich zur Beilegung des Schismas lag er im schwersten Rausch im Bett, als man ihn zum Staatsmahl abholen wollte.

Ein Kaiser? Sein Vater hatte ihn zum Nachfolger bestimmt, die Kurfürsten, hoch bestochen, erhoben das halbe Kind zum römischen König. Die Reichsinsignien und die Krone Karls des Großen lagerten, von Karl IV. nach Böhmen überführt, in dem mächtigen Steintresor der Feste Karlstein, zur stärksten Festung des Landes umgebaut und in den Hussitenkriegen vergeblich berannt. Da blieben sie in Verwahrung. Wenzel hat sich nie entschließen können, die Fahrt nach Rom zur Kaiserkrönung durchzuführen, so oft er auch davon sprach. Bei hohen Kirchenfesten nur wurden die Insignien und Reliquien einmal ausgestellt; im übrigen war Wenzel an religiösen Fragen uninteressiert. Das großartige Exemplar mit Miniaturen der »Wenzelbibel«, aus seinem Besitz erhalten, zeugt nur davon, daß die kulturelle Tradition der Epoche seines Vaters noch eine ganze Weile weiterwirkte, auch die großen Kirchenbauten wurden fortgeführt; die Dombauhütte hatte ihre eigne Tradition.

Im ersten Jahrzehnt seiner Regierung sorgten die alten Berater Karls für die Geschäfte; Wenzel selbst unternahm einige Reisen ins Reich, hielt Reichstage ab und versuchte Landfriedenspakte aufzurichten. Dann zog er sich verärgert zurück und ließ sich kaum noch sehen. Das Reich ging nach allen Seiten auseinander und wurde ein blutiger Tummelplatz für Städtebünde, Herrenbünde, jahrzehntelang im Kampf; für die Intrigen der großen Erzbischöfe, im Westen zu einem Interessenblock der »großen Drei« Köln – Mainz – Trier; im Norden bildete der mächtige Kaufmannsbund der Hanse eine Welt so gut wie völlig für sich, die ihre eignen Staatsverträge abschloß und schon dem Vater Karl die Tür gewiesen hatte, als er sich am Ostseehandel beteiligen wollte. Die geistlichen Kurfürsten am Rhein setzten Wenzel schließlich ab unter dem Vorwand, er verderbe das Reich; der von ihnen erhobene Gegenkönig Ruprecht von der Pfalz konnte sich für zehn kummervolle Jahre nur im Westen behaupten und starb, ehe er völlig scheiterte. Die Dreikönigswahl von 1410, drei Luxemburger, Wenzel, Sigmund und der Vetter Markgraf Jobst von Mähren, alle untereinander verfeindet und sich belauernd, stellte das Gegenstück zur gleichzeitigen Herrschaft der drei Päpste dar.

Auch ein Riesengeist wäre mit dieser gigantischen Unordnung nicht fertiggeworden; selbst der listige, zähe, überlegene Vater mag zur rechten Zeit abgetreten sein, ehe die vielen losen Enden, die er hinterließ, sich verwirrten. Die Teilung im Reich spiegelte sich auch in Böhmen wider; der Hochadel gegen den König, der König im Streit mit dem Episkopat, Währungsverschlechterung, Wirtschaftskrisen, soziale Spannungen, Putsche, Hinrichtungen, Prag selbst, die immer noch sehr reiche und mächtige Hauptstadt, geteilt in drei Teile: die Zitadelle des Domkapitels und Erzbischofs, die Altstadt, mit vorwiegend deutscher Bevölkerung und deutschen Großkaufleuten, die Neustadt, tschechisch; die Universität zerstritten und geteilt.

Wenzel, dem die Deutschen, wie eine Schulklasse, »Der Faule, der Faule!« nachriefen in den Geschichtsbüchern, war sicherlich kein fleißiger Herrscher und kein Held. Fast widerstandslos ließ er sich gefangennehmen, erst vom Hochadel und seinem Vetter, dann noch später von seinem Bruder Sigmund; er wurde umhergeschleppt bis nach Österreich; man ermordete ihm, ohne daß er wesentlichen Einspruch erhob, seine intimsten Ratgeber. Kaum eine Unwürdigkeit ist ihm erspart worden. Aber dieser Kindkönig, Trunkenbold und Verderber des Reiches, des Heiligen Römischen wie des Böhmischen, war beliebt bei seinen Böhmen. Die Prager griffen zu den Waffen, um ihn bei seiner ersten Gefangennahme zu befreien; als er aus der fast zweijährigen Haft seines Bruders in Wien entfliehen konnte, nahmen sie ihn mit Freuden wieder auf, dankbar, daß nun die Zeit schweren Steuerdruckes und unangenehmster Maßnahmen vorüber war. Seine groben Späße, das Umherstreifen in den Gassen wurden belächelt. Die Propaganda der Gegner hat daraus Groteskszenen gepinselt: Er führe den Henker immer mit sich bei seinen nächtlichen Fahrten; seinen Leibkoch habe er an den Bratspieß stecken lassen, als ein Rehziemer mißlang. In Nürnberg raunten sie und setzten es in die Chroniken, er sei überhaupt das untergeschobene Kind eines Schusters, anders ließe sich seine Neigung zum niederen Volk nicht erklären oder die Tatsache, daß er Bürgerssöhne und Emporkömmlinge zu seinen Ratgebern und Günstlingen wählte. Er sprach mit den Leuten; er ging auf den Markt, stieß einem Metzger den Stand um, weil er zu hohe Preise genommen, verprügelte einen Richter, der nicht gut Recht gesprochen; wild willkürlich das alles, aber eindrucksvoll. Es hieß, er habe sich selbst in einen der Weinberge am Stadtrand – auch das eine Schöpfung des Vaters Karl, der französische Rebstöcke an die Moldau importierte – begeben und einen ganzen Tag lang mitgewerkt, um zu sehen, wie das tut. Dann habe er befohlen: Mittags, nach dem Essen, hat eine Stunde Arbeitsruhe einzutreten, auch das Ende der Arbeitszeit wird festgesetzt.

Seine Offenheit, die auch eigne Fehler und Mißgriffe fröhlich bekannte, empfahl ihn. Seine Arglosigkeit erweckte Sympathie. Geprellt, betrogen von seinen Verwandten, von den Baronen: das sprach für ihn bei denen, die sich selbst immer wieder betrogen fühlten. Das Wichtigste: Er wollte nichts; er war ohne den geringsten Ehrgeiz in einer Welt des wüstesten Machtkampfes. Er wünschte kein »Mehrer des Reiches« zu sein wie jeder Fürst und Erzbischof. Er hatte keine Lust, Krieg zu führen außer gegen Hirsche und Wildsäue. Die Steuern waren unter ihm niedriger denn je, aus Mangel an »weitausgreifenden Unternehmungen«. Der Ruhm war ihm gleichgültig, die Kaiserkrone lag im Tresor. Er regierte so wenig wie möglich: Nun gut, regieren hieß doch sonst nur, daß neue Abgaben erpreßt wurden. Vom Reich wollte er nichts wissen; wohlgetan, man wollte das ebensowenig. Er war ein guter Böhme, er sprach die heimische Sprache. Es mochte bessere Könige geben; es gab sehr viel schlechtere.

Wir halten Wenzel nicht für einen heimlichen Volkskönig. Er besaß auch, als einziges Erbe seines Vaters, eine merkwürdige stillschweigende Tüchtigkeit im Zusammenbringen von erheblichen Geldschätzen, die ihm aus den weit bis ins Reich hinein zerstreuten Gütern und Landfetzen des Hauses Luxemburg zuflossen; sein Bruder Sigmund nahm sie ihm dann verschiedentlich mit sicherem Griff ab. Er hat auch unter seinen Günstlingen aus dem Bürgertum einige recht fähige Leute besessen, die sich, wie üblich, selbst nicht vergaßen. Den fleißigsten im Königsdienst und der Selbstbereicherung, den Bürgerssohn Huler, ließ er dann kurzerhand köpfen.

Nun aber sollte er größere Entscheidungen treffen. Böhmen schwamm auf eine Katastrophe zu. Von allen Seiten wurde er gemahnt, von der Universität, durch Gesandtschaften, im Papststreit sollte er eingreifen. Die geschwollene Leber bedrängte ihn. Wütend, mißtrauisch und verärgert über das, was man ihm zumutete, begann er zu regieren.

Die Geschichte ist unbarmherzig. Sie stellt an die Schwelle von Revolutionen zuweilen nicht den Bösewicht oder ruchlosen Zwingherrn, der die Dinge zum Äußersten treibt, sondern den beinahe Harmlosen, den Mittelmäßigen, der sich am liebsten aus allem heraushielte. Ludwig XVI. hätte mit Vergnügen in seiner privaten Schlosserwerkstatt die große Zeit der Französischen Revolution absolviert, behaglich vor sich hinhämmernd. Wenzel wäre zufrieden gewesen in seinem Walde mit seinen Hunden und ein paar guten Jagdgenossen. Er wurde nach Prag berufen in die Königsburg, die er lieber mit einem Bürgerhaus in der Stadt vertauschte, wo er seinen Tavernen näher war.

Erzbischof Zbynek, auch er völlig am falschen Platze, wurde immer hartnäckiger und lästiger. Wenzel hatte mit dem hohen Klerus nie viel Geduld gehabt, vom Generalvikar Pomuk ganz abgesehen. Der Volksprediger Hus war ihm sympathisch, wenn er den Herren die Meinung sagte. In Wenzels Umgebung waren die meisten seiner Ratgeber und Günstlinge »Hussiten«, die Königin schätzte den Magister als eine Art Hauskaplan. Es wäre lehrreich, wenn die »aufreizenden Reden« überliefert wären, die im Hofrat gegen den Klerus geführt wurden; sie dürften die Brandpredigten von der Kanzel noch erheblich übertroffen haben an Derbheit und Radikalität. Für Hus wie Wyclif war die Frage des Kirchengutes ein ethisches Problem, für diese Herren und den König eine sehr einfache Machtfrage: Verteilung, Neuverteilung von Besitz, den die Kirche sich angemaßt hatte. Die entschlossensten und am Ende auch erfolgreichsten Umstürzler, jedenfalls der Grenzsteine und Grundbücher, wurden die Männer dieser Klasse. Erschütterungen eines Gesellschaftsgefüges gehen nicht nur von unten aus.

Daß die Predigten des Hus die geheiligte Ordnung untergruben, war im Domkapitel schon genügend bedacht. Die Herren bekamen Unterstützung von den Stadtpfarrern, die sich jetzt auch betroffen fühlten. Hus predigte nicht nur gegen Prälaten, Erzbischöfe, Äbte und Pröpste oder Domherren, die »auf diabolische Weise eine Steuer nach der anderen eintreiben« und noch dazu behaupten, das sei ihr Recht. Er wetterte auch über die Bezahlung der Sakramente: Wucher! Er zählte die Gebühren auf für jede geistliche Handreichung, das Glockenläuten eingeschlossen: Simonie! Die Stadtpfarrer beschwerten sich bei Wenzel. Er fertigte sie spöttisch ab: Niemand habe sich beklagt, als Hus die Bürger und hohen Herren geißelte; nun seien sie an der Reihe und müßten das hinnehmen!

Das Domkapitel ging umsichtiger vor, zunächst nicht gegen den hochbegünstigten Hus mit seinem weiten Anhang, sondern kleinere Anhänger seiner Gefolgschaft. Einige wurden ins erzbischöfliche Gefängnis gesteckt, Prozesse folgten. Zbynek verbot ausdrücklich jede Erwähnung der Wyclif-Lehre vom Abendmahl und fügte der Einfachheit halber hinzu: Es sei überhaupt untersagt, auch nur das Wort »Brot« zu verwenden bei Predigten oder Debatten. Jede Kritik an den Prälaten habe zu unterbleiben. Auch der Gebrauch von Kirchenliedern in tschechischer Sprache sei unzulässig. Der Sprachen- und Nationenstreit warf bereits seine Schatten voraus. Dabei war die Prälatenpartei größtenteils aus Tschechen rekrutiert; sie schloß sich aus anderen Gründen mit den deutschen Magistern der Universität zusammen.

Wenzel war gereizt gegen das Episkopat, gegen die Universität mit ihren lästigen Streitigkeiten, er wurde auch allmählich unmutig über Hus, denn es kam ihm zu Ohren, daß Böhmen in Verruf geriete als Ketzerland. Er wurde soeben durch eine starke französische Gesandtschaft aufgefordert, an der Beseitigung des Schismas teilzunehmen, und brauchte dazu einen »unbefleckten Ruf«, um als Schirmherr der Kirche auftreten zu können; noch sah er sich als römischen König und Kaiser, trotz seiner Absetzung. Er verfügte daher: Schluß mit dem Wiclifismus an der Universität; Absage des Gehorsams an Papst Gregor, der seinen Gegner Ruprecht anerkannt hatte; Neutralität Böhmens in der Papstfrage bis zur Neuregelung durch ein Konzil.

Zbynek gab unter starkem Druck des Königs die erwünschte feierliche Erklärung an alle Welt: Böhmen sei völlig frei von Ketzerei; die tschechischen Magister, nicht ohne taktische Hintergedanken, hatten sich mit dem Wyclif-Verbot abgefunden, unter dem Zusatz: Die Artikel dürften nur nicht »in ketzerischem Sinn« ausgelegt und verbreitet werden, was im Grunde die Sache wieder aufhob.

Wenzel sah sich bereits in großer weltpolitischer Rolle, die er bis dato schwerlich je gespielt hatte; er verhandelte mit den Rebellenkardinälen über seine Teilnahme am Konzil zu Pisa und erhoffte sich dort Anerkennung seines Titels als einzig legitimer römischer König. Erzbischof Zbynek, seine Domherren und der übrige höhere Klerus des Landes weigerten sich, von Papst Gregor abzulassen. Die Universität, soweit die Deutschen in Frage kamen, desgleichen. Nur die böhmische Nation der Magister trat an Wenzels Seite. Er hatte einen seiner bekannten Wutanfälle.

Ohnehin waren die Deutschen ihm verdächtig; sie hatten Verbindungen zum Gegenkönig Ruprecht, seinem Feind. Der Erzbischof bekannte sich zu Gregor, der Ruprecht unterstützte. Sein Klerus und seine Universität waren demnach die Parteigänger seiner Gegner. Wenzel ließ die Magister vorladen; er hatte sich nach Kutná Hora (Kuttenberg) zurückgezogen, wo er sich unabhängiger fühlte als in dem sehr unruhigen und gespaltenen Prag. Die Deutschen traten sehr selbstbewußt auf: Sie lehnten jeden Kompromiß in der Papstfrage ab. Sie erklärten sich gegen die Einberufung des Konzils. Wenzel tobte und drohte mit schweren Bestrafungen und erließ das historische Dekret von Kuttenberg vom 18. Januar 1409: Das Stimmenverhältnis an der Universität wird umgekehrt, die Böhmen erhalten drei, die Deutschen eine Stimme.

Über die Rechtsfrage dieses Dekrets ist viel gestritten worden, auch darüber, wer es veranlaßt habe und was damit beabsichtigt gewesen sei. Die letzte Frage ist leicht zu lösen: Wenzel wünschte die Rückendeckung seiner Universität bei seiner Papstpolitik; er bekam sie nach der neuen Stimmenordnung und informierte sogleich die Franzosen, er habe nun Gregor den Gehorsam aufgesagt. Unter den Mitarbeitern und Anregern werden verschiedene Namen genannt;

wir können das der Spezialforschung überlassen. Hus ist in seinem Prozeß zu Konstanz als Hauptschuldiger bezeichnet worden, und die »Vertreibung der Deutschen« wurde ihm besonders belastend angerechnet. Zweifellos war er beteiligt, aber schwerlich der Alleinverantwortliche. Es ist sogar ein wütender Ausbruch Wenzels überliefert, der sich bei den Besprechungen um das Dekret gegen Hus und seinen Freund Hieronymus wandte, den elegantesten und gewandtesten Fechter bei den Universitätsdebatten: »Du und dein Genosse, ihr seid immer die Unruhestifter, ihr bringt uns als Ketzerland ins Geschrei, ich werde euch noch verbrennen lassen, wenn damit nicht Schluß gemacht wird!« Wenzel wurde immer unsicherer, als sich Schwierigkeiten zeigten. Er bot den Deutschen Stimmengleichheit an; er dachte bereits daran, das Dekret fallen zu lassen. Die Entscheidung wurde ihm, wie meist, von anderen aus der Hand genommen.

Die Deutschen traten zusammen, Dozenten und Studenten. Sie schworen starke Eide und vereinbarten hohe Strafbestimmungen: Insgesamt würden sie Prag verlassen, wenn das Dekret in Kraft bliebe. Es blieb bestehen. Papst Gregor griff ein und befahl ihren Abzug aus der Universität; er fügte noch seinen Bann hinzu. Von deutschen Fürsten kamen Angebote: Ruprecht rief die Magister und Studenten, die ihn anerkannten, an seine Universität Heidelberg. Der Markgraf von Meißen versprach eine Neugründung zu Leipzig, die dann auch die Mehrzahl aufnahm. Und so kam es zu dem berühmt gewordenen Auszug der deutschen Studenten und Magister, mit Nachklängen in Liedern, Spottgedichten, bösen Pamphleten. Das Ereignis wurde schon von den Zeitgenossen mit phantastischen Zahlen übertrieben, von Zehntausenden fabelte man, andere wollten wissen, daß die Prager über den Geschäftsverlust nahezu verzweifelt gewesen wären. Viel mehr als etwa 1200 oder 1500 Personen können es nicht gut gewesen sein. Die juristische Fakultät als gesonderte Hochschule blieb überhaupt geschlossen in Prag mit allen bei ihr vertretenen Nationen.

Man soll das Ereignis trotzdem nicht verkleinern. Die Rechtsfrage ist immer etwas hitzig und übertrieben umstritten worden und die Urkunden sind hin- und hergeschoben, interpretiert und uminterpretiert worden, als ob sie darüber Auskunft geben könnten, was

Kaiser Karl bei der Gründung beabsichtigt hätte. Die Tschechen haben darauf hingewiesen, daß Paris für ihn das Vorbild gewesen sei mit seinen vier Universitätsnationen; dort aber hatten die Ausländer nur eine, die Franzosen in den verschiedenen Landsmannschaften der Franzosen, Normannen und Pikarden drei. Karl hatte eine Reichsuniversität, die damals erste und einzige, gegründet. Sie war inzwischen zur Landesuniversität geworden, und das sollte sie nun auch der Form nach sein. Prag folgte damit dem allgemeinen Zug der Zeit, nicht nur böhmischen Sonderwünschen. Die Epoche der Universalhochschulen war so gut wie vorbei. Die Zeit der Universitätsnationen war vorbei. Die der Nationen begann in allem Ernst.

Das war den Mitlebenden natürlich nicht bewußt. Schon das bloße Wort Nation hatte für sie ganz verschiedene Bedeutung, und es ist fast erheiternd, welche Verwirrungen sich dabei ergaben. Die »Deutschen« – so wurden von den Tschechen bei den Verhandlungen die drei Stimmen der Ausländer zusammengefaßt der Einfachheit halber, darunter die »polnische Nation« inbegriffen; es waren nur die zahlreichen Deutschen aus den schlesischen Herzogtümern, die diese Zusammenlegung für den augenblicklichen Gebrauch herbeigeführt hatten. Die schlesischen Fürstentümer aber gehörten staatsrechtlich zur »böhmischen Krone«. Als Kuriosum bestand der Universitätsnationenbrauch gerade in Leipzig bis ins 18. Jahrhundert fort wie nirgends sonst; Goethe studierte dort als Mitglied der bayrischen und fränkischen Nation; daneben gab es noch eine meißnische, sächsische und eine polnische, die in Ironie des Schicksals für Studenten aus Böhmen und der Lausitz zuständig war. Die 1409 aus Prag ausgezogenen Deutschen sangen bei Gründung des neuen Leipziger Generalstudiums keine Hymne auf die deutsche Nation, sondern auf die »neue Meißnische Nation«. Welche verschiedenen Sprachen, außer Tschechisch und Deutsch, bei der *natio bohemica* noch vertreten waren, die nach Osten offen für Studenten aus Ungarn, Kroatien, Dalmatien war, meldet keine Matrikel.

Um die Sprache ging es nicht. Es ging um die Ehre, den Stolz, das Selbstbewußtsein. Die abziehenden Deutschen fühlten sich in ihrem Stolz gekränkt, die Tschechen empfanden es als unerträglich, daß sie in ihrem eignen Lande die mindere Stellung einnehmen sollten.

Eine Verteidigungsschrift, nach dem Dekret verfaßt, lange Hus zugeschrieben, aber vom Doktor Jesenitz verfaßt, seinem späteren mutigen Rechtsberater und einem der schärfsten juristischen Köpfe seines Kreises, drückt das deutlich aus: »Wir Böhmen waren zu Anfang der Universität noch ›klein‹ in den Wissenschaften; wir sind inzwischen herangewachsen. Wir waren geradezu die ›Diener‹ der Deutschen und dabei doch die erbberechtigten künftigen Herren. Jetzt ist diese Zeit gekommen: Wir haben das Erbe angetreten. Unsere Gelehrten sind nicht nur zahlreicher als die deutschen Magister: Sie haben sich auch in allen Wissenschaften über die Ausländer erhoben. Damit kommt uns die Stellung des Sohnes zu, der mündig geworden ist.«

Daraus spricht nicht lediglich die Gereiztheit der Tschechen, obwohl auch sie unverkennbar ist; nationale Gefühle werden immer in der Abwehr, im Grenzkampf am stärksten ausgeprägt. Es wird Reform, auch in den Statuten begründeter Rechte, gefordert; die Deutschen berufen sich auf Paragraphen, als ob diese ewig gelten müßten. Wenn aber selbst in der Kirche »Reform an Haupt und Gliedern« allgemein gefordert wird, so kann auch ein überholtes Universitätsstatut nicht als sakrosankt gelten. Als den zur Abänderung Befugten macht Jesenitz ausdrücklich den König namhaft, als Herrscher über Böhmen, nach kaiserlichem und göttlichem Recht. Er hat zuerst für seine eignen Untertanen zu sorgen, was in dem Dekret mit einem wörtlichen Zitat aus Wyclifs Appell an den englischen König belegt wird: Charity begins at home – caritas incipit a se ipsa.

Das Dekret war also ein Vorstoß mit vielfältigen Spitzen; es traf die deutschen Magister und die Kirchenbehörden, die auch der Tradition nach die Oberaufsicht über die Universität haben sollten. Hier befahl der König. In Frankreich hatte sich eine ähnliche Wendung abgespielt bei den Kämpfen um die Pariser Universität und die Absage an Papst Benedikt. Die Konservativen in aller Welt gerieten immer hoffnungsloser ins Hintertreffen. Das bedeutete nicht, daß sie ihre Stellungen so rasch räumten. Das Kuttenberger Dekret war ein Sieg der Reformpartei – für eine Weile.

Hus verkündete von seiner Kanzel mit begreiflichem Stolz den großen Erfolg. Er dankte dabei ausdrücklich dem Beauftragten des

Königs, der die Übergabe des Rektorates an einen tschechischen Rektor, von Wenzel ernannt, erzwungen hatte; es ist kennzeichnend für die Situation, daß dies ein deutscher Patriziersohn aus Prag, Nikolaus, Sohn des reichen Kaufmanns Augustinus war. Die »nationalböhmischen« Interessen waren stärker als die Sprachgemeinschaft oder -verschiedenheit; die Deutschen, die abziehen mußten, waren die »Ausländer«. Im nächsten Jahr wurde auch ein Magister aus deutscher Familie in Prag, Schindel, zum Rektor gewählt.

Ganz so einfach ist es aber wiederum nicht in diesen frühen Zeiten nationaler Regungen, wenn es dabei je einfach zugeht. Deutsche und Tschechen: Der Gegensatz rührte sich noch oft und stärker als beim Universitätsstreit; die Frage ist noch dazu überschattet von den Ereignissen unserer Zeit mit ihrer ganz anderen Größenordnung und Schuldenverstrickungen, gegen die jene Blindheit der deutschen Magister von 1409 eher als etwas Astigmatismus erscheinen kann. Es ging doch auch um die Sprache, die Predigt Hus', das Singen von Chorälen in der Volkssprache, das Lesen der Bibel in tschechischer Übersetzung, an der Hus, mitten unter den akademischen Auseinandersetzungen, mitarbeitete; er lieferte sogar seinen Beitrag zur Rechtschreibung mit einer Vereinfachung der Orthographie und ihrer Zeichengebung. Diese Reform hat sich, in Weiterbildungen, ständig behauptet, auch bei den slawischen Nationen mit lateinischem Alphabet, wie Polen und Kroaten, Schule gemacht. An dieser Stelle sehen wir ebenfalls seine Begabung und Tendenz zu vereinfachen, zusammenzuziehen, Akzente zu setzen, die man später die diakritischen Zeichen nannte.

Wesentlicher aber war es, daß sich mit den Menschen aus dem tschechischen Volk, zu denen er sprach und die er aufrief, nun auch alle sozialen Fragen in größter Mächtigkeit regten, lange anstehende Fragen und Bitternisse, überschichtet, aufgehäuft und nun in Bewegung gesetzt. Auch da spielte der Gegensatz Deutsche und Tschechen hinein: In Prag waren die Deutschen führend im Großhandel, als Patrizier in der Altstadt, in Magistratsstellen und Verwaltungsposten, in vielen Stellungen des hohen Klerus. Sie waren die Arbeitgeber in den lukrativen Handwerken und Verlagen; die Arbeitnehmer waren Tschechen. Für Hus jedoch war von Armen und Reichen die Rede, nicht von armen Tschechen und reichen Deutschen, von Guten und Schlechten; er hat das verschiedentlich expressis verbis gesagt, als er des Nationalhasses beschuldigt wurde, für den man damals noch kein genaues Wort hatte, den man jedoch sehr wohl kannte. Die Welt, in der er lebte, dachte noch in universalen Kategorien, wenn es um hohe und letzte Dinge ging; in den unteren Regionen war sie schon weiter vorgeschritten in der Richtung, in der wir uns bewegen.

Hohe, letzte Dinge und die niederen Regionen, beide nicht sauber getrennt wie in den Denkgebäuden der Hochschule, sondern ineinandergewirrt; der Markt, die Straße, das brutale Zusammenstoßen der Gegensätze, bei dem Blut floß und nicht nur debattiert wurde: das war die nächste Etappe seines Lebensweges.

Kämpfe in Prag

Der Mann Jan Hus, der Vierzigjährige, in voller Kraft, auf der Höhe seiner Erfolge: der beliebteste Prediger, mit einer Anhängerschaft von Tausenden. Einer Anhängerschaft, die mehr ist als nur die Gemeinde der Bethlehemkapelle, eine Bewegung, eine Sekte, wie die Gegner sie ansehen, eine Partei. Der führende Mann zugleich an der Universität, wo seine früheren Lehrer sich durch ihren Umfall diskreditiert haben; zum Rektor gewählt in einem der Semester. Umgeben von einem ganzen Stab von Mitarbeitern, den Schülern seines Seminars, jungen Leuten, die jetzt Morgenluft verspüren, einen »Prager Frühling«. Mit besten Verbindungen zum Hof, der Königin, den wichtigsten Ratgebern und Günstlingen Wenzels. Weit über Prag hinaus bekannt und angesehen, im Ausland schon viel genannt, berüchtigt und berühmt. Mit vielen Feinden, auch unter den eigenen Landsleuten, im Domkapitel, selbst unter den tschechischen Dozenten, dem Großbürgertum, dem hohen Klerus.

Schwer angreifbar in seiner Lebensführung; niemand kann ihm nachsagen, daß er seine Stellung benutze, sich zu bereichern; er geht einfach gekleidet, seine nicht unbeträchtlichen Einnahmen gibt er großenteils fort. Von irgendwelchen »Lastern«, die er an anderen rügt, hat auch die bemühteste Fama nichts entdecken können; sie bezeichnet ihn daher als Heuchler, der sich nur so fromm stellt, um desto sicherer zu verführen und sein Schlangengift zu verspritzen. Beliebt bei den Studenten, die freilich seinen Freund Hieronymus noch höher schätzen als den brillanten Rhetor, den geistreichen Debattierer, den »moderneren« im Humanistenstil, der auch nach antikischer Weise feurigstes Lob des Landes Böhmen mit Vergleichen aus dem Altertum verkündet. Von der »heiligen Nation« spricht er, dem »heiligen Prag« wie vom alten Rom, und zu großen Dingen berufen wie jenes, das jetzt so tief gesunken ist und abgelöst werden muß durch junge, frischere Kräfte. Ihm gegenüber erscheint Hus den ganz Unbedingten ein wenig primitiv, zu sehr der Mann der Volkspredigt, auch mit Zügen des Zögerns oder der Unklarheit. Aber er ist ohne Zweifel der Mann, der das Charisma besitzt. Auf ihn richten sich die Blicke und Hoffnungen. An ihn glaubt man, ihm vertraut man: Er wird's wohl machen.

Seine Reden sind radikal genug, und es ist nicht recht zu sehen, wie sie denn noch radikaler sein sollten. Aber schon jetzt, in diesen ersten Stadien der beginnenden Umwälzung, die noch eine Inkubationszeit darstellen, macht sich eine leidenschaftliche Suche bemerkbar nach immer schärferen Parolen, nach immer stärkeren Absagen an alle Tradition, bei manchen geradezu ein Grübeln über möglichst auffällige, abweichende Formeln. Zurück zum reineren frühen Christentum, das überdeckt wurde mit dem Menschenwerk späterer Zeit, mit zahllosen Geboten, Bräuchen, Regeln, Dekretalen: weiter zurück ins noch Urtümlichere, bis zu Adam womöglich.

Hus treibt nicht nur; er wird auch getrieben. Er verspürt die unheimliche, gewaltige Echowirkung des gesprochenen aufrüttelnden Wortes; es kommt zurück, beladen mit Wünschen und will neu ausgesandt werden, stärker als zuvor. Er erfährt den Einfluß der magischen Kräfte des Zutrauens, der Erwartung, der Forderung von weitem Anhang; sie begnügen sich nicht mit bloßer Entgegennahme, sie wollen mitwirken. Hus war nicht nur Prediger. Er war Beichtvater, Seelsorger. Er lernte unaufhörlich. Er erfuhr, was es an Elend gab, an Unrecht, Verzweiflung; beim Sinnieren über den Sentenzenkommentaren des Lombardus hatte er davon nichts verspürt. Und alles, was ihm zukam, verband sich ihm auf das selbstverständlichste mit den Worten der Bibel: Die Ersten werden die Letzten sein! Der reiche Mann und der arme Lazarus! »Sie binden schwere und unerträgliche Bürden und legen sie den Menschen auf den Hals; aber sie selbst wollen sie nicht mit einem Finger regen!« Das war der Wort- und Vorstellungsschatz, in dem er großgeworden war, in dem er dachte und den seine Hörer verstanden.

Er predigte immer unbekümmerter. Der Klerus und die Prälaten wurden ebenso angegriffen wie die weltlichen Herren, die Beamten, die Reichen, die Mächtigen. Er hätte, wie der Vorläufer der Reformbewegung, Konrad Waldhauser, seinen wohlbemessenen Platz einnehmen können als Bußprediger, vom Herrscher gewünscht als ein gewisses Gegengewicht gegen die hochmütige hohe Klerisei. Dazu gehörte ein gänzlich anderer Herrscher und ein anderer Hus. Hus war völlig undiplomatisch, wenn es ihm auch nicht an gewisser Umsicht fehlte, sogar nicht an taktischer Geschicklichkeit, von seinen Feinden Tücke genannt. Wie weit er seinen Einfluß ausgedehnt hat, ist nicht leicht zu entscheiden, da später die meisten Zeugnisse dafür vernichtet wurden; Akten und zuverlässige Dokumente über solche »Wühlarbeit« pflegt es überhaupt nicht allzu viele zu geben. Die spätere Geschichte hussitischer Propaganda im Ausland, die sich fast nur an Ketzerprozesse halten muß, zeigt das.

Auch über Hus wissen wir vor allem aus seinen Prozessen, und die begannen schon jetzt, ehe das große Schlußverfahren vor der Weltöffentlichkeit zu Konstanz geführt wurde. Es ist eine Kette von Denunziationen, Vorstößen der Gegner, Zurückweichen, Bestechungen und Verrätereien. Mut machen kann uns dabei nur das Bild eines furchtlosen Menschen, der seinen Weg geht, und dafür gibt es nicht so viele Beispiele.

Feinde hatte er genug, und er machte sich täglich neue. Trotz gehörte sicherlich auch zu seinen Eigenschaften. Mit dem Erzbischof, der so lange sein Gönner gewesen war, brach er zuerst. Dabei spielte wieder die hohe Politik hinein. Denn es geht nun nicht nur um die Abstracta Papst, Kirche, Gehorsam, sondern um die Tagesfragen: Welche Kirche? Welcher Papst? Wem Gehorsam? Die tschechischen Magister hatten sich für das Konzil zu Pisa erklärt, das die beiden streitenden Päpste Gregor und Benedikt absetzte und als Ketzer verdammte; Erzbischof Zbynek, der Soldat, hielt standhaft – für ein Jahr – zu Gregor. König Wenzel ergrimmte über diese

Widersetzlichkeit und ließ durch seine Vertrauten, darunter Baron Woksa von Waldstein, ein Vorfahre Wallensteins, gegen seinen rebellischen Klerus vorgehen. Güter und Einnahmen wurden beschlagnahmt. Zbynek war auf das feste Erzbischofsschloß Raudnitz geflüchtet, das zur Zeit Karls IV. den Cola di Rienzo als Häftling beherbergt hatte. Nach einigen Monaten kapitulierte er und kehrte nach Prag zurück. Er gab Gregor auf und erkannte den neugewählten Pisaner Papst Alexander V. an.

Damit gab er keineswegs ein Verfahren auf, das er noch unter dem nunmehr verdammten Gregor bei der Kurie gegen Hus eingeleitet hatte, auf Grund von Spionageberichten eines früheren Predigers der Bethlehemkapelle und des Inquisitors für Böhmen. Die beiden hatten sich unter die Gemeinde begeben, eng in den Talar gewickelt, Hus hatte ihnen von der Kanzel zugeschrien, auf sie zeigend: »Schreibt's nur auf! Tragt's hinauf zum Erzbischof!« Sie schrieben eine Reihe wiclifitischer Sätze zusammen, und diese Liste, ähnlich dem ersten Denunziationszettel eines Hörers im Kolleg bei Wyclif, hatte ein langes Leben, sie folgte Hus bis zum Scheiterhaufen in Konstanz. Zbynek hatte überhaupt wieder Mut gefaßt, er ließ, da Wenzel wieder einmal von Prag abwesend war, kurzerhand Gegner verhaften, so den Magister Zdenek, den der König kurz nach seinem Kuttenberger Dekret kommissarisch zum Rektor der Universität ernannt hatte; er steckte ihn ins erzbischöfliche Gefängnis und ließ ihn verhören und foltern. Was der Mann begangen hatte, außer Parteinahme für den König und Freundschaft mit Hus, ist nicht bekanntgeworden. Die Frage des Gehorsams war schwierig in so verworrener Zeit.

Zäh und gefährlich hielt sich aber immer ein Ketzerverfahren bei der Kurie, auch wenn die Päpste wechselten, auch wenn die Päpste ihre Ansicht vertauschten wie ein Paar Handschuhe. Alexander, in den wenigen Monaten seiner Regierung, die alle enttäuschte (am meisten seine früheren Anhänger), beschäftigte sich fast ausschließlich mit dem Verteilen von Gnadenerweisen und Geschenken; von Reform war keine Rede. Er brauchte sehr bald Geld. Der Erzbischof erlangte eine päpstliche Bulle, die ihn in seinem Kampf gegen die »Wiclifiten« bestätigte und autorisierte, alle erforderlichen Schritte zu unternehmen. Außerdem sollte jede Predigt außer in Dom- und

Pfarrkirchen oder Klöstern verboten sein; ein Schlag gegen Hus' Bethlehemkapelle. Die Reformer wurden auf eigentümliche Weise für ihr Eintreten bei der Lösung von Pisa belohnt.

Die weitere Welt hatte nun das Schauspiel der drei Päpste, darunter des von Böhmen anerkannten Baldassare Cossa-Johann XXIII. Zbynek scheint sich als Soldat zum Condottiere ganz gut mit ihm verstanden zu haben; er ging nun resoluter vor: Er befahl Ablieferung aller Ketzerschriften Wyclifs und verbot Predigt an »unauthorisierten, privaten« Stätten, wobei er auch die Bethlehemkapelle einbezog. Die Magister der Universität protestierten gegen den Eingriff in die Lehrfreiheit. Hus predigte weiter und appellierte in aller Form gegen das Predigtverbot: Die Kapelle sei ordnungsgemäß geweiht, privilegiert, ein Gotteshaus.

Er appellierte auch an seine Gemeinde. Seine Reden nahmen neuartige Formen an. Wenn die Autoritäten versagten und sich als unzuverlässig erwiesen, konnte wohl auch das Kirchenvolk, der Laie, der »gewöhnliche Christ«, seine Meinung sagen. Er fragte, und schon daß er dies tat, war unerhört und gegen jeden Brauch. »Papst Alexander«, so sagte er, »hat dem Erzbischof Befehl gegeben, die Irrlehren in Böhmen auszurotten. Er behauptet, die Herzen vieler seien mit Ketzerei vergiftet, glaubt ihr das?«

»Sie lügen, sie lügen!« rief die Menge.

Hus: »Hört, ich habe Protest eingelegt gegen das Mandat des Erzbischofs und werde weiter protestieren. Haltet ihr alle zu mir?«

»Das tun wir, das tun wir!«

Hus: »Bedenkt, daß es dabei auch um den Bann geht. Fürchtet ihr Euch vor dem Bann?«

»Nein! Wir fürchten uns nicht!«

Die Wyclif-Bücher wurden immerhin abgeliefert, etwa 200 Bände; eine imponierende Sammlung beim damaligen Preis eines Manuskriptes, zumeist auf Pergament, ein hoher Wert. Zbynek, ohne einen Vermittlungsversuch Wenzels abzuwarten, ließ sie im Hof des Erzbischofpalastes aufschichten. Ein hoher Scheiterhaufen aus starken Kloben und Stämmen war aufgebaut; die Tore wurden geschlossen und von erzbischöflichen Mannschaften bewacht. Die Geistlichkeit der Zitadelle trat zusammen. Ein Domherr legte feierlich die Fackel an den Holzstoß. Die Geistlichen stimmten ein Tedeum an.

In der Stadt wurden auf Befehl Zbyneks die Glocken geläutet. Kurz danach sprach er über Hus wegen Ungehorsams den Bann aus. Dann flüchtete er wieder auf seinen festen Burgsitz Raudnitz.

Der Streit griff auf die Straßen über. Die Studenten, anders als spätere Nachfolger bei Bücherverbrennungen, protestierten, höhnten, demonstrierten. Spottlieder wurden gesungen. Der Erzbischof habe Bücher verbrannt, die er gar nicht gelesen habe, was sicher stimmte; er verstünde überhaupt nur das Abc, was nicht ganz stimmte, denn er war zwar kein Theologe, aber nicht ungebildet. »Schande habt Ihr über unser Land gebracht! Nieder mit den Pfaffen!«

Der Bann konnte kaum verkündet werden. Wo Pfarrer das versuchten, wurden sie bedroht, ja überfallen; Zbynek selbst, der sich wieder nach Prag gewagt hatte, wurde beim Hochamt im Dom durch eine erbitterte Menge hinausgetrieben. Wenzel raffte sich zu einer paritätischen Verfügung auf: Das Singen von aufreizenden Liedern sei verboten; der Erzbischof muß zahlen für die verbrannten Bücher an die Geschädigten. Als Zbynek das ablehnte, benutzte Wenzel die Gelegenheit, von sich aus zu beschlagnahmen: Dem Erzbischof und seinen Domherren wurden weitere Bezüge und Einnahmen zurückbehalten. Die Bücher Wyclifs nahmen ihre Rache; es ging nun, ganz wie er es empfohlen, über den Kirchenbesitz her, und diese Eingriffe, immer verschärft, haben für Jahrzehnte angedauert. Es ist, neben anderen Bezeichnungen, die man wählen kann, eine Epoche der Säkularisierungen in Böhmen.

Das Fanal, das der Erzbischof entzündet hatte, leuchtete weit hinaus. Die Sache machte internationales Aufsehen. Von weither kamen Briefe und Zurufe, aus England von alten Wyclif-Anhängern. Ein Priester aus London schrieb, und Hus las seinen Brief von der Kanzel vor. Das Haupt der Lollards, Sir John Oldcastle, sandte einen Gruß; er hat wenige Jahre später noch einen letzten größeren Aufstand versucht, wurde verraten und irrte lange in Verstecken umher, ehe er gefangen und verbrannt wurde; Shakespeare hat ihn, den ehemaligen Freund des »Prinzen Heinz«, der er gewesen ist, zum Falstaff gemacht, der er nicht war; die Märtyrerbücher der frühen Protestanten haben ihn gefeiert. Aus Schottland sogar, das noch zum Gegenpapst Benedikt-Pedro de Luna hielt, kam die Sendung eines Ritters, der die weltlichen Herren aufrief, die überfällige Reform endlich mit Waffengewalt in die Hand zu nehmen. Er auf alle Fälle habe dem Bischof von Glasgow und der schottischen Klerisei den Krieg erklärt.

Die Kurie behielt den Wiclifismus im Auge. Sie ließ auch Hus nicht mehr fahren. Der Prozeß wurde mit größter Hartnäckigkeit weiterverfolgt. Kardinal Odo Colonna, der spätere Konzilpapst von Konstanz, Martin V., hatte die Sache übertragen erhalten. Er ließ sich durch nichts beirren. Das Gutachten eines Gremiums von drei international bekannten Professoren aus Bologna, Paris und Oxford war sehr vorsichtig und zurückhaltend abgefaßt: Die Bücherverbrennung wurde von den Gelehrten mißbilligt, es seien doch auch wertvolle und wissenschaftlich bedeutende Schriften darunter gewesen; höchstens einige bestimmte Sätze könnten beanstandet und untersagt werden. Damit hätte das Verfahren sein Ende finden können. Es ging weiter. König Wenzel und seine Gattin verwandten sich nachdrücklich für ihren Magister; ohne Erfolg. Die Prager Universität desgleichen; beiseite gelegt.

Hus appellierte, in der gleichen Formel, die Luther später verwandte, »von dem schlecht Unterrichteten an den besser informierten Papst«. Er sandte seinen Freund, den Juristen Jesenitz nach Italien, seine Angelegenheit zu vertreten. Der Bann Zbyneks war vom Kardinal bestätigt, Hus vorgeladen. Seine Freunde und Anhänger sammelten dafür Geld, denn Verfahren an der Kurie waren bekanntermaßen teuer. Der Erzbischof brauchte nicht zu sammeln, er schickte aus seinen Vorräten ansehnliche Geschenke, Pferde, Juwelen; Papst Johann XXIII. selbst war nicht unzugänglich. Wegen Nichterscheinens vor der Kurie wurde der Bannspruch nun gültig gemacht. Der Erzbischof ließ ihn unter Glockengeläut verkünden. Hus predigte weiter.

Die Sache wurde in Rom weiterverfolgt und ging von einem Kardinal an den anderen; der bedeutende Kanonist Zabarella, der dann zu Konstanz eine führende Rolle spielen sollte, hatte keine rechte Lust, sich damit zu beschäftigen; ein anderer Ankläger, der hartnäckigste von allen, befaßte sich mit dem Fall; das war ein aus Böhmen, wie es hieß, nach Unterschlagungen geflüchteter deutscher Kleriker Michael, wegen seiner vielen Tätigkeit in Prozessen »de Causis« genannt, der Prozeß-Michael. Zeugenaussagen aus Prag über

Äußerungen Hus', zurückreichend bis in seine Studentenzeit, wurden gesammelt.

Hus predigte weiter, ohne den Bann zu beachten. Er veranstaltete an der Universität eine große und öffentliche Disputation, um der Weltöffentlichkeit gegen alle Gerüchte im Ausland zu beweisen, daß das wissenschaftliche Leben zu Prag nicht etwa zurückgegangen sei: »Die Neider, die uns anbellen, sollen uns nicht verleumden dürfen!« Er brachte über fünfzig Redner zusammen, meist jüngere Dozenten; unter den Älteren bildete sich bereits einen Gegenpartei. Wyclif wurde nochmals und ausdrücklich verteidigt, Jakoubek als der radikalste führte scharfe Angriffe auf den Bilderdienst, die üppige und ungehörige Kirchenmusik, das Überhandnehmen von Zeremonien. Zum Abschluß des fast eine Woche dauernden Redefestes wurde das glorreiche Prag gefeiert mit starker und stolzer nationaler Note.

Wenzels Krieg mit dem Erzbischof nahm eine neue Wendung: Der König ließ, als Zbynek weitere Verhaftungen vornahm, nochmals verschärft die Zahlungen an das Domkapitel, dazu an Pastoren der Pfarrkirchen, einstellen. Zbynek exkommunizierte daraufhin die ausführenden Beamten; da ritt Wenzel persönlich auf den Hradschin, beschlagnahmte den Domschatz und ließ ihn in seinen Tresor Karlstein überführen.

Als empfindlichste Maßnahme jedoch befahl er eine Generalvisitation aller kirchlichen Institutionen im Lande, die Klöster eingeschlossen. Visitationen waren an und für sich löblicher Brauch, vorgesehen von der Kirche, selten allzu streng gehandhabt. Wenzel führte eine peinliche Neuerung ein: Weltliche Beamte sollten die Prüfung vornehmen. Das Resultat, soweit es bekannt wurde, war katastrophal; es stellte eine quasi amtliche Bestätigung der Vorwürfe dar, die Hus und andere erhoben hatten, und so war es auch gemeint. Die These Wyclifs, daß die weltliche Macht berufen sei einzugreifen und den Klerus zu strafen, wenn er fehlbar würde, wurde nun auch außerhalb des Hörsaals und der theoretischen Diskussion exemplifiziert.

Es blieb nicht bei amtlichen Maßnahmen. Die Bevölkerung beteiligte sich. Es wurde geplündert, einige Pfarreien gingen in Flammen auf. Man trieb die Priester, die mit Konkubinen vorgefunden wurden, nackt mitsamt den Weibern zum Pranger und stellte sie dort aus. Andere wurden aus den Städten verjagt; einige sollen ersäuft worden sein.

Der Landtag stimmte allen Maßnahmen Wenzels zu; ein Zeichen dafür, wie weit hinauf der Antiklerikalismus reichte. Der Erzbischof glaubte noch, seine Burg verteidigen zu können: Er verhängte das große Interdikt über Prag und Umgebung. Die ehemals so gefürchtete Waffe, die nicht nur jeden Kirchendienst verbot, sondern auch Verträge und Handelsabschlüsse, die eine Stadt wirtschaftlich ruinieren konnte und selbst das mächtige Florenz noch einige Jahre zuvor niedergezwungen hatte, war stumpf geworden. Der König untersagte die Beachtung und ging gegen widerspenstige Geistliche vor. Nach zwei Wochen mußte Zbynek wieder einen Waffenstillstand abschließen und sich einem Schlichtungsausschuß unterwerfen.

Dieser entschied, unter Hinzuziehung befreundeter Fürstlichkeiten: Der Erzbischof fügt sich dem König, hebt das Interdikt auf und auch den Bann gegen Hus. Er erklärt dem Papst feierlich, daß in Böhmen keine Ketzerei besteht. Der König wird die Einkünfte wieder freigeben und beschlagnahmten Besitz zurückerstatten. Hus jedoch hat sich der Kirche zu unterwerfen und entsprechend an den Papst zu schreiben sowie an die Kardinäle, die seinen Fall behandeln.

Er tat das, bekannte sich als korrekt gläubig und bestritt die Vorwürfe, die ihm gemacht waren. Zum Schluß hieß es: Er sei nun völlig ausgesöhnt mit dem Erzbischof. In seinem Schreiben an die Kardinäle erinnerte er daran, daß er sie doch anerkannt hätte, während Zbynek noch zu Papst Gregor hielt.

Der Erzbischof unterzeichnete nicht. Wenzel ließ sich von ihm nicht sprechen. Zbynek floh erneut, diesmal zum Bischof Johann von Leitomischl, »der Eiserne« genannt, einst sein Gegner und Konkurrent um den Sitz des Primas. Von dort schrieb er an den König: In Prag werde weiter Ketzerei und Hetze gegen die Kirche betrieben, womit er Hus meinte; der Kirchenbesitz werde noch immer zurückbehalten, das Schreiben an den Papst ginge gegen seine Ehre und sein Seelenheil. Er sei seines Lebens nicht sicher in Prag und müsse sich deshalb in den Schutz König Sigmunds nach Ungarn begeben.

Auf der Reise dorthin starb er plötzlich, ein noch jugendlich rüstiger Mann Mitte dreißig, vergiftet, wie die Zeitgenossen annahmen, oder ermordet.

Um die Nachfolge des höchsten Postens im Lande entspann sich ein Wettbewerb unter zwei Dutzend Kandidaten. Wie seit langem üblich, war es eine Art Auktion. Das Höchstgebot gab ein reicher alter Gelehrter, Doktor Albik ab, Mediziner, Universitätsprofessor, kultiviert, ängstlich und theologisch so wenig bewandert wie sein Vorgänger; die Priesterweihe wurde erst nach der Wahl in aller Eile nachgeholt. Albik empfahl sich außerdem, weil er in besten Verhältnissen zu Wenzel stand, den er als Leibarzt nach dem bekannten Vergiftungsversuch geheilt hatte, allerdings nicht von der entzündeten Leber und dem unstillbaren Durst. Man erhoffte sich allgemein eine Entspannung.

In Rom hatte man andere Pläne. Wenzel war dort unwichtig geworden, nachdem er seine Dienste getan beim Konzil zu Pisa. Sigmund war der kommende Mann, er hatte sich durchgesetzt als nunmehr einziger römischer König und künftiger Kaiser; Papst Johann XXIII. hielt sich an ihn. Er wußte, wie schlecht sich Sigmund mit seinem Bruder stand und wie schwächlich sich Wenzel gegen die Intrigen des Jüngeren wehrte. Er hatte daher keine Bedenken, Wenzel Schwierigkeiten zu machen. Der Prozeß gegen Hus wurde weiter betrieben. Michael de Causis führte eine juristische Sonderfehde gegen den mutigen und kenntnisreichen Anwalt Hus'; auch da ließ sich der Ketzervorwurf verwenden. Jesenitz wurde wegen »Begünstigung« der Ketzerei Hus' durch Kardinal Colonna in den Kerker gesteckt; er entfloh und konnte nun bequem wegen »Nichterscheinens und Ungehorsams« verurteilt werden. Auch Jesenitz ist diese Exkommunikation auf dem Fuße nachgefolgt, jahrelang, zuweilen in vorsichtigem Abstand, dann wieder hart auf der Spur, um zuzupacken. Die Konsequenz, mit der die Kurie solche Anklagen betrieb, hat nahezu etwas Imposantes; wir müssen sie kontrastieren mit der Leichtfertigkeit und Gewissenlosigkeit in den großen Problemen der Zeit. Man hatte gewissermaßen zwei ganz verschiedene Ketzerklagen und Bannsprüche mit gleichem Wortlaut. Gegen Päpste, wie in Pisa von der Majorität der Kardinäle erlassen, galten sie nur als Warnung und Druckmittel; von den streitenden Päpsten gegenseitig auf die gleichen Kardinäle geschleudert, oft mehrmals, blieben sie nur ein flatternder Fetzen Papier, der kaum noch registriert wurde. Ketzerei hieß da nicht mehr als derzeit unerwünschte Parteinahme;

von irgendwelchen Glaubensproblemen konnte niemand sprechen, selbst wenn er die alleräußerlichsten Definitionen des Wortes Glauben zugrunde legen wollte; alle Beteiligten waren unantastbar orthodox. Anders mit solchen Angeklagten wie Wyclif oder Hus. An denen haftete der einmal ergangene Spruch unablösbar, wie ein character indelebilis. Er konnte jederzeit wieder aufgenommen, verschärft, schließlich bis zur Exekution getrieben werden; es war immer jemand da bei der Kurie, der dafür sorgte, im Falle Hus der unermüdliche Michael de Causis, der noch in Konstanz um die Zelle des Todgeweihten schlich, voll Besorgnis, der Mann könnte ihm entkommen.

Papst Johann XXIII. hatte in Rom seine Sorgen. König Ladislaus von Neapel, Parteigänger Gregors, bedrohte ihn. Der Bann half in solchen Fällen nicht. Johann erließ das Aufgebot zu einem Kreuzzug gegen Ladislaus. Der Ablaß war zwar durch die Praktiken seiner Vorgänger schon reichlich entwertet, aber Johann konnte noch immer auf große Einnahmen hoffen. Ein Kreuzzugsablaß, wenn er erfolgreich sein sollte, war eine sehr umfangreiche Finanztransaktion. Die Banken mußten herangezogen werden, und Johann erfreute sich vorzüglicher Verbindungen zum aufsteigenden Haus Medici in Florenz und anderen Firmen. Legaten und Delegierte für die verschiedenen Länder waren zu ernennen, diese wiederum hatten Kommissionäre zu beauftragen, bis hinab zum Kleinverkauf durch Gastwirte. Die meisten Länder lehnten Teilnahme ab.

In Böhmen aber wurde der Appell an den Glauben und die Zahlungsbereitschaft der Gläubigen aufgenommen. Versprach die Bulle doch »Vergebung aller Sünden, die von Herzen bereut werden und die gebeichtet worden sind für jeden, der das Kreuz nehmen, auf eigne Kosten ins Feld ziehen oder einen Söldner ausrüsten und für einen Monat unterhalten würde«. Gegen Ladislaus erging der große Bann als Ketzer und Verschwörer gegen die Kirche; selbst falls er absolviert werden sollte auf dem Totenbette, wäre ihm auf alle Zeiten kirchliches Begräbnis versagt. Johann vergaß nicht nochmals den Fluch gegen »jenen Angelo Corrario« zu schleudern, »der sich gotteslästerlich Gregor XII. nennt«.

Sein Legat für Böhmen war ein Passauer Domherr Tiem, der zusammen mit einem italienischen Prälaten in Prag einzog. Er brachte neben der Kreuzzugsbulle das Pallium für Erzbischof Albik, nach anderen umständlichen Finanzverhandlungen über die Bestätigungsgebühren an die Kurie erlangt. Er konnte ferner König Wenzel eine erhebliche Beteiligung an den Ablaßgeldern zusichern – eine recht übliche Maßnahme, um sich die Mitwirkung eines Landesherrn zu sichern. Sie hatte hier die Folge, daß Hus die Protektion seines Königs verlor, als er gegen den Ablaß auftrat.

Die beiden Legaten zogen festlich in Prag ein: unter Trommelwirbel wurde die Bulle verkündet. In drei großen Kirchen stellte man die schweren, mit Eisenbändern beschlagenen Truhen für die Ablaßgaben auf. Domherr Tiem, ein erfahrener Geschäftsmann mit einem Dutzend ergiebiger Pfründen, denen er seine Verwaltungskenntnisse verdankte, verteilte über die ganze Stadt seine Bezirke und Kommissionen. Die Abrechnung war schwierig, da auch Waren bei Mangel an Bargeld angenommen wurden; was die Kommissionäre und Ablaßverkäufer für die Gaben versprachen, wurde erst recht im unklaren gelassen. Hus führte darüber bittere Klage: Man habe selbst die Beichte dazu benutzt, möglichst hohe Einnahmen zu erzielen. Die Absolutionsformel, die bei der Sündenlossprechung verkündet wurde, sei inkorrekt, leichtfertig und mit schweren theologischen Irrtümern belastet; er stritt sich darüber mit seinem früheren Studienfreund Paletsch, der zugab, daß solche Mißgriffe vorkämen. Sie seien jedoch nur Schuld der Kommissionäre; in der Bulle des Papstes seien sie nicht enthalten.

Der scheinbar kleinliche Punkt, angesichts des sonstigen Skandals des ganzen Unternehmens, hatte seine Bedeutung: Die Wege Hus' und der Universitätsprofessoren trennten sich. Die gesamte theologische Fakultät nahm gegen ihn für den Papst Stellung, als er ein großes Kolloquium einberief, um den Fall zu debattieren. Paletsch als Dekan wollte die Zusammenkunft überhaupt verbieten; Hus rebellierte nun auch gegen seine bisherigen akademischen Mitstreiter im Kampf um die Prager Hochschule. Er ließ Plakate anschlagen, das Kolloquium fand statt, mit vielen Studenten, Magistern, Professoren, tiefgründigen Deduktionen und leidenschaftlichem Geschrei. Die theologischen Details kreisten – wie später im ähnlich gearteten Falle Luthers – vor allem um die Frage, wieweit die Bulle des Papstes »korrekt« gewesen sei in ihrem Anspruch, der Papst könne den Ablaßnehmern ihre Sünden vergeben oder nur Strafen erlassen. Wieweit die Ablaßverkäufer dann bei der Anpreisung ihrer Waren gingen und was sie da alles versprachen, galt als unerheblich für die Verteidiger des Handels. Es ging um Praxis und Theorie. Die Professoren, mit Paletsch an der Spitze, vertraten kurz und knapp den Standpunkt, man habe nicht zu kritisieren. »Der Papst hat die Bulle erlassen, wir haben sie nicht zu erläutern. Die Kirche kennt den Ablaß, wir haben nicht seine Bedingungen im einzelnen zu untersuchen.«

Hus sprach lange, mit vorbereitetem Text, in drei Abteilungen. Er schied sich nicht nur von seinen bisherigen Universitätsgenossen; er trat ganz entschieden den Schritt aus der Kirche hinaus, so wie sie sich ihm präsentierte. Sein eigner Kirchenbegriff spielte dabei wesentlich mit: Nicht der Papst ist das Haupt der Kirche, sondern Christus. Nicht der Papst kann Sünden vergeben; das ist ausschließlich Gott vorbehalten. Der Priester kann nur als dienendes Glied absolvieren, unter der Einschränkung, daß dem, der bereut und gelobt, künftig nicht mehr zu sündigen, Gott vergeben wird.

Schärfstens wendet er sich gegen die mehr aktuelle Frage des Aufrufs zum Krieg unter dem Kreuzeszeichen. Krieg ist Sache der weltlichen Herrscher, sie allein können dabei Gehorsam beanspruchen. Krieg darf überhaupt nur zur Verteidigung des Glaubens geführt werden, nicht zu weltlichem Gewinn. Er soll mit Mäßigung unternommen werden: Sein Ziel sollte sein, den Gegner zu gewinnen und sich zum Freunde zu machen. Papst und Klerus dürfen überhaupt nur mit dem Schwert des Geistes fechten, mit Gebet und Ruf zur Einigkeit. Kann der Papst es verantworten, den Tod von Unschuldigen herbeizuführen, Kriegslöhnung unter dem Zeichen des Kreuzes aufzubringen? Den Menschen Sündenvergebung zu versprechen für Totschlag an ihren Mitchristen? Der Papst soll Christus folgen: »Mein Reich ist nicht von dieser Welt.« Wenn er Unrecht befiehlt wie hier, muß man ihm den Gehorsam verweigern. Die Bulle ist nur dazu bestimmt, Geld zusammenzuraffen.

Wütender Widerspruch der Professoren; man beschimpft sich.

Hus kommt vom Disputationsstil noch nicht los: Blasphemie sei es, zu beanspruchen, daß die Sündenvergebung im Namen des Papstes erfolgen könne. Wenn ihm solche Macht gegeben ist, so erklärt er mit einer These (die in Luthers 95 Thesen wiederkehrt und offenbar lange umging), warum wird dann nicht mit dem Ablaß das ganze Fegefeuer auf einmal ausgeräumt? Und wenn der Papst solche Gewalt besitzt, weshalb sollen nur die sie erfahren, die seinen Ablaß kaufen? Könnte er nicht alle retten? Er gibt das Beispiel: Ein hartgesottener Sünder bereut zum Schein, nimmt den Kreuzzugsablaß, erhält vom Papst volle Sündenvergebung, und seine Seele geht nach dem Tode stracks in den Himmel ein. Der andere aber, nach einem rechtschaffenen Leben, soll in die Qualen des Fegefeuers wandern, nur weil er den Ablaß nicht gekauft hat? Wäre das die göttliche Gerechtigkeit? Das Fazit: Die Bulle ist eine Lästerung und zu verwerfen!

Erneuter und noch schärferer Widerspruch der Professoren; es ist bemerkenswert, wie schwach Hus' Anhang bei dieser Gelegenheit war. Sein Freund Hieronymus erst rettete die Sitzung. Er extemporierte »nach italienischer Manier« (wie man das nannte), sprach nicht nach dem Konzept, sondern feurig ausfahrend und ausfallend. Er rief zur Aktion auf: »Vorwärts, wir ziehen zum Rathaus und werden den Handel stoppen!« Der Rektor, als Verhandlungsleiter, hielt ihn mit Mühe zurück und warnte: »Es geht um deinen Kopf, Hieronymus.«

»Nun gut«, antwortete Hieronymus mit Worten, die sich dann als prophetisch erwiesen, »um *deinen* Hals geht es doch nicht – ich halte *meinen* hin!«

Das Ende der stürmischen Versammlung war, daß die Studenten ihn in großem Zug in seine Wohnung brachten, das Äquivalent zum später erst üblichen Fackelzug. Die Unruhe griff auch auf Kreise über, die sehr bürgerlich, sogar sehr aristokratisch waren. Der Günstling Wenzels, Baron Woksa von Waldstein, tat sich mit den Studenten zusammen. Spottlieder und Hohngesänge waren bereits wieder an der Tagesordnung. Der Ablaßhandel, ohnehin durch Marktschreierei auf den Plätzen, wilde Zurufe, Streit mit den Händlern und Priestern zu einem wüsten Rummel entartet, wurde durch einen parodistischen Umzug lächerlich gemacht. Auf einem Wagen, begleitet von Studenten mit Schwertern und Knüppeln, saß in der Maske des Delegaten Tiem ein Scholar, neben ihm eine Hure, die Abschrift der Ablaßbulle um den offenen Hals gehängt. Man zog durch die halbe Stadt zum Pranger, stellte eine offene Kiste als Ablaßtruhe daneben, warf Abfälle und Kot hinein und verbrannte die Bulle unter Hohngesängen auf den Papst.

Wenzel, der selbst Späße solcher Art liebte, schritt dagegen nicht ein; er weilte übrigens wieder auf einem seiner Jagdschlösser. Er berief nun, als immer weitere Auftritte gemeldet wurden, die Ratsherren der drei Prager Städte zu sich und befahl: Schluß mit den Schmähungen des Papstes und Widerstand gegen von mir genehmigte Bullen. Ruhe und Ordnung in der Stadt, bei Todesstrafe für Friedensbrecher. Der Universität hatte er Anweisung gegeben, die Professoren sollten den Streit mit Hus beenden und ihm lediglich etwaige Irrtümer in der Ablaßfrage nachweisen. Sie taten das mit umfassender Verdammung der Wyclif-Artikel. Der Umfall war vollständig. Stanislaus und Paletsch, die ehemaligen Vorkämpfer für den Engländer, nahmen die Führung bei seiner Verurteilung; eine Begründung für ihre Kehrtwendung brauchten sie nicht zu geben. Die Liste genügte, sie wurde noch um einige Thesen erweitert, die sie mühelos hinzufügen konnten, denn sie hatten die Ketzerschriften gründlich gelesen. Außerdem beschuldigten sie Hus, er predige Aufruhr auch in Schulen und an anderen unzulässigen Orten; er verleumde die Universität vor dem Volke; sie untersagten daher Teilnahme an all solchen Versammlungen. Schließlich setzten sie ein ausdrückliches Bekenntnis auf: »Wir glauben wie unsere Väter und die gesamte Christenheit seit Hunderten von Jahren, daß der Papst volle Vergebung aller Sünden erteilt, wir glauben ferner, daß er die Gläubigen, wenn es not tut, zur weltlichen Verteidigung der Stadt Rom und der Kirche aufbieten kann.« Wenzel übernahm das Urteil und gab es als Befehl aus, nunmehr jede wiclifitische Diskussion zu unterlassen.

Der Ablaß wurde damit nicht populärer. In den Kirchen erhob sich Widerspruch, wenn für ihn geworben wurde. Hus protestierte unentwegt von seiner Bethlehemskanzel. Die Magistratsherren wurden unruhig. Es gab täglich neue Szenen. Drei junge Männer, Handwerker, hatten sich abgesprochen in drei verschiedenen Kirchen, dem Dom darunter, gegen die Ablaßpredigt zu protestieren. Auf ihre Zwischenrufe hin wurden sie ergriffen, blutig geprügelt, ins Rathaus geschleppt und wegen Widerstands gegen die öffentliche Gewalt zum Tode verurteilt. Der Magistrat kündigte, um ein warnendes Beispiel zu geben, für den nächsten Tag die Hinrichtung vor allem Volke auf dem Ring an.

Hus begab sich am frühen Morgen mit einer Schar von Studenten und Magistern zu den Ratsherren und bat um Schonung: »Ich bin der Schuldige, wenn hier jemand schuldig ist.« Inzwischen war eine drohende Menge um das Rathaus angewachsen. Die Magistratsherren versprachen ihm, es würde den Gefangenen nichts geschehen, er möge die Menge doch beruhigen. Hus, vertrauend auf die Zusicherung, tat das. Man vertraute ihm auch. Die Menge verzog sich, Hus ging zurück in sein Bethlehem.

Die Ratsherren gaben dem Büttel Befehl, die Gefangenen unverzüglich zum Richtplatz zu führen. Wieder sammelten sich drohende Scharen. Der kommandierende Magistratsherr, nun völlig kopflos, ließ die Gefangenen sofort und auf der Stelle enthaupten. Der Henker waltete seines Amtes. Die Menge schwoll an. Der Henker schrie: »Jeder wird geköpft, der rebelliert!« Aufgeregte drängten sich heran: »Wir sind bereit, schlagt zu!« Die Büttel packten sie. Sie ließen sich ohne Widerstand ins Rathaus abführen und einsperren. Eine Frau trat aus einem der nächsten Häuser herzu und warf ein weißes Leintuch über die Toten. Eine Schar von Studenten unter Führung eines jungen Magisters traf ein. Sie nahmen die Leichen auf, der Ratsherr und seine Büttel wichen zurück. Ein feierlicher Leichenzug formierte sich schweigend. Er ging zur Bethlehemkapelle. Immer mehr Menschen schlossen sich an. Gesänge wurden angestimmt, die Hymne: »Diese sind die Märtyrer!«

Hus ließ die drei auf dem Grund seiner Kapelle bestatten mit allen üblichen Gebräuchen. Die Märtyrerhymne wurde wieder intoniert. Er hielt eine Festtagsmesse ab und feierte die Erschlagenen. Die bei der Hinrichtung neu Eingekerkerten wurden gefoltert. Neue drängten sich vor das Tor des Rathauses und protestierten an der Hinrichtungsstelle: Auch sie wurden eingesperrt. Der Rat, unter ständig bedrohlicher werdender Haltung der Bürger, wagte keine weitere Exekution. Der Kerker war überfüllt. Die Unruhe in der Stadt stieg an. Der Rat befahl, die Scharen von Martyriumsbereiten in aller Stille freizulassen, sie wurden hinausgetrieben, wehrten sich, die Büttel stießen sie vor das Tor: »Fort mit euch!« Sie blieben stehen, bis sie mit Stangen und Peitschen vertrieben wurden. Auf den Plätzen hörten die Straßenversammlungen mit Schreien und Drohungen gegen den Magistrat, die Kleriker, den Ablaß nicht auf.

Wenzel, dem die Ratsherren auf seinem Jagdsitz berichteten, um seine Instruktionen bittend, hatte einen seiner Jähzornanfälle: »Was fragt Ihr? Hinrichten, und wenn es Tausende sind! Euer Henker wird damit nicht fertig? Ich lasse Scharfrichter von außerhalb kommen!« Nach einigen Tagen besann er sich, vielleicht unter dem Einfluß der Königin Sophie. Es fanden keine neuen Exekutionen statt.

Der Aufruhr ging über in dumpfe Schwärmerei. Er nahm zuweilen fast weinerliche Züge an, besonders im Kreis der Frauen um die Bethlehemkapelle. In anderen Kreisen der Stadt schwelte unter der Decke eine gefährliche Wut. Der Magistrat erholte sich von seiner Verstörung und glaubte die Ordnung wiederhergestellt. Aber die Stadt hatte sich noch deutlicher geteilt als zuvor: Das Altstadtrathaus mit seinen deutschen Ratsherren war nun neben der Zitadelle der Domherren das zweite Zentrum, um das erbitterte Gedanken kreisten.

Die Aufregung über den Ablaß sank aus anderen Gründen in sich zusammen; die Werbung wurde allmählich eingestellt. Nicht freilich wegen der Proteste: Papst Johann hatte sich, noch ehe seine Kreuzfahrer ausziehen konnten, mit Ladislaus von Neapel verständigt. Seine Söldner brachten den Neapolitanern eine Schlappe bei. Ladislaus gab, wie schon so viele vor ihm, den immer aussichtsloseren Gregor auf und trat zu Johann über. Der furchtbare Bannfluch wurde hinfällig. Die ganze Kampagne mit dem altehrwürdigen Namen eines Kreuzzuges hatte einige Monate gebraucht. Sehr viel länger dauerte es, ehe über die Verteilung der eingesammelten Ablaßgelder entschieden werden konnte. Es kam dabei noch zu unangenehmen Auseinandersetzungen, Vorwürfen und Anklagen; Fragen der theologischen Korrektheit waren nicht im Spiel.

Über all diesen Unregelmäßigkeiten wurde der unerbittlich reguläre Gang des Prozesses gegen Hus bei der Kurie nicht vergessen. Er erhielt durch die Berichte aus Prag neuen Auftrieb, Michael de Causis erhielt Zuzug durch einen böhmischen Landsmann, der an dem von Johann XXIII. in aller Hast einberufenen und sonst sehr schwach besuchten Konzil teilnahm. Man hätte dort die großen brennenden Probleme der Union lösen sollen; dazu blieb keine Zeit. Es wurde nur nochmals die Verdammung Wyclifs proklamiert, um der Welt ein Zeichen zu geben, wie bemüht man war, über die Reinheit der Lehre zu wachen. Und nun sollte auch das jahrelang hingezogene Verfahren gegen Hus zum Abschluß gebracht werden; das Aktenstück war bereits beim vierten der Kardinäle gelandet. Er griff rasch zu und erließ den verschärften, den großen, den schweren Bann gegen den Böhmen. Auch jetzt noch war von einem eigentlichen Ketzerprozeß nicht die Rede: Ungehorsam, Nichterscheinen nach Vorladung vor die Kurie war das Vergehen. Es war wie üblich formell eine Bannandrohung mit nochmaliger Zitation: Falls er nicht innerhalb von zwanzig Tagen erscheinen sollte, würde über Prag oder jeden anderen Aufenthaltsort das Interdikt ausgesprochen.

Die Bannbulle reiste nach Prag; Hus hatte von ihr erfahren und hoffte, der König würde ihre Verkündigung untersagen. Wenzel, der sich so eifrig während des Prozesses für ihn eingesetzt hatte, war verärgert über den langen Streit, die Unruhen, die kein Ende nahmen. Er dachte nicht daran, noch einen Schritt zu tun. Der Erzbischof Dr. med. Albik war bereits damit beschäftigt, seinen Rücktritt einzuleiten, und verhandelte über einen Nachfolger und dessen Angebote. Er war seines Postens herzlich müde. Seinen Rückhalt an der Universität hatte Hus größtenteils verloren. Der große Bann wurde bei der Kirchenversammlung verlesen, mit den üblichen Zeremonien: Glockengeläut aller Kirchen, Anzünden und Zu-Boden-Werfen der Bannkerzen, mit denen der Angeklagte symbolisch ausgelöscht werden sollte, und Steinwürfen in die Richtung seiner Wohnstätte. Jeder Umgang mit ihm war hinfort verboten, das Reichen von Speise, Trank, Feuer oder Wasser, Beherbergung, auch nur Gespräch mit ihm. Jeder Kirchendienst an einem Ort, wo er sich aufhalten sollte, wird eingestellt und bleibt noch drei Tage unterbrochen nach seinem Fortgang. Im Falle seines Todes erhält er kein Begräbnis; sollte er doch bestattet werden, wird die Leiche exhumiert.

Hus antwortete mit einem letzten nochmaligen Appell, diesmal, da jeder offizielle Instanzenzug beendet war, an Jesus Christus; kein wohlüberlegtes juristisches Dokument der Berufung, sondern zornig, bitter, ein Aufschrei gegen die Ungerechtigkeit des Verfahrens. An den höchsten und »gerechtesten Richter« wendet er sich, »der von Furcht nichts weiß, den Geschenke nicht bestechen, den falsche Zeugen nicht täuschen können«. Hus schloß damit, daß er das Versäumnisurteil als ungültig ablehnte, und erklärte: Vor Gott sei er nicht aus der Christengemeinschaft ausgestoßen. »Ich, Johann

Hus aus Husinec, übergebe diese Verwahrung Jesus Christus, meinem Herrn, dem gerechtesten Richter, zum Urteil.«

Er verlas seinen Protest in der Bethlehemkapelle und fuhr fort zu predigen. Die nächste Bulle des Papstes Johann befahl, ihn gefangenzunehmen und die Bethlehemkapelle niederzureißen.

Der Befehl zur Gefangennahme wurde nicht befolgt; der Erzbischof war intensiv mit seinen Übergabeverhandlungen beschäftigt. Die Zerstörung der Bethlehemkapelle interessierte vornehmlich die Pfarrkinder der dicht anliegenden Kirche St. Philipp und Jakob, die ohnehin auf die tschechische Nachbarschaft erbittert waren und sie als Eindringen in ihren deutschen Sprengel ansahen; ihr Pfarrer Zeiselmeister war einer der schärfsten Gegner Hus'. Ein Mob, geführt von einem Tschechen Bernhard Chotek – der Parteienhaß ging stets noch über die nationalen Gegensätze hinaus –, stürmte in den Gottesdienst hinein, er wurde von den Bethlehemiten zurückgeschlagen.

Jetzt wurde aber das Interdikt über Prag und Umgebung verhängt, da der Angeklagte die Frist zur Reuebekundung hatte verstreichen lassen. Hus hoffte, die Maßnahme würde wie früher wirkungslos bleiben. Er glaubte, »sein Prag« müßte sich auf seine Seite stellen, der König könnte die Befolgung untersagen, wie er bereits einmal getan hatte. Nichts dergleichen geschah. Die Lähmung, die das Interdikt für allen Kirchendienst verfügte, ergriff die gesamte Bevölkerung mit geringen Ausnahmen. Es gab einige Widersetzlichkeiten, da oder dort wurde doch ein Verstorbener begraben, dem Gebot zuwider; es wurde gemurrt, gespottet, es gab einige Zusammenstöße und Prügeleien. All das war matt und zusammenhanglos. Vom Hofe Wenzels, mit wohlwollenden Ratschlägen von Gönnern umrahmt, erging der Befehl, Hus solle Prag verlassen. Die Stadt dürfe nicht auf das schwerste geschädigt werden; denn auch das Wirtschaftsleben litt, wie es Absicht eines Interdiktes war, das zugleich Handelssperre und Embargo sein sollte.

Hus beriet sich mit seinen Gehilfen im Gottesdienst an der Bethlehemkapelle. Auch sie rieten ihm zu gehen; er könne ja ab und zu im geheimen zurückkommen, ganz so streng würde die Aufsicht nicht sein, wenn der Bannfluch erst einmal aufgehoben war. Hus befragte seine Gemeinde: »Soll ich der Weisung des Königs folgen?« Sie antwortete im Chor, diesmal vermutlich leise: »Ja, tu's!«

Er ging, geschlagen, verstört, erschüttert. Zu Ende dieses Jahres 1412 – es blieben ihm noch drei Jahre bis zum Ende – stand der Fünfundvierzigjährige als fast völliger Verlierer da. Verloren die Universität, die Gunst des Hofes, der Einfluß auf die Stadt, die nächsten Freunde, die Mitarbeiter sogar zerstreut und mit eignen Gedanken und Plänen beschäftigt; die Bethlehemgemeinde klein und mutlos. Die Zahl der Feinde und Gegner angeschwollen und stark geworden, fast jubilierend über den Sieg, in festem Besitz aller wichtigen Stellungen.

Das weitere Land draußen, das er nur noch ungefähr von seiner frühen Jugend her kannte, eine ganz ungewisse Größe. Er wußte, er hatte Freunde und Anhänger, da oder dort. Er hatte geglaubt, ganz Böhmen sei bereits von der neuen Bewegung erfaßt. Dem Londoner Priester, der ihm einen Zuruf geschrieben, hatte er hoffnungsvoll geantwortet: »Du sollst wissen, lieber Bruder, daß das Volk nichts hören will als die Heilige Schrift, das Evangelium vor allem und die Briefe der Apostel. Und wo immer nur in einer Stadt unseres Königs, auf einem Dorfe, einer Burg, ein Prediger der heiligen Wahrheit erscheint, da strömt das Volk in großen Haufen zusammen; den Klerus verachten sie, der solches Gehör nicht findet.« Es mochte ihm nun so scheinen, als ob das alles Illusion gewesen, ein Blendwerk nach seinem Sprachgebrauch.

Es ist ein Zeichen für den Mann, daß er nicht aufgab. Das Exil – nicht zum ersten und nicht zum letzten Mal hat es eine solche Bedeutung gehabt – wurde für ihn zu einer neuen Lehrzeit, zur Schule der Konzentration seiner Gedanken, zu einer ungemein produktiven Epoche seines Lebens; in ihr formte sich erst der Hus, der eine große Bewegung bestimmte.

Das Exil

Hus zog umher, als Gebannter, dem nach dem Urteilsspruch Feuer und Wasser, Herberge und Nahrung versagt waren; dessen bloßer Aufenthalt den Ort, an dem er weilte, ebenfalls mit dem Interdikt bedrohte. Das wurde so wenig beachtet wie der Befehl zur Gefangennahme. Es war aber doch eine dunkle Gefahr, die ihm ständig über dem Haupte hing. Die persönlichen Gegner, seine früheren Genossen, ließen nicht nach bei der Ketzerjagd; Hus selbst hat für Paletsch, den hitzigsten, die Bezeichnung geprägt, er sei doch der »Leithund« der Meute gewesen, die beharrlich die Spur verfolgte.

Die persönlichen Feinde waren ausschlaggebend; in den höheren Kreisen der Kurie hatte man ihn über viel aufregenderen Dingen vergessen. Die bannschleudernden Päpste selbst waren nicht viel besser daran als der Verurteilte. Johann mußte im Umherziehen sein Amt ausüben, auch er wurde gejagt und aus Rom vertrieben. Gregor schleppte seine schon recht müden Gebeine durch halb Italien und fand nur an der Adriaküste in Rimini ein leidliches Asyl beim Malatesta von Rimini. Pedro de Luna-Benedikt schließlich war nur noch sicher auf seiner Felsenburg Peñiscola, auch dort nur, solange es dem spanischen König gefiel, ihn als Figur im großen diplomatischen Spiel zu benutzen. Zur gleichen Zeit konnten Hus' Gegner, Stanislaus und Paletsch, doch ganz unbekümmert um die Wirklichkeit ihm in ihren Streitschriften vorhalten, er zerstöre die heilige Ordnung der Kirche, und die Kirche, so hielten sie mit den radikalsten Kanonisten unverbrüchlich fest, sind der Papst und die Kardinäle. Man braucht nicht noch aufzuzeigen, welches Bild die Kardinäle abgaben, während das gesagt wurde.

»Die Kirche«, das wurde dann die Hauptschrift des Verfolgten unter vielen anderen, die er im Exil schrieb in einer schon rein physisch schwer vorstellbaren Produktivität und Aktivität. Er schrieb auch ab, exzerpierte, benutzte Gedanken und ganze Abschnitte aus Werken Wyclifs und anderer. Das Suchen nach Einflüssen, Vorgängern, Belegstellen, in der Ruhe des Gelehrtenzimmers mit reichlicher Bibliothek bequem auszuüben, wird leicht zum Hochmut gegenüber einem Gehetzten, der sich bald in der Nähe von Prag irgendwo aufhält, sich heimlich wieder in die Stadt wagt, versteckt in den Nebengebäuden seiner Bethlehemkapelle oder bei zuverlässigen Freunden, und der schließlich weit nach Süden ausweichen muß und in einer primitiven Burg in spärlich bevölkerter Gegend mitten im Walde eine Zuflucht findet. Von einem Studierzimmer dürfte auch da nicht viel zu sehen gewesen sein, auch schwerlich von vielen Büchern.

Die Vorgänger und Einflüsse haben trotzdem eingewirkt. Man könnte Hus vorwerfen, daß er oft zu sklavisch an ihnen hängt. Die Manuskripte brauchte er dazu nicht. Das Gedächtnis der Gelehrten von damals war von jung auf geschult in einem Ausmaß, das wir nicht mehr von weitem kennen; wenn ein Zitat nicht ganz wörtlich korrekt gebracht wurde, so störte das niemanden. Es stört nur heute, wenn man allzu genau vergleichen will und die Abweichungen überschätzt. Das Festhalten am einmal Ergriffenen und als »die Wahrheit« Erkannten wurde mit größter Konsequenz betrieben; Wyclif war für Hus »das Erlebnis« seiner Werdejahre gewesen und blieb es. Die Menschen hatten noch ein viel unmittelbareres Verhältnis zu geistigen Problemen und ihren Formulierungen: Sie empfanden eine These, einen Traktat noch mit biblischen Vorstellungen als »Offenbarung«, das »Wehen des Geistes« als Begnadung, auch als niederschmetternden Blitzschlag, der etwas anderes war als unser »Geistesblitz«. Einer seiner Mitstreiter, der Jakoubek, hat bei seinen Entdeckungen ausdrücklich für sich das Wort »revelatio«, Offenbarung, in Anspruch genommen. Es war dies ein entscheidender Zug bei der ganzen Bewegung: Man stellte solche Offenbarungen, solche Eingebungen des Heiligen Geistes dem Buchwissen, dem kanonischen Paragraphenwerk der Kirche gegenüber, das nur »Menschenwerk« sei, von irgendwelchen päpstlichen Juristen zu Pergament gebracht oder von Päpsten selbst dekretiert, die auch nur Menschen und oft genug sehr fehlbare waren. Man fühlte sich in dieser Haltung den frühen Christen näher. Die hatten auch keine kanonischen Gesetzwerke, keine Ausführungsbestimmungen und Verordnungen für den Glauben. Sie hatten die Bibel. Aus ihr sprach Gott zu ihnen ohne Umschweife und Zwischenglieder.

Frühchristentum also, die Bibel als einzige Autorität, das waren zwei der Hauptargumente, grundlegend für Haltung und Lehre. Beides war nicht »neu«, es wurde nur neu und leidenschaftlich wieder aufgenommen. Das »Zurück zur frühen Christenheit« war ein »endlich wieder«, ein Durchbrechen nach vorn und übrigens auch in naher Verbindung zu der Prophetie, daß nun endlich das wahre Reich des Geistes anbrechen würde. Frühchristentum hieß entscheidend: Armut, Abkehr von Besitz als Quelle allen Übels, der Sünde. Die radikalen Franziskaner hatten das schon vorgedacht und vorgelebt; ihr Andenken hielt sich noch sehr lebendig, so gründlich sie selbst vernichtet worden waren. Das ist sicherlich ein Einfluß und ein sehr mächtiger; er brauchte keine Thesen, außer der einen, und keine Textstellen. Armut, nicht als Mangel, Not, Bedürftigkeit oder Unterdrückung: als Gebot, als wünschenswertester, ja allein rechter Zustand für jeden, der es ernst meint mit der Nachfolge Christi. Brüderliche Gemeinschaft dabei, gegenseitige Hilfe, Teilung dessen, was jeder hat, mit den anderen. Vergesellschaftung der Produktionsmittel ist etwas anderes; an Produktion, geschweige starke Steigerung der Produktion durch sozialen Zusammenschluß war schon deshalb gar nicht gedacht, weil Probleme der Produktion noch unbekannt waren, zumindest für die Gläubigen ernster Richtung. Die Armut als Ideal, das gewollt, das gefordert wird, ist heutigen Menschen unverständlich; es wäre aber voreilig, sie als eine heuchlerische Propaganda der kirchlichen Hierarchie zu deuten, das bekannte »Opium für das Volk«, das damit niedergehalten werden soll. Das entspricht späteren Entwicklungen, für die sie gelten können. Damals ist bewußte Armut kein Zwang; Zwang vielmehr das Verbot der Hierarchie, sie leidenschaftlich zu bekennen, und die Auflehnung gegen solche Verbote hat alle Züge der Rebellion, als welche sie auch von den Autoritäten empfunden wurde.

Für Hus freilich war Armut bereits etwas anderes als für die Franziskaner oder Waldenser. Man könnte vielleicht sagen, daß er sie eher als »Schlichtheit« verstand, einfaches Leben; grob asketische Züge sind bei ihm nicht zu finden. Im Gegenteil: Er ist mißtrauisch gegen sie wie gegen alles Übertriebene im Glauben, gegen Wunder, Verzückungen, fromme Raserei, als »Götzendienst«. Wenn er gegen Pomp und Luxus wettert, und vor allem des Klerus, so folgt er darin nicht nur Wyclif, sondern einem ganz allgemeinen Zug der Zeit: Sünde ist solche Verschwendung, sie entzieht den Mitmenschen wertvolle und wichtigere Güter; wir erleben eine neue Welle des Aufstandes gegen Verschwendung. Im übrigen liegen ihm Gedanken einer grundlegenden sozialen Neuordnung noch ziemlich fern; sein Vorstellungskreis ist von der ständischen Ordnung bestimmt, in der er aufgewachsen ist. Wir werden sehen, wie stark sich das selbst bei den viel radikaleren Nachfolgern bemerkbar gemacht hat. Sein Eintreten für die Armen, die Unterdrückten, entschieden genug, radikal genug, verhaßt und verdächtig genug bis zu seinem Todesurteil, geht hauptsächlich aus von seinem Gefühl für Gerechtigkeit: Er sieht Unrecht, Willkür, Anmaßung, am schlimmsten da, wo sie sich in geistliches Gewand kleidet. Ein »Sozialmodell« besitzt er nicht, eine Konzeption für die Änderung der sozialen und politischen Verhältnisse läßt sich bei ihm ebenso wenig erkennen wie bei seinen Zeitgenossen. Er legt nur die Maßstäbe moralischer Forderungen, so wie die Bibel sie ihm darbietet, an die Institutionen und ihre Repräsentanten seiner Gegenwart. Die Kirche, die Hierarchie wird als besonders schwer belastet verurteilt, weil sie die schwersten Lasten auferlegt und weil sie die höchsten Ansprüche erhebt, als Richter zu gelten in Fragen des Gewissens wie des täglichen Lebens.

Hus ist Theologe; er ist auch, nicht selten ermüdend, Dozent und Professor. Im Streit um seinen Kirchenbegriff, um die Stellung des Papstes und die Frage, woher dessen Autorität denn »historisch« stamme, steht er nur in der breiten Phalanx der Zeitgenossen und Vorgänger ähnlichen Kampfes. In der Betonung der These, daß die weltliche Macht berufen ist, auch den Klerus zu regieren, folgt er Wyclif, und dieser wiederum formuliert nur, was so ziemlich in allen größeren Ländern Wunsch und Praxis der Herrscher geworden war, am ehesten bei denen, die sich die »allerchristlichsten« titulierten.

Neu aber und weit voraus war er darin, daß er dieses Erstarken des Laientums nicht auf die weltlichen Autoritäten beschränkt sehen wollte. Der Laie, der einfache Gläubige, ist für ihn das Wesentliche. An ihn wendet er sich, nicht so sehr mit theoretischen Formulierungen, sondern in der Praxis, in der Predigt. Predigt ist sein Element und auch seine Begabung. Freie Predigt wird eine der Kardinalforderungen der Hussiten und ihrer Nachfolger im nächsten Jahrhundert. Sie ist die stärkste Kraft der Bewegung, schon dadurch, daß sie so »flexibel« ist, wie man sagen kann. Sie hat keinen festgelegten Ritus, keine vorgeschriebene Form und Fassung. Sie kann Dialog mit den Hörern sein, wie in seiner Bethlehemkapelle geübt, zornige Anklage, Aufreizung zum Widerstand, Mahnung zur Buße. Sie vollzieht sich Auge in Auge, sie ist nicht ein »von oben nach unten«, sondern ein Austausch gleichberechtigter Kräfte. Hus hat das nicht so formuliert, aber er hat es praktiziert.

Predigten, eine Postille über das ganze Jahr, sind denn auch das lebendigste Werk dieser beiden Exiljahre. Es ist bezeichnend, daß er sich dabei seiner Muttersprache bedient und daß er sie kräftiger und frischer handhabt als je zuvor. Er ist viel umhergezogen in dieser Zeit, er hat Menschen vieler Gegenden kennengelernt, das etwas sektiererisch Eingeschlossene seiner Bethlehemkapelle mit den vielen anbetenden Frauen fällt von ihm ab. Er predigt im Freien, auf Wiesen, am Waldrand, in Dörfern, auch auf den Burgen des Adels, der zu seinen entschlossensten Anhängern gehören wird, als der Kampf um sein Leben beginnt. Die Predigt im Freien wird dann zum Kennzeichen für die Revolution. Das Unerhörte solchen Treibens, der Widerspruch gegen jeden Brauch und jede erlaubte Handlung, läßt sich leicht verkennen. Der Gebannte war in der Tat ein Aufrührer und Rebell, wie man ihn seit langem nicht gesehen. Sein Ungehorsam wurde nicht bestraft. Er fand weiten, nunmehr über ganze große Teile des Landes sich ausdehnenden Anhang, Zuspruch, Gefolgschaft.

Man kann das einschränken oder auch lokalisieren. Es ist mit Recht beobachtet worden, daß die Gegenden, in denen er besonders intensiv gepredigt hat, dann die Zentren seiner radikalen Nachfolger, der Taboriten, wurden. Man kann noch weiter reduzieren und darauf hinweisen, daß die Bewegung ohne ihn und schon zu seinen Lebzeiten sehr viel radikalere Zweige entwickelte und andere Wege ging, als er sie vorgezeichnet hatte. Dabei setzt man freilich das Modell einer Bewegung voraus, das aus Späterem modelliert ist oder aus späteren Vorstellungen seine Gedanken bezieht. Hus war ein Anfänger und ein Unvollendeter. Es war nicht alles vorgezeichnet, vieles bei ihm gerade da noch unklar, wo er systematisch zu sein versuchte und in den Denkformen seiner Gelehrtenzeit verblieb. Das scholastische Definieren führte nur zu oft ins Chaos, was ja sogar begründet und im Paradox, im zuweilen rabiaten Paradox, bejaht wurde. Am wenigsten wird man ihm gerecht, wenn man versucht, ihn mit ganz bestimmter Zielsetzung zu analysieren. Er ist so komplex, wie starke geschichtliche Erscheinungen zu sein pflegen: nüchtern und leidenschaftlich, »voll Gestalt« und unbestimmt, hemmungslos und vorsichtig, bauernschlau und unbedacht. Wer will, kann ihn für einen lästigen Querkopf ansehen, der besser beizeiten seinen Frieden mit der Autorität gemacht und widerrufen hätte; das war die Ansicht sehr bedeutender Gelehrter bei den Verhandlungen um sein Ende. Als ein Todessüchtiger, der durchaus das Martyrium wollte, ist er gedeutet worden, und Züge davon hat er zweifellos gezeigt.

Charakteristischer für ihn ist, daß er weiterkämpfte, solange er hoffte, Gehör zu finden. Er fand weites Gehör in den Jahren seines Exils. Er kämpfte auch, zäh und verbissen, um seine Rehabilitierung bei Hofe, in der Stadt, an der Universität, in Briefen, Sendschreiben, Traktaten. Er kämpfte um den Platz auf seiner Kanzel und wagte sich nach Prag, der Banndrohung zum Trotz, und unter sehr erheblichen Gefahren.

Er sandte ein sehr überlegt formuliertes Denkschreiben an die Landessynode, die vom König Auftrag erhalten hatte, eine Befriedung der Parteien im Lande herbeizuführen. Die Prälatengruppe, zusammen mit der theologischen Fakultät, die nun zu den entschlossenen Gegnern jeder Neuerung gehörte, vertrat den ultrakonservativen Standpunkt. Papst und Kardinäle konstituieren die Kirche, sie haben die alleinige Jurisdiktion; ihnen ist Gehorsam zu leisten »in allen Dingen, was immer sie sein mögen«. Schwerste Strafen sind daher gerechtfertigt für Ungehorsame, womit ausdrücklich die Verurteilung des Hus gebilligt wird.

Hus berief sich dagegen darauf, daß das Königreich Böhmen seine Rechte und Freiheiten wahren müsse wie andere Länder, auch in Kirchenfragen. Der König habe seinerzeit zwischen ihm und dem Erzbischof Frieden geschlossen. Diese Abmachung müsse gelten. Die Debatten darüber, in gegenseitigen Denkschriften, zogen sich eine ganze Weile hin, bis eine unerwartet dramatische Wendung eintrat: Der König ließ einen Schlichtungsausschuß zusammentreten, der beide Seiten vorlud. Die Theologen mußten im voraus die Bedingung annehmen, daß sie den Spruch der Kommission annehmen würden, bei Strafe der Verbannung aus dem Königreich im Falle von Nichtbefolgung. Die Verteidiger Hus' hatten das gleiche zu tun. Die Kommission entschied nun, daß die Einigung, die seinerzeit mit Erzbischof Zbynek geschlossen wurde, gelten solle. Die Theologen, darunter Stanislaus und Paletsch, hätten zu erklären, daß in Böhmen keine Ketzerei existiere, und das nach Rom mitzuteilen.

Sie weigerten sich und verfielen der vereinbarten Strafe: Wenzel verbannte sie und konfiszierte ihre Pfründen. Hus und seine Freunde hatten einen großen Sieg errungen. Er hatte geschickt die nationale Note angeschlagen, auf das Selbstgefühl des Königs und der Hofleute gebaut, und diese wiederum befanden sich im Einklang mit den starken Tendenzen der Zeit, die Eingriffe der Kurie in das Rechtsleben der Länder zu beschränken. In England hatte das mit den großen Statuten über »praemunire« gesetzliche Regelung gefunden, und Hus spielte darauf an, wenn er in seiner Eingabe von den Rechten und Freiheiten in »anderen Ländern« sprach. König Wenzel und seine Umgebung waren darin »Wiclifiten«, wenn sie auch kaum eine Zeile des Meisters gelesen hatten und durchaus bereit waren, jede Diskussion über seine Thesen zu verbieten; das stand auf einem anderen Schachbrett. Ruhe sollte eintreten im Lande, weiter hieß es nichts. Die Streitenden sollten sich einigen.

Ruhe trat nicht ein. Hus zeigte unbedenklich die andere Seite seines Wesens, den Trotz, die Hartnäckigkeit. Sein Freund und Rechtsberater Dr. Jesenitz hatte ohne viele Skrupel auch sehr weitgehenden Bestimmungen der Einigungsformel zugestimmt, mit gewissen Vorbehalten: Wir fügen uns den Geboten der Kirche, »so wie jeder gute und gläubige Christ es tun soll«. Die Gegner hatten darin, nicht mit Unrecht, Gefahr gesehen, daß daraus beliebige Interpretation sich entwickeln könne, wie auch beabsichtigt war. Sie zogen daher die Verbannung vor, in der Hoffnung auf baldige neue Wendung, mit der sie zurückkehren könnten. Die Freunde und Gönner Hus' suchten auf ihn einzuwirken, gleiche Bereitwilligkeit zu zeigen und die »Konkordienformel« zu unterschreiben. Er lehnte brüsk ab: Sie sei »eine Schlange im Gras«. Papst und Kardinäle »die Kirche«? Ihnen soll in allen Fragen gehorcht werden? Jesenitz, als Politiker, hatte das akzeptiert. Hus dagegen zornig: »Das würde also auch gelten, wenn der leibhaftige Satan mit zwölf seiner hochmütigsten Teufel im Vatikan säße?« Christus ist das Haupt der Kirche! Alle Gläubigen sind die Kirche! Nicht »alles«, was Papst und Kardinäle befehlen, ohne Rücksicht auf die Schrift, kann gelten: Nur was in Übereinstimmung ist mit den Geboten Christi. Er schickte noch eine »endgültige Antwort« an die Schlichtungskommission und verweigerte seine Zustimmung: »Und wenn ich vor dem Feuer stehen müßte, das für mich bereit ist... Es ist besser, gut zu sterben, als schlecht zu leben...«

Damit brach er alle Brücken ab. Man sah ihn am Hofe, bei allen sonstigen Sympathien, als einen hoffnungslosen Fall an. Er erhielt den Wink, sich nicht mehr in Prag zu zeigen, auch nicht in der Nähe: Inoffizielle Verbannung in eine möglichst entfernte, einsame Gegend war alles, was man ihm zubilligte. Die weiten Predigtreisen im Land umher, bis nach Königgrätz im Norden, nach Saaz im Westen müßten aufhören. Die kleine Burg Koči in der Gegend, die dann die große Taboritenfestung entstehen sah, nahm ihn auf, ein Turmzimmer war die Arbeitsstätte; er schrieb unermüdlich, korrespondierte mit Freunden und seinen alten Gegnern, die nun ebenso Verbannte waren wie er. Er predigte weiter, vorsichtiger als bisher, in einer Scheune, im Walde. Er schrieb an seinem Buch »Über die Kirche«. Er war völlig an den Rand der Ereignisse gerückt.

Ruhe im Lande trat keineswegs ein. Die theologische Fakultät war allerdings durch das Ausscheiden ihrer führenden Leute lahmgelegt und atmete kaum noch. Auf den Erzbischofssitz war, nach langen Geschäftsverhandlungen mit dem resignierenden und müden Dr. Albik, ein neuer Mann getreten, ein Westfale Konrad von Vechta. Er war ein gewandter Weltmann, von Wenzel in verschiedenen Stellungen beschäftigt, als Finanzminister, Münzmeister, zuletzt auf dem Posten eines Bischofs von Olmütz. Das Domkapitel erwartete sich von ihm etwas mehr Gebefreudigkeit, die mittelalterliche »milte«, die für einen regierenden Erzbischof mit fürstlichem Hof ebenso Bedingung war für seinen Ruf wie für einen Herrscher; Dr. Albik hatte sich unbeliebt gemacht durch Sparsamkeit, »Geiz« genannt, und Einschränkungen des lebhaften gesellschaftlichen Treibens. Konrad versuchte mit den ihm vertrauten Mitteln zu lavieren; die religiösen Gegensätze waren ihm recht gleichgültig. Er sah die Rettung in möglichst unbestimmt-allgemeinen Formeln und war immer wieder enttäuscht, daß die Unbedingten sich nicht entschließen konnten, zuzustimmen.

Die Unbedingten aber rührten sich jetzt. Hus' Mitstreiter Jakoubek warf eine Frage auf, die anfangs nicht so entscheidend schien und die auch Hus selbst als eine Nebensache ansah. Sie wurde in einem alles andere überrennenden Siegeszug die Parole, das Feldzeichen, das Symbol der Hussitenbewegung: der Kelch, die Teilnahme am Kelch beim Abendmahl. Wir werden darüber im Zusammenhang sprechen, wenn wir zu der revolutionären Phase der Bewegung nach Hus' Tod kommen.

Jakoubek war nicht allein. Zwei Magister, die aus Dresden kamen, Nikolaus und Peter, gründeten eine Schule der Ketzerei im Haus »Zur schwarzen Rose«. Es gehörte der tschechischen Universitätsnation; die beiden Deutschen, vielleicht aus Prag stammend, waren als Bundesgenossen willkommen. Sie hatten zu den Deutschen gehört, die beim Streit um das Stimmrecht ausgezogen oder »vertrieben« worden waren; jetzt waren sie aus Sachsen vertrieben worden wegen höchst verdächtiger Lehren, in denen der Bischof »waldensische Ketzerei« witterte, und kehrten nach Prag zurück. Die »Schwarze Rose« wurde zum Hauptquartier radikaler Propaganda. Nikolaus von Dresdens Schrift »Die Bildtafeln der alten und der neuen Farbe« stellte in Doppelbildern die alte, die wahre Demuts- und Leidensfarbe der neuen Farbe, dem bunten Pomp der Päpste und Prälaten, gegenüber. Christus unter dem Kreuz und der Dornenkrone zusammensinkend – daneben der Papst mit der Tiara, hoch daherreitend auf kostbar aufgeschirrtem Pferd; Kaiser Konstantin, dem Papst Silvester seine Schenkung des Papstpalastes und des ganzen Abendlandes übergebend – gegenüber Christus mit dem Spruch: »Die Füchse haben Gruben, und die Vögel unter dem Himmel haben Nester, aber des Menschen Sohn hat nichts, da er sein Haupt hinlege.« Und so fort bis zum Schlußbild, das alle Kontrastierungen zusammenfaßt in *ein* Bild: der Papst als Antichrist, mit Adlerklauen an den Füßen. Das war außer im Traktat auch tatsächlich in Bildern dargestellt, auf Plakate gemalt, umhergetragen, in den Vorlesungsräumen aufgehängt; wir haben die Tafeln nicht, aber wir können sie uns ungefähr vorstellen nach den gleichartigen Bilderheften, die Meister Lucas Cranachs Werkstatt herausgegeben hat. Nikolaus zielte nicht nur auf das Volk mit Schwarzweißpropaganda. Er fügte sehr geschickt ausgewählte Zitate aus den Dekretalen und ihren Glossen hinzu, für die Studenten. So wenn er das härene Gewand Johannes des Täufers den Kardinälen in ihrem prunkvollen Kostüm gegenüberstellt: Man schlage nach in den Dekreten der »neuen

Farbe«. Wie heißt es da wörtlich in der Glosse? »Dem Geistlichen ist es erlaubt, kostbare Kleidung zu tragen, dem Ortsgebrauch entsprechend und um sich den Sitten derer anzupassen, unter denen er lebt, und auch damit der Stand des Klerikers nicht herabgesetzt erscheint. Er darf Purpur und Seide tragen, denn auch das Gewand Christi war purpurn.« Er zitierte Spottverse, die umgingen, und zog damit durch die Straßen; er war für »direkte Aktion«. Aus den wenigen Lehren der Waldenser entnahm er sich einige Hauptpunkte: kein Eid, Armut, nochmals Armut, Laienpredigt, Ablehnung allen Blutvergießens, aber schärfster Kampf gegen die »neue Farbe«. Apokalyptisch ruft er aus: »O Herr, möchte ich den gesegneten Tag doch noch erleben, da der Hure Babylon das scharlachne Gewand vom Leibe gerissen wird und das Feuer ihr sündiges Fleisch frißt!« Er zerstritt sich mit seinen tschechischen Freunden, kehrte nach Sachsen zurück und wurde verbrannt, mit einer Anzahl seiner Genossen.

Nur Bruchstücke sind erhalten aus dem ehemals reichen Material an Flugschriften, Aufrufen, Gesängen; manches ist schwer deutbar und kann Parodie sein oder auch untergeschobene Verleumdung von der Hand eines Gegners, der die Feinde damit als Mordbrenner und Zerstörer jeder Ordnung bloßstellen will. Eine Flugschrift, als Manifest gegen König Wenzel getarnt, wendet sich zum ersten Male auch gegen die weltliche Macht, die bisher geschont und zur Mithilfe im Kampf gegen den Klerus angerufen wurde. Ein Nero, ein Tyrann! Kein König! Gott hat ihn verlassen und seine Gnade von ihm abgezogen. Hus wird aufs höchste gepriesen, er ist das Haupt, hinter ihm und seinem Freund Hieronymus soll man die Schlachtreihen schließen: »Jeder gürte sich mit dem Schwert, der Bruder soll den Bruder nicht schonen noch der Vater seinen Sohn, der Nachbar den Nachbar. Schlagt sie tot, alle miteinander, damit wir die deutschen Ketzer, die Kaufleute, Wucherer, die habgierigen Kleriker von der Erde fegen und so das teure Gebot Gottes erfüllen, nach den Worten des Paulus: ›Laßt uns die Hände heiligen im Blut der Verdammten, wie Moses uns anzeigt in seinen Büchern, denn was geschrieben steht, soll uns ein Beispiel sein.‹«

Der Ruf, sich zu gürten, war überflüssig: Sie alle trugen Waffen, Schwerter, Dolche, lange Messer, die Studenten, die Kleriker, die Handwerker, die Lohnarbeiter. Die Schrift ist nicht datiert, aber sie braucht kein Datum, sie paßt für jedes Jahr dieser Zeit vor dem Sturm.

Bezeichnend ist, daß Hus durch sein Exil, seine Abwesenheit von Prag, bereits entrückt erscheint in die Rolle eines halb mythischen heiligen Führers; auch wenn ein Feind ihm das zuschreibt, hat es seine Bedeutung. Sein Name wurde überall genannt, unter den verschiedensten Vorzeichen, auch im Ausland, in Polen, im Reich, unter Verfluchungen und Segenswünschen. Das »Ketzerland Böhmen« war zu einem internationalen Begriff geworden.

König Wenzel konnte wenig dagegen tun; er war in der Tat »von Gott verlassen«, wie das Manifest meinte. Er fuhr immer einmal wieder zu, wütend, aufbrausend, zuweilen mit guten Absichten, nie aushaltend und immer beleidigt. Er wollte etwas für seine Tschechen tun; die von deutschen Ratsherren beherrschte Altstadt mit ihren vielen Sonderprivilegien im Handel und der Verwaltung ärgerte ihn; im Streit um Hus hatte sie stets Partei genommen gegen die Reformer. Er befahl, daß der Rat künftig paritätisch mit deutschen und tschechischen Ratsherren besetzt werde, je neun von jeder Seite. Als heftige Widersprüche und Lärmszenen folgten, ließ er paritätisch den Deutschen Örtl und den Buchhändler Čenek, einen Tschechen, enthaupten.

Sein Bruder Sigmund, zu seinem weiteren stillen Ingrimm, begann zunehmend den Kaiser herauszukehren, die übergeordnete Macht, den Politiker großen Stiles, der nun dabei war, die Hoffnungen der gesamten Christenheit auf das große Einheitskonzil zu erfüllen. Sigmund gedachte, dabei auch die »böhmische Frage« zu lösen; es war ihm empfindlich, daß »sein Land«, als welches er Böhmen bereits ansah, so in Verruf geriet. Hus sollte in Konstanz vorgeführt werden. Verhandlungen mit Wenzel gingen voraus. Der Exilierte wurde aus dem kleinen und entlegenen Koči fortberufen. Er wohnte für einige Monate als Gast des mächtigen und im Kronrat führenden Baron Lefl auf dessen Schloß Krakovec nahe dem Reichstresor Karlstein mit den Krönungsschätzen. Krakovec war im Gegensatz zu der versteckten »Ziegenburg« Koči ein monumentaler Bau mit großer Empfangshalle, eigner Kapelle, Dienerschaft. Boten gingen hin und her, große Herren kamen zu Verhandlungen mit dem Gebannten. Er korrespondierte mit seinen Freunden, er schrieb an Sigmund selbst. Hus war zu einer wichtigen Persönlichkeit geworden, die man respektierte und mit der man seine Pläne hatte.

Er predigte in der Umgegend unter freiem Himmel, und es sollen von weither große Scharen gekommen sein, ihn zu hören. Noch größeres Gehör zu finden, seine Sache vor dem Konzil, der Weltöffentlichkeit zu vertreten war ein Hauptgrund für ihn, die gefährlichen Anträge anzunehmen. Auch er erhoffte sich wie so viele, wie fast alle, Ungemessenes von dieser Zusammenkunft, die als das immer wieder erwartete, immer wieder vertagte große Reformkonzil angekündigt wurde.

Das Konzil als Einrichtung hatte in seinen theoretischen Gedankengängen bisher keinen überragenden Platz eingenommen, obwohl es sonst das Diskussionsthema aller Debatten war. Das war den Vertretern der Konziliarpartei vorbehalten gewesen, mit ihren Hauptsprechern zu Paris. Ihre Führer, der Kardinal d'Ailly und der Kanzler der Universität Paris, Gerson, waren Männer von internationalem Ruf, erfahren in Regierungsgeschäften, d'Ailly als Berater der Krone, Gerson als Gutachter in so ziemlich sämtlichen Fragen des öffentlichen Lebens, der Moral, des Gewissens, der kirchen- und zivilrechtlichen Probleme und des Wohles der Christenheit. Er hatte sich bereits, neben so vielen Dingen, auch mit dem Fall Hus beschäftigt und den Wirren in Böhmen; es gab wenig Fälle in ganz Europa, in denen er sich nicht zuständig fühlte. Er hatte an den lässigen Erzbischof Konrad einen Mahnbrief geschrieben, es müsse nun endlich in Prag energisch gegen die Ketzerei eingegriffen werden; einen zweiten Brief ließ er folgen. Hus mochte noch glauben, die Hetze gegen ihn sei lediglich das Werk seiner persönlichen Feinde, der früheren Lehrer und Freunde; es war bereits eine sehr viel gefährlichere Gegnerschaft für ihn vorbereitet. Beide, d'Ailly und Gerson, wurden die wichtigsten Instrumente seiner Verurteilung, mit Feinsinn, wissenschaftlichem Hochmut und in tiefbegründeter Abneigung. Beide wurden auch die führenden Köpfe des Konzils, das ihre Konziliartheorie zum Siege brachte. Dieses ihr Werk jedoch sahen sie gefährdet durch Hus und seinesgleichen, und damit, so fanden sie, mußte er fallen.

Wir sagen über sie einiges im voraus, denn ihr Ruf als Leuchten der Wissenschaft hat wesentlich dazu beigetragen, das Urteil über

Hus, auch noch in später Literatur, zu beeinflussen. Entscheidend für sie war eine Einstellung, die lange gegolten hat und auch für Erasmus von Rotterdam maßgebend gewesen ist: subtile, zu Kontroversen oder womöglich großem Streit führende Fragen gehören ausschließlich vor das Forum der Wissenschaft und der qualifizierten oberen Geister, unter keinen Umständen vor das Volk.

Beide entstammten dem Volk; Gerson war der Sohn von mäßig begüterten Landleuten in der Nähe von Reims, d'Ailly der Sohn eines Handwerkers. Nur in der Kirche oder im Universitätsleben konnten sie eine so steile Karriere machen, wie sie sich für beide ergab: d'Ailly wurde der führende Nominalist zu Paris, als Schüler des Ketzers Ockham und Haupt einer einflußreichen Schule, die er für das erste und letzte Wort in wissenschaftlicher Theologie ansah und die Paris, der »Mutter aller Universitäten«, noch einmal hohen Glanz verlieh. Daneben und nicht nur nebenbei, diente er sich in diplomatischen Missionen herauf und wurde unentbehrlich bei Hofe; die üblichen geistlichen Posten folgten, das Bistum Cambrai. Johann XXIII. ernannte den schon Hochberühmten hoffnungsvoll zum Kardinal, ohne ihn damit halten zu können. Er hat sich vielfach gewandelt und gewendet: In seiner Jugend radikal kritisch, dann ein Vorkämpfer für den Konzilsgedanken, in Konstanz führend bei der Durchsetzung der Dekrete, die dem Konzil die beherrschende Stellung – für alle Zeiten – sichern sollten; zaghaft und mißtrauisch werdend, als ernstliche grundlegende Reform verlangt wird, am Ende einer der Architekten des Versagens und der Resignation. Der scharfe Bekämpfer der Mißstände im Kirchenwesen, der eifrige Advokat für bessere Verteilung der Einnahmen auch an den jämmerlich bedachten niederen Klerus, der Ankläger gegen Simonie vergaß nicht, sich selbst vierzehn gute Pfründen zu sichern. Er schildert beweglich, wie die jungen Geistlichen bedrängt werden durch die Bischöfe und Archidiakone: Sie müssen übermäßige Summen zahlen und Jahr um Jahr ihre kümmerliche Stelle neu erkaufen. Zahlen sie nicht, werden sie eingesperrt; der Kerkermeister profitiert noch dabei: er zahlt seinem Prälaten eine Pacht auf Kosten des Gefangenen pro Jahr. D'Ailly entwirft ein umfassendes Anklageprogramm gegen die Geldschneiderei bei allen Gelegenheiten, und Details des Treibens sind bei ihm reicher zu finden als bei denen, die als Ketzer verurteilt wurden. Die

Karriere aber geht dabei weiter. Er wird einflußreich bei Hofe, in der akademischen Welt, der europäischen Öffentlichkeit; er wirkt für das Konzil als derzeit unvermeidliche Lösung, er vertritt Thesen über die Einschränkung der Allgewalt des Papstes, die andere auf den Scheiterhaufen bringen, aber dies alles immer im »engen Kreise« der erleuchteten oberen Geister gedacht. Reform ist für ihn die Herrschaft der Kardinäle und ihresgleichen; er ist »radikal« nur für den Augenblick, nur so lange – da nun einmal die Spitze versagt hat –, bis Ordnung eingetreten ist, und diese Ordnung sieht er am besten gewahrt durch eine Art Senat von d'Aillys. Er schlägt vor, statt der willkürlichen und zuletzt recht kleinen Besetzung bei den streitenden Päpsten ein Konsistorium von 72 Kardinälen zu schaffen. Vernünftig ist dabei sein Zusatz: Die Kardinäle müßten aus allen Teilen der Christenheit entnommen werden, damit eine wirkliche Repräsentanz erzielt werde; das wurde nicht befolgt. In diesem Senat der Zweiundsiebzig sehen wir aber das Kernstück dessen, was er unter Reform verstand. Seine sonstigen Pläne sind mit zahllosen Vorbehalten, Einschränkungen und Unklarheiten behaftet; Tagesliteratur, bei der man nur fragen muß: Gegen wen gerichtet, auf welche bestimmte augenblickliche Frage abgestellt? Es ist ihm zugute zu halten, daß er eine unübersehbare Unordnung vor sich hatte.

Seinen Ruf als großer Gelehrter verdankte er seiner Vielseitigkeit und Vielgeschäftigkeit. Nach seinem Nominalismus waren Glaubensfragen der Diskussion entrückt und ohne vergebliche Verstandesübungen gläubig hinzunehmen. Die Dinge dieser Welt jedoch waren dem Verstand freigegeben und durften erforscht werden. Er schrieb viele Kompendien und darunter ein »Ymago mundi«, das eine Erdkunde sein sollte, nach Angaben der Kirchenväter, der antiken Autoren, arabischer Schriftsteller, lange ehrfürchtig benutzt, noch von Kolumbus, der sich daraus den weltbewegenden Hinweis entnahm, man könne in wenigen Tagen Indien von Spanien aus ansegeln. Es ist das einzige Werk des Vielschreibers, das neu gedruckt worden ist, in Faksimile nach dem erhaltenen Handexemplar des Entdeckers der Neuen Welt. Auch Irrtümer können unsterblich machen.

Astrologie gehörte für ihn ebenfalls zu den Wissenschaften dieser Welt; er sagte so zuversichtlich voraus, wie er seine Reformvorschläge abgab. Mit seinen Sternkarten und Tabellen zog er zum Konzil, als Legat Johanns XXIII. für Deutschland, unter wichtigen Besprechungen an den geistlichen Fürstenhöfen, bei denen er auch ein Lieblingsthema seiner Prognosen heranzog: die Gefahr großer und katastrophaler Turbulenzen. *Revolutionen*, am Himmel angedeutet, hießen seinem Sprachgebrauch nach die legitimen Umdrehungen der Himmelskörper. Sie konnten auch unheilvolle Bedeutung haben, wenn ein Komet dazwischenfuhr, der nicht in den Tabellen verzeichnet war. Als ein solches Irrlicht hat er etwa Hus angesehen, eine Störung der majestätischen Ordnung der Dinge; ohne Haß, eher mit Nachsicht, im Gefühl grenzenloser Überlegenheit hat er ihn verurteilt.

Sein Schüler und nunmehr ebenbürtiger Mitstreiter Jean Gerson war von anderem Schlage; wir werden ihn noch in der Aktion kennenlernen. Er ist viel komplexer zusammengesetzt, nüchtern und zugleich mit mystischen Neigungen; ein feiner Beobachter von Seelenregungen mit oft überraschenden Einsichten; grob zuschlagend und rücksichtslos eine Gegenansicht verfolgend. In anderen Fällen ein Feind aller extremen Ansichten, der Visionen selbst von Heiligen wie der Brigitte oder Katharina ablehnt, hysterische Frömmigkeit tadelt oder wilde asketische Übungen. Eine sanfte, unauffällige Devotion ist sein Ideal. Rabiat wird er nur, wo er seine Autorität in Frage gestellt sieht; da findet er, daß zugegriffen werden muß. Seine Werke sind viel gelesen und lange nachgedruckt worden, bis ins 18. Jahrhundert hinein, wo noch eine Sammlung »Gersoniana« mit Anekdoten, Aussprüchen und Leitsätzen hinzugefügt wurde. Auch er hat nach dominierender Stellung das Exil erfahren und zum Schluß über seinen Hochmut geklagt: Der habe ihn zu Handlungen verführt, bei denen er zu nützen glaubte, während es zum Schaden ausging. Beim Unterricht von Kindern, der dem ehemals so Hochberühmten verblieben war, ist er fern von Paris in Lyon gestorben, fünfzehn Jahre nach dem Mann, den er in Konstanz auf den Scheiterhaufen gebracht hatte.

Beide, d'Ailly wie Gerson, hatten noch ganz andere und größere Dinge zu bedenken als den Fall des böhmischen Magisters, als sie zum Konzil zogen, der Kardinal in hoher Stellung und mit heiklen Missionen beladen, Gerson mit einem Sonderauftrag der Universität, der das Schicksal Frankreichs im Streit der Bürgerkriegsparteien betraf. Für Hus gab es nur *eine* Mission, die seine. Die Versammlung der besten Geister, der berühmtesten Gelehrten, der Doktoren, Magister, Delegierten und Fürsten könnte, so hoffte er, sollte, müßte ihn hören.

Reise nach Konstanz

Das Konzil zu Konstanz am Bodensee, abgehalten vom November 1414 bis zum April 1418, wurde das größte und folgenreichste aller mittelalterlichen Konzile, so stark besucht wie keines vorher und zugleich ein politisches Ereignis, ein Völkerkongreß, eine Debatte der Nationen wie nie zuvor. Niemand wußte das vorher, so hoch die Erwartungen gespannt waren. Es sollte etwas geschehen, die dreifach gespaltene Christenheit wieder zu einigen. Das war die erste Sache, die *causa unionis*. In ihr waren sich alle einig, von den drei streitenden Päpsten abgesehen. Es war wünschenswert, durch energisches Vorgehen gegen die Ketzerei den stark erschütterten Glauben zu festigen. Das war die zweite Sache, die *causa fidei*. Schließlich sollte endlich die überfällige Reform an Haupt und Gliedern vorgenommen werden, die *causa reformationis*. Darin waren schon keineswegs alle einig, wenn sie sich auch bereitwillig zum hohen Ziel bekannten. Was sonst noch alles erhofft und erwartet wurde, läßt sich nicht katalogisieren; jeder kam mit seinen Spezialwünschen und Sonderforderungen und gedachte sie durchzusetzen, oder wenigstens Teile der Forderung, oder auch – ein sehr verbreiteter und ergiebiger Brauch der Zeit –, sich einen Abstand, Tausch, ein Schweige- oder Stillhaltegeld herauszuschlagen.

Kaiser Sigmund hatte sein Bestes getan, die Parteien und Länder zusammenzubringen, und die Not der Zeit trug ihr übriges dazu bei. Noch war ungewiß, ob das Wagnis überhaupt glücken würde. Das Vorspiel zu Pisa, fünf Jahre zuvor, so rasch und scheinbar erfolgreich gespielt in glanzvoller Besetzung, hatte sich als blamabler Fehlschlag erwiesen und die Dreiteilung hinterlassen. Die Kleinkonzile der Päpste Gregor und Benedikt, das jüngst von Johann XXIII. nach

Rom berufene, hatten den bloßen Namen Konzil nahezu verächtlich gemacht. Die laute und potente Konziliarpartei unter den Universitätsleuten war zwar stark im Aufstieg und fand immer mehr Gehör, obwohl sie von den konservativen Kirchenkreisen als ausgesprochene Ketzerei verdächtigt wurde, ein ruchloser Anschlag auf geheiligte Institutionen der Kirche. Aber die Ansichten unter den Anhängern gingen weit auseinander: Sollte ein ständiges Konzil geschaffen werden, eine Senatsregierung der Kirche gewissermaßen? Sollte das Konzil nur eine Notlösung für außerordentliche Kalamitäten sein, wie jetzt vorliegend? Oder wäre bei dieser erwünschten Gelegenheit ein grundlegender Neubau zu errichten, unter Rückgriff auf frühere Fundamente: eine Kardinals- und Bischofskirche mit dem Papst als konstitutionell beschränktem Monarchen?

Das waren die etwas mehr durchdachten Vorschläge. Aufgeregtere Stimmen, auch im hohen und höchsten Klerus, klangen wilder. Man klagte über den Plebs, der in allen Gassen rumorte, zuchtlos und gierig, bereit zu jeder Gewalttat. Universitätsprofessor Jean Petit in Paris, Jurist, Theologe, großer Redner und Vorkämpfer der Konziliarspartei, regte an: »Das Schifflein Petri schwankt hochgefährlich, weil keiner der beiden Steuerleute vom Ruder weichen will: Laßt uns beide über Bord werfen!« Er sagte nicht genauer, ob auf gleiche Weise, wie Papst Urban VI. seine Kardinäle behandelt hatte – das Beispiel war noch in Erinnerung. Maître Petit verkündete auch die These vom »berechtigten Tyrannenmord« für hohe Ziele in einem ganz Europa aufregenden Staatsprozeß, der beim Konzil nochmals zur Verhandlung kommen sollte; wir werden davon noch hören. Der Erzbischof von Reims, Cramaud, deduzierte in einem Gutachten zur Lösung der Notlage, für Johann XXIII. und gegen Papst Gregor, mit Hinweisen auf den Brauch der Israeliten laut der Heiligen Schrift: Auch Hinrichtung des Gegners müsse ernstlich in Betracht gezogen werden.

Kardinal d'Ailly, in einer Pause der Mutlosigkeit beim Werben für das Konzil: Sollte man nicht doch die Spaltung einfach als Faktum anerkennen? Wären nicht auch zwei Päpste möglich, in friedlicher Koexistenz? Der Gedanke fand wenig Beifall; er war zu offensichtlich auf französische Interessen abgestimmt und hätte auch theologisches Kopfzerbrechen gemacht.

Noch war auch nicht klar, wie sich das Konzil zusammensetzen würde, auf welche Teilnahme man überhaupt rechnen konnte. Der Kaiser als Schirmherr war unentbehrlich, gewiß, zumindest bei den Vorbereitungen; er hatte sich verdient gemacht, die Tagung überhaupt in die Wege zu leiten. Damit sollte seine Rolle beschränkt sein. Es war gänzlich unerwünscht, daß sich daraus womöglich größere Rechte herleiteten.

Eine starke Beteiligung der weltlichen Mächte, der Herrscher und Fürsten, war nicht zu umgehen; die Staaten forderten zu ungeduldig die Mitbestimmung. Sie konnten darauf hinweisen, daß die selbstverschuldeten Wirren der Kirche die schauderhaftesten Folgen für ihre Länder gehabt hätten. Sie konnten in früher ungeahntem Ausmaß die neue Macht der Universitätsleute und Gelehrten mobilisieren, schon als Juristen unentbehrlich, die »Doktoren«, wie sie zusammenfassend genannt wurden. Und schließlich wollten sie eine mit so hohen Hoffnungen begrüßte Versammlung auch zur Lösung der brennenden politischen Streitfragen benutzen.

Brand, Krieg, Bürgerkrieg, Krieg selbständiger Freikorps war nun seit einem halben Jahrhundert in Frankreich und in Italien. Krieg war im Osten zwischen Polen und dem Deutschen Orden, der soeben bei Tannenberg eine erste schwere und schicksalsvolle Niederlage erlitten hatte; auch die Polen und die Ordensritter gedachten das Konzil für ihre Streitigkeiten anzugehen. Krieg war in Spanien und auf dem Balkan, wo die Türken unaufhaltsam vorrückten. Und vor allem war gefährliche Unruhe sozialer Art in allen Ländern, Bauernaufstand, Kampf der Zünfte mit den Patriziern, der Städte und Städtebünde gegen die Ritter. Es war das Gegebene, darin die nie recht ausgerottete Ketzerei am Werk zu sehen: Mit Angriffen und Kritik gegen die große Ordnungsmacht der Kirche begann allenthalben die Rebellion, so meinten die Kritisierten. Die verstreuten, wandernd umherschleichenden Ketzer waren schlimm genug; viel gefährlicher war es, wenn sich selbst Gelehrte, Priester und Prediger beteiligten, womöglich mit geheimer Unterstützung der weltlichen Mächte, die blind und töricht solche Rebellion unterstützten und damit die Grundlagen ihrer eignen Herrschaft untergruben. Aus Böhmen hatte man aufregende Nachrichten über weite Ausbreitung der Ketzerei gehört; Niederschlagung dieses Übels würde zu den Hauptaufgaben des kommenden Konzils gehören, darüber waren sich alle einig, so uneinig sie sich sonst waren. Der Name des Magisters Hus aus Prag wurde dabei an erster Stelle genannt. Was er denn aber für Lehren predigte, das war weniger bekannt.

Hus fühlte es daher als seine Pflicht, darüber Rechenschaft zu geben. Er wußte um die Gefahr, in die er sich begab. Er hatte aber auch offenbar ungemessene Hoffnungen auf die Einsicht so erlauchter Teilnehmer aus allen Landen; zumindest glaubte er, dort – ebenso wie in Böhmen – sehr weitgehende Sympathien zu gewinnen. Es ist auch nicht ausgeschlossen, daß er spürte, wie die Bewegung in Böhmen sich bereits von ihm und seinen Leitideen zu lösen begann; daß er deshalb die Gelegenheit begrüßte, gewissermaßen »nach vorn« auszubrechen. Wenn er dabei das Martyrium erleiden müßte – er hat oft davon gesprochen –, so würde ihm das recht sein. Es würde seine Sache ungemein stärken und beflügeln. Er war es den Menschen, die an ihn und seine Sendung glaubten, schuldig, für seine Überzeugung einzustehen mit dem äußersten Opfer. Das ist denn auch bei der letzten Entscheidung vor seinem Tode sein ausdrückliches Bekenntnis gewesen.

Hus ging bei der Abreise keineswegs übereilt und leidenschaftlich vor. Er traf alle Sicherheitsvorrichtungen, die sich ihm darboten und die seine juristischen Berater, der umsichtige Dr. Jesenitz vor allem, ihm anrieten. Er verhandelte wie eine geistige Macht mit König Sigmund. Der hatte seine eignen Probleme: Er war nun einziger deutscher König, mit der Anwartschaft auf den Kaisertitel, den ihm allerdings erst der zukünftige Einheitspapst verleihen konnte. Sein Vetter Jobst war auf das bequemste sehr bald, nach seiner Wahl durch einige der Kurfürsten, verstorben; an Gift, wie es vielfach hieß, aber das war bald gleichgültig. Mit seinem Stiefbruder Wenzel, dem immer unentschlossenen, hatte Sigmund sich geeinigt; Wenzel ließ die deutsche Krone, die ihm nie viel Freude gemacht hatte, ganz gern fahren. Er behielt sich nur die etwas groteske Rolle eines »älteren Königs« ehrenhalber vor, außerdem noch die freilich sehr unbestimmte Möglichkeit, eventuell – falls es doch zu seinem immer wieder verschobenen oder vermiedenen Zuge nach Italien kommen sollte – auch die Kaiserwürde für sich als den älteren König in Anspruch zu nehmen. Sigmund ging über solche Narreteien mit gewohnter Diplomatie großzügig hinweg. Er besaß unleugbar die Gabe – wenigen seiner Mitherrscher gegeben –, sich nicht durch Formalitäten beirren zu lassen. Er konnte, wenn er sich sammelte, durchaus große Energien entwickeln und auf ein erreichbares Ziel im direkten Kurs lossteuern. Bei der Berufung dieses Konzils hat er in der Tat Erstaunliches geleistet. Er gedachte sich unsterblichen Ruhm zu erwerben als der Wiederhersteller der Einheit der Christenheit, und für ein Jahrhundert hat man ihm reichliches Lob gespendet. Bei der Durchführung seines noch größeren Ehrgeizes, auch die Reform zuwege zu bringen, ist er dann seiner Natur nach bald müde geworden und erlahmt. Aber selbst da hat ihm die wohlmeinende und hoffnungsfreudige unmittelbare Nachkommenschaft in legendären Flugschriften die schönsten Reformpläne angedichtet.

Seine Beweglichkeit und Reisefreudigkeit, bei aller ständigen Geldnot, war in den Vorbereitungen zum Konzil eine große Hilfe. Die vielen Züge Sigmunds, von den ungarischen Grenzen bis nach England, an die spanische Grenze, nach Italien, nach Polen, an die Ostsee, in die Niederlande bilden ein dichtes Netz auf der Landkarte, wie es kaum ein anderer Herrscher zu verzeichnen hat. In diesem Netz war nun auch Baldassare Cossa, der »sich Johann XXIII. zu nennen wagt«, gefangen worden. Sigmund hatte sich den stark Bedrängten, der kaum über eine sichere Residenz verfügte, mit klugem Blick ausersehen. Irgendeiner der drei Päpste mußte, nach kanonischem Recht der letzten Jahrhunderte, die Einberufung des Konzils legitimieren; sie konnte sonst bestritten werden. Und Cossa-Johann war der Papst der vom vorhergehenden Konzil zu Pisa begründeten »pisanischen« Linie, die den Konzilsherren zu Konstanz die sympathischste sein mußte. Cossa war außerdem seinem Lebenslauf und Ruf nach so stark behindert – um es milde zu sagen –, daß er es begrüßen würde, sich bei solcher Gelegenheit zu rehabilitieren. Johann XXIII. – nennen wir ihn so für eine Weile, er steht auch so in den Akten des Konzils – hatte zugestimmt. Er war aus Rom verjagt durch Ladislaus von Neapel, aus Bologna durch die Bürger, die ihm sein Schreckensregiment nicht vergessen hatten; in Lodi im Mailändischen traf er sich mit Sigmund und unterzeichnete das Einberufungsdekret. Auch er hatte seine Hoffnungen: Mit diesem Schritt, so glaubte er, würde er sich als den künftigen Einheitspapst empfehlen; die beiden anderen waren bereits in Pisa abgesetzt, und das brauchte nur nochmals bestätigt zu werden.

Die vertagte Reform würde am besten durch nachdrückliches Vorgehen gegen die Ketzerei eingeleitet; der böhmische Fall bot sich dafür an. Sigmund stimmte allem zu; es kam ihm lediglich auf die Signatur des Papstes an.

Er gedachte nun aber auch, den Magister Hus in Konstanz zu präsentieren. Dazu sandte er ihm verschiedene Herren seiner Umgebung. Sicheres Geleit für Hin- und Rückreise, das wußte Sigmund, würde verlangt werden. Sicheres Geleit für jeden, der zum hochheiligen Konzil fahren würde, war ohnehin in der allgemeinen Einladung an alle Welt versprochen. Das würde hier nicht genügen. Der erste Sendbote überbrachte seinen Auftrag und den Wunsch des Königs; er war aufrichtig und undiplomatisch genug, dem Hus, den er in seinem südböhmischen Exil antraf, privat zu sagen, er zweifle, ob er aus Konstanz zurückkommen könnte. Zwei weitere hohe Herren aus großem Adelshause erschienen und äußerten sich positiver: Ein vom König und künftigen Kaiser auf seinen Namen ausgestelltes unanfechtbares Dokument werde ausgestellt.

Es wurde ausgestellt, mit Siegel der Kanzlei, im Namen Sigmunds, durch Gottes Gnade römischer König, immer Augustus, König von Ungarn, Dalmatien, Kroatien usw. und an alle geistlichen wie weltlichen Fürsten, Städte und Ortschaften gerichtet. Danach wurde Johann Hus, Bakkalaureus der heiligen Theologie und Magister, »in unseren und des heiligen Reiches Schutz« genommen auf seiner Reise zum Konzil. Er ist freundlich zu empfangen, und jede Hilfe für seine Reise ist ihm zu gewähren zu Lande wie zu Wasser, mitsamt seiner Begleitung; er ist auch von jeder Art Zoll oder Abgaben beim Passieren von Brücken oder sonstigen Gelegenheiten zu befreien. Er und seine Begleiter sollen frei sein »zu gehen, zu verweilen, sich aufzuhalten und zurückzukehren, und falls es nötig sein sollte, ist ihm willig und pflichtgemäß sicheres Geleit zu gewähren ...«

Unendlicher Streit, auch noch in neuester Literatur, hat sich über diesem Dokument erhoben und die Zeilen fast zugedeckt. Man hat behauptet, es sei nur ein »Reisepaß«, kein ausgesprochenes und feierliches »Geleit«, geschweige eine Zusicherung sicherer Rückkehr; die konnte ihm der König auch gar nicht versprechen, weil er damit der Autorität des Konzils vorgegriffen hätte. Das war denn auch die Ansicht der Konzilsherren, die obendrein erklärten, einem Ketzer habe man überhaupt kein Wort zu geben noch zu halten. Andere, etwas listiger und behutsamer, haben gemeint, daß Hus den Geleitbrief nicht besessen habe, als er die Reise unternahm; er sei ihm erst nachträglich, und damit ungültig, in Konstanz zugestellt worden. Das stimmt zwar, ist aber eine reichlich gezwungene Konstruktion, für die allenfalls irgendwelche juristische Kniffe geltend gemacht werden könnten. Für Hus selbst und für seine böhmischen Zeitgenossen war die Sache entschieden klar: Der König hatte sein Wort gegeben, Hus bei Reise, Aufenthalt und Rückreise unter seinen Schutz zu nehmen. Er hatte das außer durch den Schutzbrief auch mündlich durch die Entsendung seiner Vertrauten ausdrücklich versichert; wenn er dann sein Wort brach, so war es eben Wortbruch und nichts anderes. Das ist auch unsere Ansicht.

Auf einem anderen Blatt steht es freilich, daß Sigmund, kein Neuling auf der politischen Bühne, nicht gerade dafür bekannt war, daß er sein Wort hielt, mündlich gegeben oder in besiegelten, feierlich auf Pergament niedergelegten Verträgen, ob mit seinem Bruder oder anderen Potentaten. Die Liste seiner gebrochenen Abmachungen wäre lang und mit hohen Worten garniert. Wenn Hus die Zusage doch für genügend hielt, so war sein Wunsch, in Konstanz vor dem Konzil zu erscheinen und vor der Weltöffentlichkeit seine Sache zu vertreten, übermächtig.

Man warnte ihn genügend. »Geh nicht, sie werden dich verbrennen«, hieß es. Er müsse gehen, sagten andere, folgend eignem Gewissen. König Wenzel selbst, durch Sigmund aufgefordert, seinen Einfluß geltend zu machen, ließ Hus Winke zukommen; der Ruf Böhmens stehe auf dem Spiel. Johann XXIII. hatte mit immer schärferem Eingreifen gegen das Land, womöglich seinen Herrscher gedroht. Es würde vergeblich sein, bei der Kurie eine Zurücknahme der Verurteilung erwirken zu wollen. Anders aber vor dem Konzil: Da konnte durch den allen bekannten Urheber der Wirren und Gerüchte vor einem unparteiischen höchsten Tribunal klargestellt werden, daß Böhmen keineswegs ein Ketzerland sei, sondern gut rechtgläubig, wenn auch vielleicht anderer Meinung über Fragen untergeordneter und disziplinärer Art. Darüber hätte jedoch nicht ein Papst zu entscheiden, der selbst sich erst noch zu verantworten hatte und viele und hohe Feinde in Konstanz vorfinden würde.

Auf Hus machte auch dies Eindruck. Er war guter Patriot. Er hatte sich schon aus Rücksicht auf die Lage des Landes zum Exil in die Provinz entschlossen, so ungern er das tat. Er wollte auch hier nochmals seinen guten Willen zeigen.

Sehr skeptisch war sein Rechtsberater Dr. Jesenitz. Er wußte aus seiner Kenntnis des kanonischen Rechtes, daß auch die rebellischen Kardinäle und Prälaten nicht daran denken würden, ein Urteil »der Kirche«, gleich von welchem Papst gefällt, aufzuheben. Er selbst war exkommuniziert worden, als er nur die Sache des Hus vertreten wollte. Er durfte nicht mit nach Konstanz reisen. Er setzte wenigstens auf, was er zur Verteidigung erdenken konnte. Die Gegenseite war nicht müßig geblieben: Sie sammelte Zeugenaussagen über durch Hus verursachte Unruhen, den Universitätsstreit, die Debatten um Wyclif, Äußerungen vor der Bethlehemgemeinde, einen ganzen Band Belastungsmaterial. Jesenitz gelang es, sich heimlich eine Abschrift zu verschaffen. Er notierte darin die Widerlegungen, Hus tat seine Ergänzungen hinzu. Der Bann sollte damit entschärft werden, daß man behauptete, er sei nur gegen Hus als »Ungehorsamen« ergangen, weil er sich nicht in Rom vor der Kurie gestellt hatte; ein Ketzerurteil sei damit nicht ausgesprochen. Für sein Nichterscheinen seien gewichtige Gründe von der Verteidigung vorgelegt.

Wichtiger als solche Konstruktionen, von denen Jesenitz selbst sich kaum viel versprochen haben kann, war ein anderer Punkt von politischer Bedeutung: der Fall Hus – auch Luther hat diese nationale Frage für sich geltend gemacht – dürfe nicht in Rom entschieden werden. Die Kurie könne die Verhältnisse im weit entfernten Böhmen gar nicht zuverlässig übersehen. Nur im Lande selbst wäre darüber zu urteilen. Hielt man in Böhmen Hus für einen Ketzer? Er war Beichtvater der Königin. Bei Hofe schätzten die einflußreichsten Herren ihn; sie waren sogar bereit, schriftlich für ihn zu zeugen, wie einige dann auch taten. Die Gemeinde, der größte Teil von Prag war auf seiner Seite. Hus ließ Plakate anschlagen, in drei Sprachen, Lateinisch, Tschechisch, Deutsch: Er sei bereit, jedem Rede zu stehen, der ihn des Unglaubens beschuldigen wolle. Er würde vor der Landessynode darüber Rechenschaft geben. Der Erzbischof ließ ihm den Eintritt verwehren; Jesenitz beeilte sich, darüber ein notarielles Protokoll aufzusetzen. Ein Ankläger meldete sich jedoch nicht.

Als wichtigstes Dokument sah Jesenitz eine Unbedenklichkeitserklärung des apostolischen Inquisitors für Böhmen, Bischof Nikolas, an. Jesenitz traf den Inquisitor im Hause von Freunden der Bewegung. Er fragt ihn, ob er etwas von Hus' Ketzerei wisse. Der Bischof antwortete sehr freundlich, er sei öfters mit dem Magister Hus zusammengetroffen, ja er habe mit ihm zu Essen und Trinken zusammengesessen und mit ihm über die Bibel gesprochen, ihn predigen gehört: Niemals sei ihm etwas Ketzerisches vorgekommen. Hus sei ein guter Katholik. Auch habe niemand ihn je wegen Unglaubens bei ihm angezeigt. Jesenitz ließ das alsbald notariell beglaubigen. Der Inquisitor gab darüber noch einen Brief mit seinem Siegel. Er hatte übrigens wegen dieses unvorsichtigen Eintretens für den Ketzer später erhebliche Schwierigkeiten; als er sich nach Konstanz wagte, wurde er durch das Konzil verhaftet und verhört und rettete sich nur durch gestammelte Behauptungen, König Wenzel habe veranlaßt, daß Hus nach Konstanz ging, er habe darauf bestanden, daß er dort Böhmen vom Vorwurf der Ketzerei reinigen müsse. Man ließ ihn frei; er zog es vor, heimlich aus der Stadt zu flüchten.

So jedoch erst später. Zunächst erschien diese Erklärung Hus wie Jesenitz unschätzbar. Eine Versammlung der Barone forderte noch, Erzbischof Konrad sollte doch öffentlich zum Fall befragt werden. Konrad zog sich mit der etwas vagen Erklärung aus der Affäre, er wisse von keiner Ketzerei und sei gewissermaßen unbeteiligt. Die Sache schwebe zwischen Hus und dem Papst. Schriftlich wollte er sich dazu nicht äußern. Drei Barone schrieben seine Worte auf, gaben ihren Eid und ihre Siegel dazu und vermehrten die Dokumentensammlung, die Hus nach Konstanz begleiten sollte, um ein weiteres wertloses Stück.

Hus ging oder ritt vielmehr nach Konstanz. Eine ganze Kavalkade zog dahin: Mit ihm reisten die vom Kaiser bestellten Schutzherren, die Barone Johann von Chlum aus der Familie der Grafen Slawata, die dann im Dreißigjährigen Krieg eine große Rolle spielen sollte, und Wenzel von Duba, ebenfalls aus großem Hause; beide hatten sich Sigmund als Teilnehmer an seinem Feldzug gegen Venedig empfohlen. Ein dritter Hochadliger, Herr von Chlum, Latzenbock genannt, war dabei, alle mit ihren Bedienten. Ein Freund des Hus, der Magister Johann von Reinstein, zog mit; er war in vielen diplomatischen Missionen bei der Kurie tätig gewesen und hatte daher den Spitznamen »der Kardinal«. Reinstein führte in seinem Gepäck eine Denkschrift mit sich; offiziell war er Delegierter der Universität Prag. Es bedeutete schon eine Demonstration, daß er sich der Hus-Gesellschaft anschloß. Sein Memorandum war für Kaiser Sigmund bestimmt: Es sollte ihn mit vielen Bibelzitaten und historischen Belegen darin bestärken, daß die Autorität des Königs weit über die der Kirchenleute und des Papstes hinausginge. Auf dem Konzil müsse Sigmund diese Autorität nachdrücklich geltend machen, wofür sehr weitgehende Vorschläge gemacht werden, darunter Widerruf der für die Kirche grundlegenden »Schenkung Konstantins«, die den Besitz des gesamten Abendlandes dem Papst verliehen haben sollte und nur Unheil gebracht habe; energischer Kampf gegen die Simonie müsse folgen. Auch die Universität gab sich uferlosen Erwartungen hin.

Gleichzeitig mit dieser Reisegesellschaft zog jedoch eine andere große Gruppe von Prag aus – wie die des Hus bemüht, rechtzeitig gleich zu Beginn des Konzils in Konstanz einzutreffen. Das war die Partei der Gegner, stark schon dadurch, daß sie die offiziellen Delegierten Böhmens darstellten. An der Spitze Bischof Johann »der Eiserne« von Leitomischl mit zahlreichen Adligen, dazu die erbitterten akademischen Feinde und früheren Freunde Stefan von Paletsch und Stanislaus von Znaim. Stanislaus starb auf der Reise an einem Abszeß und überließ es seinem Kollegen, die Vernichtung des ehemaligen Genossen tatkräftig zu betreiben. Die offizielle Delegation reiste mit großen offiziellen Geldern; für Hus hatten seine Freunde und Anhänger gesammelt.

Vor dem Abschied hatte er versiegelte Briefe für den Fall seines Todes hinterlassen. Er schrieb an seine Gemeinde Bethlehem und bedauerte, daß er nicht noch einmal vor ihr habe predigen können. Er deutet an, daß er das Martyrium zu erwarten habe; die Zahl seiner Feinde sei groß, und bedeutungsvoll fügt er hinzu: »... und meine Landsleute sind dabei die schlimmsten.« Falls er doch zurückkehren sollte, so hoffe er, mit Ehren zu bestehen und die Wahrheit nicht zu verleugnen. In einem Brief an seinen Lieblingsschüler Martin traf er bescheidene Anordnungen über seine sehr bescheidene Habe.

Er reiste also als Gebannter, ohne das noch nicht eingetroffene Geleit, nur geschützt durch das Wort des Kaisers und die adligen

Schutzherren. In Böhmen fühlte er sich sicher; sobald er die deutsche Grenze überschritt, begann er zu zweifeln. Die deutschen Professoren waren samt und sonders seine Gegner und Feinde gewesen. Wie würde die Bevölkerung ihn aufnehmen? Er erlebte eine Überraschung nach der andern. Von Beachtung des Bannes war keine Rede. Nach dem Wortlaut des Urteils verfiel jeder Ort, der ihn aufnahm, dem Interdikt. Nirgends war eine Spur davon zu bemerken. Wer ihm Speise oder Trank reichen würde, war selbst mit dem Bann bedroht. Man reichte ihm Wein, wie bei angesehenen Gästen üblich. Vielfach strömten die Leute herzu, den vielberufenen Ketzer zu sehen, der da so unbehelligt in großer Begleitung dahinzog. Man unterhielt sich mit ihm, disputierte freundlich oder vorsichtig, auch lauernd, ihn auf irgendeiner Schandstelle zu ertappen. Nürnberg, seinem Prag durch so viele Handelsbeziehungen verbunden, war bereits durch Kaufleute von seinem Kommen benachrichtigt. Hus schrieb einen nahezu jubilierenden Brief an die Freunde daheim: Das Volk in den Straßen dicht gedrängt, fragend: Wer ist denn nun der Magister Hus? Noch vor dem Essen ein Brief des Pastors von St. Lorenz: Er habe schon lange gewünscht, offen mit ihm sprechen zu können! Antwort: Er möge kommen, »und er kam!« Ritter Wenzel von Duba schickt Botschaft: Die Bürger und Gelehrten seien versammelt und wünschten mit ihm zu konferieren. Er bricht das Mahl sogleich ab und geht. Die Gelehrten würden es vorziehen, privat mit ihm zu disputieren. »Ich sagte ihnen: Ich predige öffentlich und wünsche, daß alle, die das wollen, mich hören! Und von da ab disputierten wir vor den Ratsherren und Bürgern bis zum Dunkelwerden.« Es fehlte nicht an Widersachern, ein Kartäuser und der Pfarrer von St. Sebald, Fleischmann, waren die Gegenredner. Die Bürger jedoch, so Hus, stimmten ihm zu. »Ihr sollt wissen, daß ich bisher noch nicht einen einzigen Feind zu Gesicht bekommen habe.« Er fühlte sich so sicher wie im Königreich Böhmen.

So sicher, daß er das Eintreffen des Geleitbriefes gar nicht abwartet. Kaiser Sigmund weilt noch am Rhein; es wäre ein großer Umweg, ihn dort aufzusuchen. Es wird genügen, wenn Ritter Wenzel dorthin geht, um den Brief in Empfang zu nehmen. Nach Konstanz, unverzüglich, direkt; es heißt, daß auch Johann XXIII. dort erwartet wird. – Sigmund hat später, um seinen Wortbruch zu beschönigen, erklärt, Hus habe damit einen großen Fehler begangen. Er hätte mit ihm zusammen in Konstanz, somit sichtbar unter seiner Protektion, einziehen sollen, dann wären alle Weiterungen verhütet worden.

Zweifellos war die Eile, sich Gehör zu verschaffen, unheilvoll. Luther hat unter ähnlichem Zwang gestanden. Gehör aber zu erhalten, Gehör sich zu verschaffen, auch mit den gefährlichsten Mitteln, ist der Wunsch und das Schicksal des Revolutionärs. Hus war Volksmann, Prediger, Rebell, das Sprechen vor großer Hörerschaft sein Element. Er genoß die breite Wirkung mit aller Verführung, hier auf deutschem, so besonders schwierigem Boden, in vollen Zügen. Er hatte sich Plakate abschreiben lassen mit dem stolzen Text: »Magister Johann Hus zieht soeben hier durch auf dem Weg nach Konstanz, wo er seinen Glauben bezeugen wird.« Jeder, der ihm einen Irrtum oder eine Ketzerei vorwerfen will, wird aufgefordert, sich ihm auf dem Konzil zu stellen. Da wird er jedem Gegner Rechenschaft über Glaubensfragen ablegen. An die Freunde daheim schrieb er hochgemut, er sei nie verhüllt oder gar vermummt geritten, offen und frei habe jeder ihn sehen können! Offen und frei verteilte er in jeder Herberge seine Fassung der Zehn Gebote oder klebte sie mit Mehlkleister an die Wände. Offen und frei disputierte er mit Bürgern, Handwerkern, Pfarrern. Es schien ihm, als ob die Reise unter dem Bann ein Triumphzug sei. Selbst seine Begleiter wurden von der Euphorie erfaßt. Baron Johann von Chlum begann ebenfalls im Geiste des Meisters zu werben und zu disputieren. In Biberach trat er im Gespräch mit den Bürgern so lange und gelehrt für ihn ein, daß die ihn für einen Gelehrten hielten; seine Freunde hefteten ihm daraufhin den Spitznamen »der Doktor von Biberach« an. Hus ritt immer fröhlicher dahin. Er fühlte sich fest im Sattel auf seinem guten Pferdchen, Grabstyn genannt. Er sah große Weite vor sich. Sein Böhmen hatte er zum größten Teil gewonnen, von den wenigen hartnäckigen Feinden abgesehen. In Polen, so war ihm berichtet worden, hatte er großen Anhang bei Volk und Adel. Die Deutschen sogar schienen offen zu sein für seine Lehre. Auf dem Konzil würde er, im freien Wettkampf der Meinungen, der ihm versprochen war, neue Provinzen erobern.

»Bisher, so sollt Ihr wissen, habe ich noch nicht einen einzigen Feind zu Gesicht bekommen.«

Die Gefangennahme

Unvermummt, »mit offenem Visier«, ritt Hus am 3. November 1414 in Konstanz ein. Es war kalt, Hus trug einen Pelzmantel. Kühl war auch der Empfang. Die alte Reichsstadt, mittelgroß, wohlhabend, ein vielbesuchtes Handelszentrum und der Lage nach zu Wasser wie zu Lande zu erreichen, für den Kongreß gewählt, erwartete ganz andere Gäste. Johann XXIII. war bereits eingetroffen mit großem Gefolge der von ihm ernannten Kardinäle, vielen italienischen Prälaten und Herren, darunter den Vertretern des Bankhauses Medici, das ihn finanzierte, sowie ein paar hundert Sekretären, Hofbeamten und Dienern. Es eilte ihm noch mehr als Hus. Wie allgemein bekannt und viel beraunt, war sein Reisewagen in der verschneiten Gegend am Arlberg umgestürzt und hatte ihn ausgeschüttet, ein böses Omen. Beim ersten Blick auf die Stadt Konstanz mit ihren Mauern und Türmen, die sorgfältig bewacht waren, flüsterte er seinen Begleitern zu: »So sieht eine Falle aus, in der man Füchse fängt.« Es beruhigte ihn ein wenig, daß man ihm einen großen Empfang bereitete. Unter goldnem Baldachin, von der Stadtverwaltung gestellt, neun Schimmel voran, beladen mit geistlichem Gerät und Reliquien, der letzte mit der Monstranz und dem Sakrament, zog er zum Dom. Die gesamte Geistlichkeit von Konstanz und Umgebung war erschienen; man gab ihm alle üblichen Titulaturen und Ehrenbezeigungen, und im Dom wurde ein Tedeum gesungen. Johann nahm Quartier im Palast des Bischofs von Konstanz.

Nicht weit davon, in der Paulsgasse, kam Hus mit seinen Begleitern unter, bei einer Witwe Fida Pfister. Das Konzil hatte noch nicht begonnen. Zahlreiche Delegationen standen noch aus, als wichtigste König Sigmund und seine Begleitung. Sehr wohl zur Stelle aber waren die Hus-Gegner aus Böhmen, die sich bald noch vermehrten. Die Franzosen waren bereits anwesend, in sehr glanzvoller Besetzung, an der Spitze der Kardinal d'Ailly, Bischof von Cambrai, und der Kanzler der Universität Paris, Gerson, beide international berühmte Gelehrte und führende Vertreter der Konziliartheorie. Am 5. November brachte Ritter Duba endlich den Geleitbrief Sigmunds, der sich nicht ganz so schön las, wie es bei den Vorbesprechungen geklungen hatte.

Unverzüglich begaben sich die adligen Schutzherren zum Papst, stellten sich vor und kündigten ihre Mission an. Johann XXIII. war unruhig und sehr besorgt. Er verspürte einen kalten Hauch, vor allem aus dem Lager der Franzosen, und war noch ungewiß, welche Haltung König Sigmund einnehmen würde. Er versicherte, ihr Schützling könne unbesorgt sein, der Bann gegen Hus möge zur Zeit ruhen. Niemand werde ihn behelligen noch ihm ein Unrecht antun, »und wenn er meinen leiblichen Bruder umgebracht hätte!« Er deutete noch an, daß es ihm die beste Lösung erschiene, wenn Hus die Sache im stillen irgendwie beilegen könnte; wie, war nicht gesagt. Hus, durch den Brief Sigmunds und diesen Vorschlag des Papstes in Sicherheit gewiegt, lehnte ab: er wolle und müsse vor dem Plenum in aller Öffentlichkeit seine Sache vertreten; so sei es auch mit König Sigmund abgesprochen. Er hielt sich im übrigen innerhalb des Hauses der Pfisterin und ging nicht auf die Straße; dafür begann er alsbald in seinem Zimmer vor zahlreichen Andächtigen die Messe zu lesen und seine Ansichten zu erklären. Der Bischof von Konstanz ließ ihn verwarnen und erinnerte daran, daß er unter dem Bann stünde. Hus antwortete, er erkenne den Bann nicht an und werde Messe lesen, solange Gott es ihm erlaube. In einem Brief seines Freundes Reinstein nach Prag kritzelte er an den Schluß mit einem der beliebten Wortspiele um seinen Namen Hus, die Gans: »Die Gans ist noch nicht gebraten und fürchtet sich auch nicht, gebraten zu werden.«

Johann XXIII. als Neapolitaner, klein, fett, fror in dem nordischen Klima erbärmlich. Ungern, auch mit vielen Hinweisen auf die ungewohnte Landschaft, hatte er die Reise unternommen. Er war stark abergläubig, und der verhängnisvollen Vorzeichen hatte er genug gesehen, vom Wagensturz abgesehen. Er las auch in den Augen der Kardinäle, von seinen allerengsten Vertrauten abgesehen, nur den bösen Blick. Man hielt gerade eben die vorgeschriebenen Formen ihm gegenüber inne, aber so zeremoniell, daß er sich keine Illusionen machen konnte. In allen sachlichen Fragen ließ man ihn alsbald spüren, daß man seine Autorität für äußerst begrenzt und überhaupt nur »bis auf weiteres« gültig hielte. In der Ketzerfrage, die den französischen Delegierten bereits einfach durch das ergangene Bannurteil erledigt schien, fand man jedes Entgegenkommen überflüssig. Auch über Wünsche des noch nicht erschienenen Königs wollten die Kardinäle sich hinwegsetzen; es sollte ein für alle Male, und gleich von vornherein, klargestellt werden, bei wem die oberste Entscheidungsgewalt lag. Unter Konziliartheorie verstanden d'Ailly und Gerson, daß die Autorität in der Hand der großen Kirchenfürsten und allenfalls der Doktoren zu liegen hätte. Sie forderten unverzügliche Verhaftung des Ketzers.

Johann wand sich, und er hatte noch viel Gelegenheit, sich zu winden. Er fürchtete den König, von dem für ihn so viel abhing. Er fürchtete die Kardinäle noch mehr, und er kannte sie; den d'Ailly hatte er selbst zum Kardinal erhoben, was sich jetzt als Fehlgriff herausstellte. Sehr rührig waren auch Hus' unmittelbare böhmische Gegner. Sie schlugen an die Kirchentüren Plakate gegen ihn, auf denen er als gebannter, hartnäckiger Ketzer bezeichnet wurde, und »Hartnäckigkeit« war die Formel für den unbedingt verruchten und des Todes würdigen Ketzer. Sie liefen unermüdlich von einem Quartier hoher Herren zum andern und hetzten. Nicht überall fanden sie Gehör; viele Teilnehmer hielten die böhmischen Händel doch für unbeträchtlich angesichts der hohen Weltaufgaben des Völkerkongresses. Andere meinten, der Hus werde schon widerrufen wie so viele, die man genügend bedroht hatte. Nicht wenige fühlten sich gelangweilt: Sie waren nicht zu der großen Völkerschau gekommen, um sich theologisch-scholastische Dispute anzuhören. Sie wollten, mit den reichlichen Diäten ihrer Auftraggeber, die reichlich dargebotenen Freuden genießen. Die Anstrengungen und Mühen des Denunzianten werden meist unterschätzt, am häufigsten von den Opfern solcher biberhaften Arbeit. Hus saß bei der Witwe Fida Pfister nahezu behaglich in seinem Zimmer. Er schrieb an den Reden, die er dem Plenum vorzutragen gedachte. Er wollte über das Thema des Friedens sprechen.

Am 16. November war das Konzil eröffnet worden, bei schwacher Beteiligung; die meisten Delegationen fehlten noch. Johann XXIII. präsidierte im Dom. Er hielt einen Sermon zum Text aus Sacharja 8,16: »Rede einer mit dem andern die Wahrheit, und richtet recht und schafft Frieden in euren Toren!«

Vom Frieden sprach auch der Bischof von Trient, als er im Auftrag der Kardinäle mit einem anderen Bischof am 28. November Hus in seiner Wohnung aufsuchte: »In guter Absicht kommen wir und nicht etwa, um den Frieden zu stören.« So hielt er dem aufgebrachten Baron Johann von Chlum entgegen, der beim Blick aus dem Fenster Soldaten der Stadtmannschaft um das Haus aufgestellt sah. Der Bürgermeister von Konstanz war zugegen, ein Gerichtsrat des Papstes. Es handele sich lediglich um eine Unterredung mit den hohen Kirchenvätern. Chlum, als Soldat, sah sofort klar. Er fühlte seine Ehre und die seines Auftraggebers, König Sigmund, angegriffen. Wütend zitierte er den Geleitbrief: »Seht euch vor! Es geht gegen die Ehre unseres Herrn, des Königs!« Den Bürgermeister schrie er auf deutsch an: »Der Teufel selbst muß erst angehört werden, wenn es um einen Streit geht!« Zu den Bischöfen noch: »Der König hat ausdrücklich befohlen, daß vor seiner Ankunft nichts gegen Magister Hus unternommen werden soll!« Er wußte nicht, daß Sigmund inzwischen, über die Stimmung der Kardinäle informiert, diesen auf ihre Anfrage nach Speyer hin die Genehmigung zur Verhaftung erteilt hatte.

Hus selbst erklärte friedfertig und begütigend, er sei eigentlich nicht zu Besprechungen mit den Kardinälen nach Konstanz gekommen. »Zum ganzen Konzil wollte ich sprechen, und das werde ich auch tun, so Gott will. Aber wenn die Kardinäle mich so sehr zu sehen wünschen, so will ich sie aufsuchen. Und wenn man mich über irgendwelche Dinge befragen will, so werde ich da die Wahrheit, wie ich sie aus der Schrift erkannt habe, offen bekennen, mit Gottes Hilfe.«

Er schritt mit ihnen die Treppe hinunter. Chlum folgte ihm, düster und von Unmut geschüttelt. In der Tür nahm die Hauswirtin, Frau Fida, Abschied von ihrem Gast, hemmungslos schluchzend. Hus erteilte ihr seinen Segen.

Im Bischofspalast, der Wohnung des Papstes, der sich jedoch fernhielt, waren einige Kardinäle versammelt. Die Wachen standen im Hintergrund und auf der Treppe. Die Kardinäle sagten: »Magister Hus! Wir haben viel seltsame Gerüchte gehört. Es heißt, daß Ihr zahlreiche Irrlehren im Königreich Böhmen verbreitet. Deshalb haben wir Euch gerufen, um zu wissen, ob dem so ist.«

Hus dagegen: »Ehrwürdige Väter, Ihr sollt wissen, daß ich eher sterben als nur eine einzige Irrlehre vertreten möchte. Und deshalb bin ich aus freien Stücken hier zum heiligen Konzil gekommen. Und wenn man mich belehrt, daß ich in irgendeinem Punkte geirrt habe, bin ich bereit, mich korrigieren zu lassen und mich zu bessern.«

Die Kardinäle lobend: »Gut gesprochen, in der Tat!« Dann verschwanden sie. Nicht so die Wachen. Baron Chlum, in düsterer Stimmung, blieb bei seinem Schützling.

Es folgte ein Intermezzo im schlechtesten Intrigenstil. Ein Mönch, den die Wachen durchließen, drängte sich herein und erklärte, er sei ein einfacher und völlig ungelehrter Mann, habe aber gehört, daß Hus verschiedene abweichende Lehren verkünde. Darüber würde er gerne etwas von ihm erfahren. »So behaupten die Leute: Ihr lehrtet, daß nach dem Segen des Priesters und der Verkündung der Worte das Brot ›als Brot‹ beim Sakrament des Abendmahls verbliebe!«

Hus, scharf: »So etwas habe ich nie gesagt.«

Der Mönch: »Du glaubst das nicht?«

Hus: »Nein, ich glaube das nicht.«

Der Mönch: »Du glaubst das sicher nicht?«

Hus: »Nein.«

Hier fuhr Baron Chlum gereizt dazwischen: »Was für ein Kerl bist du denn eigentlich? Wenn jemand mir nur einmal ja oder nein sagt, dann genügt das. Er hat dir dreimal deine Frage abgelehnt, und du fragst noch weiter?«

Der Mönch demütig: »Werter Herr Ritter, nehmen Sie es mir nicht übel: Ich bin ein schlichter und unwissender Ordensbruder, ich frage nur, um mich zu belehren.«

Er fragte aber weiter und kam auf das Problem der Einheit der beiden Naturen Christi, der menschlichen und göttlichen, in der Theologensprache die hypostatische Union genannt. Ein schweres, höchst heikles Problem, das die frühen Konzilien beschäftigt und aufgeregt, ja zu unendlichem Streit und großen Spaltungen und Ketzerbewegungen geführt hatte. Das hochheilige Konzil zu Chalcedon Anno 451 hatte es zugunsten der Auffassung entschieden, daß in Christus die beiden Naturen oder Hypostasen, obwohl durchaus als unterschieden anzusehen, untrennbar und ewig vereint seien; damit spalteten sich große Bewegungen ab, die eigne Kirchen begründeten und als »Monophysiten« die Einheit ohne Unterschiede vertraten. Das Problem besteht noch heute zwischen der römischen Kirche und Kirchen im Osten; die Frage der Einheit, auch der Vereinigung von Kirchen, steht dabei auf dem Spiele. Für Hus stand auf dem Spiele, daß dies eine offenkundige Ketzer-Fangfrage war. Selbst er, der noch immer reichlich arglose, wurde stutzig. Auf tschechisch meinte er zu Chlum: »Ein unwissender Ordensbruder? Und stellt so komplizierte Fragen?«

Zu dem Besucher und Versucher gewandt: »Als einfachen Ordensbruder gibst du dich aus? Ich halte dich für doppelzüngig.«

Der Mönch: »Ich bin nicht doppelzüngig, Magister.«

Hus, etwas lehrhaft: »Bei einem einfachen Menschen müssen Geist und Herz, Mund und Rede zusammenstimmen. Bei dir stimmt das nicht: Mit dem Munde bekennst du dich als schlicht und einfältig, und dann zeigst du dich als raffiniert mit solchen Fragen über ganz heikle Probleme. Trotzdem will ich dir sagen, was ich darüber denke.« Er sprach weiter und bekannte sich völlig zu der kirchlich-orthodoxen Ansicht. Der Mönch dankte Hus wortreich für die erhaltene gute Belehrung und ging.

Aus dem Kreis der Wachen und Aufpasser trat einer an Hus heran, offenbar ein Mitglied der päpstlichen Umgebung:

»Wißt Ihr, Herr Magister, wer das war?« Hus verneinte.

»Nun, das war der Doktor Didachus, ein Spanier; er gilt als einer der feinsten Theologen.«

Hus: »Wenn ich das gewußt hätte, ich hätte ihn wohl mit Worten aus der Schrift durchlöchert! Wenn alle nur so wären: Mit Gottes Hilfe und dem Beistand der Schrift brauchte ich sie nicht einen Deut zu fürchten.«

Die Szene hatte ihr Nachspiel. Die beiden Fangfragen und Thesen, über das Brot im Sakrament und die beiden Naturen Christi, waren Hauptfragen im kommenden Prozeß. Die erste, die Wyclif entgegen der Kirchenmeinung beantwortet hatte, galt als das Kernstück bei dogmatischer Verurteilung zum Ketzer. Es half Hus nichts, daß er sie dem Spitzel gegenüber dreimal verneint und sich zum orthodoxen Sinne bekannt hatte. Es half ihm nichts, daß er das immer wieder bei den Vernehmungen betonte; die These steht auch im Endurteil über ihn, ebenso wie die zweite.

Die Kardinäle hatten inzwischen ausgiebig gespeist. Außerdem waren die böhmischen Ankläger und Widersacher im Bischofspalast erschienen. Johann XXIII. gesellte sich dazu, und in seinen Räumen fand die stundenlange Verhandlung statt. Auch Hus' Freunde waren vertreten, Reinstein als Vertreter der Universität Prag, der Sekretär des Barons Chlum, Peter von Mladenovitz, dem wir den ausführlichsten Augenzeugenbericht über »Hus in Konstanz« verdanken. Die Gegenseite blieb siegreich, zumal die Kardinäle von vornherein ihren Entschluß gefaßt hatten. Johann XXIII. wand sich. Er mußte zustimmen: Verhaftung des Ketzers und unverzügliche Einleitung des Prozesses. Die Widersacher, nach Peters Darstellung, sprangen vor Freude im Saal umher und riefen: »Ha, jetzt haben wir ihn. Er soll uns nicht entwischen. Bis zum letzten Heller wird er die Zeche bezahlen!«

Gegen Dunkelwerden entsandte Johann XXIII. seinen Haushofmeister in das Zimmer, wo Hus und Baron Chlum unter Bewachung warteten. Chlum könne gehen, wurde ihm erklärt; Hus habe zu bleiben. Chlum stürmte unverzüglich zum Papst, der noch mit den Kardinälen zusammensaß, und protestierte leidenschaftlich: Das sei nicht, was ihm und seinem Onkel Latzenbock vom Heiligen Vater versprochen sei! »Ich sagte Eurer Heiligkeit, und sage das noch: Ich habe Magister Hus hierhergebracht unter dem Geleit meines Herrn, des römischen Königs. Und Eure Heiligkeit erwiderten mir, er werde sicher sein, und wenn er Euren eignen Bruder umgebracht hätte. Ihr würdet nicht gegen ihn vorgehen noch erlauben, daß andere ihn antasteten. Und nun wird er verhaftet, dem Geleitbrief zum Trotz, und ein Mitglied Eures eignen Hofes hat ihn aus seiner Wohnung abgeführt!« Chlum wurde immer wütender und schrie: »Eure Heiligkeit soll wissen: Ich werde alle anzeigen und verwarnen, die das Geleit meines Herrn, des Königs, gebrochen haben!«

Johann XXIII., sehr erschrocken, auf die Kardinäle deutend: »Seht doch, diese meine Brüder hier haben es gehört: Ich habe niemals den Befehl zur Verhaftung gegeben.« Er nahm Chlum beiseite und flüsterte: »Ihr wißt sicherlich, wie meine Sachen mit den Kardinälen stehen. Sie haben ihn mir übergeben, und ich bin nun gezwungen, ihn zu verwahren.«

Chlum lief unter neuen Drohungen hinaus. Er ließ dem Magister wenigstens seinen Pelzmantel und sein Brevier in die Haft bringen. Johann XXIII., zitternd bei dem Gedanken, der aufgebrachte Baron könnte ihn mit seinen Leuten überfallen und den Gefangenen befreien, ließ Hus noch in der Nacht in ein anderes Haus bringen, eine Woche später in das Gefängnis des Dominikanerklosters auf der Insel am Seeufer, das sicherer schien. Sechs Wächter sorgten dort für Aufsicht. Der Kerker wurde umsichtig ausgebaut: Er bestand aus zwei Gefängnissen, an einer Seite die Schlafstätte, ein enger Verschlag aus massiven Balken, für die Nacht bestimmt; in der Stube davor befanden sich auch ein Stuhl und ein Schreibpult für den Aufenthalt am Tage. Des Nachts wurde der Gefangene in dem sehr sicheren Balkenverschlag eingesperrt; am Tage konnte er ein wenig umhergehen und auch schreiben. Hus begann alsbald zu schreiben, Briefe, die durch die Wächter, von Chlum bestochen, befördert wurden, auch neue Abhandlungen und Traktate. Die Bedingungen, unter denen im Mittelalter große Gelehrte und Autoren ihre meist zahlreichen und umfangreichen Werke zu Papier gebracht haben, sind abenteuerlich und ihre Leistungen bewunderswert, nicht nur im Fall des Hus. Sein Kerker war keineswegs als bloße Haft gedacht. Er sollte den »hartnäckigen« Ketzer zermürben, und er tat das. Der Raum lag unmittelbar über dem Klosterabort, einer offenen Latrine. Hus wurde sehr bald krank, was durchaus erwünscht war; er litt an Gallensteinen, Verstopfungen, Schwindelanfällen. Johann XXIII., den noch immer nicht erschienenen König Sigmund fürchtend, sandte ihm seinen Leibarzt, der Brechmittel verschrieb. Die Kost wurde etwas verbessert. Hus erholte sich soweit, daß er vernehmungsfähig war; man hatte kein Interesse daran, ihn sterben zu sehen. Eine Kommission wurde von den Kardinälen ernannt, unter hohen Würdenträgern, zum großen Teil aus seinen böhmischen Gegnern und Anklägern bestehend. Baron Chlum lief mit dem Geleitbrief in Konstanz umher zu allen geistlichen und weltlichen Großen, zu Patriziern der Stadt, dem Magistrat. Er war nicht weniger eifrig als die Feinde Hus'; wir dürfen aber bezweifeln, ob er ebenso geschickt war, und vermuten, daß er nach kurzer Zeit lästig wurde, vielleicht auch zu rittermäßig auf den Ehrenpunkt pochte; nicht wenige mögen ihn bald für eine Art wunderliche und halb komische Figur gehalten haben. Er ließ lange Plakate schreiben und an die Tür des Domes und anderer Kirchen kleben, die üblichen Anschlagstellen für solche Zwecke. Auch da war immer umständlich vom feierlichen Geleit des Königs die Rede, nebst scharfen Ausfällen gegen den Papst und die Kardinäle und Drohungen: »Wenn der König erst eintrifft, dann werden alle Ursache haben zu spüren, wie schwer er sich beleidigt fühlt durch die Mißachtung, die ihm und dem Reich gezeigt worden ist.« Er schickte Boten an Sigmund nach Speyer in das derzeitige Hauptquartier. Der König war ungemein aufgebracht – oder stellte sich so. Er konnte seinen häufigen Jähzorn, wie andere Potentaten und Mächtige, sehr wohl zu eindrucksvollen Szenen benutzen. So schrie er vor versammelten Zeugen, die das berichten konnten, er werde nach Konstanz kommen und den Gefangenen unverzüglich befreien, »und wenn ich die Tür aufbrechen müßte«. Er sandte sogar Hofleute mit der Anordnung in die Stadt, Hus freizulassen. Die Kardinäle gingen darüber schweigend hinweg. Sie wußten über seine wahre Meinung. Er befahl, es dürfe vor seiner Ankunft nichts Wichtiges unternommen werden. Man sah die Untersuchungskommission nicht für »wichtig« an. Im übrigen hatten die Kardinäle wie die anderen Großen ganz andere Sorgen als das Schicksal des Magisters Hus aus Prag. Einer der französischen Kardinäle, Fillastre, der ebenfalls ein ausführliches Tagebuch führte in einer bereits schreibfreudigen Zeit, notierte neben wichtigeren Dingen: »Inzwischen wird auch verhandelt über einen gewissen böhmischen Häretiker, Johann Hus geheißen, und die Irrlehren des Engländers Johann Wyclif.«

Am Morgen des Weihnachtsabends eilte Chlum nochmals zum Dom und heftete seinen Protest an die Tür, denn nun sollte sein König einziehen. Sigmund hatte den Festtag sorgfältig ausgewählt. Zu Schiff erschien er, von Überlingen her über den See, mit seiner jungen Gemahlin Barbara, geborene Gräfin Cilli, samt Fürsten, Grafen, Hofleuten, Trabanten, Soldaten. Mit Mühe hatte er die teure Reise finanziert; sein langes Ausbleiben war zum Teil durch Kreditverhandlungen erklärt. Mit Mühe hatte er die Krönung in Aachen durchgesetzt, erst vier Jahre nach seiner Wahl, und nur mit der Krone Karls des Großen auf dem Haupte durfte er sich als der legitime Herrscher und künftige Kaiser ansehen. Mit noch größeren Mühen hatte er diesen wahrhaft internationalen Völkerkongreß zustande gebracht. Er gedachte ihn nun kraft seines Amtes als Schirmherr der Kirche zu leiten. Kleine Fragen und Bedenken, wie der Fall des böhmischen Magisters, durften dabei nicht das große Werk der Einigung stören. Für große Zeremonien hatte er viel Verständnis, und er nahm sich, wie er wußte, gut dabei aus: hochgewachsen, mit schönem, gepflegtem Bart und rosigen Wangen, sicheren Bewegungen, tönender Stimme, die in sechs Sprachen zu tönen wußte, das wahre Bild eines Königs. »Milte«, der mittelalterliche Fachausdruck für große Gebefreudigkeit, war ihm auch verliehen, nur selten der genügend gefüllte Säckel dafür. So bemerkten mißgünstige Beobachter, wie die französischen Delegierten, mit Vergnügen in dem prunkvollen Aufzug Anzeichen einer gewissen Schäbigkeit, etwas rasch Zusammengeborgtes, das nicht recht passen wollte. Man notierte ebenfalls und meldete nach Hause, daß nur einer der Kurfürsten, der Sachse, es für nötig gehalten hatte, bei der großen Gelegenheit persönlich zu erscheinen. Die andern ließen sich vertreten; der Schwager Sigmunds, Graf Cilli, mußte eines der geheiligten Reichsämter repräsentieren, Sigmunds Vertrauter und vielfacher Geldgeber, Friedrich von Hohenzollern-Nürnberg, eine andere Kurwürde: Die Mark Brandenburg, die ihm bereits verschrieben war als Pfand für große Summen. Das Volk jubelte, wie es in den Chroniken heißt. Der Magistrat war hochbefriedigt: Kaiser und Papst zugleich in Konstanz!

Empfang im Rathaus, am Abend großer Fackelzug zum Dom, unter goldnem Baldachin, von den Ratsherren der Stadt getragen. Hochamt, von Johann XXIII. gehalten, im Kerzenschein. Sigmund trug die Reichskrone, aber das einfache Gewand als bloßer Diakon, als welcher er traditionell dem Papst zu ministrieren hatte. Eine gewisse Rührung verbreitete sich, selbst unter sehr hart und kühl denkenden Prälaten. Johann XXIII. sogar, obwohl von schlimmen Ahnungen geplagt, begann nochmals zu hoffen. Er konnte sich nicht genugtun bei dieser Gelegenheit, seinem letzten großen Auftreten, wie sich zeigen sollte. Er las zur Verzweiflung der meisten Anwesenden drei Messen hintereinander. Sigmund, zeremonielle Strapazen gewohnt und genießend, blieb frisch bis gegen Mitternacht. Mit großen Schritten ging er auf den Thronsessel zu, der für ihn vorbereitet war, und ließ sich würdig nieder, zu seinen Seiten der Sachse mit dem blanken Reichsschwert und die beiden Stellvertreter der abwesenden Kurfürsten.

Früh stand er auf am nächsten Morgen, seiner Gewohnheit nach. Wie viele Fahrige und Oberflächliche stürzte er sich gern in große Tätigkeit. Bei Konferenzen mit den Kardinälen und Delegierten hatte er sehr rasch erfaßt, wie der Wind wehte: Johann XXIII. war nicht zu halten, er würde ihn fallen lassen müssen. Das bedeutete zugleich großen Prestigegewinn für ihn, den König, als nunmehr oberste Instanz für das Gelingen des Einigungswerkes; für die Konzilsherren galt das nicht in der eigentlichen, der geistlichen Hinsicht, etwa im Fall des böhmischen Magisters, der auch erwähnt werden müsse. Freiheit des Wortes für die Teilnehmer am hochheiligen Konzil! Freiheit des Handelns dazu! – Und mein Geleit? – Unbeträchtlich und unwirksam so hohen Geboten gegenüber! – Sigmund will, so versicherte er jedenfalls später, als es in ganz Böhmen unruhig wurde, nochmals getobt haben; er behauptete, aus den Sitzungen hinausgelaufen zu sein, mit Abreise gedroht zu haben; er ist tatsächlich auf zwei Tage abgereist, aber aus anderer Ursache, und ließ sich bald einholen. Die Konzilherren konnten ebenfalls mit Abreise drohen. Das Wort »unbedingte Freiheit« wurde erneut vorgebracht, und nicht zum letzten Male. Am Neujahrstag unterzeichnete Sigmund die Genehmigung, den Ketzerprozeß gegen Hus weiterzuführen und ihn dafür in Haft zu behalten.

Hus war zu Konstanz drei Wochen lang frei gewesen, auf das Haus der Witwe Fida Pfisterin beschränkt. Die nächsten drei Monate lag er im Dominikanerkloster auf der Insel im Kerker. Die einzige Erleichterung, die Sigmund ihm verschaffte, bestand darin, daß er ihn in eine etwas gesündere Zelle mit besserer Luft überführen ließ, die nicht unmittelbar über der Latrine lag. Der enge Balkenverschlag für die Nacht wanderte mit; er gehörte zum Gefängnisritus, und Sigmund achtete die Bräuche.

Konstanz

Drei Monate – wir benutzen sie, um uns in Konstanz und auf dem Konzil umzusehen, und dies nicht nur aus Neugier, wie sie für viele Teilnehmer ein Hauptmotiv bei dem großen Weltkongreß war. Es ist viel über das Konzil geschrieben worden, schon von den Zeitgenossen, in Chroniken, Tagebüchern, Akten, die ein Dutzend starker Bände füllen, auch gemalt, gezeichnet; einige der farbigsten Handschriften jener sehr farbfreudigen Zeit haben die prunkvollen Kostüme festgehalten: Die Wappen der hohen Teilnehmer, die über dem

Eingang der Quartiere eines jeden hingen, der ein Wappen führen durfte. Die Turniere und die Prozessionen; die Pastetenbäcker mit ihren fahrbaren Wagen; das Fest der Wechsler von Florenz, wobei die Medici nicht die einzigen waren noch die Florentiner allein vertraten; die Belehnungen von Fürsten durch den König, darunter die schicksalsvolle des Hohenzollern Friedrich mit der Mark Brandenburg, als Ausgleich für viele Dienste und große vorgestreckte Gelder. Die Trachten der Großen wie der Kleinen; die Männer, soweit Bediente oder Knechte, in langen Strumpfhosen bis zum Gürtel, ein Bein blau, das andere rot, die hohen Herren in langen, schleppenden Gewändern; die Kopfbedeckungen, mythisch zuweilen mit irgend etwas Kronenartigem, das irgendeinen hohen Anspruch andeuten soll, eiserne Kriegshauben und kecke Hütlein mit einer Feder; inzwischen auch, auf einem Blatt, der papierne Ketzerhut des verurteilten Hus, mit tanzenden Teufeln bemalt, die über die Beute frohlockten. Das Weltliche überwiegt bei weitem, wenn auch die kirchlichen Höhepunkte nicht vergessen sind.

Kein großes Ereignis der mittelalterlichen Geschichte ist uns bis in alle Einzelheiten so ausführlich und realistisch überliefert worden. Wir sehen sogar die Arten, sich zu bewegen: das feierliche Schreiten der Würdenträger in schweren Gewändern, die weit ausgrätschenden, fast schlenkernden Beine der Strumpfhosenträger, das Tänzeln eines Henkerknechtes, der den Gefangenen zum Scheiterhaufen führt. Die Gesichter sind meist derb, schematisch und landläufig; auch die höhere Kunst hat wenig zuverlässige Porträts der Hauptteilnehmer überliefert. Dafür sind die Physiognomien in den schriftlichen Aufzeichnungen mit aller wünschenswerten Deutlichkeit umrissen. Wir können auch da die Gesten genau erkennen: die erhobenen Hände zum Schwur, der nicht lange gehalten wird, dann ausgereckt, bettelnd, heischend oder drohend beim großen Markt der Gnaden, Gelder, Verleihungen. Die scharfen Blicke, wenn es um Machtfragen geht, die das wichtigste sind – Macht in der Kirche, im Staat, in der Kommune. Das Geistige und Geistliche tritt sehr zurück und kommt kaum je stärker zum Ausdruck. Dafür herrscht Überfluß an hohen Beteuerungen, traditionellen Formeln, Lippenbekenntnissen zu längst verschollenen oder überholten Idealen; das ist nur Überwurf und Kostüm wie auf den Illustrationen. Sehr viel wird

»zum Fenster hinaus« gesprochen, für das Volk oder die Weltöffentlichkeit. All die Grundelemente menschlichen Verhaltens, die konstant sind, zeichnen sich bereits bei dieser frühesten Zusammenkunft der Nationen deutlich ab.

Der Nationen: Konstanz ist der früheste Völkerkongreß, bei dem die Nationen in aller Entschiedenheit und Fragwürdigkeit in Erscheinung treten. Auf dem Konzil wird sogar – eine nach kirchlicher Auffassung ungeheuerliche Neuerung – nach Nationen abgestimmt, nicht nach Prälatenstimmen. Es sind noch nicht unsere Nationen, die inzwischen ja auch wieder problematisch geworden sind in vieler Beziehung, sondern große Gruppierungen eher, nach dem Brauch der Universitäten, die das Wort eingeführt hatten. Aber nationale Regungen, Eifersüchte, Stimmungen spielten eine große, oft entscheidende Rolle. Nicht als ob nationaler Haß oder mindestens Abneigungen sich nicht von jeher unheilvoll geltend gemacht hätten, unter der Kuppel der übernationalen Einheit, die nur zu oft auf dem Pergament stand. Aber hier erst, in Konstanz, wurden die Nationen – nun nicht gerade mündig, aber doch sprachmündig. Noch sprachen sie alle das universelle Latein, bei offiziellen Gelegenheiten und vielfach auch im Gespräch. Wie hätten sich auch sonst die zahllosen Völkerschaften verständigen sollen? Weit über Europa hinaus hatte der Ruf, daß hier nun eine übergroße Einigung stattfinden solle, eine neue Zeit anbrechen würde, Delegierte herbeigelockt, Vertreter der Kirchen, auch der als ketzerisch angesehenen, und weltliche Abgeordnete. Aus den frühen Stätten der Christenheit, längst unter der Herrschaft der Ungläubigen, waren sie erschienen, oft mit dem ehrwürdigen Titel von Patriarchen, den freilich auch Franzosen, Italiener oder Deutsche führten, die nie einen Fuß nach Antiochia oder Nazareth gesetzt hatten. Armenier kamen, zwar Ketzer als Monophysiten, aber doch immerhin Christen und vielleicht zur Union mit der römischen Kirche zu gewinnen; Griechen, Ketzer ebenfalls, aber seit langem um Union bemüht, da das gewaltige Byzanz nun auf nicht viel mehr als Konstantinopel und Umgebung zusammengeschrumpft war und schwer bedrängt wurde. Die Hoffnungen auf solche Rückgewinnung der einstmaligen Kircheneinheit waren so unermeßlich wie alle übrigen Erwartungen. Man sah Russen, mit viel beneidetem Pelzwerk, auch sie Ketzer, Litauer, mindestens zur Hälfte der Ostkirche angehörend. Männer aus dem sagenhaften Äthiopien, aus Nordafrika; auch Mohammedaner hatten sich nach Konstanz gewagt. Sie alle in ihren Trachten und »nationalen« Kostümen, mit ihren Eßsitten und kirchlichen Gebräuchen, die einigermaßen respektiert wurden, wenn sie nicht auffällig zur Schau gestellt waren.

Die Deutschen waren stolz darauf, daß zum ersten Male in der Geschichte ein Konzil auf deutschem Boden stattfand; die Italiener hatten vergeblich diese Schande abwenden wollen. Der Beschluß, nach Nationen abzustimmen, traf die Italiener am schwersten und war auch gegen sie gerichtet. Johann XXIII. hatte sich mit einer stattlichen Anzahl von Kardinälen und Bischöfen ausgerüstet und gehofft, damit die Abstimmung zu beherrschen. Italien verfügte ohnehin über eine ganz unverhältnismäßige Anzahl von hohen Kirchenämtern und Bischofssitzen, die sich auf keine größere Diözese oder ein irgendwie nennenswertes Gebiet zu stützen brauchten. Die traditionellen großen und höchsten Kardinalsämter waren nach Kirchen Roms benannt; in Neapel und der Küste Süditaliens entlang gab es Dutzende von Zwergbistümern. Dazu kamen noch die Anhänger des Gegenpapstes, des Venetianers Gregor XII., den Johann nur »jenen Angelo Correr« nannte. Sie waren zwar seine Feinde, aber doch Italiener, und in mancher Beziehung konnte man auf Zusammengehen hoffen. Die Trennung nach Nationen, die sich als so probat empfohlen hatte, erwies sich bald als recht problematisch, ganz abgesehen davon, daß staatsrechtliche, dynastische, volksmäßige Fragen sie schwierig machten. Unmöglich konnte man, wie heute bei großen Einheitsinstitutionen, die zahllosen kleineren Völker alle berücksichtigen, zumal davon viele schon aus Finanzgründen gar nicht in der Lage waren, das teuere Konzil zu besuchen. So hatte man sich auf vier große Nationen beschränkt: die Italiener, die Franzosen, die Deutschen, die Engländer; erst ziemlich spät kamen die Spanier dazu. Daneben beanspruchten die Kardinäle, und zwar aller drei Obedienzen der drei streitenden Päpste, als eignes Kollegium gehört zu werden, und dieses Kardinalskollegium rückte im Verlauf des jahrelangen Konzils immer stärker nach vorn und dominierte am Ende.

Zur deutschen Nation beim Konzil gehörten auch die Böhmen, als Mitglied des Heiligen Römischen Reiches, für das sie die erste und wichtigste weltliche Kurwürde stellten. Als eigne Nation jedoch empfanden sie sich ganz entschieden, und im Falle des Hus war der »nationale Gegensatz« genügend dokumentiert worden. Die Polen und Litauer mußten sich ebenfalls und schon mit sehr viel weniger Berechtigung mit einer Beteiligung an der Kommission der deutschen Nation begnügen; auch die Skandinavier, kurz einfach alles, was nach Osten und Norden lag. Die Ungarn konnten sich damit trösten, daß Sigmund schließlich neben und vor seiner Würde als römischer König auch König von Ungarn war. Wir übergehen die vielen anderen Anomalien und erwähnen nur am Rande, daß auch Cambrai, das Bistum des Kardinals d'Ailly als eines der führenden Männer des Konzils, noch zum Reich gehörte; d'Ailly jedoch war Mitglied der französischen Delegation und Berater des französischen Königshofes.

Die französische Nation wiederum war von allen am schärfsten in sich gespalten, durch den Bürgerkrieg der Parteien Orleans und Burgund, die fast gleich stark und gleich erbittert gegeneinander erschienen waren und sich befehdeten. Die erste und wichtigste Streitfrage, die auf dem Konzil behandelt wurde und der man den »Fall Hus« zunächst nur anhängte, galt diesem Problem. Außerdem jedoch waren die Franzosen aufs höchste zerstritten mit den Engländern, deren Truppen seit Jahrzehnten tief im Lande standen, ganz abgesehen von der großen und legitimen Herrschaft in der Gascogne und Aquitanien, die sie seit Jahrhunderten beanspruchten. Die Franzosen sahen daher mit großem Mißvergnügen, später zu schärfstem Protest anwachsend, die Schaffung einer englischen Nation für das Konzil; die Spanier, als sie schließlich nach langem Zögern auftraten, schlossen sich ihnen darin an.

Die englische Nation litt daran, daß sie mit hohen kirchlichen Würdenträgern nur dürftig versehen war, obwohl ihre Delegierten dann zu den aktivsten gehörten und weit über ihre Zahl hinaus entscheidend in die Ereignisse eingriffen. Man hatte der englischen Nation, gewissermaßen als einem Sammelbecken, auch die Schotten zugeteilt, die darüber schwer erzürnt waren, zumal Schottland sich zu einem anderen Gegenpapst bekannte als England; außerdem, wie in ahnungsloser Vorwegnahme künftiger politischer Geographie noch Delegierte aus Arabien, Indien, Ägypten, von denen aber sonst wenig bekannt war.

Jede dieser Nationen hatte ihren Ehrgeiz und ihre Traditionen und nicht zuletzt sehr reale politische Ziele. Der englische König erhob Anspruch auf den französischen Königsthron, zur Zeit mit einem intermittierend wahnsinnigen Charles VI. besetzt, und die Aussichten für eine solche enorme Wandlung der Kraftverhältnisse war während des ganzen Konzils keineswegs gering. Andererseits verfügte Frankreich noch über sehr großes Prestige. Die französische Sprache war noch weithin eine der Universalsprachen – im Hause der Luxemburger Herrscher erblich und fast die Muttersprache. Die französischen Gelehrten, die am Kongreß teilnahmen, galten unbestritten als die vornehmsten; die Pariser Universität war noch immer *die* Universität des Abendlandes, und zu allem anderen führend in der Konziliarstheorie. Es ging also nicht nur nach augenblicklichen Machtverhältnissen; danach wäre das Rumpf-Frankreich der Zeit, zerrissen und ohne sichtbaren Herrscher von Autorität, fast bedeutungslos gewesen. Und wenn von tatsächlicher Macht die Rede sein sollte, so konnte das Heilige Römische Reich sich auch nicht auf viel mehr berufen als geheiligte Traditionen mythisch gewordener Art.

Solche Traditionen können sehr mächtig sein; im Namen der Tradition wurde Jan Hus verurteilt. Das geschichtliche Bewußtsein jener Zeit und erst recht ihre Geschichtskenntnis waren sehr beschränkt; das Gedächtnis reichte nicht weit zurück. Um so wichtiger wurde die Formel »seit Menschengedenken«, die ungehemmt bis in Urzeiten ausgriff und schon die Ereignisse des vergangenen Jahrhunderts nur sehr unbestimmt erfaßte. Die Kirchengeschichte selbst, für ein Konzil doch von besonderer Bedeutung, bestand größtenteils aus ein paar Kernsätzen, die immer wieder zitiert wurden, mochten sie noch so historisch fragwürdig oder auf Fälschungen basiert sein. Daß Kaiser Konstantin bei seiner Bekehrung das gesamte Abendland dem Papst Silvester geschenkt habe, als Dank für Errettung aus unheilbarer Krankheit, war einer dieser Hauptsätze, noch unbezweifelt, obwohl schon umstritten als unheilvolle Ursache für die Bindung des Papsttums an weltlichen Besitz. Daß es auch einmal einen weiblichen Papst gegeben habe, die Päpstin Johanna, in den amtlichen Registern geführt, Jutta oder Agnes mit bürgerlichem Namen, und daß sie bei einer Prozession niedergekommen sei mit einem Kind ihres Geliebten und daraufhin ihrer Würde verlustig gehen mußte, war unbestritten, allgemein geglaubt; Hus hat das in seiner Verteidigung angeführt, was ihm lediglich als »taktlos« vermerkt werden konnte. Nähere Kenntnis der Geschichte des Papsttums, der verschiedenen Päpste, auch solcher der jüngsten Vergangenheit, war selbst bei den Hochgelehrten äußerst dürftig, und was diese wußten, behielten sie meist sorgfältig im Busen verschlossen.

Nur auf einem Gebiet, dem des kanonischen Rechtes, war die Tradition auf sehr reale, nachschlagbare, zitierbare Unterlagen gestützt. Der kirchliche Jurist daher war auch auf dem Konzil von höchster Bedeutung. Neben diesen Kirchenjuristen aber wuchs schon der Stand der Laienjuristen bedrohlich empor, besonders in Frankreich. Die Grenzen waren oft noch fließend, der Doktor »beider Rechte« der Ratgeber für Fürsten und Kirchenfürsten. Die Italiener hatten mit ihren vorwiegend als juristische Universitäten berühmten Hochschulen im Kardinal Zabarella eine international anerkannte große Autorität. Zabarella, der dann den Vorsitz bei der Kommission zum Verhör des böhmischen Magisters übernahm, war ein Paragraphenreiter, aber er hielt sein Roß mit lässiger Zügelhand und blickte voll Hochmut auf die minderen Geister herab. Er spottete über ihr »gotisches« Küchenlatein – das Wort gotisch begann bei den Italienern umzugehen als hämische Bezeichnung für die nordischen »Barbaren«. Er selbst schrieb das eben erst entdeckte elegantere Latein der antiken Klassiker; er schrieb es in der aufkommenden zarten und klaren Humanistenhandschrift. In seinem Stab – jeder der italienischen Großen hatte einen Schwarm von Sekretären, Schreibern und Literaten mitgebracht – befanden sich solche junge, sehr ehrgeizige Humanisten, auch in der Kanzlei Johanns XXIII. Sie alle dachten höchst frei und zynisch über Glaubensfragen, sehr vorsichtig jedoch über das Verhalten in solchen Dingen. Sie lästerten untereinander oder vor verständnisvollen Vorgesetzten über Papst, Kirche und die Dogmen; das war für Eingeweihte. In ihrer Freizeit, und sie hatten viel freie Zeit, schlenderten sie in ihren eleganten Fehmänteln, dem Zeichen ihrer Stellung als Kurtisanen, Angehörige des päpstlichen Hofes, umher. Die Volksdichtung nahm sich ihrer an und bedichtete den Kurtisan im Feh, dem sich die Konstanzerinnen, Huren oder Bürgerstöchter, freundlich in den Weg stellen: »Wollt Ihr mir einen Gulden geben / So will ich mich mit Euch zu Bette legen.« Außerdem dichteten sie, schrieben Korrespondenzbriefe nach Hause, die frühe Art der Journalistik, und betrieben die einträgliche Jagd nach alten Handschriften der Klassiker in der Umgebung. In den verschlafenen Klosterbüchereien der nordischen Barbaren schlummerten noch unbekannte Codices unter Spinnweben, oft halb vermodert, kostbarste frühe und früheste Denkmäler des Altertums, den Mönchen gleichgültig oder sogar suspekt als heidnischer Teufelskram. Die Kurtisanen machten große Beute, in den Annalen der Philologie dankbar verzeichnet. Sie kauften, um später mit gewaltigem Gewinn wiederzuverkaufen oder zu veröffentlichen, sie ließen sich schenken oder stahlen einfach unter dem Fehmantel. Ihre Verachtung für die nordischen Analphabeten war ebenso groß wie ihre Bitterkeit darüber, daß ihr Italien, die Quelle all solchen ewigen Reichtums, nun unverkennbar in der großen Welt eine so klägliche Rolle spielte.

Die Deutschen konnten nicht viel Vertreter von hohem Rang vorzeigen, keinen führenden Juristen oder Theologen, nicht einen Kardinal oder bekannten Prälaten. Auch sie hatten einige Publizisten, so im Stabe Sigmunds, und die verfaßten Denkschriften mit uferlosen Reformprogrammen. Wichtiger, jedenfalls für die Nachwelt, waren ihre derb-realistischen und mit den skandalösesten Details über Ämterverkauf, Nepotenwirtschaft und sittliche Laster der Päpste und Kurialen gefüllten Klagen vom Verfall der Kirche; der Westfale Dietrich von Nieheim war darin einer der eifrigsten und wirkungsvollsten. Seine Schilderungen haben die spätere Geschichtsschreibung weitgehend beeinflußt, auch wo er zweifellos dicke Schmierfarben aufträgt oder bloße Gerüchte zitiert. Wenn all das abgeseiht wird, bleibt genug an harten, nicht wegzuleugnenden Substanzen übrig, die eine furchtbare Anklage der Hierarchie bilden. Weit krasser, und vor allem oft mit nachprüfbaren Fakten belegt, ist das alles, als was der Magister Hus je in seinen wildesten Volksreden vor der Bethlehemgemeinde vorgebracht hatte und was dann im Verhör gegen ihn aufgeführt wurde. Aber hier, wie auch sonst, zeichnet sich ein entscheidendes Charakteristikum ab: Kritik, auch schärfste Kritik, war häufig, nahezu allgemein. Sie gehörte jedoch nicht vor das Forum, auf die Straße, vor das Volk. Sie war das Privileg der führenden Geister, die sich darüber untereinander verständigten. Sie war allenfalls der akademischen Disputation vorbehalten, im abgeschlossenen Hörsaal, oder dem intimen Gespräch unter hohen Herren und Ratgebern. Das Volk hatte draußen zu bleiben und die Resultate von Beratungen zu erfahren – soweit man es für gut befand, sie mitzuteilen. Hus wurde letzten Endes deshalb verurteilt, weil er zum Volk gesprochen hatte. Fast jeder seiner Richter hatte im geheimen oder vor ausgesuchten Kreisen sehr viel mehr »Ketzerthesen« vertreten als er.

Von den Gerüchten ist noch ein Wort zu sagen. Sie spielten eine noch größere Rolle als heute, da das mündliche Wort noch dominierte. Wenn Dietrich von Nieheim Johann XXIII., dem er treu oder untreu gedient hatte, nachsagte, er habe allein in Bologna 300 Nonnen geschändet, so lächelten die hohen Prälaten, die Johann kannten als dicken, kleinen, immer etwas schreckhaften Herrn. Daß er aber nun ein Hurer sei und »sittlich übel beleumundet«, blieb allgemeine Ansicht und wurde dann auch von den Konzilherren ausdrücklich in der Absetzungsurkunde niedergelegt. Übrigens konnte kein Mensch rechnen und bis 300 zählen, noch viel weniger bis 1 000. Die wildesten Schätzungen stehen in den Chroniken: 80 000 oder gar 100 000 Teilnehmer seien zum Konzil gekommen; der Einzug großer Herren wird unweigerlich mit 300, 600 oder mehr Gefolgsleuten angegeben. Konstanz hatte etwa 6 000 Einwohner; es konnte höchstens, unter Heranziehung der Dörfer und Ortschaften in der Nähe, etwa 10 000 Besucher unterbringen. Die Knechte lagen in den Ställen auf Stroh bei den Pferden oder zu Dutzenden beisammen; in den Gasthöfen wurde auch besseren Gästen oft nur eine Betthälfte mit anderen Gästen zusammen angeboten. Viele ärmere Auswärtige kampierten in Tonnen vor der Stadt, in Hauseingängen, auf Kirchentreppen, ohne Berechnung.

Sehr wohl und genau rechnen konnten jedoch die Wechsler, ein sehr wesentliches Element eines Völkerkongresses. Sie hatten im Freien ihre »Banken« aufgeschlagen und wechselten die unendliche Vielfalt von Geldsorten. Ein riskantes und mühseliges Geschäft, denn der Silbergehalt der Münzen schwankte von Land zu Land und innerhalb der Länder fast von Jahr zu Jahr; außerdem gab es viele Fälschungen, beschnittene und abgefeilte Münzen oder zu Unrecht mit dem Wappen eines Nachbarlandes geprägte illegale »schwarze« Währungen. In höheren Regionen freilich, und nicht auf der Straße, sondern in den Beratungszimmern bei Kardinälen, dem Papst, den Fürsten, machten die größeren Banken – etwa dreißig waren vertreten – die großen Geschäfte mit Anleihen, Überweisungen, Verpfändungen von Städten, ganzen Ländern, Abteien und Ländereien. Die Kirche zwar hielt offiziell fest am Wucherparagraphen, der jeden Zins als gottlos und verboten brandmarkte. Für die Umgehung hatten sich ingeniöse Praktiken ausgebildet, der Kurie zu Avignon wohl bekannt und auch in Italien allgemein geübt. Die Italiener waren, wie in der Kunst und Literatur, auch in den Bankkünsten weitaus allen anderen voran. Sie prägten die noch heute geltenden Fachausdrücke des Bankwesens; sie kannten das Wechselwesen, so viel wichtiger als das Kleingeschäft des Geldtausches und entscheidend bei der Überweisung der Gelder aus großen und weit entlegenen Pfründen für die großen Pluralisten und Benefiziensammler bei der Kurie. Die Florentiner hatten bereits die Alchimie der doppelten Buchführung ausgebildet, allen Fürsten und ihren Kanzleien noch ein Mysterium. Sie bevorschußten bei kirchlichen Ernennungen und auch schon »Expektanzen« die zu erhoffenden Eingänge an die päpstliche *camera*, die drei camerae zur Zeit, und behielten die Ernennungsdekrete mit dem päpstlichen Siegel zurück, bis der Ernannte gezahlt hatte. Sie nahmen dafür keinen Zins, der Wucher war, aber sie machten sich bezahlt. Und da in jener Zeit des Überganges von der Natural- zur Geldwirtschaft die Eingänge vielfach noch in Naturalien bestanden, gab es Möglichkeit zu enormen und »theologisch-kirchlich« unanfechtbaren Gewinnen. Daß dem schlichten Blick des Volkes, auch der Ritter und Fürsten, dies Treiben dennoch als Wucher erschien, konnte sie unbekümmert lassen. Sie waren hoher Protektion sicher.

Sie stiegen auf, wie das Haus Medici in Florenz, dessen Akten am besten erhalten sind. Die Medici kannten außer der doppelten Buchführung, die ja nun ordentliche Bilanzierung ermöglichte, auch die Praktik der Führung eines *libro segreto* für den Hausgebrauch und eines anderen offiziellen Kontobuches zur Vorlage bei den Florentiner Steuerbehörden. Sie kannten außerdem, vornehmlich für Kardinäle und sehr hohe Prälaten, die Konten *a discrezione*, geheim unter Decknamen nach Art der heutigen Nummernkonten; sehr wichtig in Zeiten so rapiden Loyalitäts- und Glückswechsels bei den hohen Herren, die sich auch für den Fall der Flucht Zahlung im Ausland ausbedingen konnten. Johann XXIII. dürfte ein solches Konto besessen haben, denn auch nach seiner Absetzung, Verhaftung und dem Umherschleppen in verschiedene Gefängnisse verfügte er ständig über beträchtliche Geldmittel bis zu seinem Tode als spät und großmütig Begnadigter. Und noch kurz vor seiner Absetzung in Konstanz konnte er es sich leisten, dem König Sigmund ein Bestechungsgeld von 100 000 Goldgulden anzubieten; Sigmund, der nie eine solche Summe in der Hand gehabt hatte, mußte bekümmert verzichten, da der Fall des Papstes nun einmal beschlossene Sache war.

Finanzen und Finanzierungsfragen bildeten einen ganz wesentlichen, wenn nicht den geheimen Hauptpunkt des großen Reformkonzils. Was da an Bestechungen, Versprechungen, an Vergebungen von einträglichen Pfründen, an kleinen und großen Geschenken von Hand zu Hand ging, ist nirgends aufgezeichnet und wird sich auch nicht zuverlässig mehr feststellen lassen. Schon die Teilnahme an den drei Jahre dauernden Beratungen jedoch war ein ernstes Finanzproblem für viele. Sie hatte zur Folge, daß reiche und wohldotierte kirchliche Diözesen und Abteien sehr viel besser vertreten waren als arme. Magister Hus wurde durch seine Anhänger mit Reisegeldern ausgestattet; er mußte vorsichtig damit umgehen, bis die Einkerkerung ihn dieser Sorgen enthob. Dafür streuten seine Gegner, die mit offiziellen Diäten des böhmischen Klerus kamen, das Gerücht aus, die böhmischen Barone hätten ihm eine gewaltige Summe zugesteckt; im Verhör sogar wurde das zur Sprache gebracht. Und nicht völlig aufgeklärt, aber genügend wahrscheinlich ist es, daß man dem Gefangenen für die Genehmigung, vor dem Plenum des Konzils sich verteidigen zu dürfen, die enorme Summe von 2 000 Dukaten abgefordert hat; er soll sich den Betrag von seinem Beschützer Ritter Chlum und seinem Freund Reinstein geliehen haben. Die Kardinäle andererseits, die über hohe und feste Einnahmen disponieren konnten, standen nicht zuletzt deshalb so fest auf ihren Posten und vermochten bis zum Schluß auszuharren, wenn andere längst abgereist waren, weil sie sich den teuren Aufenthalt nicht mehr leisten konnten. Selbst der hohe Schirmherr König Sigmund verfiel mit der Zeit immer mehr in Schulden, und seine Nachgiebigkeit und Verdrossenheit im späteren Verlauf der Verhandlungen hängt sehr damit zusammen. Es kam am Ende soweit, daß er sich heimlich aus der Stadt schleichen mußte, unter Hinterlassung seines großen Tafellinnens für Bankette von fünfzig Personen. Die Bürger von Konstanz nahmen das in Pfand für ihre Auslagen; ihr Chronist bemerkt mißmutig noch viele Jahre nach dem Konzil, das Tafellinnen läge noch immer da, niemand wolle es kaufen, weil es mit dem großen Reichsadler bestickt sei.

Der Aufenthalt war teuer, obwohl der Magistrat sehr umsichtig für die Gäste sorgte, mit Festpreisen und Beschaffung von billigen Lebensmitteln. Die Fischergilde, die sich mißliebig machte durch Ausnutzung ihrer Privilegien, die vorzüglichen Bodensee-Felchen sehr hoch zu verkaufen, wurde durch Import von Schiffsladungen mit Heringen aus Holland etwas gedämpft. Die Zünfte erhielten strenge Anweisung, sich mit den Händlern von außerhalb, Goldschmieden, Juwelenverkäufern, italienischen Pastetenbäckern und Weinhändlern zu vertragen. Die Ordnung wurde zur Verwunderung der Gäste im allgemeinen gewahrt. Bei Schlägereien traten die Stadtknechte, unter einem Ritter Bodman als Marschall, in Aktion. Der Ritter ließ auch der Ordnung halber eine genauere Bestandsaufnahme der »Hübschlerinnen« vornehmen. Von weither waren sie zum Konzil geeilt. Sie wurden unterschieden in »offene« und »geheime« Frauen; die offenen waren in den Bordellen kaserniert, von denen es zuvor nur ein vom Magistrat konzessioniertes Haus gegeben hatte, »im süßen Winkel« genannt. Es gab nun und mußte für so hohe Gäste zahlreiche süße Winkel geben; die ganze Vorstadt Peterhausen war dafür reserviert. Die Bußprediger und Moralisten zeterten. Die Magistrate aller mittelalterlichen Städte waren großzügiger. Sie legten auch hier wie bei allem genaue Bestimmungen fest; gegen Ausnutzung der Frauen, über die Taxen, an denen die Kommune sehr wohl beteiligt sein wollte, die Trinkgelder an die Stadtknechte, über Kirchgang, zu dem die Hurenwirte ihre Schützlinge anzuhalten hatten, und das Schließen der Türen an hohen Feiertagen. Die Stadtverwaltungen hielten sonst die Türen offen für hohe Besucher; freier Besuch des Frauenhauses gehörte wie der Ehrentrunk zur angemessenen Bewirtung. Der Gewährsmann des Ritters Bodman berichtete, er habe insgesamt etwa 700 offene Frauen vorgefunden, in den Bordellen, Badestuben, in Ställen. »Und die geheimen?« fragte der Ritter. – »Da seht Ihr selbst zu, edler Herr«, meinte der Mann. Er schätzte sie auf mindestens ebenso hoch an Zahl, wünschte sich aber keineswegs mit den Dienern und Trabanten hoher Herren herumzuschlagen.

Der Ruf Konstanz' als Lasterstätte hat sich lange erhalten; Balzac beginnt seine *Contes drolatiques* noch mit der Geschichte von der schönen Imperia beim Konzil, die Kardinäle und Bischöfe als Klienten hat, und wagt nebenbei auch eine Zeile über Jan Hus, der vielleicht ein »Hugenotte vor der Zeit« gewesen sei und dieses Treiben verabscheute. Hus hat in der Tat in einem seiner Briefe nach Prag davon gesprochen: Besucher hätten ihm erzählt, die Stadt werde in dreißig Jahren die Sünden während des Konzils nicht von sich abwaschen können; dazu hätten sie ausgespuckt.

Wir könnten diese Seite des Treibens, das im Lichte der allgemeinen Großzügigkeit in Sittenfragen jener Zeit gesehen werden muß, am Rand belassen, wenn sie nicht bis in die Verhöre hineinspielte, bei denen es um Leben und Tod ging. Von den Konstanzer Frauen und Hübschlerinnen war da freilich nicht die Rede, wie überhaupt stets nur von allgemeinen Begriffen und Thesen in der abstraktesten Form. Wenn Hus jedoch die These vertrat, ein in Sünden lebender Priester könne sein Amt nicht verwalten, er sei unwürdig, das Sakrament zu reichen, so wußte jeder, worauf das gemeint war. Hus befand sich damit entschieden im Einklang mit der Volksmeinung, nicht aber mit der geltenden Ansicht der Kirche, wonach die Amtshandlung des Priesters gänzlich unabhängig von seinen etwaigen Verfehlungen oder Mängeln sei; das wurde ein weiterer schwerwiegender Anklagepunkt.

Und was die Bordelle betrifft, so gehörte ihre Aufhebung zu einem der ersten und rücksichtslos durchgeführten Programmpunkte der Hussitenbewegung. Die Rückkehr zu den altbewährten Einrichtungen wurde, bei dem vielfachen Machtwechsel zu Prag, unweigerlich das sichtbare Zeichen dafür, daß die Tradition erneut die Oberhand hatte. Die Tradition hat viele Gesichter.

In Konstanz herrschte noch der alte Stil. Außer den Hübschlerinnen sorgten Horden von Gauklern, Musikanten, Possenreißern und Wahrsagern für die Unterhaltung. Turniere wurden geritten, auf den Tanzböden ging es hoch her. Wir stellen uns das Treiben nicht nach den Worten der Bußprediger vor; es war das übliche bei großen Zusammenkünften und Märkten, nur daß hier freilich der Zustrom aus allen Ländern besonders groß und der Kontrast zu der Heiligkeit des Konzils auffällig kraß war. Die Beteuerungen dieses Zwiespaltes anzuführen lohnt nicht; sie waren blanke Heuchelei oder ständischer Hochmut. Über die einreißende Sittenlosigkeit auch bei Bürgersfrauen und Mädchen eiferten solche, die wohlwollend oder bewundernd die vielen Amouren König Sigmunds verzeichneten; der spätere Papst Enea Silvio Piccolomini hat ihm ohne sonderliche Beanstandung 1 000 Ehebrüche kreditiert, von seinen üblichen Besuchen in den Frauenhäusern auf Magistratskosten gar nicht zu reden.

In Sigmunds Umgebung befand sich als brauchbarer Dolmetscher, der angeblich zehn Sprachen beherrschte, ein Tiroler Ritter: Oswald von Wolkenstein. Er ist einer näheren Betrachtung wert. Denn in ihm und seinen Schicksalen sehen wir all die verschiedenen Tendenzen und Züge der Zeit vereinigt: das Alte und Uralte, das Neue und das eben gerade Übliche; er ist auch in kleiner Rolle in die Ereignisse des Konzils verwickelt, wie er sein Leben lang verwickelt war in alle nur erdenklichen Affären, persönliche und hohe Staatsaktionen, bis zu seinem Tode als rüstiger Sechziger auf einer letzten Fehde. Man hat ihn seiner Dichtung halber als »letzten Minnesänger« bezeichnet; er ist aber eher ein Vorläufer des François Villon, und wie dieser hat er allerhand kriminelle Taten zu verzeichnen, so Einbruchsdiebstahl in einer Erbangelegenheit. Er dichtet nicht im höfischen Ton und seufzt keine hohe Herrin an; er hält es mit der »Graserin durch kühlen Tau / Mit weißen bloßen Füßlein zart«, mit Ösli und Gredli, die mit ihm in die Badetonne steigen und ihn abschrubben müssen: »Waschet, Maidli / Mir das Schaidli / Reib mich, Knäblin / um das Näblin.« Mit sechzehn ist er von Hause fortgelaufen, als Troßbube, Koch, Matrose, Ruderknecht hat er sich durchgebracht, bis er etwas höher aufrückte; ein ausgeschlagenes Auge hat er zurückbehalten von einer Rauferei. Aber der Einäugige hörte nicht auf, sich in den Kneipen zu prügeln, und berichtet behaglich schimpfend darüber, er bedichtet die Wirte, die ihn hinauswerfen und schamlos auch von einem Ritter Zahlung bis auf den letzten Heller verlangen; wir kennen durch ihn sämtliche Konstanzer Weinstuben mitsamt den Namen der Wirte, und noch in der Erinnerung meint er: »Gedenk ich an den Bodensee / So tut es mir im Beutel weh!« Er schlägt sich auch unter dem ehrwürdigen Zeichen des Kreuzes in vielen Landen herum, bei den Ordensrittern in Preußen mit den dortigen Heiden, den Litauern; in Spanien mit den Mauren; im Alter noch als Sigmunds Gefolgsmann im Kreuzzug gegen die Hussiten. Und getreulich verflucht er den vom Konzil verdammten Ketzer und schickt ihn zu Luzifer in die Hölle: »Der wird dir warm machen, wenn dir kalt sein sollte!« Ein langes und wacker schimpfendes Gedicht begleitet diese letzte seiner Kreuzfahrten, er sieht den Hus, die grobe »Gans«, mit dem immerwiederkehrenden Wortspiel um den Namen, gerupft und jämmerlich dastehen in ihrer Schande; von dem erbärmlichen Davonlaufen der Ritter und des Kreuzheeres bei diesem Zuge läßt er nichts verlauten. Das Wort Hus aber klingt ihm schon wie Hussah!, und bei einer Fehde mit seinen Verwandten als Genossen dichtet er gegen die Greifensteiner: »Nu huss! sprach der Michel von Wolkenstein / So hetzen wir! sprach Oswald von Wolkenstein ...«

Gleichzeitig sorgt er für Unterhaltung hoher Herrschaften. Als »Kundschafter, Dolmetscher und Possenspieler« wird er von König Sigmund in dem Anstellungsvertrag angeführt, der ihm zu Konstanz ausgestellt ist; dreihundert Gulden jährliche Pension sind dabei zugesichert. Eine so hohe Summe war zu viel für einen Dichterlohn und ist nie dafür gezahlt worden von einem Herrscher; das »Kundschaften« ist wichtiger. Oswald war im Gefolge seines Tiroler Herzogs zum Konzil gekommen; Friedrich machte sich jedoch mißliebig als Parteigänger des Johann XXIII. und wurde, als er dem abgesetzten Papst bei der Flucht half, mit der Reichsacht belegt. Schon vorher hatte Oswald sich, mit dem gesunden Auge eine gute Chance erspähend, zum König geschlagen. Er hatte dafür auch intimere Gründe: Seine erste Geliebte Sabine war ihm untreu geworden und in das Bett des Herzogs übersiedelt. Grund genug, dem Landesherrn die Treue aufzusagen. Weiterer Grund noch und erheblich für die hohe Pensionsversprechung König Sigmunds: Der Tiroler Adelsbund der »Elefanten«, später, als die Pläne höher flogen, die »Falken« genannt, plante eine Adelsrevolution, die das Regiment Friedrichs und der Stände brechen und die gute alte Zeit ritterlicher »Freiheit« und Herrschaft wieder einführen wollte. Und unter den Ständen – ein fast einzigartiger Fall – befanden sich in Tirol auch Vertreter der Bauern. Sigmund seinerseits war daran interessiert, Unruhe in Tirol zu schüren und das Land damit an sich zu bringen. Es ist ein Nebenschauplatz, eine Lokalgeschichte, aber wir verstehen den sonst kaum erklärlichen Wirrwarr der Zeit erst, wenn wir bedenken, daß das ganze Bild des Reiches und auch der übrigen Länder sich aus solchen Intrigen, Fehden, Adelscliquen, Gegenbünden zusammensetzt. Aus Wolkensteinern setzen sich die Kreuzheere zusammen, die gegen die Hussiten zu Felde ziehen und unweigerlich geschlagen werden; aus Rittern solchen Schlages die Heere, die gegen die Türken ausziehen und eine Niederlage nach der andern hinnehmen müssen. Aus heimlichen Aspirationen wie denen um den Besitz Tirols – nur einer der vielen Pläne Sigmunds – besteht der große Völkerkongreß zu Konstanz, der die Kirche einen und alle Streitfragen der Nationen lösen soll. Und in Oswalds vielen Fahrten, die ihn im Orient bis nach Armenien, Persien führten, zu den Tataren, nach Rußland, noch von den Tataren als Vasallenstaat beherrscht, im Westen bis an die Küste Afrikas, ist er ein Repräsentant des eben anhebenden Zeitalters kühn ausgreifender Entdeckungsfahrten. Bei der Eroberung von Ceuta durch die Portugiesen will er dabei gewesen sein; die Portugiesen, unter Heinrich dem Seefahrer, dem Kommandeur bei Ceuta, stießen unverzüglich weiter vor, sie entdeckten Madeira, die Azoren, die afrikanische Küste bis Gambia und Senegal. Es ist eine Zeit des Aufbruchs in bis dahin unbekannte Weiten; der einäugige Ritter hat zu seinem Teil daran teilgenommen, so fahrig, willkürlich und wenig ergiebig für ihn seine Züge gewesen sein mögen.

Denn nichts verblieb ihm am Ende aus alledem und seinen nie endenden Fehdezügen als seine Burg Hauenstein und seine getreue Gattin Margarete von Schwangau, die er in Konstanz sich ersungen und erheiratet hatte. Sie gebar ihm sieben Kinder und hielt unverzagt bei ihm aus in all seinen ständigen Untreuen. Seine erste verräterische Geliebte, der er unverbrüchlich ergeben bleibt, läßt ihn in einen Hinterhalt locken und einkerkern; Margarete hält zu ihm und besorgt das Lösegeld, das Friedrich mit der leeren Tasche einsteckt, mitsamt dem Ritter, der weiter im Gefängnis bleibt und erst später freikommt. Margarete bleibt bei ihm, sie warnt ihn vor den unzuverlässigen Adelsgenossen noch bei seinem letzten Kriegszug; sie schreibt ihm ins Lager, und es ist der früheste Brief einer Gattin an ihren Mann, den wir kennen, und versichert dem Sechziger nicht ohne Kritik: »Ihr habt leider der Schindeln zu viel auf dem Dach.« Sie wollte zu ihm kommen: »Ich will nun einmal ohne Euch nicht sein, es sei hier oder anderswo.«

Auch solche Züge verdienen vermerkt zu werden im großen Gesamtbild von listigen Versprechungen, Wortbrüchen und Weltplänen kurzfristiger Dauer, die in Konstanz zur Beratung standen.

Der Ketzerprozeß

Das Konzil hatte beschlossen, den Kampf gegen das Verderben der Ketzerei tatkräftig aufzunehmen. Unter Verderbnis verstand man dabei Ansteckung, Pestbeulen, eine todbringende Seuche. Von Infektionskrankheiten wußte man noch nichts; der Schwarze Tod selbst wurde durch den Anhauch eines Mundes, durch giftiges Wasser oder, am besten, durch teuflische Tränke der Juden erklärt. Geistige Ansteckung hingegen war sehr wohl als Begriff vertraut; der Ketzer war der Krankheitsträger und daher so rasch als möglich durch das reinigende Feuer zu vernichten, das man auch gegen physische Seuchen als Schutzmittel ansah. Wenn erst eine kleine Gruppe, ein »Ketzerherd«, ergriffen war, konnte das Übel leicht um sich greifen und ganze Länder verheeren, wofür man große und warnende Beispiele aus den vergangenen Jahrhunderten hatte. Der einzelne Ketzer war nicht so beunruhigend, obwohl man ihn auch besser rechtzeitig unschädlich machte. Sobald eine größere Faulstelle sich zeigte, war schärferes, umfassendes Eingreifen geboten. Unter diesem Zeichen stand Hus.

Es wurde sonst, wie wir schon verschiedentlich gezeigt haben, mit dem Begriff Ketzer sehr großzügig, oft kraß leichtfertig, operiert. Der Vorwurf »häretischer Ansichten« war das beliebte Kampfmittel im akademischen Streit der Professoren; ein *Nominalist* mochte rasch bereit sein, einen *Realisten* zu denunzieren, und sah ihn auf alle Fälle als höchst suspekt an; im Prozeß gegen Hus spielte auch das hinein. Die drei streitenden Päpste nannten sich gegenseitig Ketzer und hofften sich damit gegenseitig absetzen zu können. Bis zur Herabwürdigung des Bannes als schlichte verwaltungsmäßige Strafmaßnahme bei Abgabenrückständen war das gediehen, in einer Inflation, die zahlungsunwillige oder zahlungsunfähige Erzbischöfe, Äbte, Domkapitel mit ganzen Paketen der schwersten Kirchenstrafe bedachte. Als Ketzer galten schließlich wesentliche Teile der Christenheit, die ganze Ostkirche, noch ein gewaltiger Komplex von Ländern vor den großen osmanischen Offensiven, die Christen im Orient, wo es bis zum Fernen Osten hin überdies »erzketzerische« Kirchen gab. Man kann sie nicht zusammenzählen, aber sie dürften um diese Zeit nicht viel weniger gewesen sei als die »Rechtgläubigen« der römischen Kirche. Und für die wahren »Rechtgläubigen« hielten sich die Anhänger der Ostkirche ganz entschieden; für sie waren die anderen die »Ketzer«.

Für Hus und seine Anschauungen davon, was »die Kirche« sei, hatte das hohe Bedeutung; für seine Richter nicht weniger. Das war nicht nur eine Kirchenfrage; es hatte auch größte politische Konsequenzen. Osten stand gegen Westen. Im verhängnisvollen vierten Kreuzzug von 1204 hatte der Westen das Byzantinische Reich zerschlagen und Konstantinopel erobert; das »lateinische« Kaiserreich war jedoch kurzlebig gewesen, und die Ketzerkaiser mitsamt der Ostkirche zogen noch einmal, obschon sehr stark geschwächt, in die alte Hauptstadt ein. Sie mußten hinfort aber um die Gunst des Westens und Wiedervereinigung der Kirchen betteln, das heißt Unterstellung unter das römische Papsttum in Aussicht stellen. Selbstbewußter waren die slawischen Königreiche und Herrschaften des Balkans, die an solche Schritte nicht dachten. Böhmen lag dicht an der Grenze zu dieser Ostwelt; griechische Priester hatten das Land ursprünglich christianisiert, und Reste der alten Slawenkirche waren noch immer lebendig; Kaiser Karl IV. hatte in seiner Teilungspolitik trotz scharfer Proteste der Kurie das Slawenkloster in Prag mit seiner altslawischen Liturgie geschützt und privilegiert. Das Abendmahl in beiderlei Gestalt, mit Darreichung des Kelches, war Brauch der Ostkirche und wurde von da nach Böhmen eingeführt; das geschah freilich erst nach Hus' Tode, aber es warf seine Schatten bereits voraus. Der gesamte Osten galt der Westkirche als unsicher und fragwürdig; man wußte außerdem wenig über die entfernten Länder. Man wußte allenfalls, daß Polen als »gut katholisch« gelten konnte; es hatte sich jüngst mit Litauen zu dem Großreich Polen-Litauen vereinigt, das von der Ostsee bis zum Schwarzen Meer reichte. Die Litauer jedoch waren erst mit dem noch regierenden König Jagiello überhaupt zum Christentum übergetreten, um Polen zu gewinnen. Nicht nur der Deutsche Orden, dem damit der Vorwand für die alljährlichen »Heidenfahrten« entfiel, sah das mit höchstem Mißbehagen und behauptete – nicht ohne Grund –, daß die Litauer doch im Grunde Heiden geblieben seien; das wurde in Konstanz noch mit eifriger Propaganda vorgebracht. Ein großer Teil des sehr lose gefügten litauischen Territoriums, das mit Polen nur in Personalunion verbunden war und unter seinem eigenen Großfürsten Witold viele Selbständigkeiten bewahrte, gehörte in Galizien und der Ukraine der Ostkirche an. Dieses komplizierte Verhältnis war allerdings nur wenigen und höheren Personen der Kirche näher bekannt. Aber die Befürchtungen, daß Böhmen an den Osten verlorengehen oder zumindest einen sehr unsicheren Außenposten bilden könnte, während es noch unter Kaiser Karl IV. eine wahre Bastion der römischen Kirche dargestellt hatte, waren keineswegs der Kirche vorbehalten. Auch König Sigmund teilte sie. Ein ketzerisches Böhmen war eine schwere Gefahr. Hus wurde auch das Opfer für diese Konstellation, die sich unter anderen Vorzeichen noch oft wiederholen sollte.

Der Westen nun hatte allen Grund, sich selbst nicht allzu sicher zu fühlen. Die großen Ketzerbewegungen der vorangegangenen Jahrhunderte waren zwar in blutigen »Kreuzzügen« niedergeworfen worden; die gefährlichste unter ihnen, die der Katharer, war wieder vom Osten her eingewandert mit den Bogomilen. Aber im Untergrund hielt sich mit größter Zähigkeit sehr viel davon lebendig, noch gefährlicher dadurch, daß es sich nicht mehr um bestimmte, genau umrissene Landschaften handelte, wie die Provence der Albigenser, sondern um überall verstreute kleine Gruppen ohne erkenntlichen Zusammenhang, um wandernde Scharen, die mit den Begarden und Beginen zogen, um Ketzer in den Bergen, den Wäldern, in unzugänglichen Sumpfgebieten. Arm waren sie alle, und Kreuzzüge wie gegen die reiche Provence erschienen damit nicht lohnend. Arm wollten sie sogar sein, in Nachfolge Christi, und damit trafen sie sich mit dem starken Flügel der radikalen Franziskaner, die den Armutsgedanken im Sinne ihres Stifters Franziskus zum Panier erhoben und gegen die Kirche und die Päpste leidenschaftlich verteidigt hatten. Auch sie waren in fast zwei Jahrhunderte dauernden Kämpfen niedergeschlagen und zerstreut worden; sie hinterließen ihre schwer widerlegbaren Parolen, die so gefährlich waren, weil sie mit Grundanschauungen der Kirche übereinstimmten und überhaupt erst aus Kernlehren des

Glaubens entstanden waren. Als Sammelnamen für alle späteren Ketzergruppen verwandte man die Bezeichnung »Waldenser«, obwohl die eigentliche Bewegung des Lyoner Kaufmanns Waldus auch schon lange zerschlagen war. Die Sage ging um, daß er sich kurz vor seinem Tode nach Böhmen gerettet habe. Das war über zweihundert Jahre her, aber noch immer stellten waldensische Ketzer ein Schreckgespenst dar; sie haben ihr Fortleben noch in der neuesten wissenschaftlichen Literatur gehabt, die waldensische Einflüsse nachzuweisen sucht für Hus wie die Hussiten und besonders deren radikale Flügel. Wir glauben, daß dafür gute Gründe bestehen; ein wesentliches Charakteristikum der Waldenser, die Laienpriesterschaft, spricht dafür am stärksten. Der Nachweis weiterer übernommener Lehren und Programmpunkte wird damit problematisch, daß diese ständig und unbarmherzig Verfolgten nichts aufzeichneten; was sie vielleicht doch zu Papier gebracht haben mögen, wurde vernichtet. Inquisitionsprotokolle, unter der Folter, sind die wichtigsten »Quellen«. Die Institution der Inquisition, dem früheren Mittelalter in seiner Dunkelheit noch unbekannt, wurde erst gegen die Waldenser in ihrer ganzen Größe geschaffen.

Der Inquisitor für Böhmen, das im Ruf stand, sehr anfällig zu sein, hatte Jan Hus vor seiner Abreise bescheinigt, er sei unverdächtig und gut katholisch. Das Konzil ging über dieses Leumundszeugnis kurzerhand hinweg. Es schob den Geleitbrief König Sigmunds beiseite. Es drängte Johann XXIII. in den Hintergrund, der die Sache in der Stille beilegen wollte, und machte ihm klar, daß sein eigner Fall sehr bald zur Verhandlung kommen würde. Das Konzil war entschlossen, der Welt zu zeigen, wer die wahren Träger der Verantwortung für die Kirche sein müßten: die Kardinäle und Bischöfe. Das Konzil war die große Chance, diese Machtverschiebung innerhalb der Hierarchie, im babylonischen Exil zu Avignon schon angebahnt, zum Siege zu führen. Die Konziliarstheorie, von ihren führenden Männern aufgebaut, diente dafür als Instrument. Sie gedachten diese Macht mit niemandem zu teilen, am wenigsten mit der weltlichen des Kaisers.

Hus stand also auch hier im Schnittpunkt von Interessen, die er nicht übersehen konnte und die mit seinem Prozeß wenig zu tun hatten. Er glaubte etwas einfältig an das Wort des Königs, bis er eines Besseren belehrt wurde. Er stieß aber mit dem Teil seiner

Lehren, die eine monarchische und hierarchische Spitze der Kirche für überflüssig hielten, mit dem Anspruch der Kardinäle zusammen. Und diese waren es denn auch, die unverzüglich – und ehe das Konzil überhaupt im Ernst begonnen hatte – beschlossen, mit ihm Schluß zu machen. Man hat, mit jener hyper-objektiven Betrachtungsweise, die sich aus weiter Distanz anbietet, die Korrektheit und Sorgfalt bewundert, mit der dieser Prozeß geführt worden sei; auch bei uns näherliegenden Vorkommnissen ähnlicher Art wird solches Verfahren nicht selten angewandt. Hus stand im Jahre 1415 vor dem Konzil zu Konstanz, nicht vor dem Zweiten Vaticanum zu Rom. Der Papst, von dem er sprach, war Johann XXIII. Cossa, inzwischen aus den Annalen der Kirche gestrichen und durch einen anderen Johann XXIII. ersetzt, dessen Heiligsprechung betrieben wird. Johann XXIII. Cossa hatte ihn gebannt wegen seiner Reden gegen den Ablaß zum Kreuzzug gegen Ladislaus von Neapel, den der Papst bald danach aufgegeben hatte. Dieser Bann bestand noch, ganz gleich, was sich inzwischen ereignet hatte; ganz gleich, welche Meinung man inzwischen von Johann XXIII. gewonnen hatte; ganz gleich sogar, daß dieser Papst dann für unwürdig erklärt wurde, die Tiara zu tragen. Der Bann war nicht von einem Papst, sondern »vom Papsttum« erlassen, und das wurde, nach kanonischem Recht, die juristische Grundlage für die Verurteilung des Hus. Dr. Jesenitz hatte das besorgt vorausgesehen, aber nicht abwenden können. Abermals nach traditionellem Recht wurde dafür gesorgt, daß Hus in Konstanz keinen Verteidiger erhielt. Der Ketzer, auch der nur der Ketzerei Verdächtige, hatte keine Verteidigung zu beanspruchen. Er war, wie beim Schlußakt gegen den Schicksalsgenossen Hieronymus von Prag noch ein eifriger Bischof versicherte, nur aus Nachlässigkeit der peinlichen Befragung auf der Folter entgangen: »Dann hättest du wohl all deine geheimen Schandgedanken ausgespien!«

Für den Ketzerprozeß gab es, jedenfalls auf dem Papier, genaue Vorschriften. Einige davon klangen gut. So sollte Zeugnis von persönlichen Feinden nicht gelten. Es blieb jedoch dem Ermessen der Richter überlassen, wer als Feind anzusehen wäre. Wir werden noch sehen, wie sich das auswirkte. Zeugen aber, die ihre Aussage beschworen, waren auf alle Fälle, wie auch im Zivilrecht, ein ausschlaggebendes Beweismittel. König Sigmund hat das Hus vorgehalten:

»Aus zweier Zeugen Mund wird alle Wahrheit kund« zitierte er die alte Formel, und hier waren mehr als zwei Zeugen aufgetreten.

Sie waren samt und sonders seine Feinde und Gegner, einige, wie sein früherer Freund Paletsch, Todfeinde. Die Richter waren seine Gegner, einige aus akademischer Feindschaft, andere aus kirchenpolitischen Ursachen; wieder andere, wie der Kardinal Zabarella, verurteilten ihn aus kühlen juristischen Gründen ohne persönliche Animosität, vielleicht sogar mit einem gewissen Bedauern oder einem heimlichen Kopfschütteln über den hartköpfigen Böhmen, der die Widerrufformel, eine bloße Formalität, so töricht ablehnte und geradezu ins Feuer rannte.

Für die Verurteilung aus kanonisch-juristischen Gründen war der Weg vorgezeichnet: Exkommunikation, schon vor Jahren, durch den Papst. Nichterscheinen bei der ersten Vorladung, gleich aus welchen Gründen oder mit welchen Appellen. Daraufhin nochmaliger und schwerer Bann. Ungehorsam gegen den Prager Erzbischof, der diesen Bann vollstrecken wollte und Prag mit dem Interdikt bedrohte. Ein hartnäckiger, rückfälliger Ketzer demnach, der schon damit dem Tode verfallen war, wie immer es sonst mit seinen Lehren stehen mochte. Das wird etwa die Ansicht des Juristen Zabarella gewesen sein.

Das genügte den anderen Richtern und einflußreichen Gegnern nicht. Es mußte auch dogmatisch verurteilt werden, was Hus gelehrt hatte. Sie witterten außerdem Gefahren für die staatliche Ordnung. Sie waren schon bereit, einen akademischen Gegner zu vernichten; doppelt, wenn er die »Straße« mobilisierte.

Das wurde dann die Hauptthese seiner böhmischen Feinde, die überhaupt in rastloser Arbeit den Prozeß erst recht in Gang brachten und in Fluß hielten, wenn er stocken wollte. Sie brachten, zunächst in kurzen Artikeln des Paletsch, dann immer ausführlicher alle Argumente vor, die von anderen nur einzeln vertreten wurden. Akademische, also sein »Realismus« und Wiclifismus, juristische, sein Ungehorsam, politische vor allem und mit reichen Zeugenaussagen. Da gingen sie, so weit sie es wußten, in seinem Lebensgang zurück. Sie brachten den Prager Universitätsstreit auf Tapet, bei dem Paletsch, nunmehr der Ankläger, selbst als Vorkämpfer auf gleicher Seite gestanden hatte wie Hus, wenn nicht noch entschiedener vorn.

Ein Verteidiger hätte da wohl eingreifen können; er war nicht vorhanden. Sie führten die Prager Unruhen an und legten sie sämtlich Hus zur Last, auch wo er nachweisen konnte, daß er zu der Zeit unbeteiligt oder gar nicht in der Stadt gewesen sei. Auch da wäre Platz für einen Rechtsberater gewesen. Sehr wirkungsvoll waren diese Dinge aber, um Eindruck auch auf die weltlichen Großen zu machen: Siehe da, Ketzerei hat unweigerlich Rebellion und schwere Störung von Ruhe und Ordnung zur Folge. Der Ketzer, so hatte es schon Kaiser Friedrich II., der Hohenstaufe, verkündet, ist immer auch der Staatsfeind und verfällt daher, nachdem die Kirche gesprochen hat, dem weltlichen Arm. Der Feuertod ist das mindeste für solches Vergehen. Und auch der englische König Heinrich IV. hatte erst vor kurzem, 1401, in England den Scheiterhaufen für Ketzer durch Statut eingeführt, im Kampf gegen die noch immer nicht ganz unterdrückten Anhänger des Wyclif, den sein Vater Lancaster protegiert hatte.

Der Fall Wyclif wurde überhaupt in Konstanz nochmals aufgenommen, in sehr wirkungsvoller Vorausnahme des Falles Hus. Als Wiclifit sollte er zunächst überführt werden, und damit würde sich alles Weitere erübrigen. Wyclif war mit den aus seinen Werken ausgezogenen Thesen fünfmal verdammt worden; seine Lehren waren nach Böhmen übergesprungen und hatten dort neue Unruhe verursacht; sie wurden in Prag verdammt, nochmals in Rom und schließlich endgültig in Konstanz. Dazu erging der Befehl, die Gebeine des Erzketzers – soweit man sie mit gebührender Sicherheit nach so langen Jahrzehnten identifizieren könne – auszugraben und zu verbrennen, da man bedauerlicherweise den Lebenden nicht hatte erreichen können. Wenn es also gelang, Hus in diesem Punkte zu überführen, so war in jeder Beziehung die Sache geklärt. In den Thesen, die von Wyclif entlehnt waren, befanden sich nun auch genügend Sätze, die in der Tat nach geltenden Begriffen als Ketzerei anzusehen waren. Darunter als die am schwersten belastende die dogmatische der Deutung des Abendmahls. Wyclif hatte sich gegen die orthodoxe Ansicht von der Transsubstantiation ausgesprochen, deutlich und mit aller Entschiedenheit: Er vertrat die theologisch Remanenz genannte Auffassung, daß das Brot im Sakrament nach der Weihe Brot verbleibt, auch wenn es nunmehr den Leib Christi repräsentiert.

Die orthodoxe Kirchenlehre demgegenüber bestand auf der Wesensverwandlung: Nach der Konsekration tritt an Stelle der »Substanzen« Brot oder Wein die »Substanz« des verklärten Leibes und Blutes Christi. Nur die »Accidentien«, die äußerlichen Merkmale, wie Aussehen und Geschmack, verbleiben. Das Dogma war zur Zeit Wyclifs verhältnismäßig jung und nicht viel älter als 150 Jahre; es war das einzige Dogma von kardinaler Bedeutung, das die mittelalterliche Kirche den Grunddogmen der ersten alten Konzilien hinzugefügt hatte. Um so eifersüchtiger wachte man über seine Beachtung. Verstoß gegen diesen Glaubenssatz war offenkundige und schlimmste Ketzerei.

Von diesem Punkte gingen die Kardinäle zunächst aus. Sie ernannten gleich zu Beginn des Konzils, das noch kaum funktionierte, vor der Ankunft König Sigmunds, eine Kommission von drei Prälaten; der Todfeind Paletsch fehlte nicht. Michael de Causis, der das Verfahren gegen Hus schon seit Jahren betrieben hatte, nun als theologischer Berater des Papstes, war ebenfalls zugegen. Die Kardinäle scheinen sich noch im Hintergrund gehalten und diesen Fall ihren weniger wichtigen Kollegen überlassen zu haben. Das Verhör schien einfach: »Hier die verdammten 45 Artikel des Erzketzers Wyclif. Bekennst du dich zu ihnen?« Sie wurden der Reihe nach verlesen.

Hus, zur größten Überraschung bei der Mehrzahl der Punkte: »Nein, das habe ich nicht behauptet, das behaupte ich auch jetzt nicht.« Bei einigen: vielleicht unter gewisser Auslegung richtig; bei ganzen drei: weder richtig noch unrichtig. Er sei nach Konstanz gekommen, um seine eigenen Ansichten vorzutragen, nicht die des Wyclif.

Warum dann aber, wenn er nicht für Wyclif sei, habe er in der Ablaßfrage im wiclifitischen Sinne gegen Papst Johann geschrieben?

Hus: Er habe das gar nicht geschrieben; in Prag seien die verschiedensten Gerüchte über den Verfasser umgegangen.

Die Kommission, etwas konsterniert, verließ den Kerker auf der Insel. Sie wußten nur etwas von Wyclif; von diesem zwar auch nur die verdammten Artikel, oder daß diese verdammt waren, aber sein Name war allgemein bekannt; unter dem Namen Wiclifismus lief die jüngste Ketzerei.

Der Prozeß drohte zu versanden. Die böhmischen Gegner, mit Paletsch an der Spitze und Michael de Causis als dem päpstlichen Juristen für Glaubensfragen, griffen ein. Sie brachten auf, was sie an Zeugen gegen Hus in Konstanz erfassen konnten. In langer Reihe marschierten im Kerker ihre Gewährsmänner auf. Es ging nicht ohne ärgerliche Zwischenfälle ab. Ein Tscheche, den sie in der Eile aufgegriffen hatten, erklärte, ehe er aufgerufen wurde: »Ich schwöre zu Gott, ich weiß nicht, was ich bezeugen soll!« Michael de Causis fuhr ihn an: »Guter Mann, du weißt doch noch gar nicht, was sie dich fragen werden, und schon schwörst du. Ich würde, wenn ich gefragt würde, gegen meinen leiblichen Vater aussagen in allem, was gegen den Glauben ist!« »Sehr wahr«, antwortete der Mann, »aber ich weiß wirklich nichts.« Ein anderer, jetzt Mönch, ehemals Abt eines Prager Klosters, bekam Gewissensbisse oder wurde ängstlich und wollte lieber nach Prag zurückreisen als aussagen. Michael herrschte ihn drohend an: »Aber gestern hast du doch schon den Eid abgelegt, vergiß das nicht!«

Genügend andere sagten aus, bereitwillig, freudig. Alte Gegner aus der Universität, inzwischen nach Leipzig übergesiedelt, Deutsche, Tschechen, Domherren, der Passauer Kleriker, den er als »Ablaßkrämer« angegriffen und schwer beleidigt hatte, theologische Widersacher und einfachere Leute, die in seinen Predigten verfängliche Passagen gehört haben wollten. Der Streit an der Universität mit den Deutschen wurde wieder beschworen; die Unruhen zu Prag, die er aufgerührt haben sollte. Hus bat nochmals um einen Verteidiger. Abgeschlagen, da gegen die Ketzerprozeßordnung. Er protestierte: Die Zeugen seien seine persönlichen Feinde. Er erhob diesen Protest noch oft; man ging darüber hinweg. Er hoffte immer noch auf das Eintreffen des Königs, der ihn befreien würde. Er hoffte vor allem, endlich vor dem Konzil in aller Öffentlichkeit Gehör zu finden. Konstanz war das Konzil der Hoffnungen.

Der König kam und enttäuschte Hus und seine Freunde schwer. Das Konzil begann sich allmählich zu formieren, in der neuen und »revolutionären« Form der Einteilung nach Nationen. Die führenden Männer der Konziliarstheorie wurden, in ganz anderer Weise als bei früheren Synoden, ausschlaggebend. Ehemals hatten eher große Parteien, mit dogmatischen Parolen, dominiert. Hier zu Konstanz entschieden einzelne Persönlichkeiten, mit einem Gewicht ihres Namens von unbestrittener Geltung. Das übrige war, wie man heute sagen würde »Stimmvieh«. Auch vielfach geistlicher und weltlicher Mob, der schrie, fuchtelte, drohte, heulte. Wir dürfen uns die Sitzungen von zeremoniellen Gelegenheiten abgesehen, nicht allzu ehrwürdig vorstellen. Die Konzilherren hörten sicherlich nicht alle genauer zu. Sie wußten kaum etwas von dem Beschuldigten, am wenigsten hatten sie eines der angeführten Werke gelesen. Die Thesen der Anklage genügten; schon bei deren langatmiger Verlesung hörte man kaum zu: Ein Wiclifit – das genügte. Er bereut nicht? Ins Feuer mit einem solchen hartnäckigen Ketzer. Er widerspricht noch? Will das hochheilige Konzil, die erhabenen hochgelehrten Doktoren belehren? Eine Anmaßung! Seine Haltung bereits, ein wichtiger Punkt: Starrköpfig, nichts von Demut und Ergebung zu spüren! Und dann, das war nun allen bekannt: Er hatte den Hochmut, den Pomp, die Laster des Klerus, der Prälaten angegriffen, vor allem Volke, die Stellung des Papstes. Er hatte, wie Erasmus von Rotterdam es dann von Luther spöttisch sagte, »dem Papst an die Krone, den Mönchen an den Bauch gegriffen«. Das konnte nicht hingenommen werden.

Wir müssen die wichtigen Punkte herausnehmen, die zur Verurteilung führten, und die zahlreichen in den Hintergrund relegieren, bei denen lediglich scholastische Probleme angerührt wurden und die Zahl der Anklageartikel vermehrt werden sollte. Ohnehin waren darunter nicht wenige, die nur aus Eifer von Paletsch und de Causis vorgebracht wurden und die bestenfalls als akademische Disputationsgegenstände in Frage kamen, nicht jedoch als Ketzerei. Das Ketzerverfahren unterschied überhaupt Ketzereien, Irrtümer und ärgernis-erregende Behauptungen, und es war immer von Fall zu Fall zu entscheiden, unter welche Kategorie ein Satz fiel. Unberücksichtigt bleibt das Problem, daß es überhaupt höchst willkürlich war, einige wenige Schriften aus so vielem, das Hus verfaßt hatte, und aus diesen einige Sätze herauszugreifen. Sie waren aus dem Zusammenhang gerissen; das hat Hus oft genug verzweifelt betont. Sie waren auch aus dem Zusammenhang seiner ganzen Lebensarbeit gerissen; das hat er gar nicht mehr zu sagen gewagt. Es hätte auch nicht der Übung seiner Zeit entsprochen. Einen Menschen und einen Autor als Gesamtpersönlichkeit zu beurteilen war unbekannt; es konnte schon nicht unternommen werden, weil niemand die Bücher zusammenzubringen vermochte. Es ist erstaunlich genug, daß man überhaupt Abschriften wenigstens einiger Schriften, und schließlich auch Originale vorlegte. Man fand das ein Novum – überflüssig nach Ansicht vieler – und eine erhebliche Großzügigkeit.

Den Eindruck der Großzügigkeit und Sorgfalt wollte auch Kardinal d'Ailly machen, der die Führung im Untersuchungsausschuß übernahm. Er war ein großer Gelehrter; der Angeklagte ein nach seiner Ansicht recht armseliger bloßer Magister. Er konzedierte ihm nicht die geringste Einsicht in die höheren Gefilde der Theologie. Hinter d'Ailly stand noch sein Schüler Gerson, eine weitere Größe der Wissenschaft. Hus sollte, an weithin sichtbarer Stelle, einen Beweis für die Überlegenheit der Hochschullehrer und auch der Universität Paris liefern, die sich über Prag unendlich erhaben dünkte. D'Ailly führte daher die Verhandlungen von bloßen Disziplinarfragen bewußt auf grundsätzliche Probleme hin. Er war stolz darauf und glaubte durch seine Entscheidungen auch der Sache des Konziliarismus einen großen Dienst zu tun. In seiner und seines Schülers Gerson Person wurde klargestellt, daß die Kirche in den Kardinälen und Doktoren ihre wahre Vertretung besaß. Damit war er in der Tat der Sieger für ein halbes Jahrhundert. Ein weiteres halbes Jahrhundert später, bei einem sehr ähnlichen Verhör, dem Luthers vor dem Kardinal Cajetan zu Augsburg, hatte sich das Blatt wieder gewendet. Da hielt der maßgebende Kirchenfürst, auch er ein großer Gelehrter, nunmehr des aufkommenden Thomismus, dem Ketzer drohend vor: »Ich fürchte, mein Sohn, du bist ein Gersonist, und wir werden mit solchen und der Universität Paris, auf die du dich berufst, sehr bald ein Ende machen!« Auch diese Wandlung ist wert, beachtet zu werden, im Rahmen der unablässig berufenen unwandelbaren Vorstellungen von dem, was »die Kirche« sei.

Dies jedoch wurde ein Hauptpunkt der Anklage. Er ist es für manche Betrachter bis heute geblieben. Hus' Thesen von der Kirche basierten auf seinen Ansichten von der Prädestination. Vorbestimmt ein für alle Male ist es von Gott, wer zu den Erwählten, wer zu den Verworfenen gehört. Die Erwählten, so lehrte er nach Augustinus, der sie nahezu leibhaftig »in den Archiven Gottes aufgezeichnet« sah, erlangen das Heil; die zur Verdammung bestimmten, die »praesciti«, müssen zur Hölle. Eine unbarmherzige Lehre, die noch oft die Geister beschäftigt und abgestoßen oder begeistert hat. Sie geht aus, bei Augustinus wie Hus, von der Konzeption der Größe Gottes, dem unbedingt die letzte richterliche Entscheidung über jeden einzelnen Menschen vorbehalten ist. Niemand kann selbst wissen, ob er erwählt oder verdammt sein wird; das wäre unzulässiger Hochmut. Man muß zusammenleben, auch wenn man sich noch so fromm und tadelfrei dünkt, mit den andern, denn sündhaft, vielleicht nur im geheimen, sind viele, wenn nicht womöglich die Mehrzahl. Unablässig aber hat man zu kämpfen, um der Gnade Gottes und der Aufnahme unter seine erwählte Schar würdig zu sein. Prädestination ist eine Lehre der Unbedingten, der Kämpfer, und als solche hat sie immer wieder große Wirkung erzeugt, zur Verwunderung und zum Schrecken derer, die eine sanftere, versöhnlichere oder auch bequemere Lehre wünschen. Sie ist nicht einmal auf das theologische Feld beschränkt; sie tritt auch in anderen Formen auf. Zu den Erwählten zu gehören, die etwa vom Gang der Geschichte als richterliche Instanz vorbestimmt, während die andern zum Untergang verurteilt sind, ist auch in nachchristlichen Zeiten ein Glaubensartikel geworden. Für die Hussiten wurde dies stolze Bewußtsein, die Erwählten zu sein, eine der stärksten Stützen in ihrem Kampf.

Gegen die Prädestinationslehre wollte d'Ailly nichts sagen, obwohl sie ihm nicht sympathisch war. Hus, ausgehend von dieser Grundkonzeption, war weiter fortgeschritten. Er sah die Kirche als die universale Gemeinschaft aller Gläubigen – ungewiß noch, ob erwählt oder verdammt –, der Gläubigen aller Völker und Bekenntnisse, auch jener, die der römischen Kirche fragwürdig waren. Er war darin »Realist« und ging aus von der ihm ungefähr bekannten Weltlage. Es erschien ihm ungerecht und Gottes Willen vorgreifend, etwa die Menschen der Ostkirche in toto zu verdammen; sie würden wie alle aus beiden Kategorien bestehen. Er sah – und da wurde es für ihn gefährlich – die römische Kirche nur als einen Teil dieser Gesamtkirche an. Und da er in seinen Zukunftshoffnungen immer gern auf die frühe, die bessere, die Urkirche zurückwies, bezog er auch die verstorbenen Gläubigen von Anbeginn des Christentums her mit ein. Wir würden das, vielleicht in etwas hochgespanntem Stil, »ökumenisch« nennen; es hätte auch im Grunde recht wohl für ein großes Einigungskonzil als Richtlinie dienen können, bei dem man sich Union mit so vielen bisher abgespaltenen Kirchen versprach. Es war aber gefährlich, weil es den Primat, die absolute Führerrolle, oder richtiger den Anspruch auf Alleingeltung für die römische Kirche, in Frage stellte.

Noch gefährlicher: Hus, immer kühn oder unbedacht vorstoßend, ging so weit, die Frage aufzuwerfen, ob nicht auch ein Papst zu den »praesciti« gehören könne. Das stand zwar gerade in Konstanz in der Praxis zur Debatte. Es war jedoch etwas anderes, es in allgemeiner Theorie zu behandeln, noch dazu ausgedehnt auf die gesamte Priesterschaft und Hierarchie, womöglich die Kardinäle selbst. Und noch heikler, wenn Hus dabei darauf zu sprechen kam, daß doch ganz offenkundige Anzeichen, wie das Begehen von Todsünden, anzeigen könnten, jemand müsse zu den »praesciti« gehören, Gottes Endurteil immer vorbehalten. Am allergefährlichsten, vom Standpunkt der Anklage, wenn Hus die Ansicht vertrat, ein solcher »unwürdiger Priester«, gleich ob Papst oder Dorfpfarrer, könne nicht wirksam sein Amt verwalten. Das stieß mit der Kardinalthese der Kirche zusammen, wonach die heilige Amtshandlung als »opus operatum« ihr Eigenleben führe und als Sakrament gültig sei. Die Kirche stand da in der Tat auf festem Boden; es war problematisch, es dem Urteil des einzelnen zu überlassen, wer denn nun würdig oder unwürdig sei. Das konnte zu sehr willkürlichen Urteilen führen. Hus jedoch stand auch auf einem festen Boden, nicht der Theorie, sondern der Tatsachen. Das Volk, unbekannt mit den Lehrsätzen und Theorien, glaubte nicht daran, daß das Sakrament, von einem Priester gereicht, der eben von seiner Konkubine aufgestanden war oder aus dem »süßen Winkel« kam, wahre Wirkung habe. Es zweifelte an der Würdigkeit von Domherren, die lediglich ihre Revenuen sorgfältig kontrollierten und nicht einmal eine Messe zu lesen für nötig befanden. Es war mißtrauisch gegen einen Heiligen Vater, von dem man so viel Unheiliges hörte. Die Anklage konnte sich damit nicht beschäftigen; das war Sache der Herren des Konzils, die noch über die sicher dringenden großen Reformen beraten würden. Sie hielt sich an das Prinzipielle. Magister Hus vertrat eine höchst unbestimmte Volksmeinung; die Anklage hingegen die hohen und ewigen Grundsätze der

Kirchenlehre, die über jeweiligen, vielleicht ärgerlichen Zuständen zu stehen hatten.

Hus wurde in letzter Instanz wegen seiner Predigten vor dem Volke verurteilt. Der Geistliche der Bethlehemkapelle war der Erzketzer, sein akademisches Wirken nur ein relativ unbedeutendes Vorspiel; seine Schriften nahm man nur ernst, soweit sich daraus einige Kernsätze ausziehen ließen, und das auch nur aus seinem letzten Traktat »Über die Kirche« und Streitschriften gegen Paletsch und den anderen ehemaligen Freund Stanislaus von Znaim. Die Verderbnis hatte sich bereits weit ausgebreitet, die Ansteckung das ganze Land Böhmen ergriffen. Und in tragischer Verkettung lieferten gerade seine Verteidiger und Anhänger Reisig zum Scheiterhaufen. Unermüdlich suchten die böhmischen Ritter in Konstanz für ihn zu wirken; hartnäkkig suchte sein Freund Dr. Jesenitz in Prag hohe Herren und Gönner zu mobilisieren. Denkschriften setzte er auf, sie wurden bereitwilligst unterzeichnet von Baronen und hohen Herren. Man protestierte leidenschaftlich gegen die Verleumdung Böhmens als Ketzerland und machte die Sache damit schlimmer. Man berief sich immer wieder auf das königliche Geleit und trieb Sigmund damit in wütende Opposition. Er sah die Aussichten auf die Erbfolge im Königreich Böhmen, so sicher für ihn als Nachfolger des kinderlosen Bruders, höchst unsicher werden. Das Konzil erkannte in den großen Siegeln böhmischer Herren, die ihm zu Dutzenden mit den Protesten auf den Tisch gelegt wurden, das unverkennbare Merkmal der Seuche, Pest, Verderbnis, die fast ein ganzes Land ergriffen hatte.

Hus war im Grunde verurteilt, ehe er sich nach Konstanz gewagt hatte. Es gehörte jedoch zu den Torturen, die man ihm mit Kerker und Verhören zumaß, daß er noch immer wieder gemartert wurde durch vergebliche Erwartungen. Er wartete auf den König, der ihn fallen ließ, als er kam; er wartete, und das war seine höchste Hoffnung, auf freies Gehör vor dem Gesamtkonzil. Und schließlich konnte er noch durch den dramatischen Fortgang des Konzils begründete Aussicht haben, doch freizukommen. Es war an einigen Punkten sehr nahe daran.

Die Verurteilung

Die Ereignisse des Konzils müssen im Zusammenhang behandelt werden und können hier nur kurz angezeigt werden. Denn das Verfahren gegen Hus war nicht der einzige und für die unmittelbaren Teilnehmer nicht der wichtigste Prozeß.

Das bedeutendste Ereignis war die Absetzung aller drei Päpste und damit der volle Sieg der Konziliarpartei. Johann XXIII. wurde unter fünfzig Anklagepunkten, von denen noch zu sprechen ist, für unwürdig erklärt, die Tiara zu tragen; er flüchtete, um das Konzil zu sprengen, wurde ergriffen und gefangengesetzt. Das hat Hus noch erlebt; es ergab sich sogar für ein paar Tage die wahrhaft monumentale Situation, daß der »Ketzerpapst«, nunmehr lediglich Baldassare Cossa genannt, Wand an Wand mit dem von ihm als Ketzer gebannten Hus im gleichen Gefängnis zu Gottlieben lag. Der andere Papst, Gregor, unterwarf sich dem Konzil und dankte ab; das hat Hus nicht mehr erlebt. Der dritte Papst, Benedikt, fügte sich nicht; er wurde abgesetzt und überlebte den Böhmen, das Konzil und fast alle der Kardinäle um viele Jahre, zuletzt auf einer einsamen Burg in Spanien, die den ganzen Umkreis seiner Obedienz bildete. Hus unterstand also während seiner Verurteilung ausschließlich dem Konzil, das aus eigner – nach Ansicht der strengen Kanonistik widerrechtlicher und ketzerischer – Machtvollkommenheit handelte.

Drei Monate hatte er im Dominikanerkloster auf der Insel bei Konstanz eingekerkert gelegen, anfangs in schwerer und gesundheitsgefährdender Haft, dann mit Erleichterungen. Er konnte Briefe schreiben an seine Anhänger in der Stadt und daheim. Er verfaßte auch für seine Wärter, die darum baten, einige fromme Traktate. Er erhielt meist quälende Besuche zu Vernehmungen, gelegentlich von Freunden, denen er nur raten konnte, schleunigst abzureisen. Sein nächster Anhänger, der Magister Hieronymus von Prag, saß bereits in einem anderen Kloster zu Konstanz im Kerker.

Bei der Flucht Johanns XXIII. drohte das Konzil völlig auseinanderzubrechen, und nur das tatkräftige Eingreifen Sigmunds hat es davor bewahrt. Für Hus eröffnete sich noch einmal eine kleine Hoffnungstür: Die Untersuchungskommission gegen ihn, da vom Papst ernannt, wurde hinfällig. Sogar seine Wärter verschwanden, nur die Riegel blieben. Er glaubte jeden Augenblick befreit zu werden. Er richtete ein Gesuch an den Bischof von Konstanz, der nun für ihn zuständig war; der Bischof erklärte, er wünsche nichts mit ihm zu tun zu haben. Es bedurfte nur noch eines Befehls vom König, und die Schutzherren des Hus bestürmten Sigmund. Die Anhänger in der Stadt jubilierten bereits unvorsichtig. Sigmund entschied anders. Seine Hauptsorge galt dem Problem, den Kongreß zusammenzuhalten und wieder aktionsfähig zu machen; eine Freilassung des Ketzers konnte das gefährden, so glaubte er. Er gab dem Bischof von Konstanz Befehl, Hus zu übernehmen; dessen Bedenken waren damit hinfällig. Er sollte ihn der Sicherheit halber aus der Stadt entfernen. Voll Ängstlichkeit führte er den Auftrag in aller Schärfe aus: Unter schwerer Bewachung, in Ketten, wurde Hus abgeführt auf das feste Schloß Gottlieben, eine Wegstunde entfernt am Bodensee. In Ketten schloß man ihn dort auf einer Turmstube an. Jeder Verkehr mit seinen Freunden wurde strikt unterbunden. Es gab kein Papier, um Briefe oder fromme Traktate zu schreiben. Die Kost war knapp, die Behandlung durch Söldner rauh. Von den Ereignissen der Außenwelt, so weltbewegend sie sein mochten, erfuhr er fast nichts.

Man erfuhr jedoch in Böhmen von der neuen und schweren Haft. Weitere und schärfere Mahnschreiben der böhmischen Großen gingen nach Konstanz, an das Konzil wie an König Sigmund; wichtigste Staatsleute hatten unterzeichnet und gesiegelt, auch aus der Markgrafschaft Mähren und selbst einige polnische Große. Das Umsichgreifen der »Verderbnis« wurde immer offenbarer für die Konzilherren; für Sigmund die Gefahr, daß Böhmen ihm verlorengehen könne, wie dann auch geschah.

Gleichzeitig trafen noch neue alarmierende Ketzernachrichten aus Böhmen ein. Der »Kelch« begann umzugehen, das Abendmahl in beiderlei Gestalt, mit Brot und Wein, sehr bald das Hauptkennzeichen für die kommende Revolution, das Banner im Kampf, und für über ein Jahrhundert festgehalten als trennendes Merkmal für die böhmische Sonderkirche. Hus hatte ursprünglich damit nichts zu tun. Er hatte vorsichtig abgeraten, die Neuerung der Darreichung des Kelches einzuführen, dann gemeint, man könne sie vielleicht denen, die das wünschten, zur Wahl lassen. Andere Mächte rührten sich schon in Prag. Sein Anhänger Jakobellus von Stříbro (Mies) war der Vorkämpfer für diese Änderung des Ritus, die auf urchristliche Bräuche und die Worte des Evangeliums zurückgeführt wurde. Bischof Johann, »der Eiserne«, benutzte als Führer der Hus-Gegner und offizieller Delegierter Böhmens diese Fragen, um die Konzilsherren zu erschrecken, falls das noch nötig war. Er fügte aufregende Einzelheiten hinzu, die wirkungsvoller als die etwas schwerverdaulichen Anklagethesen waren, die nur wenige genauer zur Kenntnis nahmen. Scandalum! eiferte er: Man schleppt schon bei dieser Ketzerneuerung das geheiligte Blut Christi, ausschließlich dem Priester vorbehalten und von niemandem zu berühren, in Weinflaschen im Lande umher! Schlimmer kann die Profanierung sich nicht dokumentieren. Die heilige Hostie, die ebenfalls bei schwerster Kirchenstrafe niemand antasten darf, die der Gläubige sich vom Priester in den Mund stecken lassen muß, deren kleinster Krümel schon, falls er aus Versehen zur Erde fallen sollte, Sünde ist – auch sie wird schändlich entheiligt. Ein Weib zu Prag hat sie dem Meßpriester aus der Hand gerissen und sich selbst in den Mund geschoben! Und dieses Weib, unerhört zu berichten, hat dazu noch vor allen Leuten geschrien: Ein guter Laie und selbst eine Frau kann ebenso wohl die Weihe erteilen oder Beichte abhören wie ein geweihter Priester! *Besser* als ein schlechter Priester! Ein schlechter Priester, so dies Weib, könne weder absolvieren noch konsekrieren! Dies – so war damit impliziert – die Ketzerlehre des Hus vom »unwürdigen Priester«!

Mehr und immer mehr: Bloße Schuster teilen in Böhmen das Abendmahl aus! In vielen Städten und Dörfern geht das vor sich! Die Ketzer wagen bereits zu behaupten, der Kelch sei *notwendig*, das Abendmahl *müsse* so genommen werden! Und so wird es auch genommen, ohne daß jemand energisch einschreitet, wie es Pflicht wäre!

Die böhmischen Herren, verständigt von diesen Anklagen, protestierten abermals aus Prag, aufgeregt über solche Verleumdung ihres Landes. Der eiserne Johann nahm vorsichtigerweise einiges zurück und wollte darüber lediglich vom Hörensagen wissen; er habe auch nur in geheimer Kommissionssitzung über diese ehrenrührigen Dinge etwas verlauten lassen. Brennende Sorge um sein Land habe ihn bewegt. Gerade die Unterschriften jedoch, mit über 200 großen Namen allein aus Mähren, mußten den Ernst der Lage klarmachen.

Es befanden sich übrigens unter den Signatoren nicht wenige Mitglieder der großen späteren Hussitenführer-Familien, darunter aus dem Hause, das einige Jahrzehnte später den letzten böhmischen König, Georg von Podiebrad, stellte. Die Revolution war also, Hus noch unbekannt, bereits in ihren ersten nationalen Stadien im Gange. Niemand wußte das; Sigmund hatte seine Ahnungen. Es war ihm sehr bedenklich zumute im Anblick der Namen aller großen Hof- und Staatsämter auf diesen Protesten; mit ihnen würde er einmal zu regieren oder sich mit ihnen auseinanderzusetzen haben.

Er setzte den Prozeß, der fast eingeschlafen war, wieder in Gang. Das Konzil hatte sich neu, nunmehr in der Form der Nationen, konsolidiert. Die Franzosen übernahmen die geistige Führung. Sie stellten die Präsidenten der neuen Kommission für den Fall Hus, den Kardinal d'Ailly an der Spitze. Einige Vernehmungen wurden noch im abgelegenen Schloß Gottlieben durchgeführt. Dann brachte man den Gefangenen nach Konstanz zurück. Im Franziskanerkloster war jetzt sein Gefängnis.

Das Konzil, auf Anraten seiner juristischen Experten, schritt zunächst in einer Vollversammlung zur nochmaligen und fünften ausdrücklichen Verdammung Wyclifs und des Wiclifismus, darunter alle jüngste Ketzerei inbegriffen, Hus nicht zuletzt. Seine Freunde in Konstanz waren sogleich schwer beunruhigt. Hus hoffte noch immer und jetzt erneut, da Sigmund ihm zugesichert hatte, er würde nun »vor dem Konzil« erscheinen können, auf das »große Gehör«. Die Konzilherren fügten sich nur unwillig dem Wunsche des Königs. Es war für sie ein unerhörter Schritt, ein Novum, wie so vieles auf dem Konzil.

Am 5. Juni 1415, im sechsten Monat seiner Gefangenschaft, wurde Hus im großen Refektorium des Franziskanerklosters vorgeführt. Es war nicht die offizielle Plenarsitzung, die er erwartete. Es war überhaupt ganz etwas anderes als die erlauchte Schar der Väter, für die er seine Rede »vom Frieden« entworfen hatte, noch weniger die ihm vertraute akademische Hörerschaft mit der Schulung wissenschaftlichen Disputierens, obwohl auch zahlreiche theologische Doktoren zugegen waren, neben vielen bloßen Neugierigen, weltlichen Herren, Bürgern von Konstanz, Scholaren. Man ließ ihn zunächst im Gefängnis warten, während umständlich alle Akten gegen ihn verlesen wurden, der frühere Kommissionsbericht, die Zeugenaussagen, die aus seinen drei Schriften ausgezogenen Artikel. Es war beschlossen, all dies in toto zu verurteilen und ihn lediglich zur Entgegennahme der Sentenz hereinzuholen. Ein böhmischer Anhänger schlich sich im Gedränge – es ging bei der Überfüllung des Saales recht unruhig zu – an den Tisch der Richter heran; er sah das Urteil bereits ausgefertigt daliegen. Er stürzte davon, die Verlesung würde noch eine ganze Weile dauern, mobilisierte Ritter Chlum, dieser den König. Sigmund, vorsichtig sich selbst fernhaltend, schickte den Pfalzgrafen mit seiner Order: Hus solle angehört werden vor der Urteilsverkündung. Er ließ außerdem die ihm von den Böhmen übergebenen Originalhandschriften des Ketzers vorlegen, die mit den Sätzen der Anklage zu vergleichen wären. Hus hatte sich beklagt, daß seine Worte entstellt worden seien.

Die Stimmung im Saale war gereizt, als man den Ketzer hereinbrachte. Mißfällig bemerkte man seine Haltung. Die lange Haft schien ihn keineswegs, wie erwartet, gebrochen zu haben. Starrköpfig stand er da, oder wie manche meinten, tückisch geduckt zum Sprung. Er rief laut seine Sätze aus. Er wollte explizieren, demonstrieren, womöglich das Konzil belehren! Sie begannen sehr bald zu schreien.

Man legte ihm die drei Schriften vor in den Auszügen, dazu die eben übersandten Originale: »Hast du das geschrieben?«

Hus prüfte die Manuskripte sorgfältig, was schon lautes Murren zur Folge hatte. Dann: »Ja, das ist meine Handschrift.« Sogleich jedoch: »Man weise mir nach, daß Irrtümer oder Fehler darin sind. Dann will ich sie verbessern.«

Seine Freunde, die vor der Tür bleiben mußten, hörten das Geschrei: »Unerhört! Anmaßung! Der Ketzer hat auf Fragen zu antworten, sonst nichts!« Michael de Causis rief: »Man verbrenne die Bücher auf der Stelle!« Von allen Seiten wurde auf Hus losgefahren. Er wandte sich nach rechts und links, drehte sich um und entgegnete nach rückwärts. Die Fragen des Vorsitzenden, dem die Zügel entglitten, wurden kaum noch gehört. Hus bestritt, versuchte zu korrigieren: »Das ist entstellt, man hat meinen Sätzen einen falschen Sinn unterlegt. Das ist aus dem Zusammenhang gerissen.«

»Laß die Sophisterei!« rief einer.

»Antworte mit Ja oder Nein!«

D'Ailly, bemüht, der Verhandlung einige Würde zu wahren, war bereit, zwei Punkte fallenzulassen. Hus faßte nochmals Hoffnung: Man solle ihm wenigstens erlauben, seine Auffassung von der Kirche vorzutragen. Die Kirchenväter, der heilige Cyprian, St. Augustinus ...

Der Mob aus Prälaten und Doktoren begann zu heulen; Hus wurde nicht mehr gehört. Er schwieg.

Darauf neuer Zuruf: »Sieh da, jetzt bist du still! *Ein* Zeichen wenigstens, daß du deine Ketzereien anerkennst!«

Hus schüttelte den Kopf. Das Geschrei wurde nun konstant. Kardinal d'Ailly, beleidigt in seiner Würde, erklärte die Sitzung für aufgehoben und vertagte sie auf den nächsten Freitag. Hus, tollkühn, wurde noch mit den deutlich gesprochenen Worten gehört: »Ich hatte geglaubt, das heilige Konzil würde etwas bessere Disziplin zeigen.« Dann wurde er abgeführt. Auf der Treppe standen seine Anhänger. Er tröstete sie und erteilte ihnen seinen Segen, was als nochmaliger, unerhörter Hochmut von denen vermerkt wurde, die es sahen.

Beim nächsten Verhör war auch der König zugegen. Kardinal d'Ailly verlas scharfe Bestimmungen zur Ordnung. Der Magistrat hatte das Gebäude mit Wachmannschaften umgeben, die Schwerter, Armbrüste und Streitäxte trugen. In Begleitung Sigmunds kamen auch die Schutzherren. Der Mob war zunächst still; die Szene hatte sich gewandelt. Nicht verändert hatte sich die Grundeinstellung: Verhör, kein Gehör; Antwort auf Fragen, bestenfalls eine Erklärung zu Anklagepunkten.

Und nochmals, trotz aller bisherigen entschiedenen Ableugnungen, er habe das Abendmahl stets korrekt erklärt, suchte d'Ailly ihn auf diesem Punkt zu belasten, der ihm der entscheidende schien. Wyclif hatte die Remanenz gelehrt; Wyclif war verdammt, Hus hatte sich zu Wyclif bekannt.

»Aber nicht in dieser Frage!« Hus versuchte zu zitieren, was er dazu geäußert hatte.

D'Ailly nahm einen Zettel vor, der ihm am Abend zuvor zugesteckt worden war; er stammte vom großen Gelehrten und Nominalisten Gerson, der sich auch als einer der wenigen beim Konzil etwas eingehender mit Schriften des Ketzers beschäftigt hatte.

»Ihr seid nicht für die Remanenz, Magister?« fragte der Kardinal scharf.

»Nein«, sagte Hus, »ich habe ...«

D'Ailly unterbrach ihn: »Ihr haltet doch dafür, daß die Universalien Realien sind?«

Hus bejahte.

Der Kardinal wies ihm triumphierend nach, daß er als *Realist* doch logisch und unweigerlich glauben müsse, das Brot verbleibe materielles Brot – die Ketzerlehre Wyclifs.

Hus verteidigte sich zäh: Er glaube das keineswegs und habe es nie behauptet. Es könne auch nicht aus rationellen Gründen geschlossen werden, es sei eben ein übernatürliches Geschehen. Das war eigentlich ein Argument im Sinne des Nominalismus; auch die philosophisch-theologischen Gedankengänge überkreuzten sich, und »logisch« waren weder Hus noch d'Ailly, d'Ailly sehr viel eher als Hus, nur in diesem Falle auf falscher Spur. Hus blieb in vielen Fragen strikt beim orthodoxen Glauben, was die Verhandlungen verwirrte. Und in diesem Punkte, der als so entscheidend angesehen wurde, war er, wie sich später bei Durchsicht der Werke d'Aillys herausgestellt hat, obendrein der Rechtgläubige, während der Kardinal die sehr fragwürdige, wenn nicht »ketzerische« Ansicht des Vorgangs der »Impanation« in der Hostie vertrat, erläutert noch dazu mit sehr rationalen Argumenten, die einem Nominalisten schlecht anstanden. Denn nach seiner sonst so energisch zum Siege geführten Lehrmeinung hatte das Übernatürliche eben Wunder zu sein und entzog sich der rationellen Befragung durch den Menschen. Wir sind mitten in den Fragen der Scholastik, und sie entziehen sich allerdings der rationellen Analyse; es geht dabei viel mehr nach Persönlichkeiten und auch Parteistandpunkten als geschlossenen »Systemen«. Wenn das zu entlegen scheint, so erinnere man sich an ähnliche Vorgänge, unter anderem Namen, beim Kampfe heutiger Ideologien und auch an ähnliche Gerichtsverfahren.

Das Tribunal wurde für eine Zeit zum Hörsaal. Auch die Hörsäle jener Zeit waren lärmend. D'Ailly schwieg, wie Hus meinte, verlegen. Andere mischten sich ein, die Engländer besonders. Es war ihnen sehr empfindlich, daß ihre Oxforder Hochschule durch Wyclif so in Verruf geraten war; seine Lehren waren ja nun an der Universität gründlich beseitigt durch Widerrufe und Abschwörungen umfassender Art. Aber »Wiclifismus« war die universelle Bezeichnung für Ketzerei geblieben und rührte sich obendrein in England genügend im Untergrund. Sie wollten daher den einstmals unter Wyclif so hochgeehrten Realismus noch nachträglich diskreditieren und stürzten sich auf die Universalienfrage. Es mutet gespenstisch an, bei diesem Prozeß über Leben und Tod die Probleme der »Urschöpfung«, der von Gott geschaffenen ersten Essenz, diskutiert zu sehen, die jeder Kreatur mitgeteilt wird, oder die Frage, wieweit der Leib Christi in der Hostie »vielfach« vorhanden sei. Man denkt wieder an Gerichtsverfahren mit tödlichem Ausgang unserer Tage, bei denen es auch um Systeme der Biologie oder Linguistik gehen konnte. Fragen der Nomenklatur waren es denn auch vor allem, die von den Doktoren aus Oxford vorgebracht wurden. Sie fanden nicht immer Beifall. Einer der Gelehrten verwickelte sich offenbar in seinen Argumenten; die anwesenden Prälaten schrien ihn nieder. Ein anderer war auf sicherem Wege: Er verdammte ganz allgemein Wyclif, der »alles Wissen zu zerstören suchte; in jedem seiner Bücher und seinen Traktaten über Logik hat er Ketzereien verkündet«! Damit war man wieder bei der Tagesordnung angelangt. Und noch ein anderer Engländer suchte die ausartende Debatte über Realien und Universalien ins Lot zu bringen: Man komme damit doch von der Sache ab. Der Angeklagte habe sich deutlich geäußert.

»Nein«, meinten die andern, »er weicht aus.«

Hus: »Ich weiche nicht aus!«

Man fragte ihn ausdrücklich: »Ist in der Hostie nun der Leib Christi real, total, und in vielfacher Form gegenwärtig? Antworte!«

Hus bejahte, jawohl Jesus Christus, geboren von der Jungfrau Maria, gestorben, begraben und auferstanden, sitzend zur Rechten Gottes!

Sein Fürsprecher unter den Engländern: »Er urteilt doch richtig über das Sakrament des Altars und bekennt es!«

Das Opfer schien in dieser dogmatischen Kardinalfrage noch einmal zu entschlüpfen. Der Vorsitzende war unruhig. Zu seiner Erleichterung trat nun ein weiterer Engländer, der Magister John Stokes aus Cambridge auf. Er sprach nicht als Disputant, sondern als Zeuge, Delegierter des englischen Königs und damit eine wichtige

Persönlichkeit. Er erklärte, er sei drei Jahre zuvor in Prag gewesen, als Gesandtschaftsmitglied seines Königs auf der Durchreise nach Ungarn zu Sigmund. Schon damals habe er über die wiclifische Ketzerei gegen Hus auftreten wollen; er sagte nicht, daß er der angebotenen Disputation ausgewichen und abgereist war, weil ihm die Stimmung in Prag zu bedenklich schien. Hus hatte ihm eine Streitschrift nachgeschickt und ihn darin der Feigheit beschuldigt: »Wer nicht wagt, die Wahrheit zu verteidigen, der verleugnet sie!« Jetzt bekundete er:

»Ich sah in Prag einen gewissen Traktat, und man behauptete, er sei von Hus. Darin war ganz ausdrücklich behauptet: Das materielle Brot verbleibt als Brot im Sakrament nach der Weihe!«

Hus bestritt mit größter Entschiedenheit, daß ein solcher Traktat von ihm stamme. Er hat in der Tat dergleichen nicht verfaßt. Es kann solche Traktate gegeben haben, von der Hand der damals sehr feurigen Anhänger Wyclifs, zu denen auch der jetzige Hauptankläger Paletsch gehörte, ehe er sich bekehrte. Davon war jetzt jedoch nicht zu handeln. Ein vollgültiger Zeuge trat auf. Damit war man wieder auf festem Boden mit dem Prozeß. Weitere Zeugen: Hus habe bei Predigten die Irrlehre verkündet. Kardinal Zabarella als der große Jurist griff ein und meinte kühl: »Magister Johann, Ihr wißt doch, daß im Mund von zwei Zeugen die Wahrheit liegt. Und hier haben fast zwanzig gegen Euch ausgesagt: Prälaten, Doktoren und andere hochangesehene Leute: Einige von ihnen« – Zabarella legte Wert darauf, ungemein korrekt vorzugehen – »haben nur vom Hörensagen berichtet, andere aber aus Kenntnis. Sie bringen vernünftige Gründe für ihre Kenntnisse vor. Wie könnt Ihr Euch all diesen Zeugen widersetzen?«

Hus: »Gott und mein Gewissen sind mein Zeuge: Ich habe diese Dinge, die da gegen mich bezeugt werden, nicht gepredigt noch gelehrt. Sie sind nicht einmal in mein Herz gekommen. Was kann ich tun, wenn alle meine Feinde gegen mich zeugen?« Stolz fügte er hinzu: »Und übrigens tut mir das auch nicht weh!«

D'Ailly als Vorsitzender hielt den Zeitpunkt gekommen, zusammenzufassen. Die theologische Disputation war nicht befriedigend verlaufen; hier aber waren nun die Zeugen, und das mußte entscheiden. Scharf erklärte er – und es sind fast die gleichen Worte, die Martin Luther zu Worms vorgehalten wurden, hundert Jahre später:

»Nach deinem Gewissen können wir nicht urteilen. Wir urteilen nach dem, was hier gegen dich bezeugt und daraus geschlossen worden ist, und nach einigem, was du eingestanden hast. Und du möchtest wohl am liebsten alle deine Feinde und Gegner nennen, die aus guter Kenntnis gegen dich Material vorgebracht haben? Sie haben das genügend belegt. Wir müssen ihnen glauben.«

Und mit Bezugnahme auf den Hauptzeugen: »Du hast sogar Magister Paletsch als deinen Feind verdächtigt! Dabei hat er sich doch zweifellos sehr menschlich, sehr nachsichtig mit deinen Büchern beschäftigt. Er hat weniger belastende Dinge ausgezogen, als darin stehen! Und ebenso die anderen Gelehrten. Hast du nicht am Ende gar den Doktor Gerson verdächtigt, den angesehensten Gelehrten der ganzen Christenheit?«

Hus meinte, er wolle, falls er am Leben bliebe, diesen Rede stehen; andernfalls werde Gott am Jüngsten Gericht für ihn Antwort erteilen.

Diese Appellation an eine höhere Instanz als das Konzil konnte seine Lage nicht verbessern. Sie war ohnehin längst hoffnungslos geworden. Mit dem Augenblick, wo Zeugenaussagen, nicht nachprüfbar, aber nach geltendem Gerichtsbrauch ausreichend entschieden, war alles Weitere nur noch eine Formsache.

Die Konzilsherren wünschten jedoch die Sache sehr formgerecht und ausführlich zu Ende zu führen, obwohl über das Urteil kein Zweifel bestand. Man wiederholte sich, man schweifte ab, geriet immer wieder einmal in theologisch-akademische Dispute, bei denen die überlegenen Gelehrten ihr Licht leuchten lassen konnten. Von Augenzeugen wissen wir, daß der König zuweilen ans Fenster trat und sich mit seinen Vertrauten unterhielt, wenn das Verhör allzu unerträglich wurde. Aber zuweilen horchte er auf.

Hus wurde nochmals über das Geleit befragt; man wollte ihm durchaus nachweisen, daß er nicht aus freien Stücken, sondern von König Wenzel gezwungen, gekommen sei. Er brach zornig aus:

»Nein, ich bin freiwillig gekommen! Und wenn ich nicht hätte kommen wollen, so gibt es viele und große Herren in Böhmen, die mich lieben. In deren Burgen hätte ich mich verstecken können. Sie hätten mich beschützt. Und weder König Wenzel noch König Sigmund hier hätten mich zwingen können, herzukommen!«

Kardinal d'Ailly verzerrte das Gesicht vor Entsetzen und rief: »Wahrhaftig, welche Tollkühnheit, hört doch!«

Der König hörte. Ehe er aber etwas sagen konnte, fuhr nun auch der Schutzherr Ritter Chlum auf und machte die letzten Aussichten seines Schützlings zunichte. Unbesonnen, redlich erbittert über die ganze umständlich-heuchlerische Prozedur rief er:

»Jawohl, er spricht die Wahrheit! Ich bin in Böhmen nur einer der kleineren Herren, aber ich würde ihn ein gutes Jahr lang geschützt haben vor jeder Verhaftung, ob das nun irgend jemand gefallen oder mißfallen hätte! Und da sind noch manche und größere Herren mit starken Schlössern – die hätten ihn so lange in Schutz genommen, wie er nur wollte, auch gegen die beiden Könige!«

Damit war der Prozeß, soweit König Sigmund etwas zu sagen hatte, entschieden. Er fühlte sich keineswegs stark genug, gegen einen Herrn, hinter dem offenbar noch sehr viel mehr stand, etwas zu unternehmen. Es war aber offenkundig, daß nun wenigstens mit dem Ketzer Schluß gemacht werden mußte, der all diese Unruhen und Rebellionen angestiftet hatte.

Wenn dafür noch belastendes Material notwendig war, so steuerten es die Zeugen bereitwillig bei. In Schulen, auf Plätzen *im Freien* hat Hus seine Irrlehren gepredigt! Die Ketzereien des Wyclif, nun fünfmal verdammt! Hus, jetzt obstinat und wissend, wie es um ihn stand:

»Wyclif ist nicht mein Vater, er ist auch kein Böhme! Und wenn er irgendwelche Irrtümer verbreitet hat, so sollen die Engländer sich darum kümmern!«

Die englischen Delegierten nahmen das sehr übel; sie wußten, daß die wiclifitische Ketzerei noch keineswegs ausgerottet war in England, daß die Lollards durchs Land zogen, daß sie Anhänger in hohen Kreisen hatten neben ihren »poor priests« und dem Volk. Sie beschwerten sich, Hus habe ihr Land beleidigt und verleumdet. Der Kreis um den Ketzer schloß sich vollständig. Man begann schon wieder zu lachen, zu schreien; er schrie zurück.

Der Kardinal: »Ihr sprachet in anderm Ton, als ich Euch im Gefängnis zu Gottlieben sah!«

Hus: »Ehrwürdiger Vater: Damals sprach man auch zu mir mit sanfteren Worten. Jetzt schreien alle auf mich ein.«

Der Kardinal: »Wer schreit denn? Man hört Euch in Ruhe an.«

Hus: »Ich kann nicht einmal *Euch* hören. Schließlich stehe ich hier vor Gericht. Sie sollen still sein.«

Man kann annehmen, daß auch die Notare, die das offizielle Protokoll aufnahmen, nicht recht hören konnten, teils wegen des Geschreis, teils, weil sie auf die Winke des Vorsitzenden warteten, was festzuhalten wäre. Man weiß nicht, was nachträglich in die Akten aufgenommen oder rekonstruiert, was fortgelassen wurde. Wir folgen den Berichten des Augenzeugen Peter.

Die Hauptpunkte waren den Richtern klar: Anstiftung zum Aufruhr, zu Zwietracht unter den Großen, zu Zwist zwischen König Wenzel und dem Klerus. Hartnäckige und mit vielen Winkelzügen vorgebrachte Verteidigung des Erzketzers Wyclif. Ungehorsam gegen die Kirchenbehörden, gegen den Papst, Schmähungen des Klerus ...

Kardinal d'Ailly schloß die Sitzung ab:

»Magister Johann: Ihr habt mir beim Verhör in Gottlieben gesagt, Ihr wolltet Euch demütig der Entscheidung des Konzils unterwerfen. Tut Ihr das, so werden wir Milde walten lassen.«

König Sigmund, der gerne und gewandt sprach, wünschte auch noch etwas zu sagen. Er stellte klar, daß es mit dem Geleit seine Richtigkeit gehabt habe. Auch damit, daß er Hus öffentliches Gehör versprach. Und zu dem Ketzer gewandt:

»Die ehrwürdigen Väter haben Euch in der Tat Gehör gegeben, öffentliches, friedliches, ehrenhaftes. Dafür habe ich zu danken, denn es gibt ja auch die Ansicht, daß ich einem Ketzer gar kein Geleit zusichern dürfte.«

Nun aber habe Hus sich gänzlich der Gnade des Konzils zu befehlen; nichts weiter. Dann werde man – er neigte sich zu den Kardinälen – wohl schon aus Rücksicht auf ihn und seinen Bruder Wenzel wohlwollend mit ihm verfahren; er sagte nichts darüber, worin das Wohlwollen bestehen sollte. Schärfer dann zu Hus:

»Bleibst du obstinat, dann wissen die Väter, was sie zu tun haben!« Und lauter: »Ich habe ihnen schon erklärt: Ich will keinen Ketzer verteidigen. Und wenn einer verstockt bei seiner Irrlehre beharrt, dann will ich selbst das Feuer anzünden und ihn verbrennen!« Somit, wieder zu Hus:

»Mein Rat also lautet: völlige Unterwerfung; je eher, desto besser.«

Hus wollte nochmals, hartnäckig in der Tat, auf das freie Geleit zurückkommen und begann, Sigmund für die seinerzeit erwiesene Gunst zu danken.

Ritter Chlum intervenierte: »Magister, antwortet dem König doch auf das, was er zuletzt gesagt hat!«

Hus, unbeirrt: »Erlauchter Fürst! Ihr wißt, daß ich aus freien Stücken hierher kam, nicht um etwas verstockt zu verteidigen, sondern um mich belehren zu lassen und dann zu korrigieren, wo ich etwa gefehlt haben sollte.«

Unter dem Murren der Versammelten wurde er hinausgeführt. In der scheinbar demütigen Form erkannte man den rabiaten Ketzer. Denn was sollte die Formel vom Sich-belehren-Lassen anders heißen als daß Hus das Konzil belehren wollte? Und wenn er immer wieder forderte, man müsse ihn aus der Heiligen Schrift widerlegen: Was bedeutete es, als daß er die Tradition der Kirche leugnete und ablehnte?

Dies in aller Klarheit noch einmal festzustellen und sich damit erneut, und weit über den Fall Hus hinaus, zu legitimieren als die berufene Autorität, wurde ein drittes und letztes Verhör von den Kardinälen angesetzt. Den gelehrten Herren der Kommission genügte es nicht wie den anderen Zuhörern, daß das Urteil feststand. Die Schreier verachteten sie im Grunde als Leute weit unter ihrer Würde. Der Ketzer, »die Ketzerei«, sollte von den Leuchten der Wissenschaft in Theologie, Philosophie und Staatslehre, den wahren und berufenen Führern der abendländischen Welt und Kirche, widerlegt und verdammt werden.

Wünschenswert war es, daß er sich dieser überlegenen Weisheit beugte und widerrief; erst damit würde der Triumph vollständig sein. Die drei Großen, d'Ailly, Zabarella und Gerson, gingen daher behutsam zu Werke. Die Anklageartikel wurden gründlich umgearbeitet. Gerson, der einzige, der sich etwas eingehender mit Hus' Schrift »Über die Kirche« befaßt hatte und bereits ein Jahr zuvor durch seine Universität Paris 19 Sätze daraus hatte verurteilen lassen, war der Redakteur. Er schied den größten Teil der Anklagepunkte des

Hus-Feindes Paletsch aus; ein Zeichen dafür, daß man diesem Hauptbelastungszeugen nur sehr bedingt traute. Neue wurden hinzugefügt, und man kam auf ungefähr die gleiche Zahl von Thesen, 39 insgesamt.

Die Gründlichkeit ging nicht so weit, daß man allzu genau exzerpierte oder mit dem Original verglich; manches wurde entstellt, anderes, wenn es hätte entlasten können, fortgelassen. Ein Verteidiger hätte auch hier eingreifen können; es ist eine der vielen ironischen Verschränkungen dieser Begebnisse, daß Gerson selbst davon gesprochen hat, als er im weiteren Verlauf des Konzils seinerseits in Anklage wegen Ketzerei verwickelt wurde. Er hat aber auch die sehr viel schärfer bezeichnende Auffassung über Hus und seinen Prozeß nachträglich kundgegeben: Daß das Konzil nicht nur nach dem Buchstaben zu urteilen und zu verdammen habe. Es könne Sätze verdammen, die erst in der *Auslegung* ihren wahren – das heißt gefährlichen – Sinn enthüllen, »wie im Falle des Hus und Wyclif«. Es könne also, ja es dürfe manche Sätze verurteilen, die sich aus bloßen Worten der Schrift nicht widerlegen lassen.

Es verstand sich für ihn von selbst, daß Auslegung durch eine Autorität, wie er sie darstellte, gemeint war; durch ihn sprach »die Kirche«, durch Hus ein Magister, der mit wirren und bedenklichen Predigten oder Streitschriften Unruhe erzeugte und die Gläubigen irreführte. Die Berufung auf die Bibel aber war deshalb so besonders gravierend, weil sie die Tradition der Kirche, die sich eben die Interpretation der Bibelworte vorbehielt, in Frage stellte.

Sinngemäß standen bei der Verlesung der Thesen die Sätze voran, die Hus' Lehre von der Kirche, der Prädestination und der Teilung in Erwählte und Vorverdammte behandelten. Sie klangen bedenklich und eigenwillig, auch wo er sich auf Kirchenväter berief, aber sie wären unter anderen Umständen wohl eher Gegenstand akademischen Streites bei Disputationen geblieben. Bei »Auslegung« allerdings konnten sie gefährlich werden. Man dachte in theologischen Kategorien, aber da die Kirche nun einmal das ganze Leben und Weltwesen umfaßte, ging es nicht nur um dogmatische Dinge. Jeder fühlte sich betroffen, auch König Sigmund, der wieder erschienen war. Beschäftigung selbst mit schwierigen theologischen Problemen war ihm vertraut; sein Vater hatte gerne darüber disputiert, und er selbst traute sich sehr wohl zu, auch da seinen Mann zu stellen. Und schließlich ging diese Lehre vom »Erwähltsein« oder »vorverdammt« auch einen König an, der gewählt wurde und, wie sein Bruder Wenzel, durch die Kurfürsten verdammt werden konnte; ob nur hier auf Erden, konnte dabei außer Betracht bleiben. Sigmund hörte aufmerksam zu, solange seine stets unruhige Natur es zuließ.

Heikel wurde es bereits bei den Artikeln 9 bis 17 über den Papst und die Kardinäle. Denn da hieß es, der Papst könne nur als Stellvertreter Christi angesehen werden, wenn er Christus wahrhaft in seinem Leben und Wandel nachfolge. Das war im Augenblick kein bloßes Abstractum, sondern aktuelle Gegenwart, da man soeben einen Papst wegen seines unwürdigen Wandels abgesetzt hatte. Vorsichtig und rein theoretisch formuliert, hätte diese These nicht gut als ketzerisch gelten können, sondern allenfalls als »ärgerniserregend«. Entschuldigt obendrein dadurch, daß ja nun nicht nur *ein* Papst, sondern gleich drei Ärgernis höchster Art erregt hatten. Und schließlich war zur Zeit überhaupt kein Papst von unbestrittener Geltung vorhanden. Die These des Hus, daß es zweifelhaft sei, wie es mit dem Papst als »Haupt der Kirche« stünde, regte alle Leidenschaften des Tages auf. Sie traf in der Tat wie mit einem Axthieb an die Wurzel der Institution, die soeben gefährlich ins Wanken geraten war und nun durch das versammelte Konzil erst wieder gefestigt werden sollte. Immer ketzerischer wurden die verlesenen Artikel:

»Christus ist das Haupt der Kirche, nicht der Papst. Zu Beginn der Christenheit gab es gar keinen Papst. Er ist erst durch den Kaiser in seiner Würde eingesetzt und mit seinem Besitz begabt worden.«

Das traf nochmals auf einen der empfindlichsten Punkte des kirchlichen Nervensystems. Um die »Schenkung Konstantins« war der Streit seit langem im Gange; Dante hatte sie bereits beklagt und verurteilt als den Beginn aller Übel, die mit Besitz, Geld, weltlicher Macht und ihren Folgen verbunden seien. Die Legende wurde noch allgemein geglaubt; auch Hus hielt sie für wahr. Aber schon lebten die Männer, die wenige Jahrzehnte später diese Grundthese der Kirche erschütterten und auf eine Dokumentenfälschung zurückführten, ein anderer Kardinal, Nikolaus Cusanus darunter. Hus griff, wie in vielem, voraus, und das war nicht der letzte Grund, weshalb er so erbitterte Feindschaft aufrührte. Das Geschrei nahm wieder zu.

»Unerhört, er soll schweigen!«

Hus wehrte sich verzweifelt. Er wies aus dem kanonischen Recht mit Angabe der Paragraphen seine Ansicht als anerkannt und begründet nach, unter neuen Zwischenrufen. Er fügte hinzu: »Vom Kaiser hat der Papst seine hohe Stellung, vom Kaiser ist die Institution ausgegangen – seine geistliche Würde als Seelenhirte jedoch verdankt er keinem Menschen, sondern Gott.«

Es war nicht einzusehen, was an dieser Auffassung anstößig sein sollte; sie war korrekt; gerade deshalb erbitterte sie. D'Ailly suchte zu widerlegen und brachte die historisch völlig unhaltbare Behauptung vor, das durch Konstantin einberufene Konzil zu Nikäa habe die Schenkung vorgenommen. So hohe Stellung des berühmtesten aller Konzile mochte recht gut in die gerade schwebenden konziliaren Ansprüche passen.

Hus erwiderte: »Der Kaiser hat die Schenkung vorgenommen.« Beide glaubten sie an die Legende; beide wußten sie nicht, was tausend Jahre zuvor in Wirklichkeit geschehen war, aber Hus konnte sich zu Recht auf das geltende Kirchenrecht in seinem Wortlaut berufen; der Kardinal trieb Zeitpolitik, wahrscheinlich in ehrlicher historischer Unwissenheit.

König Sigmund hatte sich wieder in eine Fensternische zurückgezogen und plauderte über wichtigere Dinge mit Friedrich von Hohenzollern. Die historischen Fragen interessierten ihn kaum. Das Verhör eilte aber einem neuen und gefährlichen Höhepunkt zu. Verlesen wurde der Artikel des Hus über die Kardinäle: »Sie sind nicht die wahren Nachfolger der Apostel, es sei denn, sie leben nach Art der Apostel und beachten die Gebote Christi.«

Auch das mochte noch passieren, es war aber in schärfster polemischer Weise ausgeführt:

»Denn wenn sie einer über den anderen durch eine andere Tür hineinklettern (in die Hürde der Herde Christi) als die wahre Tür unseres Herrn, dann sind sie Diebe und Räuber, wie es bei Johannes im 10. Kapitel heißt vom guten Hirten: Wer nicht zur Tür hineingeht in den Schafstall, sondern steigt anderswo hinein, der ist ein Dieb und ein Mörder.«

Das waren nun starke Worte, nicht ohne Beziehung auf das, was man vom Hineinklettern des einen über den andern in seine hohe Stellung wußte.

Kardinal d'Ailly dazu: »Maßlos bist du in deinen Predigten und Schriften. Mindestens hättest du deine Predigten auf die Zuhörerschaft abstimmen müssen. Was sollte das, vor dem Volk gegen die Kardinäle zu eifern und den Laien Ärgernis zu geben? Mit solchen Predigten zeigst du, daß du den Stand der Kirche zerstören willst.«

Dazu wurde noch verlesen, daß man nicht leichtfertig jemanden als Ketzer verleumden, sondern sanftmütig, anständig und freundlich aus der Schrift belehren müsse. Darüber neuer Tumult; noch größerer bei dem folgenden Artikel gegen solche, die Anklage erheben »nicht anders als die Pharisäer und Schriftgelehrten, die Jesus dem Pilatus auslieferten«.

»Wer soll mit den Schriftgelehrten gemeint sein?« wurde geschrien. »Etwa solche, die einen Ketzer dem weltlichen Arm übergeben wollen?«

Hus: »Solche, die einen unschuldigen Menschen der weltlichen Macht zum Tode übergeben, wie das die Pharisäer und Schriftgelehrten taten.«

Erneutes Schreien: »Du meinst unsere Doktoren!«

D'Ailly: »Diese Worte sind noch schlimmer, als in den Auszügen steht!«

Der Erzfeind Paletsch drängte sich vor, der Michael de Causis; die Szene wurde wieder zum Tribunal der Menge. Nach den Doktoren und Gelehrten fühlten sich auch die geringeren Priester unter den Zuhörern und Zurufern direkt angesprochen durch den Artikel:

»Der kirchliche Gehorsam ist eine Erfindung der Priester; er hat keine Grundlage in ausdrücklichen Geboten der Schrift.«

Hus suchte das nach seinen Texten zu modifizieren als drei Arten des Gehorsams: des geistigen, des weltlichen und des kirchlichen; aber es ist sehr fraglich, wieweit ihm noch zugehört wurde, erst recht nicht, als er von seinem Appell an Christus als der höchsten Instanz sprach, nachdem alle anderen Berufungen ihm versagt geblieben waren.

D'Ailly: »Willst du dich über den heiligen Paulus erheben? Der appellierte nicht an Christus, sondern an den Kaiser, als ihm zu Jerusalem Unrecht geschah.«

Hus: »Ganz recht. Aber wenn einer hier zu Konstanz das tun wollte, würdet Ihr ihn als Ketzer verdammen!«

Er kämpfte zäh, unbeirrt, oft fast hochmütig und mit bewundernswerter Geistesgegenwart. Übrigens auch rein physisch mit kaum vorstellbarer Zähigkeit in diesem viele Stunden dauernden Ringen mit ganzen Horden von Gegnern, die schrien, drohten, Fangfragen stellten oder zwischendurch eiskalt juristische Fallstricke legten. Er zeigte für die Anwesenden damit nur das entscheidende Merkmal des Ketzers: die Hartnäckigkeit, den »steifen Nacken«, das Zeichen des hoffnungslosen Grades.

Die Hoffnungslosigkeit war ihm seit langem deutlich geworden. Er brach nun, wie schon bei seinem Entschluß, nach Konstanz zu gehen, erneut nach vorn aus und ließ jede Rücksicht fallen. Man verlas den Kernsatz seiner Lehren vom »unwürdigen Priester«: »Ein Papst, Bischof oder Prälat, der in Todsünde lebt, ist kein Papst, Bischof oder Prälat.« Er erläuterte noch: Auch ein todsündiger König ist kein König. Dazu das 1. Buch Samuel, wo der Prophet zum König Saul sagt: »Der Herr hat dich verworfen, daß du nicht König seist über Israel.«

»Ruft den König!« wurde geschrien. Sigmund brach sein Gespräch mit dem Hohenzollern ab und trat herzu. Der Vorsitzende: Der Angeklagte solle seine Worte wiederholen! Ohne Zögern tat Hus das.

»Auch ein König, der in Todsünde lebt, ist vor Gott kein König.«

Die lärmende Versammlung war totenstill. Jeder starrte auf Sigmund. Seine leidenschaftlichen Zornausbrüche waren allgemein bekannt.

Eine Pause trat ein. Dann sagte Sigmund: »Johann Hus: Kein Mensch lebt ohne Sünde.«

D'Ailly fühlte sich bemüßigt, diesen Worten, in denen Sigmund Würde zeigte wie bei kaum einer anderen Gelegenheit seines buntscheckigen Lebens, noch etwas hinzuzufügen:

»War es nicht genug, daß du den geistlichen Stand verachtest und umstürzen willst: Willst du jetzt auch noch den Stand der Könige stürzen?«

Der unermüdliche Feind Paletsch stürzte heran, niemand wehrte ihm, er bewies, daß Saul doch König gewesen sei, Hus habe falsch zitiert; er behauptete im Eifer, es komme nicht darauf an, ob jemand ein guter Christ sei, wenn er Papst, Bischof oder auch König ist. »Der Unterrichtete weiß, daß Papst, Bischof oder König nur

Namen für das Amt sind, Christ aber zu heißen, muß man sich verdienen. Und so ist bewiesen, daß jemand wirklicher Papst, Bischof oder König sein kann, auch wenn er kein wahrer Christ ist!«

Hus, nach einer Pause: »In der Tat, das trifft zu auf den eben abgesetzten Johann XXIII., jetzt Baldassare Coxa oder Cossa genannt. Und wenn er wahrer Papst war, warum habt Ihr ihn abgesetzt?«

Sigmund: »Die Herren des Konzils sind allerdings kürzlich darin einig gewesen, daß Baldassare wahrer Papst war. Er ist aber abgesetzt worden wegen seiner notorischen Verbrechen, mit denen er der Kirche Ärgernis gegeben und weil er die Kirchengüter verschleudert hat.«

Er sprach hastig und als Laie: die »Unterrichteten« hielten es für besser, diesen heiklen Artikel dann von der Anklageliste zu streichen. Denn wenn die von Paletsch vertretene Auffassung der Trennung von Amt und persönlicher Würdigkeit gelten sollte – und sie war die offizielle Ansicht –, so war kein legaler Grund für die Verurteilung Johanns XXIII. gegeben.

Hus legte aber Wert darauf, unter Hinweis auf seine Schriften festzustellen, er habe die These über unwürdige Päpste und Priester ausdrücklich limitiert und qualifiziert: Vor Gott und wahrhaft und nach Verdienst seien sie nicht Papst oder Priester, wohl aber ihrem Amte nach und als Menschen.

Ein Mönch aus Thüringen in schwarzem Habit mit einem glänzenden Satin-Überwurf erhob sich warnend: Man solle sich nicht durch solche Ausweichversuche täuschen lassen! Er habe Hus ganz anders reden gehört. In seinen Schriften sei solche Einschränkung nicht zu finden.

Hus: »Hast du nicht gehört, daß sie in meinen Schriften stehen und verlesen wurden?« Die Verhandlung zerflatterte abermals.

D'Ailly sprach das Schlußwort: »Magister Johann! Zwei Wege stehen dir offen: Wähle! Entweder du unterwirfst dich völlig der Gnade des Konzils und seinem Willen. Dann werden wir aus Respekt vor dem römischen König und seinem Bruder menschlich mit dir verfahren. Wenn du noch einige Artikel verteidigen willst und ein weiteres Verhör wünschst, sollst du es erhalten. Bedenke aber: Hier sind große und erleuchtete Männer, Doktoren und Magister, die starke

Beweisgründe gegen dich vorgebracht haben. Es ist zu fürchten, daß du in noch größere Irrtümer verwickelt wirst, wenn du deine Artikel weiter verteidigst. Dies mein Rat – ich spreche nicht als dein Richter!«

Hus, das Haupt neigend: »Ehrwürdige Väter! Ich bin freiwillig hierher gekommen, nicht um mich starrköpfig zu verteidigen, sondern um mich in Punkten, die ich vielleicht nicht ganz richtig oder fehlerhaft ausgedrückt habe, bescheiden der Belehrung des Konzils zu fügen. Ich bitte, um Gottes willen, mir Gehör zu geben, damit ich die Meinung der angeklagten Artikel erklären kann. Und wenn meine Gründe und Beweise aus der Heiligen Schrift nicht genügen, dann will ich mich in Demut der Belehrung des Konzils unterwerfen.«

Sogleich schrien einige wieder: »Seht doch, wie hinterhältig und verstockt er spricht: Belehren will er sich lassen, nicht sich dem Tadel und Urteil des Konzils unterwerfen.«

Hus: »Ich will mich der Belehrung, der Zurechtweisung durch das Konzil und seiner Entscheidung fügen! Gott sei mein Zeuge: Ich spreche aufrichtig und ohne Hintergedanken.«

Kardinal d'Ailly nun: »Wisse denn: Die Belehrung ist dir erteilt worden durch fast sechzig Doktoren, ohne eine einzige Gegenstimme. Nach dem Befehl der Kommission des Konzils wird jetzt verfügt: Erstens: Du erkennst demütig deine Irrtümer in den vorgelegten Artikeln an. Zweitens: Du schwörst, daß du sie in alle Ewigkeit nicht vertreten wirst, nicht predigen oder lehren. Drittens: Du widerrufst sie öffentlich. Viertens: Du bekennst und predigst hinfort das Gegenteil.«

Hus: »Ich bin bereit zu gehorchen. Aber ich bitte um Gottes willen: Legt mir nicht die Schlinge der Verdammnis in den Weg! Zwingt mich nicht zu lügen und Artikel zu widerrufen, von denen ich nichts weiß. Man hat gegen mich bezeugt, was mir nie in den Sinn gekommen ist, so die Lehre vom Brot beim Abendmahl. Widerrufen heißt nach den Handbüchern, einen Irrtum aufgeben, den man vertreten hat. Aber da viele Artikel mir zugeschrieben werden, die ich nie vertreten habe, würde es gegen mein Gewissen gehen, sie zu widerrufen. Das wäre eine Lüge.«

»Dein Gewissen?« rief man. »Hat es dir nie gesagt, daß du geirrt hast oder irren kannst?«

König Sigmund griff noch einmal ein: »Höre, Hus! Was weigerst du dich, all die irrigen Sätze zu widerrufen, die von den Zeugen – wie du behauptest – fälschlich gegen dich vorgebracht worden sind? Ich wäre bereit, jeden Irrtum zu widerrufen, auch wenn ich ihn gar nicht zuvor vertreten hätte.«

Kardinal Zabarella: »Magister: Man wird Euch schriftlich und sorgfältig formuliert vorlegen, was Ihr zu widerrufen habt.«

Ein Priester, der in einem der Fensterbogen saß, rief: »Erlaubt ihm nicht zu widerrufen! Er wird seinen Eid nicht halten!«

Der König wiederholte seine Warnung, bereits ungeduldig: »Ich kann das nicht immer noch einmal sagen; Ihr seid alt genug zu wissen, worum es geht.« Unterwerfung also, und zwar in aufrichtiger Reue und Zerknirschung. Der Ketzer hat die vorgelegten Artikel abzuschwören und hinfort das Gegenteil zu behaupten. »Bleibt Ihr verstockt, so wird das Konzil nach den Gesetzen gegen Euch verfahren.«

Ein greiser polnischer Bischof hielt es für nötig, die Paragraphen aus dem kanonischen Recht zu zitieren. Hus kannte sie recht gut.

Die Verlesung der Artikel wurde zu Ende geführt, mit neuen Belastungen zumeist über die Unruhen in Prag. Dann trat Stille ein. Paletsch, der sich bei den Zeugenaussagen so stark exponiert hatte, trat vor und wünschte noch eine letzte Aussage zu machen. Er wußte, wie bedenklich seine Zeugenschaft als notorischer Feind des Angeklagten war. Unter Anrufung Gottes erklärte er daher: »Ich habe nicht aus bösartigem Eifer oder persönlichem Haß ausgesagt, sondern nur getreu meinem Eide als Doktor der Theologie.« Auch Michael de Causis trat herzu: »Für mich gilt das gleiche.«

Der Vorsitzende, um die Demonstration zu komplettieren, betonte nochmals, wie wohlwollend Paletsch und die anderen Gelehrten mit den Schriften des Angeklagten umgegangen seien; viel schwerer belastende Punkte hätte man darin noch finden können.

Damit waren die Verhöre beendet, das Urteil gesprochen, ohne verkündet zu sein. Hus wurde in Ketten abgeführt.

Wenigstens *eine* hochherzige Handlung ist zu verzeichnen. Ritter Chlum trat an den Gefangenen heran und schüttelte ihm herzlich die Hand. Er riskierte viel dabei, angesichts der Stimmung der Konzilsherren und des Königs.

Dann wandte er sich, zusammen mit seinem Sekretär, wieder in den Saal, wo die Richter noch mit Sigmund in einer Nische zusammenstanden. Der König, wie immer recht sorglos, sprach laut und ohne sich umzuschauen. Ritter Chlum konnte hören, was gesagt wurde. Schon *einer* der Punkte, so meinte Sigmund, in den Schriften des Hus genügte, ihn zu verdammen. Wenn er also nicht widerrufen und das Gegenteil seiner Ansichten vertreten will, so soll er verbrannt werden. »Ihr glaubt ihm nicht, und ich glaube ihm nicht. Wenn er nach Böhmen zurückkehrt, würde er diese Irrlehren verbreiten und noch schlimmere. Er muß also auf alle Fälle gehindert werden, weiter zu predigen oder nach Hause zurückzukehren. Schickt die verurteilten Artikel an meinen Bruder, König Wenzel, auch nach Polen, wie leider nötig, und in andere Länder, wo er schon seine heimlichen Anhänger hat, und erklärt, daß jeder, der daran glaubt, bestraft wird. Das Unkraut muß mit der Wurzel ausgejätet werden. Das Konzil möge an die Könige und Fürsten schreiben: Sie sollen ihre Prälaten unterstützen bei der Arbeit, die Ketzerei auszurotten.« Wie nachdenkend fügte er noch hinzu: »Ich war noch jung, als diese Sekte in Böhmen anfing: Ich sehe jetzt, wie sie sich vervielfacht hat.«

Hocherfreut, wie der Sekretär Peter berichtet, verabschiedeten sich die Kardinäle. Düster brütend ging Ritter Chlum mit seinem Begleiter davon, unerkannt von Sigmund. Er berichtete zu Hause, und mehr noch als der offene Bruch des Geleites trug diese Rede Sigmunds dazu bei, ihn in Böhmen unmöglich zu machen. Sie kostete ihn eine Krone.

Der Prozeß kann nicht aus heutigen Anschauungen beurteilt werden oder überhaupt aus einer »Gesamtübersicht«, etwa des »Schicksals der Kirche«. Zweifellos konnten aus Hus' Schriften Sätze entnommen werden, die für eine Verurteilung wegen Ketzerei genügen mochten. Aber in dogmatischen Hauptfragen wie der Abendmahlslehre und anderen Punkten wurde kraß willkürlich und gegen ausdrückliches schriftliches wie mündliches Bekenntnis verfahren. Viele Sätze waren einfach irrelevant, andere wider besseres Wissen hinzugefügt, noch andere umgedeutet. Die Zeugen waren Feinde des Angeklagten, was selbst nach mittelalterlichem Prozeßrecht unstatthaft war. Die Form der Verhandlung, die wir auch nicht übersehen wollen, ist nicht aus den Protokollen zu entnehmen, sondern den Augenzeugenberichten;

sie war größtenteils Mobjustiz. Die scheinbare Sorgsamkeit und Korrektheit der Anklagelisten ist bestenfalls geschickte Arbeit des Redakteurs. Das Ganze war ein »Schauprozeß« und rückt damit zu unserer Beschämung sehr in unsere Zeit. Die Thesen waren »mittelalterlich«, das Verhalten der Richter und Machthaber war sehr »heutig«, oder sagen wir: wie es immer bei solchen Fällen zuzugehen pflegt.

Es können dann stets die höheren Gesichtspunkte geltend gemacht werden, und das ist im Fall Hus oft genug geschehen. Die Richter »wollten das Beste«, wie es so heißt; nehmen wir einmal an, daß auch Paletsch glaubte, das Beste zu wollen. Dem berufsmäßigen Denunzianten Michael de Causis können wir nichts zubilligen, als daß er sein trauriges, und nach mancher Leute Ansicht notwendiges Amt eifrig wahrnahm. Die Institution der Kirche – um diese ging es, nicht um Glaubensfragen – sollte geschützt werden. Sie war von ganz anderen Kräften bedroht als von Hus, und die Richter wußten das. Sie bezogen die hohe Autorität, die sie sich in Konstanz anmaßten, aus dem allgemeinen Wunsch und Ruf nach »Reform an Haupt und Gliedern«. Unter diesem Zeichen waren sie zusammengekommen. Sie verurteilten einen Reformer, der nichts anderes gesagt und gepredigt hatte, als was sie selbst, oft in sehr viel schärferer Form, gesagt und geschrieben hatten. Sie verurteilten einen Mann, gegen dessen Lebenswandel nicht der kleinste Vorwurf erhoben werden konnte als etwa der, daß er zu streng, zu leidenschaftlich, zu starr moralistisch war in seinen Forderungen. Und nicht zuletzt verurteilten sie als ständisches Gericht den Volksprediger, den Volksverführer, den Rebellen.

Der schwerste Vorwurf, den man ihnen machen kann, ist der, daß sie selbst – als es an sie kam, nun mit der überfälligen Reform Ernst zu machen – so erbärmlich versagt haben. Die Institution, der sie zu dienen vorgaben, wurde nicht bewahrt, am wenigsten durch die Verbrennung des Ketzers. Sie wurde vielmehr weiter untergraben und dem völligen Einsturz nahegebracht. Davon wird noch zu reden sein.

Hus nun aber? Er wußte sehr bald, daß er sterben mußte; er hatte das schon vor der Abreise gewußt. Daß er doch noch inzwischen immer wieder hoffte, ist menschlich. Seine höchste Hoffnung jedoch, das große Gehör zu finden, wurde ihm, eine zusätzliche Tortur, immer wieder zunichte gemacht; das hat ihn mehr gequält als die Gallensteine und das Blutspeien im Kerker. Bis zu allerletzt – schon als ihm nur noch schriftliche Antwort am Rande der letzten Fassung der Anklagethesen erlaubt war – hat er darum gefleht: Seht doch zu, Ritter Chlum und ihr anderen Herren, daß man mir erlaubt, vor dem Konzil zu sprechen! Die Konzilherren haben ihm das verweigert, obwohl das Plenum sich kaum unterschied von der Auswahl, die sich im Refektorium des Franziskanerklosters drängte. Das große Gehör, ein sehr viel größeres, als er je geahnt haben kann, hat er erst nach seinem Tode gefunden.

Der Versucher

Der Tod war von vornherein beschlossen und nach den Verhören endgültig. Das Versprechen von »milder Behandlung« konnte für einen notorischen Ketzer nichts anderes bedeuten als lebenslänglichen Kerker. Oft genug hieß das: Krepieren nach ein paar Jahren; es konnte auch spätere Freilassung sein, aber das war selten. Den Tod wollte jedoch auch Hus am Ende, als er sah, daß alle seine Hoffnungen illusorisch geworden waren.

Der Form halber wurden die Anklageartikel nochmals umgearbeitet und ihm zur schriftlichen Äußerung zugestellt, die symbolisch »am Rande« vorzunehmen war. Bedeutung für den Ausgang des Prozesses hatte das nicht mehr.

Sehr bedeutsam erschien den Konzilsherren, den Widerruf durchzusetzen; auch König Sigmund legte darauf größten Wert. Er wußte, welche Wirkung eine Absage auf die Anhänger des Ketzers in Böhmen haben konnte. Hus wußte das ebenfalls. Es begann in den vier Wochen, die man ihm noch beließ, ein intensives Ringen nicht sosehr um die Seele als um ein Dokument, einen Pakt, ein Papier, einen bloßen Zettel schließlich. Man scheute dabei keine Mittel.

Der bloße Jurist Zabarella entwarf eine knappe und recht mehrdeutige Formel, nachdem andere Versuche fehlgeschlagen waren. Hus hatte immer wieder sein Gewissen angeführt. Zabarella formulierte, und es schien ihm, der Angeklagte könne das doch unterschreiben:

»In allen Punkten, in denen ich angeklagt bin, unterwerfe ich mich demütig den Anordnungen, Definitionen und Zurechtweisungen des

Konzils und nehme alle Abschwörungen, Widerrufe, Strafen und sonstigen Verfügungen hin, die das heilige Konzil anordnen mag.«

Zabarellas juristischem Denken schien damit eine Brücke gebaut: Das Konzil, nicht Hus, übernahm die Verantwortung; er unterwarf sich nur der Entscheidung. Er konnte, wenn es ihm durchaus notwendig schien, seinem Gewissen sagen, er habe seine Sätze nicht abgeleugnet. Zabarella hatte kaum eine sehr hohe Meinung von Gewissensbedenken.

Hus unterschrieb nicht.

Man schickte ihm allerhand Besucher in den Kerker, meist ohne Namen. Einer meinte: Abschwören heißt doch nur, die Anklagethesen als solche verwerfen – ganz gleich, ob man sich zu ihnen bekennt!

Hus dazu: »Nun gut, ich will beschwören, daß ich diese von andern bezeugten Irrlehren nie gepredigt oder vertreten habe. Ich werde sie auch in Zukunft nicht predigen.«

Der Besucher verschwand.

Ein anderer kam: Nehmen wir einmal an, ein Mann sei unschuldig; wenn er sich der Kirche unterwirft, so bekennt er sich nur schuldig der Demut, und das ist verdienstlich. So die heilige Marina. Die wurde von einem anderen Weibe beschuldigt, sie habe im Kloster einen Knaben geboren, der nicht ihr Kind war. Sie gab es aber zu und sorgte für den Knaben. Später wurde offenbar, daß sie unschuldig war.

Ein gelehrter Doktor erschien und zitierte das Beispiel eines Wüstenmönches aus dem »Leben der Väter«; er spürte gar nicht, wie verfänglich das Gleichnis im Grunde war. Man hat dem Heiligen heimlich ein Buch ins Bett gelegt und klagt ihn an, es gestohlen zu haben. Er leugnet. Man weist auf das Buch: Sieh doch, es liegt aber da, du mußt es gestohlen haben! Er bekennt sich schuldig!

Hus lehnte das ab.

Ein weiterer, robuster: »Und wenn das Konzil mir befiehlt, ich hätte nur ein Auge, während ich meine beiden besitze: Ich würde gerne bekennen, ich hätte nur ein Auge!«

Auch dieser Vergleich überzeugte den Ketzer nicht.

Die Stimme des gesunden Menschenverstandes und der Erfahrung sprach aus einem Engländer: Man habe in Oxford mit Wyclif und seinen Lehren doch erlebt, daß keine sonderlichen Umstände mit dem Widerruf gemacht wurden, als der Erzbischof ihn befahl. Alle Dozenten der Universität leisteten Folge, auch die nahen und die nächsten Freunde Wyclifs. Es war ihnen nichts geschehen; einige wurden sogar zu hohen Stellungen in der Kirche befördert.

Hus lehnte ab.

Ein hoher Geistlicher – Hus bezeichnete ihn als seinen »Vater« unter so vielen feindlichen Vätern – schrieb ihm und suchte ihn auf. Er adressierte seinen Brief an den Ketzer als seinen »sehr geliebten Bruder« und sprach mit großer Sanftmut und Überzeugung. Die Bedenken aus Gewissensgründen wisse er sehr wohl zu würdigen. Lüge und Meineid: schwere Dinge. Aber die Widerrufformel muß richtig verstanden werden:

»Nicht du«, so meinte er, »brauchst dich darum zu bekümmern, daß du die Wahrheit verdammst. Nicht du bist es – sie sind es, die Mitglieder des Konzils, und sie sind im Augenblick deine Vorgesetzten.«

Hus blieb dabei, es sei Meineid.

»Verlaß dich nicht so sehr auf deine Weisheit«, entgegnete der Besucher. »Es sind viele kenntnisreiche und gewissenhafte Männer beim Konzil. Und was schließlich den Meineid angeht: Selbst wenn es ein Meineid wäre, er würde nicht auf dich zurückfallen, sondern auf jene, die ihn dir abfordern.«

Hus: »Ich soll doch aber schwören, daß ich Ketzerei gelehrt habe.«

Der Besucher: »Es gibt gar keine Ketzerei, wenn du davon abstehst, hartnäckig zu sein. Augustinus, Origenes, der große Meister der Sentenzen Lombardus: Sie haben geirrt und sind mit Freuden zurückgekehrt in den Schoß der Kirche. Ich selbst habe oft geglaubt, etwas zu verstehen, was sich als Irrtum zeigte; wenn ich zurechtgewiesen wurde, kehrte ich um und war froh darüber.«

Hus: »Wie aber steht es um die Menschen, die mich das Gegenteil predigen hörten von dem, was ich jetzt sagen soll? Muß ich ihnen nicht großes Ärgernis geben?«

Der Besucher: »Nein, kein Ärgernis: Du wirkst erzieherisch, du belehrst sie. Du weichst nicht von der Wahrheit zurück, du gibst ihr nach.« Nachgiebigkeit, weises Verhalten in Gefahr: Er gab ihm das Beispiel des Paulus aus der Apostelgeschichte; der ließ sich, als ihm nachgestellt wurde, durch seine Schüler in einem Korb an einem Strick über die Mauer hinabretten »um höherer Endziele willen«. »Der oberste Richter, an den du appellierst, unser Herr Jesus Christus, gibt dir durch die Apostel diesen Rat!«

Hus sah in dem Strick einen Fallstrick. Er weigerte sich, einen Meineid zu leisten, vor allem um seiner Anhänger willen: »Ihnen habe ich das doch gepredigt!« Auch er zitierte die Bibel: Wer solches Ärgernis erregt, »dem wäre besser, daß eines Esels Mühlstein an seinen Hals gehängt und er im Meer ersäuft würde, da es am tiefsten ist.«

Auch dieser Versucher, der letzte, verschwand. Man beschränkte sich hinfort auf den »Schriftverkehr«; Hus kritzelte an den schmalen Rand der letzten Anklageliste seine Proteste. Er wußte nun und erst jetzt, daß von einem Gehör keine Rede sein würde. Auch die Zusicherung durch den Kardinal, er könne sich nochmals verteidigen, fiel unter den Tisch. Hus spricht in den kurzen Zetteln an seine Freunde davon, daß er »Gefahren« fürchtete. Wahrscheinlich glaubte er, man werde ihn in aller Stille abtun. Der unermüdliche Michael de Causis schlich immer wieder um das Gefängnis; in die Zelle wagte er sich nicht. Und er war es auch, der an das Konzil eine warnende Eingabe richtete, keinen Widerruf zu gestatten. Seine Sorge war unnötig.

Hus machte eine andere Eingabe an die Kommission: Er wünsche Beichte abzulegen vor seinem Tode. Als Beichtvater bitte er um seinen »Hauptgegner« Paletsch. Man sandte ihm einen Mönch, der ihm Absolution erteilte und nochmals riet, zu widerrufen. Aber auch Paletsch kam in die Zelle. Hus berichtete darüber in einem Zettel an die Freunde:

»Wir weinten zusammen viel, als ich ihn bat, mir zu vergeben, wenn ich Vorwürfe gegen ihn erhoben hätte. Und besonders, daß ich ihn einen Schwindler in meiner Schrift genannt hatte. Auch daß ich gesagt hatte, er sei der ›Leithund‹ für die andern. Er leugnete das nicht ...«

Hus fragte ihn, weshalb er vor der Kommission auf ihn gezeigt und gesagt habe: »Dieser Mensch fürchtet Gott nicht!« Paletsch bestritt das. »Aber er hat es gesagt: Ihr, meine Freunde, habt es gehört.« Ferner, wieder vor den Richtern: »Seit Christi Geburt hat kein

Ketzer außer Wyclif schlimmere Dinge gegen die Kirche geschrieben als Hus!« Oder: »Alle, die dich predigen gehört haben, wurden angesteckt durch deine Irrlehre vom Brot im Sakrament!«

Paletsch: »Ich sagte nicht alle, aber viele. Und viele hast du in die Irre geführt. Kehr um, widerrufe! Und fürchte nicht, daß du dich dabei schämen mußt.«

Hus: »Ich schäme mich nicht, mich verdammen und verbrennen zu lassen, das ist vor den Menschen keine größere Schande als Widerruf.« Und zum Schluß: »Und sage mir doch, Paletsch: Wenn du abschwören müßtest, was du nie behauptet hast? Was würdest du da tun?«

Paletsch: »Ja, das wäre schwer.« Er weinte.

Die beiden alten Studienfreunde schieden voneinander. Paletsch hat sich vom Konzil nicht nach Prag zurückgewagt. Er ist nach Polen gegangen und hat dort eine Professur in Krakau erhalten; wann er dort starb, ist ungewiß.

Auf die letzte Fassung der Anklage konnte Hus nur noch schriftlich antworten:

»Ich, Johann Hus, in der Hoffnung ein Priester Christi: aus Furcht Gott zu beleidigen und in Meineid zu verfallen, bin ich nicht willens, die durch falsche Zeugen gegen mich vorgebrachten Artikel zu widerrufen, weder alle noch einzelne. Gott ist mein Zeuge, daß ich sie nicht gepredigt, vertreten oder verteidigt habe, wie jene von mir sagten.

Was die Sätze anbetrifft, die aus meinen Schriften ausgezogen sind, soweit korrekt wiedergegeben, erkläre ich: Falls einer davon einen fehlhaften Sinn enthalten sollte, so verwerfe ich diesen Sinn. Da ich aber befürchten muß, gegen die Wahrheit zu verstoßen und die Ansichten der Heiligen, so bin ich nicht bereit, etwas davon zu widerrufen. Wenn aber meine Stimme jetzt in aller Welt gehört werden könnte, so wie beim Jüngsten Gericht jede meiner Lügen und Sünden sich offenbart, so wollte ich ganz freudig vor aller Welt abschwören, was ich je an Falschem oder Irrigem gedacht oder gesagt habe.

Dies sage und schreibe ich aus freien Stücken mit meiner eignen Hand, am 1. Juli (1415).«

Auf diese endgültige Erklärung verwies Hus, als er nochmals vor die Kommission geladen wurde zum Widerruf. Gegen Abend erschienen in seinem Kerker seine beiden Schutzherren in Begleitung einiger Bischöfe. Ritter Chlum nahm das Wort:

»Seht her, Magister Johann! Wir sind Laien und können Euch keine Weisung geben. Ihr müßt selbst wissen, ob Ihr Euch schuldig fühlt in irgendeinem Punkt der Anklage. Fürchtet nicht, Euch darin belehren zu lassen und abzuschwören. Wenn Ihr Euch aber nicht schuldig fühlt, so folgt dem Gebot Eures Gewissens. Handelt auf keinen Fall gegen Euer Gewissen oder lügt angesichts Gottes. Sondern bleibt standhaft bis zum Tode bei dem, was Ihr als die Wahrheit erkannt habt.«

Hus verharrte bei seiner Beteuerung: Er sei bereit abzuschwören, wenn man ihn aus der Schrift überzeugen könne: »Ich habe immer gewünscht, man sollte mir bessere und treffendere Stellen aus der Bibel weisen, als ich sie geschrieben und gelehrt habe.«

Die Bischöfe murmelten nur ein »hoffnungsloser, verstockter Ketzer« und zogen sich zurück. Auch die Schutzherren gingen. Sie sorgten immerhin dafür, daß seine Abschiedsbriefe nicht abgefangen wurden.

Hus schrieb: Briefe, Sendschreiben, Manifeste, letzte testamentarische Bestimmungen. Er unterzeichnete eines der Schreiben: »Magister Johann Hus, in Ketten und im Kerker, schon am Ufer des jenseitigen Lebens stehend, in der Erwartung, morgen einen schrecklichen Tod zu sterben, der, so hoffe ich, mich von meinen Sünden reinigen, aber bei der Gnade Gottes keine Ketzerei in mir finden wird. Denn ich bekenne mit ganzem Herzen jede Wahrheit, die wert ist des Glaubens.«

Seine Briefe aus dem Kerker sind schon früh von Luther herausgegeben und gedruckt worden. Sie sind sehr einfach, sehr unheroisch und zeigen ihn als Menschen mit allen menschlichen Zügen. Man würde ihm keinen Respekt erweisen, wenn man ihn zur legendären Märtyrergestalt erhöhen wollte, wie oft geschehen ist. Er schreibt »an die ganze christliche Welt« und schildert vor allem das ungerechte Verfahren, das Spotten und Höhnen, wenn er aus der Schrift zitieren will. Er ist nicht erhaben über den Stolz, bei der theologischen Disputation selbst den Kardinal d'Ailly, »den höchsten im Konzil«, zum Schweigen gebracht zu haben, er zitiert seine eignen Worte unter dem Geschrei: »Ich hatte angenommen, daß es bei diesem Konzil mit mehr Ehrerbietung, Frömmigkeit und Zucht zugehen würde!« Er richtet Zeilen an die Universität Prag, Magister und Studenten und mahnt zu Liebe und Eintracht: »Ich habe über Eure Streitigkeiten und Ausschreitungen getrauert; mein Wunsch war, unsere berühmte Nation ganz geeint zu sehen.« Er vergißt nicht zu erwähnen, wie einige seiner besten Universitätsfreunde sich mit tödlichem Haß gegen ihn gekehrt haben; Gott möge ihnen vergeben. Er schreibt an seine Landsleute, die Tschechen, und warnt: »Laßt Euch nicht durch das Konzil schrecken. Es wird nicht von Konstanz nach Prag kommen! Sie werden vom Konzil wie Störche auseinanderflattern über die ganze Welt, und wenn der Winter kommt, werden sie erkennen, was sie im Sommer begangen haben.«

»Denn wisset: Sie haben ihr Haupt (Papst Johann XXIII.) als Ketzer verdammt. Antwortet doch nun, Ihr Prediger, die Ihr verkündet, der Papst sei ein irdischer Gott, er könne nicht sündigen, er könne keine Simonie treiben!« Er verfällt in zornige Rhetorik, wenn er aufzählt, was Johann nach Urteil des Konzils alles begangen hat: Ablaßverkauf, Verkauf von Bistümern und anderen Pfründen. »Und viele von denen, die ihn verurteilten, hatten sie von ihm gekauft, und andere hatten damit Handel getrieben ... Und wenn Jesus zum Konzil gesagt hätte: ›Wer unter euch ohne die Sünde der Simonie ist, der möge Papst Johann verdammen!‹ – sie hätten einer mit dem andern hinauslaufen müssen. Und warum knieten sie vor ihm zum Fußkuß und nannten ihn Heiliger Vater, wenn sie wußten, daß er ein Ketzer, Mörder und der stummen Sünde ergeben war, wie sie selbst dann öffentlich machten?« Es war seine letzte Predigt gegen Pomp, Habgier und Sündhaftigkeit bei den Großen der Kirche, auf einem Stück Papier.

Er schreibt an Ritter Chlum und dankt ihm aufrichtig für seine Fürsorge und Unerschrockenheit; er warnt ihn auch zur Vorsicht und mahnt seine Freunde in Böhmen, dafür zu sorgen, daß ihm nichts geschieht. Es bekümmert ihn, daß der Ritter so große Ausgaben für ihn gehabt hat, die er nun nicht zurückgeben kann. Er sorgt sich um die andern, die ihm das Reisegeld vorschossen: Die Wohlhabenden sollten doch die Ärmeren entschädigen; allerdings, so fügt er mit Volksweisheit hinzu, heißt es ja leider »aus den Augen, aus dem Sinn«.

Das »Vergeßt mich nicht!« kehrt immer wieder. Vergeßt unsere Bethlehemkapelle nicht, was wird aus ihr werden? »Denn der Teufel tobt gegen sie und hat die Domherren gegen sie aufgeboten; er weiß wohl, daß sein Reich da zerstört werden sollte. Ich hoffe, daß Gott die Stätte erhalten möge, Bessere als ich sollten dort weiterwirken und Gutes stiften.«

Immer kürzer und persönlicher werden die kurzen Zettel. Er macht seine kleinen Legate. Chlums Sekretär soll seinen Reisepelz erhalten, der Ritter sein Pferd und Wagen, falls noch vorhanden. »Ritter Duba: Nehmt ein Weib und lebt fromm mit ihr. Ritter Chlum: Ihr seid schon verheiratet, zieht Euch zurück in ein stilles Leben, von Fürsten ist nichts zu erwarten.« Er grüßt seinen Schüler Martin. Er denkt an das Brevier, das er ihm zugesagt hatte und das mit ihm nach Konstanz gekommen ist, die paar Bücher, die in Prag geblieben sind. »Ich bin aufs tiefste besorgt um unsere Brüder, ich fürchte, man wird sie verfolgen, wenn Gott nicht seine Hand über sie hält«, viele und größere Kämpfe als bisher mögen bevorstehen.

Er dankt allen, namentlich, und allen, die er nicht nennen kann. Er verzeiht allen, auch dem Paletsch, auch dem Michael de Causis. Und nur zwischendurch steht einmal eine einsame Zeile, als er von seinem morgigen Tode spricht, der schrecklich sein wird:

»Ich kann Euch nicht beschreiben, was ich in dieser Nacht durchgemacht habe.«

Der Tod des Ketzers

Am 6. Juli 1415 wurde im Dom zu Konstanz das Urteil über Jan Hus gesprochen; am Nachmittag wurde es vollstreckt. Der tschechoslowakische Staat, neugeschaffen nach fünfhundert Jahren zu Ende des Ersten Weltkriegs, hat diesen Tag zum Nationalfeiertag bestimmt. Als ein feierliches Schauspiel hatte das Konzil die Prozedur der Ausstoßung des Verurteilten aus der Kirche arrangiert. Es sollte ein großer Tag werden, und das Konzil hatte bisher nicht gerade große Tage zu verzeichnen.

An Pomp wurde nicht gespart. Ein Papst war zwar zur Zeit nicht vorhanden, aber der König Sigmund nahm seinen Platz auf einem Thronsessel ein in vollem Ornat, den Pfalzgrafen mit dem Reichsapfel zur Seite. Der Hohenzoller, Friedrich, hielt das Zepter, ein Bayernherzog die Krone, ein ungarischer Magnat das Reichsschwert. Politischen Beobachtern fielen diese Ersatzmänner für die eigentlich für so hohe Ämter privilegierten Kurfürsten auf. Den Vorsitz führte der Kardinalbischof von Ostia, de Brogni; den Sermon hielt der Bischof von Lodi; das Urteil verlas der Bischof von Concordia; der Erzbischof von Mailand nahm die Degradierung vor. Von kirchlichen Experten wurde diese starke Beteiligung der Italiener an der Zeremonie sehr wohl bemerkt; sie galt als ein gewisser Ausgleich für die Einbuße an Prestige bei der Verurteilung ihres Landsmanns Johann-Baldassare Cossa. Das Münster war dicht besetzt mit Kardinälen, Prälaten, Gelehrten, auch weltlichen Delegierten und hohen Herren sowie Neugierigen, soweit sie über gute Beziehungen verfügten. Bei Verhandlungsbeginn wurden scharfe Ordnungsstrafen angekündigt für jede Störung durch Zwischenrufe, Beifalls- oder Mißfallensäußerungen und Widerspruch; bis zu zwei Monaten Gefängnis für jedermann, ganz gleich welchen Standes. Die Maßnahme war notwendig. Auch diese prunkvolle Schaustellung verlief keineswegs ruhig.

Der Ketzer hatte zunächst, unter schwerer Bewachung der Stadtsoldaten und Büttel, vor der Kirchentür zu warten, solange die Messe zelebriert wurde; er galt nicht mehr für würdig, daran teilzunehmen. Dann führte man ihn herein, während der Bischof von Lodi den Sermon zum Thema des Tages hielt. Er hatte sich den Text des Apostels Paulus aus dem Römerbrief gewählt, »daß der sündige Leib zerstört werden möge«; die Stelle war nicht sehr sorgfältig ausgewählt, denn sie hatte im Zusammenhang den ganz anderen Sinn, vom Tode zum neuen Leben hinzuführen, und ließ sich nur mit dem Vertrauen auf recht flüchtige Bibelkenntnis der Hörer verwenden, für die allgemein übliche Technik der »ausgewählten Stellen« kennzeichnend, die schließlich auch das Urteil herbeigeführt hatte.

In der Mitte der Kirche war ein Podium errichtet, eine Art geistlicher Pranger. An einem Holzstock hing der Priesterornat des Angeklagten; Hus trug einen schwarzen Kittel. Er wurde auf das Podium geführt, kniete nieder und betete. Der Bischof von Lodi sprach inzwischen über das Unheil der Ketzerei und mahnte nochmals die Versammlung, den König insbesonders, die Verderbnis ohne Schonung auszurotten.

Der päpstliche Prokurator forderte die Fortsetzung des Prozesses, der damit von der bisherigen Kommission vor die Vollversammlung gezogen wurde. Der Auditor verlas zunächst – und diese Reihenfolge war wohlbedacht – einen großen Teil der verdammten 260 Artikel Wyclifs, der nochmals als der Erz- und Ur-Anstifter der jüngsten Ketzerei gebrandmarkt werden sollte. Es folgte der Bericht über den Prozeß mit Verlesung der letzten Anklageliste. Gleich bei den ersten Artikeln stand Hus auf und versuchte zu antworten.

Kardinal d'Ailly herrschte ihn an: »Schweig jetzt. Du kannst später noch etwas sagen.«

Hus: »Wie kann ich über alle Punkte zusammen etwas sagen, ich muß sie doch einzeln erklären.«

D'Ailly: »Wir haben genug gehört.«

Hus ließ sich wieder zum Gebet nieder. Dann fuhr er erneut auf, als andere Punkte verlesen wurden. Zabarella griff nun ein und gab den Wachen Befehle, ihn zur Ruhe zu bringen.

Hus, die Hände ringend: »Ich flehe euch um Gottes willen an, hört mich! Die hier Umstehenden sollen nicht glauben, daß ich solche Irrlehren je geglaubt habe. Nachher könnt ihr mit mir tun, was ihr wollt!«

Es wurde ihm Schweigen befohlen. Er kniete wieder hin. Er sprang nochmals auf, als der Artikel über das Abendmahl verlesen wurde: »Ich habe nie gelehrt, daß das Brot materielles Brot verbleibt im Sakrament!« Als neuen Anklagepunkt hatte man noch hinzugefügt, Hus habe sich als die vierte Person der Gottheit bezeichnet, laut Zeugnis »eines gewissen Doktors«.

Verzweifelt schrie er auf: »Nennt seinen Namen!«

Der Bischof: »Es ist nicht nötig, daß er hier genannt wird.«

Hus: »Wie sollte ich armer Sünder dazu kommen, mich die vierte Person der Gottheit zu nennen? Nie ist mir das in den Sinn gekommen. Ich bekenne mich nach wie vor zur Trinität des Vaters, des Sohnes und des Heiligen Geistes, die eins sind.«

Er protestierte noch einige Male, besonders als ihm sein Appell an Christus vorgeworfen wurde: »Ich kam freiwillig und unter Geleit des Königs hier zum Konzil!« Dabei schaute er auf Sigmund. Der König errötete, so wird wenigstens berichtet. Von Karl V. heißt es später, er habe zu Worms, als ihm nahegelegt wurde, das Geleit für Luther zu brechen, gesagt: »Ich möchte nicht rot werden wie seinerzeit mein Vorgänger Sigmund.« In beiden Fällen dürfte es Legende sein. Sigmund erfreute sich ständig der fröhlichsten rosigen Hautfarbe, auch in verzweifelten Situationen; Karl V. war zu Worms ein Knabe, er hat erst als alter Mann, schon abgedankt, in seiner Villa vor dem Kloster von San Yuste darüber etwas gesagt. Und da meinte er ohne Skrupel: »Ich hätte das Geleit brechen sollen, dann hätte ich viel Unheil verhütet.«

Der Bischof von Concordia verlas jetzt das Schlußurteil. Es war ein umfangreiches Dokument in der feierlichen Sprache altgeheiligter Verfluchungen. Es sollte außerdem – und wir nehmen wieder Zabarella als den Redakteur an – die großen Zusammenhänge allgemeiner Ketzerei noch einmal ins Licht stellen. Und so begann die Sentenz wieder ausführlich mit Wyclif, der nun zum sechsten Male verdammt wurde. Er habe pestilenzialische Söhne gezeugt. Ein gewisser Johann Hus, hier anwesend, sei sein Schüler »aus vergifteter Wurzel«. Auch ihm wird vor allem »Wiclifismus« vorgeworfen; den habe er, trotz ständiger Zensur durch die Kirchenbehörden, gepredigt und verbreitet. Deshalb hat das Konzil – Kardinäle, Patriarchen, Erzbischöfe, Bischöfe und andere Prälaten und Doktoren der Heiligen Schrift sowie beider Rechte – seine Artikel verdammt:

»Seine Schriften sind samt und sonders zu verbrennen, in allen Sprachen. Wer seinen Lehren anhängt, ist durch den Inquisitor am jeweiligen Ort anzuklagen wegen Ketzerei.«

Nach der Verdammung der Artikel wird noch ausdrücklich auf die Zeugenaussagen verwiesen; die Thesen, der »dogmatische Teil« gewissermaßen, waren genügend vorverurteilt durch die Verdammungen Wyclifs. Hier aber handelt es sich um Aufruhr und Verführung des Volkes vor allem, Verachtung und Verächtlichmachung der Kirche, und dies auf lange Jahre hin. Er ist daher zum offenkundigen und hartnäckigen Ketzer erklärt. Seine Priesterwürde wird ihm genommen. Ebenso andere Grade, durch die er ausgezeichnet war. Er wird nunmehr sieben Mitgliedern des Konzils zugeführt zur Degradierung, und danach übergibt ihn das heilige Konzil, »da die

Kirche Gottes nichts mehr mit ihm zu tun haben will«, dem weltlichen Gericht.

Hus versuchte einige Male zu unterbrechen: »Ich bin nicht hartnäckig! Man belehre mich aus der Schrift!« Man befahl ihm Ruhe. Er fuhr auf, als von seinen Schriften die Rede war: »Wie könnt Ihr sie verdammen? Ihr habt sie doch gar nicht gelesen! Die Schriften in Tschechisch *könnt* Ihr gar nicht lesen!« Die Wachmannschaften drückten ihn nieder. Er kniete und betete laut: »Herr, vergib meinen Feinden. Du weißt, daß ich fälschlich angeklagt bin durch falsche Zeugen. Vergib ihnen um Deiner grenzenlosen Gnade willen.« Viele der Umstehenden unterbrachen ihn durch Hohnrufe.

Man bekleidete ihn mit dem Priesterornat und mahnte ihn nochmals, abzuschwören. Es scheint, daß man eine Umkehr in allerletzter Stunde nicht für ausgeschlossen hielt; es hatte solche Fälle gegeben, und außerdem gehörte es zum Brauch. Man gestattete ihm daher, ein paar Worte zu sprechen. Er wandte sich an die Zuhörer und wiederholte seine Weigerung: »Ich will nicht lügen angesichts Gottes noch gegen mein Gewissen und die Wahrheit handeln. Ich habe nie diese Artikel behauptet oder gepredigt, eher das Gegenteil. Ich kann auch die vielen Menschen nicht enttäuschen, denen ich gepredigt habe. Ich will nicht widerrufen!«

Man rief: »Seht den verstockten Ketzer in seiner Verruchtheit! Er ist unverbesserlich!«

Er stieg von dem Podium herab. Die Bischöfe unter Führung des Mailänders vollzogen den Ritus der Degradation. Zuerst wurde ihm der Kelch aus der Hand gerissen: »Verdammter Judas, du hast den Rat des Friedens verworfen und dich den Juden gesellt, wir nehmen von dir den Kelch des Heils!« Mit jedem Stück des Ornats folgte der entsprechende Fluch. Hus respondierte: Er vertraue darauf, daß der Kelch nicht von ihm genommen werde; er ertrage die Schande um Christi willen. Als er entkleidet dastand in seinem Kittel, erhob sich noch ein Disput unter den Bischöfen über den letzten symbolischen Akt der Prozedur: Die Tonsur mußte zerstört werden. Man hatte offenbar nicht rechtzeitig daran gedacht. Sollte sie mit dem Rasiermesser oder mit der Schere beseitigt werden?

Hus wandte sich an den König: »Seht, diese Bischöfe wissen noch nicht einmal, wie sie sich über die Erniedrigung einig werden sollen!«

Man einigte sich auf die Schere. Die Tonsur wurde an beiden Seiten in der Mitte und am Hinterhaupt zerschnitten. Man erklärte, zum König gewandt: »Das heilige Konzil hat Johann Hus aller geistlichen Würden und Rechte beraubt. Die Kirche hat nichts mehr mit ihm zu schaffen. Wir übergeben ihn damit dem weltlichen Gericht.« Sie setzten ihm die hohe papierne Ketzerkappe auf, bemalt mit Teufeln und der Inschrift »Ich bin ein Erzketzer«, und verkündeten dazu: »Wir übergeben deine Seele dem Teufel.« Hus dazu: »Ich übergebe sie der Gnade Christi.«

Es verblieb eine allerletzte Formalität: Der Sprecher der Bischöfe brachte die übliche Bitte vor, der König möchte den Schuldigen nicht am Leben strafen. Die Kirche legte Wert darauf, sich so weit wie möglich von dem letzten Akt zu distanzieren. Sigmund gab dem Pfalzgrafen Order, Hus aus den Händen der Bischöfe in Empfang zu nehmen. Der Pfalzgraf legte den Reichsapfel nieder und ging auf den Ketzer zu; er beeilte sich, nun seinerseits die peinliche Last rasch loszuwerden. Er rief den Vogt von Konstanz heran: »Übernehmt den Ketzer. Er ist nach des Königs und meinem Befehl zu verbrennen.« Der Vogt reichte ihn an die Stadtsoldaten weiter: »Führt ihn hinaus. Er ist zu verbrennen, und zwar mit allem, was er am Leibe hat.«

Sigmund beging in der Hast, mit diesem »Fall Hus« zu Ende zu kommen und endlich an die für ihn wichtigeren Fragen des Konzils zu gelangen, einen groben Bruch der Rechtsgepflogenheiten. Hus war Untertan des böhmischen Königs; er hätte ihn seinem Bruder Wenzel übersenden müssen. Er stand sich jedoch wieder einmal sehr schlecht mit ihm und konnte geltend machen, daß Wenzel das Konzil nach Möglichkeit ignorierte. Immerhin hat Sigmund diese erneute Mißachtung des Landes, das er einmal zu erben gedachte, zu seinen früheren Treulosigkeiten noch weitere schwere Vorwürfe in Böhmen eingetragen.

Hus wurde unter Bewachung hinausgeführt. Es war noch früh am Tage, gegen zehn Uhr. Das Konzil war zu einer seiner seltenen Vollversammlungen zusammengetreten, die jedesmal sorgfältiger Vorbereitung durch die Kommissionen der Nationen bedurften. Es hatte mit der Zerschneidung der Tonsur bekundet, daß es mit dem Ketzer und seinem Fall nichts mehr zu tun hätte. Die Tagesordnung war noch reich besetzt. Der »Fall Petit« war zu entscheiden, von dem wir noch sprechen werden, eine hochpolitische und sehr heikle Angelegenheit. Die Sitzung wurde weitergeführt. Der päpstliche Notar vermerkte in seinem Diarium lediglich: »Verurteilung der Irrlehren des Wyclif und Hus. Urteil über Hus und Hinrichtung.« Im Brief eines Bürgers von Konstanz an seinen Freund in Frankfurt vom gleichen Tage heißt es: »Unser gnädiger Herr, der König, soll dabei sein, abzureisen. Wisset noch, daß der Hus verbrannt wurde. Der Botschafter des Papstes Gregor ist eingetroffen, um in seinem Namen die Abdankung zu überbringen.«

Wenige der hohen Herren des Konzils nahmen an der Exekution teil. Es wurde ein großes Schauspiel für das Volk, und nach Ansicht des Konstanzer Chronisten war die ganze Stadt dabei. Hinrichtungen gehörten zu den großen Ereignissen, bei denen niemand fehlen durfte. Die Kinder wurden mitgenommen, wenn nötig auf dem Arm. Schwangere drängten sich herzu, allenfalls beängstigt, das Erlebnis könnte sich bei dem noch Ungeborenen durch ein Feuermal verewigen. Der Magistrat hatte für stattliche Mannschaft gesorgt, angeblich tausend Soldaten. Sie hatten Mühe, Ordnung zu halten und eine der Brücken, die unter dem Andrang einzustürzen drohte, freizumachen. Als Hus mit der Prozession am Friedhof vorbeikam, sah er das erste Feuer. Seine Bücher wurden dort verbrannt, soweit man sie in Konstanz hatte auftreiben können. Er lächelte. Während des Ganges sprach er zu den Zuschauern, wenn der Zug stockte und anhielt. Man beobachtete seine Haltung sehr sorgfältig; das gehörte zum Tage. Die kleinste Einzelheit wurde vermerkt. Er ging mit festem Schritt dahin. Zuweilen sang er eine lateinische Hymne. Er sprach auch auf deutsch, soweit man ihm das erlaubte, zu den Bürgern und beteuerte seine Unschuld. Die hohe Ketzermütze mit den roten Teufeln, die eine Seele in die Hölle zerren, sprach eindringlicher und lauter. Man stellte fest, daß er zwei schwarze Röcke trug »aus gutem Tuch«, einen Gürtel mit einer kleinen silbernen Schnalle, eine kleine lederne Börse.

Die Richtstätte war »auf dem Brühl«, auch »Paradies« genannt, eine ziemlich kahle Wiese auf dem Wege nach Gottlieben. Man hatte einen starken Pfahl aufgerichtet und einige Fuhren Holz und Stroh herangeschafft. Während die Henker den Holzstoß vorbereiteten, kniete Hus nieder und betete. Die Menge drängte sich dicht heran.

Einige, so will der Augenzeuge Peter gehört haben, sagten: »Wir wissen nicht, was er getan oder gesagt hat, aber wir sehen jetzt, daß er betet und heilige Worte spricht.«

Andere: »Es wäre gut, wenn man ihn noch beichten ließe.«

Ein »gewisser Priester in grünem Habit mit rotseidnem Futter«, zu Pferde: »Man soll ihn nicht anhören! Man soll ihm keinen Beichtvater geben, er ist ein Ketzer!«

Ein Priester trat jedoch herzu. Er war bereit, die Beichte abzunehmen, stellte aber als Bedingung den Widerruf. Hus erklärte, er habe bereits im Gefängnis gebeichtet. Er machte noch einen Versuch, zu der Menge zu reden. Der Pfalzgraf, als Leiter der Exekution, verhinderte das; er befahl, ihn an den Pfahl zu binden. Gestattet wurde nach üblichem Brauch, daß er sich von seinen Wächtern verabschiedete.

Er wurde auf einen Schemel gestellt und mit naßgemachten Strikken an den Pfahl gebunden, der Hals wurde außerdem durch eine Kette befestigt, die rostig zu sein hatte. Die Zuschauer griffen wiederum ein: »Er steht mit dem Gesicht gegen Sonnenaufgang! Das schickt sich nicht für einen Ketzer!« Man drehte ihn mit dem Gesicht gegen Sonnenuntergang. Das Holz und Stroh wurden um ihn aufgetürmt bis zum Kinn. Der Pfalzgraf akkordierte mit den Bütteln wegen der Kleider, die üblicherweise dem Henker verfielen. Er zahlte, was sie wert sein mochten, und befahl, alles bis zu den Schuhen zu verbrennen.

In diesem Augenblick ritt der Reichsmarschall von Pappenheim heran. Er überbrachte vom König eine letzte Aufforderung zum Widerruf. Hus weigerte sich und begann erneut zu sprechen. Der Henker stand mit der brennenden Fackel bereit. Der Reichsmarschall schlug zum Zeichen der Exekution in die Hände. Die Fackel wurde an den Holzstoß gelegt.

Es war zuweilen üblich, den Henker zu bestechen und die Marter abkürzen zu lassen durch stillschweigendes Erdrosseln mit der vorgeschriebenen Kette um den Hals, einem heimlichen Schlag gegen die Schläfe oder Aufschütten einer reichlichen Menge Pulver in das Stroh. Angesichts der vielfach feindlichen Menge scheinen die Freunde das nicht gewagt zu haben. Sie waren zugegen; sie standen, ein kleines Häuflein, nahe dabei, aber isoliert in der großen Menge. Sie hörten ihn seine lateinischen Hymnen singen und berichteten die letzten Verse: »Christus, erbarme Dich meiner«, »Christus, Sohn des lebendigen Gottes, erbarme Dich meiner« und die abgebrochene Sentenz: »Du, der Du geboren von der Jungfrau –«, die er nicht mehr vollenden konnte. Ein Windstoß schlug ihm die Flammen ins Gesicht, und er verstummte. Sie sahen nur noch, wie er die Lippen bewegte.

Das Feuer sank herunter, und die Stricke brannten durch. Der verkohlte Leib hing noch an der Kette. Die Henker holten ihn herab, zerschlugen die Knochen und warfen eine neue Fuhre Holz auf die Reste. Der Exekutionsmarschall sah darauf, daß auch die Kleider und Schuhe dazugetan und verbrannt wurden. Er kontrollierte sorgfältig, daß nicht der geringste Rest verblieb. Viele der Zuschauer blieben noch und spähten. Sie gingen erst, als die Knechte die Asche auf Schubkarren luden und an den Rhein fuhren, um sie ins Wasser zu schütten.

Der Konstanzer Chronist, der offenbar bis zum bitteren Schluß auf der Richtstätte ausharrte, berichtet, daß beim Niederbrennen der Glut sich ein grauenvoller Gestank erhob. Er erklärte ihn nicht mit frommer Auslegung durch den Tod des Ketzers. Man fand, so sagte er, daß einer der Kardinäle, der Kardinal Pankratius, wenige Tage zuvor sein gefallenes Maultier an der Stelle hatte einscharren lassen, an der man den Richtpfahl befestigt hatte. Es kann sein, daß man diese Geschichte verbreitete, um den Platz »in Grund und Boden hinein« zu diskreditieren und vor jeder Suche nach Reliquien abzuschirmen.

Das war ebenso vergeblich wie das Urteil. Längst ehe die Mitglieder des Konzils auseinandergingen, flog ihnen der Name des Jan Hus voraus. Er war in Böhmen der geliebte Prediger seiner kleinen Bethlehemgemeinde gewesen, ein Führer der Reformpartei im Lande, nicht unbestritten oder ohne Mitstreiter, die bereits ungeduldig über ihn hinaus vorstießen. Er wurde jetzt zu einer europäischen Parole, heimlich geflüstert und laut verkündet in vielen Ländern. Seine Landsleute pilgerten schon bald nach der Hinrichtung nach Konstanz und gruben eine Handvoll Erde an der Richtstätte aus. Schon Enea Silvio, der Papst Pius II., verzeichnet den Brauch in seiner »Böhmischen Geschichte«. Er hat sich jahrhundertelang erhalten.

Hieronymus von Prag

Das Konzil war tief befriedigt vom Ausgang des Prozesses. Die Versammlung hatte gezeigt, daß sie die Wahrerin der Rechtgläubigkeit war und zugreifen konnte, so viele und hochwichtige Probleme auch sonst sich ihr entzogen. Man würde sie rühmen und feiern wegen ihrer Strenge, und so geschah es auch, weithin und auf lange hinaus. Einige Besorgnis herrschte nur bei nachdenklicheren Geistern wegen des Eindrucks der Verbrennung in Böhmen. Sigmund war besonders nervös; er hatte da genauere Informationen, die er möglichst lange für sich behielt. Zum Überfluß hatte man noch den weiteren Ketzer Hieronymus im Kerker. Sigmund fand, es sei das beste, nun rasch aufzuräumen. Nach der Schlußsitzung des Hus-Prozesses hatte er noch erklärt:

»Ihr müßt nun auch Schluß machen mit den heimlichen Schülern und Anhängern des Hus, denn ich gedenke bald abzureisen. Und vor allem sollt Ihr Euch mit dem Mann befassen ... Nun, dem Mann, der hier im Gefängnis sitzt.«

»Hieronymus?« fragte man.

»Jawohl, Hieronymus. Wir werden in einem Tag mit ihm fertigwerden. Sein Fall ist einfacher: Hus war der Meister, und dieser nur sein Schüler.«

Für Sigmund waren die meisten Dinge einfach. Es war seine Schwäche und auch vielfach seine Stärke im politischen Spiel. Ein Grübler war er nicht.

Die großen Herren des Konzils jedoch hatten ihre Bedenken, und sie hatten inzwischen auch höchst unangenehme Nachrichten aus Böhmen erhalten. Sie waren gegen einen zweiten Scheiterhaufen. Es war gefährlich, Märtyrer zu schaffen. Sehr viel wichtiger würde es sein, der Weltöffentlichkeit einen Widerruf, ein Reuebekenntnis vorlegen zu können. Es war bedauerlich genug, daß dies bei dem hartköpfigen Hus mißlungen war, trotz allen guten Willens sehr einflußreicher Persönlichkeiten. Kardinal d'Ailly nahm die Sache in die Hand, auch die große juristische Autorität Zabarella trat hinzu; sie bildeten eine Kommission. Wir wissen nicht, was sie mit dem Gefangenen angestellt haben. Die Drohung mit dem Scheiterhaufen brauchte nicht erst noch ausgesprochen zu werden. Man versprach sich viel von einer langen Kerkerhaft. Gefängnis, geschweige für einen Ketzer, war die Vorstufe zur Tortur und durchaus als solche gedacht und nur dadurch von ihr unterschieden, daß der Gefangene möglichst am Leben erhalten werden sollte für den Prozeß. Man hatte Hieronymus anfangs auf das brutalste krummgeschlossen, mit schief herabhängendem Kopf; der starke, fast herkulisch gebaute Mann war dabei schwer krank geworden, und nur auf Intervention der Böhmen hatte man ihm einige Erleichterungen gewährt. Wie es sonst aussah, hat er selbst noch den versammelten Vätern ins Gesicht gesagt: »Ich habe dreihundertundfünfzig Tage im grausamsten Kerker gesessen, in Gestank, Schmutz, in meinem eigenen Kot, in Ketten, alles entbehrend, und Ihr habt inzwischen meine Feinde und Verleumder angehört!« Niemand hat dieser Anklage widersprochen; sie dürfte im Gegenteil nur Befriedigung erweckt haben. Der Vertreter der offiziellen Anklage, der Bischof von Lodi, hat vielmehr bedauert, daß man ihn nicht regelrecht der Tortur unterworfen habe: »Dann hättest du wohl alle eure Ketzereien ausgespien!«

Was also auch über »Milderung« der Haft berichtet worden ist: Man darf annehmen, daß der Gefangene der Kommission wohl vorbereitet erschien zu einer Sinneswandlung. Hieronymus war auch ein völlig anderer Menschentyp als Hus, sein alter Studiengenosse. Er war ein Zugvogel, ein früher Humanist jener Art, die es nie lange an einem Ort aushielt, hier auftauchte, dort aufs Katheder stieg und Sensation machte oder einen Aufruhr entfesselte, untertauchte – wir wissen über viele Jahre seines Lebens nichts. Wir kennen seine Vita nur aus den Prozeßakten, und nicht nur denen von Konstanz, wo man vielmehr alle früheren sorgfältig zusammengebracht hatte. Über die weite europäische Landschaft hinaus hat Hieronymus sich in seinen Fahrten und Reisen bewegt. In Jerusalem will er gewesen sein; er sagt das nur lässig und wie nebenbei bei einem Verhör, als man ihm die Studentenunruhen zu Prag vorwirft: »Da war ich aber in Jerusalem.« In Oxford und Paris hat er studiert, als Magister der Universitäten Paris, Köln und Heidelberg bezeichnet ihn eine Verteidigung der Prager Fakultät. In Budapest hat er mit König Sigmund und seinen Granden disputiert und wurde alsbald ausgewiesen. Zu Krakau hat ihn der polnische König ehrenvoll empfangen, in Litauen wurde er bei Verhandlungen mit den griechisch-orthodoxen Teilen der Bevölkerung zu Rate gezogen. Die ganze Weite und Ungebundenheit eines damaligen Gelehrtenlebens tut sich auf, die an kein Land gebunden ist; überall konnte er auf das Katheder steigen und dozieren, falls man nicht, wie es Hieronymus freilich immer geschah, flüchten muß nach allzu kühnen Propositionen. Seine lateinische Eloquenz war berühmt und hat in Konstanz dem Augenzeugen Poggio einen Brief abgelockt, der bald in Mustersammlungen einging und noch heute in solchen abgedruckt wird. Poggio bewunderte vor allem das mühelose Operieren mit Beispielen aus der Antike und sogar der Bibel, was selbst hohen Prälaten schwerfiel. Ihn faszinierte die Kunst der Invektive, den Humanisten so teuer, des bösen, scharf einbeißenden Wortes. Die Taktik des scholastischen Turnierfechtens, mit keckem Ausgreifen in die gefährlichsten Regionen der Dogmatik, wie die Erörterung der Trinität. Daneben besaß Hieronymus die Gabe sinnfälliger Darstellung; er scheint sogar mit graphischen Tafeln gearbeitet zu haben. Berühmt und berüchtigt wurde sein »Schild des Glaubens«, offenbar eine solche Tafel, mit der er in Heidelberg seine These von der Verschiedenheit der drei göttlichen Personen der Dreifaltigkeit vor den entsetzten Hörern demonstrierte. »Eis«, »Schnee«, »Wasser« lauteten seine Bezeichnungen für Gott-Vater, Sohn und den Heiligen Geist, und dann mußte er schleunigst weiterwandern. Zum Unterschied von Hus, dem Langsamen, Bedächtigen, oft Schwerfälligen, besaß er die Gabe zündender, demagogischer Rede und begeisterte die akademische Jugend. Er unterstrich dabei mit drastischen Handlungen, die angenehm den zähen Fluß der tage- oder auch wochenlangen Disputationen unterbrachen. So bei dem vieltägigen Quodlibet zur Verteidigung seines vom Erzbischof von Prag schwer verdächtigten Gesinnungsgenossen Matthias von Knín: Da griff er dem Freund unter das Kinn, streichelte ihm den Bart und präsentierte ihn den Hörern: »Sehet hier doch das gute Kind, ecce bone puer – sie sind dir nach deinem Leben gegangen und wollten dich tot haben von des Wikleph wegen, und des bist unschuldig. Und wo sind deine Verfolger nun?« Er sprach bei dieser Gelegenheit sogar, aller akademischen Sitte zuwider, auf deutsch, ein so entschiedener tschechischer Nationalist er sonst war, denn viele der Studenten waren Deutsche. Er warf sich mit Vehemenz in den Universitätsstreit der Nationen. Er zog mit bei den Straßendemonstrationen im Ablaßstreit, prügelte sich mit einem Franziskanermönch, der, so behauptete er, den tschechischen Adel geschmäht hatte. Er dichtete und schmiedete Spottverse, von denen sich leider keiner erhalten hat, auf den Erzbischof, in der Sprache des Volkes, was ihm seine Ankläger besonders übelnahmen. Das Volk sang sie; angeblich waren es sogar Parodien auf die Worte des Abendmahlsakramentes. Man hatte ihn schon fünf Jahre vor Konstanz zu Wien vor Gericht gestellt und gefangengesetzt; er entkam und schrieb aus seinem Refugium in einer kleinen Stadt in Mähren an seinen Ankläger-Bischof fröhlich-übermütig: »Jederzeit zu Euren Diensten! Aber wenn Ihr mich liebt, so verlangt nicht, daß ich da so allein unter vielen hundert Feinden stehen soll! Wahrlich, meine Seele ist wie ein Sperling der Schlinge des Vogelfängers entschlüpft ...«

Der Ankläger war auch in Konstanz zugegen und sorgte dafür, daß diesmal die Schlinge fest zugezogen wurde. Kühn oder leichtsinnig, wie man es nehmen will, war es schon gewesen, daß Hieronymus sich überhaupt zum Konzil gewagt hatte. Vor der Abreise hatte er Hus versprochen, ihm zur Seite zu stehen, und als er hörte, man habe den Freund eingekerkert, brach er unverzüglich auf, ihn zu verteidigen. Wie Hus scheint er sich völlig übertriebene Vorstellungen von der erlauchten Gesellschaft gemacht zu haben und von den Sympathien, die er dort eventuell finden würde. Obendrein hatte er nicht einmal, wie sein Genosse, ein Geleit zugesichert erhalten. Die Böhmen zu Konstanz warnten ihn, als er eintraf; er zog sich in das unweit gelegene Überlingen zurück und bat von dort aus das Konzil um einen Geleitschein. Sogleich begann ein Intrigenspiel: Eine Kommission der vier Nationen bewilligte das Dokument, allerdings in höchst verklausulierter Fassung; man schütze ihn vor etwaigen Gewalttätigkeiten – womit Angriffe von seiten der Bevölkerung gemeint waren – »und gewähren Dir unser sicheres Geleit, soweit es in unserer Macht steht und der orthodoxe Glaube es gestattet ...« In der nächsten Generalversammlung aber, eine Woche später, wurde er vorgeladen, sich wegen Ketzereiverdacht zu verantworten; sollte er nicht erscheinen, so würde er in Abwesenheit verurteilt.

Er hatte sich inzwischen noch einmal der Falle des Vogelfängers entzogen und war auf dem Rückweg nach Prag gewesen; in Bayern wurde er erkannt und in Ketten gelegt. In großem Aufzug führte

Herzog Ludwig von Bayern den Ketzer in Konstanz durch die Stadt, als feierliches Schauspiel. Hieronymus war mit Ketten vom Kopf bis zu den Füßen bepackt; eine lange Kette schleppte noch nach, deren Ende die Hofbeamten des Herzogs hielten. Man zog mit ihm in das Franziskanerkloster, wo die Fürsten und Prälaten warteten. Er versuchte zu erklären, weshalb er geflüchtet sei. Aber sogleich begannen seine früheren Kollegen von der Universität Prag anzuklagen. Wie im Falle des Hus begann es mit philosophisch-akademischen Gegensätzen, die uns einigermaßen gespenstisch anmuten angesichts des tödlichen Ernstes der Situation, und von einem geordneten Verfahren war überhaupt nur zeitweilig die Rede. »Realist!« hieß es, »hast du nicht die realistische Lehre von den Universalien zu Paris, Köln und Heidelberg verkündet?« Einer sprang auf und rief: »Als du zu Heidelberg warest, da hast du manche Dinge über die Trinität behauptet, die ketzerisch waren. Hast du da nicht einen Schild gemalt, der die Personen der Dreifaltigkeit mit Wasser, Schnee und Eis verglich?«

Hieronymus antwortete: »Was ich da geschrieben und gemalt habe, bin ich durchaus willig auch hier zu sagen, zu schreiben und aufzuzeichnen. Wenn man mich belehrt, daß es irrig ist, so werde ich es demütig widerrufen.«

Das wollten viele nicht hören; Geschrei erhob sich: »Ins Feuer mit ihm, verbrennt ihn!«

Der Gefangene wandte sich an die Rufer: »Wenn Ihr durchaus meinen Tod wollt, so mag es geschehen in Gottes Namen.«

Wir können uns den Mobcharakter vieler Sitzungen des Konzils nicht kraß genug vorstellen. Er wird kaum gemildert durch das Eingreifen eines Prälaten, der die Bibel zitierte mit den Worten des Propheten Hesekiel: »Nein, Hieronymus, nicht also, denn es steht doch geschrieben, daß der Herr spricht: Ich habe kein Gefallen am Tode des Sünders, sondern daß er lebe und sich bekehre!« Auch Papst Leo X. hat diese bequeme Formel in seinem Schreiben an Luther verwendet. Der Tumult wurde mit Mühe gestillt und der Gefangene in den Kerker abgeführt. Und da hatte er nun fast ein Jahr lang gesessen.

Die beiden Kardinäle d'Ailly und Zabarella als Leiter der Untersuchungskommission errangen einen großen Triumph. Der Gefangene brach zusammen. Er unterzeichnete ein volles, unzweideutiges Bekenntnis, und verkündete obendrein, daß er es mit eigner Hand aus freiem Willen aufgesetzt habe, nachdem er zunächst lediglich erklärt hatte, er habe niemals die offen ketzerischen Thesen Wyclifs verteidigt; auch über Hus hatte er anfangs gemeint, die Anklageartikel gegen ihn stimmten nicht mit den authentischen Schriften seines Freundes überein. Das genügte freilich nicht, und er mußte vor dem Plenum erscheinen und den vollen Widerruf verkünden:

»Ich, Hieronymus von Prag, Magister der freien Künste, bekenne hiemit den wahren katholischen Glauben und verdamme alle Irrlehren, insbesonders jene, mit denen ich mich bisher besudelt habe und welche ehemals verkündet worden sind von John Wyclif und Jan Hus in ihren Werken, Traktaten oder Sermonen für den Klerus und das Volk. Wofür sie mit ihren Ansichten und Irrlehren von diesem heiligen Konzil zu Konstanz als Ketzer verdammt worden sind.«

Man kennt derartige Selbstbezichtigungen aus den Schauprozessen der erleuchteten Gegenwart. Die beiden siegreichen Kardinäle forderten noch umsichtig, daß Hieronymus unverzüglich seinen Widerruf dem König Wenzel, der Königin und seinen Freunden in Böhmen selbst mitzuteilen hätte. Damit kein Zweifel blieb, was er alles als ketzerisch bezeichnet hatte, wurden vor der Versammlung noch einmal die feierlich verdammten Thesen des Wyclif und Hus in aller Länge verlesen. Die Väter und Fürsten hörten das mit Genugtuung. Die Technik der ständigen Wiederholung bewährte sich. Hieronymus wurde wieder in den Kerker abgeführt.

Es ist möglich, daß er gehofft hatte, freigelassen zu werden oder so milde eingekerkert, daß er abermals flüchten könnte wie schon früher. Er rechnete nicht mit den Gegnern. Sein alter Prager Studiengenosse Paletsch war der schärfste; er mußte immer wieder beweisen, wie sehr er sein früheres Eintreten für die Ketzerlehren Wyclifs hinter sich gelassen hatte. Gefährlicher noch war der Zorn des großen Gelehrten Gerson, der seine akademischen Hintergründe hatte. Gerson konnte nicht vergessen, daß der anmaßliche Dozent Hieronymus, ein Nichts in seinen Augen, ihm in Paris entgegengetreten war in der Frage des Universalienstreites. Es war ihm sehr wohl zu Ohren gekommen, daß Hieronymus die großen Meister des Nominalismus, Ockham, Buridan und ihre Schule, wild geschmäht hatte vom Katheder: Sie seien keineswegs Dialektiker, sondern diabolische Ketzer! Für Gerson, als anerkanntes Haupt der nunmehr herrschenden Nominalisten, war ein Angriff auf seine Lehren schon so gut wie Ketzerei.

Und so stieg der große Gelehrte auf die Kanzel vor der Versammlung der Väter und Fürsten und predigte, besser, er hielt ein glanzvolles Kolleg. Man legte in der Versammlung durchaus Wert auf formvollendete Reden. Gersons Plädoyer für die Unbarmherzigkeit war dazu bestimmt, in seine gesammelten Werke einzugehen, die für ein Jahrhundert in jede Bibliothek gehörten. Keine falsche Duldsamkeit gegenüber Deviationisten! Sie untergraben die Einheit der Kirche, die man eben doch erst wieder mühsam herzustellen bemüht war! Nicht nur Gefängnis – lebenslängliche Einkerkerung für solche Schädlinge sei das wenigste, was man verlangen müsse! Kein Widerruf, kein Reuebekenntnis kann das Stigma austilgen: Wer einmal ein Ketzer war, bleibt immer ein Ketzer; überflüssig, einen Namen zu nennen. Jeder wußte, wer gemeint war und was gemeint war.

Damit die kleinen, niedrigen Mittel der Beeinflussung bei solchen Gelegenheiten hinzukämen, begann man auch Andeutungen auszustreuen, die beiden Kardinäle d'Ailly und Zabarella seien bestochen worden; daher ihre matte und unergiebige Geschäftsführung der Untersuchungskommission. Verärgert traten sie zurück. Die Sache wurde nun energisch zu Ende geführt, und selten hat man auf dem Konzil so rasch gearbeitet. Umfangreiches Material wurde vorgelegt. Aus Böhmen eilten noch zwei Karmelitermönche herzu, die neue Punkte über die Beteiligung des Hieronymus an den Aufständen beibrachten. Wesentlich für die Anklage war vor allem, daß er sich als »Wiclifit« betätigt habe. Hinzu kam aber seine Tätigkeit in Ungarn am Hofe Sigmunds und sein früherer Prozeß zu Wien; einer der Richter, denen er sich damals entzogen hatte, saß nun wieder in der Kommission. Als gravierend, da in hochpolitische Regionen hinaufreichend, galt auch sein Besuch in Polen und Litauen, dem vereinigten großpolnisch-litauischen Reiche. Denn da hatte er sich zweifellos in überaus heikle Dinge eingemischt. Die Frage, was mit den recht zahlreichen griechisch-orthodoxen Bevölkerungsteilen werden sollte, beschäftigte die Gemüter und war strittig. Viele sahen alle Nichtkatholiken eo ipso als Ketzer an; der Großfürst Witold, Vetter und Mitregent des Königs Jagiello, hielt die Sache nicht für so einfach und war bemüht, das gewaltige Reich, das bis zur Ukraine und dem Schwarzen Meer reichte, zusammenzuhalten, und dafür war Verständigung mit den nichtkatholischen Bevölkerungsteilen unbedingt wichtig. Die Frage hat noch die Jahrhunderte beschäftigt und bis in die neueste Zeit hineingespielt. Kennzeichnend aber ist es dafür, wie dieser erste »Weltkongreß« eben nach allen Himmelsrichtungen hin mit Weltproblemen konfrontiert wurde. Man hatte noch nicht einmal die Einheit der katholischen Christenheit wiederhergestellt, aber man war bereits eifrig, ja erbittert darum bemüht, die Obedienz der katholischen Kirche so weit wie möglich auszudehnen. Aber auch solche Spannungen warfen eine Welle bis in den Prozeß des Hieronymus hinein. Was hielt man ihm vor? Der König Jagiello und sein Vetter Witold hatten ihn eingeladen, oder er war aus eigner Hand in Krakau aufgetaucht. Witold nahm ihn auf eine Reise durch Litauen mit. Und da, so hieß es in den Berichten der Anklage, habe er sich nicht gescheut, seine ketzerische Haltung offen zu dokumentieren: Zwei Prozessionen kamen ihnen entgegen, die eine der Katholiken, die andere der griechisch-orthodoxen Bevölkerung, jede mit ihren Bannern und Reliquien. Hieronymus war vor dem Zug der Griechisch-Orthodoxen niedergekniet und hatte ihren Heiligtümern seine Verehrung bezeugt.

Ökumenische Gedankengänge von heute darf man nicht umlegen auf das Jahr 1415, aber daß das Niederknien vor einer christlichen Prozession mit allem Nachdruck in einem Ketzerprozeß zur Anklage diente, zeigt doch die ganze Enge jener Versammlung auf, die sich zur Reform »an Haupt und Gliedern« berufen wähnte. Es fehlten nicht die kleinen und kleinlichen Punkte, auch bloße Gerüchte und Klatsch, es fehlte nicht, auf Gersons Betreiben, das vermessene und »realistische« Disputieren über die Trinität. Und schließlich, wie im Prozeß gegen Hus, mußte man doch einen quasi »handgreiflichen« dogmatischen Punkt vorbringen. Man fand ihn in der Frage der Transsubstantiationslehre: Die orthodoxe Auffassung der Verwandlung war von Hus mit allem Nachdruck verteidigt und beibehalten worden, was immer man ihm sonst vorwarf. Hieronymus ebenfalls blieb dabei. Er sagte sogar im Verhör, in seiner immer drastischen und nahezu leichtherzigen Weise, als man ihn fragte, was aus dem Brot würde: »Das Brot bleibt beim Bäcker!« Man war höchst unzufrieden über diese Antwort. Sie nahm eigentlich, wenn man genauer hinsieht, der Anklage einen ihrer wesentlichsten Punkte fort. Man war jedoch entschlossen, ihn zu verurteilen, und tat das. Man hatte ganze Kolonnen von Anklageartikeln aufgestellt, erst 31, dann noch weitere 104, und gedachte diese nicht fallenzulassen. Selbst so kleinliche und fragwürdige Punkte fehlten nicht wie der, daß er seinem Versprechen entgegen seinen Widerruf nicht nach Böhmen mitgeteilt habe, obwohl er nachweisen konnte, daß er einen ausführlichen Brief darüber abgesandt hatte. Nicht aber an König Wenzel, hieß es, oder die Königin und die Universität!

Hieronymus antwortete schriftlich auf alle Punkte, und dann verlangte er Gehör vor dem Plenum. Erstaunlicherweise bewilligte man ihm das, ob aus dem Wunsch, Korrektheit zu demonstrieren, oder aus simpler Neugier. Vielleicht versprach man sich auch ein erneutes Schauspiel großer Reue wie bei dem ersten Widerruf. Es wurde ein großes Schauspiel, und Poggio hat es noch am Abend in seinem ciceronianischen Latein im Briefe festgehalten: »Nie habe ich jemand gesehen, geschweige in einem Fall auf Leben und Tod, der antiker Beredsamkeit, die wir so bewundern, näher gekommen wäre ... Ein Jammer ist es, daß ein so edler Geist, ein so ausgezeichneter Mann sich so weit auf das Feld der Ketzerei verirrt hat – wenn wir annehmen, daß die Dinge wahr sind, deren er beschuldigt wurde.« Poggio, päpstlicher Sekretär, muß sich vorsichtig ausdrücken, denn sein Brief kann geöffnet werden und ist außerdem zu weiter Verbreitung bestimmt. Er preist die Gewandtheit in den Antworten des Angeklagten, seine Zurückhaltung und Vornehmheit im Ausdruck. Er zitiert seine Schlagfertigkeit bei Zwischenrufen: Ein Gegner schwört bei seinem Gewissen, was er sage, sei wahr; Hieronymus entgegnet: »Das ist der bequemste Weg zur Täuschung!« Seine Stimme ist klar und wohltönend, mit würdigen Rednergesten. Poggio bewundert besonders, welche Haltung der Mann nach einem Jahr schweren Kerkers bewahrt, wie vorzüglich sein Gedächtnis noch funktioniert: »Furchtlos stand er da, ungebrochen, den Tod nicht nur verachtend, sondern begrüßend.« Man kann ihn nur mit dem höchsten Titel eines Humanisten einen anderen Cato nennen. Behutsam fügt er hinzu: »Ich stimme ihm nicht bei, wenn er irgend etwas glaubte, was der Kirche entgegen ist, aber ich bewundere seine Gelehrsamkeit, seine Kenntnis so vieler Dinge, seine Beredsamkeit, seine Gewandtheit im Antworten – ich fürchte freilich, daß gerade diese großen Gaben der Natur seine schlimmsten Feinde waren.«

Vergebens führte Hieronymus die großen Beispiele ungerechter Anklage aus der Antike an, den Sokrates, Seneca, Boethius, die Gestalten der Bibel mit Moses, Daniel, dem Täufer. Vergebens schilderte er nochmals den Prager Universitätsstreit zwischen den Tschechen und den Deutschen. Und dann brach er aus in einen völligen Widerruf seines Reuebekenntnisses:

»Ich glaube nicht, daß Jan Hus zu Recht verdammt wurde! Wenn ich das früher zugab, so tat ich es gegen mein Gewissen. Seine Lehre war recht und heilig wie sein Leben, und ich werde fest zu ihm halten. Und des zum Zeugnis widerrufe ich hier den Brief, den ich nach Prag schrieb mit der Ableugnung der Ansichten und Meinungen des Jan Hus. Und was Wyclifs Bücher und Lehren angeht, so habe ich niemals jemanden gekannt, der so gut und tiefsinnig schrieb wie er. Als ich den Lehren des Jan Hus abschwor, tat ich das nicht, weil ich seine Lehren aufgeben wollte: Ich widerrief aus Furcht. Ich hatte Angst vor dem Feuer.«

Poggio meint, die Versammlung habe mit Kummer diesen Widerruf des Reuebekenntnisses angehört; man hätte einen so ungewöhnlichen Mann gerne gerettet gesehen. »Aber er bestand darauf, sich selbst zu verdammen, er schien den Tod zu wünschen. Denn er lobte den Hus, er sagte, der habe nicht die Kirche angegriffen, sondern nur die Mißbräuche der Geistlichen, den Hochmut, Luxus und Pomp der Prälaten. Das Vatererbe der Kirche sei ursprünglich bestimmt gewesen für die Armen und die Gemeinschaft, und es sei unrecht, daß die guten Menschen es an Huren, Feste, Pferde, Hunde, kostbare Gewänder und andere Dinge verschwenden sollten, die der christlichen Religion nicht anstehen.«

Ob Hieronymus das so gesagt hat oder ob das Rhetorik Poggios ist, kann man nicht entscheiden. Ausschlaggebend sicherlich war, daß er die Hierarchie angegriffen hatte. Darin war er allerdings Schüler und Genosse des Hus und Schüler Wyclifs. Die Hierarchie aber saß in Konstanz zu Gericht. Die Prälaten saßen sogar zu Gericht über die Spitze der Hierarchie, den Papst.

Um die Form recht eindrucksvoll zu wahren, gab man dem Verurteilten zwei Tage Frist, nochmals zu bereuen. Große Würdenträger besuchten ihn im Kerker, darunter Zabarella. Er blieb fest bei seiner Meinung.

Es folgte die feierliche Schlußsitzung in der Kathedrale. Dreizehn Kardinäle waren anwesend, die Botschafter der Fürsten, eine Menge Prinzen, Herzöge, Grafen, Prälaten, Professoren, Juristen und Besucher ohne Amt. Messe wurde zelebriert. Der Bischof von Lodi im Mailändischen hielt den Sermon über das Thema: Je schlimmer das Übel, um so schärfer muß das Heilmittel sein. Dem Brauche gemäß brachte er die heuchlerischen Phrasen über Sanftmut und Milde vor, die er persönlich sehr viel lieber anwenden würde: »Nicht wollen wir das Feuer mit dem Schwert anschüren!« Aber dann wies er auf den Gefangenen und steigerte die Anklage mit den ebenfalls traditionellen Ausführungen, es sei besser, daß ein einzelner Schuldiger bestraft werde, als daß die Vielen in Gefahr gebracht werden. Nicht der Mangel an Glauben und die Irrtümer des Ketzers seien das Verbrechen, sondern die Verhärtung seines Herzens und sein anmaßlicher Stolz.

Dies nach der These, daß der »hartnäckige« Ketzer dem Feuertode verfallen sei; man war erbittert über das Mißlingen der Reueaktion, die sich anfangs so erfreulich angelassen hatte. Der Bischof sparte nicht mit politischen Winken an die großen weltlichen Herren: »Sehet doch, Ihr katholischen Herren, die freche Verwegenheit dieser Männer, des Jan Hus und Hieronymus! Niedriggeborene, gewöhnliche Leute unbekannter Herkunft: Und dann wagten sie es, das ganze Königreich Böhmen anzugreifen, die Barone und Edlen zu Streit und Zwietracht anzustiften, den Adel, die alte und bewährte Verfassung zu untergraben. Zwietracht haben sie unter den Bürgern gesät. Sie wurden die Anführer der Horden von bewaffneten Banden, die Morde begingen, die Kirchen plünderten, die Altäre entweihten. Wie glücklich wäre Böhmen, wäre dieser Mann da nie geboren! ... Der üble Ruf dieser Ketzerei ist bis nach England, durch ganz Böhmen, Frankreich, Ungarn, Polen, Litauen, bis nach dem Reußenland und Italien erschollen!«

Der Bischof legte Wert darauf, zu zeigen, daß es sich nicht nur um eine Kirchenfrage handelte, sondern um eine Staatsangelegenheit. Wie immer hatte sich der Ketzer auch als Feind der weltlichen Autorität erwiesen, der es nun oblag, das geistliche Urteil zu vollziehen.

Hieronymus erhielt noch ein Schlußwort. Er stand mitten unter den Anklägern. Er sprach mit klarer Stimme, »sein Gesicht war blaß, er hatte einen langen schwarzen Bart«. Er dankte den Mitgliedern der ersten Kommission, besonders Zabarella. Er bestritt, daß er seinem Vaterland Böhmen Schaden getan habe. Er bekannte seinen Glauben und Gehorsam vor den Lehren der Kirche, wiederholte aber nochmals sein Bekenntnis zu Hus und bereute seinen Ableugnungsbrief: »Ich fürchtete das Feuer, dessen Flammen sehr grausam sind.«

Das Urteil wurde nun verkündet, mit Berufung auf die bereits verdammten Artikel Wyclifs und Hus', zu denen er sich bekannt habe; korrekterweise erwähnte man, daß er in der Frage des Abendmahls seine Rechtgläubigkeit beteuert habe. Sonst aber, wie jene, sei er ein Ketzer, Irrlehrer, Lästerer, ein Ärgernis und ein Aufrührer. Er werde deshalb von der heiligen Versammlung ausgestoßen und verdammt. Die Delegierten der vier Nationen, ein Italiener, ein Deutscher, ein Franzose, ein Engländer, und ein Vertreter der Kardinäle, gaben ihr placet. Er wurde dem »weltlichen Arm« übergeben. Man brachte den großen, spitzen Ketzerhut aus Papier, rundum mit roten Teufeln bemalt. Hieronymus zog seine Kappe vom Kopf und warf sie unter die Prälaten auf den Boden. Er selbst setzte sich den Ketzerhut auf und sagte: »Unser Herr Jesus Christus, als er zum Tode ging, trug eine Dornenkrone auf dem Haupt. Und ich, aus Liebe zu ihm, will gerne diesen Hut tragen.«

Die Hinrichtung fand an der gleichen Stelle wie die des Hus statt. Nach dem Bericht eines böhmischen Landsmanns begann er bereits unter der Tür der Kathedrale zu singen; er sang laut während des langen Marsches durch die Stadt bis zum Richtplatz die lateinischen Hymnen. Vor dem Scheiterhaufen kniete er nieder und betete, zu lange, wie es dem Henker schien, der ihn hochzerrte und entkleidete und nur mit einem Lendenschurz umgab. Man türmte das Reisig um ihn auf. Er sang wieder das Credo und Salva festa dies. Er sprach sogar einige deutsche Sätze an das Volk: »Liebe Kinder, so wie ich jetzt gesungen habe, so ist mein Glaube und nicht anders. Ich sterbe, weil ich nicht dem Konzil beistimmen wollte in seiner Anklage, daß mein Meister Jan Hus zu Recht verdammt worden sei.« Als der Henker mit der Fackel hinter seinem Rücken das Feuer anzünden wollte, sagte er, nach Poggios Bericht: »Komm nach vorn und zünde das Feuer an, wo ich es sehen kann; wenn ich es fürchtete, wäre ich nicht hier.«

Er sang weiter und begann, als die Flammen ihn erreichten, auf tschechisch zu beten. »Und dann wurde seine Stimme durch das heftige Feuer erstickt, und man konnte sie nicht mehr hören, aber sein Mund und seine Lippen bewegten sich immer noch, als ob er zu sich selbst ganz rasch spräche oder betete. Und als fast sein ganzer Leib und sein Bart brannten, da erschien unter der übermäßigen Hitze eine Blase, so groß wie ein Ei, an seinem Körper. Und während er brannte, lebte er in dem Feuer in großer Marter noch lange« – der böhmische Augenzeuge gibt die heimische Distanz des Weges in Prag von der Kirche St. Klemens über die Brücke bis zu St. Marien, bei langsamem Schritt, an – »so groß war seine natürliche Stärke. Aber als er verschieden war in dem heftigen Feuer, brachten sie sein Bett, seine Decke, seine Kleider, Kappe und andere Habseligkeiten aus dem Kerker und verbrannten sie in dem gleichen Scheiterhaufen. Und nachdem das Feuer niedergebrannt war, schaufelten sie den Staub und die Asche in einen Karren und warfen sie in den Rhein, der in der Nähe vorbeifließt.«

Der Humanist und päpstliche Sekretär Poggio aber setzte sich noch am selben Abend an sein Schreibpult und schrieb an seinen Freund in Italien seinen Bericht. Er unterzeichnete ihn vorsichtig »Aus Konstanz, am Tage, da Hieronymus seine Strafe erlitt«. Er konnte sich auch, nach unheilbarer Literatenart, nicht enthalten, die elegante Lässigkeit seines Schreibens anzumerken: »Ich habe doch sonst nichts Rechtes zu tun und muß eine lange Geschichte erzählen, Dinge wie sie in den Historien aus der Antike vorkommen«, und er breitet seine Gelehrsamkeit aus, mit den Stoikern, dem Sokrates, dem Mucius Scaevola, der seine Rechte ins Feuer streckt, um seine Furchtlosigkeit zu beweisen, während dieser Mann Hieronymus seinen ganzen Leib ebenso gelassen den Flammen darbot. Aber unter den Phrasen und wohlgeformten Sentenzen schlägt doch die Bewunderung und Erschütterung durch, bei aller Behutsamkeit, sich selbst nicht unnötig zu exponieren: »So starb dieser Mann, ausgezeichnet in jeder Beziehung, wenn wir von seinem Glauben absehen. Ich sah sein Ende. Ich beobachtete jeden Zug. Und was nun immer seine dogmatischen Irrtümer gewesen sein mögen oder seine Hartnäckigkeit – auch Du hättest sicher gesagt: Hier starb ein Mann aus der Schule der Philosophen.«

Völkerkongreß und Papstprozeß

Am Tage der Hinrichtung des Jan Hus ereigneten sich die wichtigsten Dinge für das Konzil. Der Tod des Ketzers war nur am Rande zu vermerken, als erfreuliches Zeichen dafür, daß die Herren des Konzils es nun ernst meinten und nicht gesonnen waren, sich dabei in den Weg treten zu lassen. Die wahrhaft schweren Fragen standen ihnen noch bevor. Eine Gesandtschaft war soeben eingetroffen, delegiert und bevollmächtigt: Papst Gregor XII., den seine beiden Gegner »jenen Angelo Correr« nannten, wollte über seine Abdankung verhandeln. König Sigmund hatte angekündigt, er wolle persönlich eine Reise nach Südfrankreich unternehmen, um den anderen Papst, Benedikt XIII., von seinen beiden Gegnern »jener Pedro de Luna« genannt, zum Rücktritt zu bewegen. Der dritte Papst, Johann XXIII., nunmehr amtlich vom Konzil Baldassare Cossa genannt, saß zur Zeit im Gefängnis; über sein endgültiges Schicksal mußte noch entschieden werden.

Während der Sitzungen der Vollversammlung hatte man noch den »Fall Petit« zu erledigen, die »Frage des Tyrannenmordes« aus berechtigten poltischen Gründen; in Wirklichkeit ging es um den Bürgerkrieg in Frankreich, der weit über das Land hinaus ganz Westeuropa ins Spiel brachte, die nationalen Leidenschaften aufregte und den großen Völkerkongreß zu spalten drohte – ein neues Schisma zu dem noch nicht behobenen kirchlichen Schisma.

Für die Zeitgenossen war dies der Vordergrund, nicht der Hintergrund der Tragödie Hus. Und auch diese ist nicht ganz zu verstehen, wenn man nicht die ganz außerordentliche Unsicherheit berücksichtigte, in der alle Beteiligten lebten. Die Kardinäle und Prälaten kämpften um ihre Stellung und bezogen ihre Autorität nur aus dem Anspruch, nun endlich das Schisma zu beseitigen; ihre legale Position war fragwürdig und mußte durch äußerst gezwungene Interpretationen abgestützt werden. Der Konzilgedanke hatte sich durchgesetzt, aber noch keineswegs gesiegt. Und was aus den Kardinälen, von den verschiedenen streitenden Päpsten ernannt, werden würde, war noch nicht sicher. Sie konnten womöglich abgesetzt werden, wenn man schon zu so ungeheuerlichen Maßnahmen schritt, drei Päpste beseitigen zu wollen. Jeder von ihnen war vom einen oder anderen Papst ausgestoßen, verflucht und gebannt und in den Stand eines bloßen Laien zurückversetzt worden; zwei waren noch durch das Konzil zu Pisa exkommuniziert. Man hatte sich im Laufe der Jahrzehnte daran gewöhnt und war unempfindlich geworden.

Die Könige saßen samt und sonders unsicher auf ihren Thronen. Sigmund als künftiger Kaiser und römisch-deutscher König hatte im Reich nur eine mehr nominelle Stellung, keinerlei nennenswerte Einkünfte und sehr wenige Anhänger. In seinem Königreich Ungarn stand er unter ständiger Drohung von Adelsrevolten, Interventionen von außen her und außerdem schwerem Druck der Türken an seiner Ostgrenze. Seine Aussichten auf die Erbfolge in Böhmen waren fraglich geworden. Schließlich hatte er kein Geld.

Der König von Frankreich, beschränkt auf Fetzen seines Reiches, war periodisch unzurechnungsfähig. Sein Land wurde von den Engländern und den Horden der Parteigänger der beiden großen Parteien Orleans und Burgund durchzogen. Dazu von selbständigen »Kompanien« internationaler Zusammensetzung, die diszipliniert waren und diszipliniert raubten und plünderten. Der englische Gegner Heinrich V. entstammte der erst vor kurzem durch Usurpation auf den Thron gelangten Dynastie Lancaster; auch seine Stellung war wenig fundiert. Dafür erhob er Ansprüche auf die französische Krone zu seiner englischen. Mit dieser recht delikaten Situation hatten die Delegierten und Väter sich beim »Fall Petit« zu beschäftigen, unter den drohenden Blicken des mächtigen und vor allem reichen Burgund, das vom Konzil und seinen Teilnehmern nur eine geringe Meinung hatte.

Im Osten war Krieg, kalter und heißer, zwischen Polen und dem Deutschen Orden; auch darüber hatte das Konzil sich zu äußern. In Spanien, das bisher überhaupt eine Teilnahme abgelehnt hatte und zu Benedikt-Pedro de Luna hielt, standen Kastilien und Aragon in erbittertem Streit.

Die im »Fall Petit« so erbittert debattierte und offen proklamierte These vom erlaubten »Tyrannenmord« wurde ergänzt durch die stillschweigende Praxis von Morden an hoher und höchster Stelle. Daß die Kirche durch das große Schisma jede Autorität verloren hatte, schlichten oder eingreifen zu können, war offenkundig. Die Hoffnung, der große Völkerkongreß, Konzil genannt, werde nun endlich Besserung schaffen, ist verständlich. Der Glaube, daß Kardinäle und Prälaten – die als Vertraute und Anhänger der streitenden Päpste emporgekommen und Nutznießer des bestehenden katastrophalen Systems waren –, diese Besserung herbeiführen könnten, war naiv; nicht treuherziger jedoch als solche Erwartungen meist zu sein pflegen.

Immerhin hatte man nun in Konstanz einen Anfang gemacht, das allerdringendste Problem des Schismas anzugreifen. Es war dabei nicht besonders redlich zugegangen. Man war Sigmund dankbar gewesen, daß er Papst Johann XXIII. nötigte, das Konzil einzuberufen und somit zu legitimieren; ohne diese Legitimierung hätte es keine kanonische Rechtsgrundlage gehabt. Johann war mit großem Aufgebot an italienischen Prälaten, Bischöfen, Kardinälen seiner Ernennung erschienen. Er verfügte über einen umfangreichen Stab von geschulten Beamten, Sekretären, Schreibern. Sie waren vor allem geschult in den zeitgeheiligten Künsten der Vergebung von Pfründen, Expektanzen, Zusicherungen von Beförderungen auf höhere Posten, auch der unverhüllten Bestechung mit barem Geld. Sie begannen sogleich intensiv zu arbeiten, während manche Teilnehmer sich in Konstanz erst einmal umschauten und Fühlung zu nehmen suchten. Auch da herrschte größte Unsicherheit. An wen sollte man sich halten? Wem vertrauen? Sich von wem fernhalten? Den König brauchte man, mindestens vorläufig, als Schutzherrn. Er sollte keinesfalls zuviel Einfluß bekommen und womöglich im Laufe der Zeit ganz zurückgestellt werden. Die Franzosen waren mit den Engländern zerstritten; die Italiener mit allen anderen; die Deutschen ohne Richtung. Johann hatte seine gerade Politik vor sich: Durch ihn war das Konzil einberufen, er war der Papst der pisanischen Linie, er hatte die größte Obedienz und die meisten Mittel, sie zu verteidigen. Ohne ihn, so versicherten ihm seine juristischen Berater, würde das Konzil auffliegen.

Er verfuhr demgemäß und machte sich rasch unbeliebt. Er fuhr die Kardinäle an, verbot ihnen den Mund, zog sie zu wichtigsten Besprechungen nicht oder in willkürlicher Auswahl heran. Wie vielfach schreckhafte und ängstliche Leute, war er abrupt auftrumpfend und dann leicht wieder verzagt. Er hatte auch nur begrenzte Energie beim Durchhalten in schwierigen Situationen, klagte über das nordische Klima, denn das Konzil begann im November mit Schnee und Hagel. Er war standesgemäßes Leben gewöhnt und fühlte sich nur kümmerlich versorgt. Schon reichlich fett und bequem geworden, pflegte er bis weit in den Tag hinein zu ruhen und erst gegen Abend an die Arbeit zu gehen; auch das in gemessenen Dosierungen. Seine Arbeit bestand im Fallenstellen und Schlingenlegen, jener »geschickten Diplomatie«, durch die er groß geworden war, oder, um noch einmal den verbrannten Hus und seine Bibelstelle zu zitieren: »... durch die Hintertür in den Schafstall eingestiegen.« Schwerlich dürfte er ein »böser Mensch« gewesen sein; er ist schamlos verleumdet worden zu durchsichtigen Zwecken. Selbst zur Bosheit fehlte ihm die Kraft, die virtù, wie es in der Renaissance hieß, für deren Päpste er einen etwas matten Vorläufer abgibt. Den Fall Hus wollte er in der Stille beseitigen, in der er am liebsten operierte. Man hat ihm sogar nachgeraunt, er sei insgeheim überhaupt glaubenslos, ein Skeptiker, Spötter, Atheist im Stil der Humanisten seines Stabes. Der Hauptverbreiter dieser Nachrichten war sein früherer Staatssekretär Dietrich von Nieheim mit einer eignen Anklageschrift, und es ist wieder eine der ironischen Überkreuzungen unserer Berichtszeit, daß er, ein wütender Hus-Hasser, in dieser Broschüre wörtlich die gleiche Bibelstelle gegen Johann zitierte, die in der Anklage gegen den Verbrannten stand: »Nicht durch die Tür, durchs Fenster bist Du, Baldassare Cossa, hereingestiegen ... Die Hunde hast Du durch gute Brocken still gemacht, damit sie nicht anschlugen.« Die Hunde waren die Kardinäle und Staatssekretäre der Kurie, die nun zu seiner Verurteilung schritten.

Unter den berühmten Rufmorden der Geschichte ist der Fall des Baldassare Cossa einer der frappantesten. Denn hier handelte es sich nicht um armselige Skribenten, die durch pornographische Schauergeschichten ein paar Gulden verdienen wollten, wie später bei der Hetzjagd auf die Königin Marie Antoinette, die als Messalina, Lesbierin, von »fureurs utérines« geplagte hemmungslose Hurerin hingestellt und für das Schafott reif gemacht wurde, noch dazu im Geheimauftrag ihrer konspirierenden königlichen Verwandten. Die Verschwörer waren hier die Kardinäle und Prälaten, ihr wichtigster Lieferant von Material ein hoher Beamter der Kurie. Um die Sache aber noch enger zu verschränken: Der Verleumder Dietrich von Nieheim war der schärfste und publizistisch begabteste Kopf der Reformpartei. Seine Vorschläge zu durchgreifenden Änderungen des Systems, aus profunder Kenntnis seiner Schwächen, haben bis in die neueste Zeit Bewunderung erregt. Auch er, auf seine Weise, »wollte das Beste«, und dazu schien nach bekanntem Rezept jedes Mittel recht. Dietrich hat das ausdrücklich bekannt, mit der These: »Wenn es um die Einheit der Kirche geht, ist auch das Unmoralische erlaubt.«

Man hat keine hohe Meinung von der Loyalität hoher Funktionäre, die mit einem Mächtigen emporgekommen sind und wittern, daß es mit ihm zu Ende geht. Sie sammelten ein, was Johann, solange er noch anerkannter Papst war und Pfründen zu vergeben hatte, verschenken konnte. Es ist nicht bekanntgeworden, daß eine dieser Vergebungen als ungültig kassiert worden wäre, und sicherlich wurde keine freiwillig rückgängig gemacht. Sie waren nach herrschender Theorie »vom Papsttum« ausgegangen, nicht von Johann, ordnungsgemäß und somit sakrosankt wie das Konzil.

Johann versuchte es noch – nicht sehr einfallsreich – mit den altbewährten Winkelzügen, die seit Jahrzehnten das Schisma verewigt hatten: Er bot seinen Rücktritt an, falls die anderen beiden Päpste gleichzeitig resignieren würden. Dieses Spieles war die Welt müde geworden. Die Welt bestand nicht nur aus Kardinälen und Prälaten.

Die Doktoren, die Gelehrten der Universitäten hatten sich als neue, starke Macht zum Wort gemeldet und in vieler Beziehung die Führung übernommen. Schon in der Sitzordnung des Konzils kam das zum Ausdruck: Noch galt zwar die alte Abstufung auf den Sitzen in der Kathedrale, die oberste für Kardinäle und Erzbischöfe, die zweite für Bischöfe und Äbte, die dritte für die Doktoren, Notare und Schreiber. Aber diese »dritte Kraft« war zahlreich und mit wichtigen Namen vertreten. In den Kommissionen, die, wie im späteren parlamentarischen System, die Hauptarbeit zu leisten hatten, waren sie besonders einflußreich – schon dadurch, daß sie die Haupttruppe der Konziliaren stellten. Außerdem griffen sie durch Denkschriften, »Avisamente«, auch anonyme Hetzbroschüren und Plakate an den

Kirchentüren in den Kampf ein. Sie schrieben nicht nur über kirchliche Dinge, sie versuchten sich auch an Problemen der Reichsreform, an brennenden politischen Zeitfragen, an allem, was der Völkerkongreß zur Debatte stellte.

Die alte Ordnung der Sitze war noch stärker durchbrochen: Auf den obersten Sitzen saßen neben den Kardinälen auch die weltlichen Fürsten. In den anderen Rängen Gesandte, Delegierte, Geheimschreiber, Städteboten und »Kundschafter«. Ganz Konstanz war mit einem eng geknüpften Spionagenetz überzogen, dessen Fäden sich oft verwirrten. Sigmund galt als hervorragend aktiv in dieser Beziehung; man traute ihm jede Intrige zu, in der man selbst versagt hatte. Keine nennenswerte Partei stand hinter ihm. Der Rat seiner Vertrauten beim Konzil wies keine sonderlich bedeutenden Leute auf und keinen führenden Kardinal. Sein Hauptratgeber war der Hohenzoller Friedrich, Burggraf von Nürnberg.

Friedrich ist rückstrahlend durch den späteren Glanz seines Hauses vergoldet und in die Geschichtsbücher gebracht worden. Er war mehr Geschäftsmann als Ritter und Fürst und verstand sich auf die schwierigen Finanztransaktionen, mit denen Sigmund sich Geld verschaffen mußte. Er hatte nach vielen Familienfehden sein kleines Erbländchen in Franken ohne Kummer im Stich gelassen und sich dem ungarischen König als reisender Diplomat verschrieben; mit Sigmund zog er umher und verhalf ihm zur deutschen Krone. Daneben verschaffte er ihm Anleihen; als Pfand erhielt er die Mark Brandenburg und wurde gegen Ende des Konzils zu Konstanz mit der Kurwürde belehnt. Die älteren Kurfürsten aus großem Hause empfanden diesen Aufstieg eines »Neureichen« in ihren geheiligten Kreis als schweren Affront. Sigmund ging darüber hinweg; er brauchte den Mann und hatte nicht viel Auswahl. Leichthin hatte er schon als Jüngling die Mark, sein Erbe vom Vater her, an seinen Vetter verpfändet und die Neumark dem Deutschen Orden verkauft, um größeren Zielen nachzusteigen: der ungarischen, der polnischen, der deutschen Krone. Friedrich war lange Jahre sein engster Ratgeber, vielfach ihm an Einsicht überlegen. Wir werden ihm noch in den Hussitenkriegen begegnen, wo er zur Vorsicht mahnte und von den blindwütigen Kreuzfahrern dei Verräterei beschuldigt wurde, als die Feldzüge gegen die Ketzer in schmählicher Flucht endeten.

In Konstanz war er eine Hauptstütze der kleinen Königspartei, die unter den völlig zerstrittenen großen Parteien den Ausschlag gab. Die Schaffung des neuen, revolutionären Wahlmodus war der entscheidende diplomatische Erfolg. Johann hatte in den ersten Wochen noch den Versuch gemacht, durch seine italienische Gefolgschaft sich als Einheitspapst deklarieren zu lassen. Um ein Haar war das gelungen; nur der Widerspruch von einigen Engländern, ihre Delegation sei noch ganz unvollständig und das Eintreffen Sigmunds müsse abgewartet werden, hatte das verhindert. Man könnte darüber spekulieren, wie die Papstgeschichte aussehen würde, wenn Johann-Cossa obgesiegt hätte. Es gibt Stimmen, die meinen, er hätte nicht schlechter regiert als so manche seiner Vorgänger und Nachfolger; ein recht zweideutiges Urteil.

Eine solche Majorisierung durch die Italiener wollten die anderen Nationen diesmal nicht hinnehmen, und selbst unter den Kardinälen, auch den von ihm ernannten, hatte Johann sich genügend unbeliebt gemacht. Man schritt daher, anfangs mit kleinen zaghaften Schritten, dann immer resoluter, zur Neuordnung. Ein gewisses Vorbild hatte man schon beim Konzil zu Pisa gehabt, wo auch die Italiener, Franzosen, Deutschen und Engländer separat zusammentraten und dann je einen Sprecher präsentierten. Damals waren aber noch die Kardinäle die offiziellen Leiter des Konzils; jetzt mußten sie wohl oder übel zurücktreten und sich mit einer beratenden Funktion begnügen, zumindest für den Anfang. Die vier Nationen konstituierten sich und bildeten hinfort die stimmberechtigten Glieder des Konzils. Jede Nation beriet zunächst für sich in geheimer Kommission und an verschiedenem Orte: jede gab dann nur *eine* Stimme ab, und die Mehrheit entschied. Die bis dahin allein ausschlaggebenden Stimmen der Geistlichkeit aller Ränge waren ausgeschaltet. Das Konzil wurde eine Föderation von »Nationen«, ein Völkerbund unter der Ägide des Königs als Schutzherrn. Das Plenum, das nur zu seinen wichtigfeierlichen Vollversammlungen im Münster zusammentrat, hatte lediglich die Beschlüsse der Nationen zu ratifizieren.

Die Nationen formierten sich mit Präsidenten, Stellvertretern, Notaren, sie hatten ihr eignes Siegel als Hoheitszeichen. Sie bildeten dann noch eine weitere, entscheidend einflußreiche Institution aus: einen Geschäftsordnungausschuß mit Vertretern aus jeder der vier

Nationen; in diesem kleinen Gremium wurden, wie sich denken läßt, die wahren Geschäfte erledigt. Wir haben allerdings keine Protokolle darüber, auch nicht über die Debatten in den Nationen, die oft sehr aufgeregt verliefen. Unter jeder der »Nationen« waren ja noch zahlreiche *Nationen* eingeordnet; andere, noch nicht erschienen, drängten heran, wie Spanien; Sigmund hatte vergeblich versucht, sein Land Ungarn als fünfte Nation einzuschalten; die Franzosen waren in der Mitte gespalten. Aber immerhin bewährte sich diese frühe parlamentarische Institution so weit, daß sie das heikle Einigungswerk durchführen konnte.

Johann XXIII. bot schriftlich seinen Rücktritt an. Seine Fassung hielt alle Hintertüren offen. Das Konzil legte ihm eine neue, schärfere, vor. Mit Tränen in den Augen – oder zwinkernd – unterzeichnete er und verlas in großer Vollversammlung im Münster den Text. Gerührt sanken die Väter in die Knie; Sigmund nahm seine Krone vom Haupte, deponierte sie auf seinem Thronsessel und warf sich dem Papst zum Fußkuß zu Füßen. Das Tedeum wurde angestimmt.

Unverzüglich flüchtete Johann, um das Konzil auffliegen zu lassen. Er hatte sich als seinen Helfer den Herzog Friedrich von Österreich gesichert, der mit Sigmund in Streit lag und diese große Gelegenheit wahrnehmen wollte, eine weltpolitische Rolle zu spielen. Der Herzog veranstaltete am Morgen ein großes Turnier, das in der Hochstimmung nach dem Akt im Dom alle Welt anzog. Johann hatte sich mit einem Zivilrock bescheidenster Garnitur bekleidet, eine Armbrust zur Hand genommen und ritt unbehelligt durch eines der sonst scharf bewachten Stadttore hinaus. Leute seines Stabes folgten nach. Er machte erst in Schaffhausen am Rhein halt, das dem Österreicher unterstand. Von dort befahl er die Kardinäle zu sich.

In Konstanz brach Panik aus, als die Flucht bekannt wurde. Einige der Kardinäle und Prälaten flüchteten ebenfalls und begaben sich zu Johann; andere irrten ratlos umher. In der Stadt und dem Quartier des Papstes wurde geplündert, wie bei großen abschließenden Kirchenereignissen ungeschriebener, aber alter Brauch und Volksrecht war. Die Bankherren dachten an Abreise, die Wechselstuben wurden geschlossen. Geistesgegenwärtig schwang sich Sigmund aufs Roß und ritt in der Stadt umher, rosig und fröhlich wie je: Er mahnte zur Ruhe. Den Kardinälen versicherte er: »Laßt den Papst laufen, ich hole ihn zurück, am Rockkragen!« Er erklärte, die Sitzungen würden weitergeführt. Die Konziliaren unter den Kardinälen und Prälaten ermannten sich. Gerson predigte im Namen der französischen Nation einen Sermon: Das Konzil kann auch ohne den Papst weiterarbeiten; es soll sich überhaupt als dem Papst übergeordnet deklarieren. Kardinal Zabarella verkündete als Jurist: Das Konzil ist ordnungsgemäß einberufen, die Flucht des Papstes kann daran nichts ändern. Andere Stimmen riefen: Absetzung nun, unverzüglich!

Die Konziliarpartei, stark unter allen Nationen, außer den Italienern, nahm ihre Chance wahr. Sie setzte rasch ein Dekret durch, das berühmt wurde für ein halbes Jahrhundert und ebensolange brauchte, ehe die nachfolgenden Päpste es demolieren konnten. Es intonierte im höchsten Kirchenton mit den Worten »Sacrosancta«: »Das heilige Konzil ist rechtmäßig zusammengetreten im Heiligen Geist, es besitzt seine Autorität direkt durch Christus. Jedermann, gleich welchen Standes und Ranges, auch ein Papst, ist verpflichtet, ihm zu gehorchen, in allen Fragen des Glaubens, der Beendigung der Spaltung und der allgemeinen Reform der Kirche an Haupt und Gliedern.« Die Italiener waren größtenteils zu Johann gestoßen; man ließ sie ziehen. Ihre Abwesenheit war eher willkommen, aber man hätte sie auch sonst überstimmt. Die Nationen, sonst mißtrauisch und feindselig gegeneinander, waren für eine kurze Zeitspanne einig, in Wut, Aufregung und vielleicht sogar ehrlichem Eifer, nun Schluß zu machen mit den unaufhörlichen Machinationen. Man schritt zur förmlichen Anklage gegen Johann XXIII. Eine ausführliche Liste mit 72 Punkten seiner Verbrechen und Untaten ging schon seit längerem um; sie wurde auf 54 Punkte reduziert, die sich skandalös genug ausnahmen. Sie umfaßte alles, was man nur irgendwie zusammenraffen konnte an wirklich ernsten Untaten, Berichten über Mißwirtschaft, persönlichen Fehlgriffen oder Skandalnachrichten über lasterhaftes Leben. Sie war flüchtig redigiert und enthielt auch eine Menge von Irrelevantem, Wiederholungen oder einfach salbungsvolle Allgemeinheiten, die viel mehr die generelle Unordnung und den Verfall des ganzen Kirchenwesens kennzeichnen als den Beschuldigten. Es bleibt genügend übrig, was belegt wurde; noch mehr ist aufgezeichnet und bekundet worden und dann, wie es hieß, »der Ehre des apostolischen Stuhles halber« beiseite gelegt worden und verschwunden. Der eigentliche Skandal, und das weit über den sicherlich höchst mäßigen, schließlich recht jämmerlichen Johann hinaus Gravierende scheint in dem Gesamtbild zu liegen, das dieses Verfahren über den Stand der Kirche entwirft. Nicht weniger als ein Dutzend Kardinäle traten rasch, bereitwillig und laut vor der Kommission als Zeugen auf, ein halbes Dutzend Bischöfe, die wichtigsten hohen Beamten der Kurie mit langjähriger Erfahrung aller Händel und Geschäfte; sie waren nicht seine Feinde, einige haben noch nach seiner Flucht zu ihm gehalten, nicht wenige sind vom Nachfolger hoch befördert worden. Daß sie fast alle irgendwann ihre Parteistellung gewechselt hatten, war das übliche im Schisma. Was sie erzählen, ist nicht sosehr das Leben des Johann-Cossa als das Leben und Treiben des hohen Klerus, im Ausschnitt beleuchtet. Schwerlich wären die meisten oder viele der Zeugen besser weggekommen als der von ihnen Angeklagte, wenn man ihren Wandel ebenso kritisch untersucht hätte. Es hat auch nicht viel Zweck, den Charakter der hohen Zeugen im einzelnen nachzuprüfen; sie sind fast alle fragwürdig genug. Es ging nicht um die Abstracta »Papst«, »Prälaten«, »Klerus« – es ging um die Realität der damaligen Zustände.

Deshalb lohnt es sich, einen Blick auf das trübselige Dokument und die Zeugenaussagen zu werfen. An pornographischen Details, wie sie für andere Päpste, wiederum von ihren nächsten Mitarbeitern oder Hausgenossen, zu Papier gebracht worden sind, kommt wenig zutage. Überhaupt ist das eigentlich Erschütternde die Selbstverständlichkeit des Treibens, das man so lange hinnahm, als Johann an der Macht war, selbst wenn es groben Anstoß erregen mochte. Immer wieder kehrt die Behauptung, daß das alles doch weitum bekannt war, daß »jeder darüber sprach« – im engeren Kreis der Kurie, in Rom, in ganz Italien oder »der ganzen Christenheit«. Fast monoton ist die Behauptung, es sei doch »notorisch«, daß er nur durch Bestechung Kardinal und Papst geworden sei, sich unmäßig bereichert habe durch Verkauf von Kirchengut, Erpressungen, dubiose Geschäfte mit kirchlichen Würden, gewissenlose Ablaßmanipulationen. Darüber wurde nun freilich seit vielen Jahrzehnten geklagt, aber hier traten nun die Kardinäle, Erzbischöfe, Bischöfe vor der Konzilskommission in den Zeugenstand und sagten unter Eid aus. Sie waren auch bereit, Zahlen zu nennen, Einzelfälle, und einige wurden aufgeschrieben, andere aus vielerlei Rücksichten – nicht nur auf die Ehre des Papstes, sondern der dabei peinlich Verwickelten – beiseite gelassen. Aus den Akten der Kurie wären sie dokumentarisch zu ergänzen. Es ist in neuerer Historie versucht worden, ihn zu entlasten mit dem Argument, er habe all diese »Mißstände« geerbt und von seinen Vorgängern übernommen. Das stimmt. Es ist besonders gravierend, wenn man das Gesamtbild der Zeit im Auge behält. Es ist richtig, daß Papst Gregor IX., sein neapolitanischer Landsmann, der ihn zuerst protegiert und befördert hat, all diese Dinge ebenso, womöglich noch hemmungsloser praktizierte. Sein Vorgänger Urban, mit dem das große Schisma begann, hat ganz andere Mordtaten begangen, als sie Johann, etwas unbestimmt, aber plausibel genug, vorgehalten wurden; er hat ein halbes Dutzend seiner Kardinäle ins Meer werfen oder in Kalkgruben ersticken lassen, andere wurden in seiner Gegenwart gefoltert, was man von dem etwas ängstlichen Johann nie behauptet hat. Die Verschleuderung von Kirchenvermögen in wahrhaft grandiosem Ausmaß hat der erste Avignonpapst Clemens V. betrieben; der gesamte, durch die neue Steuer- und Pfründenpolitik angesammelte Kirchenschatz ging an seine Familie, bis auf einen nahezu ironisch winzigen Rest, den er seinem Nachfolger hinterließ. Die Liste ließe sich erheblich verlängern.

Mit solchen Vorwürfen konnte jedoch nach kanonischem Recht ein Papst nicht abgesetzt werden. Das ließ nur einen Grund zu: Abfall vom Glauben, Ketzerei. Es ist charakteristisch, daß man diesen Punkt Johann gegenüber nicht ausdrücklich geltend gemacht hat. Nur auf Umwegen und mit indirekten Hinweisen hat man auch diese Belastung in die Anklage hineingebracht. Man konnte nicht einmal, wie bei den beiden anderen konkurrierenden Päpsten, das hartnäckige Festhalten am Schisma als »Ketzerei« deklarieren, denn er war ja nun der Nachfolger der pisanischen Papstlinie, zu der auch das Konstanzer Konzil sich bekannte. So mußten andere Vorwürfe herangezogen werden. Notorisch bekannt sei es, daß er seinen Vorgänger Alexander vergiftet habe, um sich den Weg freizumachen, wahrscheinlich schon dessen Vorgänger Innozenz. Nicht nur allgemein bekannt: Ein Erzbischof von Mailand bekundete als Zeuge, er habe selbst gesehen, wie der Gifttrank gereicht wurde. Selbst gehört, wie Alexander stöhnte: »Jetzt geht es mir wie schon Innozenz!« Selbst mit dem Arzt gesprochen, der die Leiche einbalsamierte: »Ja, das war Gift; ich habe es an einem Hund ausprobiert, der daran verreckte!« Und galt Johann nicht überhaupt, so der Zeuge, als großer Kenner und Meister der tödlichen Tränke?

Der Zeuge ist nicht unverdächtig; Johann wird damit nicht frei vom Verdacht, obwohl man jeden raschen Tod, wenn er noch dazu offenkundig einen Nachfolger begünstigte, als Mord zu deklarieren pflegte. Aber die Sache wurde allgemein geglaubt, vom Volk, dem Personal der Kurie, den hohen Prälaten. Sie wurde geglaubt und hingenommen. Ebenso die als selbstverständlich angesehene Tatsache, daß Johann nur durch Simonie, durch dubiose Geldgeschäfte, seine Karriere gemacht habe; nur so sei er Kardinal, nur so schließlich auch Papst geworden. Ein hoher Zeuge benutzt dazu die Formel, die fast sprichwörtlich gewesen zu sein scheint für solches »Einsteigen von hinten« in ein hohes Amt; Dietrich von Nieheim hatte sie schon bei seiner Anklagebroschüre benutzt und vor ihm Hus. Der Zeuge Bischof sagte etwas behutsamer »male intravit«, auf schlechte Weise ist er hineingekommen; es klingt wie ein leises und bekümmertes »Ja, so war es eben!«. Näheres konnte er nicht mitteilen, da er die Sache als Beichtvater des Angeklagten erfahren hatte. Ein anderer, ein Erzbischof: »Nur durch Praktiken« sei er Papst geworden, und was unter Praktiken zu verstehen war, wußte jeder. Wann nun freilich in jenem Jahrhundert eine Wahl ohne alle Praktiken zustande gekommen wäre, das ließe sich nur mit Mühe entscheiden.

All das genügte nicht zur Verurteilung. So kommt nun auch sein Privatleben aufs Tapet, mitsamt den legendären dreihundert Nonnen, die er zu Bologna geschändet haben sollte. Aber wiederum auch genauere Einzelheiten: Ehebruch mit der Frau seines Bruders, also Inzest dazu; der Bruder selbst hat es erzählt und wütend geschrien, er habe ihn auf frischer Tat totschlagen wollen. Die Schwester des Kardinals von Neapel – allgemein bekannt als seine Konkubine. Sodomie, das heißt Homosexualität, in vielen Fällen, auch mit Belohnung durch eine Abtei für einen Liebling, der mit Namen genannt wird. Auch die »stumme Sünde«, die Onanie, wird ihm vorgehalten. Im Eifer, ihn von Kind auf als miserabel abzustempeln, versteigen sich die Kirchenherren zu Phrasen darüber, daß er schon als Knabe seinen Eltern ungehorsam gewesen sei, ein »harter Kopf«, verlogen, unzuverlässig, kurz so, wie er sich dann später der Kirche, seinen päpstlichen Vorgängern und seinem Amte gegenüber gezeigt hat. Die hohen Herren legen Wert darauf zu betonen, daß sie, die Kardinäle, ihn immer wieder demütig und brüderlich ermahnt hätten. Das Resultat: »Er trieb es danach nur schlimmer.« Mehr noch: Den englischen Bischof von Salisbury, der ihn vor dem allzu unbedenklichen Pfründenhandel in England warnte, fuhr er an: »Du bist ein Ketzer! Mit dir werden wir uns noch befassen!« Die Ketzeranklage konnte zu vielem dienen. Hier war sie nur eine polternde und leichtfertige Redewendung.

Vieles hat Johann mit neapolitanischem Temperament herausgesprudelt, ohne es ernst zu nehmen; er war nicht ausgesprochen jähzornig, wie König Sigmund oder Wenzel, sondern nur hemmungslos, auch schwatzhaft und töricht. So sicher fühlte er sich unter der geheiligten Tiara, daß er ganz fröhlich über Glaubensfragen spottete. Dazu sein angeblicher Vertrauter, der Mailänder Erzbischof: Sie hätten nach Johanns Krönung einmal über den Glauben gesprochen; oft dürfte das ohnehin nicht vorgekommen sein. Johann äußerte sehr verfängliche Dinge. Darauf der Erzbischof:

»Heiliger Vater, Ihr seid nun Papst, da dürft Ihr so nicht sprechen, Ihr müßt Euch recht christlich halten. Denn beim Jüngsten Gericht müßt Ihr doch Gott darüber Rechenschaft ablegen!«

Johann dazu spöttisch: »Ah, du glaubst an die Auferstehung der Toten?«

Der Erzbischof: »Allerdings.«

Johann: »Geh doch, das ist recht blöde. Ich hielt dich für einen klugen Mann, du bist aber eine dumme Bestie.«

Andere Zeugen traten herzu und gaben Ähnliches zu Protokoll. Um die Sache eindrucksvoller zu machen, berichteten sie noch, Johann selbst habe sich gerühmt, von sarazenischen Vorfahren abzustammen. Daß er seine geistlichen Verpflichtungen nur äußerst flüchtig und widerwillig erfüllte, ist durchaus glaubhaft; sein Vorgänger und Protektor Gregor pflegte schon seine Geschäfte in der Kirche zu erledigen, während er einen anderen die Messe lesen ließ. Johann erklärte resoluter: »Ich ziehe lieber auf einen Kriegszug, als zu zelebrieren.« Auch das war nichts Ungewöhnliches; viele der großen Kirchenfürsten ritten lieber im Panzerhemd als im Chorrock. Viele witzelten und spotteten über dogmatische Fragen, von denen sie ohnehin nicht viel verstanden, denn wenige hatten nur eine oberflächliche theologische Vorbildung. Sie waren Diplomaten, Verwaltungsleute, Juristen bestenfalls; für »geistliche Probleme« hatten sie Fachberater, die sich damit abgeben mochten. Johann hat auch auf diesen weltlichen Gebieten in seinen Anfängen nicht unbeträchtliche Begabung gezeigt, ein »dummes Tier« konnten seine Gönner nicht gebrauchen. Ein Atheist wird er schwerlich gewesen sein; sein Ankläger Dietrich von Nieheim behauptet nur mit dem Hochmut des Nordländers, es sei doch bekannt, daß »alle Neapolitaner Ungläubige seien«. Sie waren anders gläubig, sicher nicht sehr »korrekt« und sicher mit viel uraltem Aberglauben vermischt. Auch Johann hielt mehr von Vorzeichen, dem bösen Blick, dem Unheil, das ein krächzender Vogel bedeutete, als von Bibelstellen, auf die Hus sich berief. Er hatte mit seinen Vorahnungen recht behalten, als der Wagen nach Konstanz umstürzte und ihn in den Schnee schüttete. Und nun traten all seine früheren Mitarbeiter, Günstlinge und Protegés wie ein düsterer Chor mit bösen Blicken heran und gaben zu Protokoll: »Wahr! Nur zu wahr! Leider richtig, wie ich aus eigner Kenntnis bezeuge! Stimmt!« Ganze Seiten Protokoll wurden jedem Artikel beigefügt, und das war nur eine Auswahl. Das Endergebnis, mehrfach wiederholt: »Unverbesserlich, hartnäckig – das Kennzeichen für den Ketzer –, notorischer Wüstling, Sodomit, Mörder, Simonist in bisher unbekanntem Ausmaß, Verschwender und Verschleuderer des Kirchengutes, Lästerer der heiligen Dinge und dem allgemeinen Ruf nach eine Schande für die Kirche.«

Ein Zeuge, bei den langen Ausführungen über Verkauf und Handel mit Pfründen und Bullen, ließ im Eifer noch den Satz entwischen: »Er hätte auch Gott selbst verkauft, wenn er dafür einen Abnehmer gefunden hätte.«

Seine Flucht aus Konstanz jedoch gab endlich den kanonisch gültigen Grund, ihn auch als Ketzer zu bezeichnen und somit abzusetzen. Johann bekam anfangs noch eine Weile Zuzug und gab nicht sofort auf. Er suchte Bindungen auszuhandeln: Man solle ihn als Kardinal belassen, ihn zum lebenslänglichen Legaten für Italien nominieren; etwas hoffnungsvoller: Man könne ihm doch wenigstens die Stadt und das Gebiet Avignon überlassen; schließlich bat er um eine Abschiedszahlung von 30 000 Dukaten in bar. Das Konzil ließ sich auf nichts mehr ein. Der österreichische Herzog wurde von Sigmund in die Reichsacht erklärt, ein Reichsfeldzug gegen ihn als Rebellen angeordnet. Dafür fehlte das Geld. Wie in allen deutschen Landen waren aber genügend meuterische Adlige vorhanden, in Tirol allein vierhundert, der Herr von Wolkenstein darunter; die Acht gab ihnen erwünschten Vorwand zum Aufstand. Das Konzil setzte noch die Schweizer gegen den Herzog an und befahl ihnen bei Kirchenbann, in Tirol einzumarschieren. Der Herzog unterwarf sich, als niemand ihm zu Hilfe kam, unter sehr demütigenden Bedingungen – vom Historiker des Landes als der »größte Tag der Schmach« bezeichnet, den das Haus Österreich je erlebte. Er mußte vor dem Konzil erscheinen, dreimal vor der Kirchentür niederknien, den König um Gnade anflehen und schwören, er werde alle seine Länder übergeben und als Geisel bleiben, bis der geflüchtete Papst wieder eingebracht sei; falls der Papst nicht ergriffen würde, sollte sein Land verfallen sein. Sigmund wandte sich an diesem Tage, dem größten seiner Konstanzer Zeit, an die ausländischen Gesandten: »Seht, meine Herren, was ein König der Deutschen vermag!«

Schlimmer noch mußte Johann sich beugen. Es bröckelte überall um ihn ab. Auch die Italiener schlichen nach Konstanz zurück. Er flüchtete in Baden umher und wurde schließlich in Freiburg ergriffen und nach Radolfzell gebracht. Dort, im äußersten Winkel des Bodensees – recht sinnfällig die vorgeahnte »Falle«, die er bei seiner Ankunft vor sich gesehen hatte –, wurde ihm verkündet, was das Konzil beschlossen hatte. Er brach völlig zusammen. In seinen Anfangsjahren als Papst war er noch kühn und unternehmend gewesen, zu Felde geritten, das Volk nannte ihn »Papa Boldrino« mit dem Namen eines der italienischen Condottieri mit besonderem Ruf rücksichtsloser Kriegführung; jetzt winkte er nur müde ab: Nein, man solle ihm die 54 Anklagepunkte gar nicht erst vorlesen. Verteidigung? Nicht nötig. Das heilige Konzil sei unfehlbar und könne nicht irren. Er bat nur um Gnade und milde Behandlung. Auch das wurde nicht bewilligt. Man nahm die unterzeichnete Abdankungsurkunde entgegen, traute ihm aber nicht und schleppte ihn in verschiedenen Gefängnissen umher; zwei Tage saß er in Gottlieben im gleichen Turm wie Hus. Dann blieb er noch drei Jahre zu Mannheim in Haft, ehe er nach Florenz entlassen wurde, begnadigt vom gewählten Einheitspapst Martin V.

Der unförmlich dick gewordene alte Mann nahm noch einmal seinen Platz unter den Kardinälen ein, klagte viel über die Leiden seiner Gefängniszeit und schrieb lateinische Epigramme über die Vergänglichkeit allen irdischen Ruhmes. Er starb bald danach. Das dankbare Bankhaus Medici setzte ihm ein prachtvolles Denkmal aus der Werkstatt Donatellos; die Inschrift erwähnt nichts von seinem buntgescheckten Lebenslauf, als daß er »einstmals der Papst Johann XXIII.« gewesen sei.

Der Triumph des Konzils über diesen gefährlichsten Gegner erweiterte sich noch: auch Papst Gregor unterwarf sich. Seine Obedienz war seit längerem zusammengeschrumpft, seine Kardinäle waren fast sämtlich von ihm abgefallen, und nach seiner Absetzung zu Pisa war ihm nur noch in Rimini unter dem Schutz des Stadtherrn Malatesta ein Refugium verblieben. Bei Beginn des Konzils zu Konstanz hatte Sigmund ihn drohend aufgefordert, sich der Versammlung zu stellen, und ihm Geleit zugesagt, in etwas präziserer Form als Hus: Falls er verurteilt würde, wolle er ihn schützen und sicher nach Rimini zurückbringen. Er versprach auch, für eine anständig dotierte Altersstellung zu sorgen. Gregor war ein hoher Achtziger und müde geworden. Der zähe Kampf um die Macht durch ein Jahrzehnt hatte ihn erschöpft, dazu die Auseinandersetzungen mit seinen Nepoten, die ihn unaufhörlich bedrängten und forderten; er ernannte wenigstens zwei seiner Neffen, darunter den späteren Papst Eugen IV., zu Kardinälen. Durch seinen einzigen Protektor, den Malatesta, verhandelte er nun mit dem Konzil, um sich einen leidlichen Abgang zu sichern. Malatesta ritt in Konstanz ein; der Bann, der seit Pisa über ihm schwebte, wurde ignoriert. Er brachte als wichtiges Tauschobjekt eine Bulle Gregors mit. Darin erklärte dieser, in seiner Eigenschaft als einzig wahrer Papst der echten Linie, daß er nunmehr erst das Konzil einberiefe und somit legitimiere. Der Name »jenes Baldassare Cossa« wurde nicht erwähnt. Die Kanonisten beruhigten sich aber, daß damit die legale Grundlage für das Konzil wiederhergestellt sei, und nahmen das Dokument dankbar in großer Vollversammlung an. Gregor ließ durch den Malatesta seine Abdankung verkünden. Die Rührung war so groß wie bei der Rücktrittserklärung Johanns vor seiner Flucht. Man billigte ihm den Rang eines Kardinalbischofs und Primas im Kardinalskollegium zu. Die von ihm zuletzt noch ernannten Kardinäle, darunter seine beiden Neffen, nahmen ihren Platz unter den Konstanzer Kardinälen ein und gesellten sich dort zu den zuvor von Gregor abgefallenen. Er selbst starb, ehe das Konzil zu Ende ging.

Es verblieb nur noch der dritte, ebenfalls ein hochbetagter Greis, aber von ungeahnten Energien. Es hat oft sehr alte Päpste gegeben; mancher hat, erst spät zur Regierung gekommen, seine Wähler durch unerwartet zähes Ausharren schwer enttäuscht. Keiner hat wie Pedro de Luna so ungebrochen bis ins neunzigste Jahr um jeden Fußbreit Boden gekämpft bis zum Tode und auch noch über das Grab hinaus seine Position verteidigt. Grotesken haben sich um ihn abgespielt, die freilich ernste historische Fakten darstellten. Sie beleuchten die bis ins Absurde hochgetriebene These von der Allgewalt des Papstes, die Pedro auch standhaft gegen alle Welt hochhielt, als seine tatsächliche Gewalt auf den Raum einer kleinen Felsenburg Peñiscola an der spanischen Küste beschränkt war. Man hat ihm keinerlei Laster nachsagen können wie seinem Gegner Johann, keine Schwächen wie Gregor, kein noch so leises Schwanken im Glauben. Er war seinen Konkurrenten überlegen an Bildung, diplomatischer Begabung, Kenntnis des Kirchenrechtes vor allem und Tatkraft; es läßt sich durchaus denken, daß er unter anderen Umständen einen gewaltigen Papst abgegeben hätte. So wurde er nur ein grandioses Beispiel für obstinate Rechthaberei, ein schon zu Lebzeiten versteinertes Monument des Prinzips, dem er sich verschrieben hatte und das er in seiner Person verkörpert sah. Erst mit ihm und seinen Nachfolgern ist das große Schisma zu Ende gegangen. Es wurde nicht beigelegt. Es ist ausgestorben.

Noch lebte Benedikt-Luna, und er dachte nicht daran, zurückzutreten, wie er bei seiner Wahl geschworen und fast ein Dutzend Male angekündigt hatte. Er sah eher in dem Ausscheiden seiner beiden Gegner nun die letzte und größte Chance für sich und entfaltete nochmals seine breitgefächerte Musterkarte an Tricks und geschickten Vorstößen in politisch empfindliche Regionen. In Frankreich wollte man nach so vielen Treuebrüchen offiziell nichts mehr von ihm wissen, aber er hatte auch da noch immer wichtige Anhänger. Spanien hielt zu ihm, obwohl bereits zweifelhaft geworden, Schottland, südfranzösische Grafschaften; er spann Fäden nach Italien. König Sigmund traute sich zu, nunmehr mit einem energischen Griff das große Einheitswerk zu vollbringen und sich unsterblichen Ruhm zu erwerben: Nicht die Kirche, die seit fast einem halben Jahrhundert versagt und die Verwirrung vergrößert hatte, er, der Kaiser, würde die Aufgabe lösen. Er nahm ohne großen Kummer von Konstanz Abschied und reiste nach Südfrankreich. In Perpignan, damals zu Aragon gehörend, an der Grenze zu Spanien hatte Benedikt-Luna noch einmal eine eindrucksvolle Versammlung aufgeboten. Der König von Aragon war erschienen, französische Große und Kirchenfürsten, Erzbischöfe, Prälaten, der große Bußprediger, später heiliggesprochen, Vinzenz Ferrer mit einer Leibgarde von Flagellanten. Sigmund reiste mit großem Gefolge und hatte in seiner Begleitung auch Vertreter des Konzils. Man hatte ihn vor den Gefahren der Fahrt gewarnt: Die Burgunder könnten ihn gefangennehmen, in Frankreich herrsche Krieg und Bürgerkrieg, in Perpignan werde er seines Lebens nicht sicher sein.

Sigmund, wie stets sehr unbekümmert, hörte nicht auf solche Stimmen. Er genoß eher die willkommene Abwechselung von den Konzilverhandlungen, die bereits in öde Streitigkeiten unter den Nationen versanken. In Paris ließ er sich feiern und reich beschenken; die Pariser murrten über seine etwas kümmerlichen Gegengaben. In Perpignan, berühmt als eine der lebensfrohesten Städte an der Mittelmeerküste, wurde weiter gefeiert; sein Dichter und Kundschafter Oswald von Wolkenstein schrieb ein schwungvolles Willkommensgedicht. In den Pausen der Verhandlungen ging Sigmund auf die Jagd oder fischte im Meer; es gab viele Pausen. Über ein halbes Jahr hat Sigmund dort zugebracht, ehe sein Traum vom großen Erfolg verflog.

Benedikt-Luna erklärte zunächst und ganz folgerichtig, er sei nun der einzige De-facto-Papst. Es sei nur noch nötig, daß die übrigen vier Fünftel der Christenheit sich ihm anschlössen. Diese These machte nicht viel Eindruck; man wußte, daß dafür keine Aussicht bestand. Er bot nun, wohl zum zehnten Male, seine Abdankung an. Zuvor aber müsse der Schandbeschluß von Pisa, der ihn absetzte und verdammte, annulliert werden. Es sei festzulegen, daß er der einzig wahre Papst wäre, ehe er resignieren könne. Nicht viele der Teilnehmer glaubten, daß er dann zurücktreten würde; selbst die Spanier begannen an ihm irre zu werden.

Der kleine, drahtige Greis, zäh, braunhäutig von seinen maurischen Vorfahren, Kleinfürsten auf Mallorca, her, mit weißen Bartsträhnen bis zum Gürtel, bot ein imponierendes Bild. Sein Gesicht war ein einziges Faltennest; er hielt die Züge in strenger Disziplin. Er betonte gern sein unwahrscheinlich hohes Alter; es ist gut möglich, daß er sich ein Jahrzehnt älter gemacht hat als er war, um die Tröpfe zu täuschen. Seine Anschläge gingen bis ins Abenteuerliche, aber sie waren logisch und juristisch fundiert.

»Nach meiner Abdankung«, so dozierte er, »muß mein Nachfolger streng kanonisch korrekt gewählt werden.«

»Wie dies, Heiliger Vater?« wurde gefragt. »Wir stehen doch seit so vielen Jahrzehnten im Schisma. Genaugenommen sind alle Kardinäle nicht rechtmäßig ernannt.«

»Richtig. Sie sind alle zweifelhaft. Es können nur solche in Frage kommen, die vor Ausbruch der Spaltung den roten Hut erhielten.«

Wer aber sollte das sein?

Nun, immerhin einer sei noch verblieben: er, Gregor. Logisch, kirchenrechtlich, nach geheiligtem Prinzip rechtmäßiger Wahl könne nur er, und er allein, den neuen Papst erheben. Er war bereit, einen feierlichen Eid abzulegen, daß er nicht sich selbst wählen würde. Niemand zweifelte, daß er auch diesen Eid wie seine früheren brechen würde, getreu seiner oft genug verkündeten These, daß ein Papst durch keinerlei Eid, am wenigsten durch ein Wahlversprechen, bei Ausübung seiner vollen Majestätsrechte sich binden lassen dürfe.

Der Bußprediger Vincent, sein alter Freund, argumentierte weinend mit ihm: »Gebt nach, im Namen aller Christen!«

Pedro verwies ihn streng auf das kanonische Recht. Er spürte aber, daß es nun auch um seine letzten Anhänger fraglich stand. Selbst die Spanier begannen mit Sigmund zu verhandeln und deuteten an, sie könnten Benedikt-Luna fallenlassen, gegen Zusage einer Beteiligung Spaniens am Konstanzer Konzil.

Pedro machte einen letzten, fast schon verzweifelten Vorstoß, der geschickt auf die schwere Mißstimmung der Franzosen gegen Sigmund berechnet war. Sigmund hatte mit den Engländern weitgehende Verhandlungen eingeleitet; englische Truppen standen in Paris, der Normandie, sie hatten die Franzosen bei Agincourt vernichtend geschlagen. Benedikt-Luna lancierte nun den Vorschlag, das Konzil zu Konstanz sollte nach Südfrankreich verlegt werden; nur da, so behauptete er, sei es unabhängig und aktionsfähig. Die anwesenden französischen Erzbischöfe und Würdenträger stimmten begeistert zu. Sigmund erkannte die Hoffnungslosigkeit seines so hochgemut unternommenen Planes. Er reiste ab, ohne sich zu verabschieden. Er konnte nur *einen* Erfolg verzeichnen: Die Räte des spanischen Königs, der im Sterben lag, folgten ihm.

In Narbonne, wo noch einmal haltgemacht wurde, setzten sie sich zusammen und handelten die Teilnahme Spaniens am Konstanzer Konzil aus. Eine neue, die fünfte Nation, sollte dafür den bisher vorhandenen vier beitreten. Benedikt wurde fallengelassen, seine Absetzung beschlossen. Auch er reiste ab, zurück zur Felsenburg Peñiscola, die er sich bereits als eine Art Miniatur-Avignon ausgebaut hatte.

Die Spanier duldeten es stillschweigend, daß er dort »residierte und regierte« als Benedikt XIII., über ein Territorium von ein paar Morgen. In Spanien regte sich noch lange an verschiedenen Stellen erbitterter Widerstand gegen die Teilnahme am »Ketzerkonzil« zu Konstanz, und die spanischen Delegierten kämpften dort zäh und mit großem Selbstbewußtsein, von den anderen Nationen Hochmut genannt, um ihre Stellung; nur mit Mühe wurden sie dazu gebracht, bei der Absetzung Benedikts mitzuwirken. Der Abgesetzte hatte noch immer Schottland als seine Obedienz und südfranzösische Grafschaften. Er hatte seine Burg mit vielen Akten ausstaffiert, rechtzeitig aus Avignon gerettet, mit den besten Büchern der Bibliothek an der Rhône und den kostbaren flämischen Gobelins. Im kleinen Hafen unter dem Vorgebirge ankerte die päpstlich-benediktinische Flotte von zwei oder drei Barken unter Befehl seines Neffen. Er diktierte seinen Sekretären Bullen, datiert »in der Arche Noah« oder »in jenem Hause, da die wahre Kirche Gottes weilt«. Er bannte und verfluchte, er bedrohte die spanischen Herrscher mit Absetzung. Erst nach der Wahl des Einheitspapstes Martin V. verließen ihn seine letzten Kardinäle; auch die Schotten gaben den Uralten auf.

Der unbeschreiblich zähe Greis überstand noch einen Versuch, ihn durch Gift aus dem Wege zu räumen. Ein Legat des neuen Papstes, Kardinal Adinari, hatte einen allerletzten Vorstoß gemacht, ihn zum

Rücktritt und Verzicht zu bestimmen; als das mißlang, bestach er zwei Diener, wie es hieß, »auf eigne Faust«, um »more italico« der Sache ein Ende zu machen. Der Uralte erholte sich nach schweren Anfällen und diktierte eine Bulle über die Episode, mit angeblichen Geständnissen der Diener, und sandte sie aus.

Erst acht Jahre nach seiner Absetzung starb er; er hatte das Konzil, alle seine Gegner und Kardinäle überlebt. Aber selbst damit fand das Schisma, dem er dreißig Jahre lang so standhaft zum Weiterleben verholfen hatte, noch keinen endgültigen Abschluß. Vom Sterbebette her unternahm es der große Kenner des Kirchenrechtes, die »kanonische Nachfolge« seines Pontifikates zu sichern. Er ernannte vier neue Kardinäle aus dem Kreis seiner Kapläne und Beamten und ließ sie schwören, sie würden den neuen Papst der rechtmäßigen Linie wählen. Das Kollegium der vier trennte sich, in einem letzten Mini-Schisma. Drei von ihnen – der vierte ging nach Südfrankreich – erhoben einen gewissen Gil Sanchez Munoz als »Clemens VIII.« zum Papst. Der spanische König protegierte die Wahlgroteske unter der Hand, er behielt sich »Clemens VIII.« in Reserve für Störversuche im großen diplomatischen Spiel. Nach sechs Jahren war Clemens VIII. des Residierens auf dem Felsen überdrüssig. Er unterwarf sich dem Papst Martin. Die kanonische Form wurde gewahrt: Er »wählte« mit seinen drei Kardinälen den schon seit zwölf Jahren regierenden Colonna-Martin. Man gab ihm ein angenehmes Bistum zur Entschädigung und setzte ihm ein prachtvolles Grabdenkmal in der Kathedrale zu Palma.

Für Martin V. war diese Episode keineswegs eine Absurdität. Erst damit, daß beide Papstlinien, die römische und die von Avignon, ihre Rechte nun auf ihn übertragen hatten, fühlte er sich völlig und endgültig legitimiert. Erst damit waren auch seine Bedenken dagegen behoben, daß seine ursprüngliche Wahl vom Konzil zu Konstanz vorgenommen worden war. Erst damit schien das große Schisma formell beendet. Und schließlich konnte er, ohne davon viel Wesens zu machen, die Konziliarbewegung als erledigt ansehen.

Die Groteske hatte noch ein Nachspiel: Der vierte benediktinische Kardinal war nach Languedoc gegangen. Der Graf Armagnac, der letzte Anhänger Benedikts, unterstützte ihn und wird, wie der spanische König, dabei seine Pläne gehabt haben. Das Einmannkollegium erhob einen eignen Papst als »Benedikt XIV.«, von dem aber nichts Näheres mehr bekannt ist. Wir wissen nur, daß der Graf an Jeanne d'Arc geschrieben hat, die gerade inmitten ihres großen Siegeszuges war und die Engländer vor sich her trieb. Er fragte sie um ihren Rat. Die Jungfrau antwortete kurz: Sie müsse sich im Augenblick um den Krieg kümmern, werde ihm aber Bescheid geben, sobald sie in Paris eingezogen sei. Dazu kam es bekanntlich nicht.

»Benedikt XIV.« verschwindet im Dunkel der Wälder und Schluchten von Aveyron. Irgendwelche schlichten Gemüter müssen aber der benediktinischen Papstlinie die Treue gehalten haben. Noch 1467, ein Menschenalter nach der Absetzung Benedikts und vierunddreißig Jahre nach seinem Tode, wurde ein Grobschmied zu Rodez als Anhänger dieser Ketzerei verbrannt.

Tyrannenmord

Die Beseitigung der großen Spaltung war die Hauptaufgabe des Konzils. Sie ist die einzige, die gelöst wurde; sie beanspruchte über drei Jahre erbitterter Verhandlungen. In diesen drei Jahren blieben die anderen großen Aufgaben auf der Strecke liegen, besonders die »Reform an Haupt und Gliedern«, vor allem aber die Hoffnung auf Heilung der politischen Spaltungen, die der Versammlung ihre Autorität gegeben und sie zu einem frühen Völkerkongreß gemacht hatten. Zum ersten Male sollten die Nationen gleichberechtigt zusammentreten und die verwirrte Welt in Ordnung bringen. Der Streit begann von Anbeginn um diese Gleichberechtigung. Die Italiener, gewöhnt daran, eine dominierende Rolle zu spielen, und, wie bei vielen früheren Konzilen, so gut wie allein zu entscheiden, waren zurückgedrängt worden, hatten in den ersten Verhandlungen ihre traditionelle Stellung allzu unvorsichtig überzogen und besaßen außerdem den unheilvollen Johann-Cossa als ihr Haupt. In seinen Sturz wurden sie lange hineingezogen; sie erholten sich erst durch das Erstarken des Kardinalskollegiums, in dem sie wieder prominent vertreten waren. Die Franzosen, kaum weniger verwöhnt in Einflußfragen, hatten darunter zu leiden, daß ihr Land zum Spielball von

Parteien und Mächten geworden war, und zeitweilig der völligen Auflösung oder Aufteilung nahe.

Das spiegelte sich wider in dem seltsamen Prozeß, der in Konstanz nochmals zur Verhandlung kam, ursprünglich unter kirchlichem Vorzeichen, sehr bald aber ausgreifend in die Tagespolitik und außerdem eine grundsätzliche Frage anrührend, die bis heute nicht zur Ruhe gekommen ist: Der »Fall Petit« wird die Sache bescheiden genannt; als die »Lehre vom Tyrannenmord aus berechtigten Gründen« erregte sie die europäische Öffentlichkeit; es ging im Grunde darum, wieweit brutale Gewaltanwendung im politischen Kampf gerechtfertigt ist durch »höhere Ziele« und wieweit solche Rechtfertigung sich durchsetzen lassen kann.

Für die Franzosen war der Fall Petit fast wichtiger als alles andere. Sie brachten ihn gleich in den ersten Anfängen aufs Tapet. Es gelang ihnen, dafür eine eigne Kommission zu schaffen, die mit ihren führenden Leuten besetzt war. Sie waren stark durch den Ruf ihres Kardinals d'Ailly und des Kanzlers Gerson; Frankreich war zur Zeit schwach wie kaum zuvor – für ihre Delegation ein Grund mehr, nun wenigstens beim großen Völkerkongreß Lorbeeren zu gewinnen, die sie seit langem entbehrt hatten. Sie setzten sogar durch, daß der Fall Hus zunächst unter Vorsitz d'Aillys nur als eine Art Appendix zum Fall Petit und erst später selbständig behandelt wurde. Das geschah nicht ohne Absicht: Für d'Ailly wie Gerson war der Böhme nur ein markantes Beispiel dafür, wie weit Rebellion und Mißachtung aller geheiligten Ordnungen überall eingerissen seien.

Unordnung jedoch und Rebellion waren das Zeichen für die Wirren in Frankreich, und dies seit fast einem halben Jahrhundert. Man könnte nicht gut feststellen, daß die Ketzerei dabei eine wesentliche Rolle gespielt hätte. Selbst bei den verschiedenen Bauernaufständen auf dem Lande, bei den Revolten in Paris, die bis zu einem ersten Bastillesturm führten, läßt sich eine Verbindung mit den auch in Frankreich noch verschiedentlich fortlebenden Ketzerbewegungen kaum nachweisen; das waren rein soziale, politische Erhebungen. Die Ketzerei wurde erst ins Spiel gebracht, als das Bauernmädchen Jeanne d'Arc fünfzehn Jahre nach der Verbrennung des Böhmen den Hundertjährigen Krieg mit den Engländern mit Mut, Gottvertrauen und in erschütternder Einfalt für Frankreich zu einer siegreichen Wendung führte und dafür auf den Scheiterhaufen geschickt wurde. Sie ist das zweite große Brandopfer des 15. Jahrhunderts. Die Zeitgenossen freilich haben das kaum bemerkt; auch ihre Landsleute halfen eher tatkräftig mit, die lästig gewordene Visionärin zu beseitigen. Den Ketzerprozeß gegen sie führte als Vorsitzender der Bischof von Beauvais, Pierre Cauchon, der uns sogleich schon im Fall Petit begegnen wird; das »wissenschaftliche Gutachten« für ihre Eigenschaft als Ketzerin lieferte die Universität Paris, die durch d'Ailly und Gerson berühmte Hochschule, mit einstimmigem Urteil ihrer theologischen und juristischen Fakultät in zwölf Artikeln. Lediglich die Exekution überließ man den Engländern als der »weltlichen Hand« am Orte, zu Rouen, und sie haben das Odium, eine Heilige verbrannt zu haben, auf sich nehmen müssen durch die Jahrhunderte.

Die französischen Wirren – ein schwaches Wort für Anarchie, Verwüstung, ständige Kriegszüge gegen den äußeren Feind, der französischen Parteien unter sich, dazu selbständiger Banden, die ganze Landesteile besetzten und terrorisierten – hatten statt in Ketzerei ihren Ursprung in der feudalen Ordnung höchstselber. Die Krone war nach dem Aussterben der direkten Linie des Hauses Capet zwischen der Nebenlinie Valois und der englischen Dynastie, die auch Ansprüche erhob, umstritten. Die Macht war umkämpft durch die französischen Großen, die Prinzen von »königlichem Blut«, die teils mit England paktierten, teils eigne Pläne hatten und sie mit eignen Truppen durchzusetzen suchten. Erleichtert und für das Land erschwert wurde das dadurch, daß Frankreich das Unglück hatte, in Karl VI. einen intermittierend wahnsinnigen König zu besitzen, der zu allem Jammer noch nicht sterben wollte, sondern ganze 42 Jahre, 1380 bis 1422, regierte, wenn man das regieren nennen kann. Die Prinzenhäuser, die im Fall Petit dann zusammenstießen, waren das Haus Orleans und das Haus Burgund, beide Nebenlinien, die mit allen Mitteln gegeneinander vorgingen, auch denen des Fürstenmordes. Der Burgunder Herzog Johann, »Ohnefurcht« genannt, ließ ohne Furcht vor den Folgen seinen Gegner Louis von Orleans im November 1407 durch gedungene Bravos in einer Straße von Paris ermorden; er wurde selbst dann 1419 von den Leuten des Dauphins bei einer Waffenstillstandsbesprechung auf der Brücke von Montereau niedergestochen, was die Wirren Frankreichs noch um einige Jahrzehnte verlängerte. Nach dem Mord an dem Orleans war der furchtlose Burgunder geflüchtet, hatte sich nach Lille begeben und begann von dort aus eine Kampagne zu seiner Rechtfertigung.

Es genügte ihm nämlich nicht, daß der wahnsinnige König in einer lichteren Stunde eine Aussöhnung der streitenden Verwandten arrangierte. Man beschwor zu Chartres den Frieden, wenigstens im engeren Familienkreise – ohne sonderlichen Willen, ihn zu halten. Der Burgunder konnte nach Paris zurückkehren und seinen Platz im Staatsrat wieder einnehmen, wollte aber endgültig die Macht, die der Ermordete ihm streitig gemacht hatte. Johann Ohnefurcht posierte als Freund der Bürger und der Reformen, worunter er verstand, daß er seine Leute in alle maßgebenden Posten setzen wollte. Er hatte viele Sympathien in Paris, bei den Handwerkern, dem niederen Volk, aber auch in Universitätskreisen; der Orleans hatte sich als Vertreter der Ultrafeudalen reichlich unbeliebt gemacht, und so engagierte der Burgunder den bekannten, äußerst rührigen Maître Petit, Universitätslehrer, Theologe, Jurist, Dichter, Vorkämpfer der Konziliarbewegung und Verfasser einer berühmten Klageschrift über den Zustand der Kirche. Petit setzte eine kunstvolle »Rechtfertigung« des Mordes auf, ein vielbewundertes juristisches Meisterwerk. Die Technik der scholastischen Disputation ging eine unzüchtige Verbindung mit der ungeniertesten Parteipolitik ein, fromme Bibelbeispiele standen dazu reichlich bereit; der Aufbau der vierstündigen Rede war meisterlich im Zeitgeschmack und verwendete die Zahlenmystik. Das Beispiel der zwölf Apostel mußte herhalten für die Aufzählung der zwölf Ehrenpunkte, nach denen der Orleans verpflichtet gewesen wäre, seinem König die Treue zu halten, und gegen die er sich vergangen hatte. Denn, so hieß es salbungsvoll nach dem Brief des Paulus an Timotheus: »Die Habsucht ist die Wurzel aller Übel.« Aus dieser ungemessenen Gier nach Besitz und Macht folgt alles übrige, und dafür sind schon Luzifer als erster Abtrünniger und die biblischen Gestalten des Absalom oder der mörderischen jüdischen Königin Athalia frühe Beispiele. Ein solcher Ehrgeiziger fällt unter den Begriff des Tyrannen, und es ergeben sich für Maître Petit acht gute Gründe, weshalb man ihn umbringen kann und darf.

Feinsinnig führt er die neueste humanistische Literatur an: Der »Moralphilosoph Boccaccio« wird zitiert mit seinem Werk über die

»Fälle berühmter Frauen«; auch aus dem Hinterhalt darf man sehr wohl einen Tyrannen überfallen und abtun. Überhaupt gilt einem solchen Verbrecher gegenüber keinerlei Einschränkung: List, Betrug, jede nur denkbare Weise des Anschlags ist erlaubt, kein Vertrag oder Eidschwur kann binden, kein richterliches Urteil ist notwendig, und auch jeder Untertan oder Gefolgsmann ist zur Tat berechtigt. Kurzum: Der Tyrann ist vogelfrei, als ob er feierlich geächtet sei.

Um den Orleans nun als Tyrannen genügend zu kennzeichnen, rollte Petit den ganzen Katalog seiner Taten und Untaten auf. Er mengte geschickt mit bloßen Verdächtigungen vieles zusammen, was zweifellos stimmte, streute auch dunkle Sätze des wahnsinnigen Königs ein, die sich auf den Verräter beziehen sollten, und appellierte an die Volksstimmung mit bitteren Klagen über die Korruption und den Steuerdruck der Verwaltung unter der Regentschaft des Königsbruders. Es fehlt keine farbige Einzelheit, die dem Ermordeten die Züge eines verruchten Verbrechers leihen konnte. Hatte er nicht schon in jungen Jahren einen infernalischen Anschlag auf das Leben des Königs gemacht? Beim Maskenball am Hofe, der dann als der »Ball der brennenden Tänzer« in aller Erinnerung blieb? Die Höflinge hatten sich als »wilde Männer« kostümiert, mit langen zottigen Kostümen aus zerfasertem Werg bekleidet, hatten sich mit Stricken aneinandergebunden und tanzten; ein Fackelträger kam ihnen zu nahe, und sie taumelten brennend umher, unfähig sich freizumachen, bis sie verkohlten. Nur mit Mühe hatte man den jungen König retten können; höchstwahrscheinlich, so deutete Petit an, war es auf ihn abgesehen. Ein Zauberer obendrein! Allgemein bekannt war es, daß der Orleans mit Zauberern umging; Petit wußte die Namen der Teufel Heremas und Estramin, die der Tyrann sich mit Hilfe eines Ex-Mönches zu seinen Diensten beschworen hatte. – Gift! Er war bekannt als Freund der Giftmischerkunst. – Ehebruch! Er hatte sicherlich mit der Gattin des Wahnsinnigen, der bayrischen Prinzessen Isabeau, ein Verhältnis gehabt; aus ihrer Wohnung kommend, am späten Abend, war er dem berechtigten Tyrannenmörder zum Opfer gefallen.

Was alles an diesen Dingen stimmen mag, läßt sich nicht mehr mit Sicherheit feststellen; Louis von Orleans hatte zweifellos ein wildes und wüstes Leben getrieben. Wie auch andere Fürsten ging er mit

Zauberern und Nekromanten vielfach um. Es war bekannt, daß er einen seiner Leibnekromanten, der durch Widerspruch gegen seine Pläne sein Mißfallen erregt hatte, kurzerhand verbrennen ließ. Der Orleans war gleichzeitig fanatisch fromm oder jedenfalls devot, mitten unter seinen Ausschweifungen, von denen die sexuellen höchstwahrscheinlich die harmlosesten gewesen sein dürften. Er hatte seine eigne Zelle im Dormitorium der strengen Cölestiner und hörte seine fünf bis sechs Messen am Tag auf Vorrat für künftige Sünden oder kniete demütig zur Mitternachtsmesse nieder, ehe er wieder auf eine seiner nächtlichen Fahrten durch das dunkle Paris auszog. Er war kunstliebend und brutal; ein Freund feingeistiger Dichterspiele bei Tisch, wobei um die schwierigsten Ehrenpunkte des Liebeskodex gerätselt wurde; er schwärmte von Kreuzzugsideen und großen Taten gegen die Ungläubigen und vollbrachte in der Praxis doch nichts, als daß er beträchtliche Teile Frankreichs durch seine Mannen gründlich verwüstete. Maître Petit konnte in der Tat in seinem Plädoyer allerhand anführen. Das Verbrechen des Ermordeten jedoch war in den Augen der Burgunder, daß er sich beim Kampf um die Macht ihnen in den Weg stellte; Johann Ohnefurcht war nicht um einen Deut besser, nur listiger und zäher im Verfolgen seiner Pläne, die beim Orleans noch etwas vom Stil des Rittertums, nur in völlig verwilderter Form, bewahrt hatten.

Die große »Rechtfertigung« wurde vor einer erlauchten Versammlung im Hotel Saint-Paul, der Residenz des Königs, vorgetragen. Der Wahnsinnige war freilich schon wieder in seine Dämmerung zurückgesunken, aber die Königsbrüder und Verwandten waren alle zugegen. Sie hörten aufmerksam zu und machten sich dabei ihre Gedanken, denn nun drohte die Diktatur des Burgunders, womöglich im Zusammengehen mit den Pariser Bürgern. Dagegen mußte etwas unternommen werden, und es kam zum jahrelangen Bürgerkrieg: der Schwiegervater des Sohnes Orleans', des jungen Charles, der Graf Armagnac übernahm dabei die Führung. Die Partei Orleans wurde zu den »Armagnacs«, und zwischen Armagnacs und Burgundern machte die Verwüstung Frankreichs noch wesentliche Fortschritte. Dazu stießen die Engländer unter dem jungen, tatkräftigen Heinrich V. bis tief in Frankreich hinein, von beiden Parteien umworben. Sie hatten gute Aussichten, die Krone Frankreichs nun doch noch nach so vielen

Feldzügen, Siegen und Rückzügen an sich zu bringen, und sicherten sich in der Tat die Thronfolge nach dem Tode des Wahnsinnigen, der durchaus nicht sterben und den Weg freigeben wollte.

Das war die Situation während des Konzils: ein dreigeteiltes Frankreich, dessen einzelne Teile kaum voneinander abzugrenzen waren. Die Völkerversammlung sollte sich auch mit dieser hochpolitischen Lage befassen, und dazu war der »Fall Petit« ausersehen. Das große Rechtfertigungsplädoyer Petits war nicht ohne Widerspruch geblieben: Gerson als Kanzler der Universität hatte ein Gegengutachten erstattet.

Unbedenklich verwandte auch er die beliebte Ketzerbeschuldigung zur Anklage, diesmal gegen seinen Kollegen an der Hochschule, Maître Petit. Er setzte es durch, daß die Fakultät das große Rechtfertigungsplädoyer in den entscheidenden Sätzen verdammte. Ketzerisch war da zugleich als staatsbedrohend aufgefaßt. Man hatte sogar erreicht, daß die Abschriften der langen Rede – sie wurde in einer illuminierten Prachthandschrift niedergelegt und außerdem in billigen Exemplaren zum Verkauf ausgeboten – öffentlich verbrannt wurden. Das Prachtexemplar blieb glücklich erhalten nebst den anderen großen Handschriften mit Miniaturen, die der Königsbruder Herzog von Berry in seiner Schatzkammer zusammengebracht hatte; sie gelten jetzt für die Kunstgeschichte als die leuchtenden Monumente der Kleinmalerei jener Zeit. In zahlreichen Reproduktionen mit ihrer Farbenfreudigkeit, den reichen Kostümbildern und den frühen Zeugnissen von Freude an der Landschaft und dem Wechsel der Jahreszeiten sind sie fast volkstümlich geworden. Niemand, der sie ohne weitere Einführung zur Hand nimmt, würde ahnen, daß sie von den Malern, deren Namen wir nur zum Teil, wie die Gebrüder Limburg, kennen, mitten im Bürgerkrieg geschaffen wurden, in der katastrophalsten Zeit Frankreichs, unter ständigen Raubzügen der Großen, des Auftraggebers Berry eingeschlossen, der sich die Mittel für seine fulminante Sammeltätigkeit durch skrupellose Aussaugung der Provinzen beschaffte und dabei so brutal vorging, daß sogar seine brüderlichen Genossen ihm die völlig verelendete Languedoc wieder abnehmen mußten. Kein Hauch aus dieser tatsächlichen Welt weht in diese Blätter hinein. Da reiten die hohen Herren und Damen fröhlich zur Falkenjagd, im Hintergrund sicheln die Bauern friedlich an der Ernte in der Augusthitze oder erfrischen sich im Bade am nahen Fluß; der blaue Himmel ist wolkenlos. Kein Mißklang, weder in den Farben noch in den Darstellungen, trübt die Unschuld dieser Stundenbücher mit den frommen Texten und dem demütig in prachtvollem Gewand und mit einer angemaßten Krone auf dem Haupt zur Andacht niederknienden Herzog, dessen ganzes Leben eine einzige Kette von Intrigen, Verrätereien und Erpressungen gewesen ist. Man muß die Bilder neben die Schilderungen der zeitgenössischen Chronisten halten, in denen der Himmel unweigerlich rot ist von brennenden Dörfern. Die Kunst geht oft ihre eignen Wege.

Gegen den Vorstoß der Universität appellierte der Burgunder an den Papst Johann-Cossa, und da er sehr reich war, hatte seine Berufung Erfolg. Johann XXIII. hob die Verdammung auf. Petit starb über den weiteren Kontroversen hin – es gab noch Gegenschriften, in denen der Orleans als wahrer Heiland gefeiert wurde – und der Burgunder betraute neue Sachwalter, so Pierre Cauchon, den späteren Prozeßführer gegen Jeanne d'Arc. Die Universität brachte den Fall nun vor das Konzil. Gerson und seine Anhänger stießen mit den Vertretern der burgundischen Partei zusammen. Man stritt sich jetzt nicht nur in Paris, sondern vor der Weltöffentlichkeit.

Die Lehre vom berechtigten Tyrannenmord hatte in ganz Europa Unruhe verursacht. Politischer Mord, in allen Abstufungen und Abarten, war gewiß nichts Neues und immer gehandhabt worden, kaum freilich so häufig und unbedenklich wie in letzter Zeit. Neu war jedoch die »wissenschaftliche« Begründung des Mordrechtes; sie machte nicht weniger Aufsehen als ein Jahrhundert später die Lehre Machiavellis, der sie dann erweiterte und Bedenkenlosigkeit in jeder Beziehung zur virtù, zur »Tugend«, erhob. Das Schisma schon hatte, als es nicht enden wollte, die Frage nahegelegt, was denn mit ganz unverbesserlichen »Tyrannen« werden solle, die von ihrer angemaßten Stellung nicht weichen wollten. Es hatte auch da nicht an radikalen Stimmen gefehlt.

Gerson, der in Jan Hus nur den Umsturz und die Gefährdung jeder staatlichen Ordnung witterte, hatte sich in seinen Anfängen recht feurig geäußert. Damals meinte er, daß das Volk sich gegen einen »schlechten Herrscher« sehr wohl erheben könne. Das sei recht verstandener Gehorsam gegen den Willen Gottes. Er ließ in einem Sermon, dialektisch sehr geschickt verteilt, die gewagtesten Stimmen in allegorischen Gestalten auftreten: Da ruft *seditio*, der Aufstand, beweglich klagend: »Ach, wo sind heute die würdigen und mutigen Vorkämpfer, die einst für das Gemeinwohl Leib und Leben gegen die Tyrannen wagten? Wo sind solche Männer jetzt? Sie müßten in die Tat umsetzen, was schon Seneca sagt: Kein Opfer ist Gott so wohlgefällig wie der Tod eines Tyrannen!« Die Pariser Volksaufstände vor der Tür seiner Universität verwandelten den Umsturzprediger in einen sehr vorsichtigen Reformer. Daß Angehörige der »niederen Stände« – denen er selbst entstammte – die Führung übernehmen wollten und Unruhen entfesselten, erschien ihm nun gegen jede göttliche Ordnung. Der Kürschner Caboche, der mitsamt seiner Zunft in unheiliger Allianz mit Burgund für drei Jahre die Stadt mit langen blutigen Messern beherrschte, war für ihn das warnende Beispiel. Und so fällt er auf die behutsamere These zurück, daß große Vorsicht zu beachten sei, Klugheit, Mäßigung. »Die weisen Philosophen sollten konsultiert werden (wenn es sich um Widerstand handelt), die Juristen, die Kenner der Gesetze, die Theologen und Männer von bedeutender natürlicher Umsicht und weiter Erfahrung«, kurzum ein Rat von Gerson und anderen Doktoren. Es fehlt nicht die alte Weisheit, daß jeder sich in seinem Stand zufriedengeben solle, sonst wird das *corpus mysticum* der Gemeinschaft zerstört. Die uralte Parabel vom Haupt und den Gliedern, die aufeinander angewiesen sind, wird vorgetragen.

Die Traktate und theoretischen Auseinandersetzungen jener Zeit ergehen sich nach scholastischer Methode fast immer in unerträglich generellen Thesen, die fast etwas Allegorisches haben: *der* Tyrann, *der* Papst, *der* mystische Leib der Kirche oder der Gemeinschaft. Sie zielen jedoch, den Mitlebenden sehr wohl deutlich, immer auf bestimmte Personen und Zustände, die man nur meist nicht nannte. Im Fall Petit wurden nun plötzlich Namen genannt, und schon das machte die Sache so aufregend.

Für jeden der anonym-allgemein angeführten Begriffe kannte man ein halbes Dutzend oder mehr Beispiele aus der Zeitgeschichte, oft mit besonders skandalösen Details. Die Engländer etwa galten in Frankreich, das seine spezielle religiöse Verehrung des Königs kultivierte, als geradezu grundsätzliche Mörder ihrer Herrscher. Zweiundzwanzig ihrer Herrscher, so zählte ein Autor zusammen, nein, »fast alle ihrer Könige haben sie bis zum heutigen Tage ermordet; entweder das gewöhnliche Volk tat es oder ihre nächsten Anverwandten«. In der Tat ist das eine blutige Geschichte: Da war schon Eduard II., den nach seinem Sturz die eigene Gattin mit ihrem Geliebten im Gefängnis umbringen ließ; symbolisch zur Strafe für seine Liebe zu seinem Günstling Gaveston stieß man ihm – so die Chronisten – ein glühendes Eisen in die Eingeweide. Richard II. starb im Kerker den Hungertod; es geht weiter unter der usurpierenden Dynastie Lancaster, die ebenfalls mit Heinrich VI. durch Mord im Gefängnis endete. An »Melancholie« sei er verstorben, wurde zynisch bekanntgegeben. Maître Petit bekam viele Schüler. Er hatte auch reiches Material aus seiner eignen Lebenszeit in den verschiedensten Landen zur Verfügung. Spanien sah mit dem Brudermord Heinrichs von Trastamara an seinem Stiefbruder Pedro, den die Geschichtsschreiber des siegreichen Hauses dann den »Grausamen« benannten, den Aufstieg einer neuen kastilischen Dynastie aus Bastardlinie; im Königreich Neapel wurde die Königin Johanna, die den ersten ihrer vier Ehegatten bald nach der Hochzeit umgebracht hatte, von ihrem Vetter aus dem Hause Anjou erdrosselt, und zwar als schon betagte Sünderin, von der ein Chronist salbungsvoll bemerkte, sie habe ihr Ende gefunden »auf dem Lager, das so viele ihrer Laster als Zeuge gesehen hatte«. Der Mörder wurde seinerseits von der ungarischen Königswitwe Elisabeth umgebracht, als er sich unvorsichtigerweise von Neapel in das höchst ungewisse Ungarn wagte; die Königswitwe wiederum fiel der Magnatenpartei zum Opfer und wurde bei Belagerung der Aufständischen über die Mauer gestürzt. Solche Gestalten aus dem Schreckenskabinett ließen sich beträchtlich vermehren. Wer aber unter all diesen »Tyrann« war und wer berechtigte und hohe Ziele mit dem Mord verfolgte, das hat auch die sorgfältigste neuere Geschichtsschreibung nur unvollkommen entscheiden können. Man geht nicht fehl, wenn man krassen und brutalen Machtkampf am Werke sieht, wie er auch bei der Auseinandersetzung zwischen Orleans und Burgund den Ausschlag gab. Es ist aber wichtig, sich die außerordentliche Unsicherheit vor Augen zu halten, die diese Mordpraxis unter fast allen Dynastien erzeugte; die zahllosen Gerüchte über

Giftmorde und Giftmordversuche, die sich überhaupt nicht nachprüfen lassen, kamen noch hinzu. Auch König Wenzel, bei all seiner Trägheit und Flucht vor jeder Verantwortung, blieb davon nicht verschont; König Sigmund hatte in der ungarischen Mordatmosphäre seine jungen Jahre zugebracht, und die Spuren davon blieben ihm zeitlebens als Narben eingeprägt. Es ist zu begreifen, daß so gut wie kein Herrscher jener Zeit ohne Züge des schärfsten Mißtrauens, der List und Hinterhältigkeit, rücksichtslosen Zugreifens bei Verdacht und skrupelloser Beseitigung von Gegnern auszukommen glaubte. Es ist ebenso verständlich, daß die These vom »Gottesgnadentum« der Herrscher und der geheiligten Person des Königs schwer erschüttert war und daß Jan Hus nicht nur rein theoretisch davon sprach, der »unwürdige Fürst« habe ebenso sein Amt verwirkt wie der unwürdige Priester oder Papst.

Noch aber gab es keine Konzeption dafür, wie denn ein »Unwürdiger« beseitigt werden könne, außer durch Gewalt und Mord, worauf dann der nächste, kaum Würdigere, den Platz einnahm. Für die Beseitigung von Päpsten, die sich als unmöglich erwiesen hatten, war die Konziliartheorie ausgebildet worden; auch diese mußte sich für die Absetzung des Vorwurfes der Ketzerei bedienen als der einzig nach kanonischem Recht denkbaren Möglichkeit. Wie man sich eines Herrschers entledigen könne, das hatten auch die kühnsten Theoretiker, die schon alle möglichen Konsequenzen in Betracht gezogen hatten – bis zu einer quasi »demokratischen« Regierungsform, wie sie Marsilius von Padua skizziert hatte – nicht ausdenken können. Diesen Schritt haben erst die Hussiten, ohne staatsrechtliche Überlegung und Programmfassung, zu tun gewagt. Es ging sonst in allen Ländern allenfalls darum, gewisse mitregierende Instanzen und Beiräte ins Spiel zu bringen. Ohne einen König konnte man sich die Welt nicht vorstellen.

Das war denn auch Gersons Ansicht. Er und sein Lehrer d'Ailly waren entschiedene Royalisten, nur daß sich leider das »Haupt«, das regieren sollte, als dazu unfähig erwies. Wenn überhaupt etwas unternommen werden sollte, so durch den »Rat der Weisen«, die durchaus den dafür von Gott prädestinierten obersten Klassen anzugehören hätten. Als Neuerung und »Reform« sah Gerson dabei in erster Linie auch die Universitätslehrer an, und das galt ihm sowohl für den Staat wie die Kirche. Daß er Hus so erbittert verfolgte, war darin begründet, daß er ihn als Gelehrten überhaupt nicht ernst nahm: Er sah in ihm nur den Volksführer und Volksverführer, und damit kam eine Instanz zum Zuge, die er grundsätzlich ablehnte. Das Volk durfte seufzen. Es konnte auch von den »Weisen« beweglich zitiert werden mit seinen Nöten, bei Gelegenheit; selbst sich rühren sollte es unter gar keinen Umständen ...

Wie aber setzten sich die Weisen unter sich auseinander? Es fehlte bei ihnen nicht an Männern mit »tyrannischen« Neigungen, sogar im Lehrbetrieb. Sie stritten sich. Die Gersonisten versuchten vor dem Konzil nochmals, den schon verstorbenen Maître Petit mit seiner Mordlehre als Ketzer verdammen zu lassen. Der Burgunder hatte jedoch auch seine gelehrten Advokaten und Theologen beigebracht. Sie waren nicht müßig und schlugen mit den gleichen Waffen zurück: Auch der große Gerson, den d'Ailly den Vätern des Konzils als den unwidersprochen bedeutendsten Theologen des Abendlandes vorgestellt hatte, wurde nun seinerseits der Ketzerei beschuldigt. Fünfundzwanzig Sätze hatten sie mit scharfem Auge aus seinen vielen Traktaten herausgefunden, und wenn man ihn mit gleichem Maße wie den Böhmen beurteilt hätte, so wäre er wohl kaum weniger gefährdet gewesen. Mühsam mußte er sich vor den Vätern rechtfertigen, aber er verfügte allerdings über ganz anderes Ansehen und auch geschulte Verteidiger. Einer davon ließ dann das bezeichnende Wort im Gespräch fallen: »Wenn Jan Hus Rechtsbeistand gehabt hätte bei dem Verfahren vor dem Konzil, hätte man ihn nicht verdammen können.«

Den Ausschlag im Fall Petit gab jedoch nicht irgendeine Glaubensfrage, sondern ganz schlicht die politische Konstellation. Burgund war mächtig; es wuchs schon durch das ererbte Flandern aus dem französischen Staatsbereich heraus und war dabei, das reiche, starke und gierige Burgund zu werden, das für eine Weile zwischen Deutschland und Frankreich ein neues selbständiges Reich werden wollte und uns nichts hinterlassen hat als seine Kunstschätze und die lange nachwirkende Mystik des burgundischen Hofzeremoniells, ein anderes Kunstwerk eigner Art. Gegen diese burgundische Macht hatte der Universitätslehrer Gerson einen hoffnungslosen Stand. Und als die Engländer mitten unter den Verhandlungen des Konzils so tief nach

Frankreich hinein vorstießen, konnte es wohl so aussehen, als ob Frankreich aufgeteilt und in Stücke zerrissen würde, wobei der Führer der Armagnacs noch daran dachte, sich vor den Pyrenäen eine Sonderherrschaft zu errichten. Eine juristische und kirchenpolitische Bagatelle wie der »Fall Petit« blieb unter so hohen Aussichten auf der Strecke und verschwand unter den Akten des Konzils. Nicht aber die Lehre vom Tyrannenmord und dem Widerstand; sie erlebte im folgenden Jahrhundert durch die Calvinisten, mit anderen und tiefergreifenden Begründungen, als der Advokat Petit sie gegeben hatte, ihre Renaissance.

König Sigmund hatte anfangs Sympathien für Gerson, der ja auch so tatkräftig beim Zusammenkommen des Konzils tätig gewesen war. Er hatte Sympathien für Frankreich, dem das luxemburgische Haus so vielfach verbunden war. Aber Sigmund hielt nun Frankreich mehr oder weniger für verloren, seine Sache für aussichtslos, nicht nur im Fall Petit, der ihn überhaupt zu langweilen begann. Er war nicht der Mann, sich für aussichtslose Sachen in Unkosten zu stürzen. Bei seiner Reise durch ganz Frankreich hatte er noch mit eignen Augen sehen können, wie zerfetzt und heruntergekommen das Land war, wie gleichgültig das Volk und die Großen und Parteiführer geworden waren, die sich bedenkenlos nach allen Seiten hin anboten.

Sigmund, der sich zur Rolle des Schiedsrichters Europas berufen fühlte, schlug sich energisch auf die englische Seite. Von Südfrankreich kommend, mit einer starken Suite zum Schutz gegen Beraubung und Plünderung auf dem Wege, setzte er nach England über. Heinrich V. gab ihm große Bankette und schloß mit ihm einen Bündnisvertrag im August 1416. Sigmund erkannte Heinrich als König von Frankreich an und versprach ihm Kriegshilfe, die er weder leisten wollte noch konnte. Burgund schloß sich, in sehr vagen Wendungen an. Das Ende der Dynastie Valois schien in der Tat gekommen. Von den schwächlichen Söhnen des Wahnsinnigen war der älteste schon gestorben, der zweite folgte bald danach; es verblieb nur ein kleiner, häßlicher Knabe auf dünnen, unsicheren Beinen, den seine eigene Mutter Isabeau als Bastardkind bezeichnete und der dann als Karl VII. dank der Jeanne d'Arc und noch einiger anderer Umstände einige Zeit später der Retter Frankreichs werden sollte.

Im Augenblick glaubte niemand an eine solche Möglichkeit. Sigmund war nicht nur leichtsinnig, wenn er glaubte, er könne nun die beherrschende Rolle als Kaiser und Richter über die streitenden Völker spielen. Hochgestimmt begab er sich nach langer Abwesenheit zurück nach Konstanz, um auch dem Abendland endlich den Einheitspapst zu bescheren und die große Reform »an Haupt und Gliedern« durchzuführen.

Er reiste, reich beschenkt mit kostbarem Tafelsilber, ab und landete glücklich an der flandrischen Küste, was noch als gewagte Seefahrt galt. Hier allerdings zeigte sich sogleich die schwache Stelle in seinem kunstvollen Gewebe, von der aus alle seine Pläne immer wieder in Stücke rissen. Er hatte kein Geld; er hatte nie und zu keiner Zeit seiner glorreichen Laufbahn Geld. Um nur nach Konstanz mit seiner Suite zu kommen, mußte er das eben eingepackte große Tafelservice an die Bürger von Gent verpfänden; aus Pfandgeschäften, mit Städten, Ländern und Wertsachen bestand stets seine einzige Finanzierungspolitik.

Im Januar 1417 zog er wieder in Konstanz ein, feierlich und freudig begrüßt von vielen, die nun von ihm endlich die Lösung der Konflikte erwarteten, mißtrauisch und mißgünstig betrachtet von vielen anderen. Das Konzil hatte sich inzwischen schon so weit zerstritten im Kampf der Nationen, daß die Delegationen symbolisch und pointiert das Weihnachtsfest in verschiedenen Kirchen begangen hatten. Die Franzosen besonders waren auf Sigmund erbittert wegen seines Verrates durch den Vertrag mit England. Sie bemerkten sehr wohl, daß er den ihm soeben verliehenen Hosenbandorden als Bündnis- und Freundschaftszeichen am linken Bein trug. Sie hatten ihren hochberühmten Kardinal d'Ailly als Festredner beim Empfang vorgesehen; ehe d'Ailly das Wort ergreifen konnte, bestieg der Bischof Hallum von Salisbury, bekannt als Sigmunds Vertrauter bei vielen Geheimbesprechungen, die Kanzel. Er begrüßte den neuen Bundesgenossen seines Königs mit einem vollmundigen Sermon zu dem Text: »Er wird groß sein in den Augen des Herrn.« Das Wetter war kalt am Bodensee im Januar.

Habemus Papam

Drei Jahre sind eine lange Zeit für einen Kongreß. Von den älteren Teilnehmern starben bereits einige. Andere reisten ab, der Aufenthalt war teuer. Die Zusammensetzung des Konzils änderte sich. Das Hinzutreten der Spanier – langsam vollzogen unter neuem Streit der Spanier untereinander: Aragon gegen Kastilien; unter Streit der Spanier gegen die anderen – hatte Sigmund voreilig als seinen großen diplomatischen Triumph angesehen. Es wurde der Anfang eines unaufhaltsamen Abstiegs für ihn. Mit den Franzosen hatte er es durch seine Parteinahme für England völlig verdorben, von der er wenig hatte, abgesehen von dem Tafelsilbergeschenk, das bereits verpfändet war. Die Italiener erstarkten und erholten sich von ihren anfänglichen Niederlagen. Das Kardinalskollegium rückte beharrlich auf. Es war unvorsichtigerweise durch die großzügige Aufnahme von Gregors und Benedikts Kardinälen verstärkt worden. Sie bildeten nun einen geschlossenen Block von über zwanzig Eminenzen, und die Notwendigkeit, sich gegenseitig zu verfluchen, war entfallen; sie stellten bereits ein vollgültiges Kollegium dar, so einheitlich und ausschließlich mit Italienern und Franzosen besetzt wie bisher; weder die Deutschen noch die Engländer waren auch nur mit einem Kardinal vertreten.

Die Kardinäle hatten eine klare und einfache Zielsetzung: Wahl des neuen, des Einheitspapstes; alles andere, auch die vielbesprochene Reformation an Haupt und Gliedern, habe zurückzutreten. Sigmund, noch optimistisch, forderte dagegen: erst die Reformation, dann die Papstwahl. Die deutsche und die englische Nation waren dabei auf seiner Seite, die nunmehr drei anderen dagegen. Die deutsche Konzilsnation war jedoch etwas anderes als das deutsche Reich, das niemand gut eine Nation nennen konnte. Das Reich stand keineswegs hinter seinem Kaiser, die mächtigsten der Kurfürsten, die geistlichen vor allem, suchten ihm die größten Schwierigkeiten zu machen.

Das Kardinalskollegium hatte eine mächtige Waffe, abgesehen davon, daß mit dem Verlauf so langer drei Jahre ihre früheren Taten und Untaten wohltätig vergessen wurden. Sie genossen bereits wieder das traditionelle Ansehen des roten Hutes und – sehr viel wichtiger – die Einkünfte ihrer Stellung. Man hatte eine einheitliche Kurie mit geschultem Stab in allen Verwaltungszweigen. Den Beamten der nunmehr beseitigten Päpste war man ebenso wohlwollend entgegengekommen wie den Kardinälen; übrigens hatten die meisten von ihnen noch ihre eigene, oft umfangreiche Bürokratie. Die Erfahrungen von Avignon und Rom konnten vereinigt und aufeinandergelegt werden. Zwar klagte man, nicht sehr ehrlich, daß kein Haupt vorhanden sei, und begründete auch damit die Notwendigkeit, unverzüglich den neuen Papst zu wählen. Aber diese alte und bewährte Apparatur funktionierte doch und mit ihr die bewährte Praxis von Expektanzen, Versprechungen, den Winken mit Stellungen, Pfründen, dem Austausch von Bischofssitzen. Die Akten darüber sind größtenteils nicht mehr vorhanden. Aus unvorsichtigen Briefstellen oder auch gelegentlichen Maßnahmen ist genug darüber zu entnehmen. Sigmunds wichtigsten Ratgeber unter den Prälaten, den Erzbischof von Riga, kauften die Kardinäle ihm kurzerhand ab, indem sie ihm das sehr viel bedeutendere Fürstbistum Lüttich zusicherten, einen anderen damit, daß sie ihm das dadurch frei werdende Riga versprachen.

Es bröckelte um ihn ab; es gab einen förmlichen Erdrutsch, als ein anderer seiner Getreuen, der wichtigste von allen, Bischof Hallum von Salisbury, der Führer der englischen Delegation, starb. Die englische Nation trat auch zu den drei anderen. Sigmund wurde gereizt; im Jähzorn drohte er mit Verhaftungen der Kardinäle. Sie antworteten damit, daß sie die Freiheit des Konzils für gefährdet erklärten, und verbreiteten, der Kaiser nehme ungebührlichen Einfluß auf die Verhandlungen. Auch deshalb schon: Wahl des Papstes vor allen anderen Dingen!

Ein Federkrieg brach aus mit Schmähschriften beider Seiten. Der Schatten des verbrannten Hus tauchte noch einmal auf: Sigmund und die deutsche Nation, so hieß es, seien der Ketzerlehren des Verurteilten hoch verdächtig. Wollten sie nicht, wie er, eine Reformation ohne Papst? Die Kardinäle traten in einer Versammlung mit scharfen Protesten gegen ihn auf: Jede Einigung werde sabotiert, man falle wieder ins Schisma zurück. Sigmund, der zu der Sitzung erschienen war, lief mit seinen Begleitern erbittert hinaus. »Ketzer!« wurde ihnen nachgerufen. »Laßt die Ketzer doch gehen!« Der Ketzerruf erscholl noch öfter.

Sigmunds Abwehr griff zu drastisch-kleinlichen Mitteln, die nur neue Erbitterung schufen. Er ließ die Tore des Münsters sperren, als die Kardinäle und Prälaten sich zur Sitzung versammeln wollten, und sah mit Behagen, wie die hohen Herren stundenlang in der Sonne schmoren mußten. Er ließ die Stadttore von Konstanz sperren und erklärte, die Herren wollten flüchten, um, wie weiland Johann-Cossa, das Konzil auffliegen zu lassen. Seine Mannschaften erhielten Befehl, den See und die Flußläufe scharf zu bewachen; sie beschossen sich einmal gegenseitig des Nachts beim Gerücht, Flüchtige seien im Boot unterwegs; es gab Verwundete, ehe der Irrtum aufgeklärt wurde. Die kastilische Delegation, nach wütendem Streit mit der von Aragon, ritt trotz der Posten davon; Sigmund ließ sie durch seine Soldaten einholen und in Eskorte zurückbringen. Es waren kriegerische Herren: Ein riesenhafter kastilischer Bischof, mit einem englischen Delegierten ins Wortgefecht über den Vorsitz bei einer Kommission geraten, packte seinen schmächtigen und kleinen Gegner um den Leib, schleppte ihn hinaus aus der Kirche und schmetterte ihn in eine eben ausgehobene Grabstelle. Auf seinen Sitz zurückgekehrt, wandte er sich an seinen weltlichen Mitdelegierten, den Grafen Fernandez von Cordoba: »Ich als Priester habe den Engländer beerdigt, tu nun das Deine als Ritter und Krieger«; ein Totschlag wurde immerhin verhindert.

Die Schmähschriften, eine eigene Literatur des großen Einigungskongresses, in der mit den zeitgemäßen Dreckfarben gepanscht wurde, schleuderten die bekannten Vorwürfe gegen die Kardinäle und Kurialen: Heuchler, Wucherer mit Ämtern, Sodomitenbrüderlein, Verleugner Christi, Spiel- und Spießgesellen Satans, nieder mit ihnen, ins Feuer mit ihnen! Ein medizinisches Rezept für den schwer magenleidenden Petrus und seine Reformation: Man nehme 24 Teile Kardinäle, 300 Teile Erzbischöfe, ebensoviel Kurialen und von den Nationen, soviel du bekommen kannst; diese Mischung wird drei Tage in Rheinwasser getaucht und unter Wasser gehalten: Das wird dem Bauch St. Peters gut tun und alle seine Beschwerden beheben.

Die Gegenschriften waren nicht zarter: Sigmunds ständige Geldnot wird verspottet, sein Betteln und Borgen von den kleinsten Prälaten und Rittern; ein französischer hoher Geistlicher schrieb einen boshaften Katalog zusammen, der den König eher sympathisch erscheinen läßt für unsere Augen: Wie er doch so unfürstlich sich mit dem Volk gemein macht, in den Dörfern mit den Bauernmägden tanzt, wie schäbig und fast abgerissen er geht, die Flicken und Löcher schauen unter dem Kaisermantel hervor; seine Sprache ist derb, possenreisserhaft, ohne jede Würde. Sigmund liebte kräftige Wortwechsel und konnte auch geistreich sein bei Gelegenheit. Enea Silvio hat, etwas humanistisch stilisiert, seinen Dialog mit Papst Eugen aus späteren Jahren festgehalten, der recht gut in diese Situation zu Konstanz paßt; er mag auch als Porträtskizze in flink gezeichnetem Umriß dienen:

»Sigmund war von hoher Gestalt, er hatte leuchtende Augen, eine geräumige Stirn, angenehm rötliche Wangen, einen langen reichlichen Bart. Er besaß einen weitausgreifenden, unternehmenden Geist, jedoch ohne Beständigkeit. Er liebte das launige Gespräch, war dem Wein zugetan, nach Weibern gierig und beging tausend Ehebrüche. Zu Wutanfällen geneigt, begütigte er sich doch leicht. Seine Gelder konnte er nicht zusammenhalten, war ein großer Verschwender. Er versprach immer mehr, als er hielt, und betrog viele Leute. Als er in Rom beim Papst Eugen weilte, sagte er zu diesem: ›In drei Dingen, Heiliger Vater, unterscheiden wir uns, in drei anderen sind wir uns gleich. Du schläfst des Morgens, ich stehe vor Tagesanbruch auf. Du trinkst Wasser, ich Wein. Du fliehst die Weiber, ich renne ihnen nach. Darin aber gleichen wir uns: Du verschwendest die Schätze der Kirche, ich kann nichts bewahren. Du hast kranke Hände, ich leide an den Füßen. Du richtest die Kirche zugrunde, ich das Reich.‹«

Das Betteln und Borgen war Wirklichkeit und schadete Sigmund empfindlich; er galt entschieden als bestechlich. Das Zugrunderichten des Reiches besorgten auch andere, die Fürsten und Kurfürsten an der Spitze. Ihre Intrigen und Kabalen füllen fast die Hälfte der Kongreßakten. Auch Mordversuche sind darunter, ein bayrischer Herzog stach seinen Vetter nieder; die Händelsucht und Brutalität sticht ab gegen das auffällig zivilisierte Verhalten des »niederen Volkes«: Mit Stolz verzeichnet der wachsame Konstanzer Magistrat, daß unter seiner Aufsicht in den ganzen drei Jahren nur ein Mordfall zu verzeichnen gewesen sei beim Zusammenströmen so vieler Menschen aus allen Ländern, mit fahrendem Volk aus den fremdesten Gegenden; das erste Auftreten von Zigeunerscharen wird auch bei dieser Gelegenheit verzeichnet.

Daß Sigmund auch die Gelegenheit benutzen wollte, die Reichsangelegenheiten zu ordnen, ist zu verstehen; er erhoffte sich vom Prestige des hochheiligen Konzils dabei einige Hilfe. Seine Belehnungen und Verleihungen machten die Sache nur schlimmer: Auf jeden, den er auszeichnete, wie den Hohenzollern, kamen ein halb Dutzend andere, die sich übergangen fühlten und mit Fehde drohten. Die finanziellen Geschäfte, die dabei gemacht wurden, verschärften noch die Situation. Man spottete, nicht nur in Flugblättern, daß er einen zwölfjährigen, obendrein sehr schwächlichen Knaben mit Hessen belehnte, eine bekannt schwachsinnige burgundische Gräfin mit großen Gütern, gegen große Gegengaben. Niemand aber konnte sagen, wie er denn seine hohen Aufgaben als Kaiser und König erfüllen sollte. Denn auch nur die geringste allgemeine Abgabe wurde abgelehnt; darin waren sich Städte, Adel und Fürsten als einzigem Punkt einig. Der hohe Begriff Freiheit wurde in allen Abwandlungen unaufhörlich proklamiert: Freiheit der Städte, fürstliche Libertät, Freiheit des Adels, Steuerfreiheit.

Freiheit der Kirche war der Kampfruf der Kardinäle und Prälaten. Sie verstanden darunter, daß jeder Eingriff »von außen« unzulässig sei in ihr wohlgefügtes System; sie legten auch, und das wurde entscheidend für das nächste Jahrhundert, von vornherein fest gegen die »Schreier« nach Reform, es dürfe keinesfalls dem künftigen Papst irgendeine Bindung vorgeschrieben werden, er müsse frei sein, zu tun und lassen, was er für richtig hielte. Die These, daß »der Papst und die Kardinäle« die Kirche seien, setzte sich auf der ganzen Linie durch gegen die Ketzervorstellungen des Wyclif und des Hus, die unzulässigen Ambitionen des Kaisers, den unbestimmten Wunsch der nicht genauer definierten »Christenheit«.

Das Reformprogramm mit anfangs noch ansehnlich lautenden Forderungen wurde an eine Sonderkommission verwiesen. Sie wurden auseinandergezupft und zerfasert, bis nur noch immer dünnere Strähnen verblieben, die sich bei ehester Gelegenheit abreißen ließen. Als einzige größere Leistung brachte das Konzil noch, nach dem hochgemuten Anfang mit dem Dekret »Sacrosancta«, einen Beschluß

»Frequens« zustande: Häufig, in regelmäßigen Abständen, zunächst nach fünf Jahren, dann in sieben oder zehn, sollte das Konzil wieder zusammentreten als ständige Einrichtung, nicht dem Willen des Papstes unterworfen, der es einberufen oder ablehnen könnte. Es war die Vertagung und im Grunde schon die Resignation, das Aufgeben des Hochziels, der Bankrott.

Auch Sigmund mußte resignieren; er lief davon vor Unmut, kehrte zurück nach ein paar Tagen; er reiste nach der Schweiz ab für Wochen, sammelte einige Pokale ein, von den Magistraten mit Dukaten gefüllt, und kam wieder. Ein letztes, fast klägliches Auftrumpfen mit der Reformationsparole wurde von der deutschen Nation versucht. Sie legte dem Konzil eine Denkschrift vor, das Vorbild für jene lange Reihe von Beschwerden, die als die »Gravamina« des Reiches bis zu Luthers Zeiten ein obligates Paradestück jedes Reichstages bildeten. Die Konstanzer Protestation verwahrte sich zunächst gegen den Vorwurf von Begünstigung der Ketzerlehren des Wyclif und Hus, die offenbar gewirkt hatte. Sie betonten dagegen: »Die deutsche Nation ist Gott ergeben, geduldig und demütig, durch Gottes Gnade jedoch auch nicht etwa ohnmächtig«, und nun wird vorgezeigt: die Kaiserwürde, die acht Königreiche, die Herzogtümer, Markgrafschaften, Fürstentümer und Städte und all diese mit »ungebrochener Manneskraft«. Etwas zeitgemäßer und dringlicher: Das Schisma ist durch die Mißbräuche der Kirche eingetreten, und sie werden nochmals aufgezählt: die Reservationen, Kommenden, die rechtswidrig vergebenen Benefizien, Expektanzen, die vorausdatierten Ernennungen, die Übergriffe der päpstlichen Gerichtsbarkeit. Der schandbare Ablaßhandel, die Geldschneiderei an allen Enden: Reform daher, zunächst und zuerst Reform, die auch den künftigen Papst an die gesetzlichen Bestimmungen des Besserungswerkes bindet. Nur dann kann die Union sinnvoll sein und der Kirche wieder Würde und Festigkeit verleihen.

Die letzten Anhänger verließen Sigmund. Es verblieb nur noch die Festsetzung einer Wahlordnung. Darüber neuer Streit unter den nunmehr völlig einigen Kardinälen und Prälaten. Auch zwischen dem Kardinalskollegium und den Konzilsnationen noch eine schwere Differenz: Die Nationen verlangten eine schriftliche Zusage zu dem Beschluß »Frequens« und der Liste mit Reformartikeln. Die Kardinäle lehnten ab. Es stand nochmals ein Zusammenbruch des Konzils bevor.

Ein Wunder tat not nach so vielen recht unfrommen Debatten, und die Engländer steuerten es bei. Ein Pilger auf der Reise nach Jerusalem war in der Nähe, in Ulm. Er war kein gewöhnlicher Jerusalemfahrer: der Bischof von Winchester, Henry Beaufort, Onkel des regierenden Königs. Die Ironie der Zeitgeschichte ist nie ganz abwesend: Henry war der Sohn von Wyclifs Protektor Lancaster, aus dessen Verhältnis mit seiner langjährigen Geliebten Catherine Swynford, noch rechtzeitig legitimiert von König Richard II., um in die hohe Kirchenkarriere in jungen Jahren einzutreten. Ein hoher Herr, einflußreich auf den Prince of Wales, Shakespeares »Prinz Heinz«, erfahren im Streit mit Erzbischöfen und hohen Prälaten, ehrgeizig, reich, ein großer Bauherr, der seine Kathedrale monumental zu einem der größten englischen Dome umbaute; er würde sich auch hier als Architekt bewähren. Die Franzosen sagten ihm nach, er wollte sogar Papst werden, was in allen Jahrhunderten nur einmal einem Engländer gelungen war, das Kardinalat war das mindeste, was er im Auge hatte; als Kardinal und Legat werden wir ihm noch in den Hussitenkriegen begegnen, wo er einen der Kreuzzüge gegen die Böhmen zu leiten suchte und flüchten mußte wie seine Vorgänger und Nachfolger.

Der Pilger, durch seine Landsleute berufen, wallte heran, in schlichtem Gewand mit dem Muschelhut, einen Pilgerstab in der Hand. Er predigte bewegend und mahnte zur Einigkeit; allgemeine Rührung verbreitete sich, auch Ungeduld: Es müsse doch endlich Schluß gemacht werden – ein Papst, ein Papst! Er verhandelte, konferierte, drohte mit dem Zorn der ganzen Christenheit, und das Wunder geschah. Er setzte die einigende Kompromißlösung durch: Die Reformliste bleibt bestehen, so wie sie in der Kommission ausgearbeitet war; sie wird aber erst dem zu wählenden Papst vorgelegt, wenn er sein Amt angetreten hat. Damit gaben sich alle zufrieden. Auch über die Wahlordnung wurde Einigung erzielt: Die anwesenden Kardinäle, 24 an der Zahl, wurden ergänzt durch 30 Wähler aus den Nationen, je sechs aus jeder.

Vorsorglich wurde noch die Zahl der Kardinäle, auch für die Zukunft, mit 24 festgelegt, was genau dem derzeitigen Stand entsprach. Die Reformation, so hieß es, sollte unmittelbar nach der Wahl in Angriff genommen werden.

So kam es im November 1417, fast genau vierzig Jahre nach Ausbruch des Schismas, zur Wahl des Kardinals Odo Colonna als Martin V. Das mächtige Gebäude des Kauf- und Lagerhauses von Konstanz, das noch am Seeufer steht, war als Wahlstätte für das Konklave bestimmt. Umfangreich wurde für Geheimhaltung und Ordnung beim Wahlakt gesorgt, der Umkreis des Gebäudes abgesperrt, eigne Aufseher aus fürstlichen und adeligen Personen der fünf Nationen ernannt; die Essenträger mußten eine genaue Kontrolle auf etwaige Anschläge oder verbotene Korrespondenz hin durch eine Kommission von Ärzten und Geistlichen passieren. Jedes Brot wurde zerschnitten, der Wein sorgfältig im Licht geprüft; die Aufsichtführenden schlossen die aus Holz gezimmerten Einzelzellen mit dem Schlüssel ab. Der Kontakt mit den einflußreichen Instanzen der Außenwelt wurde trotzdem, wie bei allen Wahlen, aufrechterhalten. Die Fühlungnahme zwischen den Parteien, die Absprachen und Vereinbarungen, ohne die es nicht abging, hatten zum Schauplatz, wie üblich bei Papstwahlen älterer Zeit, den gemeinsamen Abort als die einzige allen zugängliche Stelle.

Die Wahl dauerte drei Tage, und der Colonna hatte zunächst viel weniger Aussichten als andere. Die Nationen freilich waren hoffnungslos uneinig, jede wollte einen der Ihren. Die Engländer hofften auf den frommen Pilger Beaufort, der sich so verdient gemacht hatte; die Franzosen auf d'Ailly, die Deutschen hatten keinen rechten Kandidaten. Die Kardinäle setzten sich durch, und unter ihnen die Italiener, die unter den Kardinälen die Zweidrittelmajorität hatten. Odo Colonna, ein kräftiger Fünfziger, wurde am dritten Tage erhoben. Die Franzosen und Spanier wehrten sich bis zuletzt; sie fügten sich erst, als man ihnen drohte, sie der Welt als Friedensstörer und Feinde bekanntzugeben. Vor dem Kaufhaus zogen Prozessionen auf, Knabenchöre waren aufgeboten. Die Kinderstimmen sollen dazu beigetragen haben, die harten Herzen der Wähler zu bewegen und die vorgeschriebene göttliche Eingebung herbeizuführen, die zur Wahlentscheidung führte.

Odo Colonna gehörte einem weniger prominenten Zweig der großen römischen Adelsfamilie an, die seit vier Jahrhunderten der

Kirche viele und mächtige Kardinäle und nie einen Papst gestellt hatte. Er war der Sohn des Kardinals Agapit Colonna und seiner Geliebten Catherina Conti; uneheliche Geburt war in Italien kein Makel, und, obwohl kanonisch verboten für Anwärter auf höhere Kirchenämter, auch kein Hindernis für seinen Aufstieg zum Kardinal. Theologe war er freilich nicht, auch die Weihen zum Diakon, Priester und Bischof wurden erst in den nächsten Tagen nachgeholt. Weshalb die Italiener gerade ihn nominierten, ist nicht recht klar; die Colonnas waren bekannt als die hartnäckigsten und gefährlichsten Gegner der Päpste und führende Ghibellinen; ihr Stammsitz Palestrina wurde von Bonifaz VIII. vernichtet, mit allen Kirchen, und mit Salz bestreut, vom Nachfolger Martins V. nochmals »ausradiert«. Zu Anfang des Jahrhunderts hatte Bonifaz IX. in seiner Bannbulle gegen die putschenden Colonna diesen jahrhundertelangen Kampf der Familie gegen die Kurie erwähnt und ihre verschiedenen Anschläge aufgezählt, auch das Wort seines Vorgängers erwählt, der »unnütze Feigenbaum der Colonna von Palestrina« müsse beschnitten werden; zehn Tage später verkündete er den Kreuzzug gegen sie, mit entsprechendem Ablaß. Sie unterwarfen sich und wurden absolviert; die Kreuzzüge jener Epoche dauerten nicht lange, wie wir beim Beispiel der Kampagne sahen, die Hus den Bann einbrachte. Aber Odo galt als tüchtig und als energisches Mitglied der Hierarchie; er hatte sich bei der konsequenten Verfolgung des Prozesses gegen Hus vor der Kurie verdient gemacht, man erwartete von ihm Umsicht und Tatkraft bei der Wiederherstellung der päpstlichen Autorität.

Die Wahl wurde verkündet und von den Menschenmengen, die sich um das Kaufhaus drängten, mit Jubel begrüßt. Der Lokalchronist erzählt die passende Legende: »Und kamen alle kleinen Vöglein, die in der ganzen Gegend waren, und flogen auf das Konklave, daß das Dach umgeben ward mit eitel kleinen Vögelein, und kein Rabe noch keine Krähe, noch Dohle, noch kein anderer großer Vogel; und dieses sahen an zwanzigtausend Menschen.«

Es folgten die üblichen Feierlichkeiten: Sigmund eilte als erster herbei zum Fußkuß; Inthronisierung im Münster, am zehnten Tag die Salbung und Krönung, mit dem sinnigen Brauch, daß ein Kardinal sich, ehe die Tiara aufgesetzt wurde, dem Thron näherte, einen langen Stab, mit losem Werg an der Spitze umwickelt, in der Hand. Er zündete ihn an: »Heiliger Vater, so vergeht die Herrlichkeit der Welt.«

Umzug durch die ganze Stadt, unter Vorantritt der Prälaten und Kardinäle, der Papst auf weißem Pferde, Sigmund zur Seite, die Zügel führend, danach die anderen Fürstlichkeiten.

Auch die Juden von Konstanz hielten an einer vorgeschriebenen Ecke im Feierkleid und mit brennenden Kerzen. Der Zug hielt inne. Die Juden überreichten die Thora und baten um Bestätigung der Schutzbestimmungen früherer Päpste. Martin nahm die Bücher Mosis nicht entgegen. Sigmund ergriff den Band und hielt eine seiner kleinen Ansprachen: »Mosis Gesetze sind recht gut; keiner von den Unseren soll sie verachten. Ihr aber, Ihr wollt sie nicht verstehen und wollt sie nicht befolgen, wie es sich gebührt.« Damit reichte er ihnen das Buch zurück. Der Papst sprach nun auch, auf lateinisch: Gott möge die Binde von ihren Augen nehmen, damit sie das Licht erfahren könnten.

Martin begann unverzüglich zu regieren. Er enttäuschte seine Wähler nicht. Als erste Maßnahme ließ er seine Kanzleiordnung abfassen, eine Maßnahme, die nur die Kenner der Verwaltung näher interessierte. Als Muster wurde die Ordnung Johanns XXIII. genommen; der gleiche Kardinal, der sie entworfen hatte, war auch diesmal der Redakteur, und dieselben Einrichtungen, von den Reformern als »Mißbräuche« beklagt, wurden aufs neue verfügt, diesmal mit scharfen Strafbestimmungen für Widerspenstige und säumige Zahler.

Das Reformprogramm wurde, wie der fromme Pilger Beaufort vorgeschlagen, unverzüglich und schon am ersten Tage in Angriff genommen, noch einmal formuliert und von Martin einem Kardinalsausschuß überwiesen, der mit den Delegierten der Nationen verhandeln sollte. Dabei blieb die Sache stecken. Sie endete damit, daß der Papst statt allgemeiner Reform mit den wichtigsten Staaten Konkordate abschloß, die auf fünf Jahre beschränkt waren und sich auf einige recht unwesentliche Punkte reduzierten, sowie lobenswerte Ermahnungen: Simonie solle verboten sein, der Lebenswandel der Geistlichkeit müsse gebessert werden; dazu Einzelheiten über Kleidung, Tonsur und angemessenes Benehmen.

Sigmund bat den Papst, doch zwei deutsche Kardinäle zu ernennen, er wies auf die Beschlüsse hin, daß künftig das Kardinalat auf die verschiedenen Nationen verteilt sein sollte. Martin lehnte ab: Die Zahl sei ausdrücklich auf 24 beschränkt worden, und diese sei vollständig.

Der König, stark bedrängt durch seine Gläubiger, petitionierte um einen bescheidenen Ersatz für seine großen Unkosten in den drei Jahren des Konzils; Martin gewährte großzügig einen Zehnten auf deutsche Kirchenbesitzungen und ernannte dafür eine weitere Kommission. Sie konnte so gut wie nichts eintreiben; die Schulden blieben.

Sigmund wünschte, nun bereits völlig entmutigt und in hoffnungslose Projekte abgedrängt, der Papst solle doch noch länger verweilen; nach Rom könne er ohnehin nicht, das vom Condottiere Braccio da Montone besetzt und mit gepanzerter Faust regiert wurde. Würde der Heilige Vater nicht in Betracht ziehen, etwa in Mainz, in Basel oder Straßburg Aufenthalt zu nehmen? Der Vorschlag wurde nicht recht ernst genommen.

Als einzige bescheidene Gunsterweisung, die keinerlei Konzessionen und größere Leistungen bedeutete, ließ Martin ihm die von ihm geschaffene Auszeichnung der goldenen Rose überreichen. Sigmund legte sich bei der Verleihung ostentativ ins Bett.

Der große Völkerkongreß ging in allgemeinem Mißmut auseinander, unter Vorwürfen der Nationen gegeneinander, der Nationen gegen den Klerus, unter kleinen und kleinlichen Sonderverhandlungen, die den Zustand der Schismazeit wiederherstellten, soweit er je unterbrochen worden war.

Der Papst verabschiedete sich mit sehr solennen Feierlichkeiten, dem großen Segen, allgemeinem Ablaß und festlichem Auszug auf dem Wege nach Gottlieben, wo Hus und sein Vorgänger Johann-Cossa im Turm gelegen hatten, zwölf ledige, mit Scharlachtuch bedeckte Pferde voraus, dann, von Rittern getragen, vier Kardinalshüte auf Stangen, danach die Kardinäle, ein weißes Pferd mit der Hostie, der Papst selbst in kostbarem Meßgewand mit weißer reichverzierter Tiara, Sigmund zur Seite, den Zaum führend, auf der anderen Seite der Hohenzoller, danach die in Chroniken übliche »unzählbare Menge des Volkes« und dazu Glockengeläut von allen Türmen.

Sigmund ritt zurück zu Verhandlungen mit dem Magistrat über seine Schulden. Die Stadtherren wollten von den angebotenen Pfändern an Silberzeug und Tafellinnen nichts wissen. Er mußte mit den

Bürgern selbst sich vergleichen; sie nahmen nach einer beweglichen Rede, wieviel Konstanz ihm doch verdanke und daß es doch eine Schande wäre, wenn er sein Silbergeschirr zurücklassen müßte, das Tafellinnen als Pfand an, das er zu Michaelis kommenden Jahres auslösen würde. Er ritt still, ohne Aufzug und Gepränge, davon; boshafte Stimmen meinten, er habe sich überhaupt heimlich davongestohlen, um nicht womöglich noch aufgehalten zu werden.

Nur eine Frage von größerer Bedeutung war in dem Vierteljahr nach der Papstwahl noch zur Sprache gekommen: die böhmische Ketzerei. Mit der Verbrennung des Jan Hus und seines Freundes Hieronymus war, so die offizielle These des Konzils, die zweite der drei großen Aufgaben, die causa fidei befriedigend erledigt worden. Die gezeigte Strenge hatte nicht genügt. Stärkere und umfassendere Maßnahmen waren nun zu ergreifen. Das Konzil hatte gemahnt und gedroht. Die Antwort waren immer hochmütigere Proteste gewesen, unterzeichnet von Rittern und hohen Beamten. Der König Wenzel selbst zeigte sich nachlässig und ungehorsam. Die Ansteckung, die Pest, hatte offenbar ein ganzes Land erfaßt. Man würde, da nun eine große Autorität glücklich wiederhergestellt war, nicht zögern, auch gegen ein ganzes Ketzerland vorzugehen. Die Sorge dafür wäre dem Papst zu überlassen und daneben auch dem weltlichen Arm des Kaisers, der soeben in den gebührenden Abstand zurückgewiesen worden war, aber für solche Zwecke seine traditionelle Rolle spielen könnte.

Sigmund begab sich, verzweifelt mit kleinen Verpfändungen, Tauschgeschäften, Titelverleihungen und den anderen kümmerlichen Mitteln seiner weltlichen Kaisermacht nach Geldern umschauend, auf weitem Umweg durch Süddeutschland zurück nach Ungarn, dessen Königstitel noch immer sein Hauptanspruch auf Geltung war. In den sechs Jahren seiner Abwesenheit hatten die Türken dort Streifzüge quer durch das Land unternommen und ihre Stellungen an der Ostgrenze wesentlich befestigt. Die Magnaten herrschten wie seit langem und konspirierten gegeneinander und gegen den König wie je. An der Westgrenze war Krieg gegen Venedig. Sigmund fand, er müsse nun in Böhmen nach dem Rechten schauen, das sein Bruder ruinierte. Auch da würde Krieg zu führen sein, keine leichte Aufgabe beim Mangel an Mitteln. Ein Reichskrieg vielleicht, ein heiliger Krieg, ein Kreuzzug unter Teilnahme aller Nationen, nachdem das Konzil sich so scharf ausgesprochen hatte.

Papst Martin wählte nach verschiedenen Angeboten Florenz als Aufenthalt. Von dort wollte er versuchen, Rom wieder zu erobern. Er hatte große Pläne für die Wiedergewinnung des Kirchenstaates, und da er ein Colonna war, durften die Mitglieder der großen und stolzen Sippe nicht vergessen werden; Latium als ein Colonna-Reich würde die beste Sicherung für das neubegründete Papsttum bilden.

Und die anderen Teilnehmer? Baldassare Cossa-Johann XXIII. saß noch im Gefängnis. Sein Gegner Gregor war bereits verstorben. Benedikt-Pedro de Luna harrte auf seiner Felsenburg aus. Kanzler Gerson konnte sich nicht nach Frankreich zurückwagen vor seinen burgundischen Gegnern; er mußte sich in Süddeutschland verstecken und hat seine Universität Paris nicht wiedergesehen. Auch der andere schärfste Gegner des verbrannten Hus, sein Jugendfreund Paletsch, durfte sich in Böhmen nicht mehr sehen lassen; er fand in Polen eine Zuflucht. Die vielen Prälaten, Doktoren, Städteboten? »Sie werden vom Konzil wie Störche auseinanderflattern über die ganze Welt«, hatte Hus in einem seiner letzten Briefe geschrieben, »und wenn der Winter kommt, werden sie erkennen, was sie im Sommer begangen haben.«

Ein Schlußurteil über die große Zusammenkunft ist nicht zu geben; die folgenden Jahrzehnte sind das Urteil.

Umsturz in Böhmen

Ein Jahr nach Ende des Konzils kam es in Böhmen zur Revolution der Hussiten, zum Umsturz, auch in der drastischsten Form des tatsächlichen Sturzes der vom König ernannten Ratsherren vom Turm des Neustädter Rathauses am 30. Juli 1419. Es ist eines der Schicksalsdaten der tschechischen Geschichte, die durch Fenstersturz-Aktionen einige ihrer wichtigsten Akzente erhält. Ehe das geschah, waren noch viele umwälzende Vorgänge nötig, und sie vollzogen sich auf verschiedenen Ebenen. All das ist unter den Namen des Hus gestellt worden: die Hussitenzeit, die hussitische Revolution, die hussitische

Ideologie. Man kann sich diesem historisch gewordenen Sprachgebrauch nicht entziehen; es wären sonst verwirrende und kaum durchführbare fortwährende Einschränkungen zu machen:

Hussiten werden die Parteigänger genannt, auch wenn sie hochadlige Herren waren, die eigne Ziele verfolgten, eine Umwälzung zugunsten der Barone eher als die tiefgreifende Volksrevolution auf der anderen Seite, die eine Änderung des gesamten Gesellschaftsgefüges versuchte. Die Hussiten selbst nannten sich mit verschiedenen Bezeichnungen, wie wir noch sehen werden. Als Hohn- und Schimpfwort wurden sie »Hus!« gerufen. Aus Schmähworten können Ehrenbezeichnungen und Kampfrufe werden. *Les gueux*, die »Bettler«, höhnten die Spanier über die niederländischen Freiheitskämpfer, weil unter ihnen so viel verschuldete Edelleute seien; die Angegriffenen nahmen die Bezeichnung auf: Jawohl, Bettler! Wir tragen den aschgrauen Kittel, die Bettlermünze als Zeichen! Wir betteln nicht. Wir wehren uns unsrer Haut. Wir schlagen zu, wir, die *Geusen*.

Die Hussiten haben solche Namensumtaufe nicht vorgenommen. Aber wenn ein schlesischer Herzog wütend stöhnte: »Der Teufel hat uns mit den Hussen beschissen!«, so antworteten auch sie mit Zuschlagen, stärker und disziplinierter noch als im Partisanenkrieg die Geusen. Auch bei ihnen standen arme oder verschuldete Adlige, Bürgerssöhne, vor allem aber ein Volksaufgebot, das die Söldnerscharen der Gegner ein Mal über das andere in die Flucht jagte. Der nationale Stolz, die angegriffene Ehre spielten eine große, anfangs überragende Rolle, und das hat sich in der Geschichtsschreibung fortgesetzt. Für die Tschechen ist die Hussitenzeit die große ruhmreiche Zeit; für die Deutschen war es stets eine peinliche Erinnerung an eine Epoche, da das Reich im inneren Streit und äußerer Ohnmacht erbärmlich daniederlag.

Stolz, Ehre, beleidigtes Nationalgefühl: Sie gehören nicht nur ins Vokabular der Ritter- und Feudalzeit; sie haben auch heute ihre Bedeutung nicht im geringsten eingebüßt. Daß die Ehre Böhmens angegriffen sei, war die erste Reaktion, als die Ereignisse um Hus im Lande bekanntwurden. Zu seiner Verteidigung erhoben die Ritter und Großen ihre Stimme und protestierten mit ihren angehängten Siegeln und Wappen. Daß Böhmen verteidigt werden müsse gegen den Vorwurf, es sei minderwertiges Ketzerland, das vom weit überlegenen Ausland zur Ordnung zurückgebracht werden sollte mit Waffengewalt, einem Kreuzzug womöglich, brachte nahezu alle auf und führte sie zusammen: den Adel, die Städte, Bauern, den Hof wie die Straße. Einen Sammelnamen dafür brauchte man nicht; eine Führung war nicht vorhanden, denn König Wenzel tat nun nichts, als was er immer getan hatte: Er ließ sich treiben.

Er wurde ziemlich weit getrieben. Es kam bei den verschiedenen Protesten und den hochfahrenden Erlassen des Konzils dahin, daß ihm selbst Bann und Exekution angedroht wurden, als Begünstiger der Ketzerei. Den adligen und hochadligen Unterzeichnern, die zu Hunderten – hohe und höchste Würdenträger darunter – sich den Protesten angeschlossen hatten, warfen die Konzilsherren ebenfalls den »Fehdehandschuh« hin – so etwa werden die adligen Herren es empfunden haben. Daß bürgerliche Doktoren, Bischöfe, der hohe Klerus, von dessen Treiben man gerade beim Konzil genügend gehört hatte, sich anmaßten, noch dazu ohne genügende Legitimation, so aufzutreten, empörte auch die Frömmsten, und es waren nicht viele Fromme unter ihnen. »Hussiten« waren sie schwerlich, und was sie in der Mehrzahl überhaupt von Jan Hus wußten, ist sehr unbestimmt. Etwa: Ein wackerer Mann; mutig; er sagt den aufgeblasenen Pfaffen die Meinung; er ist ein guter Böhme; man hat ihm das Wort schmählich gebrochen; er wird verleumdet, und in ihm will man unser Böhmen verketzern und schmähen! Bereitwillig siegelten sie. Die Protestschreiben dürfte Dr. Jesenitz aufgesetzt haben, aber wir sehen in dieser frühesten Phase des »Hussitismus« vor allem den scharfen Antiklerikalismus der ganzen Epoche, der nicht nur Böhmen kennzeichnet. Er hat bei diesen Herren wesentliche wirtschaftliche Hintergründe, und die Verteidiger der Kirche sind nicht müßig gewesen, sie immer wieder ihnen vorzuhalten: Gier nach dem Kirchengut, sonst nichts verführt Euch zu so schamlosem Treiben! Bereichern wollt Ihr Euch auf Kosten der Mutter Kirche! Die Gegenthese der Herren lautete: Nicht bereichern wollen wir uns; die Kirche hat sich gemästet an unserem und unserer Vorfahren Gut! Zurücknehmen wollen wir nur, was uns gehörte und uns gebührt, unter listigen Vorwänden uns entrissen, Sterbenden oder verängstigten Frauen abgeschwatzt, auch nicht selten mit Waffengewalt oder Advokatenschlichen abgenommen; Raub, wenn je ein Raub war. Und dies im Namen wessen? Christi, der arm war, der Entsagung, gottesfürchtiges Leben predigte, wie es keiner von Euch führt. Das ist bekannt. Jeder sagt es; die ehrlichen Prediger von der Kanzel, wie Hus einer war, die allgemeine Fama trompetet es aus, und schließlich müßt Ihr selbst es noch bekennen in den Schandprozessen, die Ihr gegen Euch selbst führt.

Die erste Phase der Umwälzung ist Adelsrevolte. Man darf dabei nicht ausschalten, daß es auch in dieser Schicht ehrlich Gläubige gab, die an anderes dachten, als bei so erfreulich verwirrter Zeit ihre Güter abzurunden. Wichtiger ist, daß diese potenteste Klasse des Landes sich mit solcher Entschiedenheit gegen die andere große besitzende Macht der Kirche wandte. Es ist gleichgültig, ob die Kirche nun, wie geschätzt wurde, die Hälfte oder nur ein Drittel oder sehr viel mehr als ein Drittel des Grunds und Bodens besaß: Zwei große und nahezu gleich starke Mächte standen sich gegenüber. Der Streit war nicht von heute und gestern, er war so alt wie die Landesgeschichte und mit immer wechselndem Kriegsglück betrieben. Er hatte jetzt besonders gute Aussichten. Denn ehemals stand das Königtum, wenn es kräftig genug war, in der Mitte und darüber als dritte und oberste Instanz mit seinen Krongütern, königlichen Städten und dem mythischen Ansehen der Krone, das auch ein rebellischer Baron bei Gefahr für Leib und Leben zu respektieren hatte. Der König jetzt? Hilflos, unsicher, ohne Respekt im In- wie im Ausland; die Deutschen haben ihn einfach abgesetzt und ihm viele der wertvollsten Güter und Landstücke im Reich abgenommen, ohne daß er dazu die Faust ballte; sein eigner Bruder Sigmund behandelt ihn wie ein greises Kind, das geführt werden muß; der Adel hat ihn bereits einmal unter Kuratel gestellt und kann nichts Besseres tun, als das zu wiederholen. Wenn es je eine Gelegenheit gab, die alten, nie vergessenen Forderungen einzutreiben, so jetzt. Sie wurde in einem Ausmaß benutzt, das durch die anderen Ereignisse überschattet worden ist und nie einen Chronisten gefunden hat. Von ruhmreichen Taten ist da auch nichts zu vermelden; es geht um zähes Handeln untereinander mit dem König, um skrupelloses Zugreifen, viel Verräterei und raschen Stellungswechsel. Es ist ein grundunsympathisches Treiben, das noch lange fortgesetzt wurde und erst im Dreißigjährigen Krieg seinen höchsten Gipfel erreicht hat. Nicht umsonst ist ein Vorfahr des großen Landverderbers Wallenstein unter den Herren, die in der Umgebung

Wenzels als »Hussiten« den Aufstand schürten, jede Aktion begrüßten, mit grimmigem Humor und Studentenulk, wenn sich das ergab. Es ist darin keine bloße Leichtherzigkeit zu sehen, sondern der scharf spähende Blick unter der modischen Pelzmütze mit den Ohrenklappen, die vor jedem Einwand schützen.

Die »anderen Ereignisse« beherrschen das Bild. Schon während des Exils auf dem Lande war Jan Hus in die Figur eines neuen Heiligen entrückt worden, in der er dann als Märtyrer angesprochen wurde. Man rief seinen Namen an; später sind ihm Bildsäulen errichtet worden, die erst durch die Standbilder des heiligen Nepomuk verdrängt werden mußten. Daß sich davon nichts erhalten hat, ist nach der ungemein gründlichen Säuberung in der Zeit der Gegenreformation verständlich, die auch bejammernswert wenige schriftliche Zeugnisse verschont hat. Wie weit dieser Prozeß in den ersten Jahren nach seinem Tode bereits vorgeschritten war, ist schwer zu schätzen. Wir können aber gerade aus den Erfolgen seiner früheren Mitstreiter ersehen, daß seine »Lehre«, soweit vorhanden und erkennbar, nicht das Wesentliche war. Sein Beispiel wirkte, seine Haltung, sein Tod. Die Gewalt und Bedeutung des Märtyrertodes zugunsten von Thesen und Programmpunkten gering anzusetzen wäre unvorsichtig und irreführend. Hus wurde zum guten – für die Gegner zum bösen – Geist der Bewegung, die man nach ihm benennt. Eine recht unbestimmte Sache ist ein solcher Geist und deshalb so enorm wirkungsvoll und nach vielen Seiten hin fruchtbar. Außerdem, und das sei mit Nachdruck erwähnt, wurden auch seine Schriften immer wieder abgeschrieben, besonders der Traktat über die Kirche, zitiert, benutzt, erweitert, für neue Forderungen herangezogen und auch verfälscht.

Wie sehr er zur führenden Persönlichkeit geworden war für das, was man im Gegensatz zur kommenden Revolution die »Reformbewegung« genannt hat, geht schon daraus hervor, daß man auch den Eingekerkerten um seine Meinung in den wichtigsten Entscheidungen noch dringend anging. Die Frage des Kelches hatte dabei höchste Aktualität bekommen. Daß Hus, der Gefangene und mit dem Scheiterhaufen Bedrohte, sich darin vorsichtig und unentschieden ausdrückte, sollte man nicht zu sehr als »grundsätzliche« Stellungnahme ansehen. Hus hatte genug zu tun, die schwersten Beschuldigungen abzuwehren; es konnte ihm unmöglich daran gelegen sein, sie noch um eine weitere gravierende Streitfrage zu vermehren. Es ist aber auch gut möglich, daß er die kapitale Bedeutung dieses Symbols nicht erkannte, wie er überhaupt vieles noch nicht sah, was dann jeder sah, in vielem zurückblieb hinter Forderungen, die dann selbstverständlich wurden. Es ist ungerecht, daraus ein feststehendes Programm oder System zu konstruieren, das er vertreten hätte. Er war, wie schon gesagt, ein Unvollendeter. Er war auf dem Wege, er war noch nicht angekommen. Alle seine Schriften sind nur Wegmarken. Und übrigens ist von seinen Werken ganz ungewöhnlich viel erhalten, was die Fixierung einer geschlossenen Lehre erschwert. Bei seinen Nachfolgern, die so weit über ihn hinausstießen, ist das Material meist dürftig. Das erleichtert es, das wenige Vorhandene in Grundthesen festzulegen.

Man muß sich zum großen Teil an die Ereignisse halten, nicht an die Pergamentstreifen mit Lehrsätzen. Das Ereignis, das die ganze Bewegung bestimmte, ihr ein Symbol gab und das den Bruch mit der alten Kirche besiegelte, war die Forderung nach dem Kelch, dem Abendmahl »in beiderlei Gestalt«, sub utraque specie; die *Utraquisten* wurden in der nächsten Etappe dann auch die »Hussiten« genannt oder die *Calixtiner*, die Kelchner. Eine religiöse Forderung, hervorgegangen aus der Wendung zum Frühchristlichen, der Bibel als Autorität: In der Schrift stand nichts von Trennung des Brotes und Weines. Da stand ganz deutlich: Hier mein Fleisch und Blut, esset und trinket zu meinem Gedenken. Wer hatte denn da überhaupt eine Scheidung vorgenommen? Die Apostel und die frühe Kirche kannten sie nicht. Die Hierarchie der Kirche erst hatte, im immer stärker werdenden Bemühen, dem Priester Sonderstellung zu verleihen, daran gedacht, genau zu separieren: hier der Kelch, allein dem geweihten Priester vorbehalten, dort die Oblate, das Brot für den Laien, das Volk. Erst im 12. Jahrhundert war das angeordnet worden, eine Neuerung, die viel Widerstand fand und immer wieder autoritative Maßnahmen nötig machte. Das wußten freilich nur wenige; kirchengeschichtliche Kenntnisse waren nicht gerade verbreitet, auch nicht im Klerus. Es wurde aber nun von den Hussiten gepredigt: Seht doch, wie man euch das kostbare Blut Christi vorenthält! Wie man es euch mutwillig versagt, den Geboten Christi zuwider! Wie man euch herunterdrücken will in eine abhängige, mindere Stellung: Demütig und vorsichtig sollt ihr entgegennehmen, was euch verabreicht wird, die Hälfte nur, fast ein Almosen, ein Brosamen der ganzen herrlichen Gnade!

Mit Mißständen bei der Austeilung beider Gaben hatte die Kirche die Maßnahme begründet: Es könnte vom Wein etwas verschüttet werden und damit entehrt; die Oblate, dem Gläubigen durch den Priester behutsam in den Mund gesteckt, war davor bewahrt. Auch sie mußte geschützt werden: Ihr Anfassen war schon schwere Sünde, wenn ein Brocken durch Versehen zu Boden fiel, war es Sünde. Sünde war es, den Kelch zu verlangen, am Ende Ketzerei, Ungehorsam gegen die Gebote der Kirche.

Befehle der Kirche, die sich als die apostolische rühmte, nicht aber die Gebote der Bibel und der Apostel, sagten die Gegenstimmen. Die Kanonisten der Kurie bewiesen mit scharfsinnigen Deduktionen, daß doch der ganze Leib Christi in jedem der beiden Teile vollständig gegenwärtg sei: im Brot so wie im Wein. Davon wußten wenige, und der Laie sollte auch nicht mit seinem beschränkten Verstand in die hohen Regionen scholastischer Definitionen vorstoßen. Das Brot ist der Leib, das Fleisch; der Wein die Seele, so lautete eine andere Definition. Wie aber sollte das Privileg gerechtfertigt werden, so murrten die rebellischen Geister, dem Priester die Seele zuzuschreiben, dem Laien nur das Fleisch, das sündige Fleisch? Und wenn der Klerus das tat, lebte er danach, ohne fleischliche Sünde? Die Forderung nach dem Kelch hing eng mit der Frage nach dem würdigen oder unwürdigen Priester zusammen. Sie hatte so große Stoßkraft, weil sie nicht an irgendeiner Nebenstelle des Ritus und Glaubens angriff, wie dem Überhandnehmen von Zeremonien, der Heiligen- und Reliquienverehrung, sondern am Hauptdogma, dem Kernpunkt. Das Abendmahl verbürgte das Seelenheil, so stand es in der Bibel. Um das Abendmahl kreisten denn auch alle Gedanken, alle Streitigkeiten und alle Versuche, sich näheren, besseren, häufigeren Zugang zu verschaffen – Kommunion: So oft wie möglich, als tägliches Brot sogar, das war schon eine Forderung der böhmischen Vor-Reformatoren gewesen. Kommunion selbst für die Kinder wurde verlangt, die nicht ausgeschlossen sein sollten, auch wenn sie noch nicht »verstanden«, was ihnen damit geboten wurde. Der Verstand sollte doch ohnehin unwichtig, lästig, unbefugt sein, das große Mysterium zu begreifen. All das wurde in den Disputationen der Universität, in Traktaten, im Gespräch des Volkes seit langem diskutiert.

Denn der Laie war nun selbstbewußter geworden und forderte seinen Anteil, der nicht nur im »halben Sakrament«, wie er es auffaßte, bestehen dürfe. Er forderte noch mehr; der Kelch war nicht das einzige, wie wir sehen werden. Aber er war ein sichtbares Symbol. Im Zeichen des Kelches wurde die erste Umwälzung durchgeführt. Mit Bannern, auf denen der Kelch gemalt oder gestickt war, zogen die Hussiten gegen die Kreuzfahrer unter dem Banner der Muttergottes, vom Kardinallegaten geweiht, ins Feld, und das schien ihnen ein sehr viel geringeres Wahrzeichen, obwohl sie gegen die Muttergottes nichts hatten. Sie war aber nur Fürbitterin: Der Kelch war Christus selbst. Der Kelch wurde, noch als alles andere von den »Errungenschaften der Revolution« abgebaut war, der letzte und eifersüchtig bewahrte Hort der Hussiten, weitergetragen bis ins nächste Jahrhundert, wo er auch in der Reformation in Deutschland als Kennzeichen diente: Wer den Kelch nahm, schied sich von der alten Kirche, leibhaftig, deutlich, mit Fleisch *und* Blut, nicht lediglich mit einem Wortbekenntnis. Nach der einen Anschauung trank er das Gift der Ketzerei, die Seligkeit nach der anderen.

Man mag erstaunen, weshalb gerade diese Frage so zentrale Bedeutung erhielt. Wir können den Menschen von damals nicht zureden, sich anderen, wichtigeren Problemen zu widmen, wie etwa der sozialen Auseinandersetzung. Ürigens war auch diese entschieden dabei involviert, denn es ging ja eben um den Kampf zwischen zwei Klassen, um Geld, Abgaben, Besitz, Steuerdruck des Klerus, und wenn man die zeitgenössischen Akten und Chronisten liest, möchte man glauben, es sei überhaupt von nichts anderem die Rede gewesen und von Glaubensdingen nur, wenn eine neue Forderung zur Debatte stand. Wer sich allein daran halten will, dem steht überreiches Material zur Verfügung. Die immateriellen Dinge jedoch standen für die Menschen jener Zeit im Mittelpunkt ihres Denkens und Fühlens: Das Jenseits war wichtiger als das Diesseits, das sie gewiß nicht leichtnahmen. Erst als auch der Jenseitsgedanke, die Jenseitssehnsucht aufgegeben wird – und in der Hussitenbewegung kommt das in Ansätzen zum Zuge – und das Hier und Heute sich als Forderung durchsetzt, nähert sich die Revolution den Vorstellungen von heute etwas mehr, die im Kelch nur ein wunderliches Relikt des dunklen Mittelalters sehen.

Wir halten uns an die geschichtlichen Vorgänge. Der Kelch begann umzugehen in Böhmen, schon während Hus im Kerker saß. Woher er kam, darüber ist viel diskutiert worden. Er war in der Ostkirche Brauch, und von da ist höchstwahrscheinlich die Anregung gekommen, vielleicht durch Hieronymus von Prag nach seinen Reisen in den Osten. Man braucht sich aber nicht nur an diesen belegten Zeugen zu wenden; es gab viel Handelsverkehr mit den orthodoxen Ländern Großpolen-Litauens. Der Magister Jakoubek, so die beste Chronik, hat ihn zu Prag eingeführt; andere hatten schon davon gesprochen und geschrieben, aber er war der Initiator. Er verhandelte noch darüber mit Hus im Kerker zu Konstanz, der für freiwillige Lösung war: Wer will, soll den Kelch nehmen; notwendig ist es nicht. Jakoubek, in vielem radikaler und doktrinärer als Hus, entschied: Nein, er ist *notwendig*, ist unentbehrlich zum Heil; ohne den Kelch ist das Abendmahl hinfällig. Das wurde der Bruch mit der Kirche.

Das Konzil entschied scharf: Verbot des Kelches unter schwerer Strafe. Der Kelch – eine neue Ketzerei! Wie gefährlich sie sein würde, ahnten die Konzilsherren nicht. Die Verbote und Banndrohungen gehörten zu dem ganzen Arsenal von Disziplinarmaßnahmen, mit dem sie so leichthin operierten, als sei ihnen noch die große Macht früherer Päpste gegeben. Der Bischof Johann von Leitomischl, »der Eiserne«, bis zum Hals in den Panzer der Rechtgläubigkeit gekleidet, hatte ihnen aufregende Mitteilungen gemacht, wie weit die neue Häresie in Böhmen schon fortgeschritten sei. Weiber, Handwerker nahmen daran teil, niederes Volk, Unwissende, Unverschämte. Solche Berichte trugen mehr noch als die aus Büchern ausgezogenen Thesen zum Urteil über Hus bei.

Das Konzil, sonst zu wenig energischen Maßnahmen fähig, beschloß, den eisernen Johann als Legaten nach Böhmen zu senden. Vom König Wenzel nahm man dabei gar keine Notiz. Er war schon verärgert, daß das Konzil ihm nicht den Titel als deutscher König konzedierte, den er obstinat beibehielt. Johann dem Eisernen wurde das Land Böhmen verboten. Die adligen Herren der Nachbarschaft seines Bistums Leitomischl benutzten die gute Gelegenheit, bischöfliches Land im »nationalen« Interesse und Auftrag zu besetzen. Das Konzil, unbelehrt, polterte eine weitere Verfügung heraus: Johann sei noch dazu zum Bischof von Olmütz ernannt, dem umfangreichen mährischen Bistum, das gerade frei geworden war. Wenzel antwortete damit, daß er seinen eignen Kandidaten, und gleich für beide Bistümer, ernannte und mit Waffengewalt durchsetzte. Auch er betrieb Revolte und Umsturz von oben. Daß das Konzil ohne Papst, schon ehe es sein Werk vollbracht hatte, ihm so in sein Land hineinregieren wollte, empfand er ebenso als »Fehdehandschuh« wie seine Ritter die Vorladung zum Prozeß.

Das Konzil, immer ungeduldig, doch nun irgendwo seine Autorität zu zeigen, die sonst so wenig beachtet wurde, bedrohte auch die Prager Universität wegen ihres Eintretens für den Ketzer. Die vielen beim Stimmenstreit vertriebenen Deutschen waren dabei besonders rührig. Sie behaupteten, die ganze Prager Hochschule sei von der geistigen Pest erfaßt, außerdem gar nicht mehr in der Lage, nach dem Fortzug der meisten Dozenten ordnungsgemäßen Unterricht zu erteilen. Es erging vom Konzil die Verfügung: Die Universität Prag wird suspendiert. Ihre Titel und Grade gelten nicht. Das Studium zu Prag wird allen Gläubigen verboten. Auch die Universität wurde damit zur Rebellin gemacht. Sie hatte bisher versucht, eine vorsichtig balancierende Stellung einzunehmen, hatte in einer Erklärung vor allzu gewagten Neuerungen gewarnt, aber den Kelch gebilligt. Sie wurde als geistige und kirchliche Instanz von verschiedenen Baronen angerufen, sich zu dieser alle Gemüter aufregenden Frage zu äußern. Sie tat es; der Erzbischof oder andere offizielle Kirchenbehörden blieben beiseite. Der Kelch wurde daher auf den Besitzungen dieser Herren, darunter manchen der mächtigsten, durch Order an die Pfarrer des Patrons als eine berechtigte und notwendige Einrichtung eingeführt. Die Universität etablierte sich für die nächsten Jahre als selbständige, richtunggebende Autorität mit Reformvorschlägen, Gutachten, Warnungen, oft kühn vorstoßend und retardierend, wo das akademische Denken und Standesbewußtsein das Übergewicht erlangte. Mit dem modernen Begriff »bürgerlich« sind die Magister nicht zu verstehen; wenn irgendwo, so war an den Hochschulen die sonstige erbständige Gliederung durchbrochen und aufgehoben, wie schon am Beispiel des Hus zu sehen war; wohl aber war ein starkes korporatives Selbstbewußtsein vorhanden, mit Bindung an Eide, Bräuche, Privilegien, Tracht. Die Vielfalt der summarisch »ständisch« genannten Ordnungen jener Zeit, uns fern, war den Mitlebenden deutlich und selbstverständlich; sie ging bis zu Differenzierungen, wie sie heute noch allenfalls im Gewerkschaftsleben fortleben. Man teilte auch in den Handwerken auf das genaueste ein, oft mit erbittertem Rangstreit, zuweilen blutigen Aufständen, nicht nur gegen die Patrizier, sondern untereinander: weniger Privilegierte gegen höher Privilegierte. Die Universität war auch aus einer Gilde, einer Korporation, hervorgegangen und behielt ständig Züge davon. Sie war hoch privilegiert und hielt sich selbst entschieden für die oberste Instanz in allen geistigen Fragen. Daß sie dabei die statutenmäßige Oberaufsicht der Kirche nun als erledigt ansah, stellte sie in die Reihen des Umsturzes.

Ohne Berücksichtigung dieser etwas komplizierten Verhältnisse wird die kommende Zeit unverständlich oder auf unzulässige Vereinfachungen reduziert. Solche Simplifizierung, die naheliegt, besonders wenn man endlich zum Losschlagen kommen will, in dem nach mancher Ansicht allein eine Revolution besteht, scheint auch den bedeutenden Leistungen der altertümlich erscheinenden Institutionen und Organisationsformen nicht gerecht zu werden. Die Prager Magister haben scharfe, leidenschaftliche, weit vorwärtstreibende Persönlichkeiten zu der Gesamtbewegung beigesteuert und vielfach weiter gedacht als andere, die in irgendeiner Richtung und nicht selten Sackgasse vorstürmten. Es ist nicht zu verkennen, daß die Magister dann nur zu oft und nur zu leicht sich zu Kompromissen bereit fanden, um wenigstens einen Teil des Errungenen zu retten.

Über ihre führende Rolle in diesem Anfangsstadium kann kaum ein Zweifel herrschen. Magister Jakoubek stieß vor, und zwar keineswegs nur mit seiner Forderung des Kelches. Er organisierte, er trieb weiter, dachte voraus, formulierte. Man hat ihn einen Doktrinär genannt, und dafür ist das Beiwort »eiskalt« obligatorisch; er war auch leidenschaftlich, phantastisch, apokalyptisch in seinem Glauben an den Antichrist; er war gelehrt, und noch der bösartige Hussitengegner Enea Silvio, der den alten Mann kennengelernt hat, zollte ihm wegen seines Wissens Respekt. Er war kein Volksprediger wie Hus, und es fehlte ihm die besondere Gnade zur Führung großer Massen; er blieb, und das hat ihn im Bewußtsein der Nachwelt versinken lassen, ein Mann der ersten Anfänge, und die werden vergessen. Die wissenschaftliche Debatte und Würdigung oder Abwertung ist etwas anderes.

Neben Jakoubek, dem weitaus stärksten Kopf, gab es noch die Deutschen aus Dresden, die »Ketzerschule« in der »Schwarzen Rose«. Sie steuerten vor allem die bildhafte, robuste, wirkungsvolle Propaganda bei und griffen dabei auf Thesen und Gedanken der Untergrundbewegung der Waldenser zurück, um diesen Sammelnamen zu verwenden für das, was schon seit Jahrhunderten in den Wäldern versteckt umging und zuweilen vorbrach. Einige Forderungen, wie Laienpredigt, Ablehnung des Fegefeuers, des Eides, des Tötens, lassen sich identifizieren, anderes stammte von den Begarden, oder von den »freien Geistern«. Die Pikarden – der Name ist wahrscheinlich aus Begarden entwickelt – haben dann am Rande der größten, historisch wichtigsten Hussitenpartei, den Taboriten, ihre Rolle gespielt, verflucht, verbrannt, verfolgt, nachdem manches von ihnen übernommen war. Die Vielfalt von Bezeichnungen und Gruppennamen kann verwirren; sie ist nicht vollständig. Sie zeigt nur auf, daß ein Gesamtplan, eine einheitliche Konzeption, fehlte. Die böhmische Revolution entstand aus Not, sie wurde durch die Angriffe des Feindes bestimmt und zu zeitweiliger Einheit zusammengeschmiedet. Zeitweilig – es waren immerhin Jahrzehnte, länger als bei irgendeiner anderen Umsturzbewegung gleicher Größenordnung, von der wir wissen.

Bis zu welchem Grade die Hussitenbewegung in Böhmen schon vorgeschritten war, geht am deutlichsten aus dem letzten Erlaß des Papstes hervor, vor seiner Abreise nach Italien ausgegeben, klagend, drohend mit dem Bann gegen »unbekannt«, gegen fast alle und jeden: Die kirchlichen und die weltlichen Behörden sollen endlich einschreiten; der Erzbischof Konrad ist auch ein schmählicher Zögerer und Vernachlässiger seiner Pflichten. Der König soll einen Eid ablegen, er werde die Kirche unversehrt lassen. Die Ketzer müssen zum Widerruf gezwungen, Hartnäckige bestraft, das heißt verbrannt werden. Alles geraubte Kirchengut – ein sehr wesentlicher Punkt – ist unverzüglich zurückzugeben. Die vertriebenen Geistlichen müssen wiedereingesetzt und entschädigt werden. Die Universität ist zu reformieren. Alle hussitischen Schriften ins Feuer! Singen der Ketzerlieder streng untersagt. Die sogenannte freie Predigt verboten. Die Kirchenstrafen müssen strikt beachtet werden. Jeder, der den Hus oder Hieronymus für heilig erklärt, ist als rückfälliger Ketzer zum Scheiterhaufen verdammt.

Nichts davon wurde beachtet. Wenzel antwortete nur mit erneuter Publikation seines schon früher verfügten Gesetzes: Jede Vorladung böhmischer Untertanen vor geistliches Gericht jenseits der Landesgrenzen sei unzulässig und nichtig. Das war *sein* »Fehdehandschuh«, und er befand sich damit auch in Übereinstimmung mit der englischen Königspraxis. Böhmen war so gut wie »offiziell« aus dem Gehorsam der Kirche, aus der europäischen Gemeinschaft, die der Kirche folgte, ausgeschieden; es stand allein »gegen eine Welt von Feinden«. Es stand stolz da: Die Böhmen fühlten sich weit überlegen. Sie als einzige hatten mit der Reform Ernst gemacht, während das Konzil so kläglich versagte. Das Heil war bei ihnen. Sie waren die Erwählten, die Bevorzugten. Und wenn man sie verdammen wollte, so war gerade dies ein unverkennbares Zeichen für die Erwählung: Immer waren die Märtyrer, die wahren Glaubenszeugen verfolgt, verurteilt, verlästert worden, wie noch jüngst Jan Hus und sein Freund Hieronymus. Und wenn die übrige Welt sich vermessen sollte, ein ganzes Land zu bedrohen und anzugreifen, so würde sie die Folgen zu tragen haben. Man würde sich wehren. Ein Kreuzzug? Man würde einen Zug im Zeichen des Kelches dagegen unternehmen. »Reichsexekution?« Was war das Reich? Wer war der römische König und noch ungekrönte Kaiser Sigmund, der damit winkte und nicht einmal in seinem Erbland Ungarn Ordnung halten konnte?

Eine Einigkeit dieser Bedrohung gegenüber kam zustande, wie sie kaum je gekannt war. *Ganz* einig waren auch die Böhmen nicht; die maßgebenden Großen hatten sich zwar zu einem Bund zusammengetan, der eine erste »Hussitenpartei« darstellte und der zugleich – denn die Interessen der Barone wurden nicht vergessen – den König unter Aufsicht halten sollte. Aber alsbald entstand ein Gegenbund von anderen Großen, der Kern der Partei der »Katholiken« oder Kirchentreuen, auch er vornehmlich eine Adelsgesellschaft. Sie waren zunächst schwach und standen unter dem Odium des Hochverrates und des Zusammengehens mit dem Landesfeind, der Querverbindungen zum allgemein verhaßten Sigmund. Zwischen diesen beiden

Parteien, mit vielem Überlaufen und Loyalitätswechsel, vollzog sich ein großer Teil des kommenden Bürgerkrieges, der auch Adelskrieg und Volkskrieg wurde.

Der Boden war umgepflügt worden – noch nicht sehr tief –, und viele Stellen waren unbeackert gelassen. Die adlige Hussitenpartei mochte noch glauben, sie könnte eine geordnete Reformation unter ihrer Leitung herbeiführen. Ihr Führer, der mächtige Baron Čenek von Wartenberg, noch einflußreicher als Vormund des fürstentumgroßen Besitzes der Rosenbergs in Südböhmen, dirigierte, so glaubte er, die Umwälzung. Er berief als Patron hussitische Priester und entließ die altgläubigen. Als nicht genug neugläubige Anwärter zu finden waren, ließ er einen Titularbischof von Nikopolis, den einzigen, den er finden konnte – auch diesen nur durch einen Handstreich aufgegriffen –, neue Priester und junge Kleriker ordinieren. Ein ordnungsmäßiger »kanonischer« Vorgang dafür schien auch ihm noch unentbehrlich. Von diesen Neugeweihten stießen dann eine ganze Reihe zu den Taboriten. Magister Jakoubek glaubte, die Bewegung von der Universität aus leiten zu können. Er trieb an und bremste, wo ihm das nötig schien. Er stieß vor allem auf das Land, in die kleinen Städte, vor. König Wenzel, der am liebsten die Entwicklung ganz sich selbst überlassen hätte, suchte eine Kompromißlösung durchzuführen. Er wollte die Kelchner und die Altgläubigen nebeneinander belassen, die Kirchen und Pfarren teilen. Das konnte bei der gegenseitigen Erbitterung nicht glücken; es war auch kaum gezielte Politik, sondern ein Tasten nach kurzfristigen Augenblickserfolgen. Der Erzbischof Konrad, mißmutig genug über die Aufgaben, die ihm zugemutet wurden, erließ auf Befehl des Konzils erneut das Interdikt über Prag. Es hatte den Erfolg, daß die altgläubigen Priester, soweit noch vorhanden und nicht vertrieben, ihre Tätigkeit einstellen mußten und nur ihre Pfarre und Stellung zu behaupten suchten; die hussitischen Prediger amtierten mit verstärktem Eifer und Erfolg. Die Stadt Prag nahm für die neue Lehre immer mehr Partei. Überhaupt wurden die Hussiten anfangs vielfach die »Prager« genannt, ehe die anderen Bezeichnungen aufkamen.

Eine vorrevolutionäre Situation, wie sie sich nur denken läßt, mit starken und militanten Gruppen und einzelnen am Rande und in der Mitte, die weder den Kelch als Neuerung noch Magister Jakoubek als geistigen Direktor und zu allerletzt die hochadlige Führerschaft genügend fanden. Die Erstreformer oder Frührevolutionäre warnten vor extremen Forderungen, vor den wilden Aktionen, der Zerschlagung von Heiligenbildern, dem Aufgeben aller gewohnten Bräuche und Riten. Die Streitschriften, die gewechselt wurden, geben nur gelegentliche Streiflichter, und ein genaues Bild dieser Übergangsjahre wird sich kaum entwerfen lassen. In weiten Landstrichen ging das Leben, auch das religiöse, weiter wie bisher; die Gewährung des Kelches machte auch keinen grundsätzlichen Unterschied für diejenigen, denen die kirchenpolitisch-dogmatische Seite der Sache gleichgültig war. Jakoubek ließ durch einen seiner Schüler eine tschechische Messe verfassen, die dann bei den Hussiten allgemein adoptiert wurde. Man glaubte vielfach, Böhmen sei nun Vorbild für die allgemeine Reform der Christenheit; an völlige Loslösung dachten nur wenige, diese freilich mit Vehemenz.

Man darf nicht nur die mit viel Scholastik beladenen Streitschriften und die kirchlichen Fragen betrachten. Sie hatten, bei der engen Verflechtung des gesamten Lebens mit dem Kultus, eine gewaltige Verschiebung von Eigentum, Rechtsansprüchen und Gewohnheiten jahrhundertealter Art zur Folge. Das Vorrücken des Hochadels auf den Kirchenbesitz ging im stillen tatkräftig weiter; von Rückgabe wurde nur in Erlassen etwas gesagt. Die hussitischen Priester besetzten die Pfarren der Altgläubigen; sie sollten, nach strengerer Auslegung, hinfort kein Eigentum besitzen und nur von freiwilligen Gaben der Gemeindemitglieder leben. Die Herren nahmen den Pfarrbesitz, oft umfangreich bei »fetten« Gemeinden, an sich; an anderen Stellen wehrten sich auch die hussitischen Geistlichen oder erlangten Gutachten der Universität, wonach etwa das Pfarrhaus als »geliehen« ihnen zustünde. Die Aktionen der Radikalen mit Zerschlagung von Bildern, Verbrennen von Zeremonialgewändern und Plünderungen fanden häufig Opposition; die Herren, die Kapellen für Totenmessen für ihre Vorfahren als Stiftung auf ihrem Gute hatten, wurden sehr unwillig, wenn ihnen dieser fromme Ahnenkult nun genommen werden sollte; sie fanden auch Aufruhr mit Zerstörung von kostbarem Bildergut ungemein bedenklich als Beispiel für etwaigen anderen Aufruhr, der nicht bei Kapellen haltmachte. Nicht wenige fanden es bereits an der Zeit, sich zu der Partei der Altgläubigen zu schlagen.

Schließlich brachte das Hussitentum eine wesentliche Wendung im täglichen Leben, meist nicht genügend beachtet: Sittenstrenge. Hus hatte gegen Pomp, Luxus und Hurerei geeifert und schlichtes Leben gefordert. Jakoubek wiederholte – wie immer noch schärfer – die Moralforderungen; er wollte, neben Unzucht, Ehebruch, Wucher und Raffsucht, sogar Singen und Tanzen verbieten.

Die Hussiten waren frühe Puritaner und verdanken, wie ihre Nachfolger, einen wesentlichen Teil ihrer militärischen Erfolge und Schlagkraft ihrer Disziplin auf *allen* Gebieten. Wenn sie von Todsünde sprachen, einem ihrer Hauptprogrammpunkte, die unnachsichtig bestraft werden müsse, so hieß das in erster Linie: Hurerei. Die Zerstörung der Bordelle war eine der ersten Maßnahmen, die Vertreibung der »Hübschlerinnen«, die beim Konzil zu Konstanz noch unentbehrlich waren, wurde rücksichtslos gehandhabt, Ehebruch schwer geahndet. Bei den Hussitenkriegen wurde später von den Chronisten im Ausland mit Verwunderung festgestellt, daß Schändung, sonst allgemeiner Kriegsbrauch, bei den Hussiten nicht geübt würde, so gräßliche Mordtaten man ihnen sonst vorhielt. Der Kampf gegen die Heiligenbilder und Schreine war neben dem doktrinären Prinzip der Kampf gegen Luxus und Prunk: Schlicht und einfach wie die Kleidung hatte das Gotteshaus zu sein, ohne juwelenbedeckte Monstranzen, ohne kostbare Kleidung der Priester; viele wollten auch kein Glockengeläut, noch andere überhaupt kein eignes Kirchengebäude. Die Andacht, wenn sie recht verrichtet wurde, konnte auch in einem Haus, einer Scheune, auf freier Wiese abgehalten werden, das Gerät für den Wein, der Kelch sollte ein Holzbecher sein, kein ziselierter Pokal. Die Kirchenlehre wurde vereinfacht und auf Hauptsätze zusammengezogen; das tägliche Leben hatte sich danach zu richten. Es war sonst so bunt und vielfältig geworden wie ein Jahrmarkt, und Kirchenfeste standen eng zusammen mit lautestem Jahrmarktsbetrieb, weltlicher wie geistlicher Art. Die Hussiten wollten strenge Scheidung und Betonung der wichtigen Dinge des Glaubens, und unter diesen der Haupthandlungen: Abendmahl, Predigt, gemeinsames Gebet.

Die Kunstgeschichte klagt: Die großen Bauten Karls IV. kamen zum Stillstand, die Malerzechen lösten sich auf, die Miniaturmaler, die Goldschmiede zogen fort; eine Kunst der Hussitenzeit gibt es kaum, von kleinen Resten in der Provinz abgesehen. Und schon die letzten künstlerischen Zeugnisse vor Ausbruch des Sturmes zeigen einen anderen Geist an, als die Zeit noch um 1400 mit ihren »schönen Madonnen«, dem »weichen Stil«, wie er betitelt worden ist: Sie werden todernst, düster; ein Schmerzensmann ist nackt mit brutal herausgearbeitetem, hagerem Brustkorb und vorstehenden Rippen, einer grausam knorrigen Dornenkrone, anklagend die Hände mit den Wundmalen zeigend in fast bäurisch ungelenker Geste. Nur die Musik wurde beibehalten; auch sie in Gemeindegesang, Choral umgewandelt, und dann als Kampflied im Feldzug verwendet.

Das goldene Prag Kaiser Karls IV. wurde ein eisernes Prag. Die Zeit der noch fröhlichen Aufstände mit Studentenulk und einer halbnackten Hure auf dem Wagen war vorbei; auch sie hatte bereits Opfer gekostet. Die Reden und Predigten wurden schärfer, schriller; gefordert wurde mehr als nur der Kelch. Der letzte Tag war für viele gekommen. Der Tag für durchgreifende Aktion für andere, die vor dem König und seinen Beamten so wenig haltmachen wollten wie vor der Kirche. Bisher hatte der Kampf der Kirche und dem Klerus gegolten, und er war möglichst in Zusammenwirken mit dem König, oder mindestens unter seiner wohlwollenden Duldung, geführt worden. Das änderte sich nun.

Wenzel warf erschreckt das Steuer herum, wenn man von Steuerung reden kann. Sein Bruder Sigmund bedrohte ihn immer ernstlicher, Manifeste wurden im ganzen Land verteilt: Sigmund habe so lange noch gezögert; jetzt müsse er alle Rücksichten, auch die auf verwandtschaftliche Bindungen, fallen lassen. Wenn Böhmen nicht von Ketzerei gesäubert wird, so muß Wenzel durch die gesamte Christenheit – deren Schirmherr und Sprecher Sigmund ist – abgesetzt werden; seine Untertanen werden ihres Treueeides entbunden, ein Kreuzzug wird ausgerufen werden und könnte sehr wohl das blühende Land zugrunde richten; er wünsche an solchem Unheil nicht Schuld zu sein und warne rechtzeitig.

Wenzel geriet in Panik. Er versuchte, alles rückgängig zu machen, was in den letzten Jahren geschehen war: Die Kirchen und Pfarren sollten den Katholiken zurückgegeben werden; als vorläufige Konzession wollte er den Hussiten zu Prag drei Kirchen einräumen. Aufstände waren die Folge. Die zurückgekehrten Pfarrer gingen mit allen üblichen Prozeduren vor: Sie weihten ihre Kirchen neu, verwarfen die von Hussiten gebrauchten Kirchengeräte, reichten Kranken die Sakramente nur, wenn die Kelchketzerei abgeschworen wurde, und verweigerten jedem den Zutritt, der sich nicht bestimmt zum alten Glauben bekannte. Wenzel ernannte neue und zuverlässige katholische Ratsherren, besonders für die tschechische Neustadt. Auch in seiner nächsten Umgebung, dem Hof, sollte unter den vielen hussitischen Sympathisanten gesäubert werden. Zwei von ihnen traten nun mehr oder weniger offen auf die Seite der Revolution: ein schon bejahrter Kleinadliger, Johann von Trocnov, Žižka genannt, und ein Herr Nikolaus von Pistna, königlicher Burggraf auf der Feste Hus, bei dem Heimatort Husinec des Jan Hus, auch Nikolaus von Hus genannt. Žižka, dem nur einige unbeträchtliche Höfe in der Nähe von Budweis gehörten, war lange Jahre als Soldritter und Söldnerführer in verschiedenen Feldzügen, vor allem im Osten, bei den Kämpfen zwischen Polen und dem Deutschen Orden tätig gewesen, ehe Wenzel ihn an seinen Hof berief. Hervorgetreten war er nicht, er galt als verschlossen, oft vor sich hinbrütend; an dem ausgelassenen Treiben der Günstlinge Wenzels nahm er nicht teil. Es wurde von ihm erzählt, Wenzel habe ihn einmal so versonnen angetroffen und gefragt: Woran denkst du? »Ich denke daran, daß wir Böhmen von den Fremden als Ketzer geschmäht und verfolgt werden, unsere besten Männer verbrennen sie als Verbrecher – wer kann das ruhig mit ansehen?«

Der König darauf: »Lieber Hans, gibt es denn Mittel, das zu bessern? Wenn du eines weißt, nur zu, wende es an; ich gebe dir gern meine Zustimmung.« Das ist sicher Legende, wie vieles was um Žižka geraunt worden ist, der zum Fabelhelden und gefürchtet-bewunderten unbesiegbaren Feldherrn des Jahrhunderts wurde und in Anekdoten, Balladen, Volksliedern weiterlebte wie keine andere Gestalt der böhmischen Geschichte. Wie manche Legende, hat sie ihren sinnvollen Kern, auch in der Haltung Wenzels.

Historisch tritt Žižka in diesen Monaten neuer Straßenkämpfe zu Prag zuerst ins Licht. Wenzel wollte die Bürger entwaffnen lassen; alle Vorräte an Kriegsgerät sollten auf den Vyšehrad gebracht und dort deponiert werden. Die Bürger schwankten. Žižka übernahm die Führung: »Die Waffen werden nicht abgegeben; legt die Rüstungen an, gürtet die Schwerter um!« Sie taten es. Er kommandierte weiter: Ordnung! Ein ordnungsgemäßer Aufmarsch! Und Ordnung, Kriegsordnung, disziplinierte Formationen wurden das große Geheimnis seiner Erfolge. Man stellte sich, noch ungeschickt, aber gehorchend, zu einem Zug zusammen.

In einer seiner brillanten taktischen Wendungen marschierte Žižka mit dieser ersten hussitischen Truppe vor dem König auf, der auf dem Vyšehrad residierte: »Hier die gehorsamen Bürger von Prag, zu Eurer Verfügung! Befehlt über sie, gebt den Feind an, gegen den wir ziehen sollen. Jeder hier ist bereit . . .«

Wenzel, andere Richtung einschlagend, äußerte sich lobend über den Eifer seiner guten Prager Bürger und ermahnte sie, Frieden zu halten unter Nachbarn und nach Hause zu ziehen. Sie gingen und nahmen die Waffen mit. Wenzel fühlte sich nach diesem Aufmarsch auch auf dem stark befestigten Vyšehrad nicht mehr sicher; er verzog sich auf sein neues Schloss bei Kunratice, den »Wenzelstein«. Žižka konnte sich dort nicht mehr sehen lassen. Die Zeit seines Dienstes bei Hofe war vorbei. Er stieß zum Volk.

Mit ihm schied der andere führende Kopf der Hussiten unter den Höflingen aus, Nikolaus von Hus; auch er hatte sich Wenzel an der Spitze einer aufgeregten Volksmenge in den Weg gestellt und gefordert, der König müsse mehr Kirchen für den utraquistischen Gottesdienst freigeben. Wenzel verbannte ihn aus Prag; Nikolaus wurde zum Agitator und Führer der Landbevölkerung.

Ein dritter Schicksalsmann trat um diese Zeit in Prag hervor, ein Mönch, aus dem Prämonstratenserkloster Želiv (Seelau) geflüchtet und danach Johann Želivsky genannt. Er predigte an einer der drei noch zugelassenen hussitischen Kirchen, Maria im Schnee, und seine Sermone schlugen eine neue Note an. Er wetterte nicht mehr gegen Kleiderpomp, nicht mehr nur gegen den Klerus: Er war der Revolutionär der nächsten Phase. Aufstand, und zwar gründlicher, gegen alle bisherige Autorität! Kein Kompromiß mit dem Hof oder dem Magistrat. Schluß mit den Bedenken und Vorbehalten der Magister, die sich in scholastische Spitzfindigkeiten verlieren und nie klipp und klar ihre Meinung sagen. Schluß auch mit den tiefgründigen Disputationen der Universitätsleute über die Frage des Krieges: Ob Krieg überhaupt erlaubt, ob nicht mindestens für Geistliche entschieden unerlaubt, ob gerechter Krieg gestattet und wann, etwa zur Verteidigung – Krieg des Volkes ist auf alle Fälle gerechtfertigt. Želivsky spart nicht mit apokalyptischen Bibelworten, er zitiert aus der Schrift, was nur an wilden Drohungen zu finden war, an Strafgerichten über das abgöttische Jerusalem, so beim Propheten Hesekiel: »Ihr Berge Israels, hört das Wort des Herrn: Siehe, ich will das Schwert über euch bringen und eure Höhen zerstören, daß eure Altäre verwüstet und eure Sonnensäulen zerbrochen werden, und will eure Erschlagenen vor eure Bilder werfen.« Oder aus Jeremias: Die falschen Propheten sollen sterben, »und die Leute, denen sie weissagen, sollen vom Schwert und Hunger auf den Gassen zu Jerusalem hin und her liegen, daß sie niemand begraben wird, also auch ihre Weiber, Söhne und Töchter«; der Herr hat seinen Grimm wie Feuer ausgeschüttet über Zion, »und so wird es unserer Stadt Prag ergehen!« Er verkündet keinen Trost, sondern Kampf. Er erinnert an Hus, den die Domherren und Pfaffen verfolgt haben; so werden auch jetzt die Gläubigen von den Ratsherren und Beamten des Königs verfolgt. Von der Predigt zur Aktion: Prozessionen werden immer wieder veranstaltet, die nichts anderes sind als gut organisierte Demonstrationen, von den Magistratsherren nur mühsam abgewehrt; es kommt zu vielen Zusammenstößen, Einzelhandlungen, die kein Chronist für der Mühe wert gefunden hat, vollständig aufzuschreiben.

Prag war also in Gärung; die Universität durchaus in die zweite Linie verwiesen: Jakoubek, der nahezu ein geistiger Diktator gewesen für drei Jahre, verstummt, überholt, ausgeschaltet; die Herren des hussitischen Adelsbundes besorgt und unsicher; in den Provinzen und auf dem Lande ein wildes Durcheinander von Kämpfen und Auseinandersetzungen um jede Kirche und Pfarrstelle. Die vertriebenen Hussiten müssen vielfach im Freien, in einer Scheune, am Waldrand ihren Gottesdienst abhalten, wie Hus das in der Zeit seines Exils getan hatte. Und aus dieser Notlage entsteht mit einem Male und ohne rechte erkennbare Führung spontan an den verschiedensten Stellen im Lande die stärkste und eigentümlichste Bewegung der Zeit, die der hussitischen Revolution für zwanzig Jahre das Gepräge gibt: der Aufstand der Taboriten.

»Hinauf auf die Berge!« geht als Losung um. »Man vertreibt uns aus den Kirchen, den Dörfern; wir haben nicht einmal auf der Gemeindewiese, am Waldrand Ruhe: Hinauf auf die Berge! Auf den Bergen sind wir Gott näher, vom Berg Tabor aus ist Christi Verklärung geschehen.« Tabor wird die Bergsiedlung genannt, dann eine Stadt, eine Festung, ein Heerlager und mächtiges Bollwerk und das Zentrum der Bewegung, die fast ganz Böhmen erfaßt.

Die Anfänge sind unauffällig und fast zahm, geordnet bei aller Zufälligkeit und jedem Fehlen an einem Plan. Man weiß nicht einmal genau den »Ur-Tabor« und kennt nur ungefähr seine Lage; ein recht kleiner Hügel Nemejiče ist von tschechischen Forschern dafür als wahrscheinlichster Kandidat benannt worden, und diese bescheidene Höhe paßt recht gut zu den Anfängen. Ein Chronist meldet nur, daß die Neuerer um Ostern 1419 in der Nähe einer Burg Bechyne auf »einem gewissen Berg« zusammenkamen, den sie Tabor nannten. »Auf diesem Berg zuerst hielten sie ihre Zusammenkünfte ab, in der nächsten Woche auf einem anderen, nach zehn oder vierzehn Tagen auf einem weiteren Berg, und so fort. In einem Vierteljahre war diese pestilenzialische Gesellschaft auf 50000 Menschen angewachsen, die Frauen und Kinder nicht gerechnet.« Ein anderer, freundlicher: Sie seien als Ketzer wegen des Kelches aus ihren Gemeindekirchen verjagt worden. »Deshalb zogen die Priester mit ihren Gemeinden auf einen Berg mit breiter Hochfläche, und da errichteten sie Leinenzelte nach Art einer Kapelle. Sie hielten Gottesdienst in diesen Zelten ab und teilten das ehrwürdige Sakrament dem Volk aus, das ohne Unterschied gekommen war. Als sie das beendet hatten, brachen sie die Zelte wieder ab und zogen heim; den Berg nannten sie Tabor, und danach sind die Teilnehmer die Taboriten genannt worden.«

Für andere Höhen, auf die Bergfahrten unternommen wurden, wählte man ebenfalls biblische Namen: den Horeb oder den Ölberg, den Nikolaus von Hus so taufte. Der ganze Umfang des Sturmes auf die Höhen ist nicht gut zu schätzen, auch nicht die genauere Lokalisierung; es ist auf alle Fälle eine Bewegung des Landes, der Landbevölkerung, der Bauern, und der Gegensatz zu den Städten, zu Prag besonders, hat ständig und schicksalsvoll die weitere Entwicklung bestimmt. Tabor ist immer entscheidend eine Bauerngründung geblieben, die Revolution in Prag eine städtische Angelegenheit.

Zunächst aber kam es zu einem Zusammengehen. Die Bergfahrten nahmen unablässig zu; von weither, bis aus Mähren, kamen die Pilger.

Am 22. Juli 1419 fand der erste große Tabortag statt, bei dem 42 000 Menschen anwesend genannt werden; Zahlen aus jener Zeit sind immer problematisch, aber es dürften Zehntausende gewesen sein. Die Prozessionen rückten mit Fahnen, unter Vorangang der Priester mit dem Sakrament, an. Die schon Anwesenden gingen ihnen entgegen, begrüßten sie und wiesen ihnen ihre Plätze zu. Die Geistlichen teilten sich in die Aufgaben: Predigt, Beichte, Erteilung des Abendmahls in beiderlei Gestalt. Das Mittagmahl wurde gemeinschaftlich eingenommen, man teilte die mitgebrachten Vorräte; die Anrede Bruder und Schwester wurde verwandt, jeder Standesunterschied war verpönt. »Kein Getränk, das Trunkenheit verursachen konnte, war erlaubt. Nicht nur die Eltern, auch die Kinder versagten es sich zu tanzen, Ballspiele oder andere Leichtfertigkeit zu üben. Es gab keinen Wortstreit, Diebstahl, kein Flötenblasen oder Lautenschlagen, wie sonst Brauch bei Kirchweihfesten: Alle waren ein Herz und Wille nach der Art der Apostel.« – So der Chronist.

Vor Dunkelwerden zogen die Scharen in aller Ordnung wieder ab. Man hatte noch eine Kollekte veranstaltet: Die Eigentümer der Felder, die durch den Massenaufmarsch gelitten hatten, sollten entschädigt werden.

Ein Volksfest? Nikolaus von Hus wird als Organisator der großen Tagung bezeichnet, andere führende Hussiten waren zugegen. Der neuernannte Prager Magistrat hatte Spione entsandt. Sie berichteten, es seien unerhörte Verschwörungen auf dem Tabor geplant: Den König wolle man belagern, einige hätten davon gesprochen, er müsse abgesetzt werden; noch andere hätten Nikolaus von Hus als künftigen König vorgeschlagen. Spione pflegen sich ihr Geld nicht mit schüchternen »Vielleichts« zu verdienen. Daß die Hussitenführer aber berieten, was nun geschehen solle, ist sicher. Sie wußten, daß der König nun völlig ratlos war und zu immer schärferen Zwangsmitteln greifen würde. Ob Želivsky an der Tagung teilgenommen hat, wissen wir nicht; es ist wahrscheinlich. Prager Emissäre waren jedenfalls zugegen.

Eine Woche später schlug Želivsky los, nach sorgfältigen Vorbereitungen. Er hielt in der Frühe eine scharfe Predigt und bildete danach eine der schon vielfach eingeübten Prozessionen, vom Magistrat seither verboten. Der Zug, verstärkt zu einer ansehnlichen Menschenmenge, bewaffnet die meisten, ging zunächst zu der Stephanskirche, den Katholiken zurückgegeben. Der Pfarrer hatte die Tür verriegelt, sie wurde eingeschlagen und die Kirche für die Hussiten übernommen. Der Marsch ging weiter zum Rathaus der Prager Neustadt. Die von Wenzel neuernannten Ratsherren, der Bürgermeister dabei, berieten bereits über die Unruhen, die ihnen gemeldet waren; sie hatten zur Burg auf der Kleinseite um Schutzmannschaften geschickt. Želivsky sandte hinein und forderte Freilassung von Gefangenen, die bei Zwischenfällen in den vorhergehenden Wochen verhaftet worden waren. Die Magistratsherren, vertrauend darauf, daß sehr bald Hilfe kommen müsse, suchten die Verhandlung hinzuziehen. Ihr Sitzungszimmer war in einem Turm. Sie riefen von da herunter, wütend, aufgeregt, mit Schimpfworten; nach einem Bericht, der nachträglich verbreitet wurde, soll auch ein Stein geworfen worden sein, der genau den Kelch, von Želivsky vorangetragen, getroffen habe. Der Rathaussturm verrät eher die Hand eines geschulten Kriegsmannes; man hat auch Žižka unter den Teilnehmern vermutet.

Das Tor wurde erbrochen. Die Hussiten stürmten hinauf, es kam zu einem kurzen Handgemenge. Dann wurden die Ratsherren und ihre Begleiter, etwa zwölf Personen, vom Turm auf das Pflaster gestürzt. Wer durch den Fall noch nicht tot war, wurde niedergemacht. Niemand durfte plündern, die Leichen mit den kostbaren Amtsketten lagen auf dem Platz. Es war kein rasender Mob, obwohl auch gerast und geschrien wurde. Die Schutzmannschaft, angeblich 300 Mann stark, die anrückte, zog es vor, sich ohne Kampf zurückzuziehen. An die Bürgerschaft erging der Ruf, sich bewaffnet im Rathaus einzustellen. Eine Bürgermiliz unter vier Hauptleuten wurde organisiert. Die Hauptleute übernahmen die Kontrolle und das Amtssiegel der Stadt. Das Volk wählte dann einen neuen Magistrat. Er bestand durchweg aus Hussiten, aber meist Leuten von einigem Ansehen, keineswegs nur Parteigänger Želivskys. Sie verständigten sich mit dem Magistrat der Altstadt, der vorwiegend hussitisch besetzt war.

König Wenzel erlitt einen neuen Tobsuchtsanfall. Er fühlte sich von allen Seiten verraten: In der linken Hüfte schon apoplektische Schmerzen anziehend, die Hauptstadt rebellisch durchweg, seine Umgebung unzuverlässig; selbst seiner Gemahlin Sophie traute er nicht mehr ganz. Er schrie, er werde Rache nehmen, und nannte die Opfer bei Namen: Alle sollen ausgerottet werden, die Hussitenpriester zuerst! Einer der Günstlinge, die noch aushielten, meinte selbstgerecht: Habt Ihr etwas anderes erwartet? Wenzel fuhr ihm mit dem Dolch an den Hals, wurde zurückgerissen und sank nieder. Er stierte nur noch vor sich hin. Seine Räte ließ er einen Vergleich mit den Aufständischen schließen: Alles wird verziehen, der König bestätigt den neuen Magistrat; er erwartet nur, daß die Neustädter um Verzeihung bitten und hinfort gehorsam sind. In letzter Verwirrung wollte er sich noch in die Arme des Bruders Sigmund flüchten. Dann setzte mit neuen Schlagflüssen und Erbrechen die Agonie ein. Er verschied »brüllend wie ein Löwe« nach einem Bericht, nach einem anderen noch von einigen der Günstlinge mit Kissen erstickt, als es nicht rasch genug zu Ende gehen wollte. Mordverdacht lag in so mörderischer Zeit immer nahe; er war hier überflüssig.

Königin Sophie ließ die Leiche einbalsamieren und auf dem Vyšehrad in der Kirche zur Schau stellen; der übliche große Leichenzug konnte nicht stattfinden. Prag war in wildem Tumult. Man schleppte den Sarkophag zum Dom, auch da war er nicht sicher, dann in aller Stille hinaus aus der Stadt ins Kloster Königsaal und bestattete ihn dort. Keiner der Verwandten des Hauses Luxemburg war zugegen, kein befreundeter Herrscher und wohl überhaupt kein Freund. Die Dynastie Luxemburg, bei seiner Geburt die mächtigste Europas, nach den Plänen seines Vaters noch einmal eine Universalmonarchie mit Böhmen als Kernland, ging ihrem Ende entgegen. Die Kaiserkrone Karls des Großen und Karls IV. lag im Steintresor der Burg Karlstein mit den böhmischen Kronschätzen. Sie lag in vielfacher Sicherung in einem Wehr- und Trutzbau, der das Äußerste an kriegstechnischer Vollendung der Zeit darstellte; auch die Hussiten, denen wenig widerstand, haben den Felsklotz mit 10 000 Mann vergeblich berannt und mußten ihn liegen lassen. In der Mitte des Hauptturmes mit seinen sieben Metern starken Mauern, nur durch eine Zugbrücke erreichbar, abgeschirmt von Ringmauer, Wehrtürmen und Wehrgängen, lag die Königskapelle, eine von Edel- und Halbedelsteinen schimmernde »Monstranz« für den Kaiser- und Reichsgedanken, die schon in ihrem Grundriß und ihrer Ausgestaltung sinngemäß die Ideale und Grundideen der alten Zeit anzeigt. Der Raum in der Mitte geteilt durch ein vergoldetes

Gitter in Chor und Schiff: Nur der Erzbischof mit seinen Ministranten darf den Chor betreten, das Schiff ist den Laien vorbehalten, den Kaiser eingeschlossen. Über dem Altar in einer himmelblauen Nische mit goldenen Sternen die Reichskleinodien und die Reichsreliquien in ihren Behältern. Die Wände der Kapelle mit einigen tausend Halbedelsteinen verkleidet bis zur Kämpferhöhe, sogar die Fenster nicht aus farbigem Glas, sondern aus Halbedelsteinen, der offenbar schon damals sehr entwickelten böhmischen Industrie auf diesem Gebiete. Die Wölbung bedeckt mit Hunderten von Bergkristallen auf Goldfolie, eine goldne Sonne und silberner Mond, die Symbole des Papst- und des Kaisertums. Von den Wänden und Fensternischen herabschauend die Gestalten von Heiligen, Märtyrern, Engeln – und Vorfahren des Hauses Luxemburg, für die auch ein großer Stammbaum aufbewahrt wird, der in gerader Linie bis zu Noah zurückführt. Ein Lichterkranz mit über tausend Wachskerzen für die seltenen Gelegenheiten, bei denen diese ganze sakrale Pracht aufleuchten durfte; sie lag meist im Dämmer oder Dunkel, und wir sehen auch darin Symbolik am Werke.

Die Reichsreliquien dazu, kostbarer noch als die Reichskleinodien, und mit großem Ablaß begnadet in den festlichen Fällen, wo sie auch dem Volk zur Schau gestellt wurden: die Lanze des Longinus, der dem Heiland die Seite geöffnet hat, das höchste Heiltum der ganzen Christenheit, das der Tradition nach dem Kaiser »ewigen Sieg verleiht über alle Feinde, sichtbare wie unsichtbare«.

Zum Schutz im weiteren Kreis umher, außer einer ständigen Besatzung, zweiundzwanzig Ritter der Nachbarschaft, wie eine Gralsritterrunde für diese Gralsburg.

Die Hussiten ließen das alles »links« liegen. Sie waren, während Wenzel starb, auf das eifrigste dabei, die Heiltümer in den Kirchen von Prag auszuräumen, die Schreine und Bilder zu zerschlagen, die kostbaren Chorgewänder zu verbrennen; geplündert wurde nur selten, meist in den Nachrichten der Gegner, und von strengen Hussiten überhaupt nicht. Einfach sollte das Gotteshaus sein. Eine Trennung von Chor für den Klerus und Schiff für die Gemeinde gab es nicht mehr. Die Heiligen an den Wänden traten zurück ins Dämmer. Die siegverkündende Lanze des Longinus ist nicht mehr vorangetragen worden. Das Reich verblaßte mitsamt der Kaiserherrlichkeit. Die

Hussiten zogen hinauf auf die Berge und suchten ein neues Reich zu begründen, mit neuen Formen der Gemeinschaft, einer neuen Fassung des Glaubens, für die keine Halbedelsteine nötig waren; ein Holzbecher genügte.

Die große Revolution

Die Wallfahrer am Pilgerstab werden Krieger, ihre Prozessionen zu Heerzügen in großer Ordnung wie zuvor, nur daß jetzt Hauptleute voranreiten – das ist die Entwicklung der nächsten Phase. Aus den verschiedenen Bergfahrten und Tagungsorten kristallisiert sich einer als beherrschend heraus: Tabor in Südböhmen als ständige Siedlung, Heerlager und Festung, ein eignes Reich mit eignem Regime und eignem Glauben.

Der Tod Wenzels hatte alle Fragen zur Entscheidung gestellt, die so lange noch gelöst geblieben waren, als erste: Wer sollte regieren? Sigmund war erbberechtigter Nachfolger des kinderlosen Bruders. Er war verhaßt aus vielen Gründen: als der wortbrüchige Verräter an Hus; als unzuverlässiger Bruder des Wenzel; als Deutscher, obwohl er in Prag geboren war, wogegen man Wenzel, der zu Nürnberg geboren war, für einen guten Böhmen ansah. Man kannte ihn als scharfen Steuereintreiber von den Jahren her, da Wenzel ihm das Regiment überlassen hatte. Der Hochadel schätzte ihn auch nicht, versprach sich aber aus Sigmunds bekannt schwacher Stellung, seinem ständigen Geldmangel, seiner Bedrängnis in Ungarn, durch den Krieg gegen die Türken, gegen Venedig, seine Schwäche im Reich, daß mit ihm über weitgehende Konzessionen zu verhandeln wäre.

Ein Landtag, vom Burggrafen Čenek als oberstem Kronbeamten berufen, stellte die üblichen, hier aber »revolutionär« erweiterten Forderungen: Religionsfreiheit für die Hussiten. Keine Geistlichen in Staatsämtern, keine weltliche Herrschaft des Klerus auch in seinen Kirchenbesitzungen. Keine päpstlichen Verfügungen und Bullen zugelassen ohne vorherige Genehmigung durch den Kronrat Böhmen. Kein Böhme – wie schon Wenzel verfügt hatte – darf vor geistliches Gericht im Ausland gezogen werden. Die Universität soll frei sein. Schmähungen des Hus und Hieronymus oder ihrer Anhänger sollen verboten sein.

Soweit ein Programm, das dem übrigen Europa als krassester Bruch mit jeder Tradition erscheinen mußte; in Böhmen schien es bereits Bestätigung des bestehenden Zustandes und für die Radikalen nur ein lahmer Kompromiß der Konservativen und Unentschiedenen. Die Stadt Prag fügte noch ihre eignen Wünsche hinzu: Amnestie für die letzten Vorfälle; keine Wiederzulassung der zerstörten Bordelle; Zulassung hingegen des Evangeliums bei der Messe in tschechischer Sprache.

Sigmund antwortete mit gewohnter Undeutlichkeit: Er werde »wie sein Vater Karl IV.« regieren. Die Kirchenfragen wolle er nach seinem Eintreffen »wohlwollend prüfen« zusammen mit den »zuständigen Instanzen«, Klerus, Universität, Barone und Magistrate. Da er in Ungarn und gegen die Türken noch stark beschäftigt sei, müsse man sich eine Weile gedulden, ehe er sein Erbe antreten könne. Inzwischen ernannte er die Königin Sophie zur Regentin, mit Čenek als Hauptratgeber.

Zuverlässige Parteigänger hatte er keine in Böhmen; selbst die hochadlige Katholikengruppe dachte bestenfalls, ihn vorsichtig zu benutzen, aber möglichst klein zu halten. »Hussiten« waren nun die überwiegende Mehrzahl des Adels, der Städte, des flachen Landes, einig in der Frage nationalen Widerstandes gegen die angedrohte »Exekution«; sonst mit den schroffsten Unterschieden und Gegensätzen, die mitten durch Sippen, Familien, Landschaften, Klassen gingen. Gemäßigte hofften auf Nachgiebigkeit des Papstes, Mithilfe Sigmunds dabei und Ausgleich. Sie gerieten sehr bald in die schwierigsten Situationen. Der Papst antwortete durch Entsendung eines Legaten, der unverhüllt vom Kreuzzug sprach; Sigmund lavierte und drohte sehr bald ebenfalls. Von den Gemäßigten bis zu den ganz Unbedingten, die weder von Sigmund noch überhaupt einem König, Kronrat oder Magistrat etwas wissen wollten, gab es viele Schattierungen. Es dauerte nicht lange, bis die Taboriten sich quer durch alle verworrenen, schwankenden und richtungslosen Schichtungen durchfraßen und die Führung übernahmen.

Auf dem Tabor genannten Berg war eine ständige Siedlung entstanden, die bereits Hütten baute und Feldbefestigungen aufwarf.

Dazu fanden noch an anderen Orten Bergfahrten statt; berühmt wurde eine in der Nähe von Pilsen, das in diesen ersten Anfängen als Hort der Radikalen galt und später die Bastion der Katholiken wurde. Man nahm nicht mehr nur das Abendmahl in beiderlei Gestalt; es war auch kaum eine Notwendigkeit dafür gegeben. Der Kelch allein hatte gesiegt; die Altgläubigen waren es nun, die verfolgt wurden, mit Austreibungen aus den Klöstern, Niederbrennen von Abteien, Plünderungen, Totschlägen. Tabor wurde politisch. Manifeste gingen aus, immer in biblischer Sprache, mit Berufung auf die Gebote Gottes und der Schrift: Es wurde aufgerufen, zusammenzustehen »zum Heil und Wohlergehen des ganzen Landes, damit die offenkundigen Skandale und Streitigkeiten beendet und behoben werden. Mit Hilfe Gottes, des Königs, der Herren, Ritter, und der ganzen christlichen Gemeinschaft«. Es soll nur noch *ein* Gesetz, *einen* Glauben, *ein* Herz und *eine* Seele geben. »Und zuerst bitten wir Gott, er möge uns reinigen von allem Übel und Schäden der Seele und das Gute befördern. Und da wir nun erkannt haben die hinterlistige und schädliche Verführung unserer Seelen durch falsche und heuchlerische Propheten, die der Antichrist gegen Gottes Gesetz anführt, so bitten wir Gott, er möge uns davor schützen.« Es fehlen nicht die apokalyptischen Berufungen auf die Prophezeiungen Daniels – die »große Lästerung«, die auf heiliger Stelle steht, worunter deutlich der Papst gemeint war. Und wie von Daniel geweissagt: der Antichrist, gegen den, da er sich in der Bibel als Kaiser Antiochus zeigte und die Juden verfolgte, die Makkabäer sich erhoben. Zitate aus den Makkabäerbüchern werden dann obligat bei den Hussiten, als Trost: »Darum fürchtet euch nicht vor der Gottlosen Trotz, denn ihre Herrlichkeit ist Kot und Wurm«, und als Kampfruf: »Rächet die Gewalt, an eurem Volk getan, und bezahlt die Heiden, wie sie verdient haben.«

Neue Zusammenkünfte mit Kontingenten aus vielen Gegenden des Landes: Man hat eine Art Generalstabsplan und geheime Leitung für diese Aufmärsche vermutet. Bei einer Tagung, einige Stunden vor Prag, zogen die Scharen mit Gesinnungsgenossen aus der Stadt des Nachts unter Fackellicht in die Hauptstadt ein, jubelnd begrüßt, verpflegt von ihren Freunden. Eine neue Welle von Attacken auf die Heiligenbilder und Reliquien folgte; die Prager Bürger und die

Königin als Regentin wurden besorgt. Der Magistrat, eine Reihe von Baronen und Rittern und Städten schlossen ein Bündnis »zum Schutz der Freiheit des Wortes Gottes wie des Landes«, in Wirklichkeit zur Abwehr gegen die Radikalen. Der erfahrene Burggraf Čenek, der sich Wenzels Kronschatz für das Regiment gesichert hatte, nahm vorsichtshalber deutsche und ungarische Söldner in Dienst. Er ließ die wichtigsten Stellen, die Burg, die Residenz des Erzbischofs und die große Moldaubrücke besetzen. Holztürme wurden am Zugang aufgeführt. Der Bürgerkrieg begann.

Die Radikalen der Neustadt unter Želivsky und Žižka antworteten mit einer neuen Aktion: Sie besetzten den stark befestigten und offenbar schwach verteidigten Vyšehrad, die andere Burgkuppe im Süden der Stadt. Zuzug von weither aus dem Lande war auf dem Wege; die Regentschaft hatte Befehl gegeben, alle Aufmärsche zu unterbinden. Ein erstes Gefecht fand auf dem Lande statt, auf Seiten der Radikalen als Hauptleute ein Baron Swihowsky und zwei Ritter, dazu unter ihren Bannern bürgerliche Kontingente und Scharen von bäuerlichen Wallfahrern, nur zum Teil bewaffnet; die Söldner unter Baron von Sternberg. Nach starken Verlusten behaupteten sich die Radikalen. Sie lagerten auf dem Kampfplatz, begruben die »ersten Märtyrer« feierlich und stießen weiter vor nach Prag.

Žižka und Nikolaus von Hus führten einen Großangriff auf die Garnison der Kleinseite; in Kämpfen von Haus zu Haus wurden die wichtigsten Stützpunkte genommen. Die Königin flüchtete. Die Kämpfe gingen fast eine Woche weiter, auch vor der Stadt in den Gutsbesitzungen reicher Bürger. Ein Waffenstillstand, auf ein Jahr geschlossen, sollte den Streit beenden. Die Regentschaft versprach die Religionsfreiheit, besonders den Kelch zu schützen, die Prager sicherten zu, keine weiteren Zerstörungen vorzunehmen und den Vyšehrad zurückzugeben. Žižka, der gegen den Pakt gestimmt hatte, verließ Prag und ging nach Pilsen. Der Bürgerkrieg war in vollem Gange.

Er nahm bereits sehr düstere Züge an. Kutná Hora – Kuttenberg – war die zweitwichtigste Stadt des Königreiches, reich durch seinen vorwiegend von Deutschen betriebenen Silberbergbau, sehr selbstbewußt, sehr kriegerisch – die Kuttenberger hatten schon vor dem Prager Fenstersturz einen ähnlichen Sturz einige Jahre zuvor betrieben und Beamte König Wenzels aus ihrem Quartier auf die Straße geworfen und massakriert. Die Kuttenberger gaben das erste Beispiel für einen systematischen Massenmord. Es war kein Kampf vorangegangen; die Hussiten in der Stadt bildeten eine hoffnungslose Minorität. Sie wurden zusammengetrieben, verbrannt, hingerichtet und von den Bergleuten, als die Hinrichtungen zu viel Zeit brauchten, zu Hunderten in einen stillgelegten Schacht vor den Toren gestürzt, insgesamt über 1 600 Menschen. Zum Hohn tauften sie den Schacht »Tabor«. Die Menschenjagd ging weiter: Sie setzten Prämien auf Hussiten aus, ein Handel mit Ketzern wurde betrieben, bei dem auch ganz Unbeteiligte an die Kuttenberger verkauft und in den Schacht geworfen wurden. Der nächste Schritt war ein Überfall auf die Stadt Kaurim, deren Schöffen, Pfarrer und Kapläne nach Kuttenberg verschleppt, einige Wochen eingekerkert und ebenfalls in den »Tabor« geworfen wurden. In anderen Gegenden Böhmens gab es ähnliche Verfolgungen, von tschechischen Baronen und Kommandeuren verübt; ein Ritter Raček von Janowic, der sich mit bayrischen Hilfstruppen verbündet hatte, machte seinen Bundesgenossen einen Hussitenpriester »zum Geschenk«; er wurde nach ausgesuchten Martern über Strohfeuer langsam verbrannt.

Wir fragen uns, wo die »Hussiten« waren, die doch einige Monate zuvor die dominierende Majorität im Lande dargestellt haben sollen? Die in Prag Alt- und Neustadt beherrschten? Deren Barone und Ritter im Landtag dem künftigen König ihre Forderungen stellten? Als Sigmund nun aus Ungarn herannahte, einen neuen Landtag nach Brünn berief und von der Regentin die Herrschaft übernahm, wurde ihm von den anwesenden Ständen, auch den Utraquisten und Städten gehuldigt. Die Prager schickten eine Deputation, die als letztes Zeichen ihrer Unabhängigkeit sich erlaubte, hussitischen Gottesdienst abzuhalten; sie mußten dann ebenfalls huldigend niederknien und sich von Sigmund schärfste Vorwürfe anhören – dazu den Befehl, alle ihre neu gebauten Verschanzungen unverzüglich zu schleifen und dafür zu sorgen, daß keinem Katholiken ein Haar gekrümmt würde. Ungnädig wurden sie entlassen. Sie reisten zurück und führten gehorsam die Befehle aus. Die Taboriten und Radikalen im ganzen Land schienen mit einem Male eine ganz aussichtslose, versprengte und gejagte kleine Sekte, bedroht mit vollständiger und konzentrierter Ausrottung, ohne Bundesgenossen und Hilfe, die sie sich von Prag versprochen hatten, mit ein paar zerstreuten Städten und Stützpunkten, wie der Bergsiedlung Tabor, durch einen Erdwall und dünne Pfahlreihen geschützt.

Viele von ihnen wurden Fatalisten. Der Fatalismus äußerte sich in den biblischen Bildern der Apokalypse, die seit langem umgingen, hier aber umgesetzt wurden in Handlung und nicht nur dumpfes, erwartungsvolles Geraune blieben. Von überall her brachen Scharen auf, mit neuen Parolen. Die ersten Bergprozessionen hatten dem freien Gottesdienst gegolten, friedlicher Zusammenkunft der Brüder und Schwestern, man hatte noch über die alten waldensischen Ideale gesprochen in den langen Unterhaltungen über »kein Eid, kein Töten, kein Zwangsregiment, weder in religiösen noch weltlichen Fragen«, geordnet war man auseinandergegangen und nach Hause gezogen, hoffend, daß nun das Reich des Friedens anbrechen würde. Jetzt hasteten die Scharen mitten durch feindselige Gegenden umher, verzweifelt nach Halt und Rettung suchend. Das Gottesgericht, von dem Želivsky mit den Bibelworten »Der Herr hat seinen Grimm wie Feuer ausgeschüttet!« gepredigt hatte, war da, es galt nicht nur dem »Babylon« Prag, nicht nur dem Lande Böhmen: Das *Weltgericht* war angebrochen. Es würde furchtbar sein, und es war schon furchtbar. Christus allein konnte noch helfen, seine Wiederkunft war versprochen; sie mußte jetzt oder nie erfolgen. Nur die Guten würde er erretten, die Schlechten und Feinde der Wahrheit verdammen und austilgen, »denn ihre Herrlichkeit ist Kot und Wurm«, wie es bei den Makkabäern hieß. Aus der Bibel hatte einer der Taboritenpriester auch die Losung entnommen, daß fünf Städte, fünf nur in der Welt, diese aber beschenkt mit unermeßlicher Gnade, die Zufluchtsorte seien: Wer sich vom Zorn Gottes retten will, muß dorthin ziehen. Und diese sind jetzt die fünf Städte: Pilsen, die »Sonnenstadt«, Saaz, Laun, Schlau und Klattau. Wer sich bewahren will, muß sein Heim verlassen, so wie Lot aus Sodom auszog, ohne hinter sich zu schauen; wer zurückblickt, wird wie Lots Weib in eine Salzsäule verwandelt. Und viele schlichte Menschen, so der Chronist, »verkauften ihr Eigentum, auch wenn sie nur geringen Preis dafür bekamen, und scharten sich um diese Priester aus den verschiedensten Gegenden in Böhmen und Mähren, mit ihren Frauen und Kindern, und ihr Geld legten sie vor die Füße der Priester«.

Es gibt keine Statistiken über die Scharen, die aufbrachen, auch wenige Nachrichten über die Orte, zu denen sie zogen; die fünf genannten Städte bilden eine ganz zufällige und verwirrte Wahl, denn bekannte und wichtige Stützpunkte der Taboriten sind nicht darunter. Verwirrung, grenzenlose Ratlosigkeit scheinen das Kennzeichen der neuen Bewegung, und was alles auf diesen Pilgerzügen zugrunde gegangen sein mag, vermeldet kein Bericht. Die zeitgenössischen Mitteilungen sind ebenso vage wie die Hoffnungen der Chiliasten. Das nimmt der neuen Bewegung nichts von ihrer Wucht. Sie hat ganze große Massen erfaßt, das Verkaufen von Hab und Gut wurde in der Tat geübt, das Geld niedergelegt und sorgfältig für die Gemeinde der Flüchtigen in Kisten aufbewahrt; sehr viele, die meisten, brauchten kein Geld niederzulegen, weil sie arm waren oder Hörige, die nichts zurückließen als ihre »Ketten«.

Die Gewalt dieses neuen Sturmes auf die Höhen war nicht sogleich offenbar; sie wird erst aus der Folge erschlossen. Für Sigmund, dem alle etwas extremeren Dinge unverständlich waren, der schon den Hus nicht verstand, als er nicht einfach widerrief, um sich zu retten, konnten Nachrichten über halb irrsinnige Bauernhorden nichts bedeuten. Er fühlte sich, rosig, optimistisch, seinen Erfolg genießend nach vielen Nackenschlägen, als Sieger auf dem Landtag zu Brünn. Er gedachte nun fortzuschreiten: Als Kaiser berief er einen Reichstag nach Breslau ein. Nach Prag wagte er sich noch nicht; sein ständiger Ratgeber, der Hohenzoller, warnte ihn auch, die Unterwerfung der Böhmen nicht zu unterschätzen. Sigmund hörte eher auf den Legaten des Papstes und die katholischen Herren, die sich bei ihm eingefunden hatten: Das »Jetzt oder nie« lockte, nicht in apokalyptischer Fassung, sondern »realpolitisch«, in Ausnutzung der Situation. Die schlesischen Fürstentümer der Krone Böhmen waren von der Ketzerei noch wenig erfaßt. Von dort aus würde er ein für alle Male Schluß machen mit Hussitismus, Unbotmäßigkeit, auch der Barone und mit Sonderwünschen Prags. Bestärkt wurde er noch durch große Anwesenheit auf seinem Reichstag. Die Polen und der Deutsche Orden baten um sein Schiedsurteil in ihrem ewigen Streit; die Patrizier von Breslau, durch die Handwerkerzünfte in blutigem Aufstand entmachtet, erwarteten von ihm Wiedereinsetzung; die Legaten des Papstes drängten: Kreuzzug jetzt gegen die Hussitenketzerei!

Sigmund wollte, da er in Konstanz mit seinem großen Reformplan so kläglich gscheitert war, nun als der mächtige Schirmherr des Glaubens, der Retter der Kirche dastehen; nebenbei war das reiche und mächtige Böhmen als Preis nicht zu verachten; er hatte sonst wenig Reichtum und kaum irgendwelche nennenswerte Macht.

Er gab also jede versöhnlichere Politik auf: Schroff, kaiserlich, richterlich sollte nun gehandelt, nicht verhandelt werden. In seinen weltpolitischen Plänen mißlang das meiste: Die Polen, die er als Bundesgenossen gegen die Türken gewinnen wollte, verstimmte er durch seinen Schiedsspruch zugunsten des Deutschen Ordens, der auch nicht zufrieden war; in Polen hatte man außerdem erhebliche Sympathien für die Hussiten und fühlte sich mit Böhmen solidarisch gegen deutsche Ansprüche. Die Ketzerei hatte überhaupt, wie zu Breslau besorgt betont wurde, erschreckende Fortschritte in allen Ländern gemacht: Aus dem Deutschordensgebiet sogar wurde gemeldet, daß Pfarrer von der Kanzel Hussitenlehren verkündeten; in Brandenburg, Thüringen, Bayern, in Augsburg und Regensburg hatten sich Ketzerherde gezeigt, auch in Ungarn, den Niederlanden. Ketzerlehre verband sich noch dazu mit dem »unruhigen Geist der niederen Stände«, die in den Reichsstädten gegen Klerus und patrizischen Magistrat meuterten; in den Bischofsstädten war offene Fehde gegen die bischöfliche Obrigkeit, nicht hie und da, sondern in Straßburg, Mainz, Köln, Lüttich, Würzburg, Bamberg. In Wien hatte nur Sigmunds Schwiegersohn, Albrecht von Österreich, durch schärfste Maßnahmen die Hussitenanhänger, auch die an der Universität, unterdrückt.

Sigmund ließ den Legaten, Bischof von Lucena, den Kreuzzug gegen die böhmischen Ketzer verkünden. Als erstes sichtbares Zeichen zur Warnung wurde ein Ratsherr aus Prag, der sich unvorsichtig über das Konzil, den Hus und den Kelch geäußert hatte, ergriffen mit Pferden durch die Stadt geschleift und verbannt. Über die Breslauer erging ein anderes Blutgericht: Die Anführer des Aufstandes der Zünfte wurden hingerichtet; acht Henker hatten auf dem Marktplatz das Urteil an dreiundzwanzig Bürgern aus den Handwerken zu vollziehen; Sigmund schaute zu. Der Rat wurde den Patriziern zurückgegeben. Sigmund verhandelte mit den deutschen Fürsten, die zahlreich erschienen waren, über Waffenhilfe beim Kreuzzug, mit den

Boten der Reichsstädte über Truppenstellung und Maßnahmen gegen die grassierende Gefahr durch die »niederen Stände«.

Der Bürgerkrieg wurde zum europäischen Krieg. Er sollte nach dem Auftrag der Kurie ein Krieg des ganzen Abendlandes sein, aber naturgemäß entfiel die Durchführung im wesentlichen auf die Nachbarstaaten, wenn sich auch fromme, abenteuerlustige oder beutefreudige Kreuzfahrer aus allen möglichen Ländern beteiligten. Das war großenteils, wie selbst die Veranstalter wußten, Pack, Verbrecher, die den versprochenen großen Ablaß für alle Sünden dringend nötig hatten und auch schon im voraus sich zugute hielten. Die Untaten und Grausamkeiten, die von diesen Elementen verübt wurden, unter größter Gleichgültigkeit gegen alle »konfessionellen« Unterschiede – was denn: Ein Böhme ist ein Ketzer, ganz gleich, wie er sich nennt! – haben sehr viel dazu beigetragen, die bereits zerbrochene Einigkeit der Böhmen wiederherzustellen. Der Krieg wurde aber auch Nationalkrieg gegen die Deutschen. Sie stellten die Hauptkontingente und den Führer. Sie stellten im Lande die deutschen Städte wie das rabiate Kuttenberg, die Ratsherren in den Städten wie in Prag-Altstadt, die mit dem Feind paktierten. Der Krieg wurde damit auch Klassenkrieg; die Deutschen stützten sich vornehmlich auf Patrizier, Kaufmannschaft, Verleger, die Handwerker beschäftigten.

Das hatte in den Anfängen kaum mitgespielt, und deutsche Hussiten haben auch ständig, selbst in den aufgeregtesten Zeiten, auf der böhmischen Seite gestanden; es wurde ihnen sogar in Prag eine eigne Kirche eingerichtet. Deutsche, wie die Dresdner Ketzerschule in der »Schwarzen Rose«, waren unter den radikalsten Vorläufern gewesen. Hus selbst hatte sich verwahrt, als er beschuldigt wurde: Ein guter Deutscher sei ihm lieber als ein schlechter Böhme; er hatte ausdrücklich und noch in seinen letzten Sendschreiben erklärt, es seien seine tschechischen Feinde, die ihn in den Tod jagten. Das alles wurde nun hinfällig. Es gab keine »guten Deutschen«, nur die »Teutonici«. Und um die Sache noch zu verschärfen, jubelten die deutschen Rückkehrer nach Prag, in der kurzen Frist, da sie glaubten, das Blatt habe sich gewendet: Ha, jetzt wird Schluß gemacht mit der ganzen Ketzerei, Wiclifiten, Hussiten, Taboriten! Viele waren zurückgekehrt und hatten ihre Plätze wieder eingenommen; viele mußten sehr bald wieder flüchten.

Die Kampfhandlungen, die sich entspannen, sind nicht zu schildern ohne Spezialkarten, Ortskenntnis, lokale Details und Verständnis für die oft unklaren und parteiischen Berichte, die noch dazu große Lükken lassen. Wie bei allen Revolutionen und allen »Koalitionskriegen« – und die Angreifer waren eine Koalition sehr unzuverlässiger Bundesgenossen – wimmelt es von Vorwürfen des Verrats. Sie sind nicht einmal immer unberechtigt: Es wurde auf beiden Seiten unaufhörlich abgefallen, die Stellung gewechselt. Schon die Zeitgenossen fanden sich nicht zurecht, die Nachfahren sind auf Vorstellungen von Parteien moderner Art angewiesen, die nicht immer passen wollen. Die Loyalität jener Zeit galt meist dem Stand, erst dann einer Gruppierung zu bestimmten politischen Zwecken. Trotzdem aber, und das macht das Bild für uns so schwer verständlich, konnte auch die religiöse Bindung unverrückt festgehalten werden; »hussitisch« waren selbst Barone in Sigmunds Umgebung.

Geschlossen, kompakt und zu größter Stoßkraft fähig, traten nur die Taboriten zum Kampf an, auch sie nicht sofort, aber in steiler Entwicklung zur beherrschenden Macht des Landes. Žižka wurde, nachdem Nikolaus von Hus in den Kämpfen um Prag bei einem Sturz vom Pferde ums Leben kam, der Lehrmeister. Seine Schule war die Armee; er war Militär, Feldherr. Seine politische Begabung stand hinter der des Nikolaus zurück, dessen früher Tod als das größte Unglück für die Taboriten angesehen worden ist. Žižka hat als erster eine geschulte, disziplinierte Truppe geschaffen, etwas völlig Neues gegenüber den lose zusammengerufenen »Aufgeboten« unter ihren Adels- oder Städtebannern. Die waren nur zu ganz kurzfristigen Handlungen zusammenzubekommen, stritten sich meist untereinander oder liefen als Söldner davon, wenn die Löhnung ausblieb; sie waren mit Plünderung, Raub, Mord und Schändung der Seite, die sie geheuert hatte, ebenso gefährlich wie dem temporären Feind. Auch Žižkas Armee sengte und mordete, aber auf Befehl und in ganz bestimmter Zielgebung. Davongelaufen ist ihm niemand, auch nach Jahren nicht; ein völlig unerhörter Zustand damaliger Feldzüge. Die Manneszucht seiner Heere war eisern und blutig, mit Todesstrafe für viele Vergehen, die bei anderen Heeren lächelnd als Kriegsbrauch geduldet wurden. Die puritanische Richtung, auch sonst bei den Hussiten stark ausgeprägt, war bei ihm noch in die letzte Konsequenz ausgehämmert. Keine Trunkenheit, an der sonst viele Kampagnen in Lallen und Speien versumpften; kein Würfel- oder Kartenspiel, vom Satan gestiftet. Kein Troß von Huren und Marketenderinnen; der Train überhaupt, an dem wiederum die anderen Heere bei jeder Gelegenheit lahm wurden, nahezu brutal behandelt zugunsten der Beweglichkeit, die eine seiner größten Stärken war, mit bisher unbekannten Gewaltmärschen und blitzschnellen Vorstößen. Schärfster Drill und sehr bedachtes Training, auch dies eine Umwälzung. Fürsorge für die Kranken und Verwundeten und für die Frauen, die zum Entsetzen der Gegner mitzogen und mitfochten; man sah darin etwas Teuflisches und verbrannte in Frankreich die Jeanne d'Arc, weil sie in Männerkleidung kämpfte. Strengste religiöse Disziplin; der Taboritenglaube mit seinen chiliastischen Zügen in einer ganz bestimmten Žižka-Fassung: Die Stunde der Entscheidung ist gekommen, wir sind die Streiter Gottes, der jetzt sein Gericht hält über die Abtrünnigen und Lauen; wir sind die Erwählten, die anderen die Vorherverdammten, wie schon Hus und Wyclif gelehrt hatten. Jede Abweichung daher Todsünde und Verbrechen, das unbarmherzig geahndet wird.

Keinerlei Standesunterschiede werden geduldet, Žižka selbst, der zu fast königlicher Stellung aufrückt, der »Bruder« wie auch jeder der anderen zahlreichen Adligen in den Taboritenreihen. Er trägt aus alter Gewohnheit von vielen Feldzügen her die polnische Tracht und den polnischen Bart, aber kein Abzeichen; jeder kennt ihn, den Einäugigen, der im Verlauf der Feldzüge dann noch völlig blind wird. Keine Standesunterschiede, aber strikte Abgrenzung der militärischen Kommandogewalten, die wiederum eine Beweglichkeit ermöglicht, und Zuverlässigkeit bei den Evolutionen, wie sie der stur vorstoßende Gegner nur mit Schrecken zur Kenntnis nehmen konnte. Zurückhalten bis zum letzten möglichen Augenblick, erst dann das Feuer eröffnen: Eine der schwierigsten Aufgaben, wie nur der beurteilen kann, der sich in solchen Lagen einmal befunden hat. Das Feuer: Žižka ist auch der erste Feldherr, der die Feuerwaffen im größeren Stil benutzt; Handbüchsen, kleine kurze Geschütze, *haufnice*, wonach das Wort in den Sprachgebrauch allgemein übergegangen ist als Haubitze, howitzer. Die dann durch die Jahrhunderte berühmte Büchsenmeisterei und Waffenherstellung der Tschechen muß auch er schon benutzt und gefördert haben. Schließlich die Kampfwagen oder Panzer, die zur Legende wurden. Žižka hat sie nicht erfunden und nicht einmal eingeführt, aber zu höchster Wirkung gebracht, bis schon das dumpfe Heranrollen seiner Kolonnen die Kreuzfahrer in panische Flucht jagte. Es waren für unsere Augen schwere, plumpe Ackerwagen, an den Seiten mit starken Planken gepanzert, mit Ketten aneinandergehalten zur Wagenburg bei befestigtem Lager, besetzt durch etwa zehn oder zwölf Mann, wenn möglich mit Feuerwaffen. Fabelhafte Dinge sind von der Beweglichkeit dieser Wagenformationen erzählt worden. Sicher aber dürfte sein, daß sie bei aller Schwere von den Wagenlenkern mit großer Geschicklichkeit gehandhabt wurden. Böhmische Wagenlenker wurden noch lange von den Kriegsherren in ganz Europa als Raritäten gesucht und hoch bezahlt, so wie auch Hauptleute aus der Schule Žižkas bis zum Ende des Jahrhunderts in allen Ländern führende Posten erhielten. Dies noch ein wichtigster Punkt, der auch erklärt, weshalb selbst der erblindete Žižka so unvermindert siegreich blieb: Er muß die Feldherrngabe ersten Ranges besessen haben, sich die tüchtigsten Leute als Helfer, Untergebene und Kommandeure heranzuziehen.

Die Mannschaft schließlich war der entscheidende letzte Faktor seiner Erfolge: ein Volksaufgebot, nicht aufgeboten, sondern freiwillig zu seinem Banner mit dem Kelch stoßend. Bauern sicherlich zum größten Teil, anfangs auch nur mit ihren Dreschflegeln bewaffnet, die mit Eisen beschlagen und ebenso legendär furchtbar wurden wie die Wagen. Städtisches »niederes Volk« der verschiedensten Schichtungen. Bürgersöhne, Ritter, zuweilen in den einfachen Reihen fechtend oder als Hauptleute, auch Hochadlige. Zu Anfang noch wilde Horden, von denen manches abgeblättert sein mag, als in jeder Beziehung viel, mehr und immer mehr gefordert wurde; ergänzt und ausgetauscht aus dem Heerlager Tabor, das sich neben anderen Wandlungen auch zur Waffen- und Materialschmiede ändern mußte. Mit einem Stamm von lange, viele Jahre lang dienenden Soldaten, die Berufskrieger, Berufs-Taboriten wurden und schließlich das Schicksal der Bewegung entschieden; davon wird noch zu reden sein.

Die Siedlung Tabor wurde, nachdem die mythischen »fünf Städte der Rettung« sich als Zuflucht nicht bewährt hatten und größtenteils aufgegeben werden mußten, in materieller und geistiger Beziehung zum Zentrum. Die verschiedenen Wandlungen und Schichtungen der Taboriten-Ideologie haben auch die verschiedensten Wandlungen in der Interpretation neuerer Zeit erfahren. Jede Deutung ist erschwert durch die ganz schmale Basis, auf der sie aufgebaut werden kann: ein, zwei Chroniken, auch diese unvollständig und nachträglich aufgesetzt, ein paar Manifeste, Streitschriften, Zettel, Fragmente, Fetzen, Nachrichten von wütenden Feinden oder erbitterten Gegnern innerhalb der Bewegung. Einen Chefideologen gibt es nicht; die Namen der Häuptlinge einflußreicher Richtungen sind nicht einmal sicher; von einem Prager Gastwirt »Wenzel« ist die Rede, bei dem viele der Radikalsten sich Rat und Weisung holten, weil er ein so tiefgründiger Bibelkenner war. Neben Männern aus dem Volke taboritische Magister, mit aller Hartnäckigkeit ihrer akademischen Schulung, die vom genauesten Definieren und Festhalten am einmal Definierten nicht loskommen. Brüske Ablehnung allen gelehrten »Unsinns« bei vielen anderen Taboriten: die Bibel, nur die Bibel, aus der Bibel nur die apokalyptischen und prophetischen Stimmen, Kernsätze, die Strafe, Unheil, Rache verkünden. Noch Radikalere, die aus den joachitischen Weissagungen entnehmen, daß nun das Dritte Reich angebrochen sei, in dem auch die Bibel, so nützlich sie gewesen sein mag, überholt und überflüssig geworden ist; das Reich des Geistes ist da, der sich unmittelbar und ohne Schrift mitteilt. Noch Radikalere, die finden, es sei mit dem Dritten Reich auch jedes biblische Gebot hinfällig geworden, die Sünde, so lange verkündet als von Adam herstammend, aufgehoben, das »Tabu« fleischlicher Vermischung zerbrochen und im Grase liegend: Wer will und wen es dazu treibt, mag sich vermischen. Zurück zu Adam, wonach diese Sekte sich die Adamiten nennen oder so benannt werden von den Gegnern, die sie hassen und verleumden – den Gegnern in den Reihen der Taboriten zuerst, von denen die äußeren Feinde erst die Schauergeschichten über »namenlose Laster und Orgien« übernehmen und mit Behagen als pikante Lektüre durch die Jahrhunderte tragen. Diese halbnackten, in Felle gekleideten Männer und Frauen aber auch bewaffnet, unadamitisch, mutig, todesbereit sich wehrend wie nur sonst Taboriten, als Žižka sie schließlich jagt, zusammentreibt in zähen Kämpfen und sämtlich verbrennt. Ein einziger wird aufgespart, damit er bekennen soll, was sie denn genauer als Ketzerlehre glauben;

auch die anderen Taboriten wußten das offenbar nur ungefähr. Dieses Bekenntnis, unter Qualen gestöhnt, trotzig den Peinigern ins Gesicht geschrien: Ist es eine »zuverlässige Quelle«? Sollen wir es mit den Geständnissen der früheren »freien Geister« vergleichen, denen es ähnlich ist, die meist auf der Streckbank und unter dem glühenden Eisen gestammelt wurden? Den Zeitgenossen genügten sie als im Rechtsbrauch legitimes Zeugnis vollauf zur Verfolgung.

Wir haben diese äußerste Gruppe, die als die radikalste besondere Beachtung und Sympathie erfahren hat, herausgenommen, weil in ihr Grundzüge auch der anderen Taboriten, nur in letzter Steigerung, angedeutet sind. Die Vorstellung, daß nur die äußerste »Konsequenz« oder die »logische« Weiterführung von Grundprinzipien die Stärke einer Bewegung garantiert, liegt manchen Wertungen zugrunde. Sie setzt ein erkennbares, umrissenes Programm, eine Lehre voraus. »Logisch« war bei den Taboriten wenig, es ist bei ihnen eher ein Vorwurf und Schimpfwort, den akademischen Grüblern, dem scholastischen Schulwissen vorbehalten. Logisch waren die biblischen Leitworte des zornigen Rächer-Gottes kaum, auf die sie sich beriefen. »Konsequent« war die Haltung nicht, in der sie an die Grundfragen ihrer Auseinandersetzung mit der übrigen Welt herangingen; konsequent war nur die Entwicklung, die sich dabei vollzog.

Die friedlichen Wallfahrer des Anfangs wurden militant. Das waldensische, urchristliche Gebot des Nicht-Tötens, unter keinen Umständen, des Nicht-Widerstehens dem Übel, der demütigen Hingabe an den Willen Gottes, blieb auf der Strecke – einer Strecke, die mit erschlagenen Brüdern bedeckt war. Sollte man sich auch jagen, verfolgen, niedermetzeln lassen? Noch dazu von Ungläubigen, »Heiden«, den Schlechten, den Verdammten? Hatte Gott nicht selbst durch seine Propheten verkündet, daß diese vielmehr zerschmettert und ausgetilgt würden? War man nicht das Schwert Gottes, wenn dieser Auftrag zu erfüllen war? Das wurde die starke Parole: »Hie Schwert des Herrn«, die auch Žižka bekannte. Der Kampfchoral der Taboriten begann mit den Worten: »Wir, die wir Gottes Streiter sind«, und dann erging der Befehl, den Feind zu schlagen, alle die dem Herrn zuwider sind, die Knechte und Mannen des Antichrist zu töten. Vor diesem Choral schon, nur dumpf in der Ferne angestimmt von den anrückenden Taboriten, ergriffen die Kreuzfahrer beim letzten entscheidenden Waffengang bei Taus die Flucht und wurden geschlagen, in den Wald getrieben, von den Bäumen heruntergeholt und niedergemacht.

Die chiliastischen Erwartungen des Anfangs spielten bei dieser Wendung ihre Rolle. Prophezeiungen eines bestimmten Enddatums hatte es in den vorangehenden Jahrhunderten schon häufig gegeben; sie waren immer hinfällig geworden. Irrtümlich ist es aber anzunehmen, daß solche getäuschte Hoffnung auf »den Tag« unweigerlich nur Niedergeschlagenheit bei den Gläubigen zur Folge haben müsse. Diese Wirkung tritt auch ein und kann zu Abfall, Resignation, Gleichgültigkeit führen. Ebensooft wird nicht »logisch« gedacht und empfunden, sondern rabiat-trotzig: Der Tag ist schon da, ist nur von den Feigen und Lauen nicht erkannt, von falschen Propheten unrichtig ausgelegt, von den Demutsaposteln als bloße Ergebung in Donner und Blitz des Herrn mißdeutet. Der Auftrag zum Gericht ist ergangen, er kann kein vom Menschenverstand definiertes Datum haben. Er kann sich nur in immer stärkerer, immer unbedingterer Aktion erweisen. *Der Kampf ist das Gericht;* indem man kämpft, erweist sich die Erwählung, indem der Feind geschlagen wird, zeigt sich, daß er zu den Verdammten gehört. Die militante und militärische Stärke solcher Überzeugung hat sich nicht nur bei den Taboriten bewährt.

Es gab auch andere Stimmen. Die pazifistische Note wurde immer wieder einmal angeschlagen unter den Kampfgesängen, die mahnten: Nicht zurückschauen wie das Weib des Lot; gib uns Stärke zum Sieg, Herr! Der Laie Petr Chelčicky, der sich von den militanten Hussiten separierte und seine eigne Sekte begründete, die später in die Brüdergemeinde überging und über die Jahrhunderte hinweg einiges vom Hussitengeist bewahrte, hat die Wendung vom friedlichen zum kriegerischen Geist in seiner Schrift »Vom geistigen Kampf« beklagt; er spricht, abweichend vom sonstigen eifernd-polemischen Ton aller Auseinandersetzung der Zeit, »mit Beschämung und in Sorge« und nicht im Tone der überlegenen Selbstgerechtigkeit. Er sieht Satan am Werk: Der sei im gleisnerischen Gewand der freiwilligen Armut erschienen und habe die Gläubigen verführt und ihre Priester. »Und dann erschien er in anderem Gewand, dem der Propheten und des Alten Testamentes, und sagte ihnen, sie seien Engel, die alle Ärgernis aus Christi Königreich auszurotten hätten und daß sie die Richter der Welt wären. Und so begingen sie viele Totschläge und machten viele Menschen arm.« Chelčicky war auf seine Art einer der Unbedingten: Das Gebot »Du sollst nicht töten« gilt für ihn immer und in allen Fällen. Macht, Gewalt, Besitz jeder Art: sie sind Abfall von der Lehre Christi. Der Verrat der Kirche beginnt mit der Schenkung des Abendlandes durch Kaiser Konstantin; ein Engel vom Himmel wurde gehört, der klagte: Gift wird der Kirche eingeträufelt! Petr beklagt schon, daß auch Hus wie Wyclif die weltliche Macht hereinzogen in ihre Überlegungen. Chelčicki ist, mit vielen auch sehr feinen Beobachtungen über die ständische Gliederung, mit kräftiger Sprache einer der wertvollsten Denker jener Epoche; noch Tolstoi hat ihn hoch geschätzt. Für Denker und Apostel des Friedens war die Zeit jedoch nicht geschaffen. Er trennte sich von den Taboriten und blieb als ehrwürdiger Einzelgänger am Rande der Ereignisse, bis er erst spät seine eignen Jünger fand.

Tabor organisierte sich aus anfänglichem Massenlager für Flüchtige, Wallfahrer am Pilgerstab, Frauen, Kinder, etwas Vieh, etwas mitgebrachtem Gerät. Aus welchen Klassen sich die Taboriten rekrutierten, ist nur ungefähr zu erschließen. Bauern waren sicherlich die meisten, arme Bauern und Hörige in großen Mengen, aber auch Besitzer, die ihren Hof verkauft hatten und das Geld »den Priestern vor die Füße legten«, städtische Arme, die »pauperes«, was alle Lohnabhängigen und nicht von der Steuer Erfaßten bedeutete. Handwerker, die sehr bald dringend gebraucht wurden. Bürger, ungewiß wie viele, aber mit der Zeit nicht ohne Einfluß, je mehr sich die Siedlung zu einer Stadt wandelte, einer großen, starken, arbeitsamen Stadtfestung, in der auch unvermeidlich die gewohnten Formen städtischen, ständischen Lebens wieder auflebten. Daß die Armen und Besitzlosen am ehesten auf die Worte der radikalsten Prediger hörten, dürfte sicher sein; ihre Bedeutung beschränkte sich aber wesentlich auf die Frühzeit, da alle arm waren. Die Priester, die schon bei den ersten Bergfahrten die Züge angeführt hatten, blieben die Führer. Sie gaben die Parolen aus, ordneten an, kontrollierten, straften. Tabor war in vieler Beziehung ein Priesterstaat.

Es waren eigentümliche Priester. Mit dem Klerus, wie man ihn bis dahin kannte, hatten sie nichts gemein. Besitz, Abgaben, feierlicher

Ornat, Kampf um Pfründen oder Gefälle waren völlig verpönt; die Gemeinde sorgte für den Unterhalt, das war alles. Der Gottesdienst hatte äußerst schlicht zu sein; mit den Hussiten im übrigen Lande und vor allem in Prag kam es darüber bald zu schweren Differenzen. Kein festliches Meßgewand! Kein geschmückter Altar, ein einfacher Tisch, auch ein Stein genügt. Für den Wein ein Holzbecher oder irgendein anderes Gefäß. Keinerlei Schmuck oder Dekoration in der Kirche, dem Zelt zu Beginn. Gebet, Weihe, das Glaubensbekenntnis, die Psalmen, die gesungen werden: alles in tschechischer Sprache. Der Priester kennt keine Tonsur mehr, er trägt den Bart, sonst streng untersagt für den Geistlichen und auch noch von den hussitischen Magistern zu Prag als »barbarisch« bezeichnet.

Fragen des Ritus, des Kultes werden von einer so gut wie völlig kultlosen Zeit unterschätzt und mißverstanden. Was die Taboritenpriester zelebrierten – und sie nahmen es sehr ernst damit: Teilnahme am Gottesdienst war obligat, Nichtteilnahme wurde geahndet –, erschien der übrigen Welt als völlig umstürzend, unerhört, blasphemisch; die Prager Hussiten hielten noch an den traditionellen Formen der Messe fest, lediglich abgesehen von der Erteilung des Kelches.

Im Ritus, im Lebensstil wie der gesamten Gestaltung gesellschaftlichen Zusammenwirkens lag die wahrhaft revolutionäre Kraft der Taboriten. Der Gläubige, der Laie, war nicht mehr grundsätzlich vom Priester geschieden, weder durch ein Chorgitter noch die Form des Abendmahls; er nahm nicht nur entgegen, er beteiligte sich. Die Messe war nicht mehr ein feierliches Opfer, vom Priester vollzogen, mit ehrerbietiger Distanz und gesenktem Haupt gewissermaßen von weitem zu erleben; abgeschirmt durch einen in Jahrhunderten entwickelten Apparat mit vielen Verboten, vielem kostbaren Schmuck und Geräten. All das fegten die Taboriten fort; schon um die Frage, ob der Priester noch im Ornat amtieren sollte, entspannen sich zwischen ihnen und den Prager Hussiten der konservativeren Richtung erbitterte Kämpfe. Die taboritischen Frauen, in der immer verwirrten und verwirrenden Namensgebung der Zeit mit dem alten Namen der Beginen oder Begutten bezeichnet, schrien zornig bei Zusammenkünften den Prager Hussitenpriestern zu: »Was wollt ihr mit den Bettlaken? Herunter damit! Wir wünschen keinen Ornat!«

Die Rolle der Frauen, eine weitere umstürzende Entwicklung der Taboriten, steht ebenfalls ohne Beispiel in der mittelalterlichen Geschichte da. Das völlig Neue, zum Unterschied von streng separiert und vor allem streng eingezogen lebenden Nonnen und städtischen Beginen, war, daß die Taboritenfrauen sich nicht abschieden, sondern am Leben und Leiden der Gemeinschaft aktiven Anteil nahmen. Im Anfang wurden noch Männer und Frauen beim Gottesdienst getrennt, dann traten sie zusammen; Frauen beteiligten sich an allem, bis zu den Kriegszügen als äußerstem Merkmal für diese Emanzipation; sogar von Frauen, die auch priesterliche Funktionen ausübten, ist die Rede. Der bittere Hussitengegner Enea Silvio vermerkte bei seinem Besuch in Böhmen mit Erstaunen, wie entwickelt sogar das Bildungswesen bei den Taboriten vorgeschritten war, die er zunächst für wüste Barbaren gehalten hatte: Auch die Frauen kennen die Bibel in- und auswendig, die Taboriten können lesen, viele auch schreiben, ihre Priester haben gründliche Schularbeit geleistet; andere sollten sich daran ein Beispiel nehmen.

Die Feinde haben gerade an dieser Neuerung der Frauenemanzipation, die allem Gewohnten so kraß widersprach, den größten Anstoß genommen und sie damit verächtlich zu machen gesucht, daß sie die »Weibergemeinschaft« der Adamiten in ihrer Propaganda herausstellten und auf alle Hussiten und Taboriten umlegten: »Sie hielten keine Ehe, sondern jedermann nahm dem andern sein Weib, seine Tochter, seine Schwester – das war den jungen Leuten gar recht«, meinte der Chronist und Vertraute Sigmunds. Die überwiegende Majorität der Taboriten praktizierte das Gegenteil: Die Ehe wurde sehr viel strenger beachtet als sonst, obwohl sie die Trauzeremonie aufhoben; Ehebruch wurde schärfstens bestraft; schon das Tanzen gehörte zu den schwer geahndeten Todsünden. Und selbst bei den Adamiten scheint die aufregend geschilderte sexuelle Freiheit einem keineswegs auf Hemmungslosigkeit gestellten Ritus unterworfen gewesen zu sein, soweit wir das aus den zeternden Nachrichten entnehmen können. Bei einer ihrer Gruppen, so heißt es, deren Anführer sich Adam nannte und als Gottessohn Gehorsam verlangte, bat ein Paar jeweils vor der Kopulation den Führer um die entsprechende Erlaubnis, mit den anscheinend obligaten Worten des Mannes: »Mein Geist ist für diese Frau entbrannt«, worauf Adam die Formel aussprach nach der Bibel: »Wachset und mehret euch und füllet die Erde.« Daß dies etwas anderes war als das gänzlich ungebundene Leben, das die strenggläubigen Ankläger führten – und die sexuelle Unbekümmertheit jener Zeit ist erst in allerneuester Zeit wieder eingeholt worden –, liegt auf der Hand; im übrigen muß man alle Berichte über die Adamiten nur mit großen Vorbehalten anfassen.

Biblisch war alles bestimmt und gefärbt, was selbst die Extremsten sagten und taten, und sie wurden von den Taboriten sehr bald als »Ketzer« ausgestoßen und blutig ausgetilgt, obwohl man manche Gedanken übernahm, so besonders die Verwerfung der Wandlungslehre beim Abendmahl. Das gehörte zu der Tendenz, sich immer stärker dem anzunähern, was als urchristlich und damit einzig wahrhaft durch die Bibel geboten angesehen wurde. Menschenwerk, von den Päpsten erst und der Hierarchie »erfunden«, war alles, was sich nicht auf die Schrift zurückführen ließ, darunter – wie auch von Wyclif verkündet – das Dogma der Transsubstantiation. Auch darüber gab es Streit mit den gemäßigteren Hussiten, wie überhaupt der Differenzen so viele waren, daß ganze Bände mit Streitschriften, Vorwürfen, Protokollen über vergebliche Disputationen gefüllt wurden. Auch die Taboriten hatten ihre theologischen Literaten, die in den Zelten, Hütten und Notbauten eifrig über ihre Traktate mit Widerlegungen und sieghaften Nachweisen aus der Schrift gebeugt saßen. Es fehlte auch den Taboriten nicht an geschulten Theologen; sie wählten einen davon zu ihrem Bischof, vom Gegner spöttisch *biskupek*, das Bischöflein genannt: einen gewissen Nikolaus. Er residierte allerdings nicht auf Tabor, sondern im anderen Stützpunkt, der Stadt Pisek, und sandte von dort unermüdlich seine Broschüren aus. Im großen und ganzen können wir die Gegensätze darauf zurückführen, daß Tabor bäurisch bestimmt war, Prag städtisch, mit den dortigen Magistern als den Erben und dem Rest der Universität, die sonst so gut wie erloschen war. Um so eifriger verteidigten die Prager Magister ihre Position: Jakoubek, der noch einmal eine – stark reduzierte – Zeit der Geltung erlebte, und andere, die sich mehr und mehr der Reaktion anschlossen und vom ganzen Hussitentum nicht viel mehr als das Bekenntnis zum Kelch übriglassen wollten.

Diese Zwiespalte müssen erwähnt werden; sie lagen von Anfang an dem Gegensatz zugrunde, der am Ende zur Niederlage führte.

Daß sie immer wieder und über so lange Zeiträume hin überbrückt werden konnten, wurde durch die gemeinsame Not und den Druck von außen her bestimmt. Denn ob gemäßigt, ganz gemäßigt oder radikal: für die übrige Welt waren nach wie vor alle Hussiten Ketzer, die ausgerottet werden müßten, Böhmen das Ketzerland, der Herd der Pest des Unglaubens, mochten die Prager noch so sehr beteuern, daß sie, von der einen Frage des Kelches abgesehen, doch kaum einen Punkt des traditionellen Kirchenglaubens unbeachtet ließen.

Stadt und Land – darum ging es; und das Land, obwohl der Volkszahl nach so unvergleichlich überlegen, hatte nur zeitweilig, und mit vielen Rückschlägen, die Führung.

Die Revolution der Taboriten war eine Bauernrevolution, und als solche hat sie auch so europäischen Schrecken und Entsetzen ausgelöst. Daß der gemeine Mann, der »Pöfel«, der Plebejer, sich überall rührte, war eine allgemeine Erscheinung des Jahrhunderts seit dem Schwarzen Tod; Bauernaufstände, auch städtische Revolten, erzeugten, wie wir gezeigt haben, ein ständiges Wechselfieber, aufflackernd und erlöschend. Nirgends hatten sie lange gedauert, meist nur Wochen oder Monate; nie war es über eine Landschaft hinaus zu größeren Zusammenschlüssen gekommen. Die Furcht vor diesem Gespenst saß immerhin allen Autoritäten in den Gliedern; sie wurde nur dadurch leidlich gedämpft, daß die Vorstellung der gottgegebenen ständischen Ordnung der Welt noch unerschüttert war. Um einzelne Rechte, Abgaben, Privilegien konnte gestritten werden, und auch die Könige und Fürsten stritten herzhaft mit der Kirche um Anteile an Macht und Besitz. Hier aber erhob sich mit einem Male ein ganzes Volk in Aufruhr; vergeblich hoffte man zu Beginn noch, es seien nur lokale Revolten, die schon der böhmische Adel und die Städte mit etwas Nachhilfe von außen niederschlagen würden. Das nie erlebte, konsternierende Ereignis war, daß die Ketzerei, die religiöse wie die weltliche des Umsturzes, so breite Schichten in Bewegung setzte: Bauernschaften, Städte, Adel noch dazu, sogar Barone. Immer war es sonst möglich gewesen, auch die schwersten Rebellionen – wie in Frankreich, in England – sehr bald niederzuschlagen; die Adligen und die Söldner, die Magistrate sorgten schon dafür. Hier verband sich das aufrührerische Volk zu einer nationalen Revolution gegen alles, was Tradition und geheiligt war: Kirche, Königtum und Besitz.

Ein Hussitenfeind faßte das in seinem Eifer über die Taboriten kurz zusammen: »Der Grundsatz dieser Sekte war, zu verfolgen, zu zerstören, auszutilgen die Prälaten, den besitzenden Klerus, die Mönchsorden, die Universität, die gelehrten Doktoren, Magister und Scholaren, die Besitzenden, auch unter den Weltlichen, das heißt die Barone und die Reichen.« Und daß diese Bedrohten sich mit dem »Pöfel« zusammentaten, war das größte Verbrechen: »Die höllische Verbrüderung mit Bürgern und Bauern!« Deshalb würden sie zusammen mit den Ketzern oder auch durch diese vernichtet werden. Der Papst wurde nicht müde, das zu betonen: Nicht nur die Kirche ist in Gefahr, auch Königtum, Adel, also die gesamte Ordnung der Welt. Die »Rettung der menschlichen Gesellschaft«, so der Kardinallegat an den polnischen König, der auch pflichtvergessen und blind mit den Ketzern paktiert, sei das Ziel des Kreuzzuges, an dem alle sich beteiligen müssen, »denn die Ketzer wollen alles gemeinsam haben; man soll der Obrigkeit weder Zins noch Tribut noch Gehorsam leisten. Das sind Grundsätze, die alle menschliche Kultur vernichten und die ganze so künstliche und kundige Führung der Menschheit aufheben«.

Der Satz ist unwillkürlich verräterisch: Künstlich war diese Weltführung wohl aufgebaut, kundig aber schwerlich. Wir müssen an dieser Stelle noch einmal hinausschauen über den Rand des Kessels Böhmen, in dem sich nach Ansicht der übrigen Welt, mit Schreckensnachrichten gefüttert, die Weltgefahr des »Hussitismus« zusammenbraute. Denn nur durch die sehr künstliche und fragwürdige Politik und die sehr unsichere Struktur der übrigen Länder und Mächte, der Kirche in erster Linie, ist das so katastrophale Versagen der Angreifer und die Tatsache, daß die Hussiten Anhänger bis nach Spanien hin fanden, erst ganz zu erklären; der ganze Umfang dieser Fernwirkungen ist nie zusammengestellt worden. Ebensowenig hat man je ein Bild der Zerrissenheit des Abendlandes um diese Zeit entworfen; niemand hat Lust gehabt, das nachzuzeichnen. Die Spaltung durch das Schisma war nur äußerlich behoben; man hatte den ersehnten Einheitspapst, aber nicht die Reform. Papst Martin vielmehr sah, wie auch dann seine Nachfolger, seine erste Aufgabe darin, gegen die Reformer zäh und energisch zu kämpfen. Von Zusammengehen zwischen »Thron und Altar« war nicht die Rede; dem Kaiser die größten Schwierigkeiten zu machen war schon in den letzten Monaten zu Konstanz beliebt gewesen und wurde zur ständigen Richtlinie. Konsequent im Sinne der Tradition des Nepotismus war auch das Bemühen des Colonna-Papstes, das Haus Colonna zu beherrschender Stellung zu erheben, ganz Latium in ein Colonna-Reich zu verwandeln, nicht anders, als sein Vorgänger versucht hatte, ein Tomacelli-Reich zu begründen; beide waren gleich kurzlebig, und schon Martins Nachfolger hat diese Gründung demoliert bis zur nochmaligen »Ausradierung« der Colonna-Erbstadt Palestrina. Mit diesen Aufgaben haben beide Päpste einen beträchtlichen Teil ihrer Zeit zugebracht. Man würde fehlgehen, wenn man annehmen wollte, daß diese Vorgänge unbeachtet blieben.

Sigmund seinerseits kannte überhaupt keine erkennbare Linie. Man muß ihm konzedieren, daß er es schwer hatte; die großen Titel als König von Ungarn, deutscher König, erwählter Kaiser, König von Böhmen hatten so gut wie keine solide Substanz. Die deutschen Fürsten, am stärksten die rheinischen geistlichen Kurfürsten, waren so beharrlich seine Gegner wie der Papst; in Ungarn war er trotz seiner nun schon langen Regierungszeit auf ganz unsicherem Boden, in Böhmen hatte er bisher nur den »Erbschein« in Händen. Sein einziger Vertrauter und Berater, der Hohenzoller, ließ ihn nun auch im Stich und schloß einen Bündnisvertrag mit dem Polenkönig, gegen den Deutschen Orden und gegen Sigmund gerichtet. Phantastische Pläne tauchten in Sigmunds Umgebung auf: Es war davon die Rede, ob er seine Tochter, bisher dem Österreicher Albrecht versprochen, nicht besser mit dem Sohn des Großsultans verheiraten sollte, um damit die Türkengefahr zu beseitigen; das wurde als zu riskant doch verworfen. Das Gemunkel über seine Glaubensunzuverlässigkeit nahm aber zu; in Konstanz hatte man ihn schon »Ketzer« gerufen, jetzt hieß es, er sei ein Hussit, weil er mit dem »hussitischen« böhmischen Hochadel verhandelte.

Diese Koalition, einig nur in dem Rufe »Nieder mit den Ketzern!«, trat nun an, um Böhmen zu erobern. Jeder wollte etwas anderes: Sigmund sein Erbland Böhmen, der Papst Wiederherstellung seiner Autorität; die beteiligten deutschen Fürsten dachten, ein möglichst großes Stück Landes zu erhaschen; die Kreuzfahrer hofften, Beute zu machen. Die Hussiten zählten stolz die »ungeheuren Völkerschaften aus mehr denn dreißig Königreichen und Provinzen« auf, die der

König von Ungarn, wie sie Sigmund beharrlich nannten, heranführte, darunter Kroaten, Dalmatiner, Bulgaren, Kumanen, die obendrein im Ruf standen, noch wilde Heiden zu sein, und Sigmunds Leibtruppe bildeten; dazu Österreicher, Schwaben, Schweizer, Franzosen, die mit ihnen verfeindeten Engländer, Spanier, Polen und schließlich nicht wenige »abtrünnige Böhmen«; aus Italien waren noch einige bekannte Condottieri erschienen, um ihren fachmännischen Rat zu geben. Ein Heer von 100 000 Menschen wurde zusammengezählt; Menschen, nicht Mannschaften, denn Troß, Begleitung, Trabanten, Diener für die hohen Herrschaften und hohen Prälaten bildeten einen wesentlichen Teil, wenn nicht die Majorität. Daß Bauernhorden und städtischer »Pöfel«, schlecht bewaffnet und ohne erfahrene Führung, dieser gewaltigen Kriegsmacht widerstehen könnten, schien ausgeschlossen. Es war daher auch nicht einmal ein Kriegsplan nötig. Von allen Seiten wälzten sich einzelne Kolonnen heran, unter farbigen Bannern, mit langem Troß und dem kriegsüblichen Sengen und Morden auf dem Wege.

Die Antwort war Zusammenschluß von Stadt und Land, von Prag und den Taboriten, eben noch schwer zerstritten. Es wurde auch auf die Ketzer- und Kreuzzugsparole mit einer geistigen Waffe geantwortet, in Zetteln und Flugschriften, unter den Gegnern zur Aufklärung verbreitet, was die verbrecherischen Hussiten denn eigentlich glaubten. Man nahm ganz richtig an, daß wenige im Kreuzfahrerheer darüber etwas wußten, außer daß diese Pest eben ausgetilgt werden müsse.

In vier kurzen Artikeln wurde das Programm zusammengefaßt, und diese vier Artikel, eine Not- und Kompromißlösung, erhielten historische Bedeutung und Geltung für die nächsten Jahrzehnte als die große Einigungsformel, die wie ein Banner verteidigt wurde, verteidigt noch über den Untergang der Revolution hinaus. Sie waren für unsere Augen bescheiden. Sie forderten: Erstens freie Predigt für das Wort Gottes, zweitens Gewährung des Abendmahls in beiderlei Gestalt, mit Brot und Wein, drittens Abschaffung des weltlichen Besitzes der Geistlichkeit, vom Papst bis zum Priester und Mönch, viertens Abstellung und Bestrafung aller Todsünden. Schließlich hinzugefügt: Einstellung der Verleumdungen Böhmens durch falsche Gerüchte.

Bescheiden waren diese Kernsätze nicht für den Legaten des Papstes, der sich, als letzten Versuch einer Beilegung, die Mühe machte, sie zu widerlegen; er gab sogar zu, daß das Abendmahl als Kardinalstreitpunkt ursprünglich in beiderlei Gestalt verteilt worden sei; die Kirche habe aber aus wohlerwogenen Gründen den veränderten Brauch bestimmt, und dabei müsse es bleiben. Überhaupt müsse in Demut und Gehorsam, nicht in Auflehnung gegen die Kirche und die Geistlichkeit gelebt werden; über das Kirchenvermögen könnten Laien sich nicht zu Richtern aufwerfen. Der sanft anhebende Schriftsatz endete mit strengen Drohungen.

Die vier Artikel waren wirkungsvoll, weil so unbestimmt und und nach vielen Seiten offen. Freie Predigt konnte vieles bedeuten; Punkt drei über den Kirchenbesitz war auch den Baronen sympathisch, einschließlich der streng katholischen. Sie begannen, ehe sie gegen die Prager Ketzer antraten, mit Sigmund ernstlich zu akkordieren und ließen sich aktenmäßig die großen Kloster- und Stiftsbesitzungen verschreiben, die sie inzwischen besetzt hatten. Sigmunds Kanzler, ein Bischof von Passau, weigerte sich, das Reichssiegel dafür zu geben; man siegelte mit dem ungarischen, was genügte. Der letzte Artikel über die Todsünden bedarf noch einiger Erklärung; er stellte in vieler Beziehung das Kernstück dar und ging auch am direktesten auf Hus selbst zurück. Todsünde war nach hussitischer Auffassung sehr viel mehr, als was die alten sieben Todsünden der Wüstenmönche in allgemeinen Begriffen, die wie »Geiz« oder »Freßsucht« alles mögliche besagten, aufgezählt hatten. Die Todsünden, die von den Hussiten in der ausführlichen Fassung ihrer Verteidigungsschrift aufgeführt werden, waren ihr Sozialprogramm, ihre moralische Forderung. Es ist charakteristisch für ihre puritanische Haltung, daß sie an erster Stelle die Hurerei anprangern, die »offenen Frauen«, deren Häuser zerstört und die vertrieben werden müssen. Daß sie damit gerade auf die frommen Kreuzfahrer Eindruck machen wollten, mutet naiv an. Man muß aber bedenken, daß auch dieses Wort für sie biblische Bedeutung hatte: vom Zorn Gottes über die »Hurerei« bebten die Sätze aller Propheten unaufhörlich. Die Schriftkenntnis der Hussiten unterschied nicht, daß damit vornehmlich »Unzucht mit fremden Göttern« gemeint war. Kennzeichnend ist dieser Punkt jedenfalls: Die Bordelle sind für sie die Stätten Satans, von denen alle weitere Zuchtlosigkeit, Unordnung und Verbrechen ausgehen. Und so zählen sie auf: »Unkeuschheit mit freien Frauen, Völlerei, Buhlerei, Trunksucht, Diebstahl, Mord, Meineid, Wucher, Streit, Zwietracht.« Todsünde sind auch alle Werke der Hand, »die nicht dem Nutzen der Christenheit dienen und nur erdacht sind, um der Gier nach Gewinn willen«. Bei den Priestern ist Simonie Ketzerei und Todsünde, und sie führen den langen Katalog der Abgaben auf, von der Wiege bis zum Grabe, die Bischöfe, die Geld für Weihe, Altar, Meßgewand nehmen »und den falschen Ablaß verkauft haben«, die Menschen gebannt haben und verurteilt um »ihr erdacht Opfer« und die auch sonst mit »anderem Betrug die einfältigen Menschen berauben«. Diese Sünden ist jeder getreue Knecht Christi schuldig zu hassen, in sich und seinem Nächsten zu bekämpfen, damit »ein jeder in der Ordnung bleibt, die ihm nach Amt und im Gemeinwesen zusteht«.

Ihnen aber ist nun das Amt gegeben, auch mit bewaffneter Hand sich zu verteidigen gegen jeden, der sie angreift und abziehen will von ihrem guten Willen, als ein frevelhafter Betrüger, Tyrann und Antichrist. Wenn aber jemand aus der eignen Gemeinde verwerfliche und böse Dinge tut, so geschieht das »wider unsern Willen«. Und wenn anderen Gewalt geschieht an Leib und Gut, »so entschuldigt uns die große Not, der wir nicht entgehen können, so daß wir auch aus solcher Not Kirchen, Klöster, Häuser und Burgen brechen und brennen mußten, von denen uns Schaden erwachsen mochte. Das soll uns niemand für übel halten, denn das taten und tun unsere Feinde wie wir«.

Die Taboriten setzten ihre eigene Fassung auf, die im wesentlichen identisch ist, nur mit dem bezeichnenden Unterschied, daß sie, getreu ihrer weltmissionarischen Tendenz, freie Predigt nicht nur in Böhmen fordern, sondern »in aller Christenheit«, und daß sie bei den Todsünden ausdrücklich erwähnen: gleich ob sie vom König, den Herren des Landes, den Geschorenen (Mönchen) oder Pfarrern, von Geistlichen oder Weltlichen begangen werden.

Wir können uns vorstellen, wie im Lager vor Prag über die Einfalt solcher Kundgebungen gelacht wurde. Die deutschen Fürsten hatten die Verhandlungen Sigmunds mit den böhmischen Herren höchst mißfällig beobachtet; intensive Spionage wurde gegenseitig betrieben. Die Lager blieben streng getrennt; an gemeinsames Vorgehen, geschweige einheitlichen Kriegsplan war nicht gedacht. Man verließ sich darauf, daß die beiden beherrschenden Burgkuppen mit ihren Garnisonen, der Hradschin wie der Vyšehrad die Stadt einklammerten. Žižka besetzte eine dritte unbeachtet gebliebene Berghöhe, später nach ihm benannt, und ließ sie stark verschanzen. Die Frauen arbeiteten, die Kinder, der »Pöfel«, unter dem Spott der Belagerer, die ihr »Hus, Hus! Ketzer, Ketzer!« riefen. Die Stadt war zur Verteidigung straff organisiert, in militärische Bezirke unter zwanzig Hauptleuten eingeteilt. Želivsky führte auch politisch ein strenges Regiment. Die deutschen Patrizier und Kaufleute hatten sich auf den Schloßberg geflüchtet oder wurden ausgetrieben; neue Ratsherren waren ernannt. Eine »große Gemeinde« bildete sich, als ein erstes revolutionäres Parlament; es kam sogar dann, eine Umwälzung für Prager Verhältnisse, zum Zusammenschluß der beiden sonst streng getrennten Städte Altstadt und Neustadt. Die ohnehin engen Straßen wurden durch eiserne Ketten gesperrt, falls der Feind eindringen sollte.

Die Gefahr war klein; die Belagerer hielten sich in ihren Quartieren und praktizierten die in den vier Artikeln verdammten Todsünden. Vorstöße machten sie nur in die Umgebung, um zu furagieren; die Lebensmittel wurden bald knapp für eine Menschenmenge, die weit über die Bevölkerungszahl der Stadt Prag hinausging, auch wenn die mythische Ziffer 100 000 weit übertrieben ist. Die Metzeleien, die dabei verübt wurden, das Sengen und Brennen trugen dazu bei, den Nationalhaß anzuheizen: Die Deutschen wollen alles ausrotten, was »böhmischer Zunge« ist, hieß es. Die böhmischen Herren um Sigmund protestierten, daß ihr Land so verwüstet würde; die deutschen Herren antworteten damit, daß sie auch ihnen vorwarfen, sie meinten es offenbar nicht Ernst mit dem Kampf gegen die Ketzerei.

Ernst mit der Kriegführung meinte es niemand unter den Ritterheeren. Die Lager versumpften in jeder Beziehung, aus Mangel an nur der elementarsten Disziplin. Krepierte Gäule lagen umher, bis sie verrotteten, die Latrinen, soweit überhaupt gebaut, schwollen über; die Quartiere verwanzten und verflohten, und für den schließlich kläglichen Abzug des Kreuzfahrerheeres wurde eine wahrhaft ägyptische Plage nach biblischem Muster als höhere Macht verantwortlich gemacht: »Schlangen, Nattern, Frösche, Fliegen, Mäuse, Skorpione, die Gott wunderbar gesandt«, wie es dann in Liedern hieß mit frommer Übertreibung der Größenmaße. Daß Flöhe und Läuse, die furchtbar genug sein können, nicht erwähnt wurden, lag daran, daß sie auch bei Königen und Bischöfen zum normalen Haushalt gehörten.

Von größeren Kampfhandlungen wird nichts berichtet; ein halbherziger Generalsturm zerflatterte, ein Kampf um Žižkas verschanzten Hügel endete mit Verlusten der angreifenden Meißner. Damit hatten nach fünf Wochen mit Würfelspiel, Intrigen und Beratungen die deutschen Fürsten genug. Das Kreuzfahrerheer zog mit fliegendem Banner ab. Sigmund hatte nur einen halben Erfolg buchen können: Er ließ sich auf dem besetzten Hradschin zum König von Böhmen krönen. Dann zog auch er ab, nachdem er das Lager mitsamt der Invasionsarmee von Ungeziefer verbrannt hatte. Die Prager feierten einen großen Sieg und den Triumph der guten Sache; das Wort Gottesgericht fehlte dabei nicht.

Die Krönung hatte Sigmund nur neue Erpressungen seiner katholischen Barone eingebracht: Zu den erbeuteten Kirchengütern verlangten sie auch Schadenersatz aus Kronbesitz. Die Söldner forderten Löhnung; er ließ, ehe er abmarschierte, noch die reichen Altäre und Kirchenschätze auf dem Hradschin ausplündern, die goldnen Monstranzen, eine Goldtruhe für die Reliquien des Landesheiligen Wenzel zerschlagen; mit dem Bruchgold bezahlte er die Krieger, die nicht gekriegt hatten; er verpfändete außerdem eine ganze Reihe Königsschlösser. Auch hier wie bei seinen sonstigen Würden verblieb ihm nicht viel mehr als der Titel. Die böhmischen und die Reichskrönungsinsignien mitsamt den Reichsreliquien wurden zur Vorsicht nach Ungarn gebracht; auch sie waren bereits verpfändet an die Nürnberger, bei denen sie schließlich landeten und bis zum Ende des Heiligen Römischen Reiches aufbewahrt wurden, das schon damals im Sterben lag, aber bis zum Jahre 1806 weiter vegetieren konnte.

Für die Zeitgenossen war dieser Abtransport der geheiligten Symbole der Herrschaft noch wesentlicher als der Abmarsch der Truppen; die Bedeutung von Kronen, Zeptern, Königsmänteln und Krönungsornaten für die Menschen jener Zeit ist erst kürzlich wieder in vollem Umfang erkannt worden. Sigmund schied damit als König von

Böhmen aus, was immer seine Erbansprüche sein mochten. Er machte noch einmal halt in Kuttenberg, dort hauptsächlich mit den Unterschriften über den Ausverkauf seiner böhmischen Besitzungen und der Kirchengüter beschäftigt. Auf ironische Weise machte er die Wyclif-Forderung und den Artikel drei der Hussiten über das Eingreifen der »weltlichen Macht« viel gründlicher wahr als die Ketzer und Rebellen, obendrein auf legale Weise und so permanent, daß selbst das Ende der Revolution daran nichts geändert hat. Die erste große Säkularisation von Kirchenbesitz fand hier in Böhmen statt, unter Vorsitz des Schirmherrn der Kirche, der soeben den ersten Kreuzzug gegen die Ketzer beendet hatte und den nächsten plante.

Eine symbolische Sekularisation und Ausschaltung des Königtums nahmen die Taboriten vor: Sie zerstörten nach vielen Prager Klöstern und Kirchen auch das prachtvoll ausgestattete Kloster Königsaal in der Nähe, die Begräbnisstätte der böhmischen Könige. Das Grab des unseligen Königs Wenzel wurde aufgebrochen, die Gebeine auf dem Feld zerstreut; ein königstreuer Fischer Mucha sammelte sie heimlich auf und versteckte sie für künftige bessere Zeiten.

Sigmund gab noch nicht sogleich auf. Mit Hilfe der eben teuer erkauften böhmischen und mährischen Barone und seiner ungarischen Garden machte er noch einmal einen Vorstoß gegen Prag, um seine Besatzung auf dem Vyšehrad zu entsetzen. Er mißlang ebenso wie der vorhergegangene Anschlag auf den Tabor, vom südböhmischen Großmagnaten Ulrich von Rosenberg geführt, der sich dort eine blutige Lektion holte, was Bauern mit dem Dreschflegel ausrichten konnten. Ritterhochmut machte auch den Angriff auf Prag zunichte. Die Herren hatten bei den verschiedenen Scharmützeln bereits unangenehme Bekanntschaft mit der Bauernwaffe gemacht. Wir möchten dazu noch bemerken, daß das »Dreschen« – es ist auch wie »Haubitze« in den Sprachgebrauch für militärische Vorgänge übergegangen – kein bloßes dumpfes Draufloshämmern war. Der Bauer handhabte sein Werkzeug aus langer Vertrautheit mit Geschick, ja mit Kunst; es gab Meisterdrescher wie Meistermäher. Er prügelte nicht blind vor sich hin; der *Ritter* preschte blind geradeaus und konnte dabei, wie König Johann von Böhmen in seinem Todesritt, sogar leibhaftig blind sein. Der Bauer schlug mit seiner weitreichenden Waffe gezielt zu: Er trieb dem Ritter seinen reich mit Turnierschmuck besetzten

Helm über die Ohren bis in den Hals, zerbrach ihm die kostbar geschmiedeten Beinschienen, zerschlug ihm die Lanze, hieb den prunkvoll aufgezäumten Gäulen ins Maul, daß sie ihren Reiter abwarfen. Die Hussiten haben diese bewährte Waffe, die nicht jeder handhaben konnte, auch beibehalten, als sie sich aus Beutegut und eigner Herstellung besser ausrüsten konnten.

Der Führer der mährischen Ritter, die Sigmund als Haupttruppe gegen die Prager ansetzte, warnte ihn: »Laßt die Prager!« Der König: »Ich will und muß heute mit diesen Bauern kriegen.« Der Baron: »Ihr werdet Schaden leiden. Ich scheue die Dreschflegel der Bauern!« Sigmund: »Ich weiß, daß Ihr Herren aus Mähren Feiglinge seid!« Der Baron, an seiner Ritterehre getroffen: »Wir reiten dahin, wo du es befiehlst, und man wird uns da finden, wo man dich nicht sieht!«

Er warf sich wütend aufs Pferd, seine Genossen und Leute folgten ihm in ein für Reiterei hoffnungsloses Gelände mit Gräben, Teichen in der Niederung und Weingärten. Seine Ungarn ließ Sigmund auf der Straße von Vyšehrad vorrücken. Die Ritter wurden in den Weingärten, an den Teichen zusammengeschlagen; die Dreschflegelträger nahmen niemanden gefangen, gegen alle Kriegs- und Rittersitte. Nur die Adligen, die auf Prager Seite fochten, konnten einige ihrer Standesgenossen retten. Die Niederlage war vollständig. Die Zahlen sind nicht überwältigend, aber es waren die bekanntesten Namen, die da auf den Feldern lagen, frühere Günstlinge Wenzels, führende Barone aus Böhmen und Mähren, ein Fürst von Smolensk als Gast, Polen, Schlesier. Es war der erste blutige Zusammenstoß des Ritterheeres mit dem verachteten Bürger- und Bauernpack, und er blieb im Gedächtnis.

Wie bei allen Niederlagen wurde das Wetter verantwortlich gemacht: Ein kalter, scharfer Wind habe den Rittern ins Gesicht geweht und sie behindert, was übertragene Bedeutung hat. Sigmund zog eiligst nach Kuttenberg zurück. Er gab sich in seiner unweigerlich optimistischen Art unbekümmert: Was denn, eine Schlappe, sonst nichts, wir werden die Scharte bald auswetzen! Er ging mit einem grünen Kranz spazieren und ließ die Königin und ihre Begleiterinnen grüne hoffnungsvolle Kränzlein tragen.

Die Hussiten gingen nun zur Offensive über. Žižka zog mit seinen Truppen nach Südböhmen, brach eine Burg nach der anderen, eroberte und verbrannte Städte, die sich wehrten, darunter das Prachatice, in dem er und Jan Hus zur Schule gegangen waren; mit Verbrennungen ganzer Einwohnerschaften eröffnete er den Terror. Der Ruf seiner Kriegführung und Unbesiegbarkeit lief durch ganz Böhmen. Der große Magnat Rosenberg beugte sich und schloß, unter Anerkennung der vier Artikel, Waffenstillstand mit den Taboriten. Die Prager, von vielen Seiten angerufen, übernahmen die politische Führung; viele Städte schlossen sich schon aus Furcht vor Žižkas Truppen ihnen als dem kleineren Übel an. Eine Reihe böhmischer Barone traten auf ihre Seite. Der Vyšehrad ergab sich; ein Teil der Söldner wurde unter die Mannschaften der Stadt aufgenommen. Ein Manifest ging aus an ganz Böhmen, das Sigmund für unwürdig erklärte, König zu heißen. Seine Grausamkeiten und Morde wurden aufgeführt, seine Arglist, die unter dem Kreuzzugsvorwand darauf ausginge, die böhmische Nation zu vertilgen und Fremdlinge an ihre Stelle zu setzen. Auch der Untergang der Ritter beim Kampf um Prag wird so gedeutet: »Die Deutschen und Ungarn, die grausamsten Feinde unserer Nation, hat er geschont; die Böhmen sollten sich gegenseitig morden und schwächen.«

In einem halben Jahr war der größte Teil Böhmens erobert, man hat eine Epoche die der Hegemonie Prags genannt. Der Adel, einschließlich der meisten Barone, paktierte mit den Hussiten, nicht immer ehrlich, oft ganz opportunistisch und mit Hintergedanken. Die Taboriten führten ihre eignen Kampagnen in schärferer Tonart. Aber das Zusammengehen Žižkas mit Želivsky, der ohne formelles Amt eine diktatorische Stellung in der Hauptstadt einnahm, verbürgte den Erfolg der Revolution, trotz mancher empfindlicher Schlappen, trotz schwerer Gegensätze zwischen Radikalen und Gemäßigten. Ein Triumph wurde die Unterwerfung von Kuttenberg, dem brutalsten und entschlossensten Gegner, der Grund hatte, vor der Rache für den »Tabor«-Schacht und seine Opfer zu zittern. Die Prager, unter Führung Želivskys, der sich hier staatsmännisch und großzügig zeigte, bewilligten den Bürgern, die nicht den vier Artikeln beitreten würden, freien Abzug. Die übrige Einwohnerschaft zog den Hussiten in großer Prozession entgegen, kniete nieder und bat durch einen Sprecher um Verzeihung für die vergangenen Untaten. Želivsky verkündete Frieden und Gnade. Beide Teile weinten und sangen das

Tedeum, die Kuttenberger den einen, die Prager den anderen Vers im Wechsel.

Baron Čenek, durch viele Übertritte von einer Seite zur andern und wieder zurück bekannt, aber immer noch als ehemals höchster Kronbeamter und durch weiten Einfluß wichtig, wechselte nochmals die Front. Er erschien mit seiner Begleitung im Hussitenlager und kniete nieder. Želivsky als amtierender Priester betete mit ihm und fragte dann: »Herr Čenek, erkennst du an, daß du gesündigt gegen Gott und die Prager Gemeinde, indem du das Prager Schloß dem König übergabst?« Der Čenek: »Ich erkenne es an.« Želivsky: »Bittest du, daß Gott und die Prager Gemeinde dir verzeihen?« Der Čenek: »Ja, ich bitte.« Er hatte nach Prag zu kommen und dort den Vertrag über seine künftige Waffenhilfe für die Hussiten abzuschließen. Die Prager nahmen daraufhin sein Banner, das sie ein Jahr lang am Pranger ausgestellt hatten, herunter.

Und schließlich, um den Triumph vollständig zu machen, schloß sogar Erzbischof Konrad Frieden mit den Aufständischen und bekannte sich zu den vier Artikeln – ein Vorgang, der internationales Entsetzen erregte. Ein vom Papst bestätigter höchster Würdenträger der Kirche für das Land nun ein »Hussit«! Mit der Befugnis, die Hussitenpriester zu weihen und somit zu legitimieren! Der Tradition nach auch der höchste Beamte und Kanzler! Ein Deutscher obendrein! Konnte man auch gegen einen Erzbischof Kreuzzüge führen?

Die gemäßigten Hussiten sahen in diesem Übertritt schon eine Hoffnung, mit der Kirche zu einem Ausgleich zu kommen; selbst der Papst würde nun einsehen, daß er irrtümlich Böhmen verketzert habe. Es war in der Tat für einen kurzen, flüchtigen Augenblick die Möglichkeit gegeben, das ganze Land in die Kirchengemeinschaft wieder aufzunehmen, vielleicht mit Zubilligung des Kelches, wie das dann in Wirklichkeit sechzehn blutige Jahre später geschah nach dem Konzil zu Basel. Es ist müßig, darüber zu spekulieren; die Revolution ging weiter.

Sie hatte jedenfalls in diesem Stadium, in fast nur dem einen Jahr 1420, sich gegen den ersten Kreuzzug behauptet, gegen Sigmund, gegen die Barone; die Pilger am Stabe hatten sich in Heerscharen verwandelt, die jeden Widerstand brachen, ein großer Teil des Kleinadels und viele Städte schlossen sich teils den Taboriten, teils der

Hauptstadt an. Das Werk einer nationalen Einigung sollte auf einem großen Landtag zu Carlau zu einer gesetzlichen Regelung führen. Auch die Katholiken wurden dazu geladen, Sigmund schickte sogar aus Ungarn Gesandte, um noch etwas zu retten. Vergeblich: Er wurde als Lästerer der heiligen Wahrheiten und »Todfeind der böhmischen Nation« für »unwürdig« der böhmischen Krone erklärt. Die vier Artikel sollten hinfort einträchtig von allen angenommen und geschützt werden. Als Provisorium und Kompromiß wurden zwanzig Direktoren für das Land bestimmt, fünf Barone, vier aus der Prager Gemeinde, zwei aus der Taboritengemeinde, fünf Ritter, vier aus den übrigen Städten und Gemeinden. Sie sollten für geistliche Fragen den Priester Želivsky und Magister Johann von Přibram aus Prag berufen; eine große Kirchenversammlung würde zusammentreten und über die Kirchenordnung bestimmen. Jeder, der diesem Vertrag und seinen Artikeln nicht beitritt, gilt als Feind.

Niemand meldete sich im Augenblick zu dieser Rolle. Selbst Sigmund äußerte sich in einem wahrhaft kläglich bittenden Schreiben: Er hoffe nicht, daß man ihn an den Unordnungen im Lande für schuldig halte, übrigens sei er bereit, sich zu bessern und belehren zu lassen. Der Landtag antwortete scharf und warf ihm besonders vor, daß er die Kroninsignien fortgeführt, die Schätze aus dem Dom verschleudert und die Nachbarländer gegen Böhmen aufgereizt habe.

Sigmund verteidigte sich gegen diesen Vorwurf mit noch jämmerlicherer Ausrede. Ja, von diesen Nachbarländern stamme das Verderben und die Schmach: »Sie haben die Klöster und Kirchen, zur Ehre Gottes erbaut, zerstört, sie haben gute Christen, Männer und Weiber verbrannt und ermordet, Städte vertilgt und verödet und in Asche gelegt. Und zu diesen Unordnungen und unchristlichen Werken haben die benachbarten und andere entferntere Fürsten, ja die ganze Christenheit gegen Böhmen gereizt und aufgestachelt – nicht Wir.«

Böhmen blieb für die nächsten fünfzehn Jahre eine Republik. Der Schrecken darüber war noch größer als über die religiöse »Ketzerei«, mit der viele sympathisierten; wie viele, geht nur ungefähr aus den Notrufen hervor, die in aller Welt ausgestoßen wurden. Daß ein ganzes mächtiges Land sich seines Königs als »unwürdig« entledigte, ohne an einen Nachfolger zu denken, erschien als Umsturz jeder bekannten Ordnung und war in der Tat unerhört. Es erschien auch in Böhmen den konservativen Kräften unmöglich; sie begannen sogleich mit Polen zu verhandeln. Die Taboriten als die entschlossenste Partei wehrten sich leidenschaftlich dagegen.

Die Revolution ging weiter. Sie wurde zum Bürgerkrieg, einem der merkwürdigsten der Geschichte: Ein Land, daß von ständigen, inneren, schwersten Kämpfen geschüttelt wird und sich jeweils beim Nahen des äußeren Feindes wieder zusammenschließt und siegreich behauptet.

Sieg und Untergang

Die Geschichte vom Sieg und Untergang der Hussiten hat epische Züge. Aber auch die Tschechen haben daraus kein nationales Epos gestalten können. Ihre zeitgenössischen Chronisten schon verlieren förmlich den Atem, wenn es sich darum handelt, die einigen hundert Kreuz- und Querzüge und die zahllosen Verhandlungen im Streit der Parteien zu beschreiben. Von manchen Jahren, von großen Tagungen, die wichtigste Entscheidungen trafen, ist überhaupt nichts Genaueres überliefert. Und selbst von einer so überragenden Persönlichkeit wie Prokop dem Großen wissen wir nur eben die Konturen, auch diese verwischt an vielen Stellen. Kein Heldenlied hat die heroischen Taten besungen, kein Annalist nur nüchtern-zuverlässige Daten über weitere Strecken hin notiert. Aus Berichten von Ausländern muß vieles entnommen werden; die elegante Humanistenschrift des Enea Silvio ist das einzige Werk jener Zeit, das literarischen Anspruch erheben kann; es ist unzuverlässig genug. Die ungemein gründliche tschechische Forschung hat bis zur jüngsten Zeit, oft aus entlegensten Quellen, eine Menge Material beigebracht, mit Interpretationen, die von Generation zu Generation wechseln. Die großen Umrisse und Hauptereignisse heben sich immerhin aus dieser Zeit der Wirren heraus. Auf sie kommt es letzten Endes an, nicht auf die vielen Begebnisse, die in die Landesgeschichte gehören. Die Hussitenkriege waren ein europäisches Ereignis.

Die »böhmische Frage« – es gibt fast in jedem Jahrhundert eine solche Kardinalfrage, die alle Probleme der europäischen Völkergemeinschaft aufrührt. Zu Konstanz sollte unter dem Sammelbegriff »Kampf gegen die Ketzerei« eine Angelegenheit entschieden werden, die damals relativ einfach und lokal begrenzt erschien. Wir haben erwähnt, wie kurz und nebenbei das Urteil über Hus in den Berichten vom Ort angemerkt wurde. Bei dem nächsten großen Konzil und Völkerkongreß zu Basel, 1531 einberufen, dreizehn Jahre nach Ende der Tagung von Konstanz, stand Böhmen im Mittelpunkt; die böhmische Frage hatte überhaupt die Versammlung erst zusammengebracht. Nicht ein einzelner Angeklagter, sondern die Vertreter eines ganzen Volkes erschienen. Sie traten als Repräsentanten einer Nation auf, die sich in fünf »Kreuzzügen« als unüberwindlich erwiesen hatte. Mehr noch: die ihrerseits mit ihren Heeren im Gegenangriff bis weit in die Länder der Angreifer hinein vorgestoßen war, die mit Fürsten und Städten Verträge schloß. Die Namen ihrer Heerführer Žižka und Prokop waren in der ganzen Welt bekannt und gefürchtet. Die Theologen des Ketzervolkes wurden im Plenum mit Respekt angehört. Wenn bei zu scharfen Worten sich Murren erhob, gebot der präsidierende Kardinal, sie reden zu lassen. Das »große Gehör«, das Jan Hus vergeblich erhofft hatte, wurde den Hussiten gewährt.

Sie sprachen scharf anklagend; als berufene Sprecher der vielen Stimmen im ganzen Abendland, die nach wie vor Reform »an Haupt und Gliedern« forderten und nochmals von einem Konzil die Rettung erwarteten. Die Hussiten konnten stolz sagen: Wir haben ein erstes Beispiel gegeben, folgt nach! Ihre Sache war nicht mehr wie bei Hus eine bloße Hoffnung. Sie hatte sich in vielen blutigen Schlachten bewährt, und wenn dabei immer am Morgen vor dem Gefecht das Gottesurteil angerufen wurde, so hatte Gott doch ihrer Ansicht nach unmißverständlich am Abend entschieden, welcher Seite er den Sieg geben wollte.

Das neunzehn Jahre währende Konzil zu Basel, das längste aller bekannten, löste die böhmische Frage nicht; es schloß einen unehrlichen Kompromiß mit den Hussiten, der nur als Waffenstillstand gedacht war. Immerhin mußte es die ominösen *vier Artikel*, mit erheblichen Vorbehalten, anerkennen und den Kelch, als Symbol der böhmischen Unabhängigkeit, bestehen lassen. Schon das war ein nie gehörter Vorgang, ein Schlag für das Papsttum, den es nicht mehr hat verwinden können. Sonst hat das Konzil nur die Schwächen von Konstanz in erweiterter Form zutage gefördert, obwohl es – vor allem in geistiger Repräsentation, nicht in geistlicher – die stärkeren Geister versammelt hatte: die feinsten Literaten wie den Enea Silvio, später Pius II., die bedeutendsten Denker der Zeit wie einen Nikolaus Cusanus, die aufrichtigsten Reformer auch im hohen Klerus. Statt Einigung wurde der Welt abermals das Schauspiel eines Gegenpapstes geboten, des letzten und kläglichsten der Geschichte; der Streit unter den Nationen blieb; die Reform wurde auf das nächste Jahrhundert vertagt. Nach einem hochgemuten Anfang verfiel es rapide, mit langandauernder Agonie bis zur Jahrhundertmitte und einem Ende in kraftlosem Winseln. Der Abfall gerade der besten Geister, die wahrhaft erleuchtende Programme und Vorschläge, auch philosophische Gedanken in klassisch geformter Fassung vorgebracht hatten, ihr Verrat an allem, was sie so eindringlich verkündet hatten, war das traurigste Zeichen für eine Periode der Schwäche und Erschlaffung, die ganz Europa heimsuchte. Und wie im Widerspiel dieser Gesamtsituation zerfiel auch die eben noch so gewaltig und triumphierend dastehende Hussitenbewegung in selbstmörderischem Bruderzwist, in blutigem Kampf und heroischem Tod, in Abfall, müdem Sichfügen und listiger Interessenpolitik. Der Kelch nur verblieb als letztes Symbol für die große Revolution, die das ganze Abendland erschüttert hatte.

Diese Erschütterung war deshalb so groß und lange nachwirkend, weil die Hussitenkriege zum ersten Male die Elementarmacht des Volkes – und dies im großen Stil und auf furchtbare Weise – aufgezeigt hatten. Damit wurden die Grundbegriffe der ständischen Ordnung in Frage gestellt. Der Papst und die Kirche erwiesen sich als ohnmächtig; der Kaiser, die Ritterheere, die städtischen Aufgebote und Söldnertruppen: geschlagen, immer wieder vernichtend geschlagen von Heeren, die aus Bauern bestanden, Plebejern, niederem städtischem Volk, »Bruderschaften«, wie sie sich nannten; unter Führung eines Kleinadligen, der seinen Stand verraten hatte und sich »Bruder Žižka vom Kelch« nannte; und am Ende noch von einem entlaufenen Geistlichen Prokop, dem Fürsten und große Städte dankbar sein mußten, wenn er sie gegen hohe Kontributionen mit Brand und Plünderung verschonte. Man hatte schon hier und da einmal erlebt, daß Bauern gefährlich werden konnten; die Schweizer hatten die Ritter des österreichischen Herzogs bei Sempach besiegt und 700 gepanzerte Reiter auf dem Feld liegengelassen; ein erster Schreck ging durch die Lande, und die Eidgenossen sorgten dafür, daß er sich einige Male wiederholte. Aber die Schweiz, als unwirtliches, armes Hirten- und Bauernland, lag doch recht außerhalb der vielen Kombinationen über wünschenswerte Herrschaftsgebiete. Sie konnte beiseite gelassen werden. Mit Böhmen war es etwas anderes. Es galt als reich, und bei Kreuzzügen der neueren Fassung – nach dem Mißlingen der »großen« Kreuzzüge gegen den Halbmond – war es von wesentlicher Bedeutung, ob ein lohnendes Ziel aufgezeigt werden konnte. Die reiche Provence war ein solches Objekt in den Albigenserkriegen gewesen und die Teilnahme hatte sich reichlich bezahlt gemacht. Die Parole wurde immer wieder verwandt, nun auch gegen die Hussiten, die man schlicht als die »Ungläubigen« bezeichnete, obwohl sie vor jedem Gefecht niederknieten zum Gebet, das Abendmahl nahmen und von Priestern begleitet oder geführt wurden. Es genügte, daß sie als Ketzer bezeichnet waren; worin ihr Glaube bestand, brauchte man nicht zu wissen. Die Unkenntnis selbst darüber, mit was für einem Volk man denn zu tun habe, war profund. Sogar die Führer und Fürsten hatten nur sehr ungefähre Ahnungen; man muß ihnen zugute halten, daß die böhmischen Verhältnisse recht kompliziert gelagert waren.

Man stieß also unter der Kreuzzugsparole fünfmal vor, von allen Seiten her; »auf dem Papier« schien es immer wieder aussichtslos, daß die Ketzer sich behaupten könnten. Die deutschen Reichstage faßten hochtönende Beschlüsse; bei der Frage, wieweit man Geld oder Mannschaften stellen würde, war man bereits viel zurückhaltender. Am lautesten riefen, die am weitesten entfernt waren wie die rheinischen Kurfürsten; sie taten auch am wenigsten und benutzten eher die Gelegenheit, den Kaiser zu beschuldigen, er leiste nicht genug. Die Hussitenkriege haben eine der wenigen jahrhundertelang geltenden Institutionen des Reiches ins Leben gerufen: die sogenannten Matrikularbeiträge, die nach Schätzung vorgenommene Verteilung von Kriegslasten und Truppengestellung. Sie sind noch im 18. Jahrhundert in Kraft gewesen, als Reichstruppen gegen Preußen aufgeboten wurden, und da hatte etwa eine Reichsabtei in Schwaben laut Matrikel 3½ Infanteristen und einen halben Reiter zu stellen. So genau wurde im Hussitenkrieg noch nicht matrikuliert, dafür um so willkürlicher. Große Fürsten drückten sich, das mächtige Sachsen wollte nur 20 Reiter stellen; die reichen Reichsstädte kauften die Verpflichtung durch Geldzahlung an den Kaiser ab, andere bezogen sich wieder darauf, um ihre Nichtbeteiligung zu entschuldigen. Die allgemeine Hussiten-Umlage ging nur tropfenweise ein; man konnte sich nicht einmal über einen Kriegsplan für das »Reichsheer« einigen, geschweige eine Koordinierung mit den anderen Beteiligten. Der Papst stiftete vor allem geweihte Banner. Die Könige von Frankreich und England entsandten Delegationen; England dann einmal einen hohen Prälaten als Heerführer, den uns schon bekannten Henry Beaufort. Der skandinavische Einheitskönig der Kalmarer Union war einer der eifrigsten Rufer zum Streite; Truppen oder Geld schickte er nicht. Die Leistungen der Hussiten sollen durch dieses Bild ihrer Feinde nicht verkleinert werden, aber ein guter Teil ihrer Erfolge geht doch auf diese Zustände der Gegenseite zurück. Zusätzlich zur Uneinigkeit im ersten Ansatz kamen immer schärfere gegenseitige Vorwürfe bei den Niederlagen: Feigheit hieß es, absichtliche Zurückhaltung des Kaisers, der sein Erbland schonen will, Intrigen des Hohenzollern. Die gegebene Beschuldigung war, der andere sei selbst ein heimlicher Hussit und Ketzer. Den Städten hielt man vor, daß sie nach Kräften ihren Handel mit Böhmen aufrechterhielten und dabei auch Pulver und Waffenmaterial an den Feind lieferten. Man könnte die Feldzüge leicht als wahre Groteske schildern, das erbärmliche Abziehen bei ehester Gelegenheit, das Davonlaufen ganzer Heere unter Voranreiten der Fürsten. Dagegen stehen die grausigen Verwüstungen und Metzeleien an der Zivilbevölkerung. Dem Feind »das Land zu verderben« war Kriegsbrauch; er wurde hier mit besonderer Schärfe gehandhabt, da man es mit »Ketzern« zu tun habe. Die völlige Disziplinlosigkeit der Söldnerrotten und adligen Kontingente zeigte sich darin, daß man unterschiedlos unter den Böhmen mordete und brannte, gleich ob Katholik oder Hussit. Nicht wenige Kreuzfahrer führten das, wenn sie ruhmlos abgezogen waren, auch noch in den eignen Ländern fort. Einer der Kreuzzüge endete damit, daß ein gut katholischer böhmischer Anführer mit seinen Mannschaften in Österreich einfiel und sich da durch Niederbrennen von Dörfern für die Untaten rächte, die an den gut katholischen Dörfern seines Gebietes von den österreichischen Kreuzfahrern begangen worden waren.

Ein Glaubenskrieg? Doch kaum. Die Kreuzzugsparole wurde so weit ernstgenommen, daß sie zur Beschaffung von Kriegsanleihen in Form einer Ablaßgewährung dienen konnte, wobei es nicht einmal sicher war, ob die eingesammelten Gelder, an denen die Fürsten erheblich partizipierten, zum bestimmten Kriegszweck verwendet wurden; darüber gibt es erbitterte Korrespondenz. Kampf gegen die Ungläubigen? Aber selbst in Spanien war er so gut wie eingestellt; maurische Kleinfürsten waren beliebte Bundesgenossen bei den Kämpfen der christlichen Könige miteinander. Die Türken, gegen die immer wieder aufgerufen wurde, konnten sich bei ihrem unaufhaltsamen Vormarsch auf dem Balkan bereits auf eine ganze Reihe von christlichen »Satelliten« stützen; Kaiser Sigmund selbst, wie wir erwähnten, dachte einmal daran, sich unter seinen zahllosen Heiratsprojekten mit dem Sultan zu verschwägern. Die »Heidenfahrten« des Deutschen Ordens, lange Zeit die Kriegsschule für junge Ritter aus England, Frankreich, Skandinavien, hatten aufhören müssen, als die Litauer sich bekehrten. Eine »Heidenfahrt« sollte nun noch einmal unternommen werden, so ehrlich in der Zielsetzung wie der große »vierte Kreuzzug«, der das unermeßlich reiche Byzanz eroberte und die größte Beute machte, die im ganzen Mittelalter verzeichnet ist. Die Beute-Idee beherrschte noch alle Gemüter beim Gedanken an Krieg; das Beuterecht war der wichtigste Bestandteil des Kriegsrechts, ausführlich niedergelegt, das Lösegeld für potente Gefangene ein Hauptpunkt, eine Möglichkeit sich zu bereichern, die noch im Hundertjährigen Krieg zwischen England und Frankreich eine kriegsentscheidende Rolle spielte. In den Hussitenkreuzzügen hat der Krieg das unbarmherzige Gesicht der Verelendung beider Seiten gezeigt, der Sieger wie der Besiegten.

Die oft höchst problematische Rolle von großen Siegen ist bekannt, in der unmittelbaren Situation von Kriegen wie, erst recht, in der weiteren Nachwirkung. Hier in Böhmen kam noch hinzu, daß es übergroße Siege waren, gewissermaßen »chiliastische«: ein Gottesgericht, ein »Donnerschlag« von oben. So war es in den Prophezeiungen verkündet worden, und damit sollten alle Widerstände und Schwierigkeiten fortgeräumt sein. Es zeigte sich, daß sie erst begannen, und zwar mit erhöhter Gewalt. Die Lehre daraus, wenn man sie annehmen wollte, gilt nicht nur für Fälle, in denen Gott angerufen wird; daß die Hussiten sie nicht erfaßten, ist begreiflich. Sie standen ständig unter dem Einfluß von Predigern, und je radikaler diese waren, um so mehr stellten sie alle Hoffnungen auf »den Tag«, der alles mit Feuer und Blitz zerschmettern, die Feinde austilgen und den neuen Menschen in der glühenden Asche erzeugen würde. Da sie Theologen waren, stritten sie sich untereinander; die einzelnen Punkte, um die es dabei ging, sind uns heute nur schwer verständlich, aber sie waren den Menschen von damals so lebenswichtig wie heute ideologische Streitfragen, die sich auch bis in die feinsten Verästelungen verzweigen. An dieser chiliastischen Erwartung scheiterten die radikalsten der Hussitenführer, schon im eignen engeren Kreise: Jan Želivsky in Prag unter den Städtern, die Ultraradikalen im Taboritenlager, ein Martin Loquis und andere, und am Ende die Taboriten insgesamt unter den Böhmen.

Die Hussiten hatten von der Kirche den Anspruch auf »Reinheit und Reinhaltung der Lehre« übernommen; sie machten ihn um so leidenschaftlicher geltend, als sie überzeugt waren, sie seien nun endlich im Besitz der wahren Lehre, von der Kirche in langen Jahrhunderten verraten, verwässert, verweltlicht. Jede reine Lehre erzeugt die Unbedingten, die sich nicht begnügen wollen und sich mit noch reineren Ansichten abspalten. Wir können das ganze Bild dieser Parteiungen nicht aufzeichnen; auch der größte der tschechischen Geschichtsschreiber, František Palacky, ist daran verzweifelt. Wir erwähnen nur eine bezeichnende Gruppe, die sich die »gemäßigten Brüder« oder »Leute der Mitte« nannten. Sie bekannten den Kelch wie andere Hussiten, hatten aber in sozialer Hinsicht, als Bauern, das Programm, »daß den legitimen Herren nur die gesetzlichen Zinsen zu zahlen sind, alle anderen und ungerechten Lasten jedoch abgeschafft werden sollen«. Den Gegnern – überflüssig zu sagen – erschienen sie nicht als Mitte, sondern als ganz unverschämte Rebellen; ein eigner Feldzug wurde gegen sie geführt. Von dieser »Mitte« bis nach »ganz rechts«, wie man jetzt sagen würde, bis zu dem Punkt, wo überhaupt kein Unterschied zu den orthodoxen Katholiken mehr zu erkennen ist außer der Forderung nach dem Kelch, sind viele Schattierungen: scharfe oder radikale Utraquisten, gemäßigtere, ganz bescheidene und solche, die schließlich gar keine Forderungen mehr stellten, als nur noch in die allgemeine Kirche wiederaufgenommen zu werden. Selbst das wurde ihnen nicht leichtgemacht; die Kirche verlangte die bedingungslose Kapitulation.

Diese Schichtungen lassen sich noch übersehen; sie sind auch einigermaßen dokumentiert durch die vielen gegenseitigen Streitschriften und Disputationen, die nach mittelalterlicher Übung unablässig geführt wurden und kaum je zu etwas anderem führten, als daß man sich einigte, sich über prinzipielle Punkte nicht einigen zu können. Sehr viel schwieriger steht es mit den sozialen Gegensätzen. Die großen Kontraste: hier Großbesitz und Hochadel, dort die Bauern, sind deutlich; dazwischen aber stehen die Städte, die nicht ohne weiteres mit dem »Bürgertum« gleichgesetzt werden können. In ihnen geht auch, wie nicht nur in Böhmen – es ist die große Zeit der innerurbanen Kämpfe in ganz Europa –, der Streit zwischen den Großbürgern und Patriziern, den Handwerkern und dem »niederen Volk«, den Besitzlosen und Abhängigen, weiter. Es kommt hinzu, daß zwischen dem umliegenden Land und der Stadt viel mehr Zusammenhang bestand als späterhin: Die Großbürger wurden Gutsbesitzer und hielten sich zum Hochadel, die anderen hatten vielfach Verwandte, Kleinbesitz »draußen«, die untersten Schichten wechselten oft hin und her: Bauern flüchteten in die Stadt, »Proletarier« aufs Land. Der Kleinadel wiederum war oft »verbauert« und arm genug; er stellte einen erheblichen Teil der Hussiten und auch der Taboriten und ihrer militärischen Führung. Radikal, revolutionär genug waren für die Zeit die Forderungen und Artikel der Taboriten, um Entsetzen in der ganzen Welt hervorzurufen. Unfaßbar erschien es, daß die Heerführer dieser »Rotten«, wie man sie anfangs nannte, obwohl sie sehr viel besser organisierte Armeen waren als die Adelshaufen, sich »Bruder« nannten unter Brüdern aus dem »Pöfel«. Aber auch in diesen Bruderschaften blieben noch vielfache ständische Unterschiede bestehen, nicht zwar im militärischen Kommando, das ausschließlich der Tüchtigkeit im Feld vorbehalten blieb, aber in sonstiger Gliederung. Und so heißt es in Žižkas berühmter Kriegsordnung: »Wir, Jan Bruder Žižka vom Kelch und alle Gemeinden der Herren, Ritter, Edelknechte und Städte«, wobei die »Gemeinden« ihre »Ältesten« aufzustellen haben. Sogar der Ritterschlag war in den Taboritenheeren üblich; Žižka selbst, als ein *Zeman* nur der untersten Stufe des Kleinadels entstammend, ließ sich zum Ritter schlagen, ungewiß von wem;

beim letzten großen Vorstoß der Hussiten bis nach Danzig wurden 200 der Mitkämpfer am Ostseeufer gerittert. Und ein Prokop, unbestritten der große Führer der letzten Jahre vor dem Zusammenbruch, dem die Feinde nachsagten, er wolle sich zum König von Böhmen erheben, wird in den Erlassen der Taboriten in ständischer Reihenfolge genannt: »Wir die Hauptleute, Herren, Ritter, Edelknechte, Priester Prokop und andere Älteste der Gemeinden von Tabor, Feldgemeinden und Heimatgemeinden«, worauf die Ortsnamen folgen. Man kann darin den ununterdrückbaren Brief- und Erlaßstil der Kanzleien sehen wollen, der auch vor Revolutionsarmeen nicht haltmacht, aber das wäre ein Trugschluß: Titelgebung wurde im Mittelalter ungeheuer ernstgenommen. Ein bloßer »Ältester« aber, wie Prokop, konnte ebenso die beherrschende Stellung einnehmen wie ein »Kommissar« in den russischen Revolutionsheeren.

Die »Gemeinden« waren die Form, in der die Hussiten auch in sozialer und politischer Hinsicht eine bedeutsame Neuerung einführten; sie waren nicht identisch mit den sonstigen städtischen Gemeinden, sondern bildeten darin eigne Gemeinschaften, in Prag unter Želivskys Führung zeitweilig eine »große Gemeinde«, die eine führende Stellung auch gegenüber der Stadtverwaltung beanspruchte. Ein wichtiger Vorstoß war damit gemacht, die ständische Ordnung zu durchbrechen; ein Vorstoß, mehr wurde es nicht und er ging mit dem Ende der revolutionären Hussitenbewegung unter. Zu einem größeren Zusammenschluß auf höherer Ebene jedoch kam es nicht. Es blieb bei dieser Stufe: Eine Vielzahl von miteinander verbündeten Gemeinden und Städten, die auch vielfach verfeindet sein konnten, ist das Gesamtbild jener Kriegsjahre in Böhmen. Städte sind auch die Zentren, um die sich die Machtkämpfe abspielen: Prag, im Südwesten Pilsen als Kern der katholischen Opposition, Königgrätz im Norden und Tabor, das immer mehr zu einer Stadt wurde. Die Entscheidung aber blieb bis zum Ende bei den Armeen, den »Feldgemeinden« und »Bruderschaften«. Als ihre Macht zunahm, teilten sie sich. Es gab eine ganze Reihe von Hussitenheeren, oft nur ein kleineres Aufgebot aus lokalen Gemeinden und Städten, mit Zuzug von Adligen unter ihrem Banner und mit ihrer Mannschaft und eignen Feldzügen. Die große, richtunggebende Armee war diejenige Žižkas, der sich von den Taboriten trennte; nach seinem Tode 1424 in der Mitte der Kämpfe nannten sie sich, als nunmehr »vaterlos«, die »Waisen«; die andere war die der Taboriten, deren Führung dann Prokop übernahm. Zwischen beiden bestanden starke Gegensätze, die zuweilen bis zu dem Punkt kamen, wo eine blutige Auseinandersetzung befürchtet – und von den Gegnern erhofft – wurde. Gegensätze im Glaubensbekenntnis: Žižka und seine Waisen waren »gemäßigte« Hussiten, die Taboriten »radikale«, die auf der Ablehnung der Wandlungslehre beim Sakrament bestanden. Bei Bedrohung von außen standen sie zusammen, und dies ist denn auch das Geheimnis und Kennzeichen der Hussitenkriege: Sobald wieder ein Kreuzzug drohte, erwies sich das nationale Element als stärker denn alle inneren Zerwürfnisse, und das galt über die beiden Hussitenarmeen hinaus. Wenn der Feind über die Grenzen einbrach, dann zogen auch die Prager Bürgerschaft und ein großer Teil des Adels zu und halfen ihn hinaustreiben; war der Sieg erfochten, so zerfiel die Einigkeit wieder.

Das war dann die Stunde der Barone, des Hochadels, der von allen Beteiligten am zähesten seine Linie verfolgte. Sie bildeten mit ihren zuweilen fürstentumsgroßen Besitzungen und ihren eignen Mannschaften, ihren festen Burgen und befestigten Städten und nicht zuletzt durch ihren ständischen Zusammenhalt eine Machtgruppe, die keine der noch so erfolgreichen revolutionären Bewegungen und Epochen hat eliminieren können. Sie schlossen Waffenstillstandsabkommen mit den Taboriten, wenn sie zu stark bedrängt wurden; sie brachen wieder vor, sobald sie eine Gelegenheit sahen. Sie beriefen Landtage ein und stellten »Regenten« in Abwesenheit eines Königs; sie verhandelten unausgesetzt mit dem Ausland, untereinander, mit den Städten, der Kirche, den Magistern zu Prag, die als Nachfolge die Universität die geistliche Autorität der konservativen Kräfte darstellten. Sie waren herrschgewohnt, kriegsgeübt; einer von ihnen, Bohuslav von Schwamberg, erst einer der schärfsten Hussitenbekämpfer, wurde, durch längere Gefangenschaft bekehrt, einer der erfolgreichsten Heerführer der Taboriten und blieb das bis zu seinem Tode im Kampf, zum Unterschied von anderen Hochadligen, die ähnliche Posten nur zeitweilig einnahmen und dann abfielen, als der Wind sich drehte. Sie waren auf ihre Weise »Patrioten«: Auch sie fühlten sich in ihrer Ehre gekränkt, wenn Böhmen verketzert wurde; eine starke Majorität unter ihnen war für den Kelch. Aber ähnlich, wie in der Kirche die

Kardinäle sich als »die Kirche« empfanden, mit dem Papst nur als dem prominentesten aus ihren Reihen, so sahen sie sich als »das Land Böhmen« an, den König als notwendiges Übel. Sie hatten dafür sogar uralte historische Vorbilder, auf die sie sich berufen konnten und die nur schmählich in Vergessenheit geraten seien. Sie waren antiklerikal, ob hussistisch oder katholisch, und nahmen mit Entschiedenheit an der Neuverteilung des kirchlichen Besitzes teil. Sie waren antisozial, Feinde der Städte, und an der großen Umwälzung erschien ihnen vor allem gefährlich, daß der Bauer nun auch Forderungen erhob. Es brauchte dazu nicht der Ermahnungen Sigmunds, der einmal an Ulrich von Rosenberg, den Großmagnaten, schrieb, als dieser einen seiner zeitweiligen Pakte mit den Taboriten schloß: »Die ganze Welt weiß doch, daß das Ziel dieser Ketzer nur ist, Dich und alle die anderen Herren zu beseitigen: Vereinigt Euch und laßt Euch nicht so schmählich von diesem Pöbel Euer Gut nehmen!« Herr Ulrich benötigte solche Weisheit, von Ungarn her erteilt, nicht. Er kannte die Stimmen unter den Taboriten, die davon sprachen, man müsse sich unversehens auf die Barone werfen, sie ermorden und den Rest aus dem Lande treiben. Er wußte aber auch, daß das wildes Gerede war. Er kannte seine Kräfte, seinen Anhang, seine Leute; sie bestanden nicht aus ein paar Trabanten oder Dienern. Die Kreuzfahrerheere sind, zum Teil propagandistisch von beiden Seiten, phantastisch überschätzt und in die Hunderttausende gezählt worden; die Mannschaften der Barone hat niemand verzeichnet. Sie waren stark und zur unmittelbaren Verfügung. Ihre Burgen waren stark. Zum äußeren Feind auch mit dieser Macht, die überall im Land verteilt ihre Stellungen besaß, anzubinden hätte Kräfte erfordert, die auch den sieggewohnten Hussitenheeren nicht zur Verfügung standen. Sie haben verschiedentlich Burgen berannt und genommen; mehr konnten sie nicht leisten. Es war nicht Schwäche oder Unentschiedenheit, die Žižka und Prokop dazu veranlaßte, diese Machtgruppe vorsichtig zu behandeln. Sie zu vernichten, hätte es einer anderen, einer allgemeinen, ungeheuren Bauernerhebung bedurft. Die ist nicht eingetreten. Sie ist überhaupt nirgends zu verzeichnen, zu keiner Zeit.

Die Bauern: Von ihnen ist noch zu sprechen. Von ihnen war die erste große Bewegung der Taboriten ausgegangen. Sie hatten die Mannschaften für die »Feldgemeinden«, die Dreschflegelmänner, den

Kern der Armee Žižkas gestellt. Das war genug, ganz Europa in Angst zu versetzen. Aber ebensowenig wie später im deutschen Bauernkrieg von 1525 haben die Bauern es verstanden, sich im großen zu organisieren oder Zusammenhalt im ganzen Lande herzustellen. Ganze weite Landschaftsteile blieben unbeteiligt. Große Herrschaftsgebiete wie das des Rosenberg haben kaum eine Erhebung ihrer Bauernschaften erlebt; sie wurden von außen berannt. Und in Tabor selbst, dem Zentrum der Revolution, begann sich bereits nach dem ersten Jahr des Gemeinschaftslebens die Struktur zu verändern. Auch da machte sich die Größe des Erfolges bemerkbar: Je mehr Städte und Gemeinden sich anschlossen, je gewaltiger der Taboritenbund wurde, um so vielfältigere Elemente nahm er auf: Ritter, die zu ihm stießen, Städte, die das taboritische Bekenntnis für ihre Geistlichkeit annahmen, im übrigen aber ihre Stadtverwaltung durchaus nach früherem Muster beibehielten. Die Bauern auf dem flachen Lande nun? Sie hatten auch Tabor zu zinsen wie zuvor ihren Herren. Es war bald keine Rede mehr davon, daß die Abgaben nun aufgehoben würden. Sie waren zum Kampf gegen den Feind nötiger denn je. Der Beschluß Tabors dazu war eine der schicksalsvollsten Maßnahmen. Denn bei dem vielfachen Machtwechsel einzelner Gegenden im Bürgerkrieg kam es dazu, daß der gleiche Bauer die gleichen Abgaben doppelt zahlen mußte: erst seinem Herrn, dann, wenn dieser vertrieben wurde, dem Tabor oder umgekehrt, falls der Herr zurückkam. Petr Chelčicky hat darüber Klage geführt: »Viele Bauern und Hörige konnten vor Armut und Hunger nicht mehr in ihren Dörfern bleiben. Denn sie mußten zuweilen drei- oder viermal an die beiden Parteien zahlen, und die Armeen nahmen ihnen, was übrigblieb.« Die Zustände des Dreißigjährigen Krieges waren schon in den dreißiger Jahren des 15. Jahrhunderts erreicht. Daraus erklärten sich auch sehr wesentlich die tödliche Erschöpfung und der schließliche Wille zur Unterwerfung.

Die Hussitenarmeen haben die Revolution für zehn lange Jahre bewahrt und weitergetragen; die Bauernrevolution, aus der sie entstanden, wurde damit aufgezehrt. In militärischer Terminologie hat Žižka das erste »stehende« Heer geschaffen; sein Heer *stand* jedoch nicht, es war eine bewegliche und weit reisende Wagenburg. Auch das innere Gefüge stand nicht still. Darüber hat Žižka in seiner berühmt gewordenen Kriegsordnung, die von vielen Ländern – vergeblich – zum Muster genommen wurde, nichts gesagt. Disziplin, Manneszucht ist das große Wort, und ohne diese uns brutal erscheinende Zucht, die das religiöse Leben genauso scharf regelte wie die Kommandogewalt, wäre sein Heer nicht die schlagkräftige Truppe geworden. Für abweichende Meinungen und neuartige Lehren war da kein Platz; daher sein ingrimmiger Haß auf die Theologen zu Tabor, die neue Programmpunkte einführen wollten. Sie gehörten für ihn zu den »Heuchlern«, die auszutilgen waren wie die offenen Feinde. Er kannte eine Trinität unter den Menschen: erstens die »treuen Christen«, die seiner Richtung, zweitens die »offenen Feinde des göttlichen Gesetzes« und drittens die »ungetreuen Heuchler«. Die zweiten und die letzten waren mit gleicher Schonungslosigkeit zu verfolgen; unter den Heuchlern verstand er gleichermaßen die Barone, denen nie zu trauen wäre, wie die »Deviationisten« unter den Taboriten. Das »göttliche Gesetz« aber wurde zur Generalparole; es war eine unbestimmte Formel, die nicht weiter erläutert wurde. Es bedeutete etwa das Zurückgreifen auf die frühchristlichen Zeiten, die Bibel als einzige Autorität, und die Aufhebung aller Standesunterschiede.

Die weiten Züge der wandernden Wagenburg hatten die Folge, daß das Heer mit den »Feldgemeinden« sich immer mehr von den »Hausgemeinden« entfernte und eigne Züge entwickelte. Zunächst bestand noch ein Austausch mit dem Tabor: Die Hausgemeinde stellte von Zeit zu Zeit Mannschaften für das Heer; umgekehrt kehrten Krieger zurück. Dann hörte das auf: Žižka behielt die kriegstüchtigsten, die anderen sollten für Nachschub und Material sorgen. Handwerker wurden benötigt; die Armee brauchte Wagen, Wurfmaschinen, Waffen, Spaten und vieles mehr; sie arbeitete nicht lediglich mit dem Dreschflegel. Tabor wurde eine arbeitsame Handwerkerstadt und nahm damit die altbekannten Formen einer mittelalterlichen Kommune an, nur daß man von vornherein kein Patriziat kannte. Die Führung behielten die Taboritenpriester. Diese Wandlung genauer zu verfolgen wäre höchst lehrreich; es fehlen dafür leider nähere Nachrichten. Die Menschen des 15. Jahrhunderts waren »soziologisch noch wenig geschult« und interessiert; wir können ihnen nicht unsere Kategorien aufdrängen. Äußerungen sind nur reichlich vorhanden zum theologischen Streit, der stets wieder zurückkam zu den ursprünglichen Thesen. Žižka blieb bei den Anfängen, in Tabor gewannen die radikaleren Köpfe zeitweilig an Boden, bis auch dort die Tür zugemacht wurde gegen »Pikarden«, wie alle abweichenden Meinungen summarisch bezeichnet wurden, oft nur als Verdächtigung oder Schmähung. Wurden sie zu laut und bedrohlich, trieb man sie aus; nach der Austreibung gehörten sie zu den Gegnern und wurden vertilgt. Das gehörte zu den Feldzügen, die Žižka ohne Pause führen mußte, hielt ihn aber nur zeitweilig auf.

Die ersten vier Jahre der Kriegszeit sind die Žižka-Epoche; er war unbestritten der Führer im Feld, auch als er sich von Tabor getrennt hatte und aus der Heeresgruppe der Horebiten seine eigne Žižka-Armee geformt hatte, später die »Waisen« genannt. Er war der militärische Führer und Soldat, und so gut wie nichts sonst. Er siegte, und darauf kam es zunächst an. Der Ruf seiner Unbesiegbarkeit wurde schon zu seinen Lebzeiten zur Legende; beim Ruf »Der Žižka naht!« flohen die Kreuzfahrer in panischer Angst. Die Tatsache, daß er bei einer Belagerung durch einen Pfeilschuß noch sein zweites Auge verlor, spielte dabei mit: Von einem Blinden gejagt und geschlagen zu werden hatte etwas Dämonisches. Nach seinem Tode wurde noch geraunt, er habe befohlen, seine Haut abzuziehen und über eine Hussitentrommel zu spannen, die dem Heer vorangehen sollte; Enea Silvio hat diese Legende verbreitet. Sie hat einen gewissen Sinn: Der Trommler war er, der unablässig und auch in verzweifelten Situationen vorwärts trieb, im eisigen Winter bei Nacht noch sein eingeschlossenes Heer mitten durch die Feinde hinausführte: seine berühmteste Tat; der neue Mannschaften zusammentrommelte und einexerzierte, wenn die Gegner ihn schon erledigt glaubten, und die sorglos Gewordenen überfiel. So schlug er den besten und bekanntesten der Condottieri, Pippo Spano, den sich Sigmund als unfehlbare militärische Autorität für den zweiten Kreuzzug verschrieben hatte. Ein guter Rechner war dieser Pippo, Kind armer Leute aus Florenz; ein Kaufmann hatte ihn nach Buda gebracht. Dort diente er sich beim Schatzmeister empor, bis er die Aufgabe übernahm, Truppen zu mieten. Enorme Schätze sammelte er dabei selbst, wie all die Condottieri, im Krieg gegen Venedig, an der Grenze gegen die Türken. Auch gewisse strategische Begabung scheint er besessen zu haben: Seine Umzingelung des Hussitenführers war rechnerisch ein Meisterstück. Es wurde umgestoßen und in Niederlage verwandelt.

Žižka war das Gegenteil eines Condottiere, und auch das hat die Gemüter seiner Feinde beunruhigt und verwirrt. Daß ein Heerführer von so unverkennbarem Format sich nicht bereicherte, schien ihnen wiederum unmenschlich und dämonisch. Daß er keinerlei Posten und Stellung annahm, auch nicht für seine Verwandten – sein Bruder blieb arm wie er –, war ein Rätsel. Daß ein Kriegsherr – die Condottieri waren fast durchweg herzhafte Atheisten bis zu dem Werner von Urslingen, der sich offen die Devise »Feind Gottes und der Barmherzigkeit« auf den Kragen sticken ließ – betete, das Sakrament im Gefecht vorantragen ließ, erschien ihnen ein unerhörter Skandal. Pippo Spano ging in langem Seidenmantel, der am Boden schleppte, mit einem Hut, dessen modische Lappen auf die Schultern hingen. Žižka war bekannt durch seine einfache Kleidung und den Fausthammer, mit dem er selbst zuschlug, solange er sehen konnte.

Ein Politiker war er nicht. Er hielt es mit den Pragern, solange dort die radikalere Richtung und Leitung Želivskys am Ruder war; er hat dann, als die Städter sich zu weit mit den Baronen einließen, auch mit Prag gebrochen und sogar einen Feldzug gegen die Stadt unternommen und gedroht, er werde das »neue Babylon« auslöschen wie so viele andere Städte. Es war das einzige Mal, wo seine Unterführer und das Heer ihm den Gehorsam verweigerten. Die Stadt des Jan Hus und der ersten Revolution, die böhmische Hauptstadt zu vernichten, das ging auch über ihre in vielen Bränden gehärteten Gemüter. Žižka zog tief verletzt weiter; er starb kurz danach bei einer neuen Belagerung an der Pest. Man könnte sagen, daß seine Widerstandskraft gelähmt war und damit der Krankheit nur noch einen halben Žižka entgegenhielt, wenn das medizinisch nicht zu gewagt wäre. Sein Heer aber, die »Waisen«, blieb; es machte sich im Glaubensbekenntnis nun völlig selbständig von den Taboriten, auch in den Kriegszügen, die in eigner Regie und mit eigner Zielsetzung unternommen wurden.

Die Politik wurde von Prag aus geführt. Želivsky herrschte dort als Diktator ohne offiziellen Rang fast drei Jahre lang. Er war Prediger an der Neustadt-Kirche Maria im Schnee, die ähnlich wie früher die Bethlehemkapelle des Hus das Zentrum für seine Bewegung wurde. Er hatte zweifellos eine radikale Revolution zum Ziel und stützte sich dabei auf die Neustadt mit ihrem zahlreichen Bestand an

»niederem Volk«, Armen, Minderberechtigten und Rechtlosen. Er predigte, er agitierte; als Agitator erzielte er seine größten Erfolge, ähnlich dem Thomas Münzer der deutschen Bauernkriege. Wie dieser war er ein Erbe und wurde ein Opfer der chiliastischen Hoffnungen, von denen er ausging. Wie dieser überschätzte er seine Anhängerschaft; wie dieser wurde er umgebracht, ehe er zeigen konnte, ob nicht doch in ihm mehr steckte, als er erreichte. Er beförderte seine Leute zu den führenden Posten der Stadtverwaltung, aber sie blieben damit nicht »seine Leute«. In die Geschäfte und den Besitz der geflüchteten oder vertriebenen deutschen Bürger rückten seine Anhänger ein; sie »verbürgerlichten« rapide und schlugen sich hinfort zu den Zünften und Ständen der alten Ordnung. Er brachte die »große Gemeinde« und eine zeitweilige Einigung von Alt- und Neustadt Prag zustande, und auch da gewann das Bürgertum wieder die Oberhand. Prag als Handelsstadt war kühler, nüchterner als das bäurische Tabor; zu chiliastischen Erwartungen hatte man kein Zutrauen. Die Stadt spürte die Handelssperre des Auslands, die durch Sigmund und den Papst ausdrücklich verfügt war, aber ohnehin durch ständigen Kriegszustand empfindliche Formen angenommen hatte. Prag hatte wenig übrig für den Armutsgedanken; es wollte arbeiten und verdienen. Es litt auch, sehr viel mehr als die Armeen, die sich geldlos versorgten, durch die inzwischen eingetretene Münzverschlechterung: Geld aus Kupferpfannen und Kesseln geprägt; Falschgeld, Schwarzgeld lief um, spöttisch *kalisky*, die »Kelchlein« genannt. Die Prager verhandelten mit den Baronen, die Barone verhandelten mit Polen. Ein polnischer König aus stammverwandtem Volk schien die Lösung.

Sie war zeitweilig nahe und zerschlug sich. Man hatte in Polen und Litauen im Volke große Sympathien für die Böhmen; hussitische Gedanken und Parolen gingen dort weithin um. Etwas anderes waren die Herrscher, der schon stark alternde Wladislaw-Jagiello als polnischer König und sein Vetter Witold, ihm weit überlegen, als Großfürst von Litauen. Beide haben recht skrupellos mit der »böhmischen Frage« ihre anderen Interessen zu fördern gesucht; ein prinzlicher Neffe, Sigmund Korybut, wurde mit einigen Truppen entsandt, der als Statthalter in Böhmen fungieren sollte und auch Anhang unter dem Adel und Bürgertum fand. Selbst Žižka, von seiner Söldnerdienstzeit her ein Polenfreund, erkannte ihn vorsichtig an, ließ ihn dann aber wieder fallen. Das Hin und Her dieser Beziehungen ist ein trübseliges Kapitel, das mit großen Enttäuschungen der Böhmen endete. Der Prinz wurde aus Polen zurückberufen, ehe er sich durchsetzen konnte; er kam nach einiger Zeit nochmals wieder, auf eigne Faust, gegen den Willen seiner beiden Onkel, und mußte wieder zurück, nachdem er zu Prag heimlich mit der Kurie konspiriert hatte. Der Polenkönig schloß sich sogar der Kreuzzugsbewegung an, um sich dem Papst als getreuer Sohn der Kirche zu zeigen und dafür entsprechende Konzessionen einzuhandeln. Großfürst Witold ging noch einen Schritt weiter: Er ließ sich vom Kaiser Sigmund den Königstitel über Litauen zusichern, mußte aber als Gegenleistung die Böhmen aufgeben. Er starb, ehe die goldne litauische Krone, von Sigmund auf Schleich- und Umwegen über Brandenburg entsandt, in seine Hände gelangte. In den Thronwirren um seine Nachfolge fiel der Prinz Korybut; er nannte sich einen »Hussiten« und hatte einen der letzten hussitischen Heerhaufen als Söldnertruppe in seiner Begleitung.

Sein erstes Auftreten in Böhmen hatte jedenfalls die Folge, daß die Kräfte der Reaktion, im Adel wie in den Städten, erheblich erstarkten. Sie führten in Prag zu einem schweren Schlag gegen die Radikalen und zum Mord an Želivsky, in dem mit Recht einer der gefährlichsten Gegner vermutet wurde. Es ist einer der wenigen Fälle, wo wir einen Augenzeugenbericht aus jener Epoche der Wirren besitzen, von seinem Beichtvater bei der Hinrichtung verfaßt. Želivsky scheint Vorahnungen gehabt zu haben; es waren bereits unter schweren Auseinandersetzungen Stadtbeamte Želivskys ausgetrieben und neue Ratsleute ernannt worden, als Stadthauptmann der Baron Hašek von Waldstein, ein anderer Vorfahr des Wallensteiners. Man berief Želivsky auf das Rathaus, angeblich um seinen Rat über die beabsichtigten nächsten Kriegszüge und die Versöhnung der streitenden Parteien zu hören. Er erschien.

Der Bürgermeister freundlich: »Lieber Priester Johann! Dir gehorchen sie, mach, daß wir uns versöhnen, ehe wir ausziehen ins Feld.« Želivsky: »Wollt Ihr Einigkeit in der Gemeinde, so nehmt nicht Häuser, Weingärten und anderes weg, welche die große Gemeinde Leuten gegeben hat. Weist nicht treue Diener Gottes und der Gemeinde so schändlich fort, wie Ihr getan habt.« Mit einem Blick auf

Baron Hašek: »Herr Hašek! Wenn du der Gemeinde treue Dienste erwiesen hättest und sie weist dich dann wie einen Ehrlosen aus, wäre dir das lieb?« – Der Waldstein: »Nein, gewiß nicht.« – Želivsky: »Dann wünsche das auch nicht anderen.« – Der Bürgermeister: »Lassen wir das, Priester Johann, es wird nach deinem Rat geschehen.« Er vergewissert sich, daß die Boten die Genossen Želivskys, neun an der Zahl, hereingeführt haben. Zu den Versammelten sagt er noch: »Und nun, um Gottes willen, laßt ab von aller Bitterkeit im Herzen, auch solche, die neulich gefangengenommen wurden, damit wir uns versöhnen können.«

Der Stadtrichter mit den Bütteln stürmt in den Saal: »Ergebt Euch, Ihr seid Gefangene.« Želivsky kniet nieder und faltet die Hände. Der Bürgermeister: »Es kann nicht mehr anders sein, Priester Johann!« – Želivsky: »Bei Gott, überlegt es Euch. An meinem Tod ist nichts gelegen, aber ich sterbe nicht allein. Bedenkt, was daraus folgen wird. Ich habe längst nicht darauf geachtet, wie ich umkommen würde. Denn was für ein Leben hatte ich unter Euch!« Er beichtet, nimmt das Abendmahl, und der Beichtvater versichert sich dabei noch ausdrücklich, daß Želivsky und seine Genossen keine »pikardischen« Zweifel über die Wandlungslehre beim Sakrament haben. Dann waltet der Scharfrichter seines Amtes, nachdem Želivsky dem Priester noch die Bitte aufgetragen hat: Man möge zur Gemeinde, dem armen Volk, getreulich stehen und sie nicht verraten lassen. Auch der Scharfrichter, wie mittelalterlicher Brauch, spricht respektvoll zu seinem Opfer: »Lieber Priester Johann, gib deine Hände, daß ich sie binde, denn sonst kann ich nichts ausrichten.« Er bindet ihm die Hände und schlägt ihm und den Genossen das Haupt ab.

Ein Aufstand der Anhänger Želivskys folgt, Baron Hašek flüchtet, neue Ratsherren, darunter Genossen des Ermordeten, werden gewählt und einige Ratsherren hingerichtet. Mit dem Eintreffen des litauischen Prinzen einige Wochen danach wird dieses letzte Regiment der Želivsky-Partei ohne wesentliche Widerstände beseitigt. Prag ist hinfort »gemäßigt hussitisch«.

Der Vorfall ist keine Episode. Er zeigt, auf wie schwachen Füßen die Revolution stand in den Städten, wie sehr es auf ganz wenige führende Köpfe ankam, wie rasch, wenn diese fielen, auch starke Bewegungen, wie die Želivskys, verkümmerten.

Die Anarchie, die nach Žižkas Tod 1424 ausbrach und fast zwei Jahre dauerte, unterstreicht das noch. Erst mit Prokop dem Großen und seinem frappanten Aufstieg wendete sich das Blatt, und die Hussiten, vom Gegner bereits hoffnungsvoll als durch inneren Streit erledigt angesehen, erhoben sich nochmals und zu größeren Siegen als zuvor. Die Mitte dieser Kampfjahre war die Tiefzeit mit Wüten einzelner Heerhaufen gegeneinander; nur die ebenso große Anarchie auf der Gegenseite rettete die Hussiten. Wir rekapitulieren mit kurzen Daten: 1420 beendete der ruhmlose Abzug des Kreuzheeres vor Prag den Versuch, mit einem Schlage die Ketzer niederzuwerfen; das zweite allgemeine Kreuzheer verlief sich im folgenden Jahr nicht weniger kläglich beim Nahen Žižkas; dafür hatte dieser an der Ostgrenze eine schwere Bedrohung durch das Ungarnheer Sigmunds unter Führung Pippo Spanos zu bestehen; er brach durch und erzielte seinen größten taktischen Sieg. Der dritte Kreuzzug 1422, etwas hochtrabend so benannt, führte nur zu unentschiedenen Kämpfen, zentriert um die Burg Karlstein, die sich behauptete. Das nächste Jahr, vorgesehen für die größte aller Kreuzzugskoalitionen, an der auch die Polen, die Skandinavier teilnehmen wollten, brachte überhaupt keine militärischen Aktionen der uneinigen Einigung der »gesamten Christenheit«; Žižka unternahm dafür einen ersten Vorstoß in die Lande der Gegner mit einem Zug nach Ungarn, der abgebrochen werden mußte. 1424, Žižkas letztes Jahr, wurde von den Zeitgenossen sein »blutigstes« genannt; mit schweren Kämpfen gegen die Prager im Bündnis mit den Baronen, seinem Vorstoß gegen die Hauptstadt und seinem Tod. Damit waren die Böhmen zu weiteren Auseinandersetzungen sich selbst überlassen. Erst gegen Ende 1425 kam es zu einem Ausgleich und Friedensschluß der Hauptparteien, gerade rechtzeitig vor dem Ausbruch neuer Kriege im Sommer 1426. Sie endeten wie die bisherigen, aber diesmal mit Niederlage im Gefecht. Es war das erste Mal, daß die Angreifer, Sachsen und Thüringer größtenteils, bei einem Vorstoß über die Grenze im Ernst kämpften und nicht nur demonstrierten wie ihre Vorgänger; um so stärker war der Eindruck. Die Zahlen, die bei allen Kämpfen genannt werden, sind sinnlos übertrieben, aber einige Tausende, darunter einige hundert Adlige, blieben bei Ústí (Aussig) auf dem Schlachtfeld liegen. Prokop als Führer der Taboriten tritt bei diesem Feldzug zum ersten Male in Erscheinung. Er machte den Vorschlag, den Sieg unverzüglich auszunutzen und in die Länder der Gegner nachzustoßen; das wurde durch die verbündeten Prager abgelehnt. Der Bürgerkrieg begann von neuem. Prokop jedoch übernahm die Führung im großen unter vielen Schwierigkeiten; ein schwaches Wort für die unheilbar gespaltenen Parteiungen, die Intrigen, Verrätereien und Anschläge, die sich ihm in den Weg stellten. Sein entschlossen durchgeführter Gedanke war, nun die Offensive zu ergreifen und sich nicht auf die Verteidigung zu beschränken. Damit wollte er den Frieden erzwingen.

Bestärkt wurde er durch den wieder erbärmlichen Ausgang des vierten Kreuzzuges, den der Reichstag zu Nürnberg, aufgeschreckt durch die Niederlage bei Ústí, beschloß. Aufgeschreckt aus jenen endlosen hinkenden Debatten über Beiträge und Beteiligung, die wohl das Trübseligste sind, was große Tagungen mit pompösen Vorzeichen und hohen Zielen je zutage gefördert haben. Das Merkwürdigste dabei ist, leicht zu übersehen vor den immer hinterhältigen und verlogenen Reden der Delegierten, daß die einzelnen Landesteile und Städte keineswegs so armselig waren wie die Worte und Taten ihrer Repräsentanten. Die »ungebrochene Manneskraft«, von der im letzten Protest der deutschen Nation auf dem Konzil zu Konstanz die Rede gewesen war, existierte. Man könnte auch ein ganz anderes Bild jener Zeit entwerfen, das von Aktivität, Begabungen, Leistungen in Kunst, Handwerk, Handel, Erfindungen, großen Bauten zu sprechen hätte, nur daß sich das alles unweigerlich in engen Kreisen vollzog, unkoordiniert wie die fehlenden Feldzugspläne. Aber sogar im Militärischen war nicht alles müheloses Anrücken der Hussiten unter dem Feldchoral und Davonlaufen der Kreuzfahrer. An vielen Stellen ist hart und bitter gekämpft worden, und die Hussiten haben auch schwere Verluste hinnehmen müssen. Der »tägliche Krieg« wurde das ganz offiziell in den Reichstagsakten und Verhandlungen genannt, zum Unterschied vom »reitenden Krieg« der großen Vorstöße. Die Abnutzung durch solchen täglichen Krieg, zumal wenn er zehn Jahre lang dauert, wird leicht verkannt; auch seine Auswirkungen auf die innere Struktur der Hussitenarmeen. Sie wurden aus begeisterten Freiwilligenscharen unter Žižkas eiserner Disziplin zu Berufsarmeen langdienender Soldaten und Kommandeure; auch bei ihnen begann der Beutegedanke zu dominieren. Er lockte Abenteurer und Landsknechtsseelen an, vielfach aus dem Ausland: Polen, Ukrainer, Galizier, Deutsche aus dem Reich. Mancher darunter mag aus Begeisterung für die Hussiten zu den Heeren gestoßen sein; viele Menschen aus den Ostgebieten fühlten sich als Angehörige der Ostkirche den Kelchnern verbunden. Die Mehrzahl dürfte weniger hohe Beweggründe gehabt haben. Das Beutemachen war freilich bittere Notwendigkeit: Böhmen verelendete und verarmte zunehmend, die Heere mußten sich im Ausland versorgen. Wie es sonst mit der Beute stand, die nach Žižkas strenger Ordnung Gemeingut sein sollte, ist nirgends genauer überliefert. Eines läßt sich nur erkennen: Die Armeen sorgten immer mehr für sich selbst, sie waren gut ernährt, sie wurden »reich«; das Volk, die Bauern, die Städte verarmten. Die Kluft zwischen diesen beiden »Parteien« der Hussiten, nie als solche bezeichnet, erweiterte sich ständig, bis weithin wahrer Haß entstand. Die Hussitenheere bezeichneten in grausiger Ironie ihre Beutefahrten als »liebliche Züge«; Ritter und Hochadlige schlossen sich bereitwillig an und übernahmen die Führung so unwiderstehlicher Truppen, zum Teil, um sich eine eigne Herrschaft damit zusammenzuraffen, an der nun »taboritisch« nichts mehr war, als daß taboritische Mannschaften sie begründet hatten. Die Hochachtung im Ausland vor diesem Treiben dokumentierte sich darin, daß man in respektvollen Sendschreiben, die um Schonung bettelten oder Waffenstillstand erflehten, an die »Herren Hauptleute« schrieb, vor allen Barons-, Ritter- und sonstigen Titulaturen. Der Ruf nach Frieden, nach Frieden um jeden Preis, wurde laut und immer lauter.

Auch Prokop wollte den Frieden, aber nicht um jeden Preis. Er war einer der radikalen Priester in Tabor gewesen; er hatte sich zeitweilig dem Martin Loquis angeschlossen, dem radikalsten von allen; nur mit Mühe war er dessen Schicksal entgangen, umgebracht zu werden. Ein Taborit blieb er bis zu seinem Ende auf dem Schlachtfeld des Brudermordes. Aber er brachte für seine Mission ganz andere Vorbildung mit als alle anderen Hussitenführer. Er kam aus einer angesehenen Prager Familie; seine Mutter war eine deutsche Patriziertochter. Ein Onkel, Großkaufmann und Ritter, nahm den begabten Jüngling mit auf weite Reisen durch fast ganz Europa und bis nach Jerusalem. Er ließ ihn dann zum Priester weihen, sicherlich mit Ausblick auf eine große Karriere in der Kirche; Prokop Holý, der Geschorene, wurde er zuerst genannt, dann der Große, zum Unterschied zum kleinen, Prokoupek, einem anderen Hussitenführer. Unter den Taboritenpriestern hat er längere Zeit nur eine bescheidenere Rolle gespielt: Erst nach Žižkas Tode trat er als Feldherr hervor, kaum weniger erfolgreich als dieser; als Politiker von weit größerem Format; als Diplomat, der es verstand, aus weiter Weltkenntnis mit den Großen anderer Länder zu verhandeln; als letzte Hoffnung des gesamten hussitischen Böhmens, er werde doch noch einen Ausgleich herbeiführen, ohne die Errungenschaften der Revolution zu verraten. In dieser Hoffnung liegt seine Tragik. Er kam zu spät. Ohne Verrat, den viele übten, war kein Ausgleich zu erzielen. Prokop blieb seiner Überzeugung als Taborit treu. Er ging unter.

Zunächst führte er die Hussiten noch auf den Gipfel ihrer Erfolge. Der vierte Kreuzzug, vom Reichstag beschlossen, sollte alle früheren Anstrengungen übertreffen. Man hatte sich Žižkas Kriegsordnung zum Muster genommen und strengste Disziplin befohlen: Kein Saufen, Huren, kein großer Troß, den Hauptleuten ist unbedingt Gehorsam zu leisten; es wurde großzügig bestimmt, daß beim kriegsüblichen Morden die katholischen Böhmen verschont bleiben sollten. Die Führung war so unordentlich wie je; die geistlichen Kurfürsten beanspruchten ihrem Rang gemäß die Leitung; der Erzbischof von Mainz benutzte freilich die gute Gelegenheit eines Kreuzzuges, sich zu absentieren und inzwischen einen Feldzug gegen Hessen zu unternehmen, obwohl der Reichstag feierlich Landfrieden während der Kreuzfahrt vorgeschrieben hatte. England hatte Kardinal Henry Beaufort mit tausend Bogenschützen entsandt. Beaufort brachte das geweihte Papstbanner mit. In den Orten Mies und Tachau an der westböhmischen Grenze vollzog sich die neue Katastrophe des Kreuzheeres, das abermals auf hunderttausend Menschen geschätzt wurde und jedenfalls viele Banner und Kontingente unter bunten Fahnen aufwies. Die Böhmen zogen, wiederum geeint, von hochadligen Formationen bis zu den Taboritenheeren und den Pragern heran, und es begann die schon fast traditionelle Flucht der Kreuzfahrer. Beaufort, als er eintraf, sah bereits lange Wagenkolonnen des Trosses dem Grenzwald zu abrücken. Er trat ihnen entgegen, doch sie fuhren weiter. Er brachte noch einmal, mit dem Kruzifix in der Hand, die Bannerherren zusammen; die Fürsten zankten um den Oberbefehl, er überreichte feierlich die Papstfahne dem Pfalzgrafen. Der warf sie von sich, als man ihm die Würde streitig machte. Beaufort soll noch die Reichsfahne heruntergerissen und den Fürsten vor die Füße geworfen haben. Dann mußte auch er fliehen mit allen anderen, als die Böhmen sich in Schlachtordnung näherten. Bei der Verfolgung wurden einige tausend Kreuzfahrer im Walde erschlagen.

Sigmund hatte sich, statt zum Kreuzheer zu stoßen, inzwischen in der diametral entgegengesetzten Richtung von Ungarn nach Wolhynien begeben, um Widerstand gegen die Türken zu organisieren. Er bestrafte damit die Kurfürsten für die Nichtachtung, die sie ihm auf dem Reichstag gezeigt hatten. Beaufort zeigte ihm seine Einschätzung damit, daß er, im Namen des Papstes und mit schweren Ketzerstrafen drohend, den nächsten Reichstag einberief, eine staatsrechtlich unerhörte Neuerung; sie hatte soviel Erfolg wie die früheren Tagungen. Die Ketzerstrafen verstimmten vielmehr. Die Vorwürfe gegen die geistlichen hohen Herren wurden, mit begründeten Einzelheiten, immer lauter. Die Kreuzzüge gegen die Böhmen haben nur *ein* Resultat gehabt: rapide Zunahme des Antiklerikalismus, bis zu dem Punkt, wo besorgte Stimmen meinten, ganz Deutschland sei nun reif, hussitisch zu werden.

Als groteskes Nachspiel erwähnen wir noch, daß Kardinal Beaufort, energisch genug, viel weniger rasch aufgab als die Deutschen. Er hat nochmals 5 000 Engländer daheim zusammengebracht und wollte mit ihnen gegen die Böhmen ziehen; auf dem Hinmarsch wurde er aber abberufen. Denn inzwischen hatte sich zu Orleans des Schicksal der englischen Invasionsarmee vollzogen; Jeanne d'Arc war aufgetreten, und jeder Mann wurde in der letzten Phase des Hundertjährigen Krieges mit Frankreich gebraucht. Die Deutschen begrüßten erfreut dies Ausbleiben der englischen Hilfstruppen, um ihre eigne Unwilligkeit zu neuer Truppengestellung zu beschönigen. Als Trost hofften sie auf Eingreifen der Johanna zu ihren Gunsten. Ein Brief der Wundertäterin wurde in Umlauf gebracht: Sie werde alsbald erscheinen und Gottes Rache an den Böhmen vollziehen, wenn sie nicht unverzüglich zum Gehorsam der Kirche zurückkehrten. Ehe es dazu kommen konnte, wurde die Jungfrau zu Rouen als Ketzerin verbrannt.

Ein anderes Vorkommnis ist noch der Beachtung wert, als Zeichen dafür, wie doch über die weitesten Zwischenräume sich Zusammenhänge ergaben im »europäischen Raum«. Zur gleichen Zeit, da sein Landsmann Kardinal Beaufort, Sohn des Wyclif-Protektors Lancaster, seine Kreuzfahrt gegen die Böhmen unternehmen wollte, trat zu Prag der Wyclif-Schüler Peter Payne auf, in einem der vielen vergeblichen Religionsgespräche, die Einigung unter den streitenden Richtungen der Hussiten erzielen sollten. Payne war nicht irgendwer; er sprach als der geistig führende Kopf der Waisen, als deren Sprecher er dann auch auf dem Konzil zu Basel auftrat. Mit ihm kam noch einmal die Stimme Wyclifs mit allem Nachdruck zur Geltung, die These von der Ablehnung weltlicher Betätigung der Prälaten, der Unwürdigkeit von Priestern einschließlich des Papstes. Friede ja, aber kein Friede mit der Kurie! Das blieb bis zum Schluß die Losung der Taboriten. Sein Gegner, einer der Prager Magister, vertrat bereits die nahezu totale Unterwerfung unter die Kirche und begann Wyclif und Hus zu schmähen. Es blieb nicht dabei; ein reaktionärer Putsch mit Hilfe der Barone wurde versucht; ein anderer Waldsteiner, Hynek, war dabei. Er fand seinen Tod auf der Straße; der Anschlag mißglückte; Prag war noch nicht ganz soweit gekommen, wie die Verschwörer glaubten.

Mit dem Hintergrund solcher Konstellationen, die im Lande noch viele Gegenstücke hatten, unternahm Prokop seine großen Offensiven – es ist vielleicht ohne geschichtliches Beispiel, daß eine derart zerrissene Nation so geschlossen und erfolgreich nach außen auftreten konnte. Von allen Seiten war man über Böhmen hergefallen: Nach allen Seiten stießen die Hussitenarmeen nun vor, nach Schlesien, Ungarn, Österreich und am weitesten nach Deutschland. Wenn ihre Armeen sich bereits stark verändert hatten, so waren sie deshalb doch rein militärisch erst recht schlagkräftiger geworden. Die Hauptleute und Unterbefehlshaber aus der Schule Žižkas vollführten auf Wink und Zeichengebung hin die schwierigsten Evolutionen; sie kannten sich untereinander, sie konnten sich in einzelne Kolonnen trennen, ohne den Zusammenhang zu verlieren; sie wußten, wo anzugreifen war, wo man, besonders bei stark befestigten Städten, den Kampf besser vermied. Sie hatten die Technik des »Landverderbens« zur hohen Kunst ausgebildet. Es blieben, wo sie hindurchzogen, Ödstellen, die noch im folgenden Jahrhundert brachlagen. Einzelne Rückschläge wurden rasch ausgeglichen; im ganzen waren sie unwiderstehlich. Sie ließen unbarmherzig Besatzungen, die sich nicht ergaben, über die Klinge springen; sie mordeten ganze Städte aus, wo man törichterweise ihre Parlamentäre erschlagen hatte; sie verhandelten auch über Abzug und Brandschatzung. Und mit Erstaunen verzeichneten die Chronisten, daß sie, zum Unterschied von den Kreuzheeren, Frauen und Kinder verschonten. Der Chronist Sigmunds verzeichnet die Zustände: »Die edlen Leute und der reisige Zeug, die ritten aus den Städten und ließen die armen Leute und die guten Städte also alle elendiglich stehen. So flohen die Bürger und Bauern zu Holz und ließen Weib und Kinder hinter sich.« Wenn die Geflüchteten zurückkehrten, setzte es erbitterte Vorwürfe: Die Weiber hätten mit den Ketzern geschlafen; wie sonst wären sie unbehelligt geblieben?

Prokop dirigierte; er hieß auch nur der »Direktor«; Hauptleute waren andere, und nicht alle folgten seinen Direktiven. Auf ihn jedoch richteten sich alle Blicke, bei den Armeen, im Lande und im Ausland. Sigmund selbst verhandelte mit ihm wie mit einem großen Potentaten. Da er nicht wußte, wie er ihn titulieren sollte, schrieb er einfach an ihn: »Prokop!« ohne Zusatz. Zu Preßburg fand eine Zusammenkunft statt; Prokop ritt mit starkem Gefolge ein. Der Kaiser sprach gewinnend und lange vom Ausgleich und seiner Liebe zu seinem Heimatland Böhmen, auch von dem bevorstehenden Konzil zu Basel. Dessen Urteilsspruch sollten die Hussiten sich unterwerfen; bis dahin aber, ihm wichtiger, einen Waffenstillstand auf zwei Jahre abschließen. Prokop erwiderte stolz ablehnend: Erst müsse die Kirche wieder zur apostolischen Lehre zurückgebracht werden; einem Konzil, das womöglich dem zu Konstanz gleichen würde, könnten sie sich nicht fügen. Schiedsrichter müsse das Gesetz Gottes sein. Das hieß in diesem Fall: weitere Entscheidung durch die Waffen. Sie schieden; es war immerhin der Beginn von Verhandlungen. Die Hussiten waren als kriegführende Macht anerkannt; das Wort Ketzer wurde sorgfältig vermieden. Auf einem daraufhin einberufenen allgemeinen böhmischen Landtag wurde der Plan eines Konzils begrüßt; die Taboriten forderten, getreu ihrer Auffassung von der universalen Kirche, daß auch die Griechen, Armenier und der Patriarch von Konstantinopel als Haupt der Ostkirche vertreten sein müßten. Von allgemeinem Waffenstillstand wollte man nichts wissen.

Sigmund, so doppelzüngig wie je, betrieb inzwischen neue Kreuzzugspläne. Verhandelt wurde erst wieder, nachdem der größte und am weitesten ins Reich führende Zug der Hussiten stattgefunden hatte: nach Sachsen, Bayern und Franken, in fünf Heerkolonnen, die jeden Widerstand über den Haufen rannten und in breitem Fächer das »Landverderben« ausübten. In Sachsen allein wurden 18 Städte und 1 400 Dörfer zusammengezählt, die verbrannt worden sein sollen; in Franken waren die Verwüstungen kaum geringer. Bis nach Magdeburg, Göttingen, ins Rheinland lief die Furcht den Hussiten voraus, wurde in aller Eile an Stadtbefestigungen geschanzt, eine Heim- oder Landwehr zusammengerufen, von der niemand viel erwartete. Der Hohenzoller eilte herbei, als sein fränkisches Erbland so in Flammen aufging; er versprach, in seinem Bayreuth zu kämpfen und zu sterben, ritt mit seinen Mannen eilig hinaus und sah noch über die Schulter die Stadt brennen. Er verhandelte im Auftrag von Nürnberg, das Abstand zu zahlen bereit war.

Es war der große Augenblick des Sieges. Nichts hätte die Hussitenarmeen hindern können, quer durch halb Europa zu ziehen. Ein tschechischer Annalist der Zeit wirft ihnen auch vor: »Hätten sie nach Ehre begehrt wie die alten Böhmen, so wären sie fortgezogen bis an den Rhein und hätten sich viele Länder unterworfen. Aber sie beluden sich mit großer Beute und ließen sich am Golde begnügen.« Zahlungen allerdings mußten von Nürnberg und dem Bistum Bamberg geleistet werden; die Beute war gewaltig, für den Abtransport wurden die Wagen mit Vorspann bis zu 14 Pferden versehen. Aber Prokop, der die Abmachungen leitete, hatte keine Gedanken daran, sich Länder zu unterwerfen. Es ist ergreifend, wie die Hussiten, wie Jan Hus seinerzeit zu Konstanz, als ihr Hauptziel das »große Gehör« verfolgten, ihre Rechtfertigung vor der ganzen Christenheit – mit der Hoffnung, die anderen zu überzeugen. Zu Nürnberg, so wurde vereinbart, sollte ein großes Religionsgespräch stattfinden, eine Art Sonderkonzil. Genaue Bestimmungen über sicheres Geleit und Redefreiheit wurden niedergelegt. Der Hohenzoller sollte sich beim Kaiser und Papst für die Durchführung verwenden. Er versprach viel. Die fünf Kolonnen zogen ab.

Zu Nürnberg fand kein Religionsgespräch statt; der Papst verbot jede Diskussion. Der Hohenzoller geriet in starken Verdacht der Ketzerbegünstigung und mußte sich mühselig damit rechtfertigen, er habe die Hussiten überlistet, um sie aus dem Lande zu schaffen. Zu Nürnberg wurde vielmehr ein neuer Reichstag abgehalten, der den nächsten und letzten, den fünften Kreuzzug beschloß, während die »böhmische Frage« auf dem Konzil zu Basel geregelt werden sollte. Sehr widerwillig hatte Martin V., der Konzilpapst von Konstanz, das neue Konzil genehmigt; einen Kardinal nur, Julian Cesarini, wollte er dazu entsenden. Martin starb bei den Vorbereitungen; sein Nachfolger Eugen IV. hatte noch größere Vorbehalte gegen die Versammlung und brachte sie schließlich im weiteren Verlauf zum Scheitern. Die geeinte Kirche bestand aus völlig zerstrittenen Parteiungen und Zielsetzungen. Sie forderte von den Hussiten Gehorsam für eine noch völlig unbestimmte Vereinigung von streng päpstlichen, von hartnäckig konziliaren Mitgliedern und Delegierten der Staaten, die erbittert miteinander verfeindet waren. Und während man schon mit den Böhmen über ihre Zulassung zum Konzil Vorbesprechungen abhielt, immer in der Hoffnung, sie würden sich durch solchen Aufschub wieder zerstreiten, gedachte man trotz aller Erfahrungen, sie doch noch rasch niederzuwerfen. Das fünfte Kreuzheer, wieder mit unwahrscheinlich hohen Zahlen angegeben, unter Kardinal Cesarini als geistigem Führer und dem Hohenzollern als recht skeptischem Befehlshaber, folgte getreu dem Beispiel seiner Vorgänger: Es verübte umfangreiche Mordtaten an zumeist katholischen Dörfern und Städten und flüchtete, als das böhmische Heer heranrückte. Der Schauplatz war die gleiche Grenzgegend bei Tachau wie beim vorigen Mal, als ob der genius loci in Gestalt eines Gottes der Panik dort waltete. Er hob nur lässig seine Hand und winkte, und die Kreuzfahrerkolonnen setzten sich nach rückwärts in Bewegung. Sie warteten nicht einmal den Anblick der Hussiten ab. Es genügte das dumpfe Rollen der in »Zeilen« nebeneinander anfahrenden Kampfwagen, der ferne Gesang des nun schon bekanntgewordenen Hussitenchorals »Die wir Gottes Streiter sind«; es genügte, daß der Oberfeldherr Friedrich von Hohenzollern als erster einen »kleinen Stellungswechsel« vornahm, wie er sich später verteidigte. Das Abrücken wurde zur wilden Stampede, die Troßknechte warfen das

Gepäck herunter, um rascher vorwärts zu kommen, die Geschütze blieben stehen, die Ritter preschten voran in den Wald. Nur die riesige Beute, die sich am Waldrand aufstaute, und die einfallende Dunkelheit hielten die Hussiten auf. Die Flüchtenden sollen so verängstigt gewesen sein, daß viele in falscher Richtung nach Böhmen hinein rannten; andere konnten noch, als sie bereits in Nürnberg angelangt waren, nicht recht Atem holen und stammelten nur. Der Kardinal entging mit Mühe den Mißhandlungen der Kreuzfahrer und der Bischof von Bamberg brachte ihn mit einer Eskorte seiner sorgfältig geschonten Reiter in Sicherheit. Die Hussiten erbeuteten seine Wagen, soweit die Kreuzfahrer sie nicht geplündert hatten, mit der Papstbulle für die Kreuzfahrt, seinem geweihten Banner. Die eroberten Pulvervorräte, leichtsinnig verbrannt, leuchteten den Fliehenden in den Wald nach. Viele krochen auf die Bäume; sie wurden am nächsten Tag heruntergeholt und erschlagen. Eine Ritterschar ergab sich, sie steckten die Schwerter in den Boden und hoben die Hände. Auch sie wurden niedergemacht. Die verschiedenen kleineren Invasionsarmeen, die weiter südlich und im Osten des Landes angegriffen hatten, zogen sich beschleunigt zurück. Es war nochmals ein übergroßer Sieg, der letzte.

Die kleine Stadt Taus (Domažlice) war der unmittelbare Schauplatz; sie wurde in ganz Europa berühmt. Die Fama vergrößerte noch die Verluste; die Schande brauchte nicht mit Trompetenstimme ausgerufen zu werden. Die hussitische Gefahr schien nun nicht nur für die Nachbarländer Böhmens drohend; die Propaganda der »Hussitenbriefe« wirkte weithin. In Deutschland waren ohnehin Aufstände im Gange in Mainz, in Lüttich gegen den Klerus, in Aachen, Regensburg, Würzburg, in Bamberg gegen die Bischöfe, in Magdeburg; bei Worms erhoben sich die Bauern. In Frankreich, in Burgund, der Dauphiné, bei Arras rührten sich die Ketzer, zum Teil alte, schon halb vergessene Ketzerbewegungen; im Balkan die Bogomilen, nie ganz bezwungen. Auf dem beginnenden Konzil zu Basel liefen die aufgeregten Nachrichten zusammen. Prokop ließ dort an die Kirchentür ein Plakat anschlagen, das die weltlichen Mächte aufforderte, sich energisch gegen die Kirche und den Papst zu wenden, die nur Krieg und Unheil über die Welt verhängt haben: »Erwacht, Ihr habt zu lange geschlafen! Fürchtet nicht den Zorn Eurer Priester: Nehmt ihnen, was Euch gehört, die Besitzungen, die ihnen nicht gebühren. Wenn Ihr geben wollt: Arme sind genug, die für Euch und die Vergebung Eurer Sünden beten würden ... Wir fürchten den Kampf nicht, wenn Ihr ihn weiterführen wollt, Gott wird uns nicht verlassen. Wir verteidigen uns nur. Wir wollen Frieden, einen dauerhaften und heiligen zwischen Euch und uns.«

Der Ruf nach Frieden wurde so allgemein, daß selbst Kardinal Cesarini, der aus Böhmen geflüchtete, als Präsident des Konzils ihn aufnehmen mußte. Er hatte außer der Kehrtwendung bei Taus auch geistig eine Wendung vollzogen: Schluß nun mit den Hussitenkriegen. In kirchlicher Sprache verkündete er: »Unsere Sünden sind schuld; wir haben dem Herrn nicht genügend vertraut, er hat uns dafür mit seinem Fluch geschlagen.« In politischer Diktion: Verhandlungen, Einladung der Hussitenführer nach Basel, wobei sowohl das Wort Hussit wie Ketzer zu vermeiden ist.

Die Resultate des großen Reformkonzils wurden schon erwähnt; die vielen Intrigen, Kreuz- und Querverbindungen und Schachzüge füllen in den Akten fast ebenso viele Bände wie die von Konstanz. Wesentlich ist, daß keinerlei wirkliche Autorität bestand, die einen dauernden Ausgleich herstellen konnte. »Die Kirche« war wieder gespalten, das Konzil sprach sich die oberste Gewalt zu, der Papst bestritt sie, versuchte die Versammlung aufzulösen, wurde daran gehindert und erreichte am Ende doch sein Ziel. Sigmund als Kaiser und Schirmherr schwankte wie stets; er holte sich auf einem Italienzug, mit ein paar hundert Begleitern und ohne Geld unternommen, die Kaiserkrönung in Rom und mußte dafür die Sache des Papstes vertreten; die Konzilspartei feierte kurzlebige Triumphe und zerblätterte. Der Friede mit den Böhmen, als Hauptgegenstand der ganzen Zusammenkunft, wurde von vornherein mit der Absicht geschlossen, die Ketzer zu teilen und damit zu unterwerfen.

Der Einzug der böhmischen Delegierten im Dezember 1432 war noch einmal ein Höhepunkt, ehe es unaufhaltsam abwärts ging. Barone, gemäßigte Hussiten, die Taboriten unter Prokop, die Waisen: alle waren vertreten. »Weiber, Kinder, Mägde schauten aus den Fenstern und von den Dächern. Sie wiesen mit dem Finger auf den und jenen, staunend über die fremden Menschen in nie gesehener Tracht ... Am meisten waren alle Blicke auf Prokop gerichtet: Das ist er, der so oft die Heere der Getreuen der Kirche geschlagen, so viele Städte zerstört, Tausende hat umkommen lassen, vom Feind wie von Landsleuten gefürchtet, der unüberwundene, kühne, rastlos tätige, keine Gefahr scheuende Heerführer.« So als Augenzeuge der Humanist Enea Silvio, damals noch eifriger Propagandist der Konziliaren. Die Böhmen erhielten Sitze inmitten des Saales und konnten ihre Sache ausführlich vortragen. Wichtiger noch waren die privaten Besprechungen. Kardinal Cesarini gab sich ungemein freundlich, ja geradezu herzlich; er forderte Prokop auf, ganz offen zu sprechen, und der Taborit sagte ihm, was er von der Kirche hielt: »Wenn wir die älteste christliche Kirche betrachten, finden wir, daß sie unsere vier Artikel beobachtete.« Im zwangloseren Gespräch erwies sich, wie blutwenig der Kardinal von den Böhmen wußte, die er bekämpfen wollte: »Ihr seid nun Prokop der Große, wo ist denn aber Prokop der Kleine?« Er erhielt die Aufklärung, das sei einer der Führer der Waisen. »Ihr unterscheidet Euch also von den Waisen?« – »Ja, in einigen Fragen«, meinte Prokop. – Der Kardinal: »Von den Pragern unterscheidet Ihr Euch noch mehr?« – Prokop: »Ja.« – Der Kardinal: »So lassen wir doch lieber alle Unterschiede fahren und vereinen wir uns!« – Prokop: »Erst müssen wir zum Einverständnis kommen zwischen uns, wenigstens in den wesentlichsten Fragen.« – Cesarini: »Allerdings. Möchte es doch dazu kommen, sonst ist alle unsere Mühe umsonst.« Er umarmte den Ketzer; sie tranken etwas Wein zusammen, nicht aus dem umstrittenen Kelch, sondern aus verschiedenen Bechern.

Unverkennbar hielt man Prokop bei näherer Begegnung für einen Mann, mit dem sich reden lassen müßte. Der berüchtigte Kriegsheld und Mordbrenner zeigte sich als ein Mann, der die Welt kannte. Enea Silvio beschrieb ihn: »Sein Gewand ist aus grober Wolle auswendig, innen aber mit feinen Stoffen gefüttert.«

Vor dem Plenum jedoch sprach Prokop scharf und mahnend mit den biblischen Gleichnissen vom Himmelreich als Hochzeitsmahl, zu dem viele Gäste geladen sind; sie entschuldigen sich und kommen nicht. Und da heißt es zu dem Knecht: Geh hinaus auf die Straßen und Gassen und führe die Armen und Krüppel herein, auf die Landstraßen und an die Zäune und nötige sie hereinzukommen, auf daß mein Haus voll werde. »Ich sage Euch aber, daß der Männer keiner, die geladen waren, mein Abendmahl schmecken wird.« Gemurr bei denen, die das Gleichnis verstanden, folgte, Gelächter bei den zahlreichen weniger Bibelfesten. Auch Peter Payne, der »Magister Englisch«, wie man ihn nannte, wurde mit Unmut angehört, als er Hus und Wyclif rühmte, ihre Verurteilung rügte und vor einer Versammlung von Pfründeninhabern und Prälaten mit großen Besitzungen nochmals vom weltlichen Gut der Priester sprach. Bei Angriffen der Gegenredner wurde Prokop ungeduldig: »Ihr beleidigt uns, wenn Ihr fordert, wir müßten zur Kirche zurückkehren, als ob wir je ausgetreten wären! Wir bemühen uns vielmehr, alle Christen in sie einzuführen – auch Euch!« Großes Gelächter. »Ihr verlangt, daß wir uns Eurem Ausspruch unterwerfen: Beweist uns erst, daß wahr ist, was Ihr so nennt, und wir werden uns unterwerfen; ist die Wahrheit auf unserer Seite, so werdet Ihr sie mit Gottes Willen nicht von Euch stoßen können.«

Drei Monate wurde so debattiert; dann kehrten die Böhmen heim, begleitet von einer Delegation des Konzils, die in Prag über den Ausgleich verhandeln sollte. Er kam auch zustande und erzeugte die »Kompaktaten« genannten Kompromiß-Pakte, die mit vielen Vorbehalten die vier Artikel als Grundlage hatten und von da ab das theologische »Grundgesetz« der böhmischen Sonderkirche bildeten. Das unmittelbare Hauptergebnis der Verhandlungen, die fast das ganze Jahr dauerten, war, daß es nun gelang, die Böhmen endgültig zu spalten. Die Delegierten des Konzils operierten mit großem Geschick. Der Wunsch nach Frieden war übermächtig in den breitesten Schichten; die Hoffnungen auf das Konzil hatten noch weitere Kreise aufgeweicht; der Hochadel war auf verhängnisvolle Weise erstarkt. Die Hussitenarmeen dagegen hatten sich in neuen Vorstößen und Beutezügen nach allen Seiten hin verzettelt; manche ihrer Scharen standen schon unter Führung recht dubioser Hauptleute, die dann auch ihre Unzuverlässigkeit bewiesen, als es Ernst wurde. Fast abenteuerliche Fahrten wurden unternommen: Ein Waisen-Hauptmann, Čapek von San, stieß, vom Polenkönig besoldet, bis zur Ostsee vor und nach Danzig, verbrannte das Kloster Oliva und schlug an der Weichsel zweihundert seiner Mannen zu Rittern. Er mußte dann in das Lager vor Pilsen zurückkehren, das von verbündeten Taboriten, Waisen und Pragern lange und vergeblich belagert wurde. Von anderen Fronten kamen Nachrichten über schwere Niederlagen und Verluste der Hussitentruppen. Pilsen wurde zum Ausgangspunkt der Gegenoffensive aller Kräfte der Reaktion.

Die Reaktion war stark. Durch den Ausgleich mit dem Konzil, so unbefriedigend er sein mochte, war die Gefahr von außen her beseitigt, so schien es vielen. Das Land war todmüde nach dreizehn Jahren der Kämpfe und Kriege, verarmt, verelendet in weiten Landstrichen. Die nationale Parole war entfallen; die sozialen Forderungen der Taboriten hatten sich mehr und mehr verflüchtigt und bildeten nur noch einen Programmpunkt, dem wenig nachgelebt wurde. Die Bauern spürten nichts von Abgabenfreiheit. Tabor war eine fleißige Handwerkerstadt geworden, die »Waisen« zu einer halben Söldnertruppe und Berufsarmee, die Taboritenscharen hatten höchst fragwürdige Elemente aufgenommen und noch problematischere Führer.

Prokop war mutlos aus Basel zurückgekehrt. Seinem weiten Überblick entging nicht, wie schwach es um seine Sache stand. Er hatte den Frieden gewollt; nicht diesen Ausgleich, dessen Hohlheit er sah. Er hatte gehofft, Gehör zu finden und die Weltöffentlichkeit zu überzeugen; in Basel waren ihm nur Prälaten des alten Stils entgegengetreten. Die freundlichen Worte Cesarinis besagten nichts, wie er wußte. Von einer Reform an Haupt und Gliedern war kaum die Rede mehr; wenn sie verkündet wurde, hatte sie keine Aussicht, verwirklicht zu werden.

Er ging zur Armee vor Pilsen. Auch da mußte er sehen, daß selbst die Kerntruppen der Revolution angefault waren. Vom unwiderstehlichen Vorwärtsstürmen war nichts verblieben. In weitem Kreise lagerten die Scharen, lungerten, hungerten im ausgeraubten Land, zogen auf eigne Faust und immer weiter nach Proviant aus. Eine einzige Stadt hielt aus, nicht zu bezwingen durch Heere, die Hunderte von Städten überrannt hatten! Einer der Taboritenhauptleute, in vielen Gefechten bewährt, Herr Přibik von Klenau, bestochen oder schon die nahe Wende witternd, schaffte heimlich mit seinen Leuten einen großen Getreidetransport in das hungernde Pilsen, flüchtete und igelte sich auf einer Burg bei Mies ein. Andere, wie Prokop wußte, verhandelten mit Sigmund. Ein Taboritentrupp von 2 000 Mann aus der Belagerungsarmee war nach Bayern zum Fouragieren ausgeschickt;

sie wurden beim Rückmarsch geschlagen und nahezu aufgerieben, nur ein paar hundert mit dem Anführer entkamen. Das Lager vor Pilsen, sonst recht tatenlos, geriet in wilden Aufruhr. Man wollte den Kommandeur als Feigling zum Tode verurteilen und fesselte ihn: Prokop trat den Tobenden entgegen. Einer der Krieger ergriff einen Schemel und schlug Prokop ins Gesicht, daß er blutend zusammenbrach; der Feldherr wurde in Haft gesetzt, der Schläger zum Befehlshaber ausgerufen. Nach einigen Tagen ließ man ihn frei und bat ihn, den Oberbefehl wieder zu übernehmen. Prokop lehnte ab, er müsse sich in Prag ausheilen lassen. Er verließ die Armee.

Die Reaktion ging zum Angriff vor. Sie hatte einen Landtag einberufen, der einen Landesverweser einsetzte, ein Landfrieden wurde ausgerufen, den Taboriten- und Waisentruppen befohlen, auseinanderzugehen; ein neues Heer wurde aufgestellt, das bezeichnenderweise auch solchen Mannschaften aus den »Bruderschaften« gegen Sold seine Reihen öffnete, die ihre Fahne verlassen wollten. Ein ehemaliger Mitkämpfer Žižkas, einst der Führer der Horebiten, übernahm den Oberbefehl.

Der erste Vorstoß galt der Neustadt Prag, in der von Želivskys Geist noch einiges fortlebte und die Waisen ihr Hauptquartier und Beutelager hatten. Sie wurde in kurzem Kampf überwältigt. Prokop mußte flüchten. Pilsen wurde damit befreit. Die Belagerer brachen ihre Zelte ab. Zwei Heeresgruppen formierten sich: Die Adelsarmee auf der einen und die Taboriten und Waisen mit den ihnen verbündeten Städten auf der anderen. Prokop wurde gebeten, wieder den Oberbefehl zu übernehmen. Er tat es. Zwei Wagenburgen, zwei böhmische Heere rückten gegeneinander an. Am 30. Mai 1434, einem der Schicksalstage der Hussitengeschichte, begingen sie bei Lipan den nationalen Selbstmord. Der Kampf war erbittert, beide Teile waren kriegserfahren, stark ausgerüstet; es wurde den ganzen Tag und die Nacht hindurch bis zum Morgen gefochten. Die Hauptmacht der Taboriten und Waisen ging dabei zugrunde; Prokop fiel, sein Namensgenosse Prokop der Kleine, die meisten Hauptleute außer dem Čapek, der mit seinen Leuten rechtzeitig flüchtete und bald darauf durch seinen Übertritt zur Adelspartei bestätigte, daß der Verdacht gegen ihn gerechtfertigt war. Pardon wurde nicht gegeben, auch den Taboritenpriestern nicht, von denen viele erschlagen wurden.

Nur 700 Gefangene wurden gezählt und das ist die entscheidende Ziffer. Die Zahl der Gefallenen wird mit etwa 12 000 angegeben. Von Prokops Ende ist nichts Zuverlässiges bekannt, seine Leiche wurde nicht gefunden. Enea Silvio beschreibt noch legendär, sein früherer Hausfreund und Mitdelegierter zu Basel, Ritter Kostka, habe sich gerühmt, ihn eigenhändig getötet zu haben. Glaubhafter ist seine Beschreibung der alten Krieger der Taboriten und Waisen: »Schwarze, von Sonne und Wind gebräunte Leute, furchtbar anzusehen, gewöhnt im Lager, bei Feuer und Rauch, zu leben, mit Adleraugen, ungekämmten Haaren, verwahrlosten Bärten, von hoher Gestalt, haarigen Gliedern und so harter Haut, daß das Schwert von ihr wie von einem Panzer absprang.« Wir ziehen die poetische Lizenz des letzten Satzes ab, aber wir werfen doch mit seinen Sätzen einen Blick auf die Gestalten, die ganz Europa in »Furcht und Schrecken« versetzt hatten, wie es in den Schulbüchern heißt. Die Schlacht bei Lipan war nicht ihr Ende; sie fochten in anderen Scharen noch lange weiter unter anderen Hauptleuten, auch als Söldner im Ausland; Kaiser Sigmund selbst dachte daran, Taboritenabteilungen zum Kampf gegen die Türken anzusetzen; man hat behauptet, daß sie von Polen und Galizien aus in einigen Trupps nach der Ukraine gezogen seien und dort ihre Kriegserfahrungen an die Kosaken weitergegeben hätten.

Lipan war aber das Ende für die Revolution. Die weiteren Ereignisse sind böhmische Landesgeschichte, mit vielen Kümmerlichkeiten, wie der schließlichen Anerkennung Sigmunds, der für ein kurzes Jahr noch König von Böhmen sein konnte, ehe er starb. Eine gewisse Befriedung aus Erschöpfung trat ein; eine gewisse Selbständigkeit konnte sich Böhmen auch unter der Adelsherrschaft bewahren. Aus den Kreisen des Hochadels ging auch der letzte einheimische König hervor, Georg von Podiebrad aus dem hussitischen Haus der Kunstat, mit einer Regierungszeit, die dem Lande noch einmal europäisches Ansehen verschaffte. Ein »Ketzerkönig« für die übrige Welt, ein »Hussit« der gemäßigten utraquistischen Richtung seinem Throneid nach, für seine Nachbarländer ein hochbegehrter Bundesgenosse, der seine Tochter an den Sachsenherzog verheiratete und in einigen Kombinationen für den Posten des deutschen Königs in Betracht gezogen wurde. Er selbst ging mit Plänen eines »Fürstenbundes« um, in denen man Keime eines Völkerbundes hat sehen wollen.

Von den Gedanken des Jan Hus lebte in dieser böhmischen Sonderkirche der Utraquisten nicht viel fort. Sie hatten andere Wirkung; in kleinen Gemeinschaften, die im Untergrund leben mußten und verfolgt wurden, auch vom »Hussitenkönig« Georg von Podiebrad. Das schöne Wort Bruder, das sonst außer Kurs kam, auch Gemeinde im edleren Sinn, wurde von ihnen übernommen und blieb kein bloßes Etikett. Als die böhmische oder mährische Brüdergemeinde haben sie alle Austreibungen überstanden und in dem großen Volkspädagogen Amos Comenius noch einen Beitrag zur Kultur der Welt von kaum überschaubarer Bedeutung gestellt. Aber das ist eine andere Geschichte, die weit abführt von den blutigen Kämpfen, die zu schildern gewesen sind.

»Wyclif erzeugte den Hus, der Hus den Martin Luther«, so hieß es im biblisch gefaßten Stammbaum der Gegner, als neue Kämpfe im nächsten Jahrhundert auflebten. Das böhmische Beispiel, der erste große Freiheitskampf einer Nation, blieb unvergessen. Die nationale Parole, die Cola di Rienzo zuerst mit Silbertrompete verkündet hatte, wurde in einem Siegeszug ohnegleichen zur Grundlage aller Folgezeit und hat nicht aufgehört, die Menschen zu begeistern und zu verwirren. Die chiliastischen Erwartungen der frühen Taboriten in neuer und nicht so neuer Form sind so lebendig wie je. Wir können auch, wenn wir genauer hinschauen, die Wandlungen verfolgen, die Hoffnungen annehmen.

Als Enea Silvio um die Jahrhundertmitte das Land Böhmen besuchte, kein kleiner Literat mehr, sondern schon einflußreicher Berater des Kaisers, besuchte er den Tabor als die Keimzelle der großen Wirren. Er fand eine arbeitsame Stadt unter ihrem Magistrat, der sich vom Kaiser Sigmund noch die ausdrücklichen Privilegien einer »königlichen Stadt« hatte verschreiben lassen. Der Gottesdienst war taboritisch. Der alte Taboritenbischof Nikolaus Biskupek lebte noch; er hatte alle Fährnisse überstanden; einige der alten Kämpfer und Führer waren ebenfalls den Stürmen und Morden entgangen und gaben bereitwillig Auskunft. Die Einwohner waren gottesfürchtig und gebildet, wie Enea mit Verwunderung konstatierte; jeder kannte seine Bibel, auch die Frauen und Kinder konnten lesen, wie in seinem Italien nur seine Freunde, die Humanisten. Am meisten erstaunte den Besucher das friedliche Zusammenleben der verschiedensten Bekenntnisse und Richtungen. Er hatte so viel von den wilden und furchtbaren Sekten der Böhmen gehört, den Verbrennungen und Ermordungen, mit denen sie verfolgt wurden. Hier auf Tabor, so stellte er fest, waren sie alle vorzufinden, sogar die berüchtigten Adamiten, die Nikolaiten, die Pikarden, dazu Ketzer aus weiter Welt, aus Frankreich und Skandinavien, Polen. Man duldete sie, sie lebten zusammen, ohne sich zu behelligen. Der künftige Papst Pius II. verwunderte sich gebührend über solches Treiben.

Wir möchten mit diesem Rückblick abschließen. Er ist keine Anweisung zum richtigen Leben, kein Rezept, keine Lehre. Wir haben versucht, Menschen zu schildern mit ihren Kämpfen, Siegen und Niederlagen. Es sind Mutige darunter, die uns Mut machen können, auch wenn sie unterlagen, wie Jan Hus. Von vielen Erbärmlichkeiten mußte die Rede sein, von Spaltung und Zerrissenheit, von großer Ratlosigkeit bei ihrer Überwindung. Es sind Menschen einer entfernten Zeit, die uns durch die Erlebnisse unserer eignen Epoche sehr nahe gerückt erscheint.

Zeittafel

1309–1377	Avignon an der Rhône Sitz der Päpste (bis 1408 noch der Gegenpäpste). 1376, endgültig 1377 Rückkehr nach Rom. Damit
1378–1417	das große Schisma, Spaltung in zwei, schließlich drei streitende Papstlinien.
1310–1437	Haus Luxemburg regierend in Böhmen, beginnend mit König Johann, Sohn des Kaisers Heinrich VII.
1339–1453	»Hundertjähriger Krieg« zwischen England und Frankreich; englische Siege bei Crécy 1346 (Johann von Böhmen gefallen), Poitiers 1356.
1346–1378	Kaiser Karl IV. von Luxemburg, König von Böhmen. Prag Residenz. Große Bauten; humanistische Studien; Universität 1348. Die »Goldene Bulle« 1356. Nachfolger sein Sohn Wenzel (1378–1419).
1347	Die römische Republik des Cola di Rienzo (1313–1354).
1348 ff.	Die große Pestepidemie, der »Schwarze Tod«, mit zahlreichen Ausbrüchen während des ganzen folgenden Jahrhunderts; Züge der Geißler; Judenpogrome; schwere Erschütterung des wirtschaftlichen und sozialen Gefüges.
1358	Bauernaufstand (die »Jacquerie«) in Frankreich; städtische Erhebung in Paris (E. Marcel).
1378	Beginn der großen Kirchenspaltung bei Wahl Urbans VI. und Gegenwahl Clemens' VII.; Teilung Europas in zwei Obedienzen.
1379 ff.	Aufstände in Gent, in Florenz (die »Ciompi«), in Rouen, in Paris 1382 (die »Maillotins«); in Deutschland 1377–1389 Krieg der Städtebünde gegen Fürsten; 1386 Sieg der Schweizer bei Sempach über österreichisches Ritterheer.
1381	Bauernaufstand in England (Wat Tyler, John Ball) unter König Richard II. und Königin Anna von Böhmen-Luxemburg (gest. 1394).
1384	Tod John Wyclifs (geb. um 1328; erster Prozeß und Bullen des Papstes 1377; Verurteilung durch Kirchenversammlung 1382; Bibelübersetzung seit 1380); Bewegung der Lollarden.
1386	Union zwischen Polen und Litauen nach Taufe Jagiellos (dann Wladislaw); in Litauen Witold Großfürst (1392 bis 1430); in Ungarn Sigmund von Luxemburg König.

1389	Schlacht auf dem Amselfeld, Sieg der Osmanen über Serben; 1396 Niederlage des Kreuzheeres bei Nikopolis; Vorrücken der Türken bis zur ungarischen Grenze.
1400	Absetzung Wenzels als deutscher König durch rheinische Kurfürsten; Gegenkönig Ruprecht von der Pfalz (gest. 1410), nur im Westen anerkannt; Wenzel als König von Böhmen zeitweilig unter Kuratel der Barone und seiner Verwandten; zweimalige Gefangensetzung 1394, 1402/1403.
1402	Magister Jan Hus Prediger der Bethlehemskapelle Prag (geb. um 1370, 1386 Student in Prag, 1396 Magister, 1402 Dekan. Führer der Reformpartei); Vorläufer: Konrad Waldhauser (gest. 1369), Jan Milič (gest. 1374), Matthias von Janov (gest. 1393), Thomas von Štìtny (gest. vor 1400).
1407	Ermordung des Herzogs von Orleans durch Johann von Burgund; Bürgerkrieg in Frankreich; Parteien Orleans (dann Armagnac) und Burgund.
1409	Konzil zu Pisa nach Abfall der Kardinäle beider streitender Päpste; Absetzung dieser und Wahl eines dritten, Alexander V.; Dreiteilung der Gehorsamsbereiche der Kirche in Europa; in Prag Universitätsstreit, Erlaß des »Kuttenberger Dekrets«; Auszug der deutschen Studenten und Dozenten aus Prag.
1410	Bücherverbrennung zu Prag und Studentendemonstration; Hus exkommuniziert. Das Jahr der drei Päpste; in Deutschland drei Könige Sigmund, Wenzel, Jobst von Mähren; Sigmund seit 1411 alleiniger König.
1411	Aufruhr um Ablaß Papst Johannes XXIII. zu Prag; Straßenkämpfe; der Bann gegen Hus verkündet.
1412—1414	Hus im Exil in Südböhmen.
1414—1418	Konzil zu Konstanz: Abstimmung nach Nationen, Absetzung der Päpste Johann XXIII. und Benedikt XIII., Abdankung Gregors XIII., Neuwahl 11. 11. 1417 des Papstes Martin V. Colonna; Jan Hus verbrannt 6. 7. 1415, Hieronymus von Prag 23. 5. 1416; Vertagung der Reform.
1415	Neue Invasion Frankreichs durch Heinrich V. von England; englischer Sieg bei Agincourt.
1416	Reise Sigmunds nach Frankreich und England; in Böhmen weite Ausbreitung der hussitischen Lehren; Proteste gegen die Urteile von Konstanz; Beginn der nationalen Revolte; der Kelch als Symbol.
1418	Kreuzzug gegen Böhmen durch Martin V. verkündet.
1419	Beginn der hussitischen Revolution: Bergfahrten, Begründung von Tabor, Sturm auf das Prager Rathaus und Fenstersturz der Magistratsherren; Tod König Wenzels.

1420–1431	Fünf Kreuzzüge gegen die Hussiten: 1420 Belagerung Prags; Die »vier Artikel« der Hussiten; Abzug des Kreuzheeres; 1421 Siege Žižkas über Kreuzheer bei Saaz, über das Ungarnheer bei Deutsch-Brod; 1422 Belagerung von Karlstein; 1426 Niederlage der Invasionstruppen bei Aussig; 1427 Niederlagen des 4. Kreuzheeres bei Tachov, 1431 des 5. Kreuzheeres bei Taus. Seit 1427 Übergang der Hussitenarmeen zur Offensive: Einfälle in Österreich, Schlesien, Ungarn; 1430 großer Heerzug nach Sachsen, Bayern, Franken; 1433 bis Danzig.
1421	Landtag von Časlau: Sigmund als König von Böhmen für unwürdig erklärt; Verhandlungen mit Polen; Beginn des Streites der »gemäßigten« Hussiten und der katholischen Barone mit den radikaleren Taboriten; Liquidierung der radikalsten Gruppen (»Adamiten« genannt) durch Žižka.
1422	Hinrichtung J. Želivskys zu Prag als Führer der städtischen Radikalen; Prinz Korybut von Litauen als Statthalter seines Onkels Witold in Böhmen zurückberufen; 1424–1427 nochmals in Prag, dann ausgewiesen.
1424	Tod Žižkas; danach Anarchie und Bürgerkrieg für zwei Jahre.
1427–1434	Prokop der Große Führer der Taboriten.
1431–1449	Konzil zu Basel: Teilnahme der Hussiten nach Mißlingen des 5. Kreuzzuges; 1433 Abschluß der »Kompaktaten« mit Anerkennung von Punkten der »vier Artikel« (ratifiziert 1436); Erneuerung der Kirchenspaltung: 1439 Wahl eines Gegenpapstes Felix V., Auflösung nach dessen Rücktritt 1449.
1434	Ausgehend von der Belagerung Pilsens neuer innerer Krieg in Böhmen; Niederlage der Taboriten und verbündeten Städte bei Lipan (30. 5.) und Tod Prokops; Ende der revolutionären Hussitenbewegung.
1436	Nach mehrfachen Tagungen und ständigem Erstarken der Reaktion auf Landtag zu Iglau (Jihlava) Anerkennung Sigmunds als Herrscher (gest. 1437).
1458–1471	Georg von Podiebrad König von Böhmen.

Herrscherhäuser

KÖNIGREICH BÖHMEN
Přemysliden Anfang 10.•Jh.–1306.
Letzter König Wenzel III.
Haus Luxemburg
König Johann 1310–1346
Karl I. (als Kaiser Karl IV.) 1346–1378
Wenzel 1378–1419
Sigmund 1419–1437
Haus Österreich
Albrecht (als Kaiser Albrecht II.) 1438/39
Ladislaus Posthumus 1453–1457
Georg von Podiebrad 1458–1471 (letzter einheimischer König)

ENGLAND
Haus Plantagenet
Eduard III. 1327–1377
Richard II. 1377–1399
Haus Lancaster
Heinrich IV. 1399–1413
Heinrich V. 1413–1422
Heinrich VI. 1422–1461

POLEN-LITAUEN
Kasimir II. 1333–1370
Ludwig der Große von Anjou (König von Ungarn, polnischer König) 1370–1382.
Durch Heirat seiner Tochter Jadwiga mit dem litauischen Fürsten Jagiello
Haus der Jagellonen
Wladislaw II. Jagiello 1386–1434
Witold, Großfürst von Litauen 1392–1430
Wladislaw II. 1434–1444

HEILIGES RÖMISCHES REICH
Heinrich VII. von Luxemburg 1308–1313
Ludwig der Bayer 1314–1347
Karl IV. von Luxemburg 1347–1378
(König) Wenzel 1378–1400
Ruprecht von der Pfalz 1400–1410
Sigmund (Sigismund) von Luxemburg 1410–1437
Albrecht II. von Habsburg 1438–1439
Friedrich III. 1440–1493

FRANKREICH
Philipp VI. 1328–1350
Johann 1350–1364
Karl V. 1364–1380
Karl VI. 1380–1422
Karl VII. 1422–1461
Ludwig XI. 1461–1483

UNGARN
Nach Aussterben der Arpaden
Ludwig I. von Anjou 1342–1382 (auch polnischer König seit 1370)
Sigmund von Luxemburg 1387–1437 (deutscher König, Kaiser seit 1433)
Wladislaw I. (Jagellone) 1440–1444
Johann Hunyadi (Reichsverweser) 1446–1453; sein Sohn
Mathias Corvinus König 1458–1490

PÄPSTE
Urban V. de Grimoard 1362–1370
Gregor XI. de Beaufort 1370–1378
Durch das Schisma zwei Linien:
Römische Linie
Urban VI. Bartolommeo Prignani 1378–1389
Bonifaz IX. Tomacelli 1389–1404
Innozenz VII. Megliorati 1404–1406
Gregor XII. Angelo Correr 1406–1415
Linie von Avignon

Clemens VII. Graf Robert v. Genf 1378–1394
Benedikt XIII. Pedro de Luna 1394–1409 (gest. 1423)
Dritte Linie, nach Konzil zu Pisa
Alexander V. Philargi 1409–1410
Johann XXIII. Baldassare Cossa 1410–1415
In Konstanz gewählt
Martin V. Colonna 1417–1431
Eugen IV. Gabriel Condulmaro 1431–1447
Nikolaus V. Tommaso Parentucelli 1447–1455
Pius II. Enea Silvio Piccolomini 1458–1464
Als Gegenpapst zu Basel vom Konzil erhoben
Felix V. Herzog Amadeus von Savoyen 1439–1449
Von der katholischen Kirche werden nur die Päpste der »römischen Linie« anerkannt, danach Martin V. und seine Nachfolger.

Bibliographische Hinweise

Es können hier nur wichtigere Publikationen genannt werden. Für die Einzelausgaben und Monographien sowie die vielfach in Zeitschriften und Sammelbänden veröffentlichten Beiträge sei auf die ausführlichen Bibliographien verwiesen.

Für Böhmen generell: im HANDBUCH DER GESCHICHTE DER BÖHMISCHEN LÄNDER, hg. v. K. Bosl, Stuttgart 1967 (darin F. Seibt über die Hussitenzeit); *für Hus' Werke:* F. M. Bartoš, Prag 1965; A. Kraus (tschech.) DER HUSSITISMUS IN DER LITERATUR, bes. der deutschen, 3 Bände, Prag 1914–1927; ausf. Referate über Literatur der letzten Jahrzehnte in ZEITSCHRIFT FÜR OSTFORSCHUNG, 1958, 1964 (F. Seibt); JAHRBUCH FÜR GESCHICHTE OSTEUROPAS, 1965 (O. Puskjowski); über neuere marxistische Arbeiten: R. Kalivoda u. A. Kolesnyk in DAS HUSSITISCHE DENKEN IM LICHTE SEINER QUELLEN, Berlin 1969, mit reichhaltiger Anthologie in Übersetzung.

Werksausgaben: Prager Akademieausgabe (seit 1959; noch im Erscheinen) sowie die weiter unten genannten Ausgaben. Der Traktat DE ECCLESIA, hg. S. Harrison Thomson, Boulder Col. 1956; D. S. Schaff, J. HUS, THE CHURCH, New York 1915; B. Ryba, MAG. J. HUS QUODLIBET, Prag 1948; M. Spinka, JAN HUS ON SIMONY, Philadelphia 1953 (in der Serie Library of Christian Classics, vgl. Advocates of Reform); Hus' ORTHOGRAPHIA BOHEMICA, hg. Joh. Schröpfer, Wiesbaden 1968.

Lange Zeit haben sich fast ausschließlich die Protestanten eingehender mit der Sache des Hus beschäftigt. Der Gegenseite genügte die elegante Humanistenschrift des Enea Silvio (Pius II.) HISTORIA BOHEMICA, schon 1475 und dann oft gedruckt, und die HISTORIAE HUSSITARUM des bitteren Luther-Feindes Cochlaeus (Dobneck), Mainz 1549; dann die Berichte der großen kirchengeschichtlichen Sammlungen von Baronius-Raynaldi und Mansi. Der tschechische katholische Forscher J. Sedlak gab Prag 1915 einen J. Hus heraus, der das traditionelle Urteil beibehielt, aber in wesentlich vertiefter Kenntnis der Quellen, über die Sedlak auch inhaltsreiche STUDIEN UND TEXTE, 4 Bände, Olomouc 1914–1925, publiziert hat. In neuester Zeit hat sich der Benediktiner Paul de Vooght mit L'HÉRÉSIE DE JAN HUS und HUSSIANA, Loewen 1960, um eine theologische Revision des Ketzerverfahrens bemüht.

Luther gab schon 1520 Hus' DE ECCLESIA heraus, auch einige der Gefängnisbriefe, in lateinischen und deutschen Ausgaben 1536. Sein Schüler Flacius Illyricus (aus Istrien stammend) publizierte 1558 zu Nürnberg in zwei Foliobänden HISTORIA ET MONUMENTA des Hus und Hieronymus von Prag, die erste wahrhaft monumentale Sammlung der Schriften und Dokumente, maßgebend bis heute und erst durch die Prager Akademieausgabe der Werke überholt. In Nürnberg wurde auch 1563 die früheste Ausgabe der tschechischen POSTILLE des Hus, das umfangreichste und lebendigste seiner Werke, in der Volkssprache gedruckt.

Die Darstellung der *Hussitenkriege* von Zacharias Theobald, 1621, las noch genau zweihundert Jahre später Goethe in Eger bei einem seiner Besuche in Böhmen und meinte, die böhmische Geschichte sei »das Traurigste von der Welt ... Man sollte sie auswendig lernen, und so wäre man über einen großen Teil der absurden Weltgeschichte beruhigt«. Er hat aber etwas positiver auch den großen Erneuerer der tschechischen Geschichtsschreibung, František Palacky, begrüßt und dessen BÖHMISCHES MUSEUM. Palackys GESCHICHTE VON BÖHMEN, 5 Bände, erschien zuerst deutsch, Prag 1836 ff., dann tschechisch umgearbeitet 1848 ff. Sie wurde ein entscheidendes Instrument im beginnenden Kampf der nationalen Bewegung. Der 3. Band, in drei großen Abteilungen, stellte zum ersten Male Hus und die Hussiten im großen Zusammenhang nach den Quellen vor. Palacky hat unermüdlich noch die DOCUMENTA MAG. J. HUS, Prag 1869, URKUNDLICHE BEITRÄGE zu den Hussitenkriegen, 2 Bände 1873, vieles im Archiv česky seit 1830, die DOKUMENTE ZUM BASLER KONZIL, Wien 1857 ff., publiziert, die zeitgenössischen tschechischen Annalisten u. a. Es erscheint überflüssig anzumerken, daß jetzt vieles anders gesehen wird; an profunder Kenntnis der Quellen und weiter Übersicht hat ihn keiner der Nachfahren übertroffen. Es folgten der Prager Stadtarchivar und Dichter K. J. Erben mit der AUSGABE DER TSCHECHISCHEN WERKE DES HUS, 3 Bände 1865 ff., und V. Tomek, der erste Rektor der 1882 wiederbegründeten tschechischen Universität, mit einer zwölfbändigen GESCHICHTE DER STADT PRAG, 1855–1901, die auch die bisher einzige ausführliche Darstellung der Hussitenkriege enthält, mikrologisch genau und vom konservativen Standpunkt her gesehen. An der Universität wurde Jaroslav Goll der einflußreichste Lehrer; sein Hauptwerk galt der GESCHICHTE DER BÖHMISCHEN BRÜDER, 1878–1882, und brachte auch eine ausführliche Behandlung des Petr Chelčicky. Seine Schüler: Josef Pekař, mit einer scharf kritischen vierbändigen Darstellung Žižkas und seiner Zeit, 1927 ff., und V. Novotný, der eine großangelegte TSCHECHISCHE GESCHICHTE herausgab und mit V. Kybal in 5 Bänden die ausführlichste Darstellung des Hus: Band 1–2, 1919–1921 (das Leben), Band 3–5, 1923 bis 1931 (die Lehre). Von ihm auch die kritische Ausgabe der Briefe 1920. F. M. Bartoš hat eine große Anzahl von Beiträgen, besonders auch zu den »Nebenfiguren« der Hussitenzeit, veröffentlicht (verzeichnet in seinem Buch ZEUGEN UND KETZER, Prag 1949), und eine GESCHICHTE DER HUSSITISCHEN REVOLUTION, 2 Bände (tschech.) 1965, als Zusammenfassung. Die neueren marxistischen Forscher zu Prag haben sich vor allem mit den weiteren Zusammenhängen und der Ideologie des »Hussitismus« befaßt: R. Kalivoda, HUSSITISCHE IDEOLOGIE (tschech.), Prag 1961, und die Einleitung zu seiner oben genannten Anthologie; J. Macek über TABOR, 2 Bände 1955, und DIE HUSSITISCHE REVOLUTIONÄRE BEWEGUNG, 1952, auch deutsch Berlin 1958; F. Graus mit ausführlichen Studien über Agrar- und Sozialgeschichte; in frz. Ausgabe: HISTOIRE DES PAYSANS EN BOHEME, Prag 1957. Amedeo Molnár von der evangelischen Comenius-Fakultät zu Prag hat intensive Studien zur Entwicklung der hussitischen Theologie, zum waldensischen Einfluß publiziert und die PREDIGTEN DES ŽELIVSKY, Prag 1953, herausgegeben.

Die deutschen Forscher haben lange Zeit Hus vornehmlich als »Vorläufer« der Reformation behandelt; erst mein Lehrer Ernst Troeltsch hat das in seinen SOZIALLEHREN DER CHRISTLICHEN KIRCHEN, 1912, korrigiert. Epochemachend war der Grazer Professor J. Loserth mit HUS UND WICLIF, 1884, 2. Ausg. München 1925, der als Mitherausgeber der Werke Wyclifs sprach und wichtige Beiträge zur Ausbreitung des Wiclifismus herausgab; er hat allerdings auch viele Mißverständnisse hervorgerufen, wovon im Text die Rede ist. Als Historiker von hohem Rang hat F. v. Bezold in einer ganz brillanten Studie ZUR GESCHICHTE DES HUSSITENTUMS, München 1874, Grundfragen der Bewegung behandelt und in 3 Bänden KÖNIG SIGMUND UND DIE REICHSKRIEGE GEGEN DIE HUSSITEN, München 1872–1877 nach den Quellen dargestellt. An ihn anknüpfend hat erst F. Seibt in HUSSITICA, Zur Struktur einer Revolution, Köln - Graz 1965, prinzipielle Fragen wieder aus neuer Sicht zur Debatte gestellt und sich mit seinen weiteren Arbeiten als der jetzt führende deutsche »Hussitologe« etabliert. Die beste und ausführlichste deutsche Biographie schrieb der aus Böhmen stammende Dichter Melchior Vischer: JAN HUS, SEIN LEBEN UND SEINE ZEIT, 2 Bände mit zahlreichen Beilagen, Frankfurt am Main 1940, gekürzt in einem Band 1955.

In den USA ist, meist durch emigrierte tschechische Forscher, sehr wesentliche Arbeit geleistet worden: M. Spinka, JOHN HUS, a biography, Princeton 1968, und J. HUS' CONCEPT OF THE CHURCH, 1966, sowie J. HUS AT THE COUNCIL OF CONSTANCE, New York 1965, mit Übersetzung der Briefe und des Augenzeugenberichtes des Peter von Mladoňovice (das Original in FONTES RERUM BOHEMICARUM VIII, Prag 1932, hg. von V. Novotný). O. Odložilik, JAN HUS, 1953, WYCLIF AND BOHEMIA, Prag 1937, und THE CAROLINE UNIVERSITY, Prag 1948, sowie THE HUSSITE KING (Georg von Podiebrad), New Brunswick 1965. Howard Kaminsky schrieb die bisher ausführlichste Darstellung der Revolution vom Standpunkt der verschiedenen

Lehren her gesehen: A HISTORY OF THE HUSSITE REVOLUTION, Berkeley 1967, und gab des Nikolaus von Dresden THE OLD COLOR AND THE NEW, Philadelphia 1965, heraus. Frederick Heymann behandelte in JOHN ŽIŽKA AND THE HUSSITE REVOLUTION, Princeton 1955, die historische Seite der Ereignisse und in GEORGE OF BOHEMIA, KING OF HERETICS, Princeton 1965, den letzten einheimischen König.

In England hat der Masaryk-Professor der Londoner Universität, R. R. Betts, in den Sammelband ESSAYS IN CZECH HISTORY, London 1969, seine Beiträge über Hus, Hieronymus u. a. zusammengestellt. Die ESSAYS IN THE CONCILIAR EPOCH von Ernest F. Jacob, Manchester 1953, der auch den Band der OXFORD HISTORY über das 15. Jh., 1961, verfaßt hat, behandeln im weiteren Umkreise einige der wichtigen Probleme der Zeit.

Von französischen Forschern nenne ich E. Denis, HUSS ET LA GUERRE DES HUSSITES, Paris 1930.

Zur Allgemeingeschichte der Zeit ist noch immer die CAMBRIDGE MEDIEVAL HISTORY, Bände VII, VIII, 1932, die ausführlichste Darstellung; die Beiträge über Böhmen von Kamil Krofta, der auch eine BIBLIOGRAPHIE ZUR TSCHECHISCHEN GESCHICHTE, Prag 1936, zusammengestellt hat. F. Baethgen, EUROPA IM SPÄTMITTELALTER, Grundzüge seiner Entwicklung, Berlin 1951; H. Mitteis, DER STAAT DES HOHEN MITTELALTERS, 3. A., München 1948; F. Dvornik, THE MAKING OF CENTRAL AND EASTERN EUROPE, London 1949; D. P. Waley, EUROPE IN THE LATER MIDDLE AGES, London 1964.

Zur Kirchengeschichte: im Rahmen der großen katholischen Kirchengeschichte von Fliche die beiden Bände L'EGLISE AU TEMPS DU GRAND SCHISME ET DE LA CRISE CONCILIARE 1378–1449, Paris 1962–1964, von E. Delaruelle, E. R. Labande, P. Ourliac; W. Ullmann, THE ORIGINS OF THE GREAT SCHISM, London 1948; B. Tierney, THE FOUNDATIONS OF CONCILIAR THEORY, Cambridge 1966; G. Barraclough, PAPAL PROVISIONS, Oxford 1935, und THE MEDIEVAL PAPACY, London 1968 (kurzgefaßte Übersicht).

Über *Avignon:* G. Mollat, LES PAPES D'AVIGNON, 9. A. Paris 1949; von Mollat auch hg. das Quellenwerk des E. Baluze über das LEBEN DER AVIGNONPÄPSTE, 4 Bände, Paris 1914–1927; Yves Renouard, THE AVIGNON PAPACY, London 1971; J. Haller, PAPSTTUM UND KIRCHENREFORM, Berlin 1903. Über die Finanz- und Verwaltungsgeschichte existiert eine umfangreiche Literatur, die dann freilich mit der Rückverlegung nach Rom aus Mangel an Quellen sehr viel dürftiger wird.

Zum Schisma: Noel Valois, LA FRANCE ET LE GRAND SCHISME, 4 Bände, Paris 1896–1908, die ausführlichste archivarische Darstellung.

Zu einzelnen Päpsten: Benedikt XIII.: A. Glasfurd, THE ANTIPOPE PETER DE LUNA, London 1965; S. Puig y Puig, PEDRO DE LUNA, Barcelona 1920; A. Casas, EL PAPA LUNA, Barcelona 1944. *Johannes XXIII.:* Eustace J. Kitts recht wohlwollend in IN THE DAYS OF THE COUNCIL, London 1909, und POPE JOHN XXIII. AND MASTER JOHN HUS, 1910. *Bonifaz IX.:* Arnold Esch, BONIFAZ IX. UND DER KIRCHENSTAAT, Tübingen 1969; von Esch auch eine Studie über Bankiers der Kirche im Großen Schisma, 1966. *Die Medici:* R. de Roover, THE RISE AND DECLINE OF THE MEDICI BANK, Harvard 1963. *Dietrich von Nieheim (Niem)* ist von G. Erler, 1887, und H. Heimpel (Westf. Biographien, Münster 1932) behandelt und herausgegeben worden. Zu *Martin V.* (außer der GESCHICHTE DER PÄPSTE von Pastor, die mit dieser Zeit beginnt): P. Partner, THE PAPAL STATE UNDER MARTIN V., London 1958. Über das *Kardinalat*, für das eine umfassendere Geschichte fehlt: C. Eubel, HIERARCHIA CATHOLICA, 1901 ff.

Die Konzile: K. J. Hefele - H. Leclerq, HISTOIRE DES CONCILES, Band VII, Paris 1916. *Konstanz:* H. Finke, H. Heimpel u. a., ACTA CONCILII CONSTANTINENSIS, 4 Bände, Konstanz 1907—1928; auch die riesige KONZILGESCHICHTE des H. v. d. Hardt, Frankfurt 1697 ff., ist noch wichtig durch Abdruck vielen Materials zur Vorgeschichte. Finke, FORSCHUNG UND QUELLEN ZUR GESCHICHTE DES KONSTANZER KONZILS, Paderborn 1889; Louise R. Loomis, THE COUNCIL OF CONSTANCE, New York 1961, mit Übersetzung der Quellenberichte. Sammelband mit Beiträgen verschiedener Forscher, darunter P. de Vooght, hg. von A. Franzen und W. Müller, Freiburg 1965, dazu DIE WELT ZUR ZEIT DES KONSTANZER KONZILS, Vorträge, Konstanz 1965. Der Stadtarchivar Otto Feger, in seiner GESCHICHTE DES BODENSEERAUMES, Band 3, Konstanz 1963, sowie KONSTANZ IM SPIEGEL DER ZEITEN, 1952. Von ihm hg. die schon im 15. und 16. Jh. gedruckte CHRONIK DES KONSTANZER BÜRGERS ULRICH VON RICHENTAL in opulenter Faksimile-Ausgabe, 2 Bände, Starnberg/Konstanz 1965, mit Aufsätzen von K. A. Fink und L. Fischel. *Basel:* die schon genannte Sammlung Palackys; Studien und Quellen dazu von Haller u. a. 1896 ff.; Enea Silvios Bericht hg. und übersetzt von D. Hay & W. Smith, Oxford 1967.

Cola di Rienzo: Paul Piur, COLA DI RIENZO, DARSTELLUNG SEINES LEBENS UND SEINES GEISTES, Wien 1931; K. Burdach (im Rahmen seines großen Werkes VOM MITTELALTER ZUR REFORMATION, 2. A., seit 1912), RIENZO UND DIE GEISTIGE WANDLUNG SEINER ZEIT, 2 Bände, 1913 ff., und Colas BRIEFWECHSEL, 1912—1929; Roberto Weiss, IL PRIMO SECOLO DELL' UMANISMO, Roma 1949; E. Winter, FRÜHHUMANISMUS, Berlin 1964.

John Wyclif, Wiclif: H. B. Workman, 2 Bände, Oxford 1926. V. Lechler, WYCLIF UND DIE VORGESCHICHTE DER REFORMATION, 2 Bände, Leipzig 1873, 1884. Ausgabe der Schriften durch die Wyclif-Society 1882—1922, 40 Bände; SELECT ENGLISH WORKS, hg. Th. Arnold, 3 Bände, Oxford 1869 ff.; SELECT ENGLISH WRITINGS, ed. H. E. Winn, Oxford 1929; die Bibelübersetzung hg. J. Forshall, Oxford 1850 (in zwei Versionen), 4 Bände; K. B. McFarlane, WYCLIF AND THE BEGINNINGS OF ENGLISH NONCONFORMITY, 1952; S. Armitage-Smith, JOHN OF GAUNT, repr. 1964; J. H. Dahmus, THE PROSECUTION OF J. W., New Haven 1952; E. Perroy L'ANGLETERRE ET LA GRAND SCHISME, Paris 1933, LA GUERRE DE CENT ANS, Paris 1945.

Kaiser Karl IV.: E. Werunsky, GESCHICHTE KARLS IV., 3 Bände (unvollendet), 1880—1892; Bede Jarrett, THE EMPEROR CHARLES IV., New York 1935; die AUTOBIOGRAPHIE, hg. v. K. Pfisterer, Heidelberg 1950; eine tschechische Darstellung von V. Chaloupecky, 2. A., Prag 1946. *Wenzel:* die 2bändige Darstellung des ersten Lehrers des Tschechischen an der Prager Universität F. M. Pelzel, 1788–1790, ist die bisher einzige größere Monographie; Th. Lindner, GESCHICHTE DES DEUTSCHEN REICHES UNTER KÖNIG WENZEL, 2 Bände, Braunschweig 1875–1880 (bis 1400 gehend), und DEUTSCHE GESCHICHTE UNTER DEN HABSBURGERN UND LUXEMBURGERN, 2 Bände, 1890–1893. *Kaiser Sigmund, Sigismund:* Jos. Aschbach, GESCHICHTE KAISER SIGMUNDS, 4 Bände, Hamburg 1838–1845; der Chronist und Vertrauensmann Sigmunds, WINDEKE, hg. von Altmann, 1893; E. Brandenburg, KÖNIG SIGMUND UND KURFÜST FRIEDRICH I. VON BRANDENBURG, 1891; DIE REICHSTAGSAKTEN UNTER SIGMUND, hg. von Kerler u. a., Bände 7–12 (Band 10 über die Hussitenkriege), 1878–1901. A. Gerlich, HABSBURG - LUXEMBURG - WITTELSBACH IM KAMPF UM DIE DEUTSCHE KÖNIGSKRONE, Wiesbaden 1960.

J. Gerson: OEUVRES COMPLETES, hg. von P. Glorieux, Paris 1960 ff. J. B. Schwab, J. G., Würzburg 1858; J. B. Morall, GERSON AND THE GREAT SCHISM, Manchester 1960; *Pierre d'Ailly:* R. Tschackert, PETER VON AILLY, Gotha 1877; John T. McGowan, PIERRE d'AILLY AND THE COUNCIL OF CONSTANCE, Washington 1936; F. Oakley, THE POLITICAL THOUGHT OF PIERRE D'AILLY, Yale 1964; E. Buron, die geographische Kompilation YMAGO MUNDI, nach dem Handexemplar des Kolumbus, Paris 1930, mit Würdigung d'Aillys. *Universitätsgeschichte:* H. Rashdall, THE UNIVERSITIES OF EUROPE IN THE MIDDLE AGES, rev. ed., 3 Bände, Oxford 1956. *Prag:* O. Odložilik, THE CAROLINE UNIVERSITY, Prag 1948.

Zur Ketzergeschichte, Gordon Leff, HERESY IN THE LATER MIDDLE AGES (1250–1450), 2 Bände, Manchester 1967; H. Grundmann, RELIGIÖSE BEWEGUNGEN IM MITTELALTER, 2. A., 1961; KETZERGESCHICHTE DES MITTELALTERS, 1963, und BIBLIOGRAPHIE DER KETZERGESCHICHTE, 1967; G. Gonnat, ENCHIRIDION FONTUM VALDENSIUM, RECUEIL CRITIQUE (1179–1532), Torre Pellice bei Turin (Hauptort der noch existierenden Waldenser) 1958. Über den Einfluß waldensischer Gruppen gibt es eine weit zerstreute Literatur, die schon mit Haupt, Preger u. a. beginnt. Die Bedeutung »waldensischer« und »pikardischer« Lehren ist neuerdings von den marxistischen Forschern in zum Teil abweichenden Interpretationen behandelt worden, so von M. Erbstößer und E. Werner, IDEOLOGISCHE PROBLEME DES MITTELALTERLICHEN PLEBEJERTUMS, Berlin 1960; B. Töpfer, DAS KOMMENDE REICH DES FRIEDENS, Berlin 1964; E. Werner und F. Büttner, CIRCUMCELLIONEN UND ADAMITEN, Berlin 1959. Zur Nachwirkung der Hussitenbewegung sind ebenfalls eine Reihe von Einzelstudien erschienen, so von H. Heimpel, Göttinger Akademie 1970, und Band 24 der Veröffentlichung des Max-Planck-Institutes für Geschichte über Inquisitionsprotokolle gegen deutsche Hussiten aus den Jahren 1421–1425.

Zur Kelchfrage, D. Girgensohn, P. VON PULKAU UND DIE WIEDEREINFÜHRUNG DES LAIENKELCHES, Göttingen 1964; J. Smend, KELCHVERSORGUNG UND KELCHSPENDUNG IN DER ABENDLÄNDISCHEN KIRCHE, 1898.

Zum Nationalismus: E. Lemberg, GESCHICHTE DES NATIONALISMUS IN EUROPA, 1950; F. Šmahel, THE IDEA OF NATION IN HUSSITE BOHEMIA, in Prager Zs. Historica 16 und 17, 1968/69.

Zur Kunst: GOTIK IN BÖHMEN, hg. von K. M. Swoboda, München 1969 (mit geschichtlichen Einführungen von K. Schwarzenberg und F. Seibt und ausführlicher Literatur); A. Matějček und J. Pešina, GOTISCHE MALEREIEN IN BÖHMEN, Prag 1955.

Zur Musik: Zd. Nejedlý (tsch.), GESCHICHTE DES HUSSITISCHEN GESANGES, 2 Bände, Prag 1911–1913, 2. A. 1965; F. Liszt hat das »Hussitenlied« in einer seiner Paraphrasen für Klavier 1840 gefeiert.

Für den deutschen Leser, der sich etwas näher informieren will, weise ich hin auf: DIE WELT DER SLAWEN, hg. von H. Kohn, mit Beiträgen von Joh. Urzidil über die Tschechen und Slowaken, Fischer-Bücherei 340, 1960; die Übersetzung der BRIEFE DES HUS in J. Dachsel, J. HUS, Stuttgart 1964. Edzard Schaper hat Hus in 17 dramatischen Szenen DAS FEUER CHRISTI, Stuttgart 1965, behandelt.

Personen- und Sachregister

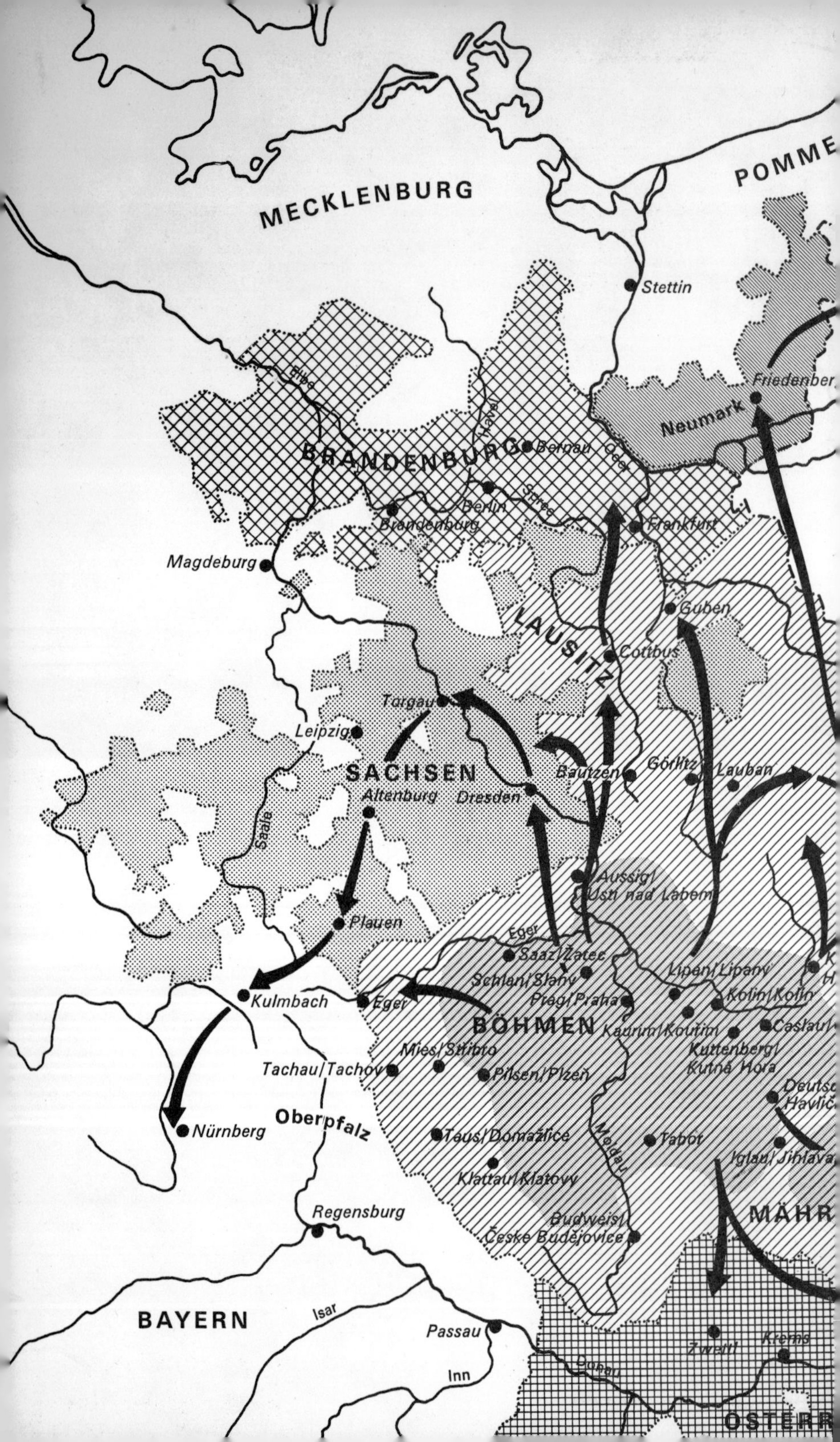
MECKLENBURG
POMME
Stettin
Friedenber
Neumark
BRANDENBURG
Bernau
Oder
Elbe
Havel
Spree
Berlin
Brandenburg
Frankfurt
Magdeburg
Guben
LAUSITZ
Cottbus
Torgau
Leipzig
SACHSEN
Altenburg
Dresden
Bautzen
Görlitz
Lauban
Saale
Aussig/
Usti nad Labem
Plauen
Eger
Saaz/Žatec
Schlan/Slaný
Lipan/Lipany
Kulmbach
Eger
Prag/Praha
Kolin/Kolín
BÖHMEN
Kaurim/Kouřim
Časlau
Kuttenberg/
Kutná Hora
Mies/Stříbro
Tachau/Tachov
Pilsen/Plzeň
Oberpfalz
Nürnberg
Taus/Domažlice
Moldau
Tabor
Iglau/Jihlava
Klattau/Klatovy
Regensburg
Budweis/
České Budějovice
MÄHR
BAYERN
Isar
Passau
Inn
Donau
Zwettl
Krems
ÖSTERR